UNIVERSITY OF NORTH CAROLINA AT CHAPEL HILL
DEPARTMENT OF ROMANCE LANGUAGES

NORTH CAROLINA STUDIES
IN THE ROMANCE LANGUAGES AND LITERATURES

Founder: URBAN TIGNER HOLMES

NORTH CAROLINA STUDIES IN THE
ROMANCE LANGUAGES AND LITERATURES

Number 174

MAURICE SCÈVE
Concordance de la *Délie*

Établie, avec une Introduction
par
JERRY C. NASH

Tome I

Avec le concours de

C. TUCKER HATHORN, *programmation*
WILLIAM ODOM, *travaux techniques préliminaires*

CHAPEL HILL

NORTH CAROLINA STUDIES IN THE ROMANCE
LANGUAGES AND LITERATURES
U.N.C. DEPARTMENT OF ROMANCE LANGUAGES
1976

Produced and distributed *on demand* by
University Microfilms International
Ann Arbor, Michigan 48106

Printed in the United States of America

Library of Congress Cataloging in Publication Data

Nash, Jerry C
    Maurice Scève : Concordance de la Délie.

    (Monograph publishing on demand, imprint series)
    1. Scève, Maurice, 16th cent. Délie–Concordances. 1. Scève,
Maurice, 16th cent. Délie. II. Title.

PQ1705.S5D4458   841'.3   76-14560
ISBN 0-8078-9174-6 (v.1)
ISBN 0-8078-9177-0 (v.2)

TABLE DES MATIÈRES

Introduction   vii

Bibliographie sommaire   xvii

Titres des Emblèmes et Devises   xix

Concordance de la *Délie* (en deux tomes)   1

Appendices

   I. Fréquence des Mots dans l'Œuvre par ordre décroissant   740

   II. Fréquence des Mots dans l'Œuvre par ordre alphabétique   773

INTRODUCTION

Parmi les éléments nombreux et variés qui constituent la structure complexe de la poétique française moderne, deux idées maîtresses semblent former la base de toute la critique contemporaine. L'une affirme avec insistance, et en termes passionnés, que l'Art n'est pas l'Histoire. De Gautier à Malraux, en passant par les poètes parnassiens et Valéry, cette idée a fait l'objet de polémiques brûlantes et a pu même déclencher une révolte contre l'historicisme, courant de pensée qui définit l'art comme une simple reproduction de l'Histoire. Plus récemment, Malraux s'est lui-même jeté dans le combat pour demander la séparation des deux domaines. Ses paroles célèbres symbolisent toute cette évolution: "Le *temps* de l'art n'est pas la *durée* de l'Histoire."

L'autre idée est fondée sur l'importance de plus en plus grande prise par les études stylistiques qui mettent surtout en valeur l'utilisation de la langue et, d'une certaine façon, représentent la seule méthode pour juger de la qualité d'un artiste et pénétrer dans son univers. Cet élément tend à devenir prépondérant dans les études critiques. Or Baudelaire fut parmi les premiers à affirmer que le choix et le contenu psychologique des mots dans une œuvre sont intimement liés à la psychologie de l'auteur lui-même. Il en concluait, prophétiquement, que seule une analyse détaillée de cet aspect d'une œuvre pourrait en permettre une véritable évaluation: "Pour deviner l'âme du poète, ou du moins sa principale préoccupation, cherchons dans ses œuvres quel est le mot ou quels sont les mots qui s'y représentent avec le plus de fréquence. Le mot traduira l'obsession."

Par la suite, cette notion de mot-révélateur a été érigée en dogme par tous les grands mouvements littéraires et elle constitue à présent un axiome de la critique moderne. Valéry a particulièrement mis en lumière ce principe de la primauté du verbe lorsqu'il définit, à travers son œuvre, la littérature comme l'utilisation maîtrisée du langage, et donc la critique comme une analyse objective de cette utilisation. Le jugement qu'il porte sur le style de Bossuet, un de ses auteurs préférés, constitue un véritable art poétique dans lequel la langue est au centre même de la création littéraire: "Dans l'ordre des écrivains je ne vois personne au-dessus de Bossuet; nul plus sûr de ses mots, plus fort de ses verbes, plus énergique et plus délié dans tous les actes du discours, plus hardi et plus heureux dans la syntaxe, et, en somme, plus maître du langage, c'est-à-dire de soi-même. Cette pleine et singulière possession qui s'étend de la familiarité à la suprême magnificence, et depuis la parfaite netteté articulée jusqu'aux effets les plus puissants et retentissants de l'art, implique une conscience et une présence extraordinaires de l'esprit en regard de tous les moyens et de toutes les fonctions de la parole." Ainsi, pour Valéry, l'importance du verbe est telle qu'une étude qui lui donne la première place permet une rigueur et une pénétration auxquelles ne peuvent prétendre les autres démarches critiques.

En ce qui concerne la littérature française, les chercheurs n'ont que récemment commencé à développer les outils nécessaires à ce genre d'analyse annoncé par Baudelaire et Valéry, outils parmi lesquels se trouvent les concordances.[1] En fait, il s'avère maintenant que trois ouvrages sont souhaitables, sinon indispensables, pour toute étude approfondie des œuvres importantes: une bonne édition critique, une concordance, et une bibliographie.

C'est dans ces trois directions que s'orientent, de nos jours, les études scéviennes, et cela de manière intensive. Au cours des dernières années, la *Délie*, en particulier, a pris le premier rang parmi les œuvres poétiques du seizième siècle, grâce aux études de nombreux chercheurs, notamment D. Coleman, E. Giudici, P. Quignard, V.-L. Saulnier, H. Staub, H. Weber, et I.D. McFarlane.[2] Ce dernier, tout particulièrement, a déjà établi une excellente édition critique de la *Délie* (Cambridge: The University Press, 1966), à partir de la copie de 1544 qui se trouve à l'Arsenal (BL 6564). Cette édition, qui fait autorité, est celle dont nous nous sommes servi pour l'établissement de cette concordance. Comme la qualité d'une concordance dépend en grande partie de celle de l'édition sur laquelle elle est fondée, on comprend tout ce que notre travail doit à celui du Professeur McFarlane. Dans son introduction, il réfute l'ancienne tendance qui faisait de Scève un auteur hermétique et difficile dont l'étude ne se justifiait guère. Bien au contraire, la *Délie* est une grande œuvre poétique très élaborée digne de l'attention des érudits qui s'intéressent à l'esthétique de la Renaissance. Certes, la *Délie* est parfois difficile, mais elle n'est pas inaccessible, à condition de disposer des outils critiques qui faciliteront sa compréhension et son appréciation.

C'est dans le dessein de parfaire ces instruments de recherche que nous avons décidé, il y a plus de deux ans, d'entreprendre cette concordance.[3] Nous sommes convaincu que la prétendue "obscurité" de Scève (il est souvent comparé de façon négative aux poètes métaphysiques anglais et aux symbolistes) n'est due qu'au manque de familiarité du lecteur moderne avec sa langue poétique. Ces difficultés, qui relèvent du lexique plutôt que de la syntaxe, se retrouvent non seulement chez Scève mais aussi chez la plupart des écrivains de la Renaissance. Cette concordance aura atteint son but principal si elle contribue à mieux faire comprendre et apprécier le langage poétique de la *Délie*. Une évaluation et interprétation critiques de ses données linguistiques visant au style et au vocabulaire nous fourniront une meilleure compréhension des techniques poétiques propres à la *Délie*. Et, si Baudelaire avait raison, cette analyse nous révélera d'une façon plus sûre "l'obsession" propre à Scève. Un premier aperçu montre déjà la "principale préoccupation" de notre poète: il emploie 28 noms 30 fois et plus: *cœur* (107); *amour, bien* (106); *ame* (79); *mort* (70); *mal* (68); *vie* (65); *corps* (59); *yeulx* (58); *temps* (49); *espoir, œil* (48); *feu, iour, vertu* (47); *fin* (45); *désir* (42); *pensée* (41); *dame* (38); *raison* (37); *face, foy, nuict* (36); *esprit* (33); *cieulx, ioye, sens* (31); *ardeur* (30).

Comme l'on aurait pu s'y attendre, tous ces noms qui forment un tableau poétique de l'univers scévien, se rapportent d'une façon générale au langage pétrarquiste. Ils lient Scève à la tradition amoureuse du pétrarquisme dans laquelle surgit continuellement le conflit psychologique entre l'esprit et le corps. Peut-être plus importante est leur convergence stylistique pour traduire l'essentiel de la *Délie*: la réalité d'*Amour (Dame: œil, yeux, face, corps)* et son influence sur: 1) l'Amant — le dérèglement de son *cœur, ame, raison, sens, esprit,* exprimé à l'intérieur des antithèses de *bien* et *mal, iour* et *nuict, vie* et *mort,* aboutissant au déchirement total psychologique *(fin)* de la psyché: la *Mort*; 2) le Poète — observateur, interprète, artiste qui enregistre: *espoir, vertu, désir, pensée, ioye, foy*: la *Vie*. Scève est reconnu depuis longtemps comme l'un des premiers écrivains français qui a cultivé la poésie savante. Mais, d'une portée plus grande, nous semble-t-il d'après le schéma indiqué au-dessus, sont ses liens sensibles et artistiques avec la poésie personnelle. Le véritable sujet de la *Délie* est Scève amant et poète, et non pas Délie objet. Cette poétique soulignant le poète-créateur, c'est-à-dire l'observateur observé, s'articule presque uniquement à la première personne. L'importance de Délie objet diminue considérablement en face de la peinture du moi dans le recueil. Le dizain 57, construit sur *16* variations du moi, n'est qu'un exemple qui démontre avec éclat la volonté du poète de s'analyser afin de se comprendre:

> Comme celluy, qui iouant a la Mousche,
> Estend la main, apres le coup receu,
> *Ie* cours a *moy*, quand *mon* erreur *me* touche,
> *Me* congnoissant par *moymesmes* deceu.
> Car lors que *i'*ay clerement apperceu,
> Que de *ma* foy plainement elle abuse,
> Ceste *me* soit, dy *ie*, derniere excuse:
> Plus *ie* ne veulx d'elle aulcun bien chercher.
> L'ay *ie* iuré! soubdain *ie m'*en accuse,
> Et, maulgré *moy*, il *me* fault cheucher.

La preuve statistique autorise cette supposition auparavant purement intuitive dans toute la *Délie*. Parmi les pronoms employés plus de 30 fois, il y a 2.089 fréquences uniformes du moi et seulement 689 renvoyant à la deuxième personne (Délie): *me* (441), *ie* (437), *mon* (259), *m'* (238), *ma* (233), *moy* (215), *mes* (143), *i'* (92), *mien* (31); *tu* (169), *toy* (119), *ta* (92), *te* (90), *ton* (81), *tes* (65), *t'* (40), *vous* (33). Même si l'on y ajoute les formes de la troisième personne du singulier renvoyant à Délie (*elle, la,* etc.), le total est considérablement inférieur au moi stylistique et thématique qui domine.

En effet, il y a deux langages poétiques, deux optiques, dans la *Délie* : celle de l'Amant et celle du Poète. On ne peut pas comprendre vraiment la *Délie* si l'on n'a pas toujours présents à l'esprit ces deux côtés linguistiques qui ont en commun un but singulier. Délie est un véritable objet vivant qui fait souffrir l'amant et, au niveau de l'écriture poétique, cette souffrance est enregistrée et analysée par le poète. Comme A.-M. Schmidt l'a déjà très bien observé, "Scève se soumet à la rigoureuse lucidité d'une introspection sans moralisme." Voilà précisément le but singulier de Scève dans la *Délie*. Même avant l'éclatant exemple de Montaigne, Scève réalise une introspection lucide et créatrice par son langage. Les deux langages poétiques qui l'aident à y parvenir changent peu dans la suite des dizains. C'est-à-dire, il n'y a pas vraiment d'évolution de l'ardeur sensuelle et créatrice en une passion pure et idéale. Délie est un "object de plvs havlte vertv", comme l'indique le titre, mais la vertu reste toujours pour le poète un effort humain, personnel, et artistique. Scève nous le dit lui-même dans le dernier dizain du recueil: "Aussi ie voy bien peu de difference/ Entre l'ardeur, qui noz cœurs poursuyura, [côté sensuel de l'amant]/ Et la vertu, qui viue nous suyura [côté créateur du poète]/ Oultre le Ciel amplement long, & large."

La *Délie*, plus qu'aucune autre poésie du seizième siècle, est très moderne dans ce sens qu'elle met l'accent avant tout sur le processus littéraire tout en amplifiant ses moyens linguistiques et en interrogeant la fonction et la puissance de la parole. Lorsqu'il s'agit toujours, thématiquement, de la même chose dans les dizains (un essai de fondre ensemble syntaxiquement désir-vertu), son esthétique s'appuie principalement sur le maniement du langage. Bref, l'expérience personnelle et poétique de Scève dans la *Délie* n'exprime pas le mouvement droit ascensionnel d'un dessein platonicien, mais les étapes divergeantes d'une lente et très humaine conquête de soi qui réussit grâce aux efforts artistiques d'un langage qui s'écrit, s'interroge, se cherche, se recrée et, enfin, se repose sur l'acceptation lucide et tranquille d'une réalité linguistique où désir et vertu (Amant-Poète) sont unis.

Les observations faites jusqu'ici ne doivent pas impliquer que la fréquence seule représente le critère le plus important de l'excellence poétique, aussi significative qu'elle soit. A l'autre bout de l'échelle linguistique, il y a un nombre impressionnant de formes lexicographiques dont Scève ne se sert qu'une seule fois dans le recueil entier. Ces mots peu exploités, au chiffre de 3.294, affirment également l'ampleur créatrice du vocabulaire de Scève dont le nombre total de mots différents ne dépasse pas 5.527. On ne trouvera pas avant la Pléiade de meilleure défense et illustration de la langue française que la *Délie*, ni de poète qui ait si habilement réussi à adapter la langue française à l'expression poétique que Maurice Scève.

Entre ces deux extrêmes de fréquence verbale, bien des études de stylistique, de lexicographie, de sémantique, de linguistique, de thématique attendent le chercheur. Nous espérons que cette concordance facilitera ces travaux. Avant tout, son efficacité dépendra de l'imagination de ceux qui l'utiliseront pour aborder d'une manière plus systématique et objective la pensée et l'art d'un des poètes les plus sensibles et les plus savants de la Renaissance.

Description

Les deux principes qui nous ont guidé tout au long du travail de préparation de cet ouvrage ont été de faire œuvre exacte et maniable. A chaque étape, depuis le transfert du texte sur cartes perforées, jusqu'aux différents traitements nécessaires pour obtenir la forme désirée, nous avons personnellement relu les épreuves correspondantes un grand nombre de fois. Bien entendu, il est pratiquement impossible d'établir une concordance absolument parfaite, mais nous espérons que ces vérifications auront réduit la marge d'erreurs et réclamons l'indulgence du lecteur pour celles qui s'y seront glissées, malgré tous nos soins.

Nous donnons ci-dessous un exemple de présentation de la concordance pour le mot "estoilles":

estoilles   (5)

    66 2 Ie me laissois aux estoilles conduire,
    79 1 L'Aulbe estaingnoit Estoilles a foison,
  243 1 Ces tiens, non yeulx, mais estoilles celestes,
  259 8 Surmonteras la haulteur des Estoilles
  387 8 Le cler Soleil les estoilles efface,

Tous les mots de la *Délie* sont donnés par ordre alphabétique, avec leur fréquence entre parenthèses, suivis des vers où ils apparaissent que nous citons dans leur intégralité, et qui sont précédés des numéros du dizain et du vers. L'avantage de cette présentation est évident. Dans la plupart des cas, la présentation dispense le lecteur de rechercher ailleurs le dizain et le vers cités pour comprendre l'utilisation du mot. Puisque celui-ci est toujours donné dans son contexte, le sens en est généralement clair.

En outre, nous avons choisi de traiter tous les mots, plutôt que d'en considérer certains comme "non significatifs" et de les omettre dans la concordance, ce qui, à notre avis, aurait réduit l'usage qui peut en être fait pour certains travaux de recherche. Il s'agit des mots "le", "la", "les", "de", "du", "des", "ce", "et", "que", etc.

On trouvera deux appendices après la concordance proprement dite: 1) Fréquence des Mots dans l'Œuvre par ordre décroissant; 2) Fréquence des Mots dans l'Œuvre par ordre alphabétique. Cette concordance diffère de la plupart des concordances antérieures, en ce sens qu'elle a été préparée en lettres majuscules et minuscules, avec tous les accents et signes de ponctuation. Elle a été établie à l'aide d'un ordinateur CDC 3300. Celui-ci a produit une bande magnétique IBM, neuf canaux, à partir de laquelle, grâce à un équipement spécial, a été obtenue une épreuve définitive, qui a servi de base à la reproduction par procédé xerox. La langue de programmation utilisée était le COBOL. Le programme peut être mis à la disposition de quiconque envisage un travail du même genre.

Conventions de Présentation I: Références aux Variantes orthographiques

La plupart des auteurs de concordance avaient déjà eu à surmonter les difficultés exposées précédemment. Mais une autre se pose pour les concordances des œuvres écrites avant 1635, et, plus particulièrement, pour celles de la Renaissance. Elle concerne les variations d'orthographe.

D'une part, l'ordinateur ne peut pas rapprocher les différentes orthographes d'un même mot, et ce travail doit être fait manuellement. Or dès que l'on tente de s'écarter de la logique du traitement de l'ordinateur et de manipuler les résultats, les risques d'erreurs augmentent rapidement. D'autre part, l'auteur de la concordance lui-même est à ce point si submergé par les différentes formes verbales qu'il finit vite par commettre des erreurs de jugement. La solution est donc soit de ne pas courir de risque en ne traitant pas le problème, soit de consacrer beaucoup de temps et de patience à vérifier très soigneusement les mots.

Dans la mesure où le texte de la *Délie* (4498 vers) n'est pas d'une longueur excessive, il nous a été possible de procéder de cette dernière façon espérant ainsi, par ce travail, augmenter l'utilité de la concordance. Pour cela, nous avons essayé de classifier l'orthographe très variable du moyen français de la *Délie*. En plus de ceux qui s'imposent ("cœur"—"cueur"), nous avons tenté aussi d'établir des rapprochements d'après le sens, même si les mots ne sont pas identiques grammaticalement. Typographiquement le trait d'union a été utilisé pour distinguer ces cas: "fui-" ("fuiroys") renvoyant à "fuy-" ("fuyant"), et vice versa. En règle générale, si les deux mots en question ne sont séparés que par quatre rubriques successives, ils ne sont pas toujours traités. Nous avons placé le deuxième appendice, "Fréquence des Mots dans l'Œuvre par ordre alphabétique," à la fin de l'ouvrage pour faciliter la vérification des variantes orthographiques.

Enfin, les renvois sont indiqués de deux façons. Pour la plupart des mots, le renvoi vient après la fréquence: "cœur (107) cueur", et vice versa, "cueur (1) cœur". Lorsque les deux mots ont en commun une forme homographique (voir la partie suivante pour le traitement de ceux-ci), le mot auquel elle renvoie est donné à la suite du premier vers des homographes auxquels elle se rapporte dans la catégorie. Voici ci-dessous un exemple qui illustre à la fois les deux catégories de renvois:

lon (20) on

68 1	Comme lon voit sur les froides pensées
71 6	Viuray ie donc tousiours? non: lon termine
87 6	Si lon pouoit plus grand peine prouuer.
114 4	Sans que lon puisse appercevoir comment,
122 7	Car a tout bruyt croyant que lon arrive,
130 6	Que lon luy dist: ou penses tu attaindre?
142 4	Ou lon me tient, me rend en ce poinct morte.
159 6	Lon me touchoit dormant profondement.
239 1	Par long prier lon mitigue les Dieux:
239 5	Se tourne a ioye: & par vers lon oppresse,
254 8	Ou pourra lon, selon leur hault merite.
278 2	Comme lon peult soymesmes oblyer,
283 4	Perdra le tout, ou plus lon s'adonnoit.
291 6	Et grandement me pourroit lon reprendre,
376 8	Que lon ne veoit l'vmber suyure le corps,
385 2	Ou lon entent les deux Soeurs resonner,
425 9	Comme lon scait, qu'avecques l'impossible
443 4	En sa splendeur lon pert soubdain la veue.
447 2	Lon auroit mys deux elementz contraires,

* * *

248 4   Par lon trauail, qui donna l'asseurance. (long)

Les variantes orthographiques suivantes ont été traitées de cette façon:

a, à	celluy, celuy
abi-, aby-	ciecle, siecle
acco-, aco-	cieulx, cieux
accoup, acoup	clair, cler
addo-, ado-	clos, cloz
addr-, adr-	cœur, cueur
ai, ay	conui-, conuy-
alaine, aleine	conuoy-, couuoi-
Ammour, Amour, Cupido	craign-, craing-
apa-, appa-	crainct, craint
ape-, appe-	craincte, crainte
apertement, appertement	croist, croit
appr-, apr-	cruaulté, cruauté
auanture, auenture	cui-, cuy-
auec, auecques	dans, dens
aultant, autant	deben-, desban-
aultour, autour	debru-, debur-
aultre, autre	debuoir, deuoir
aultruy, autruy	dec-, desc-
aumoins, au moins	deçoi-, deçoy-
auo-, enuo-	dedans, dedens
aux, es	Délie, Delie
baig-, baing-	deli-, dely-
ban-, ben-	demeu-, demou-
bandeau, bendeau	depuis, despuis
beaulté, beauté	derechef, rechef
bienfaict, bien faict	dès, des
bois, boyz	desià, ià, ia

desli-, desly-

deu-, dou-

deubt, doibt

deuil, dueil

dict, dist, dit

doibs, doy

doleances, douleances

dolou-, douleu-

donc, doncques, donques

donc, dont

doulx, doux

droict, droit

duquel, du quel

encor, encore, encores

enuoi-, enuoy-

errante, errente

esbahys, esbays

esbahyssement, esbayssement

eschauffe, eschaulfe

efface, esface

eff-, esf-

esmeult, esmeut

esmouoir, esmouuoir

esperience, experience

esperit, esprit

estainct, estaint

estaindre, esteindre

estois, estoys

eulx, eux

et, &

eust, eut

extreme, extresme

facheux, fascheux

faict, faictz, fait

faignant, faingnant

fais, fays

fauldroit, faudroit

feis, fey, fis

feit, fit

fleurissant, flourissant

fois, foys

fond, fondz, fons

forts, fortz

frais, fraiz

frais-, fres-

froict, froid, froit

fui-, fuy-

fust, fut

gettant, iectant, iettant

gloire, gloyre

gracieux, gratieux

grand', grande

hair, hayr

haultains, hautains

haultesse, hautesse

ie, je

incen-, insen-

ioui-, iouy-

iusqu', iusque, iusques

lien, lyen

liesse, lyesse

loisir, loysir

lon, long

lon, on

los, loz

luic-, luy-

lui-, luy-

malheur, malheurté

mei-, mi-

memoire, memoyre

merueille, merveille

mesme, mesmes

midy, mydi, mydy

mieulx, mieux

mis, mys

mouant, mouuant

mouoir, mouuoir

naif, nayf

naifue, nayue

ne, ny

ni-, ny-

nom, renom

nos, noz

nostre, notre

noueau, nouueau

nuire, nuyre

nuict, nuyt

obli-, obly-

or', or, ore

où, ou

ouir, ouyr

painctre, paintre

paour, peur

parfection, perfection

pein-, pen-

peult, peut

Phebus, Phœbus

plaict, plait

plain, plein

plaine, pleine

pleurant, plorant

pleurer, plorer

ploier, ployer

poinct, point

pouant, pouuant

pouoit, pouuoit

poursuiure, poursuyure

preuu-, prouu-

preuue, prœuue

prins, pris

prinse, prise

promect, promet

puis, puys

quand, quant

quict-, quit-

r'entre, rentre

raiz, rays, rayz

reçoi-, reçoy-

reueoir, reuoir

ri-, ry-

ri-, rys-

rid, rit

riue, ryue

riuiere, ryuiere

rosée, rousée

ruisseaulx, ruysseaulx

sains, seinz

sal-, sall-

seule, seulle

soubdain, soudain

soucieux, soucyeux

souciz, soucys

souhaict, souhait

suis, suy, suys

suit, suyt

tira, tyra

tombant, tumbant

transi, transy

transmi-, transmy-

treuue, trœuue, trouue

un, vn

veuille, vueille

veult, veulx, veut

veulx, veulz, veux

vien, viens

voire, voyre

vois, voys

voit, voyt

volonté, voulonté

vos, voz

yeulx, yeux

Conventions de Présentation II: Homographes

La partie la plus difficile de ce travail a peut-être été le traitement des homographes, c'est-à-dire la reconnaissance et la distinction des différentes significations d'un mot donné: par exemple, "esté" qui désigne la saison mais qui est aussi une forme du verbe "être". Là encore, notre désir d'augmenter l'efficacité de cette concordance nous a guidé. Nous nous sommes limité aux véritables homographes, sans nous arrêter aux simples nuances d'un même sens, encore qu'il soit parfois difficile, sinon arbitraire de tracer en ce domaine une frontière rigoureuse. Nous recommandons vivement au lecteur intéressé par ces questions de consulter les notes de l'édition critique du Professeur McFarlane, qui résolvent ce sujet de manière particulièrement claire.

Nous avons dû parfois réduire la répartition d'une forme donnée en différents homographes, car le processus peut prendre des dimensions considérables. Ainsi, pour quelques mots, nous n'avons pas déterminé toutes les significations. C'est le cas, par exemple, pour "si" où nous avons seulement distingué l'adverbe et la conjonction, sans différencier les divers emplois de chacun d'eux. La rubrique est divisée en plusieurs alinéas, chacun correspondant à un homographe, classés dans un ordre de fréquence décroissant, sauf parfois dans le cas où elle fait moins de dix lignes, et où le lecteur n'aura alors lui-même aucune difficulté à faire les distinctions qui s'imposent.

On trouvera ci-dessous un exemple de présentation d'un mot ayant trois homographes, ainsi qu'une liste des formes homographiques traitées dans la concordance:

poinct (16) point

    29 5 Mais sur ce poinct, qu'on le met en sequestre,

    76 4 l'ouuris la bouche, & sur le poinct du dire

    82 5 Et de ma vie en ce poinct malheureuse

  109 5 Quand ie la vy en ce poinct estre armée

  129 7 Car dès le poinct, que partie tu fus,

  142 4 Ou lon me tient, me rend en ce poinct morte.

  159 9 Et en ce poinct (a parler rondement)

  164 5 Lors toy, Espoir, qui en ce poinct te fondes

250 4 Et puis la cherche, & voit de poinct en poinct:
250 4 Et puis la cherche, & voit de poinct en poinct:

* * *

154 5 Par eux en fin chascun se trœuue poinct,
217 8 M'incite, & poinct au tourment, ou ie suis
237 10 Il poinct plus doulx, aussi plus griefuement.
250 2 Et se iouant, d'vne espingle se poinct.

* * *

311 5 Et tu luy as, non poinct comme Maistresse,
442 7 Amour si sainct, & non poinct vicieux,

a	faulx	ou
à	fier	ouure
affin	fin	pas
ainsi	fortune	peine
alors	fumée	peu
as	iour	plus
au	l'	poinct
auec	la	point
auoir	las	pouoir
ay	le	premier
besoing	les	puis
bien	lieu	puys
bon	lon	quant
ce	lors	s'
celle	luy	sens
ceste	mal	si
chef	mesme	soit
cours	mien	son
cy	mienne	songe
des	miens	sort
donc	mieulx	suis
dure	moins	temps
en	monstre	tien
entre	ne	veoir
es	né	vers
esté	nom	veu
estre	nue	veue
face	nuict	vois
faict	œil	voye
faictz	ont	voys
fault	or	

Nous devons déplorer ici notre échec à établir une concordance grammaticale complète, comprenant en plus des caractéristiques décrites plus haut un regroupement de toutes les formes grammaticales d'un mot autour de l'infinitif pour les verbes, ou du masculin singulier pour les noms et les adjectifs. Nous aurions alors évidemment une concordance sous sa forme la plus achevée. Mais on n'a pas encore atteint le degré de perfection technique nécessaire pour programmer l'ordinateur dans ce sens. Après plusieurs semaines d'efforts pour effectuer tous les regroupements à la main, et ensuite les intégrer dans les traitements ordinateur, nous nous sommes rendu compte de toute la difficulté et du danger que cela comportait. Il y a trop de paramètres à maîtriser et le risque d'erreur devient réellement excessif. D'ailleurs, nous pensons que le lecteur qui utilisera cette concordance deviendra rapidement capable de s'orienter par lui-même en faisant appel à sa propre expérience. Nous espérons seulement que nous lui aurons rendu la tâche plus aisée et plus agréable pour résoudre les nombreuses questions passionnantes que pose encore la *Délie*.[4]

Remerciements

Nous tenons d'abord à souligner ici tout ce que cette concordance doit à M. Tucker Hathorn, qui en a assuré la programmation et a su trouver toutes les combinaisons possibles pour utiliser l'ordinateur avec le maximum d'efficacité. Nous exprimons également notre reconnaissance à tous ceux qui nous ont aidé plus ou moins directement à mener à bien cet ouvrage. Nos collègues à l'Université de la Nouvelle-Orléans, les Professeurs Marie LaGarde et Donald Tappan, nous ont prodigué leurs recommandations et leur avis tout au long de ce projet. Le Professeur William Odom, de l'University of Southern Mississippi, a mis au point un système de double vérification pour le transfert du texte sur cartes perforées, réduisant nettement le nombre d'erreurs, donc notre travail de contrôle. Le Professeur Kenneth Beasley, directeur du centre ordinateur de Loyola University, a généreusement mis à notre disposition les moyens techniques nécessaires. Enfin, c'est avec un sentiment de gratitude toute particulière que nous remercions le Professeur Bryant C. Freeman, de l'Université du Kansas et auteur des concordances des œuvres de Racine et Molière, qui nous a toujours largement accueilli lorsque nous avions recours à ses conseils.

Paris   Jerry C. Nash
août 1974

NOTES

[1] A notre connaissance, des concordances ont été établies pour *La Chanson de Roland*, *Le Roman de la Rose*, *Le Roman de Tristan* (Béroul), les œuvres de Racine, Molière, La Fontaine, et Baudelaire. C'est avec plaisir que nous ajoutons à cette liste qui ne cesse de s'allonger la *Concordance de la Délie de Maurice Scève*, qui est le premier travail de ce type pour la littérature française de la Renaissance. De plus, des recherches dans d'autres domaines tels que les études d'authenticité (Le *Cinquième Livre* de Rabelais, les cinquante devises de la *Délie*, les articles de l'*Encyclopédie* de Diderot) et les analyses linguistiques et littéraires ont utilisé ou utilisent actuellement des concordances établies par ordinateurs. Pour les diverses études en cours, le lecteur pourra consulter le "Directory of Scholars Active," dans *Computers and the Humanities*, périodique qui en publie une liste mise à jour en mai et novembre de chaque année. Voir aussi Paul A. Fortier, "Etat présent de l'utilisation des ordinateurs pour l'étude de la littérature française," *Computers and the Humanities*, 5, No. 3 (1971), pp. 143-53.

[2] Voir notre bibliographie sommaire, p. xvii.

[3] Au début de notre travail, d'autres chercheurs avaient déjà annoncé des concordances des œuvres de Rabelais, Ronsard et Montaigne, ce qui a aidé à nous diriger vers Scève (voir les "Directory of Scholars Active"). Il y a une deuxième raison plus importante qui explique notre choix. Dans la littérature de la Renaissance, Scève ne vient peut-être qu'après Rabelais en ce qui concerne la densité et l'invention verbales. Comme chez Rabelais, Scève se montre surtout dans la *Délie* enivré de paroles et formes verbales. Cette richesse de vocabulaire justifie davantage une concordance dont le rôle principal est d'éclairer le texte.

[4] Nous songeons déjà à établir une suite à cette concordance de la *Délie* qui comprendrait les autres recueils de Scève, les *Blasons*, l'*Arion*, le *Microcosme*, la *Saulsaye*, et ses poésies diverses. A cause des exigences pratiques et techniques, nous n'avons pas pu les introduire ici avec son chef-d'œuvre, ce qui aurait doublé la longueur de cet ouvrage. L'accueil réservé à celui-ci en déterminera la suite.

BIBLIOGRAPHIE SOMMAIRE

Éditions modernes:

Délie, éd. E. Parturier. Paris, Hachette, 1916. Réimpression Paris, Didier, 1962.

Œuvres poétiques complètes, éd. B. Guégan. Paris, Garnier, 1927. Réimpression Genève, Droz, 1967.

Sixty Poems of Scève, éd. Wallace Fowlie. New York, The Swallow Press, 1949.

Poètes du XVIe siècle, Délie (pp. 75-223), éd. A. -M. Schmidt. Paris, Gallimard, 1953.

Délie, éd. I. D. McFarlane. Cambridge, Cambridge University Press, 1966.

"The *Délie* of Maurice Scève: A Prose Translation with an Introduction and Notes," éd. D. Landon. Thèse, Vanderbilt University, 1971.

Œuvres poétiques complètes, éd. Hans Staub (en français moderne). Paris, Union Générale d'Editions, 1971, 2 vol.

"A Translation, with Introduction and Notes, of the *Délie* of Maurice Scève," éd. R. A. Hallett. Thèse, Pennsylvania State University, 1973.

Maurice Scève et l'école lyonnaise, éd. Antoinette Roubichou. Paris, Bordas, 1973.

Œuvres complètes, éd. Pascal Quignard. Paris, Mercure de France, 1974.

Études:

Attal, J. P. "État présent des études scéviennes." *Critique*, janvier 1960, pp. 3-24.

Aynard, J. *Les Poètes lyonnais, précurseurs de la Pléiade*. Paris: Bossard, 1924.

Baur, Albert. *Maurice Scève et la Renaissance lyonnaise*. Paris: Champion, 1906.

Béguin, A. "Sur la mystique de Maurice Scève." *Confluences*, avril 1944.

Boutang, P. *Commentaire sur 49 dizains de la Délie*. Paris: Gallimard, 1953.

Coleman, Dorothy G. "Dizain 104 in Maurice Scève's *Délie*." *Modern Language Review*, 58 (1963), 215-17.

———. "Images in Scève's *Délie*." *Modern Language Review*, 59 (1964), 375-86.

———. "Les Emblesmes dans la *Délie* de Maurice Scève." *Studi Francesi*, 8 (1964), 1-15.

———. *Maurice Scève: Poet of Love*. Cambridge: Cambridge University Press, 1975.

———. "Propertius, Petrarch and Scève." *Kentucky Romance Quarterly*, 18 (1971), 77-89.

———. "Scève's Choice of the Name Délie." *French Studies*, 18 (1964), 1-16.

———. "Some Notes on Scève and Petrarch." *French Studies*, 14 (1960), 293-303.

———. "The Emblesmes and Images in Maurice Scève's *Délie*." Thèse, Glasgow University, 1961.

Dassonville, Michel. "Maurice Scève, poète lyonnais." *L'Esprit Créateur*, 5, No. 2 (1965), 71-79.

Fenoaltea, Doranne. "Patterns of Poetry in the *Délie*." Thèse, Harvard University, 1971.

———. "The Poet in Nature: Sources of Scève's *Délie* in Petrarch's *Rime*." *French Studies*, 27 (1973), 257-70.

———. "Three Animal Images in the *Délie*: New Perspectives on Scève's Use of Petrarch's *Rime*." *Bibliothèque d'Humanisme et Renaissance*, 34 (1972), 413-26.

Festugière, Jean. *La Philosophie de l'Amour de Marcile Ficin*. Paris: Vrin, 1941.

Frappier, J. "Variations sur le thème du miroir, de Bernard de Ventadour à Maurice Scève." Dans *Cahiers de l'Association Internationale des Études Françaises*, 11(1959), 134-58.

Giudici, Enzo. *Il Rinascimento a Lione e la Délie di Maurice Scève*. Napoli: Liguori Editore, 1962.

———. "Il Problema dell'originalità della *Délie* di Maurice Scève." *Zagadnienia Rodzajôw Literackich*, 1962, t.v (1), pp. 121-46 et (2), pp. 67-107.

———. *Maurice Scève, poeta della Délie*. Roma: Edizioni dell'Ateneo, 1965. 2 vol.

Glauser, Alfred. *Le Poème-symbole de Scève à Valéry*. Paris: Nizet, 1967.

Greene, Thomas M. "Image and Consciousness in Scève's *Délie.*" Dans *The Meaning of Mannerism*, éd. Franklin Robinson et Stephen Nichols, Jr. Hanover, N.H.: University Press of New England, 1972.

Griffin, Robert. "Pernette du Guillet's Response to Scève: A Case for Abstract Love." *L'Esprit Créateur*, 5, No. 2(1965), 110-16.

McFarlane, I.D. "Introduction" de son édition de la *Délie*. Cambridge: Cambridge University Press, 1966.

_____. "Notes on Maurice Scève's *Délie.*" *French Studies*, 13(1959), 99-112.

Morgues, Odette de. *Metaphysical, Baroque and Précieux Poetry*. Oxford: Clarendon Press, 1953.

Mulhauser, Ruth. "The Historic Allusion Poems in the *Délie* of Maurice Scève." *Symposium*, 16(1962), 136-43.

_____. The Poetic Function of the Emblems in the *Délie.*" *L'Esprit Créateur*, 5, No. 2(1965), 80-89.

Niedermann, Walter. *Versuch über M. Scèves Dichtung*. Zürich: Juris-Verlag, 1950.

Pabst, W. "Der Liebende im Akkusativ. Zu Maurice Scèves *Délie* XXII." Dans *Archiv für das Studium der neueren Sprachen und Literaturen*, Band 199, Heft 5, 1962, pp. 189-298.

Quignard, Pascal. *La Parole de la Délie*. Paris: Mercure de France, 1974.

Risset, Jacqueline. *L'Anagramme du désir. Essai sur la Délie de Maurice Scève*. Roma: M. Bulzoni, 1971.

Runyon, Randolph. "Scève's 'aultre troye': Placement and other tie(r)s in *Délie.*" *MLN*, 90, No. 4(1975), 535-47.

Saulnier, V.-L. "Autour de M. Scève, deux aspects internationaux de la Renaissance lyonnnaise." *Annales de l'Université de Paris*, 18(1948).

_____. "La Cléricature de Maurice Scève." *Bibliothèque d'Humanisme et Renaissance*, 12(1950), 14-19.

_____. *Maurice Scève*. Paris: Klincksieck, 1948-49. 2 vol.

_____. "Maurice Scève et la clarté." *Bulletin de l'Association Guillaume Budé*, 5(1948), 96-105.

_____. "Maurice Scève et l'épitaphe de Laure." *Revue de littérature comparée*, 24(1950), 65-82.

_____. "Objets et images dans la *Délie.*" *Médecine de France*, 63(1955), 32-39.

_____. "Quelques mots sur la langue de Scève." Dans *Festgabe Ernst Gamillscheg zu seinem Fünfundsechzigsten Geburtstag*. Tübingen, 1952.

_____. "Sur trois dizains de Maurice Scève." *Annales de l'Université de Paris*, 22(1952), 187-91.

Schmidt, A.-M. *La Poésie scientifique en France au XVIe siècle*. Paris: Albin Michel, 1938.

_____. "Poètes lyonnais de la Renaissance." *L'Information littéraire*, Nos. 3-4, 1952.

Staub, Hans. *Le curieux désir. Scève et Peletier du Mans poètes de la connaissance*. Genève: Droz, 1967.

Stone, Donald, Jr. "Scève's Emblems." *Romanic Review*, 60(1969), 96-103.

Vianey, Joseph. *Le Pétrarquisme en France au XVIe siècle*. Montpellier: Coulet, 1909.

Warnke, F. J. *European Metaphysical Poetry*. New Haven: Yale University Press, 1961.

Weber, Henri. *Le Langage poétique de Maurice Scève dans la Délie*. Florence: Publications de l'Institut français de Florence, 1948.

_____. *La Création poétique au XVIe siècle en France de Maurice Scève à Agrippa d'Aubigné*. Paris: Nizet, 1956.

Wrage, M.-C. "La Structure paradoxale de la poésie de Maurice Scève." Thèse, University of Wisconsin, 1968.

TITRES DES EMBLÈMES ET DEVISES

Dans la mesure où il n'est toujours pas définitivement prouvé que Scève soit réellement l'auteur des titres et des devises illustrés par les cinquante emblèmes intercalés dans la *Délie*, nous avons décidé de ne pas les inclure dans la concordance elle-même. Il nous a semblé cependant souhaitable d'en établir une table. De même, la devise qui ouvre et clôt le recueil ("Souffrir non souffrir") n'est pas traitée.

Emblème	Dizain	Titre et Devise
I	6	La Femme & la Lycorne (Pour le veoir ie pers la vie.)
II	15	La Lune a deux croiscentz (Entre toutes vne parfaicte.)
III	24	La Lampe & l'Idole (Pour te adorer ie vis.)
IV	33	L'Homme & le Bœuf (Plus l'attire plus m'entraine.)
V	42	La Lanterne (Celer ne le puis.)
VI	51	La Chandelle & le Soleil (A tous clarté a moy tenebres.)
VII	60	Narcissus (Asses meurt qui en vain ayme.)
VIII	69	La Femme qui desuuyde (Apres long trauail vne fin.)
IX	78	La Targue (Ma fermeté me nuict.)
X	87	Deux Bœufx a la Charue (Doulce la peine qui est accompaignée.)
XI	96	Le Phenix (De mort a vie.)
XII	105	L'oyseau au glus (Ou moins crains plus suis pris.)
XIII	114	Dido qui se brusle (Doulce la mort qui de dueil me deliure.)
XIV	123	Tour Babel (Contre le ciel nul ne peult.)
XV	132	La Girouette (Mille reuoltes ne m'ont encor bougé.)
XVI	141	La Cycorée (En tous lieux ie te suis.)
XVII	150	L'hyerre & la Muraille (Pour aymer souffre ruyne.)
XVIII	159	Le Cerf (Fuyant ma mort i'haste ma fin.)
XIX	168	Acteon (Fortune par les miens me chasse.)
XX	177	Orpheus (A tous plaisir et a moy peine.)
XXI	186	Le Basilisque, & le Miroir (Mon regard par toy me tue.)
XXII	195	Le Bateau a rames froissées (Mes forces de iour en iour s'abaissent.)
XXIII	204	L'Alembic (Mes pleurs mon feu decelent.)
XXIV	213	La Coingnée, & l'Arbre (Te nuisant ie me dommage.)
XXV	222	La Selle, & les deux hommes (Facile a deceuoir qui s'asseure.)
XXVI	231	La Lycorne qui se uoit (De moi ie m'espouante.)
XXVII	240	La Vipere qui se tue (Pour te donner vie ie me donne mort.)
XXVIII	249	Le Forbisseur (Mon trauail donne a deux gloire.)
XXIX	258	La Cye (Force peu a peu me mine.)
XXX	267	Cleopatra & ses serpentz (Asses vit qui meurt quand veult.)
XXXI	276	Le Papillon & la Chandelle (En ma ioye douleur.)
XXXII	285	Le Muletier (Double peine a qui pour aultruy se lasse.)
XXXIII	294	Le Chat & la ratiere (La prison m'est dure encor plus liberté.)
XXXIV	303	Le Paon (Qui bien se voit orgueil abaisse.)
XXXV	312	L'Asne au Moulin (Fuyant peine trauail me suyt.)
XXXVI	321	Le Pot au feu (Dedens ie me consume.)
XXXVII	330	La Lune en tenebres (Ma clarté tousiours en tenebre.)
XXXVIII	339	Europa sur le bœuf (A seurté va qui son faict cele.)
XXXIX	348	L'Arbalestier (Plus par doulceur que par force.)
XL	357	Le Coq qui se brusle (Plus l'estains plus l'allume.)
XLI	366	Leda & le Cygne (Cele en aultruy ce qu'en moy ie descouure.)
XLII	375	Le Vespertilion ou Chauluesory (Quand tout repose point ie ne cesse.)
XLIII	384	L'Horloge (A mon labeur iour et nuict veille.)

XLIV   393   Le Mort ressuscitant (Plus que ne puis.)
XLV   402   La Lampe sur la table (Le iour meurs et la nuict ars.)
XLVI   411   L'Yraigne (I'ay tendu le las ou ie meurs.)
XLVII   420   La Femme qui bat le beurre (Plus l'amollis plus l'endurcis.)
XLVIII 429   La Mousche (Plus se hante moins s'appriuoyse.)
XLIX   438   Le Chamoys & les chiens (Me sauluant ie m'enclos.)
L   447   Le Tumbeau & les chandeliers (Apres la mort ma guerre encor me suyt.)

a   (584)   à

1	2	Girouettoit, mal cault, a l'impourueue:
3	4	Pour non preueoir a mon futur dommage.
3	8	Donnée en proye a toute ingratitude:
4	2	De soy a soy grand' satisfaction,
4	8	Que quand ie vien a odorer les fleurs
5	2	Tiroit a moy, pour a soy m'attirer:
5	2	Tiroit a moy, pour a soy m'attirer:
5	6	Sans auoir faict a mon corps quelque bresche:
5	7	Tourne, dit elle, a moy, & te despesche.
5	10	Mais l'oeil, qui feit a mon coeur si grand' playe.
8	10	Moins reciproque a leurs craintif desdire.
12	6	A me stiller tout soubz ton habitude.
14	10	Sinon respondre a mutuelle fiebrue.
15	4	Pour l'esbranler a meilleur changement:
15	6	Commençant ià a cherir la vertu.
16	1	Ie preferoys a tous Dieux ma Maistresse,
18	1	Qui se delecte a bien narrer histoires
18	6	Ou se complaict a plaisamment descrire
18	7	Farces, & Ieux esmouuantz Gentz a rire.
19	2	Que nous lyer a son obeissance.
20	6	Tous paches sainctz oblige a reuerence.
20	8	A Romme alla, a Romme desolée,
20	8	A Romme alla, a Romme desolée,
21	6	Par main a tous prophanément notoyre.
21	10	De foy semblable a la sienne payé.
22	9	Qu'Amour à ioinct a mes pensées vaines
23	8	Pour t'entailler a perpetuité:
23	9	Mais ton sainct feu, qui a tout bien m'allume,
23	10	Resplendira a la posterité.
24	3	Puis peu a peu de clarté resiouy,
25	3	Tu la rendz sourde a mes chastes prieres,
25	4	Tant que mon mal est a moy suruiuant.
25	6	Ce, que le temps a grand peine extermine.
26	3	A son pied court l'vne & l'aultre Riuiere,
26	5	Il est semé de marbre a maintz monceaulx,
27	8	Ie fais pleuuoir ioyes a si grand somme,
28	2	Ardoir la face a son honnesteté?
28	10	De ce grand Pape abouchant a Marseille.
30	5	Ou l'Ame attaincte or' a deux il mespart,
32	7	Parquoy, ainsi qu'a chascun son merite
33	3	Que bien souuent a son vueil blandissante,
33	5	A mon instinct ie laisse conceuoir
33	10	Plus ie l'attire & plus a soy m'entraine.
34	4	Causast le mal, a quoy se disposa
34	8	De composer a toute repentence,
34	10	Pour autruy faulte offrir a penitence.
36	3	Quand a l'Archier l'aultre traict d'or ferra,
36	6	Il nous submit a estimable prys,
38	1	Bien fut la main a son peril experte,
38	4	Quand moins cuydois, qu'a m'aymer me faingnit.
38	6	A me fier en son erreur patente.

```
39   4    Qu'a peine i'ay iusques cy respiré.
39   7    Ie fey carene attendant a l'vmbrage,
40   4    Pource qu'a mieulx ma voulenté prouoque.
40   6    Ie n'eusse sceu a ce bort arriuer,
40   8    De ce, qu'a moy elle fait grand cherté,
42   5    Mais l'occupant, peu a peu, penetra,
45   1    Ma face, angoisse a quiconques la voit,
45   2    Eust a pitié esmeue la Scythie:
46   5    A quelle fin mon vain vouloir propose
47   8    A receuoir du bien fruition,
48   2    A l'Ame doulce ores cherement plaict:
48   5    A l'vn aggrée, & l'aultre desplaict.
51   2    Qui a Phebus offusque sa clarté,
51  10    A tous clarté, & a moy rend tenebres.
51  10    A tous clarté, & a moy rend tenebres.
52   7    Las ie me fais despouille a mes douleurs,
54   8    Feit confesser a la Fame importune,
55   8    Et s'attrempant, peu a peu lentement
56   1    Le Corps trauaille a forces eneruées,
56   9    Doncques a tort ne t'ont voulu poursuyure
57   1    Comme celluy, qui iouant a la Mousche,
57   3    Ie cours a moy, quand mon erreur me touche,
58   5    Ie commençay a esleuer la teste:
59   1    Taire, ou parler soit permis a chascun,
59   2    Qui libre arbitre a sa voulenté lye.
60   7    Et me tuant, a viure il me desire,
61   4    Ne te fust honte, & a moy grand'oultrage:
63   8    De mal pour bien a tes seruiteurs rendre?
64   8    En lieux a tous, fors a elle, euidentz.
64   8    En lieux a tous, fors a elle, euidentz.
65   2    A t'exercer, comme mal de mon bien:
66   3    Quand, admirant seulement a moytié
66   6    Pour estre a tous si grand contentement.
68   4    Par la memoire a leur mal reuenir.
68   5    A tout moment de toy le souuenir
69   2    Comme la langue a la voix les motz dicte:
69   5    Pour recouurer celle a moy interdicte
70  10    Mon esperance est a non esperer.
72   3    Veit le Modelle a ma triste ruyne
72   8    Me feit relique a ma perdition.
73   6    Te semble a veoir vne taincte verdeur,
73   8    Dont près ie suis iusqu'a la mort passible.
74   4    Et l'apperceu semblable a ma figure.
74  10    Pour esmouuoir ma Maistresse a pitié.
75   3    Me pourra donc estre imputé a vice,
76   2    Pour non la fin a mon doulx mal prescrire.
78   4    Tout rez a rez de ce, qui me soustient.
79   1    L'Aulbe estaingnoit Estoilles a foison,
79   8    Ie reuoquay a moy l'ame rauie:
80   9    Qu'en me voulant a elle accoustumer,
82   2    Qui aspiroit a celle fin heureuse,
82   6    Pour vouloir toute a son bien condescendre,
82  10    La bouche ouuerte a demander mercy.
83   1    Vulcan ialoux reprochoit a sa femme,
83   4    Battoit son filz pour complaire a son pere.
85   7    Pour a ta Dame un tel oultrage faire,
85   8    Qu'elle à plus cher a honte, & villainie
85  10    Que veoir Amour ceder a Calumnie.
```

```
86  10   Se fait tout butte a ma visée seure.
87   5   Et me vouldrois a plus souffrir estendre,
88   7   Celle s'enflamme a la vengeance faire,
88  10   A moy, aux Dieux, a ta coulpe si grande?
88  10   A moy, aux Dieux, a ta coulpe si grande?
89   2   Et de douleur se print fort a complaindre:
90   5   Luy seul a viure euidemment m'adresse,
90   6   Et toy ma vie a mort as consommée.
91   8   Mais a me plaindre à toy m'a incité
92   8   Tant qu'aultre n'est, fors elle, a mes yeux belle.
93   3   A qui Amour vaincu se vint offrir,
94   3   Mais retournant a chef de temps sur l'vnde,
94   9   Ainsi Amour, perdu a nous, rendit
95   1   Ton hault sommet, ô Mont a Venus saincte,
96   6   A desespoir, mon desseing dissipant.
97   1   A contempler si merueilleux spectacle,
97   4   Restant merueille a toute eternité,
97   6   Reuere a soy Chasteté Presidente
97  10   A qui de faict espere y paruenir.
98   5   Lors tout viuant a son repos veult tendre,
99   8   Qui nous chatouille a toute chose extreme,
100  9   Pour te monstrer, que lors homme a demy,
102  3   I'ay certes ioye a ta parolle ouir
102  4   A mon ouye asses tendrement dure:
106  2   Nuict refrigere a toute aspre tristesse:
106  9   Qui, m'excitant a ma peine commune,
107  1   Fortune forte a mes voeutz tant contraire
107  3   Ie ne te puis a mes faueurs attraire:
109  9   Car i'en veulx faire a tous si forte querre,
110  2   Les coeurs de tous a t'aymer curieux:
110  8   Rend son espée a ce Dieu inhumain,
110  9   Et a l'Archier son arc fulminatoire,
111  5   Soucys, qui point ne sont a la mort telz,
111  9   Lors tu verroys, tout autour a la ronde,
112  5   Mais, comme aduient, quand a souhait nous sommes,
114  8   Se vient luy mesme a martyre liurer:
115  4   Surpris le Coeur, & l'Ame a l'impourueue,
115  8   D'ambition, qui a tout mal consent,
117  6   A quelle fin ton vouloir se dispose.
117 10   De me donner, comme a mort, vie morte.
118  2   Me chatouilloit a plus haulte entreprise,
118  3   Me desrobant moymesme a mes plaisirs,
119 10   Oster l'esprit de ma vie a ma vie.
120  7   A qui le Dieu crie plain de tristesse,
121  2   En vn seul corps a mille Creanciers:
122  3   Des Bois vmbreux ie sens a l'impourueue,
122  7   Car a tout bruyt croyant que lon arriue,
123  3   Et toutesfoys ne peult a mon malheur
123  6   Laissant mon cas suspendre a nonchaloir.
123  8   A tous benigne, a moy est inhumaine,
123  8   A tous benigne, a moy est inhumaine,
126  1   A l'embrunir des heures tenebreuses,
126  4   Songe a moy vient, qui mon esprit desserre,
129  4   A l'oeil de l'ame estre vn temps plus vmbreux,
130  8   Si en temps deu on laisse a l'esmouoir,
130 10   Fait son office ardent a son pouoir.
132  8   Que ma pensée, a peu pres s'y transmue,
133  1   Le Vespre obscur a tous le iour clouit
```

a   (suite)
133   4   Qu'en te donnant a moy, tu m'estois Dame.
134   4   Au bien, qu'a deux elle mesme ordonna.
134   5   A luy & Corps, & Foy abandonna:
134   6   A moy le Coeur, & la chaste pensée.
134   8   A recepuoir le bien, qu'Amour despart,
135   2   Si la raison a ce nous contrainqnit?
137   1   De la mort rude a bon droit me plaindrois,
137   2   Qui a mes voeutz tendit oreilles sourdes:
139   6   A transformer son sauluage en humain.
139   7   Non que ne soit trop plus, qu'a ce Romain,
140   1   A Cupido ie fis maintz traictz briser
142   2   A bien seruir, m'à dit en ceste sorte:
145 10   Comme insensé, a toute heure oultrecuyde.
146   8   Pour s'amoindrir a aultres biens friuoles:
146   9   Et pour soulas a son trauail sera
147   6   Que la nuict est a repos inclinée.
149   9   Pour illustrer Nature a vice astraincte,
150   4   M'à tellement a son plaisir dompté,
150   7   Et là s'estendre, & a tous apparoistre
150   9   Mais, comme puis a l'esproeuue conqnoistre,
150 10   Son amytié, peu a peu, me ruyne.
151   9   Plus nuict la peur du mal a qui l'esproeuue,
151 10   Que la douleur a qui ià s'en deliure.
152   4   A delaisser si doulce seruitude.
153   4   Ne m'eust restraint a immortalité:
153 10   Me laisse vif a ma doulce homicide.
154   4   L'archier occit, quand il luy vient a point.
154   7   Mais, quant a moy, pour m'oster de martyre
154   8   I'ayme trop mieulx a la Mort recourir.
154 10   Sans coeur ne peult a son besoinq mourir.
155   7   Qui doubte estaint a son bref suruenir,
155   8   Souspeçonant a ma paix quelque scysme.
156   5   Car a toute heure il m'est aduis, que i'oye
156   6   Celle parler a son heureux Consort:
157   5   Que plus i'escoute, & plus a soy m'attire
158   6   M'eschaulfe l'Ame, & le Coeur a tourment,
158   8   Dessus sa lyre a iouer commença:
159   9   Et en ce poinct (a parler rondement)
161   9   O saincte loy a tous, fors a moy, iuste,
161   9   O saincte loy a tous, fors a moy, iuste,
162   2   Ce mien merite a celluy transporter,
162   3   A qui l'honneur du debuoir te conuie
162   6   Moins domestique a si qrand loyaulté:
164   9   Et a ce son me cornantz les oreilles,
165   2   A la memoire ouurent la veue instante,
168   6   Laisse le Corps prest a estre enchassé:
168 10   A qui Fortune, ou heur, ou estat change.
169   7   Mais tout ainsi, qu'a son obeissance
171   3   A son mourir ouure le froit Hyuer
171   7   Adonc en moy, peu a peu, diminue
173   6   Peut (Dieux beninqz) a son heur rencontrer.
173   9   Non moindre gloire est a me veoir oultrer,
173 10   Que te conqnoistre a mon vouloir oultrée.
174   5   Et a me veoir les Astres mal contentz
174   8   Qui, persistant a ses fins pretendues,
174   9   A mon trauail augmente le desir,
174 10   Striqile vain a mes sueurs perdues.
177   2   Tu me feis veoir, mais trop a mon dommage
4

a   (suite)
177   6   Donnant a tous mille esbahyssementz
177   7   Auec plaisir: a moy nourrissementz
180   1   Quand pied a pied la Raison ie costoye,
180   2   Et pas a pas i'obserue ses sentiers,
180   6   Tendent tousiours a celle droicte sente,
180 10   Et vueille, ou non, a mon contraire aymer.
181   3   Tous deux a fin de leur gloyre tendantz
181   7   Si sens ie en moy de peu a peu miner
182   6   Ne tend sinon a ce iuste debuoir,
183   6   Tresuainement me monstre estre a mort tainct.
184   6   Ie recourray a mon aueugle Iuge.
184   9   Et le laissant a l'extreme refuge,
185   3   Dont a l'espoir de tes glassons hurté,
185   4   Tu verrois cheoir les fueilles vne a vne.
185   6   Pour obuier a ton Nouembre froit,
185   9   Qu'on luy deburoit ayder a son endroit,
185 10   Comme l'Année, a sa fin iâ labeure.
187   5   Car a mon Hydre incontinent succede
187   6   Vn mal soudain a vn aultre repris.
188   8   A les auoir agreables constraindre,
189   3   Pour esclairer a mon bien arresté
189   6   A constamment pour si hault bien perir.
190 10   Est Calamyte a mes calamitez.
193   6   I'ouure les ventz a mes souspirs espaiz:
193   7   Mais ie m'asseure a l'heure de ma paix,
194   5   Qu'il faille a maintz par vn commun dommage
197   9   De luy ayder a si mortelle offence.
197 10   Qui tousiours ard, tousiours a l'ayde crie.
199   3   Et en l'ardeur, qui a toy me rauit,
200   2   Entreposé a sa clarté priuée
201   4   L'aultre Dodone inconqneue a Epyre,
202   4   A rendre en tout ma pensée contente?
202   7   Mais ie me tasche autant a captiuer
205   8   Est, quant a toy, de bien petite estime:
205   9   Mais, quant a moy, qui tout le t'ay donné,
206   8   Comme victoire a sa fin poursuyuie,
207   9   De peu a peu me fondirent ma glace,
209   1   Pour resister a contrarieté
209   3   Ie m'accommode a sa varieté,
209   8   Et puis le fait reduire a ma memoire,
210   1   Doncques le Vice a Vertu preferé
210   4   Imposera a la pure innocence?
211 10   Car sa foy est venin a Calumnie.
212   2   Furent obiect a mes pensers vnique,
212 10   Vn tant soit peu de trefue a mes tourmentz.
213   6   Pour rendre a luy le lieu inaccessible,
213   7   A luy, a qui toute chose est possible,
213   7   A luy, a qui toute chose est possible,
214   2   Solicitude a mes ardeurs contraire,
215   8   A bien, qui soit loing de maulx tant extremes.
216   2   D'heure en moment, de moment a tousiours
218   8   De paruenir a choses plus prosperes,
219   2   En membres apte a tout diuin ouurage,
219   6   Bien qu'a mon mal soient incitation.
219   7   Mais a mon bien m'est exhortation
219   8   Celle vertu, qui a elle commune,
219 10   A l'enuieuse, & maligne Fortune.
220   1   Deliberer a la necessité,

222	9	Las celluy est facile a deceuoir
223	9	Ie me deffis a si belle rencontre,
225	10	Là, ou le vray conteste a toute iniure.
226	10	Mettre en dispute a la suspition.
227	1	Pour m'efforcer a degluer les yeulx
227	10	Corps a ses faictz, & Ame a son hault nom.
227	10	Corps a ses faictz, & Ame a son hault nom.
228	8	Que plus profond a y penser ie r'entre:
229	4	A te monstrer en sa reflexion.
229	9	Et en mon coeur si bien a toy conforme
230	4	Qu'en se plainqnant il te dit a voix basse:
231	8	A y finir l'espoir encore se vante.
232	4	Depuis le soir iusqu'a la blanche Aurore.
234	4	Qu'a peine suis ie en mon trauail passible.
238	3	(Barbare a moy) ains trop cruellement
238	8	Qui, pour m'ayder, a leurs plainctes labeurent,
239	5	Se tourne a ioye: & par vers lon oppresse,
240	3	Trouue le iouq, a tous aultres sauluage,
241	4	A Sainctz piteux, qui voz desirs obtiennent.
241	5	Et ie m'adresse a Dieux, qui me detiennent,
241	8	Graces rendez, vous mettantz a dancer:
241	10	Deussent finir, sont a recommancer.
242	3	Et a mon bien estant neqotieux,
242	4	Ie l'ay trouuée a moy inexorable.
242	10	Iusqu'a la double, & fameuse Cité.
244	4	A mort me point ce mien aiqre soucy:
246	7	Mais veulx tu bien a piteux cas entendre,
246	8	Oeuure trespie, & venant a propos?
247	4	Tasche a la foy plus, qu'a beaulté viser.
247	4	Tasche a la foy plus, qu'a beaulté viser.
249	8	Et tressuant a si haulte victoyre,
249	9	Auqmente a deux double loyer croissant,
249	10	A moy merite, a toy louanqe, & qloyre.
249	10	A moy merite, a toy louanqe, & qloyre.
253	6	A ta statue aux Cieulx resplendissante,
253	9	La Gloyre aussi, qui a l'orner se vante
256	6	Que l'esperance a l'heure plus me fasche,
258	10	Monstra, que force a en fin, peu a peu mine.
259	10	Pourra par tout naqer a plaines voiles.
262	6	Font encor paour, mesme a la solitude,
262	10	A mon penser sont icy doulx seiour.
263	3	Quand m'esloinqnant, tant a moy suis rebelle,
263	5	Soit que ie sois en public ou a part,
263	6	Ses faictz, ses dictz sont a moy euidentz,
264	10	Te represente a moy trop plus, que viue.
265	8	Ces champs heureux, ou a present seiourne
265	10	Iamais, sans toy, a mes yeulx ne s'aiourne.
266	3	Son Crepuscule a ma veue est si cher,
266	5	Ià son venir a eschauffer procure
267	8	Luy ont donnée, a quoy en vain souspire?
268	1	A son Amour la belle aux yeulx aiquz
269	6	A son entrée en tenebres me met:
270	6	A moy iadis immortel arqument,
274	6	A labourer au iouq de loyaulté.
275	1	Pour m'incliner souuent a celle image
276	8	Sinistrement esleu a mon malheur,
277	4	Que par prys faict a son vouloir l'attraict.
278	9	Et tellement, certes, qu'a sa naissance

```
279   5   Ie puis (pourtant) a la memoire adioindre
279   8   De destinée a mon malheur suyuie,
280   7   Et, vainquant l'vn, a l'aultre recourir
281   3   En son diuin tant a vertu conioincte,
282   1   Basse Planete a l'enuy de ton frere,
282   6   A humecter les fueilles, & les fleurs:
284   2   La rend ainsi a chascun agreable,
285   3   Comme statue a l'esbaucher toute aspre:
286   9   Mais tout soubdain a ceste aspre rencontre
287   4   L'oreille sourde a ma iuste requeste.
287   7   Et si alors a grand tort accusay
288   8   Me brule, & ard iusques a l'esprit rendre.
289   8   Quand seulement commençois a venir,
289   9   Me contraingnit a m'oblier moymesmes
290   6   A resister aux amoureux traictz d'elle.
291   2   La blancheur telle, a peu près, qu'on peult veoir:
291   3   Mais il ne sçait a la froideur attaindre,
291   4   Et moins la faire a l'oeil apperceuoir.
291   7   Si ie taschois a te faire comprendre
292  10   Du mal, qui tout a si hault bien me poulse.
293   4   Parqui a soy elle à tous coeurs attraictz,
293   7   Et quant a moy, qui sçay, qu'il ne luy chault,
294   1   A quoy pretendre yssir librement hors
297   4   Car ta figure a moy s'addonne toute.
297   6   Se soubriant a mes chastes prieres.
298   9   Comme a chascun euidemment feit veoir
299  10   Digne excuse est a mes erreurs honnestes.
300   3   Puis ton regard a sa vie l'enflamme,
301   8   Ie sentis tant ses pleurs a moy se ioindre,
302   2   Qu'a larmoyer il esmeut ma Maistresse,
302   9   Mais la cuydant a mon besoing estraindre
303   6   Trop mieulx, qu'en luy nostre face a le veoir.
304   5   Car a la veoir alors il m'est loysible,
304   7   Parquoy ie vien, coup a coup, regarder
304   9   Qu'a la reueoir ne puis vn rien tarder,
306   3   Ta grace apres peu a peu m'attirant,
307   3   Et n'est plaisir, qu'a mes yeulx elle face,
308   4   Pour a leur blanc diligemment frapper.
308   9   A noz plaisirs, comme le mur s'oppose
309   6   Pour mettre a fin leur honneste desir.
309   9   Ainsi tu fais (quand te vient a plaisir)
310   6   Que la pitié n'à sceu a soy ployer, .
310   8   A soustenir mes peines ephimeres,
311   7   Osté l'espoir a ce mal necessaire:
312   8   Qui le moleste, & a fin le poursuyt.
314   2   Pour tout a celle vniquement complaire,
314   3   Qui a m'occire est tousiours tant courtoise,
314   7   Et quand a moy son droit elle debat,
315   4   Que contre soy se prent a despiter:
315   9   Ie vois a elle, & m'accuse, & l'apaise,
318   3   Mais seurement (a ce, que ie congnois)
318  10   Espaigne, France, & Italie, a Nice?
319   2   De toute estoille a nous mortelz heureuse,
319   3   Et plus de grace a son aspect rendant,
319   6   Et toute a vice alors se auilissant,
320   2   Ce mien souhaict a ma fin s'aiguiser,
322   4   A poursuyuir si grandes raritez.
323   5   Aussi a bien vertueusement viure
```

a   (suite)
    323 8   Sauoye ostée a ton persecuteur,
    324 9   Vn Paradis a tous espritz marriz,
    325 2   A tout gentil de donner en perdant:
    325 4   Que sien il est, tout aultre a soy rendant.
    325 7   Que sans point faire a ta vertu iniure,
    326 2   Comme vn malade attend a son salut,
    326 9   A celle suis tout en perdition,
    327 6   Comment? vas tu sans armes a la chasse?
    329 2   Ou a mes voeutz forcer ma Maistresse?
    329 5   Pource a l'Archier, le plus du temps, m'adresse,
    329 6   Comme a celluy, qui plus de mal me faict:
    330 2   A cest enfant sur tous les Dieux puissant,
    331 4   Ces miens souspirs, qu'a suyure elle s'applique.
    331 8   A tant pleurer, que sans cesser distillent?
    331 9   Las du plus, hault goutte a goutte elles filent,
    333 1   Courantz les iours a declination
    336 6   Et a son pire il se voyt paruenu.
    337 3   Occasion conteste a la demande,
    339 7   A celle fin, que la perseuerance
    339 8   Tousiours me poulse a si heureux deduytz,
    339 10   Celant mon feu, a bon Port le conduys.
    340 2   Cedant icy a la nuict tenebreuse,
    341 2   Que la pensée a mes yeulx la presente,
    342 1   Quand quelquesfoys d'elle a elle me plaings,
    342 4   Sortant rosée en pluye vient a croistre.
    342 7   Le Rossignol a chanter curieux
    342 10   Ses aeles baigne, a gré se reposant.
    343 6   Le cauteleux, peu a peu, se retire
    344 7   Qu'ores a ioye, ore a dueil tu m'incites
    344 7   Qu'ores a ioye, ore a dueil tu m'incites
    344 10   Correspondant a mes souspirs tremblantz.
    346 1   A si hault bien de tant saincte amytié
    346 4   A tout le moins mon loyal persister,
    346 9   Pour seulement se conioindre a sa Saone
    346 10   Iusqu'a leur Mer, ou tous deux vont mourir?
    347 6   Te donne a moy, mais pour plus sien me rendre.
    347 9   Ny fin aussi, qui me donne a entendre,
    348 5   Non differente a la calamité,
    348 6   Qui se fait butte a cest Archier mal seur.
    350 4   Et rendre a soy la veue prisonniere:
    352 9   Donc ce remede a mon mal ne vauldroit.
    354 5   Adonc mes yeulx ie dresse a veoir la face,
    355 8   Ou est l'abysme a mon cler iour nuisant,
    356 4   Pour donner lieu a la nuict tenebreuse,
    356 8   Et en leur bruyt durent iusques a tant,
    357 8   Remedier a si grand' amertume:
    358 6   Rompt ceste noise a nulle aultre pareille.
    359 8   Pour te monstrer a l'oeil euidamment,
    360 3   Que mes souspirs respandant a leur aise,
    364 2   Prendre congé, & te dire a Dieu, Dame:
    364 5   L'oeil a plorer si chauldement s'enflamme,
    364 6   Qu'il t'esmouuroit a grand' compassion.
    365 8   Le doulx regard a mon mal souuerain
    370 5   Ainsi donné en proye a la destresse,
    371 7   Me tire a doubte, & de doubte a terreur.
    371 7   Me tire a doubte, & de doubte a terreur.
    372 6   T'ouure la bouche, & en tire a voix plaine
    373 1   A son aspect mon oeil reueremment

a (suite)

374	10	Et a present ses Amantz il fouldroye.
378	1	La blanche Aurore a peine finyssoit
378	5	Reuint a moy soubz les Custodes closes
378	8	De donner heur a ma fatalité,
379	8	De feu, & vent, vndoyent a grandz flotz.
380	4	A estre loing d'humaine infection:
381	2	Mouoir l'horreur a mon indignité
381	10	Le tient caché a l'admiration.
382	4	De se monstrer peu a peu s'esleuant.
382	5	Plus pas a pas i'esloingne le Leuant,
383	7	Quand ta presence a moy se diminue,
383	9	Et quand ie voy ta face a demy nue,
384	8	De mes deffaultz i'aspire a la merueille
384	10	A mon labeur le iour, & la nuict veille.
385	3	Lors que la nuict a l'esprit sa guerre ouure,
385	8	Celle a mes yeulx soubdain representa,
386	3	Semble a mon oeil, qui lors point ne sommeille,
386	6	M'ont a ce ioug iusqu'a ma fin conduyct.
386	6	M'ont a ce ioug iusqu'a ma fin conduyct.
386	7	Et quand apres a plaine face il luyt,
387	7	Mais tout ainsi qu'a son aduenement
388	7	Car de ieunesse il aprint a l'aymer.
389	8	A me vouloir a si hault bien instruire.
389	8	A me vouloir a si hault bien instruire.
391	5	A leur entente, & ingratz deuenuz,
392	6	Et a tout bien, que la Nature baille,
392	9	Et quand la paix a nous vnir trauaille,
393	3	Ores a Poge, or' a l'Orse tempeste,
393	3	Ores a Poge, or' a l'Orse tempeste,
393	4	Ouuertement, & aussi a l'emblée,
394	8	Pour estre a elle en ses vertus semblable.
394	10	Pour a mes voeutz se rendre inexorable.
395	9	Et ceste, ainsi qu'a present, adoroit
396	2	A son repos sur le soir se retire:
396	9	Et moy suant a ma fin grandement,
397	5	Or que seroit a penetrer au bien,
397	8	Et contemplant sa face a mon dommage,
397	9	L'oeil, & le sens peu a peu me deffault,
401	10	Pour tout complaire a son impieté.
402	2	Et le rend apte a trancher la durté.
402	6	Le reseruant a plus seconde chose.
402	8	A mon souffrir, m'aiguise par ses artz
403	4	Et si me sens a la reuoir indigne,
404	2	Plus a mon mal, maulgré moy, ie consens.
404	8	Tant qu'a la perdre a present ie souhaicte.
404	8	Tant qu'a la perdre a present ie souhaicte.
406	5	Pource souuent mettant a nonchaloir
407	8	A illustrer tes yeulx par mort terniz.
410	5	Troublant a tous le sens, & le cerueau,
410	6	Voire & qui l'ordre a la raison efface.
410	9	Nuyre ne peult a chose qu'elle face,
412	4	A viure en toy vie contemplatiue?
413	9	Raison au faict me rend souffle a la vie,
414	8	S'escarte a soy, & son bien inuentif.
416	4	Car eulx tendantz a dissolution
416	8	Ie suyue en fin a mon extreme mal
417	7	Si bien forma, qu'a iamais sa vieillesse
417	8	Verdoyera a toute eternité:

a   (suite)
417 10   A desrobée a immortalité.
418   6   Y fueilla d'or a corroyes Heliques,
418   9   Dessus son Plinte a creux, & rondz obliques
419   4   D'vne portée a leur si haulte emprise:
421   2   De son bas vol s'estende a la vollée,
423   2   A toute vie austerement humaine,
423   4   Qui de douleur a ioye me pourmeine:
423   9   Lieux escartez, lentement pas a pas
424   2   Comme plaisir, & gloire a l'Vniuers,
426 10   En aultruy paix, qui a soy donne guerre.
427   2   De se laisser a ses desirs en proye)
427   9   Aussi comment serois ie a elle vny,
428   4   Qu'en effect d'elle a aultruy trop n'agrée
428   6   A mon merite en palme de ma gloire.
428   9   A mon besoing se fait de paour victoire
429   4   Tant ennemye a reputation:
429   6   A la vertu gentilesse adonnée,
430   1   Quoy qu'a malheur ie vueille attribuer
430   2   Coulpe, ou deffault, qui a mon vueil conteste,
430   4   A mon dommage asses, & trop moleste,
431 10   L'espoir vainquant a la fin le desir.
432   3   Ont gouuerné mes plaisirs a leur mode,
433   4   S'esblouissant a son plaisant aspect
433   6   A modestie, & moins d'elle iouir.
434   2   Et plus tranquille, & apte a conceuoir,
434   4   Comme clarté a l'obiect, qu'on veult veoir:
434   7   Que ne faisoient presentez a sa face
435   7   O que doulceur a l'Amant rigoureuse
436   2   Qui a aymer enseigne, & reuerer,
436   6   Dessus la doubte a ce coup sommeilleuse.
437 10   Et ià mespart a ses Aiglons la France.
438   6   I'eschappe a doubte, espoir, ardeur, attente,
439 10   Tousiours m'enseigne a aymer, & hair.
441   8   A plus grand bien, & non a fin sinistre,
441   8   A plus grand bien, & non a fin sinistre,
441   9   M'à reserué voulant qu'a tous appere
442   8   Du temps nous poulse a eternité telle,
442 10   Nous oste a Mort pour la vie immortelle.
443   1   Combien qu'a nous soit cause le Soleil
444   2   Mais trop plus digne a si doulce folie,
444   6   A la Vertu me pouuant consommer,
445   2   Propice obiect a noz yeulx agreable,
445   4   Qui nous esclaire a tout bien desirable,
445   5   Affin qu'a tous son feu soit admirable,
445   6   Sans a l'honneur faire aulcun preiudice:
446   3   A quoy l'Esprit se veult tresbien resouldre,
446   7   Doncques, pour paix a ma guerre acquerir,
446   8   Craindray renaistre a vie plus commode?
446   9   Quand sur la nuict le iour vient a mourir,
446 10   Le soir d'icy est Aulbe a l'Antipode.
448   8   D'aulcun acquest, mettre honneur a mercy,
448 10   Pour beaucoup moins, qu'a Charles Landrecy?

                    *   *   *

  7   3   A imprimé en ma lumiere ronde
 32   6   A faict l'offence, & toy, & moy irrite.
 67   6   Comme aultresfois mon coeur l'a bien prouué.
 82   3   A de l'ardeur si grand feu attiré,
 87   3   De mon bon gré au trauail m'a offert,

a   (suite)
    91   8   Mais a me plaindre à toy m'a incité
   124   7   A congelé ce Brouas pluuieux,
   127   3   A eu du Ciel ce tant heureux pouoir
   128   4   A esclercy le brouillas de Fouruiere:
   128 10   En ma pensée a mys l'obscure nuict.
   139 10   M'a esté voye, & veue, & puis victoire.
   160   7   A tranquillé la tempeste par l'air
   224   8   Ou le meurdrier m'a meurdry, & noircy
   226   4   A sceu fonder le fort de ses appuyz:
   388 10   A preualu contre sens, & contre aage.
   413   6   Ne m'a rauy de liesse assouuie.
   417 10   A desrobée a immortalité.

à   (86)   a
     4   3   Des neuf Cieulx à l'influence empirée
     6   8   Ma liberté luy à toute asseruie:
    10 10   M'à faict gouster Aloes estre Manne.
    12   4   Que ma pensée il t'à toute rauie,
    13   5   Car telle ardeur le coeur en à receu,
    14   8   Dedans la fosse à mys & Loup, & Chieure,
    16   4   Que contre moy son dard à desbandé.
    16   6   Le m'à nyé, comme pernicieuse.
    22   9   Qu'Amour à ioinct a mes pensées vaines
    23   2   T'à de chascun l'affection acquise.
    35   1   Ia deux Croissantz la Lune m'à monstré:
    41   5   Que m'à valu d'aymer honnestement
    53   6   Vertu occulte, il l'à soubdain submis
    53 10   L'à remis sus en sa force inuincible.
    54   6   L'en à orné, durant qu'il à vescu.
    54   6   L'en à orné, durant qu'il à vescu.
    56   8   En toy des quatre à mis leur querison.
    66   8   Et Corps, & Coeur, à ià l'Ame conquise:
    71   4   Comment? ie vois. Ta force elle à saisie.
    72   1   Quiconque à veu la superbe Machine,
    81   8   Ce que de toy elle à, certes, appris.
    84   3   Qui m'à le moins, que i'ay peu, irrité,
    85   1   Non sur toy seule Enuie à faict ce songe,
   120   8   Ie veulx, Venus, ton filz, qui à mespris.
   128   2   Nous à daingné de sa rare lumiere,
   136   4   Qui l'autre viue à fait mort receuoir.
   142   2   A bien seruir, m'à dit en ceste sorte:
   142   8   Qui pour elle à coeur, & corps asseruy,
   145   6   Et là tremblant, si grand coup à donné,
   145   7   Qu'en s'arrestant, le creux à resonné
   150   4   M'à tellement a son plaisir dompté,
   160   3   Elle à le Ciel serainé au Pays,
   161   8   Que droict humain, & non diuin, à faict.
   167   4   Qui mon certain à ainsi debatu,
   167   9   Comme elle seule à esté, & sera
   168   7   Et si bien à vers l'Ame pourchassé,
   188 10   Ou le merite oncques n'à peu attaindre.
   197   4   De ton mourant à le vif attiré
   238   2   Ne m'à icy relequé en ceste Isle
   251   5   Qui m'à frustré de ce bien singulier,
   251 10   Au loz, & heur de qui à eu la Rose.
   252   2   Nous à cy bas heureusement transmys
   252   7   Car il à plut (non de ce coustumier)
   253 10   Par temps, qui n'à aulcun terme prescript.

à   (suite)
    260   6   M'à esueillé cest orage oultrageux,
    263   2   Qui de mon ame à eu la meilleur part?
    273   6   Auec ma ioye à d'elle prins congé.
    278   7   En qui Nature à mis pour sa plaisance
    281   7   C'est qu'elle viue à vescu tellement,
    293   4   Parqui a soy elle à tous coeurs attraictz,
    294   4   En à ià fait, voire telle habitude,
    305 10   France perdit ce, qu'à perdu Hollande.
    310   6   Que la pitié n'à sceu a soy ployer,
    310   7   Ne du trauail, qu'on m'à veu employer,
    327   5   Et luy à dit, près d'elle volletant:
    340   7   Mais le matin (trop hastif) m'à priué
    354   6   Qui m'à causé si subit changement:
    356   1   Quand Titan à sué le long du iour,
    371   8   Mais en mon coeur à mis dissention
    374   6   En l'aiguisant par son feu l'à passé,
    387   6   Qui cy m'à faict pecher villainement:
    441   9   M'à reserué voulant qu'a tous appere
                       *   *   *
     25   2   Du bien, donc suis, long temps à, poursuyuant,
     85   8   Qu'elle à plus cher a honte, & villainie
    100   6   Tant elle m'à pour son foible ennemy.
    106   8   Luisante au centre, ou l'Ame à son seiour.
    107   4   Car ta Dame à ma roue entre ses mains.
    107   6   Elle à mon arc pour nuire, & secourir.
    142   6   La peine, qu'à le sien corps seulement,
    206   4   Qui à la clef de ses detentions.
    225   9   Que souspeçon n'à aulcune racine
    250   7   Ie luy respons: Elle en à voyrement
    260 10   Vaquer en gouffre, ou n'y à fons ne ryue.
    265   6   De celle là, qui n'en à point soucy.
    266   4   Que d'aultre chose elle n'à ores cure.
    284   6   Monstre, qu'en soy elle à plus, que de femme.
    285 10   Double peine à, qui pour aultruy se lasse?
    347   8   Ta rondeur n'à aulcun commencement,
    371   2   Ny la peine estre, ou il n'y à coulpe aulcune:
    389   1   Elle à le coeur en si hault lieu assis
    410   2   Qu'ell' à en soy, ie ne scay quoy de beau,
                       *   *   *
     59   8   Et vienne à qui vn tel mal nous procure.
     91   8   Mais a me plaindre à toy m'a incité
    108   6   Taschant tousiours à me faire nuisance.
    124   8   Pour contrelustre à ta diuine face.
    265   5   Tant est ma vie à la presence astraincte

aage   (7)
      6   1   Libre viuois en l'Auril de mon aage,
    177   5   Le venerable en ton flourissant aage
    194   2   Par tes vertus nostre bienheureux aage,
    278 10   Renouella le Phoenix de nostre aage.
    281   5   Et si la Mort, quelque temps, pert son aage
    388 10   A preualu contre sens, & contre aage.
    421   7   Vueillent voler le sens, & le fol aage,

aages   (1)
    407   1   En moy saisons, & aages finissantz

abaisse (1)
    303 10 Que, qui se veoit, l'enflé d'orgueil abaisse.

abaissent (1)
    195 10 Les forces, las, de iour en iour s'abaissent.

abandonna (1)
    134 5 A luy & Corps, & Foy abandonna:

abandonnant (1)
    67 2 Cacha son arc, abandonnant la Terre.

abandonnay (1)
    272 10 Car lors ma vie, & moy abandonnay.

abandonné (2)
    205 7 Qui, trop heureux ainsi abandonné,
    443 6 De tous mes sens me rend abandonné,

abandonnée (2)
    172 7 De la vertu au bleu abandonnée,
    393 8 Abandonnée & d'aydes, & d'appuys.

abandonner (1)
    385 5 Auec le lict cuydant abandonner

abas (1)
    213 10 Quand ie te cuyde abatre, ie m'abas.

abat (1)
    359 2 Si viuement, qu'il le blesse, ou l'abat:

abatre (1)
    213 10 Quand ie te cuyde abatre, ie m'abas.

abatu (2)
    15 7 Aussi par toy ce grand Monstre abatu,
    283 7 Certes, estant ton corps foible abatu,

abatue (1)
    175 5 Toute hautesse est soubdain abatue,

abel (1)
    116 8 Du sang d'Abel deuant Dieu criera

abhorrir (1)
    28 7 Et abhorrir pour vil contemnement

abiron (1)
    165 10 Auec Dathan au centre d'Abiron.

abismée (1) aby-
    165 9 Ie m'apperçoy la memoyre abismée

abonde (2)
    245 6 Que le parfaict, dont sa beaulté abonde,
    253 4 S'enfle du bien, que par toy luy abonde:

abondoit   (1)
     105   6   Tant abondoit en faueur, & en grace,

abortiuement   (1)
     137   6   Ne fust ma ioye abortiuement née.

abouchant   (1)
     28 10   De ce grand Pape abouchant a Marseille.

abouchement   (1)
     318   7   Que diray donc de cest abouchement,

aboys   (1)
     21   1   Le Cerf volant aux aboys de l'Austruche

abrege   (1)
     305   9   Aussi cest An par Mort, qui tout abrege,

abregement   (2)
     218   3   Mais mon destin pour mon abregement
     384   5   Comme celluy, dont pend l'abregement,

abreger   (2)
     31   9   Pour non pouoir ce malheur abreger,
     202   5   Ie ne le fais pour abreger l'attente,

abreué   (1)
     70   9   Las abreué de si forte Alluyne,

abreuer   (1)
     331   6   Pour abreuer mes flammes appaisées.

absconsa   (1)
     145   3   Que quand le traict delasché s'absconsa

absconsant   (1)
     106   3   Mais s'absconsant le Soleil, qui me nuyt,

absconse   (1)
     167   1   Viuacité en sa ieunesse absconse,

abscynce   (1)
     50 10   Ie masche Abscynce en mon piteux affaire.

absence   (10)
     35   8   Car le mourir en ceste longue absence
     62   7   Voy: Seulement la memoire en l'absence
     129   3   Qui faict prouuer la nuict de ton absence
     138   1   Non tant me nuict ceste si longue absence
     141   9   Parquoy de rien ne me nuyt son absence,
     264   9   Qui, maulgré Mort, & maulgré toute absence,
     266   8   Sa longue absence en presence tournée:
     352   1   Non moins ardoir ie me sens en l'absence
     363   3   Que ie la voy toute telle en absence,
     368 10   Que me causoit l'obscur de son absence.

absent   (4)
     144   4   Pour pres que soye, encores suis ie absent.
     215   4   Que, moy absent, elle ne soit presente.
14

absent   (suite)
     338   9   Parquoy ie souffre & present & absent,
     434   1   Ainsi absent la memoyre posée,

absenta   (1)
     385 10   De ce coeur sien oncques ne s'absenta.

absente   (7)
      46   9   Plus ie m'absente, & plus le mal s'ensuyt
     144   1   En toy ie vis, ou que tu sois absente:
     180   7   Qui plusieursfoys du iugement s'absente,
     215   1   Ie m'en absente & tant, & tant de foys,
     215   2   Qu'en la voyant ie la me cuyde absente:
     403   3   Toute nuict i'ars la desirant absente,
     433   1   Ie m'en esloingne, & souuent m'en absente,

absouldre   (2)
     135   3   Amour le noud lassa, & pour l'absouldre
     425   5   Ie ne me puis (pourtant) d'erreur absouldre,

abusant   (1)
     297 10   Pour non, ainsi m'abusant, m'estranger.

abusay   (1)
     287   9   Et priuément (peult estre) en abusay:

abuse   (1)
      57   6   Que de ma foy plainement elle abuse,

abusé   (1)
     312   9   Bref quand i'ay bien de moymesme abusé,

abuser   (1)
     276   5   Et d'vn desir si glueux abuser,

abuserois   (1)
      61   3   Si le deuoir duquel i'abuserois,

abysma   (1)   abi-
      94   2   Le Dieu volant, qu'en Mer il s'abysma:

abysme   (5)
       7 10   Elle m'abysme en profondes tenebres.
     118 10   Tout ie m'abysme aux oblieuses riues.
     164   8   De cest abysme, auquel ie perissoys:
     355   8   Ou est l'abysme a mon cler iour nuisant,
     439   5   Dedans lequel il m'abysme, & me plonge

abysmée   (1)
     103   8   L'Ame abysmée au regret, qui la mord.

abysmes   (1)
      79   5   Lors du profond des tenebreux Abysmes,

accelere   (1)
     159 10   Fuyant ma mort, i'accelere ma fin.

acceptant   (1)
      53   9   Puis l'acceptant de ses prouuez amys,

15

acces   (1)
    383   8   Me redoublant l'acces es mille formes.

accident   (1)
    190   6   Comme assaillyz de mortel accident.

accidentz   (2)
     68   2   Maintz accidentz maintes fois aduenir,
    337   1   Veu que Fortune aux accidentz commande,

accoinctance   (1)
    431   4   Me fait fuyr ta priuée accoinctance

accointement   (1)
     41   4   N'eust oncques lieu en nostre accointement.

accointer   (1)
    247   9   Pour s'accointer des noirs, & laidz Corbeaux

accommode   (1)
    209   3   Ie m'accommode a sa varieté,

accompaignant   (2)   aco-
    238   9   Accompaignant ces fontaines piteuses,
    355 10   Accompaignant le Vermisseau luisant.

accompaignée   (1)
     87 10   Doulce la peine au mal accompaignée.

accomplie   (1)
    424 10   Parfaicte au corps, & en l'ame accomplie.

accomplir   (1)
    134   1   Saincte Vnion pouoit seule accomplir

accomplissantz   (1)
    288   4   Accomplissantz si belle Creature,

accomplissementz   (2)
    177   9   Et toutesfoys telz accomplissementz
    295   6   Soit en deffaultz, ou accomplissementz.

accomplisses   (1)
    416   6   Affin qu'en moy mon bien tu n'accomplisses,

accomplit   (1)
    176   5   Puis sa rondeur elle accomplit luisante:

accomply   (1)
    396   3   Le Pelerin, son voyage accomply,

accomplye   (1)
    405   7   Parquoy iamais ie ne voy accomplye

accordes   (2)
    196   5   Que paix, & guerre ensemble tu accordes
    344   3   Comment ensemble vnyment tu accordes

16

accordz   (5)
    173   3   De l'harmonie en celestes accordz,
    243   5   Mille debatz, puis soubdain mille accordz,
    337   4   Qu'affection pretent en ses accordz.
    344   8   Par tes accordz, non aux miens ressemblantz.
    392   5   Mais toy contraire aux naturelz accordz,

accoup   (2)   acoup
    244   3   Si ie paslis accoup, comme plein d'ire,
    261   3   Parquoy accoup l'aigreur m'est redondée

accouroit   (1)
    395   6   Et pour tesmoing aux nopces accouroit.

accoustrée   (2)
    173   8   D'espoir ainsi enuers moy accoustrée,
    327   1   Delie aux champs troussée, & accoustrée,

accoustrer   (1)
    374   4   Pour luy vouloir ses fouldres accoustrer.

accoustumée   (1)
    121   6   De paix tranquille, & vie accoustumée,

accoustumer   (1)
    80   9   Qu'en me voulant a elle accoustumer,

accreurent   (1)
    301 10   M'accreurent lors vn aultre feu non moindre.

accroistras   (1)
    22   6   Amoindriras, ou accroistras mes peines.

accroppy   (1)
    129   8   Comme le Lieure accroppy en son giste,

accroys   (1)
    282   9   Aux patientz tu accroys leurs douleurs:

accueil   (2)
    279   6   Le souuenir de ton diuers accueil,
    299   4   Comme au besoing n'ayant eu doulx accueil,

accueilz   (1)
    324   7   Par doulx accueilz, & gracieux soubriz,

accule   (1)
    333   5   Et ià (de loing,) courbe viellesse accule

accusay   (1)
    287   7   Et si alors a grand tort accusay

accuse   (6)
    57   9   L'ay ie iuré! soubdain ie m'en accuse,
    88   8   Cestuy t'accuse, & iustice demande.
    91   7   Non que i'accuse en toy nature rude:
    225   8   M'accuse en rien, mon innocence iure,
    315   9   Ie vois a elle, & m'accuse, & l'apaise,
    425 10   I'accuse aultruy pour tout me condamner.
17

accuserois   (1)
    61 1 Plus librement, certes, i'accuserois

acertener   (1)
   249 3 Tresaisément te peult acertener,

acheuoit   (1)
   277 5 Là Benedict acheuoit arc, & traict,

achoison   (1)
   115 6 I'ars de plus fort sans nouelle achoison.

acompaigne   (1)   acco-
   225 4 Mesmes qu'il veoit, que Vertu m'acompaigne,

acoup   (4)   accoup
    29 6 Ma Dame acoup s'en saisit par cautelle.
   107 7 Aumoins toy, Mort, vien acoup me ferir:
   174 7 Pour non acoup de vueil me dessaisir,
   336 8 Pourquoy ne vois ie acoup le retirer?

acquerir   (4)
   110 7 Pour t'acquerir perpetuelle gloire,
   186 7 Et au danger son remede acquerir,
   189 7 Perir i'entens, que pour gloire acquerir
   446 7 Doncques, pour paix a ma querre acquerir,

acquerre   (1)
   426 8 Ce bien, voyant que ie ne le puis acquerre:

acquest   (1)
   448 8 D'aulcun acquest, mettre honneur a mercy,

acquiere   (1)
   218 7 Bien que i'acquiere en souffrant la science

acquiert   (1)
   407 6 Comme la Bise en allant acquiert force,

acquise   (2)
    23 2 T'à de chascun l'affection acquise.
    66 10 Chose par temps, & par labeur acquise.

acquit   (1)
   139 4 Qui tel souhaict inesperé m'acquit,

acquitter   (1)
   198 9 De foy promise enuers moy s'acquitter,

acte   (3)
   110 5 Mais veulx tu faire acte plus glorieux,
   340 6 Et en tout acte, oultre l'espoir priué.
   363 5 Par diuers acte, & mainte inuention

actes   (2)
   131 5 Mais toy, Delie, en actes plus humains
   322 9 I'ay beaucoup plus de tes actes humains,

```
action   (1)
   224  4  Ma Primeuere en sa verte action.

actiue   (2)
   150  3  Moytié bon gré, & viue force actiue,
   412  5  Ou toutesfoys mon coeur par oeuure actiue

addonne   (1)  ado-
   297  4  Car ta figure a moy s'addonne toute.

addresse   (1)  adr-
   332  4  Ainsi troué, vers Délie s'addresse.

adhere   (1)
   65 10  Tant me tient sien l'espoir, qui trop m'adhere.

adioinct   (1)
   308  1  La craincte adioinct aeles aux piedz tardifz,

adioindre   (1)
   279  5  Ie puis (pourtant) a la memoire adioindre

adiure   (1)
   325  9  Et par ce nom encor ie t'en adiure,

adiurer   (1)
   210  8  Que par durs motz adiurer il vous faille)

admirable   (4)
     2  2  Rendit de soy la Nature admirable.
    53  4  Crea FRANCOYS d'admirable prestance:
   431  2  Pour reuerer l'admirable prestance
   445  5  Affin qu'a tous son feu soit admirable,

admirant   (4)
     7  6  En admirant sa mirable merveille,
    66  3  Quand, admirant seulement a moytié
   146  1  Donc admirant le graue de l'honneur,
   228  7  Les admirant si doulcement ie meurs,

admiration   (3)
     2  7  Mouuant aux Cieulx telle admiration,
   182 10  Ce Monde voyse en admiration.
   381 10  Le tient caché a l'admiration.

admire   (3)
   182  2  Admire en toy Graces du Ciel infuses:
   288  3  Et plus i'admire, & adore les Cieulx
   375  8  De iour l'admire, & la prie sans cesse:

admirer   (2)
   165  3  Pour admirer, & contempler trop mieulx
   412  8  Pour admirer la paix, qui me tesmoingne

admonestes   (1)
   299  8  Le coeur craintif, (comme tu m'admonestes)

adolescence   (1)
     6  2  De cure exempt soubz celle adolescence,
```

adonc   (8)
     113   5   Adonc aura congrue nourriture
     159   7   Adonc l'esprit poulsant hors roidement
     171   7   Adonc en moy, peu a peu, diminue
     268   5   Adonc l'Enfant esbahy luy demande:
     321   5   Adonc, craignant ses Magiciens arts,
     343   9   Parquoy adonc auec plus grand martyre
     354   5   Adonc mes yeulx ie dresse a veoir la face,
     374   5   Adonc Vulcan pour plus noz coeurs oultrer,

adoncques   (1)
     206   7   Deuil traistre occulte, adoncques tu m'assaulx,

adonis   (1)
      11   3   Que sur Clytie Adonis ià cliné

adonnée   (1)   addo-
     429   6   A la vertu gentilesse adonnée,

adonnoit   (1)
     283   4   Perdra le tout, ou plus lon s'adonnoit.

adora   (1)
       2   8   Qu'au premier oeil mon ame l'adora,

adore   (3)
     288   3   Et plus i'admire, & adore les Cieulx
     307   1   Plus ie la voy, plus i'adore sa face,
     387   2   Auecques moy le Ciel la Terre adore,

adorer   (5)
      24 10   Car seulement pour t'adorer ie vis.
     182   8   Mais d'adorer toute parfection:
     194   3   Sans efforcer le Monde d'adorer
     235   9   Car plus souuent ie viendroys adorer
     326 10   Que i'offençay pour l'adorer indigne.

adorera   (1)
      15   9   T'adorera soubz tes piedz combatu,

adoreront   (1)
     283   9   Adoreront ta diuine vertu

adorez   (2)
     124   3   C'est par les tiens de ce Monde adorez,
     386   4   Veoir les cheueulx, de ce Monde adorez,

adorois   (1)
      65   6   Mal i'adorois tes premieres faueurs.

adoroit   (1)
     395   9   Et ceste, ainsi qu'a present, adoroit

adoulcis   (2)
     285   6   Tu l'adoulcis, & ià reluict tresbien.
     420   8   Ie luy complais vn peu, puis l'adoulcis

adresse   (3)   addr-
      90   5   Luy seul a viure euidemment m'adresse,

20

adresse   (suite)
    241   5   Et ie m'adresse a Dieux, qui me detiennent,
    329   5   Pource a l'Archier, le plus du temps, m'adresse,

adroit   (1)
    352   7   Le Cerf blessé par l'archier bien adroit

aduenement   (2)
     28   9   Car ie iouys du sainct aduenement
    387   7   Mais tout ainsi qu'a son aduenement

aduenir   (3)
     68   2   Maintz accidentz maintes fois aduenir,
    155   9   Et quand i'y pense, & le cuyde aduenir,
    404   3   Que i'aurois cher (s'il debuoit aduenir)

aduersaire   (2)
    311   6   Mais comme sien capital aduersaire,
    359   1   Quand l'ennemy poursuyt son aduersaire

aduersaires   (1)
    447   4   Entre elementz les deux plus aduersaires:

aduersité   (2)
     75   8   (Me preseruant elle d'aduersité)
    402   3   Aduersité qui l'orgueil humilie,

aduertis   (1)
    447   5   Ie t'aduertis, qu'ilz sont tresnecessaires

aduient   (2)
     59   3   Mais s'il aduient, qu'entre plusieurs quelqu'vn
    112   5   Mais, comme aduient, quand a souhait nous sommes,

aduis   (7)
     51   5   Qu'il m'est aduis en dormant, que ie veille,
     92   3   Aduis me fut de veoir en son taint frais
    126   9   Il m'est aduis, certes, que ie la tien,
    156   5   Car a toute heure il m'est aduis, que i'oye
    382   7   Plus m'est aduis de le pouoir toucher,
    386   8   Il m'est aduis, que ie voy clerement,
    437   2   Experiment, aduis, & sapience,

aduiser   (1)
    140   3   Et pour me vaincre il se va aduiser

adultaire   (1)
     11   1   De l'Occean l'Adultaire obstiné

aduste   (1)
    369   6   Colere aduste, ennemye au ioyeux.

aele   (1)
    227   5   Parquoy ma plume au bas vol de son aele

aeles   (3)
     38   2   Qui sur le dos deux aeles luy paingnit.
    308   1   La craincte adioinct aeles aux piedz tardifz,
    342 10   Ses aeles baigne, a gré se reposant.

```
aerain   (1)
    339   5   Pour entailler mieulx, qu'en Bronze, ou aerain,

affabilité   (1)
    284   3   Estre priuée en affabilité

affaire   (2)
      8   4   Remedier au commun nostre affaire.
     50  10   Ie masche Abscynce en mon piteux affaire.

affaires   (1)
    214   3   Et le pressif des affaires vrgentz

affamée   (1)
    379   6   Ont r'apporté l'esperance affamée

affection   (16)
     10   6   Se rompre toute, ou gist l'affection:
     23   2   T'à de chascun l'affection acquise.
     47   2   Ie crains, non toy, mais ton affection:
     73   5   L'affection en moy demesurée
    104   1   L'affection d'vn trop haultain desir
    130   2   L'affection, qui en moy s'estendit,
    171   8   Non celle ardeur, qui croit l'affection,
    202   8   La sienne en moy loyalle affection,
    224   1   Nouelle amour, nouelle affection,
    233   6   Ou ie m'espreuue en toute affection,
    337   4   Qu'affection pretent en ses accordz.
    338   1   Affection en vn si hault desir
    344   2   Et le concent de mon affection,
    361  10   Du sainct obiect de mon affection.
    380   2   Et l'humble aussi de chaste affection,
    419   9   Affection s'escarmouche de sorte,

afferme   (1)
    203   7   Mais par ce cours son pouoir ne m'afferme

afferrer   (1)
     39   2   Pour afferrer ce Port tant desiré:

affigent   (1)
      4   7   Qui en tes moeurs affigent tant leurs faces,

affin   (15)
     13   9   Affin que moyste aux os se puisse prendre,
     60   8   Affin qu'aymant aultruy, je me desayme.
     77   9   Affin qu'en moy ce mien malheureux viure
     83   9   Sinon affin qu'en despit du Boyteux
    102   5   Et ie m'y pene affin que tousiours dure
    139   2   Qui vint, affin qu'en voyant il vainquist:
    204   9   Mes pleurs, affin que ne me deçoyue,
    218   5   De mon espoir, & tout cecy affin
    240   6   Affin que Fame au Temps imperieuse,
    249   5   Affin qu'estant deuant toy ainsi nue,
    281   9   Affin qu'au mal, qui croist iournellement,
    332   5   C'est, luy dit elle, affin que ne m'oppresse
    416   6   Affin qu'en moy mon bien tu n'accomplisses,
    445   5   Affin qu'a tous son feu soit admirable,
```

*   *   *

affin   (suite)
    159   8   La veult fuyr, & moy son plus affin,

affliction   (1)
    279   3   Que la douleur de mon affliction,

affligez   (1)
    45   10   La Mort, seul bien des tristes affligez.

affoiblissant   (1)
    398   4   Affoiblissant mes esperitz plus forts.

affoiblit   (2)
    176   7   Elle en apres s'affoiblit descroissant,
    383   4   Plus l'affoiblit, son mal luy suscitant.

affoibly   (1)
    190   2   D'autant decroist le remede affoibly:

affranchir   (1)
    103   4   Pour l'affranchir en viure plus heureux.

afoiblis   (1)
    117   2   Tu m'afoiblis le fort de ton pouoir:

agasserent   (1)
    195   2   De tous costez ma franchise agasserent

agent   (1)
    206   1   Lors le suspect, agent de ialousie,

aggrée   (1)
    48   5   A l'vn aggrée, & l'aultre desplaict.

aggresseur   (1)
    348   7   Pour quoy, Amour, comme fier aggresseur,

agilité   (1)
    388   4   Ce ieune Archier guidé d'agilité.

agitée   (1)
    243   6   Selon que m'est ma pensée agitée.

agrandissant   (1)
    90   8   Agrandissant mes espritz faictz petitz,

agreable   (2)
    284   2   La rend ainsi a chascun agreable,
    445   2   Propice obiect a noz yeulx agreable,

agreables   (2)
    1   3   Voicy (ô paour d'agreables terreurs)
    188   8   A les auoir agreables constraindre,

agrée   (1)
    428   4   Qu'en effect d'elle a aultruy trop n'agrée

agringentin   (1)
    373   10   Tout transformé en sel Agringentin.

ahontiroyt   (1)
    166   8   Ahontiroyt le nud de Bersabée:

ai   (1)   ay
    38   3   Car lors i'ai eu d'elle euidente la perte,

aigle   (4)
    55   1   L'Aigle volant plus loing, qu'oncques ne fit,
    120   1   L'Aigle des Cieulx pour proye descendit,
    389   9   Mesmes voyant l'Aigle, notre ennemye,
    437   9   Mais tout ainsi que l'Aigle noir tient prise,

aiglons   (1)
    437   10   Et ià mespart a ses Aiglons la France.

aigre   (1)
    244   4   A mort me point ce mien aigre soucy:

aigrement   (3)
    89   5   Dont aigrement furent contrainctz de plaindre:
    311   8   Lequel par toy si aigrement le mord,
    343   5   Si aigrement, que hors de celle Trempe,

aigreur   (2)
    261   3   Parquoy accoup l'aigreur m'est redondée
    422   5   Tant ceste aigreur estrangement despite

aigu   (3)
    80   1   Au receuoir l'aigu de tes esclairs
    97   8   Que tout aigu d'oeil vif n'y peult venir.
    166   3   Et tout aigu de perspicuité

aigue   (1)
    332   6   L'aiguille aigue, & que point ne m'offence.

aiguement   (1)
    24   8   Par tes doulx rayz aiguement suyuiz,

aiguille   (1)
    332   6   L'aiguille aigue, & que point ne m'offence.

aiguisant   (1)
    374   6   En l'aiguisant par son feu l'à passé,

aiguise   (1)
    402   8   A mon souffrir, m'aiguise par ses artz

aiguiser   (1)
    320   2   Ce mien souhaict a ma fin s'aiguiser,

aiguz   (2)
    93   2   Les rayz aiguz de celle clarté saincte,
    268   1   A son Amour la belle aux yeulx aiguz

ailleurs   (10)
    14   5   Combien qu'ailleurs tendist son entreprise,
    71   7   Ailleurs ta fin. Et ou? Plus n'examine.
    81   6   Heureuse en toy: D'ailleurs, elle n'offense
    102   8   Tes voulentez sont ailleurs declinées,

ailleurs   (suite)
    181   9   D'ailleurs l'ardeur, comme eulx, ne peult finer:
    230   5   Destourne ailleurs tes yeux, ô l'oultrepasse.
    298   8   Se faint de honte estre ailleurs endormie,
    320   5   Et mon proiect si loing ailleurs viser,
    326   5   Mais recourir ailleurs il me fallut
    427   7   Est ce qu'ailleurs elle pretend? nenny:

ains   (1)
    238   3   (Barbare a moy) ains trop cruellement

ainsi   (74)
     16   8   Pers tu ainsi ton pouoir furieux?
     43   9   Ainsi me faict hayr mon vain desir
     45   6   Si ainsi foible est d'elle l'asseurance?
     49 10   Et ainsi elle, en se perdant, me pert.
     68   3   Ainsi voit on voulentez insensées
     74   7   Puis que pareilz nous sommes donc ainsi,
     82   7   Et de mon estre ainsi reduit en cendre
     86   7   Ainsi, dit il, ie tire au despourueu,
     86   9   Ainsi qui cuyde estre le mieulx pourueu
     94   9   Ainsi Amour, perdu a nous, rendit
    104   3   Ainsi conduict par l'inconqneu plaisir,
    105   9   Et par ainsi, voyant si doulce face,
    119   5   Ainsi Honneur plus tost quicteroit soinq,
    126 10   Mais ainsi, comme Endimion la Lune.
    130   7   Ainsi veoit on la torche en main s'estaindre,
    152 10   Si ainsi doulce est l'vmbre de l'attente?
    167   4   Qui mon certain à ainsi debatu,
    168   9   Ainsi celuy est des siens dechassé,
    173   8   D'espoir ainsi enuers moy accoustrée,
    181 10   Ainsi ie suis plus mal, qu'oncques ne fus.
    187   3   Ainsi ce mien continuel douloir
    194   9   De veoir ainsi fumer sur tes Aultez
    205   7   Qui, trop heureux ainsi abandonné,
    210   5   Ainsi le faulx par non punye offence.
    246   1   Si de mes pleurs ne m'arousois ainsi,
    249   5   Affin qu'estant deuant toy ainsi nue,
    256   5   Et de mon pire ainsi me contentant,
    259   7   Ainsi passant des Siecles la longueur,
    263   1   Pourquoy fuys ainsi vainement celle,
    267   4   Tousiours, toute heure, ainsi sans cesser
    283   5   Doncques ainsi elle se reconqnoit,
    284   2   La rend ainsi a chascun agreable,
    290   7   En la voyant ainsi plaisamment belle,
    297 10   Pour non, ainsi m'abusant, m'estranger.
    298   5   Les vienne ainsi d'auarice brider,
    299   1   Pour non ainsi te descouurir soubdain
    300   5   Et bien qu'ainsi elle soit plaisamment,
    309   7   Ainsi, Enfant, comme tu peulx saisir,
    309   9   Ainsi tu fais (quand te vient a plaisir)
    317   8   Ie viue ainsi vne mourante vie,
    328   7   Et deuant elle ainsi comme ie passe,
    331   5   Ainsi tous temps descent, monte, & replique,
    332   4   Ainsi troué, vers Délie s'addresse.
    333   9   Ainsi (ô sort) l'esproeuue nous reuelle
    339   3   Ainsi, quand elle ou triste, ou pensiue est,
    341   3   Si plaisamment ainsi ie me deçoy,
    342   9   Ainsi Amour aux larmes de ses yeulx

```
ainsi   (suite)
    353 10   Pourquoy ainsi, Dictymne, me fuis tu?
    357  5   S'encheine ensemble, & ainsi congelé
    359  7   Cele mon mal ainsi, comme tu vois,
    363  1   Estant ainsi vefue de sa presence,
    365  7   De celle ainsi, qui sur mon coeur preside,
    370  5   Ainsi donné en proye a la destresse,
    373  9   Qui me congele, & ainsi me confond
    377  6   (Souffre qu'ainsi ie nomme mes attentes,
    403  5   Comme ainsi soit que pour ma Libytine
    415  5   Si ainsi est, soit ma ioye auortie
    421  4   Ne la pensée, ainsi comme auolée,
    434  1   Ainsi absent la memoyre posée,
    440  7   Mon ame ainsi de sa paix conuoyteuse
    443  5   Mon ame ainsi de son obiect pourueue
    445  7   Ainsi veult il par plus louable indice,
    449  9   Nostre Geneure ainsi doncques viura
                  *         *         *
     16  2   Ainsi qu'Amour le m'auoit commandé:
     32  7   Parquoy, ainsi qu'a chascun son merite
     60  6   Qu'il me consume, ainsi qu'au feu la Cyre.
    113  7   Mais toy, luy dy ie, ainsi que ie puis veoir,
    169  7   Mais tout ainsi, qu'a son obeissance
    272  6   Celle repaist, ainsi qu'oyseau en cage.
    339  1   Ainsi que l'air de nues se deuest
    387  7   Mais tout ainsi qu'a son aduenement
    395  9   Et ceste, ainsi qu'a present, adoroit
    437  9   Mais tout ainsi que l'Aigle noir tient prise,
    445  1   Ainsi qu'Amour en la face au plus beau,

aiourne   (1)
    265 10   Iamais, sans toy, a mes yeulx ne s'aiourne.

air   (17)
     58  2   L'air esclarcy de si longue tempeste,
    158  1   L'air tout esmeu de ma tant longue peine
    158 10   L'air s'esclaircit, & Aquilon cessa.
    160  7   A tranquillé la tempeste par l'air
    171  5   L'air s'obscurcit, & le Vent ennuyeux
    178  1   Pour estre l'air tout offusqué de nues
    221  4   Et vne en prent: qui sentant l'air nouueau,
    223  3   L'air temperé, & en son serain beau
    246  2   L'Aure, ou le Vent, en l'air me respandroit,
    260  9   Me contraingnant soubz cest air vmbrageux
    276  2   Nous fait en l'air, comme Corbeaulx, muser:
    315 10   Lors l'air troublé soudain retourne en beau.
    331  3   L'y attrayant, pour air des vuydes lieux,
    339  1   Ainsi que l'air de nues se deuest
    342  6   Sur le Printemps parmy l'air pluuieux,
    360  4   Leur grand' fumée, en l'air qui se pourmeine.
    414  3   Ou l'air paisible est feal secretaire

aisance   (1)
    169  6   Le libre vueil de necessaire aisance.

aise   (3)
    314 10   Parquoy ie cele en mon coeur si grand aise.
    315  7   Parquoy couurant en mon coeur ce grand aise,
    360  3   Que mes souspirs respandent a leur aise,
```

```
aisées    (1)
   331   7  Doncques me sont mes larmes si aisées

aises    (1)
   178   6  Ont demoly le fort de tous mes aises

aisné    (1)
   116  10  L'aisné Cain deuant toy tremblera.

alaine    (7)   aleine
   158   3  La Bise aussi auec sa forte alaine
   166   9  Et le flagrant de sa suaue alaine
   206  10  L'alaine, ensemble & le poulx de ma vie.
   334   5  Qui m'occupant l'alaine, & le parler,
   360   2  N'esleue point si hault sa forte alaine,
   372   9  Dont spire (ô Dieux) trop plus suaue alaine,
   384   9  D'vn si hault bien, que d'vne mesme alaine

alarmes    (1)
   269   8  M'esclairant tout au fort de leurs alarmes

albion    (1)
    85   5  Et pour spectacle, ô Albion, tu vois

alebastre    (1)
   172   1  Blanc Alebastre en son droit rond poly,

aleine    (1)   alaine
   170   6  Pour prendre aleine, & pour aussi la veoir.

alembic    (1)
   206   9  Me distillant par l'Alembic des maulx

alentant    (1)
   256   4  Qui va tousiours mon espoir alentant.

alimenté    (1)
   439   2  Alimenté est le sens du doulx songe

alla    (1)
    20   8  A Romme alla, a Romme desolée,

allaicter    (1)
   366   7  Pour m'allaicter ce pendant qu'il croissoit,

allant    (1)
   407   6  Comme la Bise en allant acquiert force,

allées    (1)
    64   4  Aux boyz serrez destournent leurs allées,

allege    (1)
   411   6  Elle m'allege interieurement:

allegeante    (1)
   383   2  Plus allegeante est le febricitant:

allegement    (2)
   203   8  L'allegement, que mes maulx auoir pensent.
```

27

allegement   (suite)
    218   2   Et de tous maulx aulcun allegement:

alleger   (1)
    31   6   Ne nous peut lors, tant soit peu, alleger.

allegre   (1)
    222   2   En face allegre, & en chere blesmie:

allegresse   (2)
    361   1   La passion de soubdaine allegresse
    400   1   Quand l'allegresse aux entrailles créée

alleman   (1)
    432   8   Mesmes cest An, que le froid Alleman

aller   (6)
    17   6   Le Rhosne aller contremont lentement,
    47   9   Qui nous eust faictz aller la teste haulte
    214   7   Comme il me fait en sa presence aller
    244   6   Las comment puis ie aller, & me mouoir?
    334   2   Ie sens tousiours mes souspirs s'en aller,
    389 10   Par France aller son propre nid destruire.

allié   (1)
    14   3   Amour subtil au noud s'est allié

allier   (2)
    215   7   Que, pour ma paix, ie me vueille allier
    254   9   Les allier en leur puissance esgalle,

allois   (1)
    328   6   Ie m'en allois plorant la teste basse:

alloit   (2)
    327   2   Comme vn Veneur, s'en alloit esbatant.
    363   7   Cy elle alloit, là elle estoit assise:

alloy   (1)
    23   3   Car ta vertu de trop meilleur alloy,

allume   (7)
    7   9   Ou plus m'allume, & plus, dont m'esmerueille,
    23   9   Mais ton sainct feu, qui a tout bien m'allume,
    36   4   Par qui les coeurs des Amantz il allume.
    63   9   Mais c'est ton feu, dit elle, qui allume
    321   8   Pour le desgast le feu par tout allume,
    343   2   Amour son traict allume, & puis le trempe
    357 10   Plus ie l'estains, & plus fort ie l'allume.

allumée   (1)
    121   7   Meites la flambe en mon ame allumée,

allumer   (2)
    80   6   Ioye de veoir si hault bien allumer.
    111   8   Quand celle vient mon Enfer allumer.

allumera   (1)
    89   8   Ta torche en moy, mon coeur l'allumera:

allumerent   (1)
    313   3   Qu'en vn sainct feu ensemble ilz s'allumerent,

allumes   (1)
    100   3   Mais du trauail, ou mon feu tu allumes,

alluyne   (1)
    70   9   Las abreué de si forte Alluyne,

aloes   (1)
    10   10   M'à faict gouster Aloes estre Manne.

alors   (27)
    42   7   Alors le sang, qui d'elle charge auoit,
    81   4   Si ce ne fust, qu'en me tastant alors,
    84   7   Vray est, qu'alors, tout soubdain, & sur l'heure
    145   8   De ma pensée alors de cures vuyde.
    168   5   Alors le Coeur, qui vn tel bien compasse,
    176   4   La veue basse, & alors moins nuisante.
    193   2   Ta foy tachée alors ie me presage:
    193   9   Parquoy du bien alors ie me repais,
    209   9   Vous me verriez alors participer
    215   9   Mais quand alors ie la veulx oblier,
    287   7   Et si alors a grand tort accusay
    289   5   Noueau plaisir alors me chatouilloit
    297   3   De tout ennuy ie suis alors distraict,
    302   5   Alors l'Enfant d'vne esponge les presse,
    304   5   Car a la veoir alors il m'est loysible,
    319   6   Et toute a vice alors se auilissant,
    325   3   Mesme qu'alors tant tout il se possede,
    341   1   Quasi moins vraye alors ie l'apperçoy,
    356   5   Mon coeur alors de sa fornaise vmbreuse
    365   5   Les desuoyez alors met hors de trouble,
    440   4   Indissoluable alors, comme ie croy,
                        *   *   *
    151   7   Parquoy alors que fermeté se troeuue
    329   9   Nous suit alors, qu'on le fuyt par effect,
    334   3   Voire enflambez: Car alors qu'ilz respirent,
    345   7   Mais en ses bras, alors qu'elle te prent,
    372   5   Alors qu'Amour par effect mutuel
    433   9   Et pleure alors, qu'il se deust resiouir

aloses   (1)
    221   1   Sur le Printemps, que les Aloses montent,

alpes   (2)
    201   6   Qu'aux Alpes n'est toute hyuernale glace,
    396   6   Tu viens courant des Alpes roidement

alteration   (3)
    152   6   Augmentant plus son alteration,
    163   9   Car estaingnant mon alteration,
    301   9   Qu'en lieu d'oster mon alteration,

altere   (1)
    86   4   Couurir le feu, qui iusque au coeur m'altere.

alternatif   (1)
    349   5   Au mal, qui est par fois alternatif,

alternatifz   (1)
      181   2   Par maintz assaultz alternatifz s'assaillent:

alterneront   (1)
      284 10   Alterneront ses haultz honneurs prisez.

amans   (2)
       37   3   Car en tirant ses Amans il aueugle,
      350   6   Espie Amans dans son assiette forte.

amant   (4)
       59   4   Te die: Dame, ou ton Amant se oblye,
      426   6   Fors seulement pour l'Amant esprouuer:
      435   7   O que doulceur a l'Amant rigoureuse
      443   9   De son Amant de fouldre enuironné,

amantz   (13)
        8   9   Plus font amantz pour toy, que toy pour eulx,
       20   1   Peuuent les Dieux ouyr Amantz iurer,
       36   4   Par qui les coeurs des Amantz il allume.
       41   3   Tant que le bien, qu'Amantz ont sur tout cher,
      110 10   Et tes Amantz fais mourir de ta main.
      295   6   De tous Amantz, & leurs cheres estrainctes:
      296   4   De mille Amantz l'heureux, & mortel estre.
      308 10   Des deux Amantz baisé en Babyloine.
      317   2   Tant miserable est le sort des Amantz,
      319   4   Grace aux Amantz toutesfois rigoureuse.
      327   4   Qui par tout va ieunes Amantz guettant:
      374 10   Et a present ses Amantz il fouldroye.
      394   6   Comme la Lune aux Amantz fauorise,

amaritude   (1)
       46 10   De ce doulx bien, Dieu de l'amaritude.

ambition   (4)
       47 10   Trop plus haultains, que n'est l'Ambition.
      115   8   D'ambition, qui a tout mal consent,
      298   1   Est il possible, ô vaine Ambition,
      414   9   Aussi i'y vis loing de l'Ambition,

ambre   (1)
      146 10   L'Ambre souef de ses haultes parolles.

ambrosie   (1)
      380   8   Et l'Ambrosie, & le Nectar des Cieulx,

ame   (79)
        1   6   Vint penetrer en l'Ame de mon Ame.
        1   6   Vint penetrer en l'Ame de mon Ame.
        2   8   Qu'au premier oeil mon ame l'adora,
        3   6   Sacrifia auec l'Ame la vie.
        6   6   M'estonna l'Ame, & le sens tellement,
       10   5   Et toutesfois voyant l'Ame incensée
       12   2   Qui par le bras t'asseruit Ame, & vie,
       30   5   Ou l'Ame attaincte or' a deux il mespart,
       42   6   Ou l'Ame libre en grand seurté viuoit:
       45   8   I'asseure l'Ame, & le Coeur obligez,
       48   2   A l'Ame doulce ores cherement plaict:
       49   3   Le sens, & l'ame y furent tant rauis,

ame   (suite)

51	4	De sorte l'ame en sa lueur m'esueille,
66	8	Et Corps, & Coeur, à iâ l'Ame conquise:
68	8	Qui iusqu'en l'Ame en suspend me demeure.
70	2	Mon ame, las, se deffie de soy.
71	8	Car tu viuras sans Coeur, sans Corps, sans Ame,
76	8	De mon hault bien l'Ame ialouse enflamme,
79	8	Ie reuoquay a moy l'ame rauie:
92	5	De qui la voix si fort en l'ame tonne:
103	8	L'Ame abysmée au regret, qui la mord.
106	8	Luisante au centre, ou l'Ame à son seiour.
112	9	Dont du grief mal l'Ame toute playeuse
114	10	Qui l'Ame peult d'angoisse deliurer.
115	4	Surpris le Coeur, & l'Ame a l'impourueue,
118	5	Du bien, auquel l'Ame demoura prise:
118	9	Que plongeant l'Ame, et la memoire au fondz,
121	7	Meites la flambe en mon ame allumée,
125	5	Dont ame, & coeur par ta nature rude
127	4	D'enrichir l'Ame, ou Graces tiennent ceinctes
127	9	Ie verrois l'Ame, ensemble & le Corps croistre,
129	4	A l'oeil de l'ame estre vn temps plus vmbreux,
133	5	Lors ie sentis distiler en mon ame
135	5	Premier le Coeur, & puis l'Ame ceingnit
136	2	Vnit double ame en vn mesme pouoir:
143	1	Le souuenir, ame de ma pensée,
144	8	Infuse l'ame en ce mien corps passible,
152	2	Mon ame au bien de sa beatitude,
153	9	Et la pensée, & l'Ame ayant saisie,
158	6	M'eschaulfe l'Ame, & le Coeur a tourment,
159	2	Et neantmoins delices de mon Ame,
162	1	Oserois tu, ô Ame de ma vie,
168	7	Et si bien à vers l'Ame pourchassé,
183	4	Desquelz mon ame en vain est mal traictée,
197	1	Doulce ennemye, en qui ma dolente ame
206	6	L'Ame se pert au dueil de telz assaultz.
216	3	Dedans mon Ame, ô Dame, tu demeures
227	10	Corps a ses faictz, & Ame a son hault nom.
231	3	Et mes souspirs de l'Ame triste attire,
232	7	Que du veiller l'Ame non offensée,
243	2	Ont influence & sur l'Ame, & le Corps:
243	4	En l'Ame, las, causent mille discordz,
250	10	Et par les siens tire & l'ame, & la vie.
263	2	Qui de mon ame à eu la meilleur part?
278	4	Comment du Corps l'Ame on peult deslyer,
283	2	Quand plus par l'oeil de l'Ame elle congnoit,
285	7	Ame enyurée au moust d'vn si hault bien,
290	2	Mon ame sens, qui toute se distille
291	8	Ce mal, qui peult, voyre l'Ame opprimer,
294	3	Veu que Nature & en l'Ame, & au Corps
300	1	Par mes souspirs Amour m'exhale l'Ame,
301	5	Souspirs sortir de son ame bouillante:
305	1	Mon ame en Terre (vn temps fut) esprouua
321	6	L'Ame s'enfuit souffrir ne le pouant,
322	8	Estre mon ame heureusement traictée,
338	2	Poulsa le Coeur, qu'il y attira l'Ame
353	3	Se captiuant l'Ame toute asseruie,
364	4	Que iusqu'au bout des leures tyra l'Ame.
367	7	Car en mon corps: mon Ame, tu reuins,
375	7	Que depuis l'Ame estonnée, & tremblante

ame   (suite)
```
      390    5    L'Ame craignant si dangereux loyer,
      400    3    Doibt appaiser, comme ame recréée,
      408    2    De ma triste ame estendu le corps vuyde,
      424    1    De corps tresbelle & d'ame bellissime,
      424   10    Parfaicte au corps, & en l'ame accomplie.
      436    8    Me penetrant l'Ame iusqu'au mylieu,
      439    1    Bien que raison soit nourrice de l'ame,
      440    7    Mon ame ainsi de sa paix conuoyteuse
      443    5    Mon ame ainsi de son obiect pourueue
```

amer   (7)
```
       10    1    Suaue odeur: Mais le goust trop amer
      164    3    I'errois flottant parmy ce Gouffre amer,
      180    8    Faignant du miel estre le goust amer:
      273    2    De fiel amer, & de mortel venin,
      369    7    Dont l'amer chault, salé, & larmoyeux
      388    6    Trouue le goust de son Laurier amer:
      442    2    Vn Dieu causer ce viure tant amer?
```

amere   (3)
```
        9   10    Beaulté logée en amere doulceur.
       91    2    Fus mis es bras d'amere cruauté,
      391   10    Nous font sentir double vengeance amere.
```

amerement   (2)
```
      302    3    Qui auec luy pleurant amerement,
      405   10    Tressue au bien trop amerement doulx.
```

amertume   (1)
```
      357    8    Remedier a si grand' amertume:
```

ammour   (1)   amour, cupido
```
      318    2    De ce, qu'Ammour l'auoit peu inciter:
```

amoindrir   (2)
```
      146    8    Pour s'amoindrir a aultres biens friuoles:
      295    2    Comme on te veoit amoindrir, & recroistre,
```

amoindriras   (1)
```
       22    6    Amoindriras, ou accroistras mes peines.
```

amoindrissant   (1)
```
      381    6    Amoindrissant, voyre celle des Dieux?
```

amoindrit   (2)
```
      368    5    Et amoindrit, aumoins, la languison,
      383    3    Plus s'amoindrit diminuant sa force,
```

amollis   (1)
```
      420   10    Ie l'amollis, & plus ie l'endurcis.
```

amollissant   (1)
```
       37    4    Amollissant, comme enfantz, leur courage:
```

amollit   (1)
```
      388    2    M'amollit plus en ma virilité,
```

```
amortie   (1)
    45   4   S'est soubz le froit de durté amortie.

amour   (106)   ammour, cupido
     0   7   Amour (pourtant) les me voyant escrire
     5   1   Ma Dame ayant l'arc d'Amour en son poing
     8   3   Amour piteux vint amyablement
    14   3   Amour subtil au noud s'est allié
    16   2   Ainsi qu'Amour le m'auoit commandé:
    17  10   Car ferme amour sans eulx est plus, que nue.
    22   9   Qu'Amour à ioinct a mes pensées vaines
    25   7   Fais donc, Amour, que peu d'heure termine.
    28   8   Le bien, qu'Amour (Amour lassif) conseille.
    28   8   Le bien, qu'Amour (Amour lassif) conseille.
    29   9   Amour victoire: & soubz ta main cruelle
    36   9   Mais par ce traict attrayant Amour pris
    37   1   Bien paindre sceut, qui feit Amour aueugle,
    37   8   L'Amour par l'Or plaisant, chault, attractif,
    40   9   Car loy d'Amour est de l'vn captiuer,
    41   6   En saincte amour chastement esperdu?
    43   6   Amour, & hayne, ennuy auec plaisir.
    43   7   Forte est l'amour, qui lors me vient saisir,
    60   1   Si c'est Amour, pourquoy m'occit il doncques,
    63   2   Parquoy Amour vistement se desbande,
    67   1   Amour des siens trop durement piteux
    74   2   Auec Amour, sa tendre nourriture,
    83   5   Mais lors Amour plorant luy improppere
    85  10   Que veoir Amour ceder a Calumnie.
    86   3   Ie vy Amour en son triste seiour
    87   4   Sans contre Amour aulcunement contendre:
    89   1   Amour perdit les traictz, qu'il me tira,
    93   3   A qui Amour vaincu se vint offrir,
    94   9   Ainsi Amour, perdu a nous, rendit
   105   3   Des esperitz d'Amour, & de liesse,
   107   5   Et toy, Amour, qui en as tué maintz:
   107  10   Et tu vaincras, Amour, Mort, & Fortune.
   110   1   De l'arc d'Amour tu tires, prens, & chasses
   120   3   Mais Amour vint, qui le cas entendit,
   132   3   Aussi Amour sa gloire, & sa conqueste
   134   8   A recepuoir le bien, qu'Amour despart,
   134  10   Que apres Amour, la Mort n'y aura part.
   135   3   Amour le noud lassa, & pour l'absouldre
   137   8   Amour soubdain l'effect executa:
   140   8   Que tes sourcilz estoient d'Amour les arcz.
   142  10   Et qu'en seruant i'ay amour deseruy.
   145   1   Amour si fort son arc roide enfonsa
   151   2   Quelle est la foy, qu'Amour en mon coeur lye.
   154   9   Car qui vers toy, ô Amour, se retire,
   161   7   Viole amour par ce lyen iniuste,
   172   8   Dont Amour est & haultain, & vainqueur,
   179   1   Amour me presse, & me force de suyure
   179  10   Fuyant Amour, ie suiuray la Raison.
   183   8   Parqui Amour si fainctement nous rit,
   191   9   Pour estre amour vn mal si violent,
   203   9   Car par la foy en si saincte amour ferme
   213   3   Car quand Amour ieunement cauteleux
   217   1   Amour ardent, & Cupido bandé,
   224   1   Nouelle amour, nouelle affection,
   225   3   Selon qu'Amour auec moy delibere,
```

amour   (suite)
      237   7   I'ay peur qu'amour sur moy ne s'escarmouche:
      244   7   Amour me fait par vn secret pouoir
      247   3   Et toutesfois Amour, forme parfaicte,
      268   1   A son Amour la belle aux yeulx aiguz
      270   1   Amour lustrant tes sourcilz Hebenins,
      273   1   Toute doulceur d'Amour est destrempée
      277   2   Amour ardent de se veoir en Pourtraict:
      286   2   Voicy Amour, qui vint les ioustes veoir:
      293   2   Autour de qui Amour pleut arcz, & traictz,
      294   7   Car en quictant Amour, & ses delices,
      300   1   Par mes souspirs Amour m'exhale l'Ame,
      302   1   Amour plouroit, voire si tendrement,
      304   3   Amour vient faire en elle doulx seiour,
      306   9   Auquel Amour par aueugle ignorance
      314   1   Souuent Amour suscite doulce noise,
      321   3   Ie sens Amour auec pleine pharetre
      323   6   En son amour seulement commençoys,
      324   1   Les rhetz dorez, dont Amour me detient
      327   3   Sur le chemin d'amour fut rencontrée,
      328 10   Amour leger mesler ioye en mon dueil.
      329   7   Mais quoy? Amour, Cocodrille parfaict,
      332   2   Son Dé luy cheut, mais Amour le luy dresse:
      333 10   Amour pouoir les plus vieulx reieunir.
      335   8   Tu pleures bien cest Amour en ces eaux,
      337   2   Amour au Coeur, & la Mort sur le Corps:
      342   9   Ainsi Amour aux larmes de ses yeulx
      343   2   Amour son traict allume, & puis le trempe
      348   7   Pour quoy, Amour, comme fier aggresseur,
      350   5   Par ou Amour, comme en sa canonniere,
      351   3   Amour parfaire aultrepart ses vendanges,
      366   2   Qu'Amour de flamme estrangement diuerse
      372   5   Alors qu'Amour par effect mutuel
      374   9   Parquoy Amour chatouilloit au passé,
      375   4   Et ton regard d'Amour mesmes vainqueur,
      388   8   Et en Automne Amour, ce Dieu volage,
      398   3   Qu'Amour au sort de mes malheurs insere,
      404   6   Le nom de celle, Amour, ou tu regnois
      417   9   Et ou Amour ma premiere liesse
      419   7   Pour expugner la place d'Amour forte:
      420   6   (Aydé d'Amour) la vainct tout oultrément.
      421   6   Auec Amour pareillement volage
      425   1   Bien que ie sache amour, & ialousie,
      427   4   Qu'Amour au coeur passionné ottroye,
      428   1   Quoy que ce soit, amour, ou ialousie
      432   6   Ie sente, Amour, tes mordentes espinces,
      441   7   Qui d'Amour fut par sa voulenté pere
      442   7   Amour si sainct, & non poinct vicieux,
      444   3   Crea Amour sainctement phrenetique,
      444 10   Nature, Amour, & Vertu, & Raison.
      445   1   Ainsi qu'Amour en la face au plus beau,
      449   4   Et qu'on aura Amour en reuerence.

amoureuse   (9)
       44   6   Soit qu'il fut pris d'amoureuse liesse,
      113   3   Qui estaindra ton amoureuse flamme,
      207 10   La distillant en amoureuse humeur.
      338 10   Comme enchanté d'amoureuse merueille.
      340   5   Monstrer sa face enuers moy amoureuse,

amoureuse (suite)
    356   2   Courant au sein de sa vielle amoureuse,
    390   7   O si tu es de mon viure amoureuse,
    417   4   Te fait courir mainte riue amoureuse,
    435   6   L'hermaphrodite, efficace amoureuse?

amoureuses (1)
    112   4   Tout deschargé des amoureuses sommes.

amoureux (3)
    109   1   Mars amoureux voulut baiser ma Dame,
    290   6   A resister aux amoureux traictz d'elle.
    431   8   En ce combat d'amoureux desplaisir

amours (5)
     18   5   Qui chante aussi ses amours manifestes,
    246 10   Lors mes amours auront en toy repos.
    255   2   Parmy Amours d'aymer non resoulue,
    285   9   Ne sçais tu pas (mesme en amours) combien
    429   9   Elle est (pourtant) en amours si mal née,

amplement (4)
    188   9   Si le souffrir doibt supplir amplement,
    258   7   D'estre né libre, & faict serf amplement,
    295   5   Mais pour noz faictz plus amplement congnoistre,
    449   8   Oultre le Ciel amplement long, & large.

amy (1)
    244   8   Iouir d'vn coeur, qui est tout tien amy,

amyable (2)
    242   5   Ià reçoys tu de ton Ciel amyable
    408 10   Tu me seras, du moins, paix amyable.

amyablement (2)
      8   3   Amour piteux vint amyablement
    296   6   Et tout en soy viure amyablement,

amye (1)
    389   7   Mais tasche encor, comme intrinseque amye,

amys (3)
     53   9   Puis l'acceptant de ses prouuez amys,
    252   5   Comme qui veult ses chers, & sainctz amys
    392   3   Et toutesfois se font ensemble amys

amytié (7)
     61   6   Suspend tousiours l'incertain d'amytié:
     66   1   Tresobseruant d'eternelle amytié
     74   8   Pourquoy ne suis second Dieu d'amytié?
    150 10   Son amytié, peu a peu, me ruyne.
    153   3   Si le lyen de si saincte amytié
    212   7   Et eulx estantz doulx venin d'amytié,
    346   1   A si hault bien de tant saincte amytié

an (5)
    148 10   Mon An se frise en son Auril superbe.
    203 10   Auecques l'An mes peines recommencent.
    305   9   Aussi cest An par Mort, qui tout abrege,
                          35

an (suite)
    416 10 Spirantz encor cest An embolismal.
    432 8 Mesmes cest An, que le froid Alleman

ancien (1)
    112 8 Renouellant ce mien feu ancien.

ancienne (1)
    224 6 De mon vieulx mal, & vlcere ancienne

aneantie (1)
     20 4 Qu'eriger loy pour estre aneantie.

ange (1)
    409 1 Apperceuant cest Ange en forme humaine,

angelique (1)
    196 2 Mais des haultz cieulx l'Angelique harmonie,

angeliquement (1)
    358 5 Et par son tainct Angeliquement fraiz

angeliques (1)
    418 7 Auec doulx traictz viuement Angeliques,

anges (1)
    351 1 Qui cuyderoit du mylieu de tant d'Anges

angleterre (1)
    147 10 Perdit au Monde Angleterre, & Morus.

angoissant (1)
    249 7 Que mon trauail sans cesser angoissant,

angoisse (2)
     45 1 Ma face, angoisse a quiconques la voit,
    114 10 Qui l'Ame peult d'angoisse deliurer.

angoisseuse (1)
    329 4 De ceste mienne angoisseuse destresse.

angoisseux (1)
    306 10 M'espouantoit de maint songe angoisseux.

anneau (1)
    349 1 Tu as, Anneau, tenu la main captiue,

année (1)
    185 10 Comme l'Ann´ee, a sa fin ià labeure.

annellez (1)
    296 1 Tes cheueulx d'or annellez, & errantz

anoblis (2)
     97 2 Tu anoblis la mienne indignité,
    253 2 Tu anoblis, ô grand Roy, ce grand Monde.

anobly (2)
    190 3 Et bien que soit mon merite anobly

anobly (suite)
    445   8   Que mon Orphée haultement anobly,

ans (6)
     22   2   Et vif, & mort cent ans parmy les Vmbres:
     91 10   Les meilleurs ans de ma felicité.
     99   9   Et qui noz ans vse en doulce prison,
    114   1   O ans, ô moys, sepmaines, iours, & heures,
    276   4   Cuydantz noz ans en liberté vser:
    407   3   Tournant les Iours, & Moys, & ans glissantz,

anticipant (1)
     96   9   Parquoy tu peulx, mon bien anticipant,

anticiper (1)
    209   6   Ie vien, faingnant, son coup anticiper.

antidote (1)
    313   8   Pour antidote, & qui peult secourir,

antiperistase (1)
    293 10   Souffrir heureux doulce antiperistase.

antipode (1)
    446 10   Le soir d'icy est Aulbe a l'Antipode.

antique (2)
     31   1   Les tristes Soeurs plaingnoient l'antique offense,
     55   2   Cuydoit r'entrer en son Empire antique:

anxieté (1)
    231   9   Parquoy troublé de telle anxieté,

apaise (1) appa-
    315   9   Ie vois a elle, & m'accuse, & l'apaise,

apart (1)
    261   5   Ie m'examine, & pense apart tout coy

apelles (1)
    277   1   Bien eut voulu Apelles estre en vie

aperçoys (1) appe-
     93   5   N'aperçoys tu, que de tes maulx enceincte,

apertement (1) appertement
    138   5   Vous, ô haultz cieulx veites apertement,

aphrique (1)
     55   4   Vn noueau Monstre en ce pays d'Aphrique:

apollinées (1)
    102 10   Tu fuys, Daphnes, ardeurs Apollinées.

apollo (7)
     79   3   Quand Apollo montant sur l'Orison
    124   1   Si Apollo restrainct ses raiz dorez,
    273   7   Fais donc, que i'aye, ô Apollo, songé
    310   9   Comme Apollo, pour merité loyer,

```
apollo   (suite)
   386   1   Quand Apollo apres l'Aulbe vermeille
   405   3   Ou Apollo ne peult par sa valeur,
   417   6   Ou ce Thuscan Apollo sa ieunesse

apouriroyt   (1)
   166  10   Apouriroyt l'odorante Sabée.

appaisa   (1)   apa-
   316   3   Et du tourment appaisa toute l'ire,

appaise   (3)
   203   5   De rien s'esmeult, & s'appaise le vent,
   314   8   Mon Paradis elle ouure, & lors m'appaise,
   368   9   Et de mes maulx s'appaise la tourmente,

appaisées   (1)
   331   6   Pour abreuer mes flammes appaisées.

appaiser   (3)
   194  10   Pour t'appaiser, mille, & mille Hecatombes?
   335   7   Hà, dy ie lors, pour ma Dame appaiser,
   400   3   Doibt appaiser, comme ame recréée,

appaises   (2)
   337   5   Toy seule, ô Parque, appaises leurs discordz,
   392   8   Tu te rens doulce, & t'appaises soubdain:

appaisez   (1)
   64    6   Soubz creux rochers appaisez se retirent.

appareille   (1)
   270   4   Le moindre d'eulx mille mortz m'appareille.

apparence   (2)
   81    7   Que le dedans, sans en faire apparence,
   449   2   Tousiours luysante en publique apparence,

apparent   (3)
   48    6   L'estre apparent de ma vaine fumée,
   166   5   Car seulement l'apparent du surplus,
   355   1   L'Aulbe venant pour nous rendre apparent

apparoir   (1)
   46    3   Qui tousiours fait par memoire apparoir

apparoissant   (2)
   304   1   Apparoissant l'Aulbe de mon beau iour,
   368   2   Apparoissant dessus nostre Orizon,

apparoistre   (4)
   127   6   Comme tes faictz font au monde apparoistre.
   150   7   Et là s'estendre, & a tous apparoistre
   295   4   Non pour cy bas aux mortelz apparoistre,
   342   5   Mais, comme on voit le Soleil apparoistre

appaste   (1)
   313   7   D'vn penser chaste en sorte ie l'appaste
```

```
appelle   (1)
    377  2  T'appelle au but follement pretendu:

appellent   (1)
    274 10  Ie cours soubdain, ou mes tourmentz m'appellent.

apperceu   (4)   ape-
    57  5  Car lors que i'ay clerement apperceu,
    58  1  Quand i'apperceu au serain de ses yeulx
    74  4  Et l'apperceu semblable a ma figure.
   341  6  Estre tout vain ce, que i'ay apperceu.

apperceuant   (2)
   101  8  Apperceuant ma Maistresse plus belle.
   409  1  Apperceuant cest Ange en forme humaine,

apperceuoir   (6)
   114  4  Sans que lon puisse apperceuoir comment,
   117  4  Face vn bien peu d'espoir apperceuoir,
   232  5  Et sans du iour m'apperceuoir encore,
   244  9  Et le nourris sans point m'apperceuoir
   257  4  Qu'elle le veuille aumoins, apperceuoir.
   291  4  Et moins la faire a l'oeil apperceuoir.

apperceus   (2)
     9  7  Quand i'apperceus entre les Mariolaines
   170  9  Lors i'apperceus les Dieux du Ciel pleuuoir

apperçeut   (1)
    81  5  Elle apperçeut ma vie estre dehors,

apperçeuz   (1)
   140  7  Et toutesfois i'apperçeuz clerement,

apperçoit   (1)
   303  4  Il s'apperçoit iustement deprimer,

apperçoy   (5)
    70  5  Mais du malheur, qui, comme i'apperçoy,
   122  8  I'apperçoy cler, que promesses me fuyent.
   165  9  Ie m'apperçoy la memoyre abismée
   341  1  Quasi moins vraye alors ie l'apperçoy,
   346  7  N'apperçoy tu de l'Occident le Rhosne

apperçoyue   (1)
   204  6  Ne voulant point, que ie m'en apperçoyue.

appere   (1)
   441  9  M'à reserué voulant qu'a tous appere

appert   (1)
    49  8  Que mon feu luict, quand le sien clair m'appert.

apperte   (1)
    50  4  De ma ruyne euidamment apperte.

appertement   (1)   apertement
    65  5  Mais bien conqneus appertement combien
```

appetit   (2)
   116   1   Insatiable est l'appetit de l'homme
   304   8   Sa grand' beaulté, & d'vn tel appetit,

applique   (1)
   331   4   Ces miens souspirs, qu'a suyure elle s'applique.

appliquer   (1)
   287   3   Te contraingnant par pitié d'appliquer

apporte   (1)
   368   3   Aux patientz apporte vne grand' part,

apporter   (1)
   380   7   Et puis cy bas Vertus luy apporter

apprens   (1)   apr-
   12   8   Tu m'apprens donc estre trop plus de gloire,

appris   (1)
   81   8   Ce que de toy elle à, certes, appris.

appriuoyse   (1)
   429 10   Que plus y hante, & moins s'y appriuoyse.

approchante   (1)
   23   6   Tant approchante est des Dieux ta coustume.

approche   (1)
   352   8   Plus fuyt la mort, & plus sa fin approche.

approchent   (1)
   354 10   Plus du Soleil s'approchent, plus sont froidz.

approcher   (3)
   138   6   Qu'onques en moy ne pensay d'approcher
   266   1   De mon cler iour ie sens l'Aulbe approcher,
   382   6   Pour le Ponent de plus près approcher:

appuye   (1)
   170   5   Et quand ie fus au couuert, ie m'appuye

appuyé   (1)
   370   1   Estant tousiours, sans m'oster, appuyé

appuys   (1)
   393   8   Abandonnée & d'aydes, & d'appuys.

appuyz   (1)
   226   4   A sceu fonder le fort de ses appuyz:

apres   (21)
   20   2   Et rire apres leur promesse mentie?
   57   2   Estend la main, apres le coup receu,
   69 10   I'espere, apres long trauail, vne fin.
   103   5   Apres le sault ie m'estonnay paoureux
   115   5   Tant que despuis, apres mainte reueue,
   121   9   Qu'apres le feu estaincte la fumée
   134 10   Que apres Amour, la Mort n'y aura part.

40

```
apres    (suite)
    167   5   Qu'apres auoir constamment combatu,
    176   7   Elle en apres s'affoiblit descroissant,
    205  10   C'est le seul bien, apres toy, que i'estime.
    306   3   Ta grace apres peu a peu m'attirant,
    386   1   Quand Apollo apres l'Aulbe vermeille
    386   7   Et quand apres a plaine face il luyt,
    393   5   L'vn apres l'aultre, en commune assemblée
    408   1   Quant Mort aura, apres long endurer,
    408   9   Apres la mort en ce lieu precieux
    420   3   Ne prenne, apres long spasme, grand deffault,
    423   7   Car soit deuant, ou apres le repas,
    441   1   Donques apres mille trauaulx, & mille,
    441   3   Apres desir, & espoir inutile,
    447   9   Qu'apres ma mort encores cy dedens

aprint   (1)  appr-
    388   7   Car de ieunesse il aprint a l'aymer.

apte   (3)
    219   2   En membres apte a tout diuin ouurage,
    402   2   Et le rend apte a trancher la durté.
    434   2   Et plus tranquille, & apte a conceuoir,

aqueductz   (1)
     95   7   Tes Aqueductz, deplorable ruyne,

aquilin   (1)
     93   1   Oeil Aquilin, qui tant osas souffrir

aquilon   (1)
    158  10   L'air s'esclaircit, & Aquilon cessa.

arabie   (1)
    372  10   Que n'est Zephire en l'Arabie heureuse.

arantz   (1)
    407   4   Rides arantz defformeront ta face.

arar   (1)
    395   4   Là, ou Arar les piedz des deux Montz baigne:

arbitre   (2)
     59   2   Qui libre arbitre a sa voulenté lye.
    195   5   Deslors plus l'arbitre ilz pourchasserent,

arbre   (1)
     94   6   De l'arc fit l'arbre, & son bendeau tendit

arbres   (4)
    148   2   Aux champs tous nudz sont leurs arbres failliz.
    148   5   Arbres, buissons, & hayes, & tailliz
    171   6   Les arbres vertz de leurs fueilles denue.
    175   7   Et se crestantz les arbres, leur honneur,

arc   (17)
      5   1   Ma Dame ayant l'arc d'Amour en son poing
      5   8   Fuys tu mon arc, ou puissance, qu'il aye?
      5   9   Ie ne fuys point, dy ie, l'arc ne la flesche:
```
41

arc   (suite)
```
     25  9  Ou ie diray, que ton arc examine
     67  2  Cacha son arc, abandonnant la Terre.
     67  7  Ie ne crains point si petit arc trouué,
     74  9  Las ie n'ay pas l'arc, ne les traictz aussi,
     94  6  De l'arc fit l'arbre, & son bendeau tendit
    107  6  Elle à mon arc pour nuire, & secourir.
    110  1  De l'arc d'Amour tu tires, prens, & chasses
    110  9  Et a l'Archier son arc fulminatoire,
    120  4  Et dessus luy employe & arc, & Trousse.
    131  2  La trousse au col, & arc, & flesche aux mains,
    140  4  De son arc mettre en ton obeissance:
    145  1  Amour si fort son arc roide enfonsa
    277  5  Ià Benedict acheuoit arc, & traict,
    327  9  Que sert ton arc, qui rien ne te pourchasse,
```

archier   (18)
```
      6  7  Que de ses yeulx l'archier tout bellement
     29  2  L'aueugle Archier, qui des dieux est le maistre:
     36  3  Quand a l'Archier l'aultre traict d'or ferra,
     37  2  Enfant, Archier, pasle, maigre, volage:
     67  9  Car contre moy l'Archier s'est esprouué:
     83  6  Car l'Archier fut sans traict, Cypris sans flamme.
    110  9  Et a l'Archier son arc fulminatoire,
    120  6  Et l'Archier fuit aux yeulx de ma Maistresse,
    154  4  L'archier occit, quand il luy vient a point.
    213  9  Voicy la fraulde, ô Archier inuincible,
    250  1  Le ieune Archier veult chatouiller Delie:
    258  9  Quand cest Archier, tirant tant simplement,
    329  5  Pource a l'Archier, le plus du temps, m'adresse,
    335  2  Sur la fontaine, & l'Archier en personne,
    343  6  Qui se fait butte a cest Archier mal seur.
    352  7  Le Cerf blessé par l'archier bien adroit
    388  4  Ce ieune Archier guidé d'agilité.
    403  8  De cest Archier superbement haultain
```

architecteur   (1)
```
     53  1  L'Architecteur de la Machine ronde,
```

architecture   (1)
```
    418  4  Parfaicte fut si haulte Architecture,
```

archiues   (1)
```
    192 10  Viue en l'obscur de mes tristes Archiues.
```

arcs   (1)
```
    321  4  Descendre au fond pour esprouuer ses arcs.
```

arcz   (5)
```
    140  8  Que tes sourcilz estoient d'Amour les arcz.
    270  5  Arcz de structure en beaulté nompareille,
    293  2  Autour de qui Amour pleut arcz, & traictz,
    390  8  De si doulx arcz ne crains la fureur telle.
    431  6  De tes doulx arcz, me pouant garder d'eulx.
```

ard   (4)
```
     62  8  De toy m'eschauffe, & ard si viuement,
    197 10  Qui tousiours ard, tousiours a l'ayde crie.
    288  8  Me brule, & ard iusques a l'esprit rendre.
```

ard (suite)
    299 9 Tousiours plus m'ard cependant, qu'il espere,

ardemment (5)
     15 3 Contre l'vtile ardemment se prepare
    274 2 Qu'il m'esquillonne ardemment, ou il veult,
    324 10 Et au mien triste vn Enfer ardemment.
    329 10 Et fuyt celluy, qui ardemment le suyt.
    422 10 Qui fait mon mal ardemment estre humide.

ardent (13)
      1 1 L'Oeil trop ardent en mes ieunes erreurs
     63 6 Saulte aux cheueulx, dont l'Enfant ardent fume.
     77 6 Que consommé d'vn si ardent poursuyure,
     82 1 L'ardent desir du hault bien desiré,
    130 10 Fait son office ardent a son pouoir.
    159 5 Tressaulte en moy, comme si d'ardent flamme
    178 9 Le feu ardent de mes si grandz mesaises
    190 9 Croissant le feu de mon desir ardent,
    217 1 Amour ardent, & Cupido bandé,
    230 6 Pourquoy? dis tu, tremblant d'vn ardent zele.
    254 3 Le rouge ardent par couleur simulée
    277 2 Amour ardent de se veoir en Pourtraict:
    333 2 Phoebus s'eschauffe en l'ardent Canicule.

ardente (9)
     62 4 Phebus enflamme en si ardente horreur,
    156 8 Me fait fremir en si ardente doubte,
    158 4 Refroidissoit l'ardente cheminée,
    199 10 Et estaindrois ma passion ardente.
    216 10 De ceste mienne ardente voulenté.
    332 1 Ouurant ma Dame au labeur trop ardente,
    338 5 Que toute ardente en si confuse flamme,
    360 1 En ce Faulxbourg celle ardente fornaise
    413 7 Car desirant par ceste ardente enuie

ardentes (2)
    155 3 Puis la chaleur par ardentes cuysons
    356 6 Ouure l'Etna de mes flammes ardentes,

ardentz (3)
      0 1 Non de Venus les ardentz estincelles,
    263 9 Ou, estant près, par mes souspirs ardentz
    269 10 Qu'ardentz souspirs estainctz en chauldes larmes.

ardeur (30)
     13 5 Car telle ardeur le coeur en à receu,
     26 8 Ie me congele: ou loing d'ardeur ie fume.
     31 4 Contre l'ardeur de nostre chaste enuie:
     55 6 Duquel l'ardeur ne viue, ne mourante,
     62 1 Non celle ardeur du Procyon celeste
     73 7 Qui, loing de toy, esteinct en moy l'ardeur,
     82 3 A de l'ardeur si grand feu attiré,
    108 3 C'est celle ardeur, que i'ay si vehemente,
    113 6 L'ardeur, qui tant d'humeur te fait pleuuoir.
    143 5 Or quand l'ardeur, qui pour elle me ronge,
    171 8 Non celle ardeur, qui croit l'affection,
    181 9 D'ailleurs l'ardeur, comme eulx, ne peult finer:
    199 3 Et en l'ardeur, qui a toy me rauit,

```
ardeur   (suite)
   201   2   En ton ardeur, qui tous les iours m'empire:
   204  10   Descouurent lors l'ardeur, qu'en moy ie cele.
   269   7   Puis leur ardeur en ioye me remet,
   273   3   Soit que l'ardeur en deux coeurs attrempée
   280   6   Ie veulx l'ardeur de mon desir nourrir,
   292   8   Qu'en moy ie dy telle ardeur estre doulce,
   302   7   Voicy, dit il, pour ton ardeur estaindre;
   313   5   Duquel l'ardeur si moins iniquement
   317   9   Qui en l'ardeur tousiours inconuincible
   334   4   Ce n'est sinon pour l'ardeur exhaler,
   373   5   Car en l'ardeur si fort il perseuere,
   400   6   Et en l'ardeur de son contentement.
   405   6   Nouelle ardeur de vains desirs remplye.
   413   1   Honneste ardeur en vn tressainct desir,
   413   2   Desir honneste en vne saincte ardeur
   438   6   I'eschappe a doubte, espoir, ardeur, attente,
   449   6   Entre l'ardeur, qui noz coeurs poursuyura,

ardeurs   (2)
   102  10   Tu fuys, Daphnes, ardeurs Apollinées.
   214   2   Solicitude a mes ardeurs contraire,

ardit   (1)
   391   6   Dont elle ardit auecques eulx leur Ville.

ardoir   (5)
    28   2   Ardoir la face a son honnesteté?
   201   9   Qu'en vn instant ardoir elle ne face,
   352   1   Non moins ardoir ie me sens en l'absence
   357   6   Me fait ardoir tant inhumainement,
   441   2   Rire, plorer, & ardoir, & geler:

ardois   (1)
   354   3   Qui parauant ardois en grand esmoy,

ardz   (1)
   131   9   Qu'eulx tous estantz de toy sainctement ardz,

argentin   (2)
   200   3   De son opaque, argentin, & cler estre
   373   8   Dont descent puis ce ruisseau argentin,

argentines   (2)
   208   2   En sablon d'or, & argentines eaux.
   235   2   Et vous, ô eaux fraisches, & argentines,

argue   (1)
   191   8   M'argue asses, & me face blasmer,

argument   (1)
   270   6   A moy iadis immortel argument,

argumentz   (1)
   183   1   Pourquoy recoy ie en moy mille argumentz

argus   (2)
   268   3   Lequel elle ouure, & de plumes d'Argus
   290  10   Que ne suis donc plus, qu'Argus, tout en yeulx?
```

```
arma   (1)
    94   4   Sa Trousse print, & en fuste l'arma:

armé   (2)
    67  10   Mais tout armé l'ay vaincu toute nue.
   304   4   Plus fort armé, toutesfoys moins noysible,

armée  (2)
   109   5   Quand ie la vy en ce poinct estre armée,
   379   7   Auec souspirs, qui, comme fouldre armée

armer  (2)
    19   7   Osa en vain, & sans honte s'armer.
   388   9   Quand me voulois de la raison armer,

armes  (2)
   252  10   Triumphateur des armes, & des lettres.
   327   6   Comment? vas tu sans armes a la chasse?

arousa  (1)
   147   2   D'obliuion m'arousa tellement,

arousant  (1)
   342   8   S'esqaye lors, ses plumes arousant.

arousois  (1)
   246   1   Si de mes pleurs ne m'arousois ainsi,

arresta  (2)
   306   2   Qui m'arresta tresuiolentement:
   395   8   S'arresta toute au son de son cours lent:

arrestant   (2)
   128   5   Et s'arrestant l'vne, & l'aultre riuiere,
   145   7   Qu'en s'arrestant, le creux à resonné

arresté  (2)
   189   3   Pour esclairer a mon bien arresté
   367   5   Ou l'empire est du conseil arresté

arrester   (1)
   443   3   Ce neantmoins pour trop arrester l'oeil

arriue  (1)
   122   7   Car a tout bruyt croyant que lon arriue,

arriué  (2)
    94   8   Tresioyeux d'estre arriué seurement.
   340   9   I'estoys par vous, traistres yeulx, arriué,

arriuer  (2)
    40   6   Ie n'eusse sçeu a ce bort arriuer,
   320  10   Ou ie ne puis desirant arriuer.

ars  (8)
    26  10   Las tousiours i'ars,& point ne me consume.
   115   6   I'ars de plus fort sans nouelle achoison.
   321   2   Iusques au lieu, ou piteusement i'ars,
   354   8   Que i'ars plus fort en fuyant ses destroitz:
                              45
```

ars (suite)
  402 10   Tout le iour meurs, & toute la nuict ars.
  403 3   Toute nuict i'ars la desirant absente,
  411 3   Iusqu'au secret, ou mes sentementz ars
  447 10   Ie pleure, & ars pour ton ingratitude.

arse (3)
  246 4   Percent leur peau toute arse en main endroit.
  264 2   Voire encendrir la mienne arse despouille:
  391 1   Non (comme on dit) par feu fatal fut arse

art (3)
  288 2   L'art, & la main de telle pourtraicture,
  418 3   Et non de l'art grossierement ouurant,
  422 3   Ie ne scay art, & moins propre science,

artemide (1)
  422 8   Mon dictamnum, comme aux Cerfz Artemide,

arts (1)
  321 5   Adonc, craingnant ses Magiciens arts,

artz (1)
  402 8   A mon souffrir, m'aiguise par ses artz

as (18)
   15 1   Toy seule as fait, que ce vil Siecle auare,
   81 10   Que sans m'ouurir tu m'as ce mien coeur pris.
   83 8   Pourquoy, dist il, m'as tu bandé la face?
   90 6   Et toy ma vie a mort as consommée.
  107 5   Et toy, Amour, qui en as tué maintz:
  136 5   Dieu aueuglé tu nous as fait auoir
  221 8   L'heur du Poisson, que n'as sceu attraper,
  265 7   Vien, Dame, vien: Asses as esclercy
  325 5   Et tu m'as veu, ià long temps, attendant
  347 1   Heureux ioyau, tu as aultresfoys ceinct
  349 1   Tu as, Anneau, tenu la main captiue,
  408 8   Tu m'as tousiours esté guerre implacable,
  412 3   Combien m'as tu, mais combien incité
                *   *   *
  194 7   N'as tu horreur, estant de tous costez
  242 2   Tu as pour toy saincteté fauorable:
  282 5   Tu as regard plus intentiuement
  311 5   Et tu luy as, non poinct comme Maistresse,
  378 7   Mais toy, qui as (toy seule) le possible

asçauoir (1)
  303 9   Tacitement te faisant asçauoir,

ascendant (1)
  319 1   Produicte fust au plus cler ascendant

ascrire (1)
  139 3   Mais plus grand heur le sort me deut ascrire,

aspect (5)
   62 3   Mais cest aspect de la Vierge modeste
  319 3   Et plus de grace a son aspect rendant,
  373 1   A son aspect mon oeil reueremment

aspect   (suite)
    416   1   Et l'influence, & l'aspect de tes yeulx
    433   4   S'esblouissant a son plaisant aspect

aspire   (1)
    384   8   De mes deffaultz i'aspire a la merueille

aspiré   (1)
     39   5   Parquoy voyant, que mon bien aspiré

aspirée   (1)
    260   2   Naqeay en Mer de ma ioye aspirée,

aspirent (1)
    334   1   En aultre part, que là, ou ilz aspirent,

aspirer   (2)
    308   6   Pour nous promettre, ou aspirer on n'ose.
    437   4   Ou aspirer ne m'estoit pas science.

aspiroit (1)
     82   2   Qui aspiroit a celle fin heureuse,

aspre   (5)
    106   2   Nuict refrigere a toute aspre tristesse:
    139   8   Mon chemin aspre, aussi de plus grand' gloire.
    237   2   Sort vne Guespe aspre, comme la Mort,
    285   3   Comme statue a l'esbaucher toute aspre:
    286   9   Mais tout soubdain a ceste aspre rencontre

asprement   (3)
    140   9   Car tu nauras mon coeur trop asprement
    250   6   Traictz, comme moy, poingnantz tant asprement?
    447   8   Larmes & feu, bataille asprement rude:

assaillent (1)
    181   2   Par maintz assaultz alternatifz s'assaillent:

assaillyz   (1)
    190   6   Comme assaillyz de mortel accident.

assaultz (2)
    181   2   Par maintz assaultz alternatifz s'assaillent:
    206   6   L'Ame se pert au dueil de telz assaultz.

assaulx   (1)
    206   7   Deuil traistre occulte, adoncques tu m'assaulx,

assemble (2)
     17   4   Qu'auecques nous aulcun discord s'assemble:
    211   3   Toute leur force en fumée s'assemble,

assemblée   (1)
    393   5   L'vn apres l'aultre, en commune assemblée

assemblement (1)
    258   6   Pour expuqner vn tel assemblement

```
assembler   (1)
   318  9  Ont veu (en vain) assembler richement

asseruie   (3)
     6  8  Ma liberté luy à toute asseruie:
    56  5  Et la Raison estant d'eulx asseruie
   353  3  Se captiuant l'Ame toute asseruie,

asseruit   (2)
    12  2  Qui par le bras t'asseruit Ame, & vie,
   240  5  Pource asseruit ce peu d'entendement

asseruy   (2)
    36 10  Fut asseruy soubz l'auare puissance.
   142  8  Qui pour elle à coeur, & corps asseruy,

asses   (27)
     0  5  Ie sçay asses, que tu y pourras lire
    55  3  Passa la Mer, ou asses tost deffit
    58  8  Asses plus loing, qu'oncques ne feit iadis.
    60  3  Ie ne m'en puis non asses esbahir,
    60 10  Veu qu'asses meurt, qui trop vainement ayme?
    65  8  Plus doulx asses, que Succre de Madere,
   102  4  A mon ouye asses tendrement dure:
   110  6  Et digne asses d'eternelle memoire?
   117  5  Si ne peult on non asses conceuoir
   133  7  Et neantmoins, asses loing de mon compte,
   142  3  Tu voys asses, que la grand seruitude,
   191  8  M'arque asses, & me face blasmer,
   227  9  Sa grace asses, sans moy, luy peult donner
   238  5  Que la memoyre, asses de soy labile,
   250  8  D'aultres asses, dont elle est mieulx seruie.
   258  2  Souffroit asses la chatouillant poincture,
   265  7  Vien, Dame, vien: Asses as esclercy
   267 10  Puis qu'asses vit, qui meurt, quand il desire.
   311  1  Asses ne t'est d'auoir mon coeur playé,
   322  5  Ie sçay asses, que nos disparitez
   326  3  Cuydant auoir asses bien prosperé,
   367  1  Asses plus long, qu'vn Siecle Platonique,
   377  7  Veu que de moins asses tu me contentes)
   379  5  Et de leur queste asses mal poursuyuie
   420  2  Que la Raison asses mollement tendre
   425  8  Trop plus asses, qu'en mon Riual, regner:
   430  4  A mon dommage asses, & trop moleste,

asseurance   (10)
    45  6  Si ainsi foible est d'elle l'asseurance?
    72  7  Qui me froissant & foy, & asseurance,
    99  5  Mais tous les iours gruer soubz l'asseurance,
   234  6  Que paix se trouue auecques asseurance?
   248  4  Par lon trauail, qui donna l'asseurance.
   286  8  Ie pris le hault pour plus grande asseurance:
   339  9  Comme elle sçait, qu'en fidele asseurance,
   377  3  Et de moy, Dame, asseurance te baille,
   428  8  Par l'aueuglée, & doubteuse asseurance,
   430  8  Ou se conserue & foy, & asseurance.

asseure   (8)
    45  8  I'asseure l'Ame, & le Coeur obligez,
```

asseure   (suite)
     84   9   Comme celuy, que pleinement s'asseure
     86   8   Et celément plus droit mes traictz i'asseure.
    179   6   De toy m'asseure, & ceste me desgouste,
    189   8   En son danger ie m'asseure tresbien:
    193   7   Mais ie m'asseure a l'heure de ma paix,
    222 10   Qui sur aultruy credulement s'asseure.
    320   6   Que plus m'asseure, & moins me certifie.

asseuré   (3)
     27   5   En cest espoir, tresmal asseuré pleige,
    225   2   Tout Asseuré, comme Cerf en campaigne,
    260   3   Par vn long temps, & asseuré plaisir

asseurée   (1)
    233   5   Mais la naifue, & asseurée touche,

asseurer   (1)
    435   8   Me deust ce iour plainement asseurer

asseurois   (1)
    207   1   Ie m'asseurois, non tant de liberté

assiette   (1)
    350   6   Espie Amans dans son assiette forte.

assis   (1)
    389   1   Elle à le coeur en si hault lieu assis

assise   (2)
    363   7   Cy elle alloit, là elle estoit assise:
    418   8   Plombez sur Base assise, & bien suyuie

assister   (2)
    346   5   Pour vnyment, & ensemble assister
    448   5   Seroit ce pas au danger assister,

assoupy   (1)
    306   5   Dont assoupy d'vn tel contentement,

assouuie   (1)
    413   6   Ne m'a rauy de liesse assouuie.

assouuye   (1)
    317 10   Plus est contente, & moins est assouuye.

assubtilie   (1)
    402   1   La roue en fin le fer assubtilie,

astraincte   (2)
    149   9   Pour illustrer Nature a vice astraincte,
    265   5   Tant est ma vie à la presence astraincte

astres   (1)
    174   5   Et a me veoir les Astres mal contentz

asurée   (1)
     73   2   Leur vert se change en couleur asurée,

49

atropos   (1)
    154 3 Atropos tue, & nous prent sans mercy,

attainct   (1)
    183 7 Las ce sainct feu, qui tant au vif m'attainct,

attaincte   (1)
     30 5 Ou l'Ame attaincte or' a deux il mespart,

attaindre   (3)
    130 6 Que lon luy dist: ou penses tu attaindre?
    188 10 Ou le merite oncques n'à peu attaindre.
    291 3 Mais il ne sçait a la froideur attaindre,

attend   (3)
    218 1 De tous trauaulx on attend quelque fin,
    326 2 Comme vn malade attend a son salut,
    396 7 Vers celle là, qui t'attend froidement,

attendant   (3)
     39 7 Ie fey carene attendant a l'vmbrage,
    257 3 Et mon coeur est aupres d'elle attendant,
    325 5 Et tu m'as veu, ià long temps, attendant

attendit   (1)
    130 5 Mais, seulement souspirant, attendit,

attendu   (1)
    377 5 Car le iaulne est mon bien attendu

attens   (2)
    106 1 I'attens ma paix du repos de la nuict,
    440 6 Que ie m'attens de ta grace piteuse.

attente   (9)
     35 5 Que m'est la force en l'attente recreue
     38 9 Tant que pour viure en si doubteuse attente,
    152 10 Si ainsi doulce est l'vmbre de l'attente?
    202 5 Ie ne le fais pour abreger l'attente,
    204 4 D'espoir, attente, & telle plaisant' charge,
    222 7 Pourquoy veulx tu le fruict d'attente auoir,
    271 9 Et bien qu'espoir de l'attente me frustre,
    406 6 Espoir, ennuy, attente, & fascherie,
    438 6 I'eschappe a doubte, espoir, ardeur, attente,

attentes   (1)
    377 6 (Souffre qu'ainsi ie nomme mes attentes,

attestant   (1)
     50 7 Elle s'en rit, attestant les haultz Dieux:

attiltrer   (1)
    417 1 Fleuue rongeant pour t'attiltrer le nom

attira   (1)
    338 2 Poulsa le Coeur, qu'il y attira l'Ame

attirant   (1)
    306 3 Ta grace apres peu a peu m'attirant,

50

```
attire   (4)
    33 10  Plus ie l'attire & plus a soy m'entraine.
   157  5  Que plus i'escoute, & plus a soy m'attire
   231  3  Et mes souspirs de l'Ame triste attire,
   248  8  (Bien qu'il soit vain) par l'espoir, qui m'attire,

attiré   (2)
    82  3  A de l'ardeur si grand feu attiré,
   197  4  De ton mourant à le vif attiré

attirer   (1)
     5  2  Tiroit a moy, pour a soy m'attirer:

attiser   (1)
   316 10  Ou de l'estaindre, ou bien de l'attiser.

attournée   (1)
   131  1  Delia ceincte, hault sa cotte attournée,

attractif   (1)
    37  8  L'Amour par l'Or plaisant, chault, attractif,

attractiue   (1)
   150  1  Ou sa bonté par vertu attractiue,

attraict   (2)
   126  8  L'attraict tant sien, que puis sans craincte aulcune
   277  4  Que par prys faict a son vouloir l'attraict.

attraictz   (2)
    36  7  Pour mieux attraire, & les attraictz surpriz
   293  4  Parqui a soy elle à tous coeurs attraictz,

attraire   (2)
    36  7  Pour mieux attraire, & les attraictz surpriz
   107  3  Ie ne te puis a mes faueurs attraire:

attrait   (1)
   119  2  Et peu de flamme attrait l'oeil de bien loing.

attraper   (2)
   221  8  L'heur du Poisson, que n'as sceu attraper,
   308  5  Mais toy, Espoir, tu nous viens attraper,

attrapper   (1)
   329  1  Vouldrois ie bien par mon dire attrapper,

attrayant   (5)
    36  9  Mais par ce traict attrayant Amour pris
   132  7  Auec si doulx, & attrayant subiect,
   150  2  Ou sa vertu par attrayant bonté,
   331  3  L'y attrayant, pour air des vuydes lieux,
   410  7  Et tant plus plaict, que si attrayant face

attrempant   (1)
    55  8  Et s'attrempant, peu a peu lentement

attrempée   (1)
   273  3  Soit que l'ardeur en deux coeurs attrempée
```

```
attribuer   (1)
    430   1   Quoy qu'a malheur ie vueille attribuer

atyedissoit   (1)
    366   6   D'vn doulx feu lent le cueur m'atyedissoit

au   (226)
      1   9   Piteuse hostie au conspect de toy, Dame,
      2   8   Qu'au premier oeil mon ame l'adora,
      8   4   Remedier au commun nostre affaire.
     10   7   Lors au peril de ma perdition
     11  10   Dès l'Indien s'estendront iusqu'au More.
     14   3   Amour subtil au noud s'est allié
     16   5   Et quand ie l'ay au besoing demandé
     19   5   Donc au Vassal fut grand' mesconqnoissance
     21   9   Comme au besoinq pour son loz meritoyre
     22   3   Comme Diane au Ciel me resserrer,
     27   2   Au rencontrer chose, qui luy meult honte,
     27   9   Qu'en fin me tire au fons de sa grosseur
     31   2   Quand au plus doulx serain de nostre vie
     32   3   Ne debuois tu au Temps auoir respect,
     35  10   Seruice esqal au souffrir en presence.
     42   8   Les membres laisse & fuit au profond Puys,
     48   9   Dont, comme au feu le Phoenix, emplumée
     52   8   Qui me perdantz, au perdre me demeurent,
     55   5   Puis print son vol droict au Soleil Gallique,
     58   1   Quand i'apperceu au serain de ses yeulx
     58   3   Ià tout empeinct au prouffit de mon mieulx,
     60   6   Qu'il me consume, ainsi qu'au feu la Cyre.
     63   5   Laquelle au voile, & puis de bande en bande,
     64   2   Fuyantz au fons des vmbreuses vallées.
     64  10   Tousiours en Terre, & au Ciel residentz.
     73   4   Par prospectiue au distant mesurée.
     77   1   Au Caucasus de mon souffrir lyé
     77   8   Mais pour au mal renaistre incessamment,
     80   1   Au receuoir l'aigu de tes esclairs
     86   4   Couurir le feu, qui iusque au coeur m'altere.
     86   7   Ainsi, dit il, ie tire au despourueu,
     87   2   En ma pensée & au lieu le plus tendre,
     87   3   De mon bon gré au trauail m'a offert,
     87  10   Doulce la peine au mal accompaignée.
     91   6   Au froid loyer de si grand seruitude.
     97   7   Si hault au ciel de l'honneur residente,
     98   1   Le Dieu Imberbe au giron de Thetys
    102   7   Mais quand au but de mon vouloir ie cours,
    103   2   Ou pour le gainq, au peril dangereux,
    103   8   L'Ame abysmée au regret, qui la mord.
    104   4   Au Reqne vmbreux ma vie s'est rendue.
    106   8   Luisante au centre, ou l'Ame à son seiour.
    111   1   Lors que le Soir Venus au Ciel r'appelle,
    111   2   Portant repos au labeur des Mortelz,
    114   7   Si donc le Coeur au plaisir, qu'il reçoit,
    117   8   Au long souffrir patiemment m'enhorte:
    118   6   Dont, comme neiqe au Soleil, ie me fondz
    118   9   Que plongeant l'Ame, et la memoire au fondz,
    119   4   Dont on ne peult se passer au besoing?
    119   6   Plus tost au Temps sa Clepsidre cherroit,
    127   2   Au doulx concent de tes qualitez sainctes,
    127   6   Comme tes faictz font au monde apparoistre.
```

au   (suite)

128	1	Ce bas Soleil, qui au plus hault fait honte,
128	8	Ilz m'ont perdu au bien, qui seul me nuict.
129	5	Que n'est au Corps ce mien viure encombreux,
131	2	La trousse au col, & arc, & flesche aux mains,
132	2	Et le Souldart au seul conflict se proeuue:
134	4	Au bien, qu'a deux elle mesme ordonna.
135	10	En Terre nom, au Ciel eternité.
138	9	Le me feit veoir, & presqu'au doigt toucher,
143	10	Comme au desert son Serpent esleué.
145	4	Au fondz du coeur d'entiere congnoissance,
145	5	Sa poincte entra au dur de resistance:
147	10	Perdit au Monde Angleterre, & Morus.
152	2	Mon ame au bien de sa beatitude,
153	1	Morte esperance au giron de pitié,
155	6	Tant qu'au secours vient le plus doulx souuenir,
160	3	Elle à le Ciel serainé au Pays,
160	5	Et son doulx chant (si au vray dire l'ose,
164	7	Soubdain au nom d'elle tu me resueilles
165	1	Mes pleurs clouantz au front ses tristes yeulx,
165	7	Et la cuydant au vray bien exprimée
165	10	Auec Dathan au centre d'Abiron.
166	4	Ne pourroyent ioindre au sommet de son plus.
166	7	Au pur des mains delicatement saine,
170	5	Et quand ie fus au couuert, ie m'appuye
171	2	Ressussitant au naistre le doulx Ver,
172	6	Estant au corps, & au bras cordonnée
172	6	Estant au corps, & au bras cordonnée
172	7	De la vertu au bleu abandonnée,
174	6	Inspirent force au languissant plaisir
178	7	Comme au Faulxbourg les fumantes fornaises
183	7	Las ce sainct feu, qui tant au vif m'attainct,
185	2	S'est retiré au fons de sa fortune:
186	3	Mais quand ton oeil droit au mien se rencontre,
186	7	Et au danger son remede acquerir,
187	7	Et quand ie pense ayder au Coeur surpris,
194	6	Mourir au iouq de tes grandz cruaultez.
197	3	Ce tien doulx oeil, qui iusqu'au coeur m'entame
206	6	L'Ame se pert au dueil de telz assaultz.
208	9	Enfle toy donc au parfaict de son lustre,
209	5	Et si sa poincte est presque au but suyuie,
213	2	Le traict perçant au fons de ma pensée.
214	5	Si viue au coeur la me voulut pourtraire
217	8	M'incite, & poinct au tourment, ou ie suis
217	10	Tout aueuglé au bien, que ie poursuis.
220	8	Que ie ne soye au besoing esperdu?
222	5	Qui la me rendz au besoing endormye,
223	4	Me conuyoit au salubre exercice.
223	10	Comme rousée au leuer du Soleil.
227	5	Parquoy ma plume au bas vol de son aele
230	2	Au cler miroir mirant plus chere face,
232	8	Ne souffre au Corps sentir celle douleur
233	4	Qui si au vif iusques au coeur me touche:
233	4	Qui si au vif iusques au coeur me touche:
240	1	Ma voulenté reduicte au doulx seruage
240	6	Affin que Fame au Temps imperieuse,
243	3	Combien qu'au Corps ne me soient trop molestes
245	9	Et qui est vif sans la scauoir au Monde,
247	5	Et pour mon dire au vray authoriser,

au   (suite)

251	1	Au commun plainct ma ioye est conuertie
251	10	Au loz, & heur de qui à eu la Rose.
256	7	Quand plus au but de mon bien elle tasche.
257	1	Tu es, Miroir, au cloud tousiours pendant,
267	1	Au doulx record de son nom ie me sens
267	3	Du tout en tout, iusqu'au plus vif du sens:
269	3	Par l'oeil au Coeur tacitement entrantz
269	4	Croissent le mal, qui au querir m'empire.
269	8	M'esclairant tout au fort de leurs alarmes
272	8	Et le baiser, qu'au rendre vous donnay
274	6	A labourer au iouq de loyaulté.
277	10	Et paings au vif Delie seulement.
281	9	Affin qu'au mal, qui croist iournellement,
283	3	Que la ruyne au temps iniurieuse
285	7	Ame enyurée au moust d'vn si hault bien,
285	8	Qui en son faict plus, qu'au mien m'entrelasse,
289	4	Le ieune sang tout au corps me bouilloit.
290	1	Comme qelée au monter du Soleil,
290	3	Au rencontrer le rayant de son oeil,
293	3	Pour des Cieulx estre au meurdre dispensée,
294	3	Veu que Nature & en l'Ame, & au Corps
299	4	Comme au besoing n'ayant eu doulx accueil,
300	6	Tousiours au Corps son tourment elle liure,
305	4	Quand il me mit au iouq de seruitude.
315	1	Ie m'ayme tout au desdaing de la hayne,
316	1	Chantant Orphée au doulx son de sa lyre,
318	5	Et la promesse au long me reciter,
319	1	Produicte fust au plus cler ascendant
320	3	Iettant au vent le sens, & l'esperance,
320	7	Au fort mon coeur en sa douleur se fie,
321	2	Iusques au lieu, ou piteusement i'ars,
321	4	Descendre au fond pour esprouuer ses arcs.
324	10	Et au mien triste vn Enfer ardemment.
326	8	De mon mal est, qu'au querir il s'indigne,
330	1	Au centre heureux, au coeur impenetrable
330	1	Au centre heureux, au coeur impenetrable
332	1	Ouurant ma Dame au labeur trop ardente,
335	6	Dont il se lance au fond pour la baiser.
337	2	Amour au Coeur, & la Mort sur le Corps:
341	4	Comme si elle estoit au vray presente:
343	1	Au vif flambeau de ses yeulx larmoyantz
349	4	Pour estre puis au mal medicatif,
349	5	Au mal, qui est par fois alternatif,
349	7	Dont te portant au doigt iournellement,
351	9	Venir au lieu, non ou ie te laissay,
356	2	Courant au sein de sa vielle amoureuse,
361	6	Les ouure au dueil, au dueil, qui point ne ment:
361	6	Les ouure au dueil, au dueil, qui point ne ment:
363	4	Qu'elle est au lieu de sa detention.
364	4	Que iusqu'au bout des leures tyra l'Ame.
368	8	Se diminue au cler de sa presence:
369	1	Plongé au Stix de la melancolie
369	6	Colere aduste, ennemye au ioyeux.
369	8	Créé au dueil par la perseuerance
369	10	Au bas des piedz de ma foible esperance.
370	3	Ie me ruyne au penser ennuyé
370	7	Est cheute au fons de ton ingratitude:
370	9	Fuyent au iouq de la grand seruitude

au   (suite)
```
372    4    Me viuifie au feu perpetuel,
374    2    Et tout soubdain le vint au Dieu monstrer,
374    9    Parquoy Amour chatouilloit au passé,
375    2    Du premier iour, qu'elle m'entra au coeur
375    6    Ton effigie au vif tant ressemblante,
376    6    En me mouant au doulx contournement
377    2    T'appelle au but follement pretendu:
378    4    Au fons confus de tant diuerses choses,
379    4    Au doulx pourchas de liberté rauie:
387    1    Ou celle estoit au festin, pour laquelle
387   10    Qu'elle estoit seule au lustre de sa face.
388    3    Que ne feit onc au Printemps inutile
395    2    La restaurant au bas de la montaigne:
395    8    S'arresta toute au son de son cours lent:
397    5    Or que seroit a penetrer au bien,
397    6    Qui au parfaict d'elle iamais ne fault?
398    3    Qu'Amour au sort de mes malheurs insere,
399    5    Car puis qu'il fault, qu'au besoing ie me fonde
402    4    Au coeur gentil de passion hurté
404    7    Lors qu'au besoing tu me circonuenois,
405   10    Tressue au bien trop amerement doulx.
406    8    Au goust du miel tous mes incitementz:
406   10    Soit trouué Succre au fiel de mes tourmentz.
409    3    Pour le porter au gracieux domaine
409    8.   Ie me recrée au mal, ou ie m'ennuye,
409    9    Comme bourgeons au Soleil estenduz,
410    4    Au fond du coeur par vn desir noueau,
411    1    Au doulx rouer de ses chastes regardz
411    3    Iusqu'au secret, ou mes sentementz ars
412    6    Auec les yeulx leue au Ciel la pensée
413    8    De meriter d'estre au seul bien compris,
413    9    Raison au faict me rend souffle a la vie,
413   10    Vertu au sens, & vigueur aux espritz.
414   10    Et du sot Peuple au vil gaing intentif.
422    1    Touché au vif & de ma conscience,
424   10    Parfaicte au corps, & en l'ame accomplie.
427    4    Qu'Amour au coeur passionné ottroye,
430    5    Pour paruenir au bien plus, que celeste,
432    1    Sans aultre bien, qui fut au mal commode,
432   10    Se voit au ioug de ce grand Ottoman.
436    8    Me penetrant l'Ame iusqu'au mylieu,
437    3    Pour paruenir au bien, que ie pretens,
440    8    Au doulx seiour, que tu luy peulx bailler,
442    9    Que de la Terre au Ciel delicieux
444    1    Nature au Ciel, non Peripatetique,
445    1    Ainsi qu'Amour en la face au plus beau,
448    3    Sans au debuoir de la raison se ioindre,
448    5    Seroit ce pas au danger assister,
                    *        *        *
 45    9    Me promettant, au moins, pour deliurance   (aumoins)
 70    7    Vysse ie au moins esclercir ma bruyne
 99    3    I'aurois au moins, soit en vain, limité
205    5    Au moins ce don ie le presente, & donne,
321    9    Lequel ayant ioye, & rys au deuant
365    1    La Lune au plein par sa clarté puissante
366    1    Nier ne puis, au moins facilement,
382    2    Me vient toute heure, & tousiours au deuant.
394    9    Mais au rebours elle (ô Dieux) les mesprise,
```

au (suite)
    415 6 Auec ma flamme au parauant si forte:

auainissoys (1)
    112 1 Lonque silence, ou ie m'auainissoys

auant (4)
    127 10 Auant leur temps, en leur eternité.
    220 4 Que bien auant aux hazardz ie me boute.
    273 10 (Auant le soir) le Soleil de ma vie.
    383 6 Ma fiebure chaulde auant l'heure venue,

auanture (1) auenture
    236 10 Du moindre bien d'vne telle auanture.

auare (5)
    15 1 Toy seule as fait, que ce vil Siecle auare,
    36 10 Fut asseruy soubz l'auare puissance.
    198 1 Gant enuieux, & non sans cause auare
    252 1 Le Ciel de soy communement auare,
    426 2 Dont estre auare est tresqrande vertu,

auares (1)
    236 6 Celle occupant, que les auares Cieulx

auarice (1)
    298 5 Les vienne ainsi d'auarice brider,

aucunesfois (1)
    84 5 Bien que la doubte aucunesfois se plonge

audacieux (1)
    264 8 Qu'en mon penser audacieux ne viue,

audeuant (1)
    132 6 Ou audeuant me presente vn obiect

auec (58) auecques
    1 4 Mon Basilisque auec sa poinqnant' veue
    3 6 Sacrifia auec l'Ame la vie.
    3 9 Doncques espere auec deceue enuie
    12 3 Detient si fort auec la veue l'oeil,
    43 6 Amour, & hayne, ennuy auec plaisir.
    45 7 Auec le front serenant l'esperance,
    52 2 Pour se qaigner auec son lustre qloire:
    67 4 Qu'auec Venus le cherche, & le deterre.
    74 2 Auec Amour, sa tendre nourriture,
    101 2 Ie vy ma Dame auec Venus la blonde.
    101 6 Auec maintien, qui le tout compassoit.
    106 4 Noye auec soy ce peu de ma liesse.
    109 7 Que ie descende auec mes maulx soubz terre.
    122 2 Ie voy les Cieulx auec moy larmoier:
    132 7 Auec si doulx, & attrayant subiect,
    158 1 La Bise aussi auec sa forte alaine
    161 1 Seul auec moy, elle auec sa partie:
    161 1 Seul auec moy, elle auec sa partie:
    165 10 Auec Dathan au centre d'Abiron.
    169 3 Celez le mal auec la querison,
    173 2 Auec les bras, te denote estre prise

auec   (suite)
     177   7   Auec plaisir: a moy nourrissementz
     177   8   De mes trauaulx auec fin larmoyeuse.
     191   5   Car ta froideur auec mon froit se mesle,
     192   2   Auec le Corps l'Esprit est tant remis,
     196   8   Comme le vent se ioue auec la flamme,
     211   1   Quand ignorance auec malice ensemble
     225   3   Selon qu'Amour auec moy delibere,
     232   2   Auec le temps mon penser le deuore:
     233   8   La chasteté conioincte auec beaulté,
     238   10   Qui sans cesser auec moy tousiours pleurent.
     273   6   Auec ma ioye à d'elle prins congé.
     275   9   Comme qui offre, auec son demeurant
     286   10   Fut renuersé auec mon esperance.
     302   3   Qui auec luy pleurant amerement,
     321   3   Ie sens Amour auec pleine pharetre
     343   9   Parquoy adonc auec plus grand martyre
     344   4   Ton harmonie auec ma passion!
     345   3   Et me repoulse auec toute rigueur
     367   9   Auec leurs bras mortellement diuins
     375   3   Auec ta haulte, & humble contenance,
     379   7   Auec souspirs, qui, comme fouldre armée
     385   5   Auec le lict cuydant abandonner
     397   2   Depart du feu auec graue maintien:
     412   6   Auec les yeulx leue au Ciel la pensée
     413   5   Que l'esperance auec faincte grandeur
     415   6   Auec ma flamme au parauant si forte:
     416   9   Ce Roy d'Escosse auec ces troys Eclipses
     418   7   Auec doulx traictz viuement Angeliques,
     419   5   Ou la pensée auec le sens comprise
     421   6   Auec Amour pareillement volage
     421   8   Qui s'enuolantz auec ma destinée,
     432   2   Auec le sens l'humain entendement
                          *   *   *
      17   2   Que d'auec toy mon coeur se desassemble:
     210   10   Ou qu'auec eulx vostre ayde me deffaille.
     279   4   Qui d'auec moy la raison vient desioindre,
     320   4   Lesquelz ie voy d'auec moy diuiser,
     446   2   D'auec son vif ce caducque mortel:

auecques   (18)   auec
      17   4   Qu'auecques nous aulcun discord s'assemble:
      96   1   Te voyant rire auecques si grand grace,
     162   10   Auecques moy iectent en bas leur veue.
     170   4   Auecques moy cuydant, qu'elle s'en fuye.
     196   7   Car du plaisir, qu'auecques toy i'auoys,
     203   10   Auecques l'An mes peines recommencent.
     234   6   Que paix se trouue auecques asseurance?
     241   2   Auecques vous diuersement me tiennent.
     270   2   Auecques toy contre moy se conseille:
     292   4   Auecques morte, & couuerte estincelle,
     324   6   Auecques moy, & ou tu me nourris
     357   4   Incessamment auecques luy meslé
     364   8   Auecques toy incessamment demeure,
     387   2   Auecques moy le Ciel la Terre adore,
     391   6   Dont elle ardit auecques eulx leur Ville.
     425   9   Comme lon scait, qu'auecques l'impossible
     428   10   Auecques mort de ma foible esperance.
     446   5   Qu'auecques luy se fera immortel,

auenture   (1)   auanture
    287 10   Ta coulpe fut, & ma bonne auenture.

aueugle   (8)
     29   2   L'aueugle Archier, qui des dieux est le maistre:
     37   1   Bien paindre sceut, qui feit Amour aueugle,
     37   3   Car en tirant ses Amans il aueugle,
     39   8   Que voile feit mon aueugle Nocher,
    137   3   Contre l'Aueugle aussi ne me faindrois,
    154   2   La Parque aueugle, & l'enfant n'y voit point.
    184   6   Ie recourray a mon aueugle Iuge.
    306   9   Auquel Amour par aueugle ignorance

aueuglé   (3)
     15   2   Et aueuglé de tout sain iugement,
    136   5   Dieu aueuglé tu nous as fait auoir
    217 10   Tout aueuglé au bien, que ie poursuis.

aueuglée   (4)
     44   7   Soit qu'il languist d'aueuglée tristesse,
     78   8   Qui nous conduit soubz aueuglée nuict.
    115   9   Toute aueuglée espandit sa poison
    428   8   Par l'aueuglée, & doubteuse asseurance,

aueuglément   (1)
    329   8   Que ce fol Monde aueuglément poursuyt,

aueugles   (1)
    210   7   Dieux aueugles (si tant est vostre iniure,

augmentant   (5)
    152   6   Augmentant plus son alteration,
    256   2   On me peult veoir tous les iours augmentant:
    256   3   Augmentant, dy ie, en cest heureux malheur,
    417   3   Mainte Riuiere augmentant ton renom,
    435   5   Ne sens ie en nous parfaire, en augmentant

augmente   (5)
    174   9   A mon trauail augmente le desir,
    190   1   D'autant qu'en moy sa valeur plus augmente,
    249   9   Augmente a deux double loyer croissant,
    282 10   Et ceste augmente en moy ma grand souffrance.
    363   6   Et les douleurs, que la nuict leur augmente.

augmenter   (1)
    156   4   Lors que ie deusse augmenter en ma ioye.

auidité   (1)
    116   4   Ne peult saouler si grand' auidité:

auilissant   (1)
    319   6   Et toute a vice alors se auilissant,

auiourd'huy   (1)
    125   7   O auiourd'huy, bienheureux trespassez,

auiourdhuy   (1)
     85   6   Malice honneur auiourdhuy contrefaire,

```
auiue    (1)
    76 10  Comme s'estainct, & s'auiue ma flamme.

aulbades    (1)
   231  4  Me resueillantz tousiours par les aulbades

aulbe    (7)
    79  1  L'Aulbe estaingnoit Estoilles a foison,
   133  2  Pour ouurir l'Aulbe aux limites de ma flamme:
   266  1  De mon cler iour ie sens l'Aulbe approcher,
   304  1  Apparoissant l'Aulbe de mon beau iour,
   355  1  L'Aulbe venant pour nous rendre apparent
   386  1  Quand Apollo apres l'Aulbe vermeille
   446 10  Le soir d'icy est Aulbe a l'Antipode.

aulcun    (13)
    17  4  Qu'auecques nous aulcun discord s'assemble:
    57  8  Plus ie ne veulx d'elle aulcun bien chercher.
   109 10  Qu'aulcun n'aura sur moy victoire aulcune.
   218  2  Et de tous maulx aulcun allegement:
   252  6  D'aulcun bienfaict haultement premier.
   253 10  Par temps, qui n'à aulcun terme prescript.
   271  5  Mais seurement, & sans aulcun renfort
   335  4  Voit la figure, & aulcun mot ne sonne:
   347  8  Ta rondeur n'à aulcun commencement,
   371  1  Blasme ne peult, ou n'est aulcun deffault,
   445  6  Sans a l'honneur faire aulcun preiudice:
   448  8  D'aulcun acquest, mettre honneur a mercy,
   449 10  Non offensé d'aulcun mortel Letharge.

aulcune    (9)
   107  8  Tu es sans Coeur, ie n'ay puissance aulcune.
   109 10  Qu'aulcun n'aura sur moy victoire aulcune.
   126  8  L'attraict tant sien, que puis sans craincte aulcune
   185  5  Et ne trouuant moyen, ny voye aulcune
   225  9  Que souspeçon n'à aulcune racine
   258  4  Luy auoit fait sans aulcune ouuerture.
   310  4  D'aulcune ioye, & humaine liesse,
   371  2  Ny la peine estre, ou il n'y à coulpe aulcune:
   374  8  Sans que iamais aulcune grace oultroye.

aulcunement    (6)
    17  9  Ny que ma foy descroisse aulcunement.
    87  4  Sans contre Amour aulcunement contendre:
   297  2  L'oeil, & le sens aulcunement ie boute,
   304  6  Sans qu'il m'en puisse aulcunement garder.
   341  5  Bien que par foys aulcunement ie sente
   357  9  Voulant ma flamme estaindre aulcunement,

aulcunesfois    (1)
    83 10  Aulcunesfois, non voyant, te frappasse?

aulcunesfoys    (1)
   362  3  Et du futur, aulcunesfoys notoyre,

aulcuns    (1)
   438  4  Ne voy encor sortir aulcuns effectz.
```

aulmosniere (1)
    347 5 Se fainqnant ore estre large aulmosniere,

aultant (1) autant
    435 2 Me fait iouir de tous plaisirs aultant,

aultez (1)
    194 9 De veoir ainsi fumer sur tes Aultez

aultour (1) autour
    77 4 Comme l'Aultour de ma mort immortelle,

aultre (47) autre
    12 10 Que d'auoir eu de toute aultre victoire.
    14 9 Sans se pouoir l'vn l'aultre contenter,
    17 3 Plus tost seront l'vn, & l'aultre Mont ioinctz,
    18 8 Mais moy: ie n'ay d'escrire aultre soucy,
    23 4 Qu'Or monnoyé, ny aultre chose exquise,
    26 3 A son pied court l'vne & l'aultre Riuiere,
    36 3 Quand a l'Archier l'aultre traict d'or ferra,
    40 10 L'aultre donner d'heureuse liberté.
    48 5 A l'vn aggrée, & l'aultre desplaict.
    78 7 Et l'aultre dit desir estre vne rage,
    92 8 Tant qu'aultre n'est, fors elle, a mes yeux belle.
   106 7 Renaist soubdain en moy celle aultre Lune
   128 5 Et s'arrestant l'vne, & l'aultre riuiere,
   133 6 Le bien du bien, qui tout aultre surmonte.
   151 4 Tout aultre bien pour le tien elle oblie:
   167 7 Donc aultre Troye en moy commencera
   168 4 En aultre vie, & plus doulce trespasse:
   184 3 L'vn me rend triste, & l'aultre resiouy
   184 5 Mais si ie voy n'y pouoir aultre chose,
   187 6 Vn mal soudain a vn aultre repris.
   192 4 Et l'aultre moins conqnoit ses ennemys.
   201 4 L'aultre Dodone incongneue a Epyre,
   205 6 Sans aultre espoir d'en estre querdonné:
   208 8 Plus, qu'aultre bien, qui te face estimer.
   217 4 De l'vn vaincu, & de l'aultre surpris.
   257 10 Ou dedans luy aultre entrer n'y peult, qu'elle.
   266 4 Que d'aultre chose elle n'à ores cure.
   280 7 Et, vainquant l'vn, a l'aultre recourir
   282 3 Tu vas lustrant l'vn, & l'aultre Hemispere,
   293 5 Et tellement de toute aultre distraictz,
   301 4 Par l'vne, & l'aultre estoille estincellante:
   301 10 M'accreurent lors vn aultre feu non moindre.
   324 3 Desquelles l'vn, & l'aultre relief tient
   325 4 Que sien il est, tout aultre a soy rendant.
   334 1 En aultre part, que là, ou ilz aspirent,
   334 9 Non: mais me font, sans l'vn l'aultre empecher,
   353 8 N'est d'aultre bien, que d'espoir reuestu.
   358 6 Rompt ceste noise a nulle aultre pareille.
   367 10 L'vn coronner mon col, l'aultre mes hanches.
   393 5 L'vn apres l'aultre, en commune assemblée
   395 5 L'aultre saulta de là vers la campaigne,
   405 1 Heur me seroit tout aultre grand malheur
   411 5 Ou du plaisir sur tout aultre bien riche
   432 1 Sans aultre bien, qui fut au mal commode,
   435 4 De sa beauté toute aultre surmontant,
   438 8 Et du regrect, qu'vn aultre aye le prys
                           60

aultre   (suite)
     440 10   Ne se veult plus en aultre trauailler.

aultrefois   (1)
     176 8   Pour retourner vne aultrefois nouelle:

aultrement   (5)
      56 6   (Non aultrement de son propre deliure)
     136 6   Sans aultrement ensemble consentir,
     277 8   Cesse, luy dy ie, il fault faire aultrement.
     330 7   Sans aultrement sa liberté poursuyure
     420 7   Ne pouuant donc le conuaincre aultrement,

aultrepart   (1)
     351 3   Amour parfaire aultrepart ses vendanges,

aultres   (5)
     127 5   Mille Vertus de mille aultres enceinctes,
     146 8   Pour s'amoindrir a aultres biens friuoles:
     234 8   Excede en moy toutes aultres douleurs,
     240 3   Trouue le iouq, a tous aultres sauluage,
     250 8   D'aultres asses, dont elle est mieulx seruie.

aultresfois   (2)
      13 1   L'oeil, aultresfois ma ioyeuse lumiere,
      67 6   Comme aultresfois mon coeur l'a bien prouué.

aultresfoys   (1)
     347 1   Heureux ioyau, tu as aultresfoys ceinct

aultruy   (12)   autruy
      60 8   Affin qu'aymant aultruy, je me desayme.
     222 10   Qui sur aultruy credulement s'asseure.
     251 8   En main d'aultruy, indigne d'elle, enclose,
     262 5   Qui de me nuire, & aultruy vsitez,
     270 10   Viure en aultruy, en soy mourir commence.
     271 10   Point ne m'est grief en aultruy me chercher.
     285 10   Double peine à, qui pour aultruy se lasse?
     289 10   Pour mieulx pouoir d'aultruy me souuenir.
     425 10   I'accuse aultruy pour tout me condamner.
     426 10   En aultruy paix, qui a soy donne guerre.
     428 4   Qu'en effect d'elle a aultruy trop n'agrée
     435 10   Qui peult aultruy, tant soit peu, bienheurer.

aumoins   (12)   au moins
      47 1   M'eust elle dict, aumoins pour sa deffaicte,
      71 5   Ie parle aumoins. Ce n'est que phrenesie.
     107 7   Aumoins toy, Mort, vien acoup me ferir:
     151 1   Aumoins peulx tu en toy imaginer,
     162 5   Vueilles (aumoins present moy) te porter
     163 1   De ce bien faict te doibs ie aumoins louer,
     235 1   Aumoins toy, clere, & heureuse fontaine,
     257 4   Qu'elle le veuille aumoins, apperceuoir.
     350 7   En ce mesaise aumoins ie me conforte,
     368 5   Et amoindrit, aumoins, la languison,
     412 10   Qui du Vulgaire, aumoins ce peu, m'esloingne.
     422 7   Fust elle, aumoins, par vertu pitoyable

```
auoient   (1)
    101    3   Elles auoient vn mesme vestement,

auoir   (31)
     29   10   Ne puys mercy, tant soit petite, auoir.
     32    3   Ne debuois tu au Temps auoir respect,
    108    7   Mais, comme puis auoir d'eulx congnoissance,
    113    9   Que si tu veulx de mon mal cure auoir,
    136    5   Dieu aueuglé tu nous as fait auoir
    140    2   Sans que sur moy il peut auoir puissance,
    188    8   A les auoir agreables constraindre,
    195    3   Si viuement, que sans auoir loysir
    203    8   L'allegement, que mes maulx auoir pensent.
    220    9   Las plus grand mal ne peult auoir mon bien,
    222    7   Pourquoy veulx tu le fruict d'attente auoir,
    286    4   Si tu pourras d'elle victoyre auoir?
    298    6   Que moins ilz ont, quand plus cuydent auoir?
    394    3   Cuydant auoir du bien plus que ie n'ay,
    396   10   Ne puis ne paix, ne repos d'elle auoir.
    433    5   Ne peult auoir tant soit peu, de respect
                    *         *         *
      5    6   Sans auoir faict a mon corps quelque bresche:
     12   10   Que d'auoir eu de toute aultre victoire.
     28    5   Meilleur, ô Coeur, m'est d'auoir chaste esté
     47    7   Faulte ie dy, d'auoir esté mal caulte
     91    9   L'auoir perdu en telle ingratitude
    121   10   Viura le mal, auoir perdu le Corps.
    161   10   Tu me punys pour elle auoir meffaict.
    167    5   Qu'apres auoir constamment combatu,
    273    8   Sa fiebure auoir si grand'beaulté rauie,
    277    6   Cuydant l'auoir doctement retiré:
    311    1   Asses ne t'est d'auoir mon coeur playé,
    311    4   L'auoir vaincu, le iecter hors d'oppresse.
    326    3   Cuydant auoir asses bien prosperé,
    340    1   Auoir le iour nostre Occident passé,
    415    3   Soubdain craingnant de t'auoir offensée,

auois   (2)
    306    6   N'auois de toy, ny de moy congnoissance.
    359    6   De tes doulx yeulx, quand moins de doubte auois,

auoit   (9)
     16    2   Ainsi qu'Amour le m'auoit commandé:
     42    7   Alors le sang, qui d'elle charge auoit,
     45    3   Ou la tendresse, en soy que celle auoit,
     63    1   L'Esté bouilloit, & ma Dame auoit chault:
    104   10   M'auoit changée en si grand seruitude.
    137    7   La fin m'auoit l'heure determinée
    245   10   Et trop plus mort, que si Mort l'auoit point.
    258    4   Luy auoit fait sans aulcune ouuerture.
    318    2   De ce, qu'Ammour l'auoit peu inciter:

auolée   (1)   enuo-
    421    4   Ne la pensée, ainsi comme auolée,

auortie   (1)
    415    5   Si ainsi est, soit ma ioye auortie
```

62

```
auoys    (1)
   196  7  Car du plaisir, qu'auecques toy i'auoys,

auparauant    (1)
   321  7  Et luy vainqueur plus fier, qu'auparauant,

aupres    (5)
    26  6  Moy de glaçons: luy aupres du Soleil
   126  5  Et tout aupres de celle là le serre,
   257  3  Et mon coeur est aupres d'elle attendant,
   354  1  Quand (ô bien peu) ie voy aupres de moy
   415  2  D'aupres de moy en vn rien departie,

auquel    (4)
   118  5  Du bien, auquel l'Ame demoura prise:
   164  8  De cest abysme, auquel ie perissoys:
   300 10  Du mal, auquel tu me peux secourir.
   306  9  Auquel Amour par aueugle ignorance

aura    (8)
    99  6  Que ceste fiebure aura sa querison,
   109 10  Qu'aulcun n'aura sur moy victoire aulcune.
   113  5  Adonc aura congrue nourriture
   134 10  Que apres Amour, la Mort n'y aura part.
   175  9  Ou ton hault bien aura seul ce bon heur
   232 10  Tant que ce Monde aura forme, & couleur.
   408  1  Quant Mort aura, apres long endurer,
   449  4  Et qu'on aura Amour en reuerence.

auray    (2)
   310  5  Ie n'auray eu de ta verte ieunesse,
   441  6  Ie n'auray eu, que mort, & vitupere!

aure    (2)
   246  2  L'Aure, ou le Vent, en l'air me respandroit,
   379  2  Ministres soient de l'aure de ma vie,

auril    (2)
     6  1  Libre viuois en l'Auril de mon aage,
   148 10  Mon An se frise en son Auril superbe.

aurois    (3)
    99  3  I'aurois au moins, soit en vain, limité
   199  9  Tu y aurois delectable pasture,
   404  3  Que i'aurois cher (s'il debuoit aduenir)

auroit    (2)
   246  5  Quel los auroit, qui sa force estendroit,
   447  2  Lon auroit mys deux elementz contraires,

auront    (1)
   246 10  Lors mes amours auront en toy repos.

aurore    (2)
   232  4  Depuis le soir iusqu'a la blanche Aurore.
   378  1  La blanche Aurore a peine finyssoit

auroys    (1)
   250  5  La visitant luy dit: Auroys tu point
```

ausquelz   (2)
      30   1   Des yeulx, ausquelz s'enniche le Soleil,
     340   8   De telz plaisirs, ausquelz, comme vent vistes,

aussi   (45)
      15   7   Aussi par toy ce grand Monstre abatu,
      18   5   Qui chante aussi ses amours manifestes,
      21   7   Aussi par mort precedant la victoyre
      29   3   La Parque aussi le veult seigneuriser,
      37   7   Aussi, ô Dieu, en noz coeurs tu estens
      40   5   Aussi, ô Dieux, par effect reciproque
      44   2   Le temps aussi toute chose mortelle,
      54   5   De palme aussi le iuste Coronneur
      61   8   Se doubte aussi soubz prouuée vnion.
      68   9   Aussi vault mieux qu'en doubtant ie trauaille,
      74   9   Las ie n'ay pas l'arc, ne les traictz aussi,
      76   9   Qui tost me fait mourir, & viure aussi,
      98   9   Et le matin veillant aussi me treuue,
     108   2   Brulant de chault, tremblant aussi de froit?
     117   9   Car aussi bien ta cruaulté propose
     132   3   Aussi Amour sa gloire, & sa conqueste
     134   3   Comme toy seule aussi debuois supplir
     136   9   Fais que puissions aussi long sentir
     137   3   Contre l'Aueugle aussi ne me faindrois,
     138   8   Aussi par vous la Fortune benigne
     139   8   Mon chemin aspre, aussi de plus grand' gloire.
     158   3   La Bise aussi auec sa forte alaine
     170   6   Pour prendre aleine, & pour aussi la veoir.
     183   5   Ma face aussi de larmes tempestée
     227   7   Aussi pour plus haultement resonner,
     230 10   Mais moy aussi, ou est ta propre image.
     237 10   Il poinct plus doulx, aussi plus griefuement.
     253   9   La Gloyre aussi, qui a l'orner se vante
     259   2   De terre aussi tout tournoyant circuit
     272   7   Aussi, ô Gantz, quand vous leuay pour gage,
     279 10   Tousiours viuant, tousiours aussi sans vie.
     282   4   Mais dessoubz luy, aussi plus briefuement.
     292   3   Aussi par l'oeil il y entre, & l'enflamme
     295   7   Aussi tu vois les doulx cherissementz
     295   9   Tu oys aussi leurs remercyementz,
     298   7   Aussi Fortune en leurs plus hault pouoir
     305   9   Aussi cest An par Mort, qui tout abrege,
     323   5   Aussi a bien vertueusement viure
     347   9   Ny fin aussi, qui me donne a entendre,
     380   2   Et l'humble aussi de chaste affection,
     393   4   Ouuertement, & aussi a l'emblée,
     414   9   Aussi i'y vis loing de l'Ambition,
     424   9   La voyant l'oeil, aussi l'entendement,
     427   9   Aussi comment serois ie a elle vny,
     449   5   Aussi ie voy bien peu de difference

austere   (1)
      86   2   Qui flourit tout en penitence austere,

austerement   (1)
     423   2   A toute vie austerement humaine,

austruche   (2)
      21   1   Le Cerf volant aux aboys de l'Austruche

```
austruche   (suite)
    55   9   La transmua en vne Austruche errante,

autant   (11)   aultant
    20   3   Autant seroit droict, & faulx pariurer,
    32   1   Soit que l'erreur me rende autant suspect,
    35   2   Autant de fois plaine nous est descreue:
    35   4   Autant de toy m'ont la memoire creue,
   178   5   Mais pour autant que tes yeulx ruyneux
   190   1   D'autant qu'en moy sa valeur plus augmente,
   190   2   D'autant decroist le remede affoibly:
   202   7   Mais ie me tasche autant a captiuer
   275   3   Ie te presente autant de foys l'hommage,
   280   8   Pour tousiours estre autant tout mien, que tien:
   433   3   Mais pour autant, que la raison presente

autheur   (1)
   369   2   Semblois l'autheur de ce marrissement,

authoriser   (2)
   211   2   Sur l'innocent veulent authoriser,
   247   5   Et pour mon dire au vray authoriser,

authorité   (1)
   219   1   Authorité de sa graue presence

automne   (2)
   171   1   Parmy ces champs Automne pluuieux
   388   8   Et en Automne Amour, ce Dieu volage,

autonne   (1)
   178   4   N'est procedé d'Autonne bruyneux.

autour   (4)   aultour
   111   9   Lors tu verroys, tout autour a la ronde,
   141   4   Et loing, & près autour d'eulx perseuere.
   293   2   Autour de qui Amour pleut arcz, & traictz,
   369   3   Que la tristesse autour de mon col lye

autre   (4)   aultre
    56   2   Se resoluant l'Esprit en autre vie.
    78   3   Si l'vn me point d'vn costé, l'autre taille
   136   4   Qui l'autre viue à fait mort receuoir.
   154   6   Comme de poincte & l'vn & l'autre tire.

autruy   (1)   aultruy
    34  10   Pour autruy faulte offrir a penitence.

autumne   (1)
    37   6   Plus inconstans, que l'Autumne, ou Printemps.

aux   (67)   es
     2   7   Mouuant aux Cieulx telle admiration,
     3  10   Aux bas Enfers trouuer beatitude.
     5   3   Mais ie gaignay aux piedz, & de si loing,
    13   9   Affin que moyste aux os se puisse prendre,
    18   4   Ou s'enaigrist aux Satyres molestes:
    21   1   Le Cerf volant aux aboys de l'Austruche
    22   5   Comme regnante aux infernalles vmbres
```

aux (suite)

24	1	Quand l'oeil aux champs est d'esclairs esblouy,
26	4	Et iusqu'aux miens descendent deux ruisseaulx.
42	2	Par mesme lieu aux fonz du coeur entra,
46	8	Pour mieulx le rendre, aux rhetz de seruitude:
53	7	Aux foibles mains de ses fiers ennemys,
62	5	Qu'aux bas mortelz vient la froide terreur,
63	6	Saulte aux cheueulx, dont l'Enfant ardent fume.
64	4	Aux boyz serrez destournent leurs allées,
66	2	Ie me laissois aux estoilles conduire,
75	2	Ie m'espargnay l'estre semblable aux Dieux.
88	10	A moy, aux Dieux, a ta coulpe si grande?
94	7	Aux ventz pour voille, & en Port descendit
105	1	Ie vy aux raiz des yeulx de ma Deesse
118	10	Tout ie m'abysme aux oblieuses riues.
120	6	Et l'Archier fuit aux yeulx de ma Maistresse,
129	10	Tout esperdu aux tenebres d'Egypte.
131	2	La trousse au col, & arc, & flesche aux mains,
133	2	Pour ouurir l'Aulbe aux limites de ma flamme:
141	3	Ie me recrée aux rayons de ses yeulx,
148	2	Aux champs tous nudz sont leurs arbres failliz.
157	2	Souuentesfois iusques aux Cieulx me tire:
181	1	Ouy, & non aux Caestes contendantz
201	6	Qu'aux Alpes n'est toute hyuernale glace,
213	8	Se laissant vaincre aux plus forcez combas.
220	4	Que bien auant aux hazardz ie me boute.
229	7	Mais ta vertu aux Graces non diforme
253	3	Parquoy ce Siecle aux precedantz barbares
253	6	A ta statue aux Cieulx resplendissante,
255	6	Et la Mer calme aux ventz plus ne s'irrite,
268	1	A son Amour la belle aux yeulx aiguz
275	10	Ma vie aux piedz de ta haulte value.
282	9	Aux patientz tu accroys leurs douleurs:
290	6	A resister aux amoureux traictz d'elle.
295	4	Non pour cy bas aux mortelz apparoistre,
298	10	Celle Prouince aux Charles ennemye.
308	1	La craincte adioinct aeles aux piedz tardifz,
309	5	Qui s'opposoient aux miennes trauaillantes,
313	6	Et Coeur, & Corps iusqu'aux mouelles gaste,
314	9	Pour non donner aux enuieux esbat:
319	4	Grace aux Amantz toutesfois rigoureuse.
323	9	Reduicte aux mains de ce premier FRANCOYS,
327	1	Delie aux champs troussée, & accoustrée,
331	10	Tombant aux sains, dont elles sont puysées.
337	1	Veu que Fortune aux accidentz commande,
342	9	Ainsi Amour aux larmes de ses yeulx
344	8	Par tes accordz, non aux miens ressemblantz.
360	9	Que mes sanglotz penetrantz iusqu'aux cieulx
368	3	Aux patientz apporte vne grand' part,
392	5	Mais toy contraire aux naturelz accordz,
393	1	Ie voys, & viens aux ventz de la tempeste
394	6	Comme la Lune aux Amantz fauorise,
395	6	Et pour tesmoing aux nopces accouroit.
398	2	Suis succumbé aux repentins effortz,
400	1	Quand l'allegresse aux entrailles créée
401	1	Tant occupez aux conditions d'elle
407	10	S'esqallera aux Siecles infiniz.
409	2	Qui aux plus fortz rauit le dur courage
409	10	Qui se refont aux gouttes de la pluye.

aux   (suite)
     413 10   Vertu au sens, & vigueur aux espritz.
     422 8   Mon dictamnum, comme aux Cerfz Artemide,

ay   (50)   ai
       0 4   Ie t'ay voulu en cest Oeuure descrire.
      10 8   I'ay esprouué, que la paour me condamne.
      16 5   Et quand ie l'ay au besoing demandé
      28 1   Ay ie peu veoir le vermeil de la honte
      34 1   Ie ne l'ay veue encor, ne toy congneue
      34 7   Dont i'ay en moy conclu finablement
      39 1   Par maint orage ay secouru fortune
      39 4   Qu'a peine i'ay iusques cy respiré.
      41 9   Qu'en bien aymant i'ay promptement perdu
      57 5   Car lors que i'ay clerement apperceu,
      57 9   L'ay ie iuré! soubdain ie m'en accuse,
      65 3   I'ay obserué pour veoir, ou bien, ou mal,
      67 10   Mais tout armé l'ay vaincu toute nue.
      69 3   I'ay consommé maintes belles saisons
      84 3   Qui m'à le moins, que i'ay peu, irrité,
     138 7   Le bien, que i'ay tousiours eu sur tout cher:
     142 10   Et qu'en seruant i'ay amour deseruy.
     150 5   Que i'ay permis son vouloir ià monté
     205 9   Mais, quant a moy, qui tout le t'ay donné,
     242 4   Ie l'ay trouuée a moy inexorable.
     261 7   I'ay rien commis: mais sans point de doubtance
     276 7   Car pour le bien, que i'en ay peu choisir,
     276 10   I'ay rencontré & tristesse, & douleur.
     277 7   Quand par la main soubdain l'ay retiré:
     312 9   Bref quand i'ay bien de moymesme abusé,
     316 7   N'ay peu tirer de sa benigne face,
     327 8   Et par lesquelz i'ay maint gibbier surpris?
     327 10   Veu mesmement que par eulx ie t'ay pris?
     341 6   Estre tout vain ce, que i'ay apperceu.
     382 9   Mais quand ie suis, ou ie l'ay peu marcher,
     387 9   Quand suis entré i'ay creu soubdainement,
     394 4   I'ay mon proces contre moy intenté.
     409 7   Et quand les miens i'ay vers les siens tenduz,
     411 10   Ie me meurs pris es rhetz, que i'ay tendu.
     441 10   Que i'ay esté de son vouloir ministre.
                        *   *   *
      18 8   Mais moy: ie n'ay d'escrire aultre soucy,
      74 9   Las ie n'ay pas l'arc, ne les traictz aussi,
      96 4   Me promect mieulx de ce, dont i'ay enuie.
     102 3   I'ay certes ioye a ta parolle ouir
     107 8   Tu es sans Coeur, ie n'ay puissance aulcune.
     108 3   C'est celle ardeur, que i'ay si vehemente,
     119 8   Qu'en moy mourust ce bien, donc i'ay enuie.
     163 8   Que i'ay encor, non toutesfoys si grande.
     237 7   I'ay peur qu'amour sur moy ne s'escarmouche:
     238 7   Et n'ay confort, que des Soeurs despiteuses,
     271 8   Ie quiers en toy ce, qu'en moy i'ay plus cher.
     322 9   I'ay beaucoup plus de tes actes humains,
     327 7   N'ay ie mes yeulx, dit elle, dont ie chasse,
     363 2   Ie l'ay si viue en mon intention,
     394 3   Cuydant auoir du bien plus que ie n'ay,

ayant   (8)
       5 1   Ma Dame ayant l'arc d'Amour en son poing

ayant   (suite)
       116   3   Qui de la Terre ayant en main la pomme,
       153   9   Et la pensée, & l'Ame ayant saisie,
       186   8   Ayant commune en toy compassion.
       298   4   N'ayant pouoir de leurs combles vuyder,
       299   4   Comme au besoinq n'ayant eu doulx accueil,
       321   9   Lequel ayant ioye, & rys au deuant
       369   5   Colere ayant pour son nourrissement,

ayantz   (2)
       231   6   Comme de tout ayantz necessité,
       241   6   Comme n'ayantz mes souhaictz enduz.

ayde   (3)
       186   6   Comme qui veulx d'elle ayde requerir,
       197 10   Qui tousiours ard, tousiours a l'ayde crie.
       210 10   Ou qu'auec eulx vostre ayde me deffaille.

aydé   (1)
       420   6   (Aydé d'Amour) la vainct tout oultrément.

ayder   (4)
       185   9   Qu'on luy deburoit ayder a son endroit,
       187   7   Et quand ie pense ayder au Coeur surpris,
       197   9   De luy ayder a si mortelle offence.
       238   8   Qui, pour m'ayder, a leurs plainctes labeurent,

aydes   (1)
       393   8   Abandonnée & d'aydes, & d'appuys.

aydez   (1)
       210   9   Aydez le vray, la bonté, la droicture,

aye   (4)
         5   8   Fuys tu mon arc, ou puissance, qu'il aye?
       273   7   Fais donc, que i'aye, ô Apollo, songé
       366   3   Nourry ne m'aye, & difficilement,
       438   8   Et du regrect, qu'vn aultre aye le prys

ayent   (1)
       336   4   N'ayent mon coeur sainctement desuoyé.

aymable   (2)
       217   6   En doulx feu chaste, & plus, que vie, aymable.
       284   4   La fait de tous humainement aymable:

aymant   (3)
        41   9   Qu'en bien aymant i'ay promptement perdu
        60   8   Affin qu'aymant aultruy, je me desayme.
       430   9   Et vrayement n'est point aymant celluy,

aymay   (2)
        49   1   Tant ie l'aymay, qu'en elle encor ie vis:
        60   2   Qui tant aymay, & onq ne sceuz hair?

ayme   (7)
        46   2   Que plus on ayme, est du coeur le miroir,
        49   2   Et tant la vy, que, maulgré moy, ie l'ayme.
        60 10   Veu qu'asses meurt, qui trop vainement ayme?

ayme (suite)
    154   8   I'ayme trop mieulx a la Mort recourir.
    261 10   Mais quelle erreur, sinon que trop il ayme?
    315   1   Ie m'ayme tout au desdaing de la hayne,
    373   3   Et l'ayme, & craint trop perseueramment

aymée (2)
    109   2   Pensant que fust Venus sa bien aymée.
    353   1   Sa vertu veult estre aymée, & seruie,

aymer (16)
     10   3   Tant peult de soy le delicat aymer,
     19   6   Quand plus, que soy, faingnant sa France aymer,
     38   4   Quand moins cuydois, qu'a m'aymer me faingnit.
     41   5   Que m'à valu d'aymer honnestement
     72   9   Donc pour aymer encor telle souffrance,
    110   2   Les coeurs de tous a t'aymer curieux:
    180 10   Et vueille, ou non, a mon contraire aymer.
    191 10   Las ie ne puis patiemment aymer.
    248   3   Mon ferme aymer t'en feit seure, & certaine,
    248 10   Moy de t'aymer, & toy de mon martyre.
    255   2   Parmy Amours d'aymer non resoulue,
    292   7   Et qui me fait, maulgré moy, tant aymer,
    388   7   Car de ieunesse il aprint a l'aymer.
    436   2   Qui a aymer enseigne, & reuerer,
    439 10   Tousiours m'enseigne a aymer, & hair.
    442   4   Ou nous viuons librement pour aymer?

aymoit (1)
    335   3   Qui dedans l'eau d'elle, que tant aymoit,

aysément (1)
    350   1   Ie ne me puis aysément contenter

ayser (1)
    335   9   Et si ne plaings le mien, qui pour se ayser,

                              B

babyloine (1)
    308 10   Des deux Amantz baisé en Babyloine.

baigne (2) baing-
    342 10   Ses aeles baigne, a gré se reposant.
    395   4   Là, ou Arar les piedz des deux Montz baigne:

baille (3)
     68   6   Ores la doubte, ores la foy me baille,
    377   3   Et de moy, Dame, asseurance te baille,
    392   6   Et a tout bien, que la Nature baille,

baillée (1)
    285   5   Par foy en main de constance baillée

bailler   (1)
   440   8   Au doulx seiour, que tu luy peulx bailler,

bainqnant   (1)   baiq-
   417   5   Bainqnant les piedz de celle terre heureuse,

baisé   (1)
   308 10   Des deux Amantz baisé en Babyloine.

baiser   (4)
   109   1   Mars amoureux voulut baiser ma Dame,
   272   8   Et le baiser, qu'au rendre vous donnay
   335   6   Dont il se lance au fond pour la baiser.
   364   3   Lors d'vn baiser si tresdoulx se repeut,

bande   (2)
    63   5   Laquelle au voile, & puis de bande en bande,
    63   5   Laquelle au voile, & puis de bande en bande,

bandé   (2)   ben-
    83   8   Pourquoy, dist il, m'as tu bandé la face?
   217   1   Amour ardent, & Cupido bandé,

bandeau   (2)   bendeau
    63   3   Et du bandeau l'esuentant bas, & hault,
   268   2   Fait vn bandeau d'vn crespe de Hollande,

bannissant   (1)
   330   4   Que pour iamais, de moy se bannissant,

banny   (1)
   427   6   Et si le cuyde) estre d'elle banny.

barbare   (1)
   238   3   (Barbare a moy) ains trop cruellement

barbares   (2)
   253   3   Parquoy ce Siecle aux precedantz barbares
   284   8   Barbares qentz du Monde diuisez

barbouilloit   (1)
   289   2   Ie ne sçay quoy le sens me barbouilloit:

bas   (22)
     3 10   Aux bas Enfers trouuer beatitude.
    55 10   Qui vole bas, & fuit legerement.
    62   5   Qu'aux bas mortelz vient la froide terreur,
    63   3   Et du bandeau l'esuentant bas, & hault,
   106   6   Qui du bas Ciel esclere la nuict brune,
   111   7   O fusses tu, Vesper, en ce bas Monde,
   128   1   Ce bas Soleil, qui au plus hault fait honte,
   149   3   Se demettront en ce bas Caucasus:
   162 10   Auecques moy iectent en bas leur veue.
   165   6   Par moy, si bas, ne peult estre estimée.
   227   5   Parquoy ma plume au bas vol de son aele
   236   3   En voz deduitz icy bas, & là haultz,
   252   2   Nous à cy bas heureusement transmys
   252   8   Toute Vertu en ces bas lieux terrestres
   295   4   Non pour cy bas aux mortelz apparoistre,

bas   (suite)
```
369 10   Au bas des piedz de ma foible esperance.
373  2   S'incline bas, tant le Coeur la reuere,
380  7   Et puis cy bas Vertus luy apporter
389  6   Ne se tient plus icy bas endormie.
395  2   La restaurant au bas de la montaigne:
406  2   Haulte pensée en vn si bas vouloir
421  2   De son bas vol s'estende a la vollée,
```

base   (1)
```
418  8   Plombez sur Base assise, & bien suyuie
```

basilisque   (1)
```
  1  4   Mon Basilisque auec sa poinqnant' veue
```

basse   (6)
```
176  4   La veue basse, & alors moins nuisante.
230  4   Qu'en se plainqnant il te dit a voix basse:
259  3   Des Montz tout terme en forme haulte, & basse,
282  1   Basse Planete a l'enuy de ton frere,
328  6   Ie m'en allois plorant la teste basse:
406  1   Haultain vouloir en si basse pensée,
```

bat   (1)
```
405  8   La voulenté, qui tant me bat le poulx,
```

bataillantes   (1)
```
309  4   Mais ie sentis ses deux mains bataillantes,
```

bataille   (4)
```
 68  7   Renouellant en moy celle bataille,
 78  1   Ie me complais en si doulce bataille,
392  7   En ceste mienne immortelle bataille
447  8   Larmes & feu, bataille asprement rude:
```

batteau   (1)
```
221  2   Ma Dame, & moy saultons dans le batteau,
```

batteaulx   (1)
```
208  5   Te practiquant par seurs, & qrandz batteaulx
```

battoit   (1)
```
 83  4   Battoit son filz pour complaire a son pere.
```

beatitude   (4)
```
  3 10   Aux bas Enfers trouuer beatitude.
152  2   Mon ame au bien de sa beatitude,
305  2   Des plus haultz Cieulx celle beatitude,
370  6   De mon hault bien toute beatitude
```

beau   (9)
```
104  6   Ie vy de loinq ce beau champ Elisée,
148  3   Puis le Printemps ramenant le beau iour,
223  3   L'air temperé, & en son serain beau
255  5   Lors que Prognes le beau Printemps salue,
286  3   Veulx tu, dit il, congnoistre bien, & beau,
304  1   Apparoissant l'Aulbe de mon beau iour,
315 10   Lors l'air troublé soudain retourne en beau.
410  2   Qu'ell' à en soy, ie ne scay quoy de beau,
```

beau   (suite)
    445   1   Ainsi qu'Amour en la face au plus beau,

beaucoup   (3)
    201   5   Ou la fontaine en froideur beaucoup pire,
    322   9   I'ay beaucoup plus de tes actes humains,
    448   10   Pour beaucoup moins, qu'a Charles Landrecy?

beaulté   (21)   beauté
      6   10   En sa beaulté gist ma mort, & ma vie.
      7   1   Celle beaulté, qui embellit le Monde
      9   10   Beaulté logée en amere doulceur.
     10   9   Car grand beaulté en grand parfection
     13   2   En ta beaulté fut tellement deceu,
     51   1   Si grand beaulté, mais bien si grand merueille,
     72   2   Miracle seul de sa seulle beaulté,
    162   7   Et recongnoy, que pour celle beaulté,
    176   9   Et le parfaict de ta beaulté croissant
    186   2   Dont la beaulté peult les Cieulx ruyner:
    228   1   Tout en esprit rauy sur la beaulté
    233   8   La chasteté conioincte auec beaulté,
    245   6   Que le parfaict, dont sa beaulté abonde,
    247   4   Tasche a la foy plus, qu'a beaulté viser.
    270   5   Arcz de structure en beaulté nompareille,
    273   8   Sa fiebure auoir si grand'beaulté rauie,
    274   7   Et tant dur est le mors de ta beaulté
    275   2   De ta beaulté esmerueillable Idée,
    304   8   Sa grand' beaulté, & d'vn tel appetit,
    306   1   Ta beaulté fut premier, & doulx Tyrant,
    435   4   De sa beaulté toute aultre surmontant,

beaulx   (6)
     16   10   Du premier iour m'occit de ses beaulx yeulx.
     63   4   De ses beaulx yeulx excite flamme grande,
    212   1   Tes beaulx yeulx clers fouldroyamment luisantz
    247   6   Voy seulement les Papegaulx tant beaulx,
    262   9   Ses beaulx yeulx sainctz, plus loing de seruitude
    409   5   Ses beaulx yeulx clers par leur priué vsage

beauté   (1)   beaulté
     91   4   De celle rare, & diuine beauté,

belle   (13)
     29   7   Tu ne deçoys, dit il, ces deux cy, Belle,
     92   8   Tant qu'aultre n'est, fors elle, a mes yeux belle.
    101   8   Apperceuant ma Maistresse plus belle.
    111   3   Ie voy leuer la Lune en son plain belle,
    141   7   Que feroit l'Oeil par sa belle presence,
    205   2   Chose, qui soit selon toy belle, & bonne,
    223   9   Ie me deffis a si belle rencontre,
    237   9   Ce n'est point luy, Belle: Car quand il touche,
    268   1   A son Amour la belle aux yeulx aiguz
    288   4   Accomplissantz si belle Creature,
    290   7   En la voyant ainsi plaisamment belle,
    387   3   La saluant, comme sur toutes belle,
    399   2   Et qu'elle soit la plus belle du Monde,

bellement   (1)
      6   7   Que de ses yeulx l'archier tout bellement

belles   (1)
    69   3   I'ay consommé maintes belles saisons

bellissime   (1)
   424   1   De corps tresbelle & d'ame bellissime,

benda   (1)   ban-
   104   2   Me benda l'oeil de la raison vaincue:

bendeau   (1)   bandeau
    94   6   De l'arc fit l'arbre, & son bendeau tendit

benedict   (1)
   277   5   Ià Benedict acheuoit arc, & traict,

benigne   (6)
    71   9   En ceste mort plus, que vie, benigne.
   123   8   A tous benigne, a moy est inhumaine,
   138   8   Aussi par vous la Fortune benigne
   316   7   N'ay peu tirer de sa benigne face,
   403   2   Qui m'est de soy meurdryerement benigne.
   431   3   De ta nature humainement benigne,

benignement   (1)
   373   4   En sa rigueur benignement seuere.

benignes   (1)
   398   9   Et lors ie croy, que ses graces benignes

benignité   (1)
    97   5   Ou la Clemence en sa benignité,

benin   (2)
   273   4   Rende vn vouloir mutuel, & benin.
   372   3   Comme ton oeil cruellement benin

bening   (1)
    93   7   Vueillent les Cieulx par vn bening debuoir,

benings   (1)
   270   3   Et se monstrant humainement benings,

beningz   (1)
   173   6   Peut (Dieux beningz) a son heur rencontrer.

bersabée   (1)
   166   8   Ahontiroyt le nud de Bersabée:

besoing   (12)
    16   5   Et quand ie l'ay au besoing demandé
    21   9   Comme au besoing pour son loz meritoyre
    60   9   Qu'est il besoing de plus oultre m'occire,
   119   4   Dont on ne peult se passer au besoing?
   220   8   Que ie ne soye au besoing esperdu?
   222   5   Qui la me rendz au besoing endormye,
   302   9   Mais la cuydant a mon besoing estraindre
   399   5   Car puis qu'il fault, qu'au besoing ie me fonde
   404   7   Lors qu'au besoing tu me circonuenois,
   428   9   A mon besoing se fait de paour victoire

besoing (suite)

154 10 Sans coeur ne peult a son besoing mourir.
299 4 Comme au besoing n'ayant eu doulx accueil,

bestes (2)
 64 3 Des champz ouuertz & bestes, & oyseaulx
131 10 Te vont suyuant, ou les bestes la fuyent.

bethys (1)
 90 10 Oultrepasser & Ganges, & Bethys.

biches (1)
131 4 Chasse, & prent cerfz, biches, & cheureulx maints.

bien (192)
  2 5 Car de tout bien, voyre es Dieux desirable,
 11 7 Proeuue pour ceulz, qui le bien poursuyuront
 23 9 Mais ton sainct feu, qui a tout bien m'allume,
 25 2 Du bien, donc suis, long temps à, poursuyuant,
 27 7 Parquoy en moy, comme de mon bien seur,
 28 8 Le bien, qu'Amour (Amour lassif) conseille.
 31 10 Qui le doulx bien de liberté nous oste.
 39 5 Parquoy voyant, que mon bien aspiré
 40 3 D'un trop grand bien, certes, il me daingna:
 41 3 Tant que le bien, qu'Amantz ont sur tout cher,
 41 7 Puis que m'en est le mal pour bien rendu,
 45 10 La Mort, seul bien des tristes affligez.
 46 10 De ce doulx bien, Dieu de l'amaritude.
 47 8 A receuoir du bien fruition.
 50 6 Ie me prometz le hault bien de mon mieulx.
 57 8 Plus ie ne veulx d'elle aulcun bien chercher.
 63 8 De mal pour bien a tes seruiteurs rendre?
 65 1 Continuant toy, le bien de mon mal,
 65 2 A t'exercer, comme mal de mon bien:
 65 3 I'ay obserué pour veoir, ou bien, ou mal,
 76 8 De mon hault bien l'Ame ialouse enflamme,
 77 3 Ce grand desir de mon bien oblyé,
 77 7 Espoir le fait, non pour mon bien, reuiure:
 80 6 Ioye de veoir si hault bien allumer.
 82 1 L'ardent desir du hault bien desiré,
 82 6 Pour vouloir toute a son bien condescendre,
 90 1 Par ce hault bien, qui des Cieulx plut sur toy,
 96 9 Parquoy tu peulx, mon bien anticipant,
103 9 Car tout le bien de l'heureuse surprise
112 6 De nostre bien la Fortune enuieuse
117 7 Parquoy mon bien, qui en ta foy repose,
118 5 Du bien, auquel l'Ame demoura prise:
119 8 Qu'en moy mourust ce bien, donc i'ay enuie.
125 8 Pour vostre bien tout deuot intercede:
128 8 Ilz m'ont perdu au bien, qui seul me nuict.
133 6 Le bien du bien, qui tout aultre surmonte.
133 6 Le bien du bien, qui tout aultre surmonte.
134 4 Au bien, qu'a deux elle mesme ordonna.
134 8 A recepuoir le bien, qu'Amour despart,
135 7 Qu'oultre le bien, qui me tien redeuable,
136 8 Le bien du mal en effect desirable:
138 7 Le bien, que i'ay tousiours eu sur tout cher:
151 4 Tout aultre bien pour le tien elle oblie:

bien   (suite)

152	2	Mon ame au bien de sa beatitude,
156	1	Estre ne peult le bien de mon malheur
168	5	Alors le Coeur, qui vn tel bien compasse,
171	4	Du commun bien de nature enuieux.
174	4	Toute confuse du bien, que ie pretens.
175	9	Ou ton hault bien aura seul ce bon heur
189	3	Pour esclairer a mon bien arresté
189	6	A constamment pour si hault bien perir.
189	10	Certes il fault, qu'elle me soit mon bien.
190	7	Pource qu'espoir de leur bien euident,
192	8	De ta mercy, de mon bien tu me priues:
193	9	Parquoy du bien alors ie me repais,
205	10	C'est le seul bien, apres toy, que i'estime.
208	8	Plus, qu'aultre bien, qui te face estimer.
215	8	A bien, qui soit loing de maulx tant extremes.
217	10	Tout aueuglé au bien, que ie poursuis.
218	4	Me cherche vn bien, trop esloingné confin
219	7	Mais a mon bien m'est exhortation
220	9	Las plus grand mal ne peult auoir mon bien,
233	3	N'est point le plus en moy bien fortuné,
236	10	Du moindre bien d'vne telle auanture.
242	3	Et a mon bien estant negotieux,
251	5	Qui m'à frustré de ce bien singulier,
252	3	Tout le hault bien de parfection rare,
253	4	S'enfle du bien, que par toy luy abonde:
256	7	Quand plus au but de mon bien elle tasche.
262	4	Maulx de tout bien, certes, desheritez,
266	7	Voyez, mes yeulx, le bien que vous celoit
276	7	Car pour le bien, que i'en ay peu choisir,
285	7	Ame enyurée au moust d'vn si hault bien,
286	3	Veulx tu, dit il, congnoistre bien, & beau,
290	8	Et le plaisir croissant de bien en mieulx
292	10	Du mal, qui tout a si hault bien me poulse.
312	4	Ou le hazard de tout mon bien depent.
318	4	Quand il me vint du bien feliciter,
319	7	La nous transmit, du bien s'esiouissant,
326	1	Ie souspiroys mon bien tant esperé,
336	5	Car il y fut pour mon bien enuoyé
340	10	Qui cloz mon bien, & ouuertz mon mal vytes.
341	7	Ce neantmoins pour le bien ià receu,
346	1	A si hault bien de tant saincte amytié
353	8	N'est d'aultre bien, que d'espoir reuestu.
370	6	De mon hault bien toute beatitude
377	5	Car le iaulne est mon bien attendu
384	9	D'vn si hault bien, que d'vne mesme alaine
389	8	A me vouloir a si hault bien instruire.
392	6	Et a tout bien, que la Nature baille,
394	3	Cuydant auoir du bien plus que ie n'ay,
397	5	Or que seroit a penetrer au bien,
405	10	Tressue au bien trop amerement doulx.
411	5	Ou du plaisir sur tout aultre bien riche
413	8	De meriter d'estre au seul bien compris,
414	8	S'escarte a soy, & son bien inuentif.
416	6	Affin qu'en moy mon bien tu n'accomplisses,
426	8	Ce bien, voyant que ie ne le puis acquerre:
430	5	Pour paruenir au bien plus, que celeste,
432	1	Sans aultre bien, qui fut au mal commode,
434	10	Sentent leur bien de leur mal deliurez.

bien   (suite)
```
437   3   Pour paruenir au bien, que ie pretens,
441   8   A plus grand bien, & non a fin sinistre,
444   8   Le bien, du bien qui sans comparaison
444   8   Le bien, du bien qui sans comparaison
445   4   Qui nous esclaire a tout bien desirable,
              *           *           *
109   2   Pensant que fust Venus sa bien aymée.
163   1   De ce bien faict te doibs ie aumoins louer,   (bienfaict
              *           *           *
  0   3   Mais bien les mortz, qu'en moy tu renouelles
 18   1   Qui se delecte a bien narrer histoires
 33   3   Que bien souuent a son vueil blandissante,
 33   6   Vn doulx souhait, qui, non encor bien né,
 37   1   Bien paindre sceut, qui feit Amour aueugle,
 38   1   Bien fut la main a son peril experte,
 41   9   Qu'en bien aymant i'ay promptement perdu
 44   8   Bien la diroit descendue des Cieulx,
 47   3   I'eusse creu lors estre bien satisfaicte
 51   1   Si grand beaulté, mais bien si grand merueille,
 51   7   Qui de bien brief, sans deslay, ou renuoy,
 65   4   Si mon seruice en toy militoit bien.
 65   5   Mais bien congneus appertement combien
 67   6   Comme aultresfois mon coeur l'a bien prouué.
 81   3   Car elle m'eust bien tost reduit en pouldre,
 81   9   Car ie scay bien, & par experience,
 89   7   Ne pleure plus, Venus: Mais bien enflamme
117   4   Face vn bien peu d'espoir apperceuoir,
117   9   Car aussi bien ta cruaulté propose
119   2   Et peu de flamme attrait l'oeil de bien loing.
122   6   Duquel bien tost elle seule me priue.
130   9   Qui, esbranlée vn bien peu, sans se faindre
139   1   Bien fortuné celuy se pouuoit dire,
142   2   A bien seruir, m'à dit en ceste sorte:
158   2   Pleuroit bien fort ma dure destinée:
165   7   Et la cuydant au vray bien exprimée
168   7   Et si bien à vers l'Ame pourchassé,
172   9   Ie suis lors seur, Creature bien née,
181   5   Et nonobstant, que bien peu, ou rien vaillent
186   9   Car tu ferois nous deux bien tost perir.
192   7   Mais ie scay bien, que pour estre forclos
205   8   Est, quant a toy, de bien petite estime:
220   4   Que bien auant aux hazardz ie me boute.
220   7   Ne doy ie pas en tout preueoir si bien,
229   9   Et en mon coeur si bien a toy conforme
246   7   Mais veulx tu bien a piteux cas entendre,
250   8   Car par ceulx cy le sang bien maigrement,
260   4   Bien pres du Port de ma paix desirée.
261   8   Ie trouue bien, que celluy se desayme,
277   1   Bien eut voulu Apelles estre en vie
277   9   Pour bien le paindre oste ce traict tiré,
280   2   Comme sans ioye, ou bien viure insensible?
296   9   Si tens ie bien, & raisonnablement,
297   9   Ou bien reprens ses superbes manieres,
312   9   Bref quand i'ay bien de moymesme abusé,
313   9   Que bien souuent ma Cruelle se haste,
314   5   Et si m'en plainqs, & bien m'en vouldrois taire,
316  10   Ou de l'estaindre, ou bien de l'attiser.
323   5   Aussi a bien vertueusement viure
```

bien   (suite)
```
326   3   Cuydant auoir asses bien prosperé,
328   4   Et tient ià près la chose bien loingtaine.
329   1   Vouldrois ie bien par mon dire attrapper,
332   9   Mais bien du mien, dy ie, la ferme essence
335   8   Tu pleures bien cest Amour en ces eaux,
352   7   Le Cerf blessé par l'archier bien adroit
354   1   Quand (ô bien peu) ie voy aupres de moy
382   8   Ou que soubdain ie m'y pourroys bien rendre.
401   4   Qu'en leur bonté naifue bien formez,
408   5   Mais bien me soit, Dame, pour tumbe humide
417   7   Si bien forma, qu'a iamais sa vieillesse
418   8   Plombez sur Base assise, & bien suyuie
442   1   Pourroit donc bien (non que ie le demande)
446   1   Rien, ou bien peu, faudroit pour me dissoudre
448   9   Ou bien iouer sa reputation
449   5   Aussi ie voy bien peu de difference
                        *        *        *
 84   5   Bien que la doubte aucunesfois se plonge
102   1   Bien qu'on me voye oultre mode esiouir,
108   5   Bien que ton froit surprimer la vouldroit
132   9   Bien que ma foy, sans suyure mon proiect,
140   6   Bien que pour lors fusse sans iuqement.
190   3   Et bien que soit mon merite anobly
199   5   Et bien que soit sa qualité nuisante
201   8   Qu'il n'est si froid, bien que tu soys plus froide,
218   7   Bien que i'acquiere en souffrant la science
219   6   Bien qu'a mon mal soient incitation.
248   8   (Bien qu'il soit vain) par l'espoir, qui m'attire,
271   9   Et bien qu'espoir de l'attente me frustre,
296   5   Bien qu'entre nous ne soit plus cher, que d'estre,
300   5   Et bien qu'ainsi elle soit plaisamment,
341   5   Bien que par foys aulcunement ie sente
379   1   Bien qu'en ce corps mes foibles esperitz
406   7   Veult que le Coeur, bien qu'il soit fasché, rie
425   1   Bien que ie sache amour, & ialousie,
439   1   Bien que raison soit nourrice de l'ame,
```

bienfaict   (2)   bien faict
```
175   2   Ou son bienfaict sa clarté perpetue:
252   6   D'aulcun bienfaict haultement premier.
```

bienheurantz   (1)
```
384   6   De mes trauaulx me bienheurantz ma peine,
```

bienheurer   (2)
```
123   5   Pour bienheurer trop plus grand' infortune,
435  10   Qui peult aultruy, tant soit peu, bienheurer.
```

bienheureuse   (2)
```
323   7   Quand ie te vy, (& bienheureuse en soys)
435   9   La Creature estre en soy bienheureuse,
```

bienheureux   (4)
```
125   7   O auiourd'huy, bienheureux trespassez,
194   2   Par tes vertus nostre bienheureux aage,
236   1   Bienheureux champs, & vmbraqeux Costaulx,
414   5   Pour mieulx iouir de ce bienheureux viure,
```

biens   (1)
    146   8   Pour s'amoindrir a aultres biens friuoles:

biensfaictz   (1)
    242   6   Plusieurs biensfaictz, & maintz emolumentz.

bise   (3)
    158   3   La Bise aussi auec sa forte alaine
    247   10   Dessoubz la Bise impetueuse, & roide.
    407   6   Comme la Bise en allant acquiert force,

blanc   (6)
    166   6   Premiere neige en son blanc souueraine,
    172   1   Blanc Alebastre en son droit rond poly,
    193   3   Quand, pallissant, du blanc il se recule,
    254   1   Si le blanc pur est Foy immaculée,
    308   4   Pour a leur blanc diligemment frapper.
    377   8   Lequel le blanc si gentement decore:

blanche   (6)
     27   1   Voyant soubdain rougir la blanche neige
     73   3   Qui plus loingtaine est de nous blanche veue
    169   8   Dedens vous entre, & sort sa blanche main,
    198   2   De celle doulce, & molle neige blanche,
    232   4   Depuis le soir iusqu'a la blanche Aurore.
    378   1   La blanche Aurore a peine finyssoit

blanches   (1)
    367   8   Sentant ses mains, mains celestement blanches,

blancheur   (3)
     52   4   Ma foy passant en sa blancheur l'yuoire.
    128   3   Quand sa blancheur, qui l'yuoire surmonte,
    291   2   La blancheur telle, a peu près, qu'on peult veoir:

blandissante   (1)
     33   3   Que bien souuent a son vueil blandissante,

blasme   (1)
    371   1   Blasme ne peult, ou n'est aulcun deffault,

blasmer   (2)
    191   8   M'arque asses, & me face blasmer,
    292   9   Pour non (en vain) l'occasion blasmer

blasphemer   (1)
    442   5   O ce seroit grandement blasphemer

bledz   (1)
    122   4   Comme les Bledz, ma pensée vndoier.

blesmie   (1)
    222   2   En face allegre, & en chere blesmie:

blesse   (1)
    359   2   Si viuement, qu'il le blesse, ou l'abat:

blessé   (4)
     30   9   Car, se sentant quasi Serpent blessé,

blessé   (suite)
```
    311   2   Mais tout blessé le tenir en destresse,
    343  10   Ie suis blessé, & si ne sçay comment.
    352   7   Le Cerf blessé par l'archier bien adroit
```

bleu   (1)
```
    172   7   De la vertu au bleu abandonnée,
```

blonde   (1)
```
    101   2   Ie vy ma Dame auec Venus la blonde.
```

bois   (1)   boyz
```
    122   3   Des Bois vmbreux ie sens a l'impourueue,
```

bon   (11)
```
     87   3   De mon bon gré au trauail m'a offert,
    132   1   Le bon Nocher se monstre en la tempeste,
    137   1   De la mort rude a bon droit me plaindrois,
    150   3   Moytié bon gré, & viue force actiue,
    205   4   Vn bon vouloir, comme raison l'ordonne,
    277   3   Et toutesfois si bon Paintre il conuie,
    323   2   Gastent le bon de nostre mortel viure,
    339  10   Celant mon feu, a bon Port le conduys.
                      *              *              *
     54   4   L'hoir de Iason guidé par le bon heur.
    146   3   Ie priueray mon sort de ce bon heur,
    175   9   Ou ton hault bien aura seul ce bon heur
```

bonne   (2)
```
    205   2   Chose, qui soit selon toy belle, & bonne,
    287  10   Ta coulpe fut, & ma bonne auenture.
```

bonnement   (1)
```
    215   3   Et si ne puis bonnement toutesfoys,
```

bonté   (5)
```
     84   6   Sur le scrupule, ou ta bonté demeure.
    150   1   Ou sa bonté par vertu attractiue,
    150   2   Ou sa vertu par attrayant bonté,
    210   9   Aydez le vray, la bonté, la droicture,
    401   4   Qu'en leur bonté naifue bien formez,
```

bordé   (1)
```
    208   4   Ceinct de Citez, & bordé de Chasteaulx,
```

bords   (1)
```
    398   5   Mais les Vertus passementantz les bords,
```

bort   (1)
```
     40   6   Ie n'eusse sceu a ce bort arriuer,
```

bouche   (8)
```
     76   4   I'ouuris la bouche, & sur le poinct du dire
     82  10   La bouche ouuerte a demander mercy.
    156   7   Et le doulx son, qui de sa bouche sort,
    197   8   Le Coeur criant par la bouche te prie
    233   2   Et le relief de sa vermeille bouche
    364   1   L'Esprit vouloit, mais la bouche ne peut
    372   6   T'ouure la bouche, & en tire a voix plaine
```

bouche   (suite)
    381   3   Parqui la voix m'est en la bouche estaincte

bouillante   (1)
    301   5   Souspirs sortir de son ame bouillante:

bouillir   (1)
    92   2   Faisoit bouillir de son cler iour la None:

bouilloit   (2)
    63   1   L'Esté bouilloit, & ma Dame auoit chault:
    289   4   Le ieune sang tout au corps me bouilloit.

bourbon   (1)
    20   7   Voy ce Bourbon, qui delaissant Florence,

bourgeons   (2)
    148   4   Leur sont bourgeons, fueilles, fleurs, fruictz sailliz:
    409   9   Comme bourgeons au Soleil estenduz,

bout   (3)
    99   4   Le bout sans fin de ma vaine esperance.
    364   4   Que iusqu'au bout des leures tyra l'Ame.
    386   2   Poulse le bout de ses rayons dorez,

boute   (4)
    179   7   Qui iour & nuict deuant les yeulx me boute
    220   4   Que bien auant aux hazardz ie me boute.
    297   2   L'oeil, & le sens aulcunement ie boute,
    362   8   Sur l'incertain d'ouy, ou non se boute,

boys   (2)
    260   1   Sur fraile boys d'oultrecuydé plaisir
    334   10 Comme boys vert, bruler, pleurer, & plaindre.

boyteux   (1)
    83   9   Sinon affin qu'en despit du Boyteux

boyz   (1)   bois
    64   4   Aux boyz serrez destournent leurs allées,

bracquemart   (1)
    110   3   Du Bracquemart de Mars tu les deschasses

brandon   (1)
    89   4   Tant que par pleurs son brandon feit esteindre,

bras   (8)
    12   2   Qui par le bras t'asseruit Ame, & vie,
    91   2   Fus mis es bras d'amere cruauté,
    161   4   Et elle nue entre ses bras se couche.
    172   6   Estant au corps, & au bras cordonnée
    173   2   Auec les bras, te denote estre prise
    345   1   Entre ses bras, ô heureux, près du coeur
    345   7   Mais en ses bras, alors qu'elle te prent,
    367   9   Auec leurs bras mortellement diuins

brasse   (1)
    405   5   Car sa rigueur incessamment me brasse

```
bref    (4)
    138   2   Que mal me feit le bref departement.
    155   7   Qui doubte estaint a son bref suruenir,
    207   6   Qu'en bref n'estaingne, & que tost il n'efface.
    312   9   Bref quand i'ay bien de moymesme abusé,

bresche    (1)
      5   6   Sans auoir faict a mon corps quelque bresche:

brider    (1)
    298   5   Les vienne ainsi d'auarice brider,

brief    (3)
     51   7   Qui de bien brief, sans deslay, ou renuoy,
    137  10   Causa le brief, qui me persecuta.
    223   8   Que par vn brief, & doulx salut de l'oeil,

briefue    (1)
    326   6   Pour me trouuer briefue expedition.

briefuement    (2)
    237   8   Mais que crains tu? luy dy ie briefuement.
    282   4   Mais dessoubz luy, aussi plus briefuement.

briser    (1)
    140   1   A Cupido ie fis maintz traictz briser

bronze    (1)
    339   5   Pour entailler mieulx, qu'en Bronze, ou aerain,

brouas    (2)
     95   5   Et ce Brouas te couurant estonné,
    124   7   A congelé ce Brouas pluuieux,

brouillas    (1)
    128   4   A esclercy le brouillas de Fouruiere:

brula    (1)
    170  10   Craingnantz son feu, qui tant de gentz brula.

brulant    (1)
    108   2   Brulant de chault, tremblant aussi de froit?

brulantes    (1)
    309   2   De tousiours estre en passions brulantes,

brule    (2)
    230   9   Non seulement les hommes brule, & gele:
    288   8   Me brule, & ard iusques a l'esprit rendre.

bruler    (1)
    334  10   Comme boys vert, bruler, pleurer, & plaindre.

brune    (1)
    106   6   Qui du bas Ciel esclere la nuict brune,

brunir    (1)
     52   1   Le fer se laisse, & fourbir, & brunir
```

bruyantz   (1)
    64   5   Les ventz bruyantz sur les vndes sallées,

bruyent   (1)
    122 10   Que foy habite, ou les Ventz legers bruyent.

bruyne   (2)
    70   7   Vysse ie au moins esclercir ma bruyne
    95   6   De mes souspirs descouure la bruyne.

bruyneux   (1)
    178   4   N'est procedé d'Autonne bruyneux.

bruyt   (4)
    122   7   Car a tout bruyt croyant que lon arriue,
    129   9   Ie tendz l'oreille, oyant vn bruyt confus,
    356   8   Et en leur bruyt durent iusques a tant,
    360   6   Ne territ point par son bruyt furieux

buissons   (1)
    148   5   Arbres, buissons, & hayes, & tailliz

but   (5)
    41   2   Finoient le but de mon contentement,
    102   7   Mais quand au but de mon vouloir ie cours,
    209   5   Et si sa poincte est presque au but suyuie,
    256   7   Quand plus au but de mon bien elle tasche.
    377   2   T'appelle au but follement pretendu:

butte   (2)
    86 10   Se fait tout butte a ma visée seure.
    348   6   Qui se fait butte a cest Archier mal seur.

C

c'   (12)
    60   1   Si c'est Amour, pourquoy m'occit il doncques,
    63   9   Mais c'est ton feu, dit elle, qui allume
    108   3   C'est celle ardeur, que i'ay si vehemente,
    124   3   C'est par les tiens de ce Monde adorez,
    191   1   C'est de pitié que lors tu me desgoustes,
    205 10   C'est le seul bien, apres toy, que i'estime.
    226   9   C'est pour monstrer que ne veulx sa vertu
    233   7   C'est que ie voy soubz sa discretion
    268   7   C'est pour monstrer, luy dy ie, que tu fains
    281   7   C'est qu'elle viue à vescu tellement,
    332   5   C'est, luy dit elle, affin que ne m'oppresse
    371   4   C'est par malice, ou par propre rancune.

cà   (1)
    132 10   Cà, & là tourne, & point ne se remue.

çà   (2)
    170   8   Car l'eau par tout la fuyoit çà, & là.
    359   4   Fuyt çà, & là, & crie, & se debat.

cacha   (1)
    67   2   Cacha son arc, abandonnant la Terre.

caché   (1)
    381 10   Le tient caché a l'admiration.

cachent   (1)
    236   7   Me cachent ore en voz seinz precieux,

cacher   (1)
    42   9   Voulant cacher le feu, que chascun voit.

caducque   (1)
    446   2   D'auec son vif ce caducque mortel:

caestes   (1)
    181   1   Ouy, & non aux Caestes contendantz

cage   (1)
    272   6   Celle repaist, ainsi qu'oyseau en cage.

cain   (1)
    116 10   L'aisné Cain deuant toy tremblera.

calamité   (2)
    99   1   Fusse le moins de ma calamité
    348   5   Non differente a la calamité,

calamitez   (1)
    190 10   Est Calamyte a mes calamitez.

calamyte   (1)
    190 10   Est Calamyte a mes calamitez.

caligineux   (1)
    178   2   Ne prouient point du temps caligineux:

calme   (1)
    255   6   Et la Mer calme aux ventz plus ne s'irrite,

calumnie   (2)
    85 10   Que veoir Amour ceder a Calumnie.
    211 10   Car sa foy est venin a Calumnie.

campaigne   (2)
    225   2   Tout Asseuré, comme Cerf en campaigne,
    395   5   L'aultre saulta de là vers la campaigne,

canceller   (1)
    198 10   Ou canceller l'obligé de ma vie.

canicule   (1)
    333   2   Phoebus s'eschauffe en l'ardent Canicule.

canon   (1)
    360   5   Et le Canon, qui paour, & horreur meine,

canonniere   (1)
    350   5   Par ou Amour, comme en sa canonniere,

```
capital    (1)
    311    6    Mais comme sien capital aduersaire,

captif    (3)
    294   10    Captif ie reste, & sortant ie suis pris.
    347   10    Que captif suis sans eslargissement.
    349    2    Qui par le coeur me tient encor captif,

captiuant    (1)
    353    3    Se captiuant l'Ame toute asseruie,

captiue    (2)
    207    2    Heureuse d'estre en si hault lieu captiue,
    349    1    Tu as, Anneau, tenu la main captiue,

captiué    (1)
    324    5    M'ont captiué l'esprit, ou tu reposes

captiuer    (2)
     40    9    Car loy d'Amour est de l'vn captiuer,
    202    7    Mais ie me tasche autant a captiuer

car    (108)
      2    5    Car de tout bien, voyre es Dieux desirable,
      3    5    Car te immolant ce mien coeur pour hommage
     10    9    Car grand beaulté en grand parfection
     13    5    Car telle ardeur le coeur en à receu,
     14    7    Car (& vray est) pour experimenter
     17   10    Car ferme amour sans eulx est plus, que nue.
     23    3    Car ta vertu de trop meilleur alloy,
     24   10    Car seulement pour t'adorer ie vis.
     28    9    Car ie iouys du sainct aduenement
     29    8    Mais moy: car mort m'eust faict paix receuoir,
     30    9    Car, se sentant quasi Serpent blessé,
     35    8    Car le mourir en ceste longue absence
     36    5    Car espargnant, possible, son enclume,
     37    3    Car en tirant ses Amans il aueugle,
     38    3    Car lors i'ai eu d'elle euidente la perte,
     40    9    Car loy d'Amour est de l'vn captiuer,
     50    5    Car en sa foy, de moy par trop experte,
     54    7    Car, se faisant de sa Patrie escu,
     57    5    Car lors que i'ay clerement apperceu,
     59    9    Car ie te cele en ce surnom louable,
     61    5    Car la ferueur d'vne si doulce rage
     65    7    Car, sauourant le ius de tes saueurs
     67    9    Car contre moy l'Archier s'est esprouué:
     71    8    Car tu viuras sans Coeur, sans Corps, sans Ame,
     74    5    Car il estoit de tresbasse stature,
     80    3    Car par leurs rays si soubdains, & si clairs,
     81    3    Car elle m'eust bien tost reduit en pouldre,
     81    9    Car ie scay bien, & par experience,
     89    6    Car l'Archier fut sans traict, Cypris sans flamme.
     98    7    Car moy constraint, & par forcée preuue.
    101    9    Car Cytarée en pitié surpassoit
    103    9    Car tout le bien de l'heureuse surprise
    106    5    Car lors iectant ses cornes la Deesse,
    107    4    Car ta Dame à ma roue entre ses mains.
    109    9    Car i'en veulx faire a tous si forte guerre,
    116    7    Ne pleure plus, France: Car la presence
```

car (suite)

117	9	Car aussi bien ta cruaulté propose
119	9	Car, me taisant de toy on me verroit
122	7	Car a tout bruyt croyant que lon arriue,
128	9	Car son cler iour serenant la Contrée,
129	7	Car dès le poinct, que partie tu fus,
133	3	Car mon desir par ta parolle ouyt,
138	3	Car le present de l'heureuse presence
139	9	Car en vainquant tumber dessoubz sa main,
140	9	Car tu nauras mon coeur trop asprement
151	3	Car, luy croissant, ou il deburoit finer,
154	9	Car qui vers toy, ô Amour, se retire,
156	5	Car a toute heure il m'est aduis, que i'oye
163	9	Car estaingnant mon alteration,
166	5	Car seulement l'apparent du surplus,
170	8	Car l'eau par tout la fuyoit çà, & là.
173	7	Car te voulant, tant soit peu, demonstrer
184	8	Car ce mien feu, maulgré vous, reluira.
186	9	Car tu ferois nous deux bien tost perir.
187	5	Car a mon Hydre incontinent succede
191	5	Car ta froideur auec mon froit se mesle,
196	7	Car du plaisir, qu'auecques toy i'auoys,
203	9	Car par la foy en si saincte amour ferme
208	10	Car fleuue heureux plus, que toy, n'entre en Mer.
211	10	Car sa foy est venin a Calumnie.
213	3	Car quand Amour ieunement cauteleux
216	5	Car tu y vis & mes nuictz, & mes iours,
221	9	Car il est hors de prison vehemente,
235	9	Car plus souuent ie viendroys adorer
237	9	Ce n'est point luy, Belle: Car quand il touche,
241	3	Car vous vouez, comme pour moy ie veulx,
245	5	Car tout ie sers, & vis en Dame telle,
246	3	Car ià mes os denuez de mercy
250	9	Car par ceulx cy le sang bien maigrement,
252	7	Car il à plut (non de ce coustumier)
268	9	Car, sans y veoir, parmy tant de coups vains
269	5	Car leur clarté esblouissamment pire
270	9	Car qui par vous conclut resolument
271	3	Car ià mon coeur tant sien elle possede,
272	10	Car lors ma vie, & moy abandonnay.
276	7	Car pour le bien, que i'en ay peu choisir,
280	5	Car en ton froit par chault inconuincible
294	7	Car en quictant Amour, & ses delices,
297	4	Car ta figure a moy s'addonne toute.
304	5	Car a me veoir alors il m'est loysible,
307	7	Car du profond du Coeur me fait sortir
328	5	Car estant pris dessoubz sa main haultaine,
330	10	Car sa lumiere est tousiours en tenebres.
334	3	Voire enflambez: Car alors qu'ilz respirent,
335	5	Car en ce lieu sa mere il souspeçonne,
336	5	Car il y fut pour mon bien enuoyé
344	9	Car plus, que moy, mes maulx tu luy recites,
347	7	Car, comme puis en tournant comprendre,
362	5	Car sur ma foy la paour fait residence,
362	7	Car quand mon coeur pour vouloir prosperer
366	5	Car en premier sans point de controuerse
367	7	Car en mon corps: mon Ame, tu reuins,
373	5	Car en l'ardeur si fort il perseuere,
377	5	Car le iaulne est mon bien attendu

car (suite)
```
388  7  Car de ieunesse il aprint a l'aymer.
390  9  Car eulx cuidantz donner mort douloureuse,
394  5  Car esperant d'estre vn iour contenté,
399  5  Car puis qu'il fault, qu'au besoinq ie me fonde
404  9  Car si en rien ie ne m'en souuenois,
405  5  Car sa rigueur incessamment me brasse
408  7  Car si viuant sur Terre, & soubz les Cieulx,
413  7  Car desirant par ceste ardente enuie
416  4  Car eulx tendantz a dissolution
423  7  Car soit deuant, ou apres le repas,
428  7  Car tout ce mal si celément notoire
430  7  Car patience est le propice Estuy,
433  7  Car mon parler, toucher, veoir, & ouir
436  7  Car sa vertu par voye perilleuse
```

carene (1)
```
39  7  Ie fey carene attendant a l'vmbrage,
```

caresme (1)
```
99 10  Comme vn Printemps soubz la maigre Caresme.
```

carré (1)
```
418  1  Soubz le carré d'vn noir tailloir couurant
```

cas (6)
```
67  3  Delie voit le cas si despiteux,
83  6  Maint cas, dont fut le Forgeron honteux:
120  3  Mais Amour vint, qui le cas entendit,
123  6  Laissant mon cas suspendre a nonchaloir.
231 10  Voyant mon cas, de moy ie m'espouuante.
246  7  Mais veulx tu bien a piteux cas entendre,
```

caucasus (2)
```
77  1  Au Caucasus de mon souffrir lyé
149  3  Se demettront en ce bas Caucasus:
```

cault (1)
```
1  2  Girouettoit, mal cault, a l'impourueue:
```

caulte (1)
```
47  7  Faulte ie dy, d'auoir esté mal caulte
```

causa (1)
```
137 10  Causa le brief, qui me persecuta.
```

causas (1)
```
121  3  Tu celle fus, qui causas la lumiere,
```

causast (1)
```
34  4  Causast le mal, a quoy se disposa
```

cause (4)
```
198  1  Gant enuieux, & non sans cause auare
234  9  Comme sa cause en ma perseuerance
439  7  Dont pour excuse, & cause legitime
443  1  Combien qu'a nous soit cause le Soleil
```

causé (1)
    354   6   Qui m'à causé si subit changement:

causent (1)
    243   4   En l'Ame, las, causent mille discordz,

causer (1)
    442   2   Vn Dieu causer ce viure tant amer?

causoit (2)
     83   2   Que son enfant causoit son vitupere.
    368 10   Que me causoit l'obscur de son absence.

cauteleusement (1)
     69   8   Tant est par tout cauteleusement fin.

cauteleux (2)
    213   3   Car quand Amour ieunement cauteleux
    343   6   Le cauteleux, peu a peu, se retire

cautelle (1)
     29   6   Ma Dame acoup s'en saisit par cautelle.

ce (216)
      3   5   Car te immolant ce mien coeur pour hommage
      6   9   Et des ce iour continuellement
     12   1   Ce lyen d'or, raiz de toy mon Soleil,
     15   1   Toy seule as fait, que ce vil Siecle auare,
     15   7   Aussi par toy ce grand Monstre abatu,
     17   8   Que ce mien feu, tant soit peu, diminue,
     20   7   Voy ce Bourbon, qui delaissant Florence,
     26   1   Ie voy en moy estre ce Mont Foruiere
     28 10   De ce grand Pape abouchant a Marseille.
     29   5   Mais sur ce poinct, qu'on le met en sequestre,
     31   9   Pour non pouoir ce malheur abreger,
     36   9   Mais par ce traict attrayant Amour pris
     39   2   Pour afferrer ce Port tant desiré:
     40   1   Quiconques fut ce Dieu, qui m'enseigna
     40   6   Ie n'eusse sceu a ce bort arriuer,
     46 10   De ce doulx bien, Dieu de l'amaritude.
     48   4   Toute contente en ce corps se complaict.
     49   5   Est il possible en ce degré supreme
     55   4   Vn noueau Monstre en ce pays d'Aphrique:
     59   5   Ou de la Lune il fainct ce nom Delie.
     59   9   Car ie te cele en ce surnom louable,
     69   6   Par ce Tyrant, qui fait sa residence
     70   4   Non de ce mal, que pour elle reçoy:
     72   6   Ne me resta, non ce peu d'esperance,
     77   3   Ce grand desir de mon bien oblyé,
     77   9   Affin qu'en moy ce mien malheureux viure
     81 10   Que sans m'ouurir tu m'as ce mien coeur pris.
     82   5   Et de ma vie en ce poinct malheureuse
     85   1   Non sur toy seule Enuie à faict ce songe,
     86   5   Descouure, dy ie, ô malin, ce Cotere,
     87   1   Ce doux grief mal tant longuement souffert
     90   1   Par ce hault bien, qui des Cieulx plut sur toy,
     95   5   Et ce Brouas te courant estonné,
     96   2   Ce doulx soubris me donne espoir de vie,
     97   3   Pour estre toy de ce Siecle miracle,
                                87

ce   (suite)
102	2	Ce mien trauail toutesfois peine endure,
104	6	Ie vy de loing ce beau champ Elisée,
106	4	Noye auec soy ce peu de ma liesse.
108	1	Seroit ce point fiebure, qui me tourmente,
109	5	Quand ie la vy en ce poinct estre armée,
110	8	Rend son espée a ce Dieu inhumain,
111	7	O fusses tu, Vesper, en ce bas Monde,
112	8	Renouellant ce mien feu ancien.
114	5	Ne sentez vous, que ce mien doulx tourment
115	7	Ce mesme temps la superbe Toison
119	8	Qu'en moy mourust ce bien, donc i'ay enuie.
124	3	C'est par les tiens de ce Monde adorez,
124	7	A congelé ce Brouas pluuieux,
127	3	A eu du Ciel ce tant heureux pouoir
128	1	Ce bas Soleil, qui au plus hault fait honte,
129	5	Que n'est au Corps ce mien viure encombreux,
133	9	Ce doulx nenny, qui flamboyant de honte,
134	9	La mienne est mieulx en ce recompensée,
135	1	Qui ce lien pourra iamais dissouldre,
139	7	Non que ne soit trop plus, qu'a ce Romain,
142	4	Ou lon me tient, me rend en ce poinct morte.
144	8	Infuse l'ame en ce mien corps passible,
145	9	Dont mon esprit de ce trouble estonné,
146	3	Ie priueray mon sort de ce bon heur,
149	3	Se demettront en ce bas Caucasus:
155	1	Ce froit tremblant ses glacées frisons
157	10	Que ce seul mot fait eclipser ma ioye.
159	9	Et en ce poinct (a parler rondement)
161	7	Viole amour par ce lyen iniuste,
162	2	Ce mien merite a celluy transporter,
163	1	De ce bien faict te doibs ie aumoins louer,
163	4	Ce mortel noud, qui le coeur m'entrelasse.
164	3	I'errois flottant parmy ce Gouffre amer,
164	5	Lors toy, Espoir, qui en ce poinct te fondes
164	9	Et a ce son me cornantz les oreilles,
167	6	Ce mien trauail iamais ne cessera.
172	5	O quand ie voy, que ce ceinct t'enuironne,
173	1	Ceincte en ce point & le col, & le corps
174	1	Encores vit ce peu de l'esperance,
175	9	Ou ton hault bien aura seul ce bon heur
182	6	Ne tend sinon a ce iuste debuoir,
182	10	Ce Monde voyse en admiration.
183	7	Las ce sainct feu, qui tant au vif m'attainct,
184	8	Car ce mien feu, maulgré vous, reluira.
187	3	Ainsi ce mien continuel douloir
188	1	Voy ce papier de tous costez noircy
191	2	Quand trauaillant en ce mien penser fraile,
192	6	Si ce mien viure est vitupere, ou los,
196	6	En ce concent, que lors ie conceuoys:
197	3	Ce tien doulx oeil, qui iusqu'au coeur m'entame
200	1	Phebé luysant' par ce Globe terrestre
203	7	Mais par ce cours son pouoir ne m'afferme
204	1	Ce hault desir de doulce pipperie
205	5	Au moins ce don ie le presente, & donne,
229	1	Dens son poly ce tien Cristal opaque,
230	8	Et ce diuin, & immortel visage
232	10	Tant que ce Monde aura forme, & couleur.
235	6	De Dieu créez pour ce Monde honnorer,

ce (suite)

240	5	Pource asseruit ce peu d'entendement
242	1	En ce sainct lieu, Peuple deuotieux,
244	4	A mort me point ce mien aigre soucy:
248	1	Ce mien languir multiplie la peine
248	7	Tu m'entretiens en ce contentement
251	5	Qui m'à frustré de ce bien singulier,
252	7	Car il à plut (non de ce coustumier)
252	9	Soubz ce grand Roy, ce grand FRANCOYS premier,
252	9	Soubz ce grand Roy, ce grand FRANCOYS premier,
253	2	Tu anoblis, ô grand Roy, ce grand Monde.
253	3	Parquoy ce Siecle aux precedantz barbares
268	6	Pourquoy metz tu en ce lieu des yeulx faincts?
277	9	Pour bien le paindre oste ce traict tiré,
291	8	Ce mal, qui peult, voyre l'Ame opprimer,
299	2	L'entier effect de ce mien triste dueil,
303	8	S'en fuyt de nous, & ce Pole froid laisse,
305	6	Me desroba ce tant cher priuilege
311	7	Osté l'espoir a ce mal necessaire:
315	7	Parquoy couurant en mon coeur ce grand aise,
319	9	Parquoy depuis ce Monde fleurissant
320	2	Ce mien souhaict a ma fin s'aiguiser,
323	9	Reduicte aux mains de ce premier FRANCOYS
325	9	Et par ce nom encor ie t'en adiure,
329	8	Que ce fol Monde aueuglêment poursuyt,
330	6	Constitua en ce sainct lieu de viure,
335	5	Car en ce lieu sa mere il souspeçonne,
348	1	Par ce penser tempestant ma pensée
350	7	En ce mesaise aumoins ie me conforte,
352	9	Donc ce remede a mon mal ne vauldroit.
359	5	Mais moy nauré par ce traistre combat
360	1	En ce Faulxbourg celle ardente fornaise
368	7	Tout en ce point ma peine vehemente
369	2	Semblois l'autheur de ce marrissement,
372	2	De ce Serpent en moy continuel.
373	8	Dont descent puis ce ruisseau argentin,
376	2	Qui en ce mien continuel silence
377	1	Ce cler luisant sur la couleur de paille
377	9	Et ce neigeant flocquant parmy ces fentes
379	1	Bien qu'en ce corps mes foibles esperitz
385	1	Dessus ce Mont, qui la Gaule descourre,
385	10	De ce coeur sien oncques ne s'absenta.
386	4	Veoir les cheueulx, de ce Monde adorez,
386	6	M'ont a ce iouq iusqu'a ma fin conduyct.
388	1	Ce doulx venin, qui de tes yeulx distille,
388	4	Ce ieune Archier guidé d'agilité.
388	5	Donc ce Thuscan pour vaine vtilité
388	8	Et en Automne Amour, ce Dieu volage,
392	4	Pour composer l'vnion de ce corps.
394	1	Pardonnez moy, si ce nom luy donnay
395	10	Ce mariage entre eulx tant excellent.
408	9	Apres la mort en ce lieu precieux
410	8	Pour esmouuoir ce grand Censeur Romain,
411	7	Et en ce mien heureux meilleurement
412	10	Qui du Vulgaire, aumoins ce peu, m'esloingne.
414	5	Pour mieulx iouir de ce bienheureux viure,
414	7	Ce lieu sans paour, & sans sedition
416	9	Ce Roy d'Escosse auec ces troys Eclipses
417	6	Ou ce Thuscan Apollo sa ieunesse

ce   (suite)

       421   3   Ou ce mien vueil ne peult en rien valoir,
       425   6   Cherchant tousiours par ce Monstre terrible
       426   8   Ce bien, voyant que ie ne le puis acquerre:
       427   3   De m'enflamber de ce dueil meslé d'ire,
       428   7   Car tout ce mal si celément notoire
       431   8   En ce combat d'amoureux desplaisir
       432 10   Se voit au iouq de ce grand Ottoman.
       435   8   Me deust ce iour plainement asseurer
       436   6   Dessus la doubte a ce coup sommeilleuse.
       442   2   Vn Dieu causer ce viure tant amer?
       446   2   D'auec son vif ce caducque mortel:
       448   5   Seroit ce pas au danger assister,
       448   7   Seroit ce pas, sans expectation
       449   3   Tant que ce Monde en soy demeurera,
                            *   *   *
        63   7   Comment, dit il, est ce donc ta coustume
        69   9   Ce neantmoins, maulgré la repentence,
        71   5   Ie parle aumoins. Ce n'est que phrenesie.
        81   4   Si ce ne fust, qu'en me tastant alors,
       135   2   Si la raison a ce nous contraingnit?
       213   4   (Ce me sembloit) la finesse eust pensée,
       218   9   Si n'est ce pas (pourtant) qu'en patience
       224   5   Ce neantmoins la renouation
       237   5   Hà ce n'est pas, dit elle, qui me mord
       237   9   Ce n'est point luy, Belle: Car quand il touche,
       241   1   Ce n'est point cy, Pellerins, que mes voeutz
       287   5   Tu l'exaulças, & ce pour la conqueste
       291   5   Ce me seroit moymesmes deceuoir,
       302   8   Et, ce disant, l'esponge me tendit.
       328   9   Qui me feit rire: & par ce ie compasse
       333   7   Ce neantmoins tousiours se renouelle
       334   4   Ce n'est sinon pour l'ardeur exhaler,
       341   7   Ce neantmoins pour le bien ià receu,
       364 10   Et rid en soy de ce, de quoy l'oeil pleure.
       366   7   Pour m'allaicter ce pendant qu'il croissoit,
       387   5   Ce n'est vilté ce n'est sottié encore,
       387   5   Ce n'est vilté ce n'est sottié encore,
       395   1   Ce n'est Plancus, qui la Ville estendit,
       406   3   Ma voulenté ont en ce dispensée,
       410   1   D'elle puis dire, & ce sans rien mentir,
       428   1   Quoy que ce soit, amour, ou ialousie
       429   1   Ia soit ce encor, que l'importunité
       442   5   O ce seroit grandement blasphemer
       443   3   Ce neantmoins pour trop arrester l'oeil
                            *   *   *
        25   6   Ce, que le temps a grand peine extermine.
        40   8   De ce, qu'a moy elle fait grand cherté,
        46   6   De m'esloingner de ce, qui plus me suyt?
        78   4   Tout rez a rez de ce, qui me soustient.
        78 10   Ma fermeté retient ce, qui me nuict.
        81   8   Ce que de toy elle à, certes, appris.
        96   4   Me promect mieulx de ce, dont i'ay enuie.
       153   8   Qui sans cesser chante tout ce, qu'il cuyde,
       179   2   Ce, qu'il me iure estre pour mon meilleur.
       180   4   Vers ce, que plus ie fuiroys voulentiers.
       271   8   Ie quiers en toy ce, qu'en moy i'ay plus cher.
       305 10   France perdit ce, qu'à perdu Hollande.
       318   2   De ce, qu'Ammour l'auoit peu inciter:

ce   (suite)
```
    318    3    Mais seurement (a ce, que ie conqnois)
    321   10    Ne monstre hors ce, qu'en moy il consume.
    341    6    Estre tout vain ce, que i'ay apperceu.
    355    2    Ce, que l'obscur des tenebres nous cele,
    366   10    Ie cele en toy ce, qu'en moy ie descouure.
    387    4    Ie fus noté de ce, que ie l'honnore.
    389    2    Qu'elle tient vil ce, que le Monde prise:
    389    4    Estime en soy ce, que chascun mesprise.
    427    7    Est ce qu'ailleurs elle pretend? nenny:
```

cecy   (1)
```
    218    5    De mon espoir, & tout cecy affin
```

cedant   (1)
```
    340    2    Cedant icy a la nuict tenebreuse,
```

ceder   (1)
```
     85   10    Que veoir Amour ceder a Calumnie.
```

cedre   (1)
```
    372    1    Tu m'es le Cedre encontre le venin
```

ceinct   (3)
```
    172    5    O quand ie voy, que ce ceinct t'enuironne,
    208    4    Ceinct de Citez, & bordé de Chasteaulx,
    347    1    Heureux ioyau, tu as aultresfoys ceinct
```

ceincte   (4)
```
     93    4    Donc de ses traictz tu la veis toute ceincte,
     95    3    Monstre ma teste estre de sanglotz ceincte,
    131    1    Delia ceincte, hault sa cotte attournée,
    173    1    Ceincte en ce point & le col, & le corps
```

ceinctes   (1)
```
    127    4    D'enrichir l'Ame, ou Graces tiennent ceinctes
```

ceinqnit   (1)
```
    135    5    Premier le Coeur, & puis l'Ame ceingnit
```

celà   (1)
```
    192    9    Et par celà tu veulz, que le mal clos
```

celant   (2)
```
    228    3    Celant en soy la doulce cruaulté,
    339   10    Celant mon feu, a bon Port le conduys.
```

cele   (7)
```
     59    9    Car ie te cele en ce surnom louable,
    204   10    Descouurent lors l'ardeur, qu'en moy ie cele.
    292    2    Naist le grand feu, qui en mon coeur se cele:
    314   10    Parquoy ie cele en mon coeur si grand aise.
    355    2    Ce, que l'obscur des tenebres nous cele,
    359    7    Cele mon mal ainsi, comme tu vois,
    366   10    Ie cele en toy ce, qu'en moy ie descouure.
```

celément   (2)
```
     86    8    Et celément plus droit mes traictz i'asseure.
    428    7    Car tout ce mal si celément notoire
```
91

celer   (2)
     42 10   Lequel ie couure, & celer ne le puis.
    201 3   Et ne se peult desormais plus celer

celeste   (4)
     62 1   Non celle ardeur du Procyon celeste
    196 9   L'esprit diuin de ta celeste voix
    207 7   Mais les deux feuz de ta celeste face,
    430 5   Pour paruenir au bien plus, que celeste,

celestement   (2)
    367 8   Sentant ses mains, mains celestement blanches,
    372 7   Celle douleur celestement humaine,

celestes   (3)
    173 3   De l'harmonie en celestes accordz,
    243 1   Ces tiens, non yeulx, mais estoilles celestes,
    322 7   Mais congnoissant soubz tes celestes mains

celez   (1)
    169 3   Celez le mal auec la guerison,

celle   (82)
      7 2   Quand nasquit celle en qui mourant ie vis,
     22 8   Celle tu fus, es, & seras DELIE,
     43 10   Celle, pour qui mon coeur tousiours me prie.
     45 3   Ou la tendresse, en soy que celle auoit,
     46 4   Celle, ou l'esprit de ma vie repose,
     69 5   Pour recouurer celle a moy interdicte
     88 7   Celle s'enflamme a la vengeance faire,
     92 4   Celle, de qui la rencontre m'estonne,
    111 8   Quand celle vient mon Enfer allumer.
    121 1   Tu celle fus, qui m'obligeas premiere
    121 3   Tu celle fus, qui causas la lumiere,
    125 10   Celle cruelle vn Purgatoire excede.
    126 5   Et tout aupres de celle là le serre,
    139 5   Me submettant celle, qui me conquit
    142 1   Celle pour qui ie metz sens, & estude
    156 6   Celle parler a son heureux Consort:
    183 10   Celle l'enflamme, & ceste le nourrit.
    223 6   M'esbatois seul, quand celle me vint contre,
    235 3   Quand celle en vous (de tout vice loingtaine)
    236 6   Celle occupant, que les auares Cieulx
    239 9   Pour esmouuoir celle, dont tu depens,
    263 1   Pourquoy fuys ainsi vainement celle,
    265 6   De celle là, qui n'en à point soucy.
    272 6   Celle repaist, ainsi qu'oyseau en cage.
    293 1   Celle regit le frain de ma pensée,
    297 8   Celle là puisse en humaines changer,
    314 2   Pour tout a celle vniquement complaire,
    326 9   A celle suis tout en perdition,
    340 4   Me sembla veoir celle tant rigoureuse
    354 2   Celle, qui est la Vertu, & la Grace:
    356 9   Que celle estainct ses lampes euidentes,
    365 7   De celle ainsi, qui sur mon coeur preside,
    381 6   Amoindrissant, voyre celle des Dieux?
    385 8   Celle a mes yeulx soubdain representa,
    387 1   Ou celle estoit au festin, pour laquelle
    395 7   Celle pour veoir si la Saone couroit,

celle   (suite)
    396 7   Vers celle là, qui t'attend froidement,
    403 1   Tout le iour meurs voyant celle presente,
    404 6   Le nom de celle, Amour, ou tu regnois
    436 1   Incessamment trauaillant en moy celle,
                    *   *   *
      6 2   De cure exempt soubz celle adolescence,
      7 1   Celle beaulté, qui embellit le Monde
     19 8   Mais celle part, comme on dit, la greigneur,
     30 4   Me penetrant iusques en celle part,
     40 2   Celle raison, qui d'elle me reuoque,
     62 1   Non celle ardeur du Procyon celeste
     66 4   Celle vertu, qui tant la faict reluire,
     68 7   Renouellant en moy celle bataille,
     81 1   Ne t'esbahis, Dame, si celle fouldre
     82 2   Qui aspiroit a celle fin heureuse,
     91 4   De celle rare, & diuine beauté,
     93 2   Les rayz aiguz de celle clarté saincte,
    106 7   Renaist soubdain en moy celle aultre Lune
    108 3   C'est celle ardeur, que i'ay si vehemente,
    141 6   La me feit veoir en celle mesme essence,
    151 8   En celle craincte, ou perte vne mort liure,
    157 7   Mais seulement celle prolation
    162 7   Et reconqnoy, que pour celle beaulté,
    163 7   Que pour sentir celle grand' passion,
    166 1   Tout iugement de celle infinité,
    171 8   Non celle ardeur, qui croit l'affection,
    180 6   Tendent tousiours a celle droicte sente,
    198 2   De celle doulce, & molle neige blanche,
    209 10   De celle gloire haultaine en sa victoire.
    219 8   Celle vertu, qui a elle commune,
    224 7   Me detient tout en celle saison sienne,
    232 8   Ne souffre au Corps sentir celle douleur
    275 1   Pour m'incliner souuent a celle image
    292 6   Mais celle part, qu'on doibt plus estimer,
    298 10   Celle Prouince aux Charles ennemye.
    305 2   Des plus haultz Cieulx celle beatitude,
    309 10   De guerre paix, & de celle paix guerre.
    333 6   Celle verdeur, que ie senty nouelle.
    339 7   A celle fin, que la perseuerance
    343 5   Si aigrement, que hors de celle Trempe,
    347 3   Que celle main, de qui le pouoir sainct
    348 4   Par la rigueur, & celle extremité
    360 1   En ce Faulxbourq celle ardente fornaise
    372 7   Celle douleur celestement humaine,
    412 9   Celle vertu lassus recompensée,
    417 5   Baingnant les piedz de celle terre heureuse,
    436 9   Me fait sentir celle herbe merueilleuse,

celluy   (12)   celuy
     57 1   Comme celluy, qui iouant a la Mousche,
    162 2   Ce mien merite a celluy transporter,
    179 5   Celluy desià, m'esloingnant de douleur,
    214 6   Celluy, qui peult noz vouloirs esgaller,
    217 5   Par le flambeau de celluy ie fus pris
    222 9   Las celluy est facile a deceuoir
    261 8   Ie trouue bien, que celluy se desayme,
    329 6   Comme a celluy, qui plus de mal me faict:
    329 10   Et fuyt celluy, qui ardemment le suyt.
                            93

celluy (suite)
     384   5   Comme celluy, dont pend l'abregement,
     426   9   Mais seurement celluy ne peult trouuer
     430   9   Et vrayement n'est point aymant celluy,

celoit (1)
     266   7   Voyez, mes yeulx, le bien que vous celoit

celuy (10) celluy
      19   9   Deceut celuy, qui pour trop s'estimer
      54   9   Que celuy n'est ny peult estre vaincu,
      84   9   Comme celuy, que pleinement s'asseure
      90   3   Et par celuy qu'ores ie ramentoy,
     103   1   Suyuant celuy, qui pour l'honneur se iecte,
     139   1   Bien fortuné celuy se pouuoit dire,
     156   3   Que celuy là, qui estend la douleur
     168   9   Ainsi celuy est des siens dechassé,
     173   5   Fortuné fut celuy, qui telle prise
     206   3   Quand sa presence est par celuy saisie,

cendre (3)
      13   6   Que le corps vif est ià reduict en cendre:
      82   7   Et de mon estre ainsi reduit en cendre
     288 10   Certainement ie tumberois en cendre.

censeur (1)
     410   8   Pour esmouuoir ce grand Censeur Romain,

cent (3)
      22   2   Et vif, & mort cent ans parmy les Vmbres:
      48 10   Meurt, & renaist en moy cent fois le iour.
     105   8   Cent mille espoirs y sont encor compris.

centre (4)
     106   8   Luisante au centre, ou l'Ame à son seiour.
     165 10   Auec Dathan au centre d'Abiron.
     228 10   Se font ouyr & des Cieulx, & du Centre.
     330   1   Au centre heureux, au coeur impenetrable

centres (1)
     118   7   Et mes souspirs dès leurs centres profondz

cependant (1)
     299   9   Tousiours plus m'ard cependant, qu'il espere,

cercueil (1)
     279   9   Me detenant en vn mesme cercueil

cerf (4)
      21   1   Le Cerf volant aux aboys de l'Austruche
      46   7   Plus fuit le Cerf, & plus on le poursuyt,
     225   2   Tout Asseuré, comme Cerf en campaigne,
     352   7   Le Cerf blessé par l'archier bien adroit

cerfz (2)
     131   4   Chasse, & prent cerfz, biches, & cheureulx maints.
     422   8   Mon dictamnum, comme aux Cerfz Artemide,

certain   (2)
     68 10   Que, estant certain, cruellement ie meure.
    167 4   Qui mon certain à ainsi debatu,

certaine   (3)
     99 2   Souffrir, & viure en certaine doubtance:
    105 4   Qui me rendit ma fiance certaine
    248 3   Mon ferme aymer t'en feit seure, & certaine,

certainement   (2)
    288 10   Certainement ie tumberois en cendre.
    438 2   Comme le mien, certainement le fais:

certaines   (1)
      9 9   De veoir en toy par ces proeuues certaines

certaineté   (1)
    312 1   Que ie m'ennuye en la certaineté

certes   (16)
      4 9   De tous tes faictz, certes, quoy que tu faces,
     12 5   Me demonstrant, certes, qu'il me conuie
     40 3   D'un trop grand bien, certes, il me daingna:
     43 1   Moins ie la voy, certes plus ie la hays:
     61 1   Plus librement, certes, i'accuserois
     81 8   Ce que de toy elle à, certes, appris.
     84 1   Ou le contraire est certes verité,
    102 3   I'ay certes ioye a ta parolle ouir
    126 9   Il m'est aduis, certes, que ie la tien,
    189 10   Certes il fault, qu'elle me soit mon bien.
    207 8   Soit pour mon mal, ou certes pour mon heur,
    234 2   Mon esperance est, certes, l'impossible
    262 4   Maulx de tout bien, certes, desheritez,
    278 9   Et tellement, certes, qu'a sa naissance
    283 7   Certes, estant ton corps foible abatu,
    399 7   Mes passions certes espamoyables

certifie   (1)
    320 6   Que plus m'asseure, & moins me certifie.

cerueau   (2)
    181 4   En mon cerueau efforcément trauaillent.
    410 5   Troublant a tous le sens, & le cerueau,

ces   (23)
      9 9   De veoir en toy par ces proeuues certaines
     14 1   Elle me tient par ces cheueulx lyé,
     22 4   D'ou descendis en ces mortelz encombres:
     29 7   Tu ne deçoys, dit il, ces deux cy, Belle,
     82 8   Ne m'est resté, que ces deux signes cy:
     84 8   Ie ris en moy ces fictions friuoles,
    122 1   De ces haultz Montz iettant sur toy ma veue,
    171 1   Parmy ces champs Automne pluuieux
    200 8   Qui nous separe en ces haultz Montz funebres,
    218 10   I'exerce en moy ces deux vterins freres.
    238 9   Accompaignant ces fontaines piteuses,
    243 1   Ces tiens, non yeulx, mais estoilles celestes,
    252 8   Toute Vertu en ces bas lieux terrestres
    254 5   Et si ces troys de diuerse substance

```
ces   (suite)
    265   8   Ces champs heureux, ou a present seiourne
    269   1   Ces deux Soleilz nuisamment penetrantz,
    284   5   Et modestie en ces faictz raisonnable
    331   4   Ces miens souspirs, qu'a suyure elle s'applique.
    335   8   Tu pleures bien cest Amour en ces eaux,
    335  10   Se pert du tout en ces deux miens ruysseaulx.
    377   9   Et ce neigeant flocquant parmy ces fentes
    380  10   Par iurement de ces miens propres yeulx.
    416   9   Ce Roy d'Escosse auec ces troys Eclipses

cessa   (1)
    158  10   L'air s'esclaircit, & Aquilon cessa.

cesse   (7)
     89   9   Et toy, Enfant, cesse: va vers ma Dame,
    221   7   Cesse: luy dy ie, il fault que ie lamente
    239   2   Par l'oraison la fureur de Mars cesse:
    277   8   Cesse, luy dy ie, il fault faire aultrement.
    375   8   De iour l'admire, & la prie sans cesse:
    375  10   Quand tout repose, encor moins elle cesse.
    382   3   Que dy ie vient? mais fuyt, & si ne cesse

cesser   (5)
    153   8   Qui sans cesser chante tout ce, qu'il cuyde,
    238  10   Qui sans cesser auec moy tousiours pleurent.
    249   7   Que mon trauail sans cesser angoissant,
    267   4   Tousiours, toute heure, ainsi sans cesser
    331   8   A tant pleurer, que sans cesser distillent?

cessera   (2)
    146   6   Si hault poursuyure en son cours cessera?
    167   6   Ce mien trauail iamais ne cessera.

cest   (22)
      0   4   Ie t'ay voulu en cest Oeuure descrire.
     27   5   En cest espoir, tresmal asseuré pleige,
     62   3   Mais cest aspect de la Vierge modeste
    152   8   De cest espoir, qui, iour & nuict, me tente.
    164   8   De cest abysme, auquel ie perissoys:
    169  10   Ou me tient clos cest enfant inhumain.
    256   3   Augmentant, dy ie, en cest heureux malheur,
    258   9   Quand cest Archier, tirant tant simplement,
    260   6   M'à esueillé cest orage oultrageux,
    260   9   Me contraingnant soubz cest air vmbrageux
    303   1   Cest Oeil du Monde, vniuersel spectacle
    305   9   Aussi cest An par Mort, qui tout abrege,
    312   7   L'oppresse plus que cest espoir rusé,
    318   7   Que diray donc de cest abouchement,
    330   2   A cest enfant sur tous les Dieux puissant,
    335   8   Tu pleures bien cest Amour en ces eaux,
    336   2   Comme ie fays, cest Enfant desuoyé,
    348   6   Qui se fait butte a cest Archier mal seur.
    403   8   De cest Archier superbement haultain
    409   1   Apperceuant cest Ange en forme humaine,
    416  10   Spirantz encor cest An embolismal.
    432   8   Mesmes cest An, que le froid Alleman
```

```
ceste      (39)
    24   6   De ceste tienne, & vnique lumiere,
    35   8   Car le mourir en ceste lonque absence
    38   7   O combien peult ceste vertu latente
    69   4   En ceste vie heureusement maudicte,
    71   9   En ceste mort plus, que vie, benigne.
    96   3   Et la doulceur de ceste tienne face
    99   6   Que ceste fiebure aura sa querison,
   104   5   Lors debendant ceste face esperdue,
   109   6   Fais, dy ie lors, de ceste Cymeterre,
   113   2   Prens ceste pomme en sa tendresse dure,
   138   1   Non tant me nuict ceste si lonque absence
   142   2   A bien seruir, m'à dit en ceste sorte:
   216  10   De ceste mienne ardente voulenté.
   237   6   Si durement, ceste petite Mouche:
   238   2   Ne m'à icy relegué en ceste Isle
   245   7   Enrichit tant ceste Machine ronde,
   246   9   Ceste despouille en son lieu vueilles rendre:
   247   8   Passent la Mer en ceste Europe froide,
   267   6   En ceste mort inutilement viue.
   286   9   Mais tout soubdain a ceste aspre rencontre
   329   4   De ceste mienne angoisseuse destresse.
   350   2   De ceste vtile, & modeste maniere
   358   6   Rompt ceste noise a nulle aultre pareille.
   363   9   En ceste part vne sienne deuise
   391   2   Ceste Cité sur le Mont de Venus:
   392   7   En ceste mienne immortelle bataille
   413   7   Car desirant par ceste ardente enuie
   422   5   Tant ceste aigreur estrangement despite
   428   3   Ie crains tousiours par ceste phrenesie,
                    *        *        *
    57   7   Ceste me soit, dy ie, derniere excuse:
   179   6   De toy m'asseure, & ceste me desgouste,
   183  10   Celle l'enflamme, & ceste le nourrit.
   255   9   Ceste, dit elle, en prys, lustre, & merite,
   278   5   Vienne ouyr ceste, & ses dictz desplier
   282   7   Et ceste cy par mes humides pleurs
   282  10   Et ceste augmente en moy ma grand souffrance.
   366   4   Veu ceste cy, qui toute en moy conuerse.
   395   9   Et ceste, ainsi qu'a present, adoroit
   444   5   Si plaisamment, que ceste qui me lye

cestuy     (3)
    88   8   Cestuy t'accuse, & iustice demande.
   217   7   Mais de cestuy la poincte inexorable
   430   6   Comme ie croy, que me sera cestuy.

ceulx      (6)
    14   2   Et ie la tien par ceulx là mesmes prise.
   111   6   Que ceulx, que tient ma pensée profonde.
   131   7   Tu venes ceulx par tes chastes regardz,
   250   9   Car par ceulx cy le sang bien maigrement,
   286   6   L'vn de ceulx cy, & les ioustantz me monstre.
   360  10   Esmeuuent ceulx, qui en cruaulté regnent.

ceulz      (1)
    11   7   Proeuue pour ceulz, qui le bien poursuyuront
```

chair   (2)
    237   3   Qui l'esquillon luy fiche en sa chair tendre:
    349   3   Touchant sa chair precieusement viue

chaleur   (2)
    155   3   Puis la chaleur par ardentes cuysons
    272   4   Par la chaleur d'elle perpetuelle,

champ   (1)
    104   6   Ie vy de loing ce beau champ Elisée,

champs   (8)
     24   1   Quand l'oeil aux champs est d'esclairs esblouy,
    148   2   Aux champs tous nudz sont leurs arbres failliz.
    171   1   Parmy ces champs Automne pluuieux
    236   1   Bienheureux champs, & vmbrageux Costaulx,
    265   8   Ces champs heureux, ou a present seiourne
    327   1   Delie aux champs troussée, & accoustrée,
    351   5   Va depeuplant les champs delicieux,
    423 10   Vois mesurant, & les champs, & mes peines.

champz   (1)
     64   3   Des champz ouuertz & bestes, & oyseaulx

chancelle   (1)
    204   8   Que doubte en moy vacilamment chancelle,

change   (2)
     73   2   Leur vert se change en couleur asurée,
    168 10   A qui Fortune, ou heur, ou estat change.

changée   (1)
    104 10   M'auoit changée en si grand seruitude.

changement   (2)
     15   4   Pour l'esbranler a meilleur changement:
    354   6   Qui m'à causé si subit changement:

changer   (1)
    297   8   Celle là puisse en humaines changer,

chansons   (1)
    239   4   Se pacifie: & par chansons tristesse

chant   (1)
    160   5   Et son doulx chant (si au vray dire l'ose,

chantant   (1)
    316   1   Chantant Orphée au doulx son de sa lyre,

chante   (3)
     18   5   Qui chante aussi ses amours manifestes,
    153   8   Qui sans cesser chante tout ce, qu'il cuyde,
    253   7   En contemplant la Fame, qui luy chante,

chanter   (1)
    342   7   Le Rossignol a chanter curieux

chaos (1)
    103 6 Du grand Chaos de si haulte entreprise,

chapiteau (1)
    418 2 Son Chapiteau par les mains de Nature,

charge (2)
    42 7 Alors le sang, qui d'elle charge auoit,
    204 4 D'espoir, attente, & telle plaisant' charge,

charité (1)
    254 4 De Charité est la signifiance:

charles (2)
    298 10 Celle Prouince aux Charles ennemye.
    448 10 Pour beaucoup moins, qu'a Charles Landrecy?

chascun (8)
    23 2 T'à de chascun l'affection acquise.
    32 7 Parquoy, ainsi qu'a chascun son merite
    42 9 Voulant cacher le feu, que chascun voit.
    59 1 Taire, ou parler soit permis a chascun,
    154 5 Par eux en fin chascun se troeuue poinct,
    284 2 La rend ainsi a chascun agreable,
    298 9 Comme a chascun euidemment feit veoir
    389 4 Estime en soy ce, que chascun mesprise.

chascune (1)
    254 6 (Chascune en soy) ont vertu speciale,

chasque (1)
    377 4 Si chasque signe est par toy entendu.

chassant (1)
    242 9 Chassant le son de voz doulx instrumentz

chasse (4)
    131 4 Chasse, & prent cerfz, biches, & cheureulx maints.
    131 8 Qui tellement de ta chasse s'ennuyent:
    327 6 Comment? vas tu sans armes a la chasse?
    327 7 N'ay ie mes yeulx, dit elle, dont ie chasse,

chassé (1)
    432 9 (O Chrestienté!) chassé de ses prouinces,

chasserent (1)
    195 4 De se deffendre, hors de moy la chasserent:

chasses (1)
    110 1 De l'arc d'Amour tu tires, prens, & chasses

chaste (10)
    28 5 Meilleur, ô Coeur, m'est d'auoir chaste esté
    31 4 Contre l'ardeur de nostre chaste enuie:
    63 10 Mon chaste coeur, ou il ne se peult prendre.
    127 7 Si transparent m'estoit son chaste cloistre
    134 6 A moy le Coeur, & la chaste pensée.
    217 6 En doulx feu chaste, & plus, que vie, aymable.
    313 7 D'vn penser chaste en sorte ie l'appaste

chaste   (suite)
    349 10   De sa foy chaste eternelle relique.
    380 2   Et l'humble aussi de chaste affection,
    413 3   En chaste esbat, & pudique plaisir

chasteaulx   (1)
    208 4   Ceinct de Citez, & bordé de Chasteaulx,

chastement   (2)
     41 6   En saincte amour chastement esperdu?
    131 3   Exercitant chastement la iournée,

chastes   (4)
     25 3   Tu la rendz sourde a mes chastes prieres,
    131 7   Tu venes ceulx par tes chastes regardz,
    297 6   Se soubriant a mes chastes prieres.
    411 1   Au doulx rouer de ses chastes regardz

chasteté   (3)
     28 4   Sur le plus cher de sa grand' chasteté?
     97 6   Reuere a soy Chasteté Presidente
    233 8   La chasteté conioincte auec beaulté,

chatouillant   (1)
    258 2   Souffroit asses la chatouillant poincture,

chatouille   (1)
     99 8   Qui nous chatouille a toute chose extreme,

chatouiller   (1)
    250 1   Le ieune Archier veult chatouiller Delie:

chatouilloit   (3)
    118 2   Me chatouilloit a plus haulte entreprise,
    289 5   Noueau plaisir alors me chatouilloit
    374 9   Parquoy Amour chatouilloit au passé,

chaulde   (1)
    383 6   Ma fiebure chaulde auant l'heure venue,

chauldement   (1)
    364 5   L'oeil a plorer si chauldement s'enflamme,

chauldes   (1)
    269 10   Qu'ardentz souspirs estainctz en chauldes larmes.

chault   (14)
     37 8   L'Amour par l'Or plaisant, chault, attractif,
     55 7   Mais en son chault moderé demourante,
     63 1   L'Esté bouilloit, & ma Dame auoit chault:
    108 2   Brulant de chault, tremblant aussi de froit?
    108 9   Que froit, & chault, pareilz en leur puissance,
    169 5   Et froit, & chault, selon que se reserue
    199 2   Dedans le chault de la flamme luisante:
    280 5   Car en ton froit par chault inconuincible
    282 2   Qui s'exercite en son chault mouuement,
    293 7   Et quant a moy, qui sçay, qu'il ne luy chault,
    293 9   Il me suffit pour elle en froit, & chault
    349 6   En froit, & chault meslez cruellement.

chault (suite)
    361   5 Mais maintenent le coeur chault, & tresprompt
    369   7 Dont l'amer chault, salé, & larmoyeux

chaynon (1)
    172   2 Que maint chaynon superbement coronne:

chaynons (1)
    296   3 Sont les chaynons estroictement serrantz

chef (4)
     92   1 Sur nostre chef gettant Phebus ses rayz,
    230   1 Quand ie te vy orner ton chef doré,
    378   2 D'orner son chef d'or luisant, & de roses,
              *   *   *
     94   3 Mais retournant a chef de temps sur l'vnde,

chemin (2)
    139   8 Mon chemin aspre, aussi de plus grand' gloire.
    327   3 Sur le chemin d'amour fut rencontrée,

cheminée (2)
    155   5 Lors des souspirs la cheminée fume,
    158   4 Refroidissoit l'ardente cheminée,

cheoir (3)
    185   4 Tu verrois cheoir les fueilles vne a vne.
    338   7 Que songe cheoir en vn peril recent,
    438   7 Pour cheoir es mains de la douleur lattente,

cher (9)
     28   4 Sur le plus cher de sa grand' chasteté?
     41   3 Tant que le bien, qu'Amantz ont sur tout cher,
     85   8 Qu'elle à plus cher a honte, & villainie
    138   7 Le bien, que i'ay tousiours eu sur tout cher:
    266   3 Son Crepuscule a ma veue est si cher,
    271   8 Ie quiers en toy ce, qu'en moy i'ay plus cher.
    296   5 Bien qu'entre nous ne soit plus cher, que d'estre,
    305   6 Me desroba ce tant cher priuilege
    404   3 Que i'aurois cher (s'il debuoit aduenir)

cherchant (2)
    262   1 Ie vois cherchant les lieux plus solitaires
    425   6 Cherchant tousiours par ce Monstre terrible

cherche (4)
     67   4 Qu'auec Venus le cherche, & le deterre.
    218   4 Me cherche vn bien, trop esloingné confin
    219   9 Cherche d'oster la reputation
    250   4 Et puis la cherche, & voit de poinct en poinct:

chercher (2)
     57   8 Plus ie ne veulx d'elle aulcun bien chercher.
    271 10 Point ne m'est grief en aultruy me chercher.

cherchez (1)
    211   9 Et ne cherchez en elle nourriture.

```
chere    (5)
    48   1  Si onc la Mort fut tresdoulcement chere,
    48   3  Et si la vie eust onc ioyeuse chere,
   222   2  En face allegre, & en chere blesmie:
   230   2  Au cler miroir mirant plus chere face,
   371   5  Ny l'Or prisé, ny la chere Pecune,

cherement    (1)
    48   2  A l'Ame doulce ores cherement plaict:

cheres    (1)
   295   8  De tous Amantz, & leurs cheres estrainctes:

cherie    (1)
   406   9  Et que le mal par la peine cherie

cherir    (1)
    15   6  Commençant ià a cherir la vertu.

cherissementz    (1)
   295   7  Aussi tu vois les doulx cherissementz

cherroit    (1)
   119   6  Plus tost au Temps sa Clepsidre cherroit,

chers    (1)
   252   5  Comme qui veult ses chers, & sainctz amys

cherté    (1)
    40   8  De ce, qu'a moy elle fait grand cherté,

cheuecher    (1)
    57  10  Et, maulgré moy, il me fault cheuecher.

cheueulx    (5)
     8   6  Gaigne le toy d'un las de tes cheueulx.
    14   1  Elle me tient par ces cheueulx lyé,
    63   6  Saulte aux cheueulx, dont l'Enfant ardent fume.
   296   1  Tes cheueulx d'or annellez, & errantz
   386   4  Veoir les cheueulx, de ce Monde adorez,

cheureulx    (1)
   131   4  Chasse, & prent cerfz, biches, & cheureulx maints.

cheut    (1)
   332   2  Son Dé luy cheut, mais Amour le luy dresse:

cheute    (1)
   370   7  Est cheute au fons de ton ingratitude:

chieure    (1)
    14   8  Dedans la fosse à mys & Loup, & Chieure,

choisir    (1)
   276   7  Car pour le bien, que i'en ay peu choisir,

chose    (20)
    23   4  Qu'Or monnoyé, ny aultre chose exquise,
    27   2  Au rencontrer chose, qui luy meult honte,
```

chose (suite)

33	8	Se paissant puis de chose plus haultaine.
44	2	Le temps aussi toute chose mortelle,
46	1	Si le desir, image de la chose,
53	8	Chose sans luy vrayement impossible.
66	10	Chose par temps, & par labeur acquise.
99	8	Qui nous chatouille a toute chose extreme,
105	7	Que toute chose, ou qu'elle dye, ou face,
160	2	De si estrange, & tant nouelle chose?
184	5	Mais si ie voy n'y pouoir aultre chose,
205	2	Chose, qui soit selon toy belle, & bonne,
213	7	A luy, a qui toute chose est possible,
257	6	Te descouurant secrette, & digne chose,
266	4	Que d'aultre chose elle n'à ores cure.
328	4	Et tient ià près la chose bien loingtaine.
402	6	Le reseruant a plus seconde chose.
410	9	Nuyre ne peult a chose qu'elle face,
428	5	Chose par temps, & debuoir consacrée
443	2	Que toute chose est tresclerement veue:

choses (3)

56	3	Le Sens troublé voit choses controuées
218	8	De paruenir a choses plus prosperes,
378	4	Au fons confus de tant diuerses choses,

chrestienté (1)

432	9	(O Chrestienté!) chassé de ses prouinces,

ciecle (1) siecle

228	2	De nostre ciecle & honneur, & merueille,

ciel (27)

4	1	Voulant tirer le hault ciel Empirée
9	2	Non d'Hemonie en son Ciel temperée:
22	3	Comme Diane au Ciel me resserrer,
23	5	Te veult du Ciel (ô tard) estre requise,
24	4	Des soubdains feuz du Ciel se contregarde.
64	10	Tousiours en Terre, & au Ciel residentz.
97	7	Si hault au ciel de l'honneur residente,
106	6	Qui du bas Ciel esclere la nuict brune,
111	1	Lors que le Soir Venus au Ciel r'appelle,
123	10	Contre le Ciel ne vault deffence humaine.
127	3	A eu du Ciel ce tant heureux pouoir
135	10	En Terre nom, au Ciel eternité.
160	3	Elle à le Ciel serainé au Pays,
170	9	Lors i'apperceus les Dieux du Ciel pleuuoir
173	4	Ou le hault Ciel de tes vertus se prise.
182	2	Admire en toy Graces du Ciel infuses:
242	5	Ià reçoys tu de ton Ciel amyable
252	1	Le Ciel de soy communement auare,
303	2	Tant reueré de Terre, Ciel, & Mer,
319	5	Le Ciel voyant la Terre tenebreuse,
319	10	Plus que le Ciel, de toy se glorifie.
387	2	Auecques moy le Ciel la Terre adore,
399	3	Comprenant plus, que tout le Ciel n'embrasse
412	6	Auec les yeulx leue au Ciel la pensée
442	9	Que de la Terre au Ciel delicieux
444	1	Nature au Ciel, non Peripatetique,
449	8	Oultre le Ciel amplement long, & large.

```
cieulx    (31)   cieux
     2   7   Mouuant aux Cieulx telle admiration,
     4   3   Des neuf Cieulx à l'influence empirée
    44   8   Bien la diroit descendue des Cieulx,
    75   4   Constituant en elle mes haultz Cieulx?
    90   1   Par ce hault bien, qui des Cieulx plut sur toy,
    93   7   Vueillent les Cieulx par vn bening debuoir,
   120   1   L'Aigle des Cieulx pour proye descendit,
   122   2   Ie voy les Cieulx auec moy larmoier:
   123   7   Mais si des Cieulx pour me faire douloir,
   124   9   Mais ton tainct frais vainct la neige des cieulx,
   138   5   Vous, ô haultz cieulx veites apertement,
   149   8   Thresor des Cieulx, qui s'en sont deuestuz
   157   2   Souuentesfois iusques aux Cieulx me tire:
   162   9   Les cieulx ialoux de si grand priuaulté
   178  10   Par mes souspirs obtenebre les Cieulx.
   186   2   Dont la beaulté peult les Cieulx ruyner:
   196   2   Mais des haultz cieulx l'Angelique harmonie,
   228  10   Se font ouyr & des Cieulx, & du Centre.
   236   6   Celle occupant, que les auares Cieulx
   253   6   A ta statue aux Cieulx resplendissante,
   267   7   Mais si les Cieulx telle prerogatiue
   288   3   Et plus i'admire, & adore les Cieulx
   293   3   Pour des Cieulx estre au meurdre dispensée,
   305   2   Des plus haultz Cieulx celle beatitude,
   351   2   Trop plus parfaictz, que plusieurs des haultz cieulx,
   360   9   Que mes sanglotz penetrantz iusqu'aux cieulx
   380   8   Et l'Ambrosie, & le Nectar des Cieulx,
   381   9   Comme subiect des delices des Cieulx,
   408   7   Car si viuant sur Terre, & soubz les Cieulx,
   416   3   Plus fixément, que les Poles des Cieulx.
   442   6   Contre les Dieux, pur intellect des Cieulx.

cieux    (1)   cieulx
    70   3   O Dieux, ô Cieux, oyez mes douleances,

circonuenois   (1)
   404   7   Lors qu'au besoing tu me circonuenois,

circonuoysins   (2)
   178   8   Rendent obscurs les circonuoysins lieux,
   360   7   Si durement les circonuoysins lieux,

circuit   (1)
   259   2   De terre aussi tout tournoyant circuit

circuyt   (1)
   112  10   Fait resonner le circuyt Plancien.

cité   (3)
   242  10   Iusqu'a la double, & fameuse Cité.
   391   2   Ceste Cité sur le Mont de Venus:
   412   1   Mont costoyant le Fleuue, & la Cité,

citez   (1)
   208   4   Ceinct de Citez, & bordé de Chasteaulx,

ciuile   (1)
   209   4   Soit par ciuile, ou par rustique vie:
```
104

clair   (2)   cler
  49   8   Que mon feu luict, quand le sien clair m'appert.
 339   4   Reprent le clair de son tainct souuerain,

clairs   (1)
  80   3   Car par leurs rays si soubdains, & si clairs,

clameurs   (1)
 228   9   Et y pensant, mes silentes clameurs

clarté   (15)
   7   8   En la clarté de mes desirs funebres,
  24   3   Puis peu a peu de clarté resiouy,
  51   2   Qui a Phebus offusque sa clarté,
  51   10   A tous clarté, & a moy rend tenebres.
  93   2   Les rayz aiguz de celle clarté saincte,
 105   2   Vne clarté esblouissamment plaine
 124   4   Desquels l'or pur sa clarté diminue.
 128   6   Si grand' clarté s'est icy demonstrée,
 175   2   Ou son bienfaict sa clarté perpetue:
 200   2   Entreposé a sa clarté priuée
 269   5   Car leur clarté esblouissamment pire
 354   7   Mais ma clarté s'offusque tellement,
 365   1   La Lune au plein par sa clarté puissante
 386   9   Les yeulx, desquelz la clarté tant me nuyt,
 434   4   Comme clarté a l'obiect, qu'on veult veoir:

clef   (2)
 172   10   Que fermeté est la clef de ton coeur.
 206   4   Qui à la clef de ses detentions.

clemence   (1)
  97   5   Ou la Clemence en sa benignité,

clepsidre   (1)
 119   6   Plus tost au Temps sa Clepsidre cherroit,

cler   (18)   clair
  70   8   Pour vn cler iour en desirs prosperer.
  79   10   Me feit cler veoir le Soleil de ma vie.
  92   2   Faisoit bouillir de son cler iour la None:
 122   8   I'apperçoy cler, que promesses me fuyent.
 128   9   Car son cler iour serenant la Contrée,
 175   1   Voy le iour cler ruyner en tenebres,
 193   1   Quand de son rond le pur cler se macule,
 200   3   De son opaque, argentin, & cler estre
 229   2   Luisant, & cler, par opposition
 230   2   Au cler miroir mirant plus chere face,
 266   1   De mon cler iour ie sens l'Aulbe approcher,
 319   1   Produicte fust au plus cler ascendant
 355   8   Ou est l'abysme a mon cler iour nuisant,
 356   7   Lesquelles sont en leur cler residentes,
 368   8   Se diminue au cler de sa presence:
 377   1   Ce cler luisant sur la couleur de paille
 387   8   Le cler Soleil les estoilles efface,
 449   1   Flamme si saincte en son cler durera,

clere   (3)
 124   10   Comme le iour la clere nuict efface.

clere   (suite)
     235 1   Aumoins toy, clere, & heureuse fontaine,
     255 1   De la clere vnde yssant hors Cytharée,

clerement   (6)
      38 8   De croire, & veoir le rebours clerement,
      57 5   Car lors que i'ay clerement apperceu,
     140 7   Et toutesfois i'apperçeuz clerement,
     249 6   Tu sois vn iour clerement congnoissant,
     350 8   Que le Soleil si clerement voyant,
     386 8   Il m'est aduis, que ie voy clerement,

clers   (4)
     212 1   Tes beaulx yeulx clers fouldroyamment luisantz
     301 3   Et ie luy vy clers cristallins verser
     342 3   De ses yeulx clers d'honneste courroux plains
     409 5   Ses beaulx yeulx clers par leur priué vsage

cline   (1)
     253 5   Et l'Vniuers cline sa teste ronde

cliné   (1)
      11 3   Que sur Clytie Adonis ià cliné

cliner   (1)
     186 4   Ie suis contrainct de ma teste cliner:

cloistre   (1)
     127 7   Si transparent m'estoit son chaste cloistre

clorre   (1)
       4 4   Pour clorre en toy leur operation,

clos   (3)   cloz
      98 4   En leurs parcz clos serrez se viennent rendre.
     169 10 Ou me tient clos cest enfant inhumain.
     192 9   Et par celà tu veulz, que le mal clos

close   (2)
     160 4   Pour mieulx troubler la paix en mon coeur close.
     308 7   Parquoy estant par toy liberté close,

closes   (1)
     378 5   Reuint a moy soubz les Custodes closes

clouantz   (1)
     165 1   Mes pleurs clouantz au front ses tristes yeulx,

cloud   (1)
     257 1   Tu es, Miroir, au cloud tousiours pendant,

clouit   (1)
     133 1   Le Vespre obscur a tous le iour clouit

cloz   (1)   clos
     340 10 Qui cloz mon bien, & ouuertz mon mal vytes.

clytie   (1)
      11 3   Que sur Clytie Adonis ià cliné

cocodrille (1)
   329   7   Mais quoy? Amour, Cocodrille parfaict,

coeur   (107)   cueur
     1   5   Perçant Corps, Coeur, & Raison despourueue,
     3   5   Car te immolant ce mien coeur pour hommage
     5 10   Mais l'oeil, qui feit a mon coeur si grand' playe.
    13   5   Car telle ardeur le coeur en à receu,
    17   2   Que d'auec toy mon coeur se desassemble:
    19   4   Nous ne vouions le coeur, & la puissance.
    28   5   Meilleur, ô Coeur, m'est d'auoir chaste esté
    29   1   Dessus le Coeur vouloit seul maistriser
    30   6   Laissant le coeur le moins interessé,
    34   6   Que ton coeur froid s'y mit totallement:
    42   2   Par mesme lieu aux fonz du coeur entra,
    43 10   Celle, pour qui mon coeur tousiours me prie.
    45   8   I'asseure l'Ame, & le Coeur obligez,
    46   2   Que plus on ayme, est du coeur le miroir,
    49   4   Que par l'Oeil fault, que le coeur la desayme.
    54   2   En coeur Royal, hault siege de l'honneur,
    63 10   Mon chaste coeur, ou il ne se peult prendre.
    66   8   Et Corps, & Coeur, à iã l'Ame conquise:
    67   6   Comme aultresfois mon coeur t'a bien prouué.
    71   8   Car tu viuras sans Coeur, sans Corps, sans Ame,
    81 10   Que sans m'ouurir tu m'as ce mien coeur pris.
    86   4   Couurir le feu, qui iusque au coeur m'altere.
    89   8   Ta torche en moy, mon coeur l'allumera:
    96   5   Mais la froideur de ton coeur me conuie
   101   7   Mais vn regret mon coeur entrelassoit,
   107   8   Tu es sans Coeur, ie n'ay puissance aulcune.
   114   7   Si donc le Coeur au plaisir, qu'il reçoit,
   115   4   Surpris le Coeur, & l'Ame a l'impourueue,
   121   8   Par qui le Coeur souffre si grandz discordz,
   125   5   Dont ame, & coeur par ta nature rude
   134   6   A moy le Coeur, & la chaste pensée.
   135   5   Premier le Coeur, & puis l'Ame ceingnit
   140   9   Car tu nauras mon coeur trop asprement
   141   5   Si que le Coeur, qui en moy la reuere,
   142   8   Qui pour elle à coeur, & corps asseruy,
   145   4   Au fondz du coeur d'entiere congnoissance,
   151   2   Quelle est la foy, qu'Amour en mon coeur lye.
   154 10   Sans coeur ne peult a son besoing mourir.
   158   6   M'eschaulfe l'Ame, & le Coeur a tourment,
   160   4   Pour mieulx troubler la paix en mon coeur close.
   163   4   Ce mortel noud, qui le coeur m'entrelasse.
   168   5   Alors le Coeur, qui vn tel bien compasse,
   172 10   Que fermeté est la clef de ton coeur.
   176 10   Dedans mon coeur tousiours se renouelle.
   185   1   Le Coeur surpris du froict de ta durté
   187   7   Et quand ie pense ayder au Coeur surpris,
   190   5   L'oeil en larmoye, & le coeur en lamente
   197   3   Ce tien doulx oeil, qui iusqu'au coeur m'entame
   197   8   Le Coeur criant par la bouche te prie
   207   4   Mon gelé coeur, donc mon penser deriue,
   214   5   Si viue au coeur la me voulut pourtraire
   224   9   Le Coeur si fort, que playe Egyptienne,
   229   9   Et en mon coeur si bien a toy conforme
   233   4   Qui si au vif iusques au coeur me touche:
   239   7   Pourquoy, ô Coeur, en larmes te despens,

coeur   (suite)
```
244   8   Iouir d'vn coeur, qui est tout tien amy,
257   3   Et mon coeur est aupres d'elle attendant,
258   1   Le Coeur, de soy foiblement resolu,
266   9   Repaissez donc, comme le Coeur souloit,
269   3   Par l'oeil au Coeur tacitement entrantz
271   3   Car ià mon coeur tant sien elle possede,
292   2   Naist le grand feu, qui en mon coeur se cele:
299   8   Le coeur craintif, (comme tu m'admonestes)
307   7   Car du profond du Coeur me fait sortir
311   1   Asses ne t'est d'auoir mon coeur playé,
312   5   Mais que me vault si le Coeur se repent?
313   1   Grace, & Vertu en mon coeur enflammerent
313   6   Et Coeur, & Corps iusqu'aux mouelles gaste,
313  10   Playant mon coeur, d'vn soubris le querir.
314  10   Parquoy ie cele en mon coeur si grand aise.
315   7   Parquoy couurant en mon coeur ce grand aise,
320   7   Au fort mon coeur en sa douleur se fie,
325   1   D'vn magnanime, & haultain coeur procede
325  10   Qui en mon coeur escript te perpetue.
330   1   Au centre heureux, au coeur impenetrable
332   8   Fait que par moy ton coeur n'est point vaincu.
336   4   N'ayent mon coeur sainctement desuoyé.
337   2   Amour au Coeur, & la Mort sur le Corps:
338   2   Poulsa le Coeur, qu'il y attira l'Ame
345   1   Entre ses bras, ô heureux, près du coeur
349   2   Qui par le coeur me tient encor captif,
355   4   Rentre en mon coeur couurant mainte estincelle,
356   5   Mon coeur alors de sa fornaise vmbreuse
359  10   De qui le coeur se plaint incessament.
361   5   Mais maintenent le coeur chault, & tresprompt
362   7   Car quand mon coeur pour vouloir prosperer
364   7   Quand est du Coeur, qui seul sans passion
365   7   De celle ainsi, qui sur mon coeur preside,
369   9   Sort hors du coeur, & descent par les yeulx
371   8   Mais en mon coeur à mis dissention
373   2   S'incline bas, tant le Coeur la reuere,
375   2   Du premier iour, qu'elle m'entra au coeur
379   9   Mais de la part en mon coeur entamée
380   6   Ton hault coeur sainct lassus se transporter:
385  10   De ce coeur sien oncques ne s'absenta.
389   1   Elle à le coeur en si hault lieu assis
398  10   Dedans mon coeur la deifieront.
402   4   Au coeur gentil de passion hurté
406   7   Veult que le Coeur, bien qu'il soit fasché, rie
410   4   Au fond du coeur par vn desir noueau,
412   5   Ou toutesfoys mon coeur par oeuure actiue
423   6   Le Coeur sans reigle, & le Corps par compas.
427   4   Qu'Amour au coeur passionné ottroye,
429   5   Et qu'en son coeur face habitation
430   3   Si me fault il du coeur contribuer
431   7   Mais tout coeur hault, dont du mien ie me deulx,
440   3   De mon coeur froid me rompirent la glace
```

coeurs   (7)
```
 36   4   Par qui les coeurs des Amantz il allume.
 37   7   Aussi, ô Dieu, en noz coeurs tu estens
110   2   Les coeurs de tous a t'aymer curieux:
273   3   Soit que l'ardeur en deux coeurs attrempée
```

coeurs   (suite)
    293   4   Parqui a soy elle à tous coeurs attraictz,
    374   5   Adonc Vulcan pour plus noz coeurs oultrer,
    449   6   Entre l'ardeur, qui noz coeurs poursuyura,

coincte   (1)
    281   1   En son habit tant humainement coincte,

col   (5)
     91   1   Osté du col de la doulce plaisance,
    131   2   La trousse au col, & arc, & flesche aux mains,
    173   1   Ceincte en ce point & le col, & le corps
    367   10   L'vn coronner mon col, l'aultre mes hanches.
    369   3   Que la tristesse autour de mon col lye

colere   (2)
    369   5   Colere ayant pour son nourrissement,
    369   6   Colere aduste, ennemye au ioyeux.

colisée   (1)
    104   7   Où ma ieunesse en son rond Colisée

college   (1)
    305   7   De liberté, en son mortel College

colloqua   (1)
    445   3   Hault colloqua le reluysant flambeau

colomne   (1)
    418   10   Pour l'eriger Colomne de ma vie.

combas   (1)
    213   8   Se laissant vaincre aux plus forcez combas.

combat   (5)
     54   10   Qui combat seul Ennemy, & Fortune.
    195   7   Combat encor, ores droit, or tumbant
    359   5   Mais moy nauré par ce traistre combat
    419   10   Que contre vueil, sens, & raison combat.
    431   8   En ce combat d'amoureux desplaisir

combatre   (1)
     54   3   Luy feit combatre en si dure surprise

combatu   (4)
     15   9   T'adorera soubz tes piedz combatu,
    167   5   Qu'apres auoir constamment combatu,
    226   6   Ie tremble tout de doubte combatu.
    283   6   Que son mortel est du vif combatu?

combien   (15)
     14   5   Combien qu'ailleurs tendist son entreprise,
     36   2   Combien qu'il sceust telle estre sa coustume,
     38   7   O combien peult ceste vertu latente
     65   5   Mais bien congneus appertement combien
    204   7   Et toutesfois combien que ie conçoyue,
    220   6   Sur le suspend de comment, ou combien,
    243   3   Combien qu'au Corps ne me soient trop molestes
    274   8   (Combien encor que tes vertus l'excellent)

combien   (suite)
    276 1 Voyez combien l'espoir pour trop promettre
    279 1 Combien encor que la discretion,
    285 9 Ne sçais tu pas (mesme en amours) combien
    338 4 (Combien que vain) si doulcement l'enflamme,
    412 3 Combien m'as tu, mais combien incité
    412 3 Combien m'as tu, mais combien incité
    443 1 Combien qu'a nous soit cause le Soleil

combles   (1)
    298 4 N'ayant pouoir de leurs combles vuyder,

commande   (1)
    337 1 Veu que Fortune aux accidentz commande,

commandé   (1)
     16 2 Ainsi qu'Amour le m'auoit commandé:

commandement   (1)
    240 2 Du hault vouloir de ton commandement,

comme   (147)
      2 9 Comme de tous la delectation,
     15 10 Comme qui es entre toutes parfaicte.
     16 6 Le m'à nyé, comme pernicieuse.
     19 8 Mais celle part, comme on dit, la greigneur,
     21 9 Comme au besoing pour son loz meritoyre
     22 1 Comme Hecaté tu me feras errer
     22 3 Comme Diane au Ciel me resserrer,
     22 5 Comme regnante aux infernalles vmbres
     22 7 Mais comme Lune infuse dans mes veines
     27 7 Parquoy en moy, comme de mon bien seur,
     37 4 Amollissant, comme enfantz, leur courage:
     37 10 Comme mol, froid, pesant, & retrainctif:
     48 9 Dont, comme au feu le Phoenix, emplumée
     57 1 Comme celluy, qui iouant a la Mousche,
     58 4 Comme vn vainqueur d'honnorable conqueste,
     59 6 Pour te monstrer, comme elle, estre muable:
     65 2 A t'exercer, comme mal ie mon bien:
     67 6 Comme aultresfois mon coeur l'a bien prouué.
     68 1 Comme lon voit sur les froides pensées
     69 2 Comme la langue a la voix les motz dicte:
     70 5 Mais du malheur, qui, comme i'apperçoy,
     76 10 Comme s'estainct, & s'auiue ma flamme.
     77 4 Comme l'Aultour de ma mort immortelle,
     84 9 Comme celuy, que pleinement s'asseure
     99 10 Comme vn Printemps soubz la maigre Caresme.
    108 7 Mais, comme puis auoir d'eulx congnoissance,
    112 5 Mais, comme aduient, quand a souhait nous sommes,
    117 10 De me donner, comme a mort, vie morte.
    118 6 Dont, comme neige au Soleil, ie me fondz
    122 4 Comme les Bledz, ma pensée vndoier.
    124 10 Comme le iour la clere nuict efface.
    126 10 Mais ainsi, comme Endimion la Lune.
    127 6 Comme tes faictz font au monde apparoistre.
    129 8 Comme le Lieure accroppy en son giste,
    134 3 Comme toy seule aussi debuois supplir
    138 10 M'en retirant, comme sans vous indigne.
    141 1 Comme des raiz du Soleil gracieux
                         110

comme (suite)
```
143  10  Comme au desert son Serpent esleué.
144  10  En toy l'estend, comme en son plus possible.
145  10  Comme insensé, a toute heure oultrecuyde.
150   9  Mais, comme puis a l'esproeuue conqnoistre,
154   6  Comme de poincte & l'vn & l'autre tire.
159   5  Tressaulte en moy, comme si d'ardent flamme
161   6  Elle le souffre: &, comme moins robuste,
163   5  Ie te vy lors, comme moy, estre lasse
164   1  Comme corps mort vagant en haulte Mer,
167   9  Comme elle seule à esté, & sera
169   4  Comme vostre vmbre en soy tousiours conserue
178   7  Comme au Faulxbourg les fumantes fornaises
181   9  D'ailleurs l'ardeur, comme eulx, ne peult finer:
185  10  Comme l'Année, a sa fin ià labeure.
186   6  Comme qui veulx d'elle ayde requerir,
188   3  Et, comme moy, en ses marges transy,
190   6  Comme assaillyz de mortel accident.
191   4  Se conqelantz menues, comme gresle.
196   8  Comme le vent se ioue auec la flamme.
198   7  Comme tesmoinq deburois soliciter,
199   6  Tu t'y complais, comme en ta nourriture.
202   9  Comme pour moy ie ne la veulx priuer
205   4  Vn bon vouloir, comme raison l'ordonne,
206   8  Comme victoire a sa fin poursuyuie,
207   3  Comme tousiours me tenoit en seurté
214   7  Comme il me fait en sa presence aller
223  10  Comme rousée au leuer du Soleil.
225   2  Tout Asseuré, comme Cerf en campaigne,
226   7  Si ie m'en tais, comme ie m'en suis teu,
231   6  Comme de tout ayantz necessité,
234   9  Comme sa cause en ma perseuerance
236   8  Comme enrichiz du thresor de Nature,
237   2  Sort vne Guespe aspre, comme la Mort,
239   6  Comme enchantez, les venimeux Serpentz.
241   3  Car vous vouez, comme pour moy ie veulx,
241   6  Comme n'ayantz mes souhaictz entenduz.
244   3  Si ie paslis accoup, comme plein d'ire,
246   6  Comme voulant contre vn tel mort pretendre?
248   9  Comme viuantz tout d'vn sustantement
250   6  Traictz, comme moy, poinqnantz tant asprement?
252   5  Comme qui veult ses chers, & sainctz amys
266   9  Repaissez donc, comme le Coeur souloit,
275   9  Comme qui offre, auec son demeurant
276   2  Nous fait en l'air, comme Corbeaulx, muser:
278   2  Comme lon peult soymesmes oblyer,
280   2  Comme sans ioye, ou bien viure insensible?
285   3  Comme statue a l'esbaucher toute aspre:
290   1  Comme qelée au monter du Soleil,
291   9  Que d'vn obiect, comme peste, on voit prendre,
295   2  Comme on te veoit amoindrir, & recroistre,
298   9  Comme a chascun euidemment feit veoir
299   4  Comme au besoinq n'ayant eu doulx accueil,
299   8  Le coeur craintif, (comme tu m'admonestes)
300   7  Comme tous temps renaist, pour non reuiure
307   5  Comme qui est de leur mal ignorante,
308   9  A noz plaisirs, comme le mur s'oppose
309   7  Ainsi, Enfant, comme tu peulx saisir,
310   9  Comme Apollo, pour merité loyer,
```

comme (suite)
```
311   5   Et tu luy as, non poinct comme Maistresse,
311   6   Mais comme sien capital aduersaire.
326   2   Comme vn malade attend a son salut,
327   2   Comme vn Veneur, s'en alloit esbatant.
328   7   Et deuant elle ainsi comme ie passe,
329   6   Comme a celluy, qui plus de mal me faict:
334  10   Comme boys vert, bruler, pleurer, & plaindre.
336   2   Comme ie fays, cest Enfant desuoyé,
336  10   Le Corps ne soit, comme luy, detenu.
338  10   Comme enchanté d'amoureuse merueille.
339   9   Comme elle sçait, qu'en fidele asseurance,
340   8   De telz plaisirs, ausquelz, comme vent vistes,
341   4   Comme si elle estoit au vray presente:
342   5   Mais, comme on voit le Soleil apparoistre
347   7   Car, comme puis en tournant comprendre,
348   7   Pour quoy, Amour, comme fier aggresseur,
350   5   Par ou Amour, comme en sa canonniere,
351   7   Et qu'il soit vray, & comme ie le scay:
353   2   Et sainctement, & comme elle merite,
354   9   Comme les Montz, lesquelz communement
359   7   Cele mon mal ainsi, comme tu vois,
372   3   Comme ton oeil cruellement benin
376   3   Me fais mouuoir, non comme Hecate l'Vmbre,
379   7   Auec souspirs, qui, comme fouldre armée
380   9   Comme i'en puis tesmoingnage porter
381   9   Comme subiect des delices des Cieulx,
384   5   Comme celluy, dont pend l'abregement,
387   3   La saluant, comme sur toutes belle,
389   7   Mais tasche encor, comme intrinseque amye,
390   6   Se pert en moy, comme toute paoureuse.
391   1   Non (comme on dit) par feu fatal fut arse
394   6   Comme la Lune aux Amantz fauorise,
400   3   Doibt appaiser, comme ame recréée,
401   8   Comme me hayt sa gracieuseté,
403   5   Comme ainsi soit que pour ma Libytine
407   6   Comme la Bise en allant acquiert force,
409   9   Comme bourgeons au Soleil estenduz,
421   4   Ne la pensée, ainsi comme auolée,
422   8   Mon dictamnum, comme aux Cerfz Artemide,
423   5   Y frequentantz, comme en propre domeine,
424   2   Comme plaisir, & gloire a l'Vniuers,
425   2   Comme fumée, & feu, esclair, & fouldre,
425   9   Comme lon scait, qu'auecques l'impossible
427   8   Mais pour errer, comme maladuisé.
430   6   Comme ie croy, que me sera cestuy.
433   8   Sont imparfaictz, comme d'homme qui songe,
434   4   Comme clarté a l'obiect, qu'on veult veoir:
438   2   Comme le mien, certainement le fais:
439   4   Me penetrant, comme l'eau en l'espongne.
440   4   Indissoluable alors, comme ie croy,
443   7   Comme si lors en moy tout estonné
447   3   Comme tu voys estre le feu, & l'eau
```

commença (1)
```
158   8   Dessus sa lyre a iouer commença:
```

commençant (1)
```
 15   6   Commençant ià a cherir la vertu.
```

commençay   (1)
    58 5   Ie commençay a esleuer la teste:

commence   (1)
    270 10 Viure en aultruy, en soy mourir commence.

commencement   (2)
    86 1   Sur le matin, commencement du iour,
    347 8   Ta rondeur n'à aulcun commencement,

commencer   (1)
    267 5   Fauldra finir ma vie, & commencer

commencera   (1)
    167 7   Donc aultre Troye en moy commencera

commençois   (1)
    289 8   Quand seulement commençois a venir,

commençoys   (1)
    323 6   En son amour seulement commençoys,

commendable   (1)
    325 6   De ta pitié si commendable vsure,

comment   (12)
    63 7   Comment, dit il, est ce donc ta coustume
    71 4   Comment? ie vois. Ta force elle à saisie.
    114 4   Sans que lon puisse apperceuoir comment,
    220 6   Sur le suspend de comment, ou combien,
    234 5   Voy donc, comment il est en moy possible,
    244 6   Las comment puis ie aller, & me mouoir?
    276 3   Voyez comment en prison nous vient mettre,
    278 4   Comment du Corps l'Ame on peult deslyer,
    327 6   Comment? vas tu sans armes a la chasse?
    343 10 Ie suis blessé, & si ne sçay comment.
    344 3   Comment ensemble vnyment tu accordes
    427 9   Aussi comment serois ie a elle vny,

commis   (1)
    261 7   I'ay rien commis: mais sans point de doubtance

commode   (2)
    432 1   Sans aultre bien, qui fut au mal commode,
    446 8   Craindray renaistre a vie plus commode?

commodité   (1)
    116 5   Mais (ô l'horreur) pour sa commodité

commun   (4)
    8   4   Remedier au commun nostre affaire.
    171 4   Du commun bien de nature enuieux.
    194 5   Qu'il faille a maintz par vn commun dommage
    251 1   Au commun plainct ma ioye est conuertie

commune   (5)
    106 9   Qui, m'excitant a ma peine commune,
    186 8   Ayant commune en toy compassion.
    219 8   Celle vertu, qui a elle commune,

commune   (suite)
    278   1   Qui veult scauoir par commune euidence
    393   5   L'vn apres l'aultre, en commune assemblée

communement   (3)
    179   4   Communement est suyui de malheur.
    252   1   Le Ciel de soy communement auare,
    354   9   Comme les Montz, lesquelz communement

compaigne   (1)
    225   5   Vertu heureuse, & fidele compaigne,

comparaison   (2)
    435   3   Que ses vertus, & sans comparaison
    444   8   Le bien, du bien qui sans comparaison

compartie   (1)
    251   3   Par la Fortune en mon sort compartie,

compas   (1)
    423   6   Le Coeur sans reigle, & le Corps par compas.

compasse   (2)
    168   5   Alors le Coeur, qui vn tel bien compasse,
    328   9   Qui me feit rire: & par ce ie compasse

compassé   (1)
    374   7   Feu de vengeance, & d'ire compassé,

compassion   (4)
    163   6   De mon trauail, plus par compassion,
    186   8   Ayant commune en toy compassion.
    301   7   Fust de courroux, ou de compassion,
    364   6   Qu'il t'esmouuroit a grand' compassion.

compassoit   (1)
    101   6   Auec maintien, qui le tout compassoit.

complaict   (2)
     18   6   Ou se complaict a plaisamment descrire
     48   4   Toute contente en ce corps se complaict.

complainctes   (2)
     60   5   Mais souffre encor, sans complainctes quelconques,
    385   6   Mes tristes pleurs, mes confuses complainctes,

complaindre   (1)
     89   2   Et de douleur se print fort a complaindre:

complaire   (3)
     83   4   Battoit son filz pour complaire a son pere.
    314   2   Pour tout a celle vniquement complaire,
    401 10   Pour tout complaire a son impieté.

complais   (3)
     78   1   Ie me complais en si doulce bataille,
    199   6   Tu t'y complais, comme en ta nourriture.
    420   8   Ie luy complais vn peu, puis l'adoulcis

complisses   (2)
   294   6   Que liberté, loisir, & leurs complisses.
   416   7   Mais que par mort, malheur, & leurs complisses

composée   (1)
   131   6   Mieulx composée, & sans violentz dardz,

composer   (2)
   34   8   De composer a toute repentence,
   392   4   Pour composer l'vnion de ce corps.

comprenant   (1)
   399   3   Comprenant plus, que tout le Ciel n'embrasse

comprendre   (3)
   226   2   Plus, que par l'oeil comprendre ie ne puis
   291   7   Si ie taschois a te faire comprendre
   347   7   Car, comme puis en tournant comprendre,

comprent   (1)
   345   6   Loinq du plaisir, qu'en toy elle comprent.

compris   (2)
   105   8   Cent mille espoirs y sont encor compris.
   413   8   De meriter d'estre au seul bien compris,

comprise   (3)
   389   5   Dont par raison en la vertu comprise
   419   5   Ou la pensée auec le sens comprise
   437   6   En mon trauail tant lonquement comprise,

comptant   (1)
   328   3   Que sur les doigtz deux pour troys va comptant,

compte   (2)
   43   3   Plus ie l'estime, & moins compte i'en fais:
   133   7   Et neantmoins, asses loing de mon compte,

comptent   (1)
   221   3   Ou les Pescheurs entre eulx leur prinse comptent,

compter   (1)
   232   3   Et l'Horologe est compter sur mes doigtz

concent   (5)
   127   2   Au doulx concent de tes qualitez sainctes,
   157   6   D'vn tel concent la delectation.
   196   6   En ce concent, que lors ie conceuoys:
   256   8   Dont n'est plaisir, ny doulx concent, que i'oye,
   344   2   Et le concent de mon affection,

concept   (2)
   166   2   Ou tout concept se trouue superflus,
   234   3   En mon concept si fermement sondé,

conceu   (1)
   13   4   Veut reparer le mal par luy conceu.

conceuoir   (3)
      33   5   A mon instinct ie laisse conceuoir
     117   5   Si ne peult on non asses conceuoir
     434   2   Et plus tranquille, & apte a conceuoir,

conceuoys   (1)
     196   6   En ce concent, que lors ie conceuoys:

conciter   (1)
     315   5   Dont tout plaisir ie me sens conciter,

conclu   (1)
      34   7   Dont i'ay en moy conclu finablement

conclut   (1)
     270   9   Car qui par vous conclut resolument

concordes   (1)
     196   4   Et tellement les oreilles concordes,

conçoy   (1)
     226   1   Ie le conçoy en mon entendement

conçoyue   (1)
     204   7   Et toutesfois combien que ie conçoyue,

condamne   (1)
      10   8   I'ay esprouué, que la paour me condamne.

condamner   (1)
     425 10   I'accuse aultruy pour tout me condamner.

condescendre   (1)
      82   6   Pour vouloir toute a son bien condescendre,

condition   (2)
      72 10   Ie me desayme en ma condition.
     326   7   Parquoy voyant, que la condition

conditionée   (1)
     429   7   Estant en moeurs mieulx conditionée,

conditions   (1)
     401   1   Tant occupez aux conditions d'elle

conduict   (2)
      24   5   Mais moy conduict dessoubs la sauuegarde
     104   3   Ainsi conduict par l'incongneu plaisir,

conduicte   (1)
     296   8   Dessoubz telz laqz ma vie estre conduicte,

conduictz   (1)
      79   9   Qui, dessechant mes larmoyantz conduictz,

conduire   (1)
      66   2   Ie me laissois aux estoilles conduire,

conduisant   (1)
     365 10   Me conduisant en son ioyeux serain.

conduit   (1)
      78   8   Qui nous conduit soubz aueuglée nuict.

conduyct   (1)
     386   6   M'ont a ce ioug iusqu'a ma fin conduyct.

conduys   (1)
     339 10   Celant mon feu, a bon Port le conduys.

confermer   (1)
     339   6   Et confermer en moy mon esperance:

confesser   (1)
      54   8   Feit confesser a la Fame importune,

confesseront   (1)
     149   6   Confesseront (toutesfoys sans contraincte)

confin   (1)
     218   4   Me cherche vn bien, trop esloingné confin

confinée   (1)
      88   3   Mais y languit ma vie confinée

conflict   (2)
     132   2   Et le Souldart au seul conflict se proeuue:
     189   1   D'vn tel conflict en fin ne m'est resté,

confond   (1)
     373   9   Qui me congele, & ainsi me confond

confont   (1)
     157   9   Me confont tout en si grand' passion,

conforme   (1)
     229   9   Et en mon coeur si bien a toy conforme

confort   (1)
     238   7   Et n'ay confort, que des Soeurs despiteuses,

conforte   (1)
     350   7   En ce mesaise aumoins ie me conforte,

confus   (4)
     129   9   Ie tendz l'oreille, oyant vn bruyt confus,
     164   6   Sur le confus de mes vaines merueilles,
     181   8   Et la memoyre, & le sens tout confus:
     378   4   Au fons confus de tant diuerses choses,

confuse   (2)
     174   4   Toute confuse du bien, que ie pretens.
     338   5   Que toute ardente en si confuse flamme,

confusément   (1)
     361   4   Confusément souuent elle desrompt.

```
confuses   (2)
    182  5  Et la Vertu par reigles non confuses
    385  6  Mes tristes pleurs, mes confuses complainctes,

confusion   (2)
    400 10  Vmbre me rend de la confusion.
    416  5  Ne veulent veoir que ma confusion,

congé   (2)
    273  6  Auec ma ioye à d'elle prins congé.
    364  2  Prendre congé, & te dire a Dieu, Dame:

congelantz   (1)
    191  4  Se congelantz menues, comme gresle.

congele   (2)
     26  8  Ie me congele: ou loing d'ardeur ie fume.
    373  9  Qui me congele, & ainsi me confond

congelé   (2)
    124  7  A congelé ce Brouas pluuieux,
    357  5  S'encheine ensemble, & ainsi congelé

congeler   (2)
    201  1  Soubz doulx penser ie me voy congeler
    352  3  Que congeler en la doulce presence,

congeloit   (1)
    266  6  Le mortel froit, qui tout me congeloit.

congneue   (2)
     34  1  Ie ne l'ay veue encor, ne toy congneue
    362  2  Ne du present la congneue euidence,

congneus   (1)
     65  5  Mais bien congneus appertement combien

congnois   (1)
    318  3  Mais seurement (a ce, que ie congnois)

congnoissance   (8)
     80  2  Tu m'offuscas & sens, & congnoissance.
     91  3  Quand premier i'eu nouelle congnoissance
    108  7  Mais, comme puis auoir d'eulx congnoissance,
    119  3  Que fera donc entiere congnoissance,
    140  5  Point ne faillit, & i'en euz congnoissance,
    145  4  Au fondz du coeur d'entiere congnoissance,
    182  1  Mais si Raison par vraye congnoissance
    306  6  N'auois de toy, ny de moy congnoissance.

congnoissant   (3)
     57  4  Me congnoissant par moymesmes deceu.
    249  6  Tu sois vn iour clerement congnoissant,
    322  7  Mais congnoissant soubz tes celestes mains

congnoissoys   (1)
    164 10  Tout estourdy point ne me congnoissoys.
```

congnoist   (1)
    338   6   Moins s'y congnoist, quand plus de douleur sent,

congnoistre   (5)
    150   9   Mais, comme puis a l'esproeuue congnoistre,
    173 10   Que te congnoistre a mon vouloir oultrée.
    286   3   Veulx tu, dit il, congnoistre bien, & beau,
    295   5   Mais pour noz faictz plus amplement congnoistre,
    350   9   Pour te congnoistre, & veoir en quelque sorte,

congnoit   (2)
    192   4   Et l'aultre moins congnoit ses ennemys.
    283   2   Quand plus par l'oeil de l'Ame elle congnoit,

congrue   (1)
    113   5   Adonc aura congrue nourriture

conioincte   (2)
    233   8   La chasteté conioincte auec beaulté,
    281   3   En son diuin tant a vertu conioincte,

conioindre   (1)
    346   9   Pour seulement se conioindre a sa Saone

coniuré   (1)
    70   6   Est coniuré par vous en ma ruyne.

conquerre   (1)
    309   8   Et (quand te plait) hommes, & Dieux conquerre:

conqueste   (3)
    58   4   Comme vn vainqueur d'honnorable conqueste,
    132   3   Aussi Amour sa gloire, & sa conqueste
    287   5   Tu l'exaulças, & ce pour la conqueste

conquise   (1)
    66   8   Et Corps, & Coeur, à iâ l'Ame conquise:

conquit   (1)
    139   5   Me submettant celle, qui me conquit

consacrée   (1)
    428   5   Chose par temps, & debuoir consacrée

conscience   (1)
    422   1   Touché au vif & de ma conscience,

conseil   (1)
    367   5   Ou l'empire est du conseil arresté

conseille   (2)
    28   8   Le bien, qu'Amour (Amour lassif) conseille.
    270   2   Auecques toy contre moy se conseille:

consens   (1)
    404   2   Plus a mon mal, maulgré moy, ie consens.

consent   (1)
    115   8   D'ambition, qui a tout mal consent,

consentement   (1)
    371   9   Consentement, qui met en grand erreur

consentir   (1)
    136   6   Sans aultrement ensemble consentir,

conserue   (2)
    169   4   Comme vostre vmbre en soy tousiours conserue
    430   8   Ou se conserue & foy, & asseurance.

consideration   (1)
    381   8   Le demourant consideration,

considere   (1)
    348   2   Ie considere en moy l'infirmité,

consolation   (1)
    400   8   Hors du repos de consolation,

consommantz   (1)
    317   4   Ensemble sont eulx mesmes consommantz.

consomme   (2)
    27 10   Vn doulx obly de moy, qui me consomme.
    272   3   Qui doulcement me consomme le sein

consommé   (2)
    69   3   I'ay consommé maintes belles saisons
    77   6   Que consommé d'vn si ardent poursuyure,

consommée   (1)
    90   6   Et toy ma vie a mort as consommée.

consommer   (1)
    444   6   A la Vertu me pouuant consommer,

consort   (1)
    156   6   Celle parler a son heureux Consort:

conspect   (1)
    1   9   Piteuse hostie au conspect de toy, Dame,

conspirée   (1)
    260   5   Ores fortune enuers moy conspirée

constamment   (3)
    167   5   Qu'apres auoir constamment combatu,
    189   6   A constamment pour si hault bien perir.
    389   3   Et d'vn sens froit tant constamment rassis

constance   (3)
    53   5   Duquel voulant demonstrer la constance,
    261   9   Qui erre en soy par trop grande constance
    285   5   Par foy en main de constance baillée

constitua   (1)
    330   6   Constitua en ce sainct lieu de viure,

120

constituant (1)
    75 4 Constituant en elle mes haultz Cieulx?

constituée (1)-
    1 10 Constituée Idole de ma vie.

constituer (1)
    36 8 Constituer en serue obeissance.

constrainct (1)
    351 8 Constrainct ie suis d'vn grand desir extresme

constraindre (2)
    152 3 Tant qu'il n'est mal qui la puisse constraindre
    188 8 A les auoir agreables constraindre,

constrainqnit (1)
    38 5 Et neantmoins ma foy me constrainqnit

constraint (1)
    98 7 Car moy constraint, & par forcée preuue.

consumant (1)
    292 5 Me consumant, non les flancs, non l'esselle,

consume (4)
    26 10 Las tousiours i'ars,& point ne me consume.
    60 6 Qu'il me consume, ainsi qu'au feu la Cyre.
    155 2 Cuysant le Corps, les mouelles consume.
    321 10 Ne monstre hors ce, qu'en moy il consume.

consumez (1)
    114 3 Qui consumez les durtez, voire seures,

contemnement (1)
    28 7 Et abhorrir pour vil contemnement

contemplant (2)
    253 7 En contemplant la Fame, qui luy chante,
    397 8 Et contemplant sa face a mon dommage,

contemplatiue (1)
    412 4 A viure en toy vie contemplatiue?

contemple (1)
    363 6 Ie la contemple en pensée rassise.

contempler (2)
    97 1 A contempler si merueilleux spectacle,
    165 3 Pour admirer, & contempler trop mieulx

contenance (1)
    375 3 Auec ta haulte, & humble contenance,

contendantz (1)
    181 1 Ouy, & non aux Caestes contendantz

contendre (2)
    87 4 Sans contre Amour aulcunement contendre:
121

```
contendre  (suite)
    420  4  Tant foible veult contre le Sens contendre.

contendrois  (1)
     52  5  Ie contendrois par dessus la victoire:

content  (1)
    441  4  Estre content, & puis se quereller,

contentant  (2)
    256  5  Et de mon pire ainsi me contentant,
    341  9  Me contentant d'estre par moy deceu,

contente  (3)
     48  4  Toute contente en ce corps se complaict.
    202  4  A rendre en tout ma pensée contente?
    317 10  Plus est contente, & moins est assouuye.

contenté  (2)
    216  8  Que ie m'en sens haultement contenté,
    394  5  Car esperant d'estre vn iour contenté,

contentement  (10)
     28  6  En si pudique, & hault contentement:
     41  2  Finoient le but de mon contentement,
     66  6  Pour estre a tous si grand contentement.
    226  3  Le parfaict d'elle, ou mon contentement
    240  4  Le Paradis de son contentement.
    248  7  Tu m'entretiens en ce contentement
    306  5  Dont assoupy d'vn tel contentement,
    400  6  Et en l'ardeur de son contentement.
    424  7  Me rauit tout en tel contentement,
    432  4  Loing toutesfoys de tout contentement,

contenter  (2)
     14  9  Sans se pouoir l'vn l'aultre contenter,
    350  1  Ie ne me puis aysément contenter

contentes  (1)
    377  7  Veu que de moins asses tu me contentes)

contentions  (1)
    206  5  Parquoy souffrant si grandz contentions,

contentois  (1)
    309  3  Ie contentois mon obstiné vouloir:

contentz  (2)
     37  9  Et par le Plomb tu nous rendz mal contentz,
    174  5  Et a me veoir les Astres mal contentz

conteste  (3)
    225 10  Là, ou le vray conteste a toute iniure.
    337  3  Occasion conteste a la demande,
    430  2  Coulpe, ou deffault, qui a mon vueil conteste,

continuant  (2)
     65  1  Continuant toy, le bien de mon mal,
    223  2  Continuant son naturel office:
```

continuel   (3)
   187   3   Ainsi ce mien continuel douloir
   372   2   De ce Serpent en moy continuel,
   376   2   Qui en ce mien continuel silence

continuelle   (1)
   272   2   Tremblant la fiebrue en moy continuelle,

continuellement   (1)
     6   9   Et des ce iour continuellement

continuelles   (1)
   188   5   Voy, que douleurs en moy continuelles

continuelz   (1)
   392   2   Mouantz tousiours continuelz discors:

continues   (1)
   178   3   Et veoir icy tenebres continues

contour   (1)
   233   1   Contour des yeulx, & pourfile du né,

contournement   (1)
   376   6   En me mouant au doulx contournement

contrainct   (2)
   180   9   Puis me contrainct quelque mal, que ie sente,
   186   4   Ie suis contrainct de ma teste cliner:

contraincte   (2)
   149   6   Confesseront (toutesfoys sans contraincte)
   265   4   Tout libre faict m'est esclaue contraincte,

contrainctz   (2)
    89   5   Dont aigrement furent contrainctz de plaindre:
   401   3   Et tellement contrainctz soubz sa cordelle,

contraingnant   (2)
   260   9   Me contraingnant soubz cest air vmbrageux
   287   3   Te contraingnant par pitié d'appliquer

contraingnit   (2)
   135   2   Si la raison a ce nous contraingnit?
   289   9   Me contraingnit a m'oblier moymesmes

contraint   (1)
   182   7   Qui nous contraint, non seulement de veoir,

contraire   (6)
    84   1   Ou le contraire est certes verité,
   107   1   Fortune forte a mes voeutz tant contraire
   124   6   Estant sur toy, son contraire, enuieux,
   180 10   Et vueille, ou non, a mon contraire aymer.
   214   2   Solicitude a mes ardeurs contraire,
   392   5   Mais toy contraire aux naturelz accordz,

contraires   (2)
   216   4   Toute occupée en contraires seiours.

contraires   (suite)
  447   2   Lon auroit mys deux elementz contraires,

contrariété   (1)
  209   1   Pour resister a contrarieté

contre   (33)
   15   3   Contre l'vtile ardemment se prepare
   16   4   Que contre moy son dard à desbandé.
   19   3   Si contre tort, & tout public dommage
   19 10   Vint contre soy, son pays, son Seigneur.
   31   4   Contre l'ardeur de nostre chaste enuie:
   67   9   Car contre moy l'Archier s'est esprouué:
   87   4   Sans contre Amour aulcunement contendre:
  104   8   Satyrisoit contre Solicitude,
  109   3   Mais contre luy soubdain elle s'enflamme,
  123 10   Contre le Ciel ne vault deffence humaine.
  137   3   Contre l'Aueugle aussi ne me faindrois,
  143   6   Contre l'esprit sommeillant se hazarde,
  150   8   Pour ma deffence, & contre ma ruyne.
  175   4   Soit que plaisir contre ennuy s'esuertue.
  186   5   Et contre terre il me fault incliner,
  214   8   Contre l'effort du plus de mes deffences
  223   6   M'esbatois seul, quand celle me vint contre,
  246   6   Comme voulant contre vn tel mort pretendre?
  251   6   Parqui raison contre debuoir opine.
  268   8   De ne veoir point contre qui tu sagettes:
  270   2   Auecques toy contre moy se conseille:
  271   4   Que contre paour il ne fait plus d'effort.
  286   7   Et quand ie vy, qu'ilz s'entreuenoient contre,
  315   4   Que contre soy se prent a despiter:
  317   7   Quasi voulantz, que contre l'impossible
  378 10   Contre les vers de ma mortalité.
  388 10   A preualu contre sens, & contre aage.
  388 10   A preualu contre sens, & contre aage.
  394   4   I'ay mon proces contre moy intenté.
  419 10   Que contre vueil, sens, & raison combat.
  420   4   Tant foible veult contre le Sens contendre.
  442   6   Contre les Dieux, pur intellect des Cieulx.
  448   4   Contre lequel on ne peult resister,

contrée   (1)
  128   9   Car son cler iour serenant la Contrée,

contrefaire   (1)
   85   6   Malice honneur auiourdhuy contrefaire,

contregarde   (1)
   24   4   Des soubdains feuz du Ciel se contregarde.

contrelustre   (1)
  124   8   Pour contrelustre à ta diuine face.

contremine   (1)
  258   8   Y obuioit par mainte contremine,

contremont   (1)
   17   6   Le Rhosne aller contremont lentement,

contrepensée   (1)
   213 5 Il m'engendra vne contrepensée

contribuer   (1)
   430 3 Si me fault il du coeur contribuer

controuées   (1)
    56 3 Le Sens troublé voit choses controuées

controuerse   (1)
   366 5 Car en premier sans point de controuerse

conuaincre   (1)
   420 7 Ne pouuant donc le conuaincre aultrement,

conuerse   (1)
   366 4 Veu ceste cy, qui toute en moy conuerse.

conuerser   (1)
   301 1 On me disoit, que pour la conuerser,

conuertie   (2)
    20 5 Mais la Nature en son vray conuertie
   251 1 Au commun plainct ma ioye est conuertie

conuertir   (1)
   307 6 Et qui puis vient en dueil se conuertir.

conuie   (4) conuy-
    12 5 Me demonstrant, certes, qu'il me conuie
    96 5 Mais la froideur de ton coeur me conuie
   162 3 A qui l'honneur du debuoir te conuie
   277 3 Et toutesfois si bon Paintre il conuie,

conuoyteuse   (1) couuoi-
   440 7 Mon ame ainsi de sa paix conuoyteuse

conuyoit   (1) conui-
   223 4 Me conuyoit au salubre exercice.

coquille   (1)
   255 8 Dans sa Coquille, & la prenant i'eslys

corallines   (1)
   235 5 Ses deux Soleilz, ses leures corallines,

corbeaulx   (1)
   276 2 Nous fait en l'air, comme Corbeaulx, muser:

corbeaux   (1)
   247 9 Pour s'accointer des noirs, & laidz Corbeaux

cordelle   (1)
   401 3 Et tellement contrainctz soubz sa cordelle,

cordes   (2)
   196 1 Tes doigtz tirantz non le doulx son des cordes,
   344 1 Leuth resonnant, & le doulx son des cordes,

cordonnée   (1)
    172   6   Estant au corps, & au bras cordonnée

cornantz   (1)
    164   9   Et a ce son me cornantz les oreilles,

cornes   (5)
    106   5   Car lors iectant ses cornes la Deesse,
    176   1   Diane on voit ses deux cornes iecter
    223   1   Phebus doroit les cornes du Thoreau,
    383   1   Plus croit la Lune, & ses cornes r'enforce,
    390   2   Tes haultz sourcilz, & leurs cornes ployer

cornue   (1)
    295   1   Ores cornue, ores plainement ronde,

cornuz   (2)
    79   4   Des montz cornuz doroit les haultes cymes.
    98   3   Moutons cornuz, Vaches, & Veaulx petitz,

coronne   (2)
    85   9   De sa Coronne, & de soy se deffaire,
    172   2   Que maint chaynon superbement coronne:

coronné   (1)
    95   2   De tant d'esclairs tant de fois coronné,

coronner   (1)
    367 10   L'vn coronner mon col, l'aultre mes hanches.

coronneur   (1)
    54   5   De palme aussi le iuste Coronneur

corps   (59)
    1   5   Perçant Corps, Coeur, & Raison despourueue,
    1   8   Fait, que viuant le Corps, l'Esprit desuie,
    2   6   Parfeit vn corps en sa parfection,
    5   6   Sans auoir faict a mon corps quelque bresche:
    11   9   Tes vertus donc, qui ton corps ne suyuront,
    13   6   Que le corps vif est ià reduict en cendre:
    13   10   Pour sembler corps, ou vmbre de sa vie.
    48   4   Toute contente en ce corps se complaict.
    56   1   Le Corps trauaille a forces eneruées,
    56   10   Le Corps, l'Esprit, le Sens, & la Raison.
    66   8   Et Corps, & Coeur, à ià l'Ame conquise:
    71   8   Car tu viuras sans Coeur, sans Corps, sans Ame,
    81   2   Ne me fusa soubdainement le corps.
    82   4   Que le corps vif est ià poulsiere Vmbreuse:
    100   7   Là mon esprit son corps laisse endormy
    121   2   En vn seul corps a mille Creanciers:
    121 10   Viura le mal, auoir perdu le Corps.
    125   3   Le Corps est ià en sa foible roideur
    127   9   Ie verrois l'Ame, ensemble & le Corps croistre,
    129   5   Que n'est au Corps ce mien viure encombreux,
    134   5   A luy & Corps, & Foy abandonna:
    142   6   La peine, qu'à le sien corps seulement,
    142   8   Qui pour elle à coeur, & corps asseruy,
    144   8   Infuse l'ame en ce mien corps passible,
    155   2   Cuysant le Corps, les mouelles consume.
126

corps   (suite)
    157   4   Le Corps tressue en si plaisant martyre,
    164   1   Comme corps mort vagant en haulte Mer,
    168   6   Laisse le Corps prest a estre enchassé:
    168   8   Que de soymesme, & du corps il s'estrange.
    172   6   Estant au corps, & au bras cordonnée
    173   1   Ceincte en ce point & le col, & le corps
    192   2   Auec le Corps l'Esprit est tant remis,
    197   2   Souffre trop plus, que le corps martyré,
    227   10   Corps a ses faictz, & Ame a son hault nom.
    232   8   Ne souffre au Corps sentir celle douleur
    243   2   Ont influence & sur l'Ame, & le Corps:
    243   3   Combien qu'au Corps ne me soient trop molestes
    271   7   Et luy suyuant de ton corps l'ordre illustre,
    278   4   Comment du Corps l'Ame on peult deslyer,
    283   7   Certes, estant ton corps foible abatu,
    289   4   Le ieune sang tout au corps me bouilloit.
    294   3   Veu que Nature & en l'Ame, & au Corps
    300   6   Tousiours au Corps son tourment elle liure,
    313   6   Et Coeur, & Corps iusqu'aux mouelles gaste,
    336   10   Le Corps ne soit, comme luy, detenu.
    337   2   Amour au Coeur, & la Mort sur le Corps:
    340   3   Du triste esprit plus, que du corps lassé,
    353   4   Qui de son corps en fin se desherite:
    355   3   Le feu de nuict en mon corps transparent,
    367   7   Car en mon corps: mon Ame, tu reuins,
    376   1   Tu es le Corps, Dame, & ie suis ton vmbre,
    376   8   Que lon ne veoit l'vmbre suyure le corps,
    379   1   Bien qu'en ce corps mes foibles esperitz
    392   4   Pour composer l'vnion de ce corps.
    408   2   De ma triste ame estendu le corps vuyde,
    423   6   Le Coeur sans reigle, & le Corps par compas.
    424   1   De corps tresbelle & d'ame bellissime,
    424   10   Parfaicte au corps, & en l'ame accomplie.
    446   4   Ià preuoyant son corps par la Mort tel,

correspondant   (1)
    344   10   Correspondant a mes souspirs tremblantz.

corroyes   (1)
    418   6   Y fueilla d'or a corroyes Heliques,

cortines   (1)
    126   3   Enseuely soubz Cortines vmbreuses,

costaulx   (1)
    236   1   Bienheureux champs, & vmbrageux Costaulx,

costé   (1)
    78   3   Si l'vn me point d'vn costé, l'autre taille

costez   (3)
    188   1   Voy ce papier de tous costez noircy
    194   7   N'as tu horreur, estant de tous costez
    195   2   De tous costez ma franchise agasserent

costoyant   (1)
    412   1   Mont costoyant le Fleuue, & la Cité,

costoye   (1)
    180   1   Quand pied a pied la Raison ie costoye,

cotere   (1)
     86   5   Descouure, dy ie, ô malin, ce Cotere,

cotte   (1)
    131   1   Delia ceincte, hault sa cotte attournée,

couardz   (1)
    308   3   Et le desir rend les couardz hardiz,

couche   (3)
     98   8   Le soir me couche esueillé hors de moy,
    161   2   Moy en ma peine, elle en sa molle couche.
    161   4   Et elle nue entre ses bras se couche.

couleur   (6)
     73   2   Leur vert se change en couleur asurée,
    229   6   Tes mouuementz, ta couleur, & ta forme.
    232 10   Tant que ce Monde aura forme, & couleur.
    254   3   Le rouge ardent par couleur simulée
    288   7   Et la couleur du vif imitatiue
    377   1   Ce cler luisant sur la couleur de paille

couleurs   (1)
     52   9   Me demeurantz seulement les couleurs

coulpe   (5)
     34   2   L'erreur, qui tant de coulpe m'imposa:
     88 10   A moy, aux Dieux, a ta coulpe si grande?
    287 10   Ta coulpe fut, & ma bonne auenture.
    371   2   Ny la peine estre, ou il n'y à coulpe aulcune:
    430   2   Coulpe, ou deffault, qui a mon vueil conteste,

coup   (9)
      1   7   Grand fut le coup, qui sans tranchante lame
     57   2   Estend la main, apres le coup receu,
    145   6   Et là tremblant, si grand coup à donné,
    197   5   Si viuement, que pour le coup tiré
    209   6   Ie vien, faingnant, son coup anticiper.
    212   5   Duquel le coup penetrant tousiours picque
    304   7   Parquoy ie vien, coup a coup, regarder
    304   7   Parquoy ie vien, coup a coup, regarder
    436   6   Dessus la doubte a ce coup sommeilleuse.

coups   (1)
    268   9   Car, sans y veoir, parmy tant de coups vains

courage   (5)
     37   4   Amollissant, comme enfantz, leur courage:
     61   2   Le tien vers moy, & froid, & lent courage:
    219   4   Vigueur d'esprit, & splendeur de courage
    239   3   Par long sermon tout courage odieux
    409   2   Qui aux plus fortz rauit le dur courage

courageux   (1)
    260   7   Dont le fort vent de l'espoir courageux

courant (2)
356 2 Courant au sein de sa vielle amoureuse,
396 6 Tu viens courant des Alpes roidement

courante (1)
307 4 Qu'il ne leur soit vne ioye courante,

courantz (1)
333 1 Courantz les iours a declination

courbe (1)
333 5 Et iã (de loing,) courbe viellesse accule

courir (2)
346 8 Se destourner, & vers Midy courir,
417 4 Te fait courir mainte riue amoureuse,

couroit (1)
395 7 Celle pour veoir si la Saone couroit,

courrouce (1)
120 5 Lors Iupiter indigné se courrouce,

courroux (3)
301 7 Fust de courroux, ou de compassion,
315 3 Si doulcement elle est de courroux plaine,
342 3 De ses yeulx clers d'honneste courroux plains

cours (9)
102 9 Parquoy tousiours en mon trauaillé cours
146 6 Si hault poursuyure en son cours cessera?
203 7 Mais par ce cours son pouoir ne m'afferme
395 8 S'arresta toute au son de son cours lent:
417 2 De la roideur en ton cours dangereuse,
        *   *   *
57 3 Ie cours a moy, quand mon erreur me touche,
102 7 Mais quand au but de mon vouloir ie cours,
208 1 Tu cours superbe, ô Rhosne, flourissant
274 10 Ie cours soubdain, ou mes tourmentz m'appellent.

coursaire (1)
311 9 Que se sentant forcé soubz tel Coursaire,

court (1)
26 3 A son pied court l'vne & l'aultre Riuiere,

courtoise (1)
314 3 Qui a m'occire est tousiours tant courtoise,

coustume (3)
23 6 Tant approchante est des Dieux ta coustume.
36 2 Combien qu'il sceust telle estre sa coustume,
63 7 Comment, dit il, est ce donc ta coustume

coustumier (2)
100 2 Lict coustumier, non point de mon repos,
252 7 Car il à plut (non de ce coustumier)

coustumiere (1)
    24 9 Ne me pers plus en veue coustumiere.

couuert (2)
   161 3 Couuert d'ennuy ie me voultre en l'Ortie,
   170 5 Et quand ie fus au couuert, ie m'appuye

couuerte (1)
   292 4 Auecques morte, & couuerte estincelle,

couuertement (1)
   138 4 Eust le futur deceu couuertement.

couuoiteux (1) conuoy-
    83 7 Et de vengeance estant trop couuoiteux,

couurant (4)
    95 5 Et ce Brouas te couurant estonné,
   315 7 Parquoy couurant en mon coeur ce grand aise,
   355 4 Rentre en mon coeur couurant mainte estincelle,
   418 1 Soubz le carré d'vn noir tailloir couurant

couure (2)
    42 10 Lequel ie couure, & celer ne le puis.
   201 7 Couure, & nourrit si grand' flamme en ta face,

couurir (3)
    83 3 Venus cuydant couurir si grand diffame,
    86 4 Couurir le feu, qui iusque au coeur m'altere.
   117 3 Soit que couurir esperances deffaictes

coy (1)
   261 5 Ie m'examine, & pense apart tout coy

craignant (1) crainq-
   390 5 L'Ame craignant si dangereux loyer,

crainct (1) craint
   311 10 Pour non mourir tousiours, ne crainct la Mort.

craincte (8) crainte
    10 4 Que raison est par la craincte offensée.
    88 5 Et ne te sont ne craincte, ne terreur
   126 8 L'attraict tant sien, que puis sans craincte aulcune
   151 8 En celle craincte, ou perte vne mort liure,
   265 2 Tousiours ie suis meslé de doubte, & craincte:
   299 5 Et deffaillant la craincte, croist mon vueil,
   308 1 La craincte adioinct aeles aux piedz tardifz,
   431 5 Par craincte plus, que non point pour doubtance

craindray (1)
   446 8 Craindray renaistre a vie plus commode?

craindre (2)
   274 9 Que sans en rien craindre ta cruaulté
   436 4 Me fera craindre, ensemble & esperer,

crainqnant (5) craiqn-
   188 4 Crainqnant tes mains piteusement cruelles.
                          130

craingnant   (suite)
     321   5   Adonc, craingnant ses Magiciens arts,
     366   9   Et or craingnant qu'esuenté il ne soit,
     415   3   Soubdain craingnant de t'auoir offensée,
     421   5   Craingnant qu'en fin Fortune l'esuolée

craingnantz   (1)
     170 10   Craingnantz son feu, qui tant de gentz brula.

craingnoys   (1)
     105 10   Ou moins craingnoys, là plus tost ie fus pris.

crains   (8)
      47   2   Ie crains, non toy, mais ton affection:
      67   7   Ie ne crains point si petit arc trouué,
     107   9   Donc (que crains tu?) Dame, fais me mourir,
     237   8   Mais que crains tu? luy dy ie briefuement.
     271   1   I'espere, & crains, que l'esperance excede
     336   9   Las ie crains trop, qu'en lieu de le tirer,
     390   8   De si doulx arcz ne crains la fureur telle.
     428   3   Ie crains tousiours par ceste phrenesie,

craint   (1)   crainct
     373   3   Et l'ayme, & craint trop perseueramment

crainte   (1)   craincte
     381   1   Ie sens en moy la vilté de la crainte

craintif   (2)
       8 10   Moins reciproque a leurs craintif desdire.
     299   8   Le coeur craintif, (comme tu m'admonestes)

crea   (2)
      53   4   Crea FRANCOYS d'admirable prestance:
     444   3   Crea Amour sainctement phrenetique,

creanciers   (1)
     121   2   En vn seul corps a mille Creanciers:

creature   (3)
     172   9   Ie suis lors seur, Creature bien née,
     288   4   Accomplissantz si belle Creature,
     435   9   La Creature estre en soy bienheureuse,

credule   (2)
       3   3   Dont l'oeil credule ignoramment meffit
     338   3   Toute credule, & d'vn noueau plaisir

credulement   (1)
     222 10   Qui sur aultruy credulement s'asseure.

créé   (1)
     369   8   Créé au dueil par la perseuerance

créée   (1)
     400   1   Quand l'allegresse aux entrailles créée

créez   (1)
     235   6   De Dieu créez pour ce Monde honnorer,

```
crepuscule   (1)
    266   3  Son Crepuscule a ma veue est si cher,

crespe   (1)
    268   2  Fait vn bandeau d'vn crespe de Hollande,

crespent   (1)
    148   6  Se crespent lors en leur gaye verdure.

cresper   (1)
    310   1  Tu te verras ton yuoire cresper

crestantz   (1)
    175   7  Et se crestantz les arbres, leur honneur,

creu   (3)
     33   9  Lors estant creu en desir effrené,
     47   3  I'eusse creu lors estre bien satisfaicte
    387   9  Quand suis entré i'ay creu soubdainement,

creue   (1)
     35   4  Autant de toy m'ont la memoire creue,

creus   (1)
    367   6  Mes songes lors ie creus estre deuins.

creux   (4)
     64   6  Soubz creux rochers appaisez se retirent.
    145   7  Qu'en s'arrestant, le creux à resonné
    355   7  Ma flamme sort de son creux funebreux,
    418   9  Dessus son Plinte a creux, & rondz obliques

creuz   (1)
     65   9  Ie creuz, & croy encor tes deffameurs,

criant   (1)
    197   8  Le Coeur criant par la bouche te prie

crie   (4)
     43   8  Quand hayne vient, & vengeance me crie:
    120   7  A qui le Dieu crie plain de tristesse,
    197  10  Qui tousiours ard, tousiours a l'ayde crie.
    359   4  Fuyt çà, & là, & crie, & se debat.

crier   (1)
     18  10  Sinon crier mercy, mercy, mercy.

criera   (1)
    116   8  Du sang d'Abel deuant Dieu criera

cristal   (1)
    229   1  Dens son poly ce tien Cristal opaque,

cristallins   (1)
    301   3  Et ie luy vy clers cristallins verser

croira   (1)
    142   7  Qu'elle croira, que mon entendement,
```

croire   (7)
    28   3   Et croire encor, que la pitié luy monte
    31   7   O vaine foy, ô croire trop leger,
    32   5   Mais l'imposture, ou ton croire se fie,
    34   5   Ton leger croire, & tant y reposa,
    38   8   De croire, & veoir le rebours clerement,
    80   8   Oeil esblouy, de non veoir, & de croire,
   114   9   Croire fauldra, que la Mort doulce soit,

croissant   (6)
   151   3   Car, luy croissant, ou il deburoit finer,
   176   9   Et le parfaict de ta beaulté croissant
   190   9   Croissant le feu de mon desir ardent,
   212   6   Croissant la playe oultre plus la moytié.
   249   9   Augmente a deux double loyer croissant,
   290   8   Et le plaisir croissant de bien en mieulx

croissantz   (1)
    35   1   Ia deux Croissantz la Lune m'à monstré:

croissent   (2)
   188   6   Pour te seruir croissent iournellement,
   269   4   Croissent le mal, qui au querir m'empire.

croissoit   (1)
   366   7   Pour m'allaicter ce pendant qu'il croissoit,

croist   (5)   croit
   238   6   Me croist sans fin mes passions honteuses:
   281   9   Affin qu'au mal, qui croist iournellement,
   299   5   Et deffaillant la craincte, croist mon vueil,
   322   3   Me croist tousiours, de plus en plus, l'enuie
   333   3   Plus croist en moy mon inflammation,

croistre   (3)
   127   9   Ie verrois l'Ame, ensemble & le Corps croistre,
   150   6   Sur le plus hault de ma fermeté croistre:
   342   4   Sortant rosée en pluye vient a croistre.

croit   (3)   croist
   108   4   Qui tant plus sent ta froideur, tant plus croit,
   171   8   Non celle ardeur, qui croit l'affection,
   383   1   Plus croit la Lune, & ses cornes r'enforce,

croy   (6)
    27   6   Ie croy pitié soubz honteuse doulceur.
    65   9   Ie creuz, & croy encor tes deffameurs,
   332   7   Donc, respond il, ie croy que sa deffence
   398   9   Et lors ie croy, que ses graces benignes
   430   6   Comme ie croy, que me sera cestuy.
   440   4   Indissoluable alors, comme ie croy,

croyant   (1)
   122   7   Car a tout bruyt croyant que lon arriue,

croye   (1)
   427   5   Quand ie me vy (non point que ie le croye,

croyois   (1)
    147   5   Ou le croyois: & si specialement,

cruaulté   (6)   cruauté
     72   4   Ià tempesté par si grand' cruaulté,
    117   9   Car aussi bien ta cruaulté propose
    228   3   Celant en soy la doulce cruaulté,
    238   1   Ta cruaulté, Dame, tant seulement
    274   9   Que sans en rien craindre ta cruaulté
    360 10   Esmeuuent ceulx, qui en cruaulté regnent.

cruaultez   (2)
    194   6   Mourir au ioug de tes grandz cruaultez.
    385   9   Qui par douleurs, ny par cruaultez maintes

cruauté   (1)   cruaulté
     91   2   Fus mis es bras d'amere cruauté,

cruel (2)
     25   1   Tu fais, cruel, ses pensées meurdrieres
     88   6   Fouldre des Dieux, & ton cruel meffaire.

cruelle   (4)
     29   9   Amour victoire: & soubz ta main cruelle
    125 10   Celle cruelle vn Purgatoire excede.
    222   4   Par toy mercy, ma cruelle ennemie,
    313   9   Que bien souuent ma Cruelle se haste,

cruellement   (6)
     34   9   Puis que ma vie on veult cruellement
     68 10   Que, estant certain, cruellement ie meure.
    130   1   Tant me fut lors cruellement piteuse
    238   3   (Barbare a moy) ains trop cruellement
    349   6   En froit, & chault meslez cruellement.
    372   3   Comme ton oeil cruellement benin

cruelles   (1)
    188   4   Craingnant tes mains piteusement cruelles.

cueillir   (1)
    251   9   De mon labeur me fault cueillir l'Espine

cueur   (1)   coeur
    366   6   D'vn doulx feu lent le cueur m'atyedissoit

cuidantz   (1)   cuy-
    390   9   Car eulx cuidantz donner mort doloureuse,

cuisante   (1)
    199   4   Tu te nourris sans offense cuisante:

cupidité   (1)
    116   2   Trop effrené en sa cupidité,

cupido   (5)   ammour, amour
      0   2   Et moins les traictz, desquelz Cupido tire:
    140   1   A Cupido ie fis maintz traictz briser
    154   1   La Mort est pasle, & Cupido transi:
    217   1   Amour ardent, & Cupido bandé,
134

```
cupido    (suite)
   374  1   Cupido veit son traict d'or rebouché,

cure   (4)
     6  2   De cure exempt soubz celle adolescence,
    37  5   Pasles par cure, & maigres par grand rage:
   113  9   Que si tu veulx de mon mal cure auoir,
   266  4   Que d'aultre chose elle n'à ores cure.

cures   (3)
   145  8   De ma pensée alors de cures vuyde.
   245  3   L'Esprit estainct de cures, & ennuyz,
   414  2   De cures vuyde, & de soucy deliure,

curieuse   (1)
   283  1   Tant de sa forme elle est moins curieuse,

curieux   (4)
    76  7   Dont du desir le curieux soucy
   110  2   Les coeurs de tous a t'aymer curieux:
   202  3   Et l'esprouuant, me dis tu curieux
   342  7   Le Rossignol a chanter curieux

custodes   (1)
   378  5   Reuint a moy soubz les Custodes closes

cuydant  ·(10)   cui-
    21  4   Cuydant trouuer seurté, & repos là,
    83  3   Venus cuydant couurir si grand diffame,
   165  7   Et la cuydant au vray bien exprimée
   170  4   Auecques moy cuydant, qu'elle s'en fuye.
   237  1   Cuydant ma Dame un rayon de miel prendre,
   277  6   Cuydant l'auoir doctement retiré:
   302  9   Mais la cuydant a mon besoing estraindre
   326  3   Cuydant auoir asses bien prosperé,
   385  5   Auec le lict cuydant abandonner
   394  3   Cuydant auoir du bien plus que ie n'ay,

cuydantz   (2)
   276  4   Cuydantz noz ans en liberté vser:
   317  3   Qui d'vn second cuydantz pretendre hommage,

cuyde   (7)
    86  9   Ainsi qui cuyde estre le mieulx pourueu
   153  8   Qui sans cesser chante tout ce, qu'il cuyde,
   155  9   Et quand i'y pense, & le cuyde aduenir,
   213 10   Quand ie te cuyde abatre, ie m'abas.
   215  2   Qu'en la voyant ie la me cuyde absente:
   427  6   Et si le cuyde) estre d'elle banny.
   438 10   Sauluer me cuyde, & plus fort ie suis pris.

cuydent   (1)
   298  6   Que moins ilz ont, quand plus cuydent auoir?

cuyderoit   (1)
   351  1   Qui cuyderoit du mylieu de tant d'Anges

cuydez   (1)
   336  1   Ne cuydez point entre vous, qui suyuistes,
```

cuydois   (2)
     38   4   Quand moins cuydois, qu'a m'aymer me faingnit.
    120 10   Prendre cuydois, dit il, mais ie suis pris.

cuydoit   (1)
     55   2   Cuydoit r'entrer en son Empire antique:

cuysant   (1)
    155   2   Cuysant le Corps, les mouelles consume.

cuysons   (1)
    155   3   Puis la chaleur par ardentes cuysons

cy   (17)
     35   3   Et deux Soleilz, qui m'ont cy rencontré,
     39   4   Qu'a peine i'ay iusques cy respiré.
     88   1   Non cy me tien ma dure destinée
    241   1   Ce n'est point cy, Pellerins, que mes voeutz
    252   2   Nous à cy bas heureusement transmys
    282   7   Et ceste cy par mes humides pleurs
    295   4   Non pour cy bas aux mortelz apparoistre,
    363   7   Cy elle alloit, là elle estoit assise:
    380   7   Et puis cy bas Vertus luy apporter
    387   6   Qui cy m'à faict pecher villainement:
    447   9   Qu'apres ma mort encores cy dedens
                    *   *   *
     29   7   Tu ne deçoys, dit il, ces deux cy, Belle,
     82   8   Ne m'est resté, que ces deux signes cy:
    250   9   Car par ceulx cy le sang bien maigrement,
    286   6   L'vn de ceulx cy, & les ioustantz me monstre.
    366   4   Veu ceste cy, qui toute en moy conuerse.
                    *   *   *
     76   6   M'entreclouit le poursuyure du cy.

cymes   (1)
     79   4   Des montz cornuz doroit les haultes cymes.

cymeterre   (1)
    109   6   Fais, dy ie lors, de ceste Cymeterre,

cynthia   (1)
    356   3   Et Cynthia vient faire icy seiour

cypris   (4)
      9   1   Non de Paphos, delices de Cypris,
     67   5   Garde, luy dist Cypris, qu'il ne t'enferre,
     89   6   Car l'Archier fut sans traict, Cypris sans flamme.
    217   2   Enfantz iumeaulx de toy, mere Cypris,

cyre   (1)
     60   6   Qu'il me consume, ainsi qu'au feu la Cyre.

cytarée   (1)
    101   9   Car Cytarée en pitié surpassoit

cytharée   (1)
    255   1   De la clere vnde yssant hors Cytharée,

d'   (236)
```
 1    3   Voicy (ô paour d'agreables terreurs)
 5    1   Ma Dame ayant l'arc d'Amour en son poing
 8    6   Gaigne le toy d'un las de tes cheueulx.
 9    2   Non d'Hemonie en son Ciel temperée:
 9    5   Ià hors d'espoir de vie exasperée
12    1   Ce lyen d'or, raiz de toy mon Soleil,
12   10   Que d'auoir eu de toute aultre victoire.
13    8   Pour la garder d'estre du vent rauie,
14    6   Que de vouloir deux d'vn feu tourmenter.
17    2   Que d'auec toy mon coeur se desassemble:
18    8   Mais moy: ie n'ay d'escrire aultre soucy,
22    4   D'ou descendis en ces mortelz encombres:
24    1   Quand l'oeil aux champs est d'esclairs esblouy,
25    7   Fais donc, Amour, que peu d'heure termine.
26    8   Ie me congele: ou loing d'ardeur ie fume.
28    5   Meilleur, ô Coeur, m'est d'auoir chaste esté
32   10   D'estre puny d'vn plus leger pardon.
32   10   D'estre puny d'vn plus leger pardon.
36    3   Quand a l'Archier l'aultre traict d'or ferra,
38    3   Car lors i'ai eu d'elle euidente la perte,
40    2   Celle raison, qui d'elle me reuoque,
40    3   D'un trop grand bien, certes, il me daingna:
40    9   Car loy d'Amour est de l'vn captiuer,
40   10   L'aultre donner d'heureuse liberté.
41    5   Que m'à valu d'aymer honnestement
42    7   Alors le sang, qui d'elle charge auoit,
44    6   Soit qu'il fut pris d'amoureuse liesse,
44    7   Soit qu'il languist d'aueuglée tristesse,
45    6   Si ainsi foible est d'elle l'asseurance?
47    7   Faulte ie dy, d'auoir esté mal caulte
50    2   D'vn, qui se veult recourrer en sa perte,
53    4   Crea FRANCOYS d'admirable prestance:
55    4   Vn noueau Monstre en ce pays d'Aphrique:
56    5   Et la Raison estant d'eulx asseruie
57    8   Plus ie ne veulx d'elle aulcun bien chercher.
58    4   Comme vn vainqueur d'honnorable conqueste,
61    5   Car la fereuer d'vne si doulce rage
61    6   Suspend tousiours l'incertain d'amytié:
66    1   Tresobseruant d'eternelle amytié
72    6   Ne me resta, non ce peu d'esperance,
74    8   Pourquoy ne suis second Dieu d'amytié?
75    8   (Me preseruant elle d'aduersité)
77    6   Que consommé d'vn si ardent poursuyure,
78    3   Si l'vn me point d'vn costé, l'autre taille
81    5   Heureuse en toy: D'ailleurs, elle n'offense
91    2   Fus mis es bras d'amere cruauté,
92    6   Que ne puis d'elle vn seul doulx mot ouir:
94    1   Si treslas fut d'enuironner le Monde
94    8   Tresioyeux d'estre arriué seurement.
95    2   De tant d'esclairs tant de fois coronné,
95   10   Me font du Peuple, & d'elle passe temps.
```

d' (suite)
```
 97  8   Que tout aigu d'oeil vif n'y peult venir.
104  1   L'affection d'vn trop haultain desir
105  3   Des esperitz d'Amour, & de liesse,
108  7   Mais, comme puis auoir d'eulx congnoissance,
110  1   De l'arc d'Amour tu tires, prens, & chasses
110  6   Et digne asses d'eternelle memoire?
113  6   L'ardeur, qui tant d'humeur te fait pleuuoir.
114 10   Qui l'Ame peult d'angoisse deliurer.
115  8   D'ambition, qui a tout mal consent,
116  8   Du sang d'Abel deuant Dieu criera
117  4   Face vn bien peu d'espoir apperceuoir,
127  4   D'enrichir l'Ame, ou Graces tiennent ceinctes
129 10   Tout esperdu aux tenebres d'Egypte.
138  6   Qu'onques en moy ne pensay d'approcher
140  8   Que tes sourcilz estoient d'Amour les arcz.
141  4   Et loing, & près autour d'eulx perseuere.
145  4   Au fondz du coeur d'entiere congnoissance,
147  2   D'obliuion m'arousa tellement,
153  6   Que l'immortel d'elle se rassasie.
157  6   D'vn tel concent la delectation.
158  9   Lors tout soubdain en moins, que d'vn moment,
159  5   Tressaulte en moy, comme si d'ardent flamme
161  3   Couuert d'ennuy ie me voultre en l'Ortie,
164  7   Soubdain au nom d'elle tu me resueilles
165 10   Auec Dathan au centre d'Abiron.
168  3   L'esprit rauy d'vn si doulx sentement,
173  8   D'espoir ainsi enuers moy accoustrée,
178  4   N'est procedé d'Autonne bruyneux.
179  9   Dont pour t'oster, & moy, d'vn si grand doubte,
181  9   D'ailleurs l'ardeur, comme eulx, ne peult finer:
182  8   Mais d'adorer toute parfection:
184  1   En tel suspend ou de non, ou d'ouy,
186  6   Comme qui veulx d'elle ayde requerir,
189  1   D'vn tel conflict en fin ne m'est resté,
190  1   D'autant qu'en moy sa valeur plus augmente,
190  2   D'autant decroist le remede affoibly:
192  5   Parquoy ie ignore, estant d'espoir demis,
194  3   Sans efforcer le Monde d'adorer
195  6   Qui de despit, & d'ire tout flambant
202  6   Ny pour vouloir d'espoir me deliurer:
204  4   D'espoir, attente, & telle plaisant' charge,
205  6   Sans aultre espoir d'en estre querdonné:
207  2   Heureuse d'estre en si hault lieu captiue,
208  2   En sablon d'or, & argentines eaux.
212  7   Et eulx estantz doulx venin d'amytié,
216  2   D'heure en moment, de moment a tousiours
219  3   Et d'elle veoir l'humaine experience,
219  4   Vigueur d'esprit, & splendeur de courage
219  9   Cherche d'oster la reputation
222  7   Pourquoy veulx tu le fruict d'attente auoir,
226  3   Le parfaict d'elle, ou mon contentement
230  6   Pourquoy? dis tu, tremblant d'vn ardent zele.
235  8   L'image d'elle en voz liqueurs profondes.
236 10   Du moindre bien d'vne telle auanture.
240  5   Pource asseruit ce peu d'entendement
244  3   Si paslis accoup, comme plein d'ire,
244  8   Iouir d'vn coeur, qui est tout tien amy,
247  7   Qui d'Orient, de là les Rouges eaux,
```

d'   (suite)

248	9	Comme viuantz tout d'vn sustantement
250	2	Et se iouant, d'vne espingle se poinct.
250	8	D'aultres asses, dont elle est mieulx seruie.
251	8	En main d'aultruy, indigne d'elle, enclose,
251	8	En main d'aultruy, indigne d'elle, enclose,
252	6	D'aulcun bienfaict haultement premier.
255	2	Parmy Amours d'aymer non resolue,
257	3	Et mon coeur est aupres d'elle attendant,
258	3	Que le traict d'or fraischement esmoulu
258	7	D'estre né libre, & faict serf amplement,
260	1	Sur fraile boys d'oultrecuydé plaisir
260	8	Du vouloir d'elle, & du Haure me priue,
262	2	De desespoir, & d'horreur habitez,
263	4	Que de moy fais, & non d'elle, depart.
266	4	Que d'aultre chose elle n'à ores cure.
266	10	Vous loing priuez d'vne telle iournée.
268	2	Fait vn bandeau d'vn crespe de Hollande,
268	3	Lequel elle ouure, & de plumes d'Argus
270	4	Le moindre d'eulx mille mortz m'appareille.
271	4	Que contre paour il ne fait plus d'effort.
272	4	Par la chaleur d'elle perpetuelle,
273	1	Toute doulceur d'Amour est destrempée
273	6	Auec ma ioye à d'elle prins congé.
276	5	Et d'vn desir si glueux abuser,
279	4	Qui d'auec moy la raison vient desioindre,
284	7	Posterité, d'elle priuée, infame,
285	7	Ame enyurée au moust d'vn si hault bien,
286	4	Si tu pourras d'elle victoyre auoir?
287	3	Te contraingnant par pitié d'appliquer
289	6	De liberté, & d'vne ioye extreme.
289	10	Pour mieulx pouoir d'aultruy me souuenir.
290	6	A resister aux amoureux traictz d'elle.
291	9	Que d'vn obiect, comme peste, on voit prendre,
294	2	D'vne si doulce, & plaisant seruitude?
296	1	Tes cheueulx d'or annellez, & errantz
296	5	Bien qu'entre nous ne soit plus cher, que d'estre,
298	5	Les vienne ainsi d'auarice brider,
301	9	Qu'en lieu d'oster mon alteration,
302	5	Alors l'Enfant d'vne esponge les presse,
302	10	En lieu d'humeur flammes elle rendit.
303	10	Que, qui se veoit, l'enflé d'orgueil abaisse.
304	8	Sa grand' beaulté, & d'vn tel appetit,
306	5	Dont assoupy d'vn tel contentement,
307	8	Deux grandz ruisseaulx, procedantz d'vne veine,
310	4	D'aulcune ioye, & humaine liesse,
311	1	Asses ne t'est d'auoir mon coeur playé,
311	4	L'auoir vaincu, le iecter hors d'oppresse.
312	2	Sur l'incertain d'vn tel facheux suspend!
313	7	D'vn penser chaste en sorte le l'appaste
313	10	Playant mon coeur, d'vn soubris le guerir.
317	3	Qui d'vn second cuydantz pretendre hommage,
318	6	Il me seruit d'vn tresfaulx Truchement.
319	8	Qui en faueur d'elle nous deifie.
320	4	Lesquelz ie voy d'auec moy diuiser,
325	1	D'vn magnanime, & haultain coeur procede
327	3	Sur le chemin d'amour fut rencontrée,
327	5	Et luy à dit, près d'elle volletant:
328	8	En me voyant me iecte vn soubris d'oeil,

d' (suite)

332 10   Encontre toy luy sert tousiours d'escu.
335 3   Qui dedans l'eau d'elle, que tant aymoit,
338 3   Toute credule, & d'vn noueau plaisir
338 10   Comme enchanté d'amoureuse merueille.
341 9   Me contentant d'estre par moy deceu,
342 1   Quand quelquesfoys d'elle a elle me plainqs,
342 3   De ses yeulx clers d'honneste courroux plains
343 8   Qu'il lasche, & frappe en moins, que d'vn moment.
351 1   Qui cuyderoit du mylieu de tant d'Anges
351 8   Constrainct ie suis d'vn grand desir extreme
353 8   N'est d'aultre bien, que d'espoir reuestu.
353 8   N'est d'aultre bien, que d'espoir reuestu.
361 3   Deux sources d'eaux, lesquelles par destresse
362 8   Sur l'incertain d'ouy, ou non se boute,
364 3   Lors d'vn baiser si tresdoulx se repeut,
366 6   D'vn doulx feu lent le cueur m'atyedissoit
368 4   Si non le tout, d'entiere guerison:
370 10   De desespoir, Dieu d'eternel tourment.
374 1   Cupido veit son traict d'or rebouché,
374 7   Feu de vengeance, & d'ire compassé,
375 4   Et ton regard d'Amour mesmes vainqueur,
378 2   D'orner son chef d'or luisant, & de roses,
378 2   D'orner son chef d'or luisant, & de roses,
380 4   A estre loing d'humaine infection:
384 9   D'vn si hault bien, que d'vne mesme alaine
384 9   D'vn si hault bien, que d'vne mesme alaine
388 4   Ce ieune Archier guidé d'agilité.
389 3   Et d'vn sens froit tant constamment rassis
393 8   Abandonnée & d'aydes, & d'appuys.
393 8   Abandonnée & d'aydes, & d'appuys.
394 5   Car esperant d'estre vn iour contenté,
396 10   Ne puis ne paix, ne repos d'elle auoir.
397 1   Toute fumée en forme d'vne nue
397 6   Qui au parfaict d'elle iamais ne fault?
399 9   Veulent d'effectz remedes fauorables,
401 1   Tant occupez aux conditions d'elle
403 10   D'elle doubteux, & de moy incertain.
404 1   Tant plus ie veulx d'elle me souuenir,
410 1   D'elle puis dire, & ce sans rien mentir,
412 7   Hors de soucy d'ire, & dueil dispensée
413 4   M'ont plus donné & de fortune, & d'heur,
413 8   De meriter d'estre au seul bien compris,
415 2   D'aupres de moy en vn rien departie,
416 9   Ce Roy d'Escosse auec ces troys Eclipses
418 1   Soubz le carré d'vn noir tailloir couurant
418 6   Y fueilla d'or a corroyes Heliques,
419 3   Tirantz tous deux d'vne mesme equalibre,
419 4   D'vne portée a leur si haulte emprise:
419 7   Pour expugner la place d'Amour forte:
420 6   (Aydé d'Amour) la vainct tout oultrément.
424 1   De corps tresbelle & d'ame bellissime,
425 5   Ie ne me puis (pourtant) d'erreur absouldre,
426 1   Finablement prodique d'esperance,
427 3   De m'enflamber de ce dueil meslé d'ire,
427 6   Et si le cuyde) estre d'elle banny.
428 4   Qu'en effect d'elle a aultruy trop n'agrée
431 6   De tes doulx arcz, me pouant garder d'eulx.
431 8   En ce combat d'amoureux desplaisir

d' (suite)
```
433   6   A modestie, & moins d'elle iouir.
433   8   Sont imparfaictz, comme d'homme qui songe,
433  10   D'vne si vaine, & plaisante mensonge.
438   3   Veu mesmement que d'vn si long seruice
440   5   Par vn espoir d'vn gratieux ottroy,
441   7   Qui d'Amour fut par sa voulenté pere
444   4   Pour me remplir d'vne melencolie
446   2   D'auec son vif ce caducque mortel:
446  10   Le soir d'icy est Aulbe a l'Antipode.
448   8   D'aulcun acquest, mettre honneur a mercy,
449  10   Non offensé d'aulcun mortel Letharge.
```

daigne (1)
```
257   7   Ou regarder ne le daigne, & si ose
```

daingna (1)
```
40   3   D'un trop grand bien, certes, il me daingna:
```

daingné (1)
```
128   2   Nous à daingné de sa rare lumiere,
```

dame (38)
```
  1   9   Piteuse hostie au conspect de toy, Dame,
  5   1   Ma Dame ayant l'arc d'Amour en son poing
  8   5   Veulx tu, dit il, Dame, luy satisfaire?
 29   4   Qui des humains se dit seule dame estre.
 29   6   Ma Dame acoup s'en saisit par cautelle.
 59   4   Te die: Dame, ou ton Amant se oblye,
 63   1   L'Esté bouilloit, & ma Dame auoit chault:
 67   8   Respond ma Dame haultaine deuenue.
 71  10   Puis que le est le vouloir de ta Dame.
 75   5   Fais seulement, Dame, que de tes yeulx
 81   1   Ne t'esbahis, Dame, si celle fouldre
 85   7   Pour a ta Dame un tel oultrage faire,
 89   9   Et toy, Enfant, cesse: va vers ma Dame,
101   2   Ie vy ma Dame auec Venus la blonde.
107   4   Car ta Dame à ma roue entre ses mains.
107   9   Donc (que crains tu?) Dame, fais me mourir,
109   1   Mars amoureux voulut baiser ma Dame,
113   1   En deuisant vn soir me dit ma Dame:
120   2   Et sur ma Dame hastiuement se poulse:
133   4   Qu'en te donnant a moy, tu m'estois Dame.
170   1   Ma Dame & moy iouantz emmy vn pré
194   1   Suffise toy, ô Dame, de dorer
208   7   Mais la vertu de ma Dame te illustre
216   3   Dedans mon Ame, ô Dame, tu demeures
221   2   Ma Dame, & moy saultons dans le batteau,
237   1   Cuydant ma Dame un rayon de miel prendre,
238   1   Ta cruaulté, Dame, tant seulement
245   5   Car tout ie sers, & vis en Dame telle,
257   9   Mais toute dame en toy peult estre enclose,
265   7   Vien, Dame, vien: Asses as esclercy
286   1   Nous esbatantz ma Dame, & moy sur l'eau,
332   1   Ouurant ma Dame au labeur trop ardente,
335   7   Hà, dy ie lors, pour ma Dame appaiser,
364   2   Prendre congé, & te dire a Dieu, Dame:
376   1   Tu es le Corps, Dame, & ie suis ton vmbre,
377   3   Et de moy, Dame, asseurance te baille,
```

dame (suite)
   380 3 Voye tes faictz, ô Dame dispensée
   408 5 Mais bien me soit, Dame, pour tumbe humide

damoiselle (1)
   230 7 Pource, respond, que ton oeil, Damoiselle,

dancer (1)
   241 8 Graces rendez, vous mettantz a dancer:

danger (3)
   186 7 Et au danger son remede acquerir,
   189 8 En son danger ie m'asseure tresbien:
   448 5 Seroit ce pas au danger assister,

dangereuse (1)
   417 2 De la roideur en ton cours dangereuse,

dangereux (2)
   103 2 Ou pour le gaing, au peril dangereux,
   390 5 L'Ame craignant si dangereux loyer,

dans (6)   dens
    22 7 Mais comme Lune infuse dans mes veines
    74 1 Dans son iardin Venus se reposoit
   221 2 Ma Dame, & moy saultons dans le batteau,
   255 8 Dans sa Coquille, & la prenant i'eslys
   343 3 Dans les ruysseaulx doulcement vndoyantz
   350 6 Espie Amans dans son assiette forte.

daphnes (1)
   102 10 Tu fuys, Daphnes, ardeurs Apollinées.

dard (1)
    16 4 Que contre moy son dard à desbandé.

dardz (1)
   131 6 Mieulx composée, & sans violentz dardz,

dathan (1)
   165 10 Auec Dathan au centre d'Abiron.

de (886)
     0 1 Non de Venus les ardentz estincelles,
     1 6 Vint penetrer en l'Ame de mon Ame.
     1 9 Piteuse hostie au conspect de toy, Dame,
     1 10 Constituée Idole de ma vie.
     2 2 Rendit de soy la Nature admirable.
     2 3 Par les vertus de sa vertu guidées
     2 5 Car de tout bien, voyre es Dieux desirable,
     2 9 Comme de tous la delectation,
     2 10 Et de moy seul fatale Pandora.
     4 2 De soy a soy grand' satisfaction,
     4 9 De tous tes faictz, certes, quoy que tu faces,
     5 3 Mais ie gaignay aux piedz, & de si loing,
     6 1 Libre viuois en l'Auril de mon aage,
     6 2 De cure exempt soubz celle adolescence,
     6 3 Ou l'oeil, encor non expert de dommage,
     6 4 Se veit surpris de la doulce presence,

de   (suite)

6	7	Que de ses yeulx l'archier tout bellement
7	8	En la clarté de mes desirs funebres,
8	6	Gaigne le toy d'un las de tes cheueulx.
9	1	Non de Paphos, delices de Cypris,
9	1	Non de Paphos, delices de Cypris,
9	3	Mais de la main trop plus digne fus pris,
9	5	Ià hors d'espoir de vie exasperée
9	9	De veoir en toy par ces proeuues certaines
10	2	Trouble la paix de ma doulce pensée,
10	3	Tant peult de soy le delicat aymer,
10	7	Lors au peril de ma perdition
11	1	De l'Occean l'Adultaire obstiné
11	4	Perdit le plus de sa nayue grace.
11	8	De non mourir, mais de reuiure encore.
11	8	De non mourir, mais de reuiure encore.
12	1	Ce lyen d'or, raiz de toy mon Soleil,
12	8	Tu m'apprens donc estre trop plus de gloire,
12	10	Que d'auoir eu de toute aultre victoire.
13	3	Que de fontaine estendu en ryuiere,
13	10	Pour sembler corps, ou vmbre de sa vie.
14	6	Que de vouloir deux d'vn feu tourmenter.
15	2	Et aueuglé de tout sain iugement,
15	8	Qui l'Vniuers de son odeur infecte,
16	10	Du premier iour m'occit de ses beaulx yeulx.
18	9	Fors que de toy, & si ne sçay que dire,
20	10	De sa Patrie, & sa foy violée.
21	1	Le Cerf volant aux aboys de l'Austruche
21	2	Hors de son giste esperdu s'enuola:
21	3	Sur le plus hault de l'Europe il se iusche,
21	10	De foy semblable a la sienne payé.
23	1	Seule raison, de la Nature loy,
23	2	T'à de chascun l'affection acquise.
23	3	Car ta vertu de trop meilleur alloy,
24	3	Puis peu a peu de clarté resiouy,
24	6	De ceste tienne, & vnique lumiere,
26	2	En mainte part pincé de mes pinceaulx.
26	5	Il est semé de marbre a maintz monceaulx,
26	6	Moy de glaçons: luy aupres du Soleil
26	7	Se rend plus froid, & moy près de ton oeil
27	4	Et ià la fin de mes desirs me pleige.
27	7	Parquoy en moy, comme de mon bien seur,
27	9	Qu'en fin me tire au fons de sa grosseur
27	10	Vn doulx obly de moy, qui me consomme.
28	1	Ay ie peu veoir le vermeil de la honte
28	4	Sur le plus cher de sa grand' chasteté?
28	10	De ce grand Pape abouchant a Marseille.
31	2	Quand au plus doulx serain de nostre vie
31	4	Contre l'ardeur de nostre chaste enuie
31	10	Qui le doulx bien de liberté nous oste.
32	2	Que le peché de soy me iustifie,
33	7	Est de plaisirs nourry, & gouuerné,
33	8	Se paissant puis de chose plus haultaine.
34	2	L'erreur, qui tant de coulpe m'imposa:
34	8	De composer a toute repentence.
35	2	Autant de fois plaine nous est descreue:
35	4	Autant de toy m'ont la memoire creue,
38	8	De croire, & veoir le rebours clerement,
40	8	De ce, qu'a moy elle fait grand cherté,

de   (suite)
```
40   9   Car loy d'Amour est de l'vn captiuer,
41   2   Finoient le but de mon contentement,
42   1   Si doulcement le venin de tes yeulx
42   4   De liberté tout seul il rencontra.
44  10   S'il la voyoit de l'vn de mes deux yeulx.
44  10   S'il la voyoit de l'vn de mes deux yeulx.
45   4   S'est soubz le froit de durté amortie.
46   1   Si le desir, image de la chose,
46   4   Celle, ou l'esprit de ma vie repose,
46   6   De m'esloingner de ce, qui plus me suyt?
46   6   De m'esloingner de ce, qui plus me suyt?
46   8   Pour mieulx le rendre, aux rhetz de seruitude:
46  10   De ce doulx bien, Dieu de l'amaritude.
46  10   De ce doulx bien, Dieu de l'amaritude.
48   6   L'estre apparent de ma vaine fumée,
50   4   De ma ruyne euidamment apperte.
50   5   Car en sa foy, de moy par trop experte,
50   6   Ie me prometz le hault bien de mon mieulx.
51   4   De sorte l'ame en sa lueur m'esueille,
51   7   Qui de bien brief, sans deslay, ou renuoy,
52  10   De mes plaisirs, qui, me naissantz, me meurent.
53   1   L'Architecteur de la Machine ronde,
53   7   Aux foibles mains de ses fiers ennemys,
53   9   Puis l'acceptant de ses prouuez amys,
54   2   En coeur Royal, hault siege de l'honneur,
54   4   L'hoir de Iason guidé par le bon heur.
54   5   De palme aussi le iuste Coronneur
54   7   Car, se faisant de sa Patrie escu,
56   6   (Non aultrement de son propre deliure)
57   6   Que de ma foy plainement elle abuse,
58   1   Quand i'apperceu au serain de ses yeulx
58   2   L'air esclarcy de si longue tempeste,
58   3   Ià tout empeinct au prouffit de mon mieulx,
58   6   Et lors le Lac de mes nouelles ioyes
59   5   Ou de la Lune il fainct ce nom Delie
59   7   Soit loing de toy tel nom vituperable,
60   9   Qu'est il besoing de plus oultre m'occire,
62   2   Nous fait sentir de Phaeton l'erreur:
62   3   Mais cest aspect de la Vierge modeste
62   6   Qui de la peur de leur fin les offense.
62   6   Qui de la peur de leur fin les offense.
62   8   De toy m'eschauffe, & ard si viuement,
63   4   De ses beaulx yeulx excite flamme grande,
63   5   Laquelle au voile, & puis de bande en bande,
63   8   De mal pour bien a tes seruiteurs rendre?
64   7   Las de mes yeulx les grandz riuieres tirent
65   1   Continuant toy, le bien de mon mal,
65   2   A t'exercer, comme mal de mon bien:
65   7   Car, sauourant le ius de tes saueurs
65   8   Plus doulx asses, que Succre de Madere,
68   5   A tout moment de toy le souuenir
70   2   Mon ame, las, se deffie de soy.
70   4   Non de ce mal, que pour elle reçoy:
70   9   Las abreué de si forte Alluyne,
71   2   Tu ne serois de ta faulx dessaisie.
71   3   O fol, l'esprit de ta vie est ià mort.
71  10   Puis que tel est le vouloir de ta Dame.
72   2   Miracle seul de sa seulle beaulté,
```

de   (suite)
```
73   3   Qui plus loinqtaine est de nous blanche veue
73   7   Qui, loing de toy, esteinct en moy l'ardeur,
74   5   Car il estoit de tresbasse stature,
75   5   Fais seulement, Dame, que de tes yeulx
75  10   Non vn Iota de ma felicité.
76   5   Mer, vn serain de son nayf soubrire
76   8   De mon hault bien l'Ame ialouse enflamme,
77   1   Au Caucasus de mon souffrir lyé
77   2   Dedans l'Enfer de ma peine eternelle,
77   3   Ce grand desir de mon bien oblyé,
77   4   Comme l'Aultour de ma mort immortelle,
78   4   Tout rez a rez de ce, qui me soustient.
78   5   L'vn de sa part tresobstiné maintient,
78   9   Mais de si grand, & perilleux naufrage
79  10   Me feit cler veoir le Soleil de ma vie.
80   1   Au receuoir l'aigu de tes esclairs
80   5   Peur de tumber soubz griefue obeissance:
80   6   Ioye de veoir si hault bien allumer.
80   7   Osas tu donc de toy tant presumer,
80   8   Oeil esblouy, de non veoir, & de croire,
80   8   Oeil esblouy, de non veoir, & de croire,
81   8   Ce que de toy elle à, certes, appris.
82   3   A de l'ardeur si grand feu attiré,
82   5   Et de ma vie en ce poinct malheureuse
82   7   Et de mon estre ainsi reduit en cendre
83   7   Et de vengeance estant trop couuoiteux,
84   2   Ou le rapport de plusieurs est mensonge,
84  10   Tout en ta foy, thresor de tes parolles.
85   9   De sa Coronne, & de soy se deffaire,
85   9   De sa Coronne, & de soy se deffaire,
87   3   De mon bon gré au trauail m'a offert,
88   4   Par la durté de ton ingrate erreur:
89   2   Et de douleur se print fort a complaindre:
89   5   Dont aigrement furent contrainctz de plaindre:
89  10   Qui de ses yeux tes flesches refera.
90   2   Tu m'excitas du sommeil de paresse:
90   9   De toy, & moy fera la renommée
91   1   Osté du col de la doulce plaisance,
91   4   De celle rare, & diuine beauté,
91   6   Au froid loyer de si grand seruitude.
91  10   Les meilleurs ans de ma felicité.
92   2   Faisoit bouillir de son cler iour la None:
92   3   Aduis me fut de veoir en son taint frais
92   4   Celle, de qui la rencontre m'estonne,
92   5   De qui la voix si fort en l'ame tonne:
92   7   Et de qui l'oeil vient ma veue esblouir,
93   2   Les rayz aiguz de celle clarté saincte,
93   4   Donc de ses traictz tu la veis toute ceincte,
93   5   N'aperçoys tu, que de tes maulx enceincte,
93   6   Elle te fait tant de larmes pleuuoir?
94   3   Mais retournant a chef de temps sur l'vnde,
94   5   De ses deux traictz diligemment rama,
94   6   De l'arc fit l'arbre, & son bendeau tendit
95   2   De tant d'esclairs tant de fois coronné,
95   2   De tant d'esclairs tant de fois coronné,
95   3   Monstre ma teste estre de sanglotz ceincte,
95   6   De mes souspirs descouure la bruyne.
95   9   Et mes yeulx secz de l'eau, qui me ruyne,
```

de   (suite)
     96   2   Ce doulx soubris me donne espoir de vie,
     96   3   Et la doulceur de ceste tienne face
     96   4   Me promect mieulx de ce, dont i'ay enuie.
     96   5   Mais la froideur de ton coeur me conuie
     97   3   Pour estre toy de ce Siecle miracle,
     97   7   Si hault au ciel de l'honneur residente,
     97 10   A qui de faict espere y paruenir.
     98   1   Le Dieu Imberbe au giron de Thetys
     98   8   Le soir me couche esueillé hors de moy,
     99   1   Fusse le moins de ma calamité
     99   4   Le bout sans fin de ma vaine esperance.
    100   2   Lict coustumier, non point de mon repos,
    100   8   Tout transformé en image de Mort,
    102   6   L'intention de nostre long discours,
    102   7   Mais quand au but de mon vouloir ie cours,
    103   6   Du grand Chaos de si haulte entreprise,
    103   9   Car tout le bien de l'heureuse surprise
    104   2   Me benda l'oeil de la raison vaincue:
    104   6   Ie vy de loing ce beau champ Elisée,
    104   9   Qui liberté, de moy tant fort prisée,
    105   1   Ie vy aux raiz des yeulx de ma Deesse
    105   3   Des esperitz d'Amour, & de liesse,
    105   5   De la trouuer humainement haultaine.
    106   1   I'attens ma paix du repos de la nuict,
    106   4   Noye auec soy ce peu de ma liesse.
    108   2   Brulant de chault, tremblant aussi de froit?
    108   2   Brulant de chault, tremblant aussi de froit?
    109   6   Fais, dy ie lors, de ceste Cymeterre,
    110   1   De l'arc d'Amour tu tires, prens, & chasses
    110   2   Les coeurs de tous a t'aymer curieux:
    110   3   Du Bracquemart de Mars tu les deschasses
    110 10   Et tes Amantz fais mourir de ta main.
    111 10   De mes souspirs le Montgibel fumer.
    112   6   De nostre bien la Fortune enuieuse
    113   4   Veu que tel fruict est de froide nature:
    113   9   Que si tu veulx de mon mal cure auoir,
    115   3   Puis du regard de son feu despiteux
    115   6   I'ars de plus fort sans nouuelle achoison.
    116   1   Insatiable est l'appetit de l'homme
    116   3   Qui de la Terre ayant en main la pomme,
    117   2   Tu m'afoiblis le fort de ton pouoir:
    117 10   De me donner, comme a mort, vie morte.
    118   1   Le hault penser de mes frailes desirs
    119   2   Et peu de flamme attrait l'oeil de bien loing.
    119   2   Et peu de flamme attrait l'oeil de bien loing.
    119   9   Car, me taisant de toy on me verroit
    119 10   Oster l'esprit de ma vie a ma vie.
    120   6   Et l'Archier fuit aux yeulx de ma Maistresse,
    120   7   A qui le Dieu crie plain de tristesse,
    121   6   De paix tranquille, & vie accoustumée,
    122   1   De ces haultz Montz iettant sur toy ma veue,
    123   9   De quoy me sert mon obstiné vouloir?
    124   3   C'est par les tiens de ce Monde adorez,
    125   2   Du Marbre dur de ton ingratitude,
    125   4   Extenué de sa grand' seruitude:
    126   5   Et tout aupres de celle là le serre,
    127   2   Au doulx concent de tes qualitez sainctes,
    127   5   Mille Vertus de mille aultres enceinctes,

de   (suite)

128	2	Nous à daingné de sa rare lumiere,
128	4	A esclercy le brouillas de Fouruiere:
129	1	Le iour passé de ta doulce presence
129	3	Qui faict prouuer la nuict de ton absence
129	4	A l'oeil de l'ame estre vn temps plus vmbreux,
129	6	Qui maintenant me fait de soy refus.
131	8	Qui tellement de ta chasse s'ennuyent:
131	9	Qu'eulx tous estantz de toy sainctement ardz,
133	2	Pour ouurir l'Aulbe aux limites de ma flamme:
133	7	Et neantmoins, asses loing de mon compte,
133	9	Ce doulx nenny, qui flamboyant de honte,
136	1	L'heur de nostre heur enflambant le desir
137	1	De la mort rude a bon droit me plaindrois,
138	3	Car le present de l'heureuse presence
139	8	Mon chemin aspre, aussi de plus grand' gloire.
140	4	De son arc mettre en ton obeissance:
140	10	Par les longz traictz de tes perceanz regardz.
141	3	Ie me recrée aux rayons de ses yeulx,
141	9	Parquoy de rien ne me nuyt son absence,
143	1	Le souuenir, ame de ma pensée,
143	4	Ie me nourris de si doulce mensonge.
143	8	Ou qu'il se sent de ses flammes greué,
144	6	De me veoir viure en toy trop plus, qu'en moy:
145	5	Sa poincte entra au dur de resistance:
145	8	De ma pensée alors de cures vuyde.
145	8	De ma pensée alors de cures vuyde.
145	9	Dont mon esprit de ce trouble estonné,
146	1	Donc admirant le graue de l'honneur,
146	2	Qui en l'ouuert de ton front seigneurie,
146	3	Ie priueray mon sort de ce bon heur,
146	5	Ny pour espoir de mieulx, qui me supplie,
146	10	L'Ambre souef de ses haultes parolles.
147	1	Le doulx sommeil de ses tacites eaux
147	3	Que de la mere, & du filz les flambeaux
148	8	Mon espoir est denué de son herbe:
149	4	Ou de Venus les troys fainctes Meduses
149	5	Par le naif de tes graces infuses
150	6	Sur le plus hault de ma fermeté croistre:
151	5	Ne pour espoir de mieulx, qui me supplie,
152	1	Ie sens le noud de plus en plus estraindre
152	2	Mon ame au bien de sa beatitude,
152	8	De cest espoir, qui, iour & nuict, me tente.
152	10	Si ainsi doulce est l'vmbre de l'attente?
153	1	Morte esperance au giron de pitié,
153	2	Mouroit le iour de ma fatalité,
153	3	Si le lyen de si saincte amytié
154	6	Comme de poincte & l'vn & l'autre tire.
154	7	Mais, quant a moy, pour m'oster de martyre
156	1	Estre ne peult le bien de mon malheur
156	7	Et le doulx son, qui de sa bouche sort,
156	10	Tout hors de moy du droit ie me deboute.
157	3	Dont transporté de si doulce manye,
158	1	L'air tout esmeu de ma tant longue peine
159	1	Si de sa main ma fatale ennemye,
159	2	Et neantmoins delices de mon Ame,
160	2	De si estrange, & tant nouelle chose?
162	1	Oserois tu, ô Ame de ma vie,
162	9	Les cieulx ialoux de si grand priuaulté

de   (suite)

163	1	De ce bien faict te doibs ie aumoins louer,
163	6	De mon trauail, plus par compassion,
164	6	Sur le confus de mes vaines merueilles,
164	8	De cest abysme, auquel ie perissoys:
166	1	Tout iugement de celle infinité,
166	3	Et tout aigu de perspicuité
166	4	Ne pourroyent ioindre au sommet de son plus.
166	8	Ahontiroyt le nud de Bersabée:
166	9	Et le flagrant de sa suaue alaine
167	2	Docile esprit, obiect de la Vertu,
167	10	Mort de ma mort, & vie de ma vie.
167	10	Mort de ma mort, & vie de ma vie.
168	8	Que de soymesme, & du corps il s'estrange.
169	2	De liberté vouluntairement serue,
169	6	Le libre vueil de necessaire aisance.
169	9	Ie sortiray de l'obscure nuisance,
170	10	Craingnantz son feu, qui tant de gentz brula.
171	4	Du commun bien de nature enuieux.
171	6	Les arbres vertz de leurs fueilles denue.
172	7	De la vertu au bleu abandonnée,
172	10	Que fermeté est la clef de ton coeur.
173	3	De l'harmonie en celestes accordz,
173	4	Ou le hault Ciel de tes vertus se prise.
174	1	Encores vit ce peu de l'esperance,
174	2	Que me laissa si grand longueur de temps,
174	3	Se nourrissant de ma vaine souffrance
174	7	Pour non acoup de vueil me dessaisir,
175	6	De noz deduitz tant foible est le donneur.
175	10	De verdoyer sur ta fameuse tombe.
176	9	Et le parfaict de ta beaulté croissant
177	1	Par ta figure, haultz honneurs de Nature,
177	8	De mes trauaulx auec fin larmoyeuse.
178	1	Pour estre l'air tout offusqué de nues
178	6	Ont demoly le fort de tous mes aises
178	9	Le feu ardent de mes si grandz mesaises
179	1	Amour me presse, & me force de suyure
179	4	Communement est suyui de malheur.
179	5	Celluy desià, m'esloingnant de douleur,
179	6	De toy m'asseure, & ceste me desgouste,
181	3	Tous deux a fin de leur gloyre tendantz
181	7	Si sens ie en moy de peu a peu miner
182	3	Et Graces sont de la Vertu puissance,
182	7	Qui nous contraint, non seulement de veoir,
183	5	Ma face aussi de larmes tempestée
184	1	En tel suspend ou de non, ou d'ouy,
184	4	Dependant tout de liberté enclose.
185	1	Le Coeur surpris du froict de ta durté
185	2	S'est retiré au fons de sa fortune.
185	3	Dont a l'espoir de tes glassons hurté,
185	8	Que delaissée & du iour, & de l'heure,
186	4	Ie suis contrainct de ma teste cliner:
187	2	Et le souffrir de la raison procede.
187	4	Tous les ennuyz de toutes mortz excede.
188	1	Voy ce papier de tous costez noircy
188	2	Du mortel dueil de mes iustes querelles:
189	2	Que le feu vif de ma lanterne morte,
189	4	L'obscure nuict de ma peine si forte,
190	6	Comme assaillyz de mortel accident.

de   (suite)

190	7	Pource qu'espoir de leur bien euident,
190	9	Croissant le feu de mon desir ardent,
191	1	C'est de pitié que lors tu me desgoustes,
191	3	Tu vois ma face emperlée de gouttes
192	8	De ta mercy, de mon bien tu me priues:
192	8	De ta mercy, de mon bien tu me priues:
192	10	Viue en l'obscur de mes tristes Archiues.
193	1	Quand de ton rond le pur cler se macule,
193	4	Ie me fais lors de pleurs prochaines sage.
193	7	Mais ie m'asseure a l'heure de ma paix,
194	1	Suffise toy, ô Dame, de dorer
194	4	Si feruement le sainct de ton image,
194	6	Mourir au ioug de tes grandz cruaultez.
194	7	N'as tu horreur, estant de tous costez
194	8	Enuironnée & de mortz, & de tombes,
194	8	Enuironnée & de mortz, & de tombes,
194	9	De veoir ainsi fumer sur tes Aultez
195	2	De tous costez ma franchise agasserent
195	4	De se deffendre, hors de moy la chasserent:
195	4	De se deffendre, hors de moy la chasserent:
195	6	Qui de despit, & d'ire tout flambant
195	10	Les forces, las, de iour en iour s'abaissent.
196	9	L'esprit diuin de ta celeste voix
197	4	De ton mourant à le vif attiré
197	9	De luy ayder a si mortelle offence.
198	2	De celle doulce, & molle neige blanche,
198	4	La liberté, qui de moy se separe,
198	9	De foy promise enuers moy s'acquitter,
198	10	Ou canceller l'obligé de ma vie.
199	2	Dedans le chault de la flamme luisante:
200	3	De son opaque, argentin, & cler estre
200	5	Et toy, de qui m'est tousiours deriuée
200	6	Lumiere, & vie, estant de moy loinqtaine
200	7	Par l'espaisseur de la terre haultaine,
202	10	De sa naifue, & libre intention.
203	2	Puissant effect de l'eternel Mouent,
203	5	De rien s'esmeult, & s'appaise le vent,
204	1	Ce hault desir de doulce pipperie
204	2	Me va paissant, & de promesses large
205	8	Est, quant a toy, de bien petite estime:
206	1	Lors le suspect, agent de ialousie,
206	2	Esmeult le fondz de mes intentions,
206	4	Qui à la clef de ses detentions.
206	6	L'Ame se pert au dueil de telz assaultz.
206	10	L'alaine, ensemble & le poulx de ma vie.
207	1	Ie m'asseurois, non tant de liberté
207	7	Mais les deux feuz de ta celeste face,
207	9	De peu a peu me fondirent ma glace.
208	4	Ceinct de Citez, & bordé de Chasteaulx,
208	4	Ceinct de Citez, & bordé de Chasteaulx,
208	7	Mais la vertu de ma Dame te illustre
208	9	Enfle toy donc au parfaict de son lustre,
209	10	De celle gloire haultaine en sa victoire.
210	6	Peruertira tout l'ordre de Nature?
211	6	Et moins forcer l'equité de Nature.
212	8	Qui se nourrit de pleurs, plainctz, & lamentz,
212	10	Vn tant soit peu de trefue a mes tourmentz.
213	2	Le traict perçant au fons de ma pensée.

de   (suite)
214   1   Le practiquer de tant diuerses gentz,
214   8   Contre l'effort du plus de mes deffences
214 10   Tirer le sel de ses haultes sentences.
215   1   Ie m'en absente & tant, & tant de foys,
215   6   Plein de iuste ire, & vienne supplier,
215   8   A bien, qui soit loing de maulx tant extremes.
216   2   D'heure en moment, de moment a tousiours
216 10   De ceste mienne ardente voulenté.
217   2   Enfantz iumeaulx de toy, mere Cypris,
217   4   De l'vn vaincu, & de l'aultre surpris.
217   4   De l'vn vaincu, & de l'aultre surpris.
217   5   Par le flambeau de celluy ie fus pris
217   7   Mais de cestuy la poincte inexorable
218   1   De tous trauaulx on attend quelque fin,
218   2   Et de tous maulx aulcun allegement:
218   5   De mon espoir, & tout cecy affin
218   6   De m'endurcir en longue impatience.
218   8   De paruenir a choses plus prosperes,
219   1   Authorité de sa graue presence
219   4   Vigueur d'esprit, & splendeur de courage
220   6   Sur le suspend de comment, ou combien,
221   9   Car il est hors de prison vehemente,
221 10   Ou de tes mains ne peuz onc eschapper.
223   8   Que par vn brief, & doulx salut de l'oeil,
224   6   De mon vieulx mal, & vlcere ancienne
226   4   A sceu fonder le fort de ses appuyz:
226   6   Ie tremble tout de doubte combatu.
226   8   Qui oncques n'euz de luy fruition,
227   2   De ma pensée enracinez en elle,
227   5   Parquoy ma plume au bas vol de son aele
227   6   Se demettra de plus en raisonner,
228   2   De nostre ciecle & honneur, & merueille,
228   6   De ses doulx ryz, & elegantes moeurs.
230   3   Il fut de toy si fort enamouré,
231   2   Mortelz espritz de mes deux flans malades:
231   3   Et mes souspirs de l'Ame triste attire,
231   5   De leurs sanglotz trop desgoustément fades:
231   6   Comme de tout ayantz nécessité,
231   9   Parquoy troublé de telle anxieté,
231 10   Voyant mon cas, de moy ie m'espouuante.
232   9   De vain espoir tousiours recompensée
233   2   Et le relief de sa vermeille bouche
233 10   Du Dyamant de sa grand' loyaulté.
235   3   Quand celle en vous (de tout vice loingtaine)
235   6   De Dieu créez pour ce Monde honnorer,
235 10   Le sainct miroir de voz sacrées vndes.
236   8   Comme enrichiz du thresor de Nature,
237   1   Cuydant ma Dame un rayon de miel prendre,
237   4   Dont de douleur le visage tout mort,
238   5   Que la memoyre, asses de soy labile,
239   2   Par l'oraison la fureur de Mars cesse:
239 10   Mesmes qu'elle est de durté incroyable?
240   2   Du hault vouloir de ton commandement,
240   4   Le Paradis de son contentement.
241   7   Vous de voz voeutz heureusement renduz
242   5   Ià reçoys tu de ton Ciel amyable
242   8   Me reste vn Vent de souspirs excité,
242   9   Chassant le son de voz doulx instrumentz

de (suite)

243	8	De mes pensers, tumultueux tourment,
245	3	L'Esprit estainct de cures, & ennuyz,
246	1	Si de mes pleurs ne m'arousois ainsi,
246	3	Car ià mes os denuez de mercy
247	7	Qui d'Orient, de là les Rouges eaux,
248	5	Mais toy estant fiere de ma souffrance,
248	10	Moy de t'aymer, & toy de mon martyre.
248	10	Moy de t'aymer, & toy de mon martyre.
250	3	Lors tout soubdain de ses mains se deslie,
250	4	Et puis la cherche, & voit de poinct en poinct:
251	2	De dueil priué en mon particulier,
251	5	Qui m'à frustré de ce bien singulier,
251	9	De mon labeur me fault cueillir l'Espine
251	10	Au loz, & heur de qui à eu la Rose.
252	1	Le Ciel de soy communement auare,
252	3	Tout le hault bien de parfection rare,
252	7	Car il à plut (non de ce coustumier)
254	4	De Charité est la signifiance:
254	5	Et si ces troys de diuerse substance
255	1	De la clere vnde yssant hors Cytharée,
255	4	Mais de pensée, & de faict impolue,
255	4	Mais de pensée, & de faict impolue,
256	1	Poure de ioye, & riche de douleur
256	1	Poure de ioye, & riche de douleur
256	5	Et de mon pire ainsi me contentant,
256	7	Quand plus au but de mon bien elle tasche.
256	10	Toute tristesse estre veille de ioye.
258	1	Le Coeur, de soy foiblement resolu,
259	1	De toute Mer tout long, & large espace,
259	2	De terre aussi tout tournoyant circuit
259	4	Tout lieu distant, du iour et de la nuict,
259	6	Seront rempliz de ta doulce rigueur.
260	2	Nageay en Mer de ma ioye aspirée,
260	4	Bien pres du Port de ma paix desirée.
260	7	Dont le fort vent de l'espoir courageux
261	4	De ses desdaingz, & si ne sçay pourquoy.
261	7	I'ay rien commis: mais sans point de doubtance
262	2	De desespoir, & d'horreur habitez,
262	3	Pour de mes maulx les rendre secretaires,
262	4	Maulx de tout bien, certes, desheritez,
262	5	Qui de me nuire, & aultruy vsitez,
262	8	Que plus fuyant & de nuict, & de iour
262	8	Que plus fuyant & de nuict, & de iour
262	9	Ses beaulx yeulx sainctz, plus loing de seruitude
263	2	Qui de mon ame à eu la meilleur part?
263	4	Que de moy fais, & non d'elle, depart.
265	2	Tousiours ie suis meslé de doubte, & craincte:
265	6	De celle là, qui n'en à point soucy.
266	1	De mon cler iour ie sens l'Aulbe approcher,
266	2	Fuyant la nuict de ma pensée obscure.
267	1	Au doulx record de son nom ie me sens
267	2	De part en part l'esperit trespercer
267	9	Ià ne fault donc que de moy ie la priue,
268	2	Fait vn bandeau d'vn crespe de Hollande,
268	3	Lequel elle ouure, & de plumes d'Argus
268	8	De ne veoir point contre qui tu sagettes:
268	9	Car, sans y veoir, parmy tant de coups vains
269	2	Qui de mon viure ont eu si long Empire,

de   (suite)
```
269   8   M'esclairant tout au fort de leurs alarmes
270   5   Arcz de structure en beauté nompareille,
271   7   Et luy suyuant de ton corps l'ordre illustre,
271   9   Et bien qu'espoir de l'attente me frustre,
272   5   Que de sa main de froideur mutuelle
272   5   Que de sa main de froideur mutuelle
273   2   De fiel amer, & de mortel venin,
273   2   De fiel amer, & de mortel venin,
273  10   (Auant le soir) le Soleil de ma vie.
274   1   Si poignant est l'esperon de tes graces,
274   6   A labourer au ioug de loyaulté.
274   7   Et tant dur est le mors de ta beaulté
275   2   De ta beaulté esmerueillable Idée,
275   3   Ie te presente autant de foys l'hommage,
275   6   De la raison, qui la me vient meurant,
275  10   Ma vie aux piedz de ta haulte value.
276   6   Que ne pouons de luy nous dessaisir:
277   2   Amour ardent de se veoir en Pourtraict:
278   8   Tout le parfaict de son diuin ouurage,
278  10   Renouella le Phoenix de nostre aage.
279   2   Et iugement de mon sens ne soit moindre,
279   3   Que la douleur de mon affliction,
279   6   Le souuenir de ton diuers accueil,
279   8   De destinée a mon malheur suyuie,
280   3   Voulant de toy dependre, & de mon vueil,
280   3   Voulant de toy dependre, & de mon vueil,
280   6   Ie veulx l'ardeur de mon desir nourrir,
282   1   Basse Planete a l'enuy de ton frere,
283   1   Tant de sa forme elle est moins curieuse,
283   2   Quand plus par l'oeil de l'Ame elle congnoit,
283   8   Par vn debuoir de voulenté libere
284   4   La fait de tous humainement aymable:
284   6   Monstre, qu'en soy elle à plus, que de femme.
285   1   De fermeté plus dure, que Dyaspre,
285   4   Et puis de Stuc polyment entaillée,
285   5   Par foy en main de constance baillée
286   6   L'vn de ceulx cy, & les ioustantz me monstre.
287   2   Ou les trauaulx de ma si longue queste,
288   2   L'art, & la main de telle pourtraicture,
288   5   Dont le parfaict de sa lineature
289   1   Près que sorty de toute obeissance,
289   6   De liberté, & d'vne ioye extreme.
290   3   Au rencontrer le rayant de son oeil,
290   8   Et le plaisir croissant de bien en mieulx
291   1   Le Painctre peult de la neige depaindre
292   1   De ton sainct oeil, Fusil sourd de ma flamme,
292   1   De ton sainct oeil, Fusil sourd de ma flamme,
293   1   Celle regit le frain de ma pensée,
293   2   Autour de qui Amour pleut arcz, & traictz,
293   5   Et tellement de toute aultre distraictz,
295   8   De tous Amantz, & leurs cheres estrainctes:
295  10   Ou de moy seul tu n'entens, que mes plainctes.
296   4   De mille Amantz l'heureux, & mortel estre.
297   3   De tout ennuy ie suis alors distraict,
298   4   N'ayant pouoir de leurs combles vuyder,
298   8   Se faint de honte estre ailleurs endormie,
299   2   L'entier effect de ce mien triste dueil,
299   6   Qui de sa ioye en moy se desespere.
```

de   (suite)

```
301    2    Plus la verrois de pitié nonchalante:
301    5    Souspirs sortir de son ame bouillante:
301    7    Fust de courroux, ou de compassion,
301    7    Fust de courroux, ou de compassion,
302    4    Se distiloit en larmes de destresse.
303    2    Tant reueré de Terre, Ciel, & Mer,
303    8    S'en fuyt de nous, & ce Pole froid laisse,
304    1    Apparoissant l'Aulbe de mon beau iour,
304    2    Qui rend la Mer de mes pensers paisible,
305    4    Quand il me mit au iouq de seruitude.
305    7    De liberté, en son mortel College
306    6    N'auois de toy, ny de moy congnoissance.
306    6    N'auois de toy, ny de moy congnoissance.
306   10    M'espouantoit de maint songe angoisseux.
307    2    Miroir meurdrier de ma vie mourante:
307    5    Comme qui est de leur mal ignorante,
309    2    De tousiours estre en passions brulantes,
309   10    De guerre paix, & de celle paix guerre.
309   10    De guerre paix, & de celle paix guerre.
310    5    Ie n'auray eu de ta verte ieunesse.
312    4    Ou le hazard de tout mon bien depent.
312    9    Bref quand i'ay bien de moymesme abusé,
313    4    Pour estre veu de tous publiquement,
315    1    Ie m'ayme tout au desdaing de la hayne,
315    3    Si doulcement elle est de courroux plaine,
316    1    Chantant Orphée au doulx son de sa lyre,
316    7    N'ay peu tirer de sa benigne face,
316    8    Ny de ses yeulx vne larme espuiser,
316   10    Ou de l'estaindre, ou bien de l'attiser.
316   10    Ou de l'estaindre, ou bien de l'attiser.
317    1    Mon mal se paist de mon propre dommage,
318    2    De ce, qu'Ammour l'auoit peu inciter:
318    7    Que diray donc de cest abouchement,
319    2    De toute estoille a nous mortelz heureuse:
319    3    Et plus de grace a son aspect rendant,
319   10    Plus que le Ciel, de toy se glorifie.
321    1    Lors que le Linx de tes yeulx me penetre
322    1    Merueille n'est, Deesse de ma vie,
322    3    Me croist tousiours, de plus en plus, l'enuie
322    9    I'ay beaucoup plus de tes actes humains,
322   10    Que liberté de tous tant souhaictée.
323    2    Gastent le bon de nostre mortel viure,
323    4    Nous fait le vray de l'equité ensuyure.
323    9    Reduicte aux mains de ce premier FRANCOYS,
324    4    Vn ordre vny de tes perles encloses,
325    2    A tout gentil de donner en perdant:
325    6    De ta pitié si commendable vsure,
326    8    De mon mal est, qu'au guerir il s'indigne,
328    2    De la pensée encor plus incertaine,
329    4    De ceste mienne angoisseuse destresse.
329    6    Comme a celluy, qui plus de mal me faict:
330    4    Que pour iamais, de moy se bannissant,
330    6    Constitua en ce sainct lieu de viure,
330    8    Ou se nourrit de pensementz funebres:
331    1    L'humidité, Hydraule de mes yeulx,
333    4    Quand plus de moy ma vie se recule.
333    5    Et ià (de loinq,) courbe viellesse accule
336    9    Las ie crains trop, qu'en lieu de le tirer,
```

de   (suite)
```
    337   8   Nous delyurant de tant facheux encombres:
    338   6   Moins s'y conqnoist, quand plus de douleur sent,
    339   1   Ainsi que l'air de nues se deuest
    339   2   Pour nous monstrer l'esprit de son serain:
    339   4   Reprent le clair de son tainct souuerain,
    340   8   De telz plaisirs, ausquelz, comme vent vistes,
    342   3   De ses yeulx clers d'honneste courroux plains
    342   9   Ainsi Amour aux larmes de ses yeulx
    343   1   Au vif flambeau de ses yeulx larmoyantz
    343   5   Si aigrement, que hors de celle Trempe,
    344   2   Et le concent de mon affection,
    345   4   Tirant de toy sa ioye, & sa liesse.
    345   5   De moy plainctz, pleurs, & mortelle tristesse
    346   1   A si hault bien de tant saincte amytié
    346   7   N'apperçoy tu de l'Occident le Rhosne
    347   3   Que celle main, de qui le pouoir sainct
    349  10   De sa foy chaste eternelle relique.
    350   2   De ceste vtile, & modeste maniere
    350   3   De voile vmbreux pour desirs tourmenter,
    351   1   Qui cuyderoit du mylieu de tant d'Anges
    351   6   De sa fureur faisant premier essay.
    352   2   Du tout de moy pour elle me priuant,
    353   4   Qui de son corps en fin se desherite:
    353   6   Plus desseché, qu'en terre de Lemnos.
    354   1   Quand (ô bien peu) ie voy aupres de moy
    355   3   Le feu de nuict en mon corps transparent,
    355   7   Ma flamme sort de son creux funebreux,
    356   2   Courant au sein de sa vielle amoureuse,
    356   5   Mon coeur alors de sa fornaise vmbreuse
    356   6   Ouure l'Etna de mes flammes ardentes,
    356  10   De qui le nom tu vas representant.
    358   2   Iecte sur moy vn, ou deux de ses raiz,
    359   6   De tes doulx yeulx, quand moins de doubte auois,
    359   6   De tes doulx yeulx, quand moins de doubte auois,
    359   9   Que tel se taist & de langue, & de voix,
    359   9   Que tel se taist & de langue, & de voix,
    359  10   De qui le coeur se plaint incessament.
    361   1   La passion de soubdaine allegresse
    361   8   De patience en sa parfection,
    361  10   Du sainct obiect de mon affection.
    363   1   Estant ainsi vefue de sa presence,
    363   4   Qu'elle est au lieu de sa detention.
    364   9   Il est loing de perturbation,
    364  10   Et rid en soy de ce, de quoy l'oeil pleure.
    364  10   Et rid en soy de ce, de quoy l'oeil pleure.
    365   2   Rompt l'espaisseur de l'obscurité trouble,
    365   3   Qui de la nuict, & l'horreur herissante,
    365   5   Les desuoyez alors met hors de trouble,
    365   7   De celle ainsi, qui sur mon coeur preside,
    365   9   De mes douleurs resoult la nue humide,
    366   2   Qu'Amour de flamme estrangement diuerse
    366   5   Car en premier sans point de controuerse
    367   4   Seiour treshault de toute honnesteté,
    368   1   Lors que Phebus de Thetys se depart,
    368   8   Se diminue au cler de sa presence:
    368   9   Et de mes maulx s'appaise la tourmente,
    368  10   Que me causoit l'obscur de son absence.
    369   1   Plongé au Stix de la melancolie
```

de   (suite)
```
369   2   Semblois l'autheur de ce marrissement,
369   3   Que la tristesse autour de mon col lye
369   4   Par l'estonné de l'esbayssement,
369  10   Au bas des piedz de ma foible esperance.
370   2   Sur le plaisir de ma propre tristesse,
370   4   Du pensement proscript de ma lyesse.
370   6   De mon hault bien toute beatitude
370   7   Est cheute au fons de ton ingratitude:
370   9   Fuyent au iouq de la grand seruitude
370  10   De desespoir, Dieu d'eternel tourment.
371   6   Dieu de vilté, & de sagesse horreur,
371   6   Dieu de vilté, & de sagesse horreur,
371   7   Me tire a doubte, & de doubte a terreur.
371  10   Le resolu de mon intention.
372   2   De ce Serpent en moy continuel,
374   7   Feu de vengeance, & d'ire compassé,
375   1   De toy la doulce, & fresche souuenance
375   8   De iour l'admire, & la prie sans cesse:
376   5   Mais par pouoir de ta haulte excellence,
376   7   De tous tes faictz, & plus soubdainement,
377   1   Ce cler luisant sur la couleur de paille
377   3   Et de moy, Dame, asseurance te baille,
377   7   Veu que de moins asses tu me contentes)
378   2   D'orner son chef d'or luisant, & de roses,
378   4   Au fons confus de tant diuerses choses,
378   8   De donner heur a ma fatalité,
378  10   Contre les vers de ma mortalité.
379   2   Ministres soient de l'aure de ma vie,
379   2   Ministres soient de l'aure de ma vie,
379   4   Au doulx pourchas de liberté rauie:
379   5   Et de leur queste asses mal poursuyuie
379   8   De feu, & vent, vndoyent a grandz flotz.
379   9   Mais de la part en mon coeur entamée
380   1   Pour esmouoir le pur de la pensée,
380   2   Et l'humble aussi de chaste affection,
380  10   Par iurement de ces miens propres yeulx.
381   1   Ie sens en moy la vilté de la crainte
381   4   Deuant les piedz de ta diuinité.
382   4   De se monstrer peu a peu s'esleuant.
382   6   Pour le Ponent de plus près approcher:
382   7   Plus m'est aduis de le pouoir toucher,
383  10   De patient en mort tu me transformes.
384   2   De mon estrange, & propre iugement,
384   6   De mes trauaulx me bienheurantz ma peine,
384   8   De mes deffaultz i'aspire a la merueille
385  10   De ce coeur sien oncques ne s'absenta.
386   2   Poulse le bout de ses rayons dorez,
386   4   Veoir les cheueulx, de ce Monde adorez,
386   5   Qui par leurs noudz de mes mortz decorez
387   4   Ie fus noté de ce, que ie l'honnore.
387  10   Qu'elle estoit seule au lustre de sa face.
388   1   Ce doulx venin, qui de tes yeulx distille,
388   6   Trouue le goust de son Laurier amer:
388   7   Car de ieunesse il aprint a l'aymer,
388   9   Quand me voulois de la raison armer,
390   7   O si tu es de mon viure amoureuse,
390   8   De si doulx arcz ne crains la fureur telle.
391   2   Ceste Cité sur le Mont de Venus:
```

de   (suite)
```
      392   4   Pour composer l'vnion de ce corps.
      393   1   Ie voys, & viens aux ventz de la tempeste
      393   2   De ma pensée incessamment troublée:
      393   6   De doubte, espoir, desir, & ialousie,
      395   2   La restaurant au bas de la montaigne:
      395   3   Mais de soymesme vne part destendit
      395   5   L'aultre saulta de là vers la campaigne,
      395   8   S'arresta toute au son de son cours lent:
      396   1   Le laboureur de sueur tout remply
      398   1   Violenté de ma longue misere
      398   3   Qu'Amour au sort de mes malheurs insere,
      398   6   Non des habitz, mais de ses moeurs diuines,
      398   7   Me seruiront de doulces medecines,
      399   8   Vaincues ià de mille repentences,
      399  10   Et non vnquentz de friuoles sentences.
      400   2   De son desir du tout ressuscité,
      400   4   Les passions de sa felicité,
      400   6   Et en l'ardeur de son contentement.
      400   8   Hors du repos de consolation,
      400  10   Vmbre me rend de la confusion.
      401   5   De leur doulceur sont ores defformez,
      401   7   Qu'en me hayant de toute hayne extreme,
      401   9   Ie me suis fait ennemy de moymesme,
      402   4   Au coeur gentil de passion hurté
      403   2   Qui m'est de soy meurdryerement benigne.
      403   8   De cest Archier superbement haultain
      403  10   D'elle doubteux, & de moy incertain.
      404   6   Le nom de celle, Amour, ou tu regnois
      405   6.  Nouelle ardeur de vains desirs remplye.
      406  10   Soit trouué Succre au fiel de mes tourmentz.
      407   2   De iour en iour descourrent leurs fallace.
      407   7   Incessamment de plus en plus s'esforce
      408   2   De ma triste ame estendu le corps vuyde,
      409   6   Me dorent tout de leurs rayz espanduz.
      409  10   Qui se refont aux gouttes de la pluye.
      410   2   Qu'ell' à en soy, ie ne scay quoy de beau,
      410  10   Seure viuant de tout oultrage humain.
      411   1   Au doulx rouer de ses chastes regardz
      412   7   Hors de soucy d'ire, & dueil dispensée
      413   4   M'ont plus donné & de fortune, & d'heur,
      413   6   Ne m'a rauy de liesse assouuie.
      413   8   De meriter d'estre au seul bien compris,
      414   2   De cures vuyde, & de soucy deliure,
      414   2   De cures vuyde, & de soucy deliure,
      414   5   Pour mieulx iouir de ce bienheureux viure,
      414   9   Aussi i'y vis loing de l'Ambition,
      415   1   Quand ie te vy, miroir de ma pensée,
      415   2   D'aupres de moy en vn rien departie,
      415   3   Soubdain craingnant de t'auoir offensée,
      415   4   Deuins plus froid, que neige de Scythie.
      415   8   Sur l'Emeril de fermeté fourbie,
      415  10   Flourir en moy les desertz de Libye.
      416   1   Et l'influence, & l'aspect de tes yeulx
      417   2   De la roideur en ton cours dangereuse,
      417   5   Baingnant les piedz de celle terre heureuse,
      418   2   Son Chapiteau par les mains de Nature,
      418   3   Et non de l'art grossierement ouurant,
      418  10   Pour l'eriger Colomne de ma vie.
```

de   (suite)

419	1	Hault est l'effect de la voulenté libre,
419	2	Et plus haultain le vouloir de franchise,
419	6	Leur sert de guide, & la raison de Scorte,
419	6	Leur sert de guide, & la raison de Scorte,
419	9	Affection s'escarmouche de sorte,
420	9	De propos sainctz. Mais quoy? plus tendrement
421	2	De son bas vol s'estende a la vollée,
422	1	Touché au vif & de ma conscience,
422	2	Et du remord de mon petit merite,
422	9	Tirant le traict de ma playe incurable,
423	4	Qui de douleur a ioye me pourmeine:
423	8	Tousiours le long de ses riues prochaines
424	1	De corps tresbelle & d'ame bellissime,
425	7	De veoir en moy quelque deffault horrible
426	3	De fermeté, & de perseuerance
426	3	De fermeté, & de perseuerance
426	4	Me suis quasi de tous poinctz deuestu,
427	2	De se laisser a ses desirs en proye)
427	3	De m'enflamber de ce dueil meslé d'ire,
427	3	De m'enflamber de ce dueil meslé d'ire,
428	6	A mon merite en palme de ma gloire.
428	9	A mon besoing se fait de paour victoire
428	10	Auecques mort de ma foible esperance.
429	2	Par le priué de frequentation
430	10	Qui du desir vit hors de l'esperance.
431	1	Respect de toy me rendant tout indigne,
431	3	De ta nature humainement benigne,
431	6	De tes doulx arcz, me pouant garder d'eulx.
432	4	Loing toutesfoys de tout contentement,
432	7	Dont de rechef encores tu me pinces,
432	9	(O Chrestienté!) chassé de ses prouinces,
432	10	Se voit au ioug de ce grand Ottoman.
433	5	Ne peult auoir tant soit peu, de respect
434	8	Les sentementz de leur ioye enyurez,
434	10	Sentent leur bien de leur mal deliurez.
435	1	Or si le sens, voye de la raison,
435	2	Me fait iouir de tous plaisirs aultant,
435	4	De sa beaulté toute aultre surmontant,
436	10	Qui de Glaucus ià me transforme en Dieu.
437	1	Estre me deust si grand' longueur de temps
438	7	Pour cheoir es mains de la douleur lattente,
438	9	De mon labeur. Dont en voye patente
439	1	Bien que raison soit nourrice de l'ame,
439	3	De vain plaisir, qui en tous lieux m'entame,
440	1	Resplendissantz les doulx rayz de ta grace,
440	3	De mon coeur froid me rompirent la glace
440	6	Que ie m'attens de ta grace piteuse.
440	7	Mon ame ainsi de sa paix conuoyteuse
441	10	Que i'ay esté de son vouloir ministre.
442	3	Tant de trauaulx en vne erreur si grande,
442	9	Que de la Terre au Ciel delicieux
443	5	Mon ame ainsi de son obiect pourueue
443	6	De tous mes sens me rend abandonné,
443	9	De son Amant de fouldre enuironné,
443	9	De son Amant de fouldre enuironné,
445	10	Hors des Enfers de l'eternel obly.
448	3	Sans au debuoir de la raison se ioindre,
449	5	Aussi ie voy bien peu de difference

157

dé   (1)
    332   2   Son Dé luy cheut, mais Amour le luy dresse:

debat   (5)
    221   5   Tant se debat, qu'en fin se saulue en l'eau,
    314   6   Tant est fascheux nostre plaisant debat.
    314   7   Et quand a moy son droit elle debat,
    359   4   Fuyt çà, & là, & crie, & se debat.
    423   3   Nourrit en moy l'intrinseque debat,

debatu   (1)
    167   4   Qui mon certain à ainsi debatu,

debatz   (1)
    243   5   Mille debatz, puis soubdain mille accordz,

debendant   (1)   desban-
    104   5   Lors debendant ceste face esperdue,

debile   (2)
    238   4   M'y lye, & tient si foiblement debile,
    290   4   Dont le pouoir me rend si fort debile,

deboute   (1)
    156 10   Tout hors de moy du droit ie me deboute.

debruoient   (1)   debur-
    188   7   Qui te debruoient, par pitié seulement,

debuoir   (9)   deuoir
     93   7   Vueillent les Cieulx par vn bening debuoir,
    162   3   A qui l'honneur du debuoir te conuie
    182   6   Ne tend sinon a ce iuste debuoir,
    198   6   Pour se vouloir du debuoir desister?
    251   6   Parqui raison contre debuoir opine.
    283   8   Par vn debuoir de voulenté libere
    346   3   Sinon debuoir, ou honneste pitié,
    428   5   Chose par temps, & debuoir consacrée
    448   3   Sans au debuoir de la raison se ioindre,

debuois   (2)
     32   3   Ne debuois tu au Temps auoir respect,
    134   3   Comme toy seule aussi debuois supplir

debuoit   (1)
    404   3   Que i'aurois cher (s'il debuoit aduenir)

deburiez   (1)   debru-
    235   7   Deburiez garder pour plus vous decorer

deburois   (1)
    198   7   Comme tesmoinq deburois soliciter,

deburoit   (3)
    151   3   Car, luy croissant, ou il deburoit finer,
    185   9   Qu'on luy deburoit ayder a son endroit,
    346   2   Facilement te deburoit inciter,

deceu   (4)
    13   2   En ta beaulté fut tellement deceu,
    57   4   Me conqnoissant par moymesmes deceu.
   138   4   Eust le futur deceu couuertement.
   341   9   Me contentant d'estre par moy deceu,

deceue   (1)
     3   9   Doncques espere auec deceue enuie

deceuoir   (4)
    33   4   Se voit par soy grandement deceuoir.
   222   9   Las celluy est facile a deceuoir
   291   5   Ce me seroit moymesmes deceuoir,
   434   5   Rumine en soy, & sans se deceuoir

deceuras   (1)
    61 10   Tu deceuras la mienne opinion.

deceut   (1)
    19   9   Deceut celuy, qui pour trop s'estimer

dechassé   (1) desc-
   168   9   Ainsi celuy est des siens dechassé,

decidée   (1)
   275   4   Que toute loy en faueur decidée

declination   (3)
    50   3   Ie suy tousiours la declination
   333   1   Courantz les iours a declination
   448   6   Et fabriquer sa declination?

declinées   (1)
   102   8   Tes voulentez sont ailleurs declinées,

deçoit   (1) deçoy-
   114   6   Vous vse en moy, & vos forces deçoit?

decoration   (1)
     4   5   Ou se parfeit ta decoration:

decore   (1)
   377   8   Lequel le blanc si gentement decore:

decorer   (2)
   235   7   Deburiez garder pour plus vous decorer
   255 10   Pour decorer (vn temps viendra) le Lys.

decorez   (1)
   386   5   Qui par leurs noudz de mes mortz decorez

deçoy   (2) deçoi-
    38 10   Ie me deçoy trop vouluntairement.
   341   3   Si plaisamment ainsi ie me deçoy,

deçoys   (1)
    29   7   Tu ne deçoys, dit il, ces deux cy, Belle,

decoyue   (1)
   204   9   Mes pleurs, affin que ne me decoyue,

decrepité   (1)
    70   1   Decrepité en vielles esperances

decroist   (1)   desc-
   190   2   D'autant decroist le remede affoibly:

dedans   (10)   dedens
    14   8   Dedans la fosse à mys & Loup, & Chieure,
    77   2   Dedans l'Enfer de ma peine eternelle,
    81   7   Que le dedans, sans en faire apparence,
   176 10   Dedans mon coeur tousiours se renouelle.
   199   2   Dedans le chault de la flamme luisante:
   216   3   Dedans mon Ame, ô Dame, tu demeures
   257 10   Ou dedans luy aultre entrer n'y peult, qu'elle.
   335   3   Qui dedans l'eau d'elle, que tant aymoit,
   398 10   Dedans mon coeur la deifieront.
   439   5   Dedans lequel il m'abysme, & me plonge

dedens   (2)   dedans
   169   8   Dedens vous entre, & sort sa blanche main,
   447   9   Qu'apres ma mort encores cy dedens

deduire   (1)
    93   8   Tes pleurs si grandz si largement deduire,

deduisoit   (1)
    74   3   Lequel ie vy, lors qu'il se deduisoit,

deduitz   (2)
   175   6   De noz deduitz tant foible est le donneur.
   236   3   En voz deduitz icy bas, & là haultz,

deduytz   (1)
   339   8   Tousiours me poulse a si heureux deduytz,

deesse   (4)
   105   1   Ie vy aux raiz des yeulx de ma Deesse
   106   5   Car lors iectant ses cornes la Deesse,
   322   1   Merueille n'est, Deesse de ma vie,
   391   3   Mais la Deesse y mit la flambe esparse,

déesse   (3)
     8   2   Que ma Déesse ouyt plaindre mon taire.
    44   9   Tant s'en faillant qu'il ne la dist Déesse,
   120   9   Delie suis, dit elle, & non Déesse:

deffaict   (1)
   400   5   Se deffaict toute en la diuersité,

deffaicte   (1)
    47   1   M'eust elle dict, aumoins pour sa deffaicte,

deffaictes   (2)
   117   1   Pour m'enlasser en mortelles deffaictes
   117   3   Soit que couurir esperances deffaictes

```
deffaillant  (1)
    299  5  Et deffaillant la craincte, croist mon vueil,

deffaille  (1)
    210 10  Ou qu'auec eulx vostre ayde me deffaille.

deffaire  (1)
     85  9  De sa Coronne, & de soy se deffaire,

deffais  (1)
     25  5  Tu fais soubdain, & deffais, moy viuant,

deffameurs  (1)
     65  9  Ie creuz, & croy encor tes deffameurs,

deffault  (6)
    371  1  Blasme ne peult, ou n'est aulcun deffault,
    371  3  Dont si iustice en nous mesmes deffault,
    397  9  L'oeil, & le sens peu a peu me deffault,
    420  3  Ne prenne, apres long spasme, grand deffault,
    425  7  De veoir en moy quelque deffault horrible
    430  2  Coulpe, ou deffault, qui a mon vueil conteste,

deffaultz  (2)
    295  6  Soit en deffaultz, ou accomplissementz.
    384  8  De mes deffaultz i'aspire a la merueille

deffence  (5)
     31  3  Desdaing s'esmeut pour honneste deffence
    123 10  Contre le Ciel ne vault deffence humaine.
    150  8  Pour ma deffence, & contre ma ruyne.
    197  6  Mes yeulx pleurantz employent leur deffence.
    332  7  Donc, respond il, ie croy que sa deffence

deffences  (1)
    214  8  Contre l'effort du plus de mes deffences

deffendre  (1)
    195  4  De se deffendre, hors de moy la chasserent:

deffie  (1)
     70  2  Mon ame, las, se deffie de soy.

deffis  (1)
    223  9  Ie me deffis a si belle rencontre,

deffit  (1)
     55  3  Passa la Mer, ou asses tost deffit

defformeront  (1)
    407  4  Rides arantz defformeront ta face.

defformez  (1)
    401  5  De leur doulceur sont ores defformez,

degluer  (1)
    227  1  Pour m'efforcer a degluer les yeulx
```

deqré   (1)
    49   5   Est il possible en ce deqré supreme

dehors   (2)
    58   7   Restangna tout, voire dehors ses voyes
    81   5   Elle apperçeut ma vie estre dehors,

deifie   (1)
    319 8   Qui en faueur d'elle nous deifie.

deifieront   (1)
    398 10   Dedans mon coeur la deifieront.

deité   (2)
     7   7   Que presque mort, sa Deité m'esueille
    149 7   La Deité en ton esprit empraincte

delaissant   (1)
    20   7   Voy ce Bourbon, qui delaissant Florence,

delaisse   (1)
    190 8   Qui les delaisse en leurs extremitez,

delaissée   (1)
    185 8   Que delaissée & du iour, & de l'heure,

delaisser   (1)
    152 4   A delaisser si doulce seruitude.

delasché   (2)
    30   3   Delasché fut le doulx traict nompareil
    145 3   Que quand le traict delasché s'absconsa

delectable   (1)
    199 9   Tu y aurois delectable pasture,

delectation   (3)
     2   9   Comme de tous la delectation,
    152 9   Quelle sera donc la delectation,
    157 6   D'vn tel concent la delectation.

delecte   (1)
    18   1   Qui se delecte a bien narrer histoires

delia   (1)
    131 1   Delia ceincte, hault sa cotte attournée,

delibere   (1)
    225 3   Selon qu'Amour auec moy delibere,

deliberer   (1)
    220 1   Deliberer a la necessité,

delicat   (1)
    10   3   Tant peult de soy le delicat aymer,

delicatement   (1)
    166 7   Au pur des mains delicatement saine,

delicates   (1)
    100   1   L'oysiueté des delicates plumes,

delicatesse   (2)
    273   5   Delicatesse en son doulx femenin
    345   2   Elle te serre en grand' delicatesse:

delices   (4)
      9   1   Non de Paphos, delices de Cypris,
    159   2   Et neantmoins delices de mon Ame,
    294   7   Car en quictant Amour, & ses delices,
    381   9   Comme subiect des delices des Cieulx,

delicieux   (3)
    351   5   Va depeuplant les champs delicieux,
    408   6   (Si digne en suis) ton sein delicieux.
    442   9   Que de la Terre au Ciel delicieux

delie   (11)   délie
     16   9   Veu qu'en mes mortz Delie ingenieuse
     22   8   Celle tu fus, es, & seras DELIE,
     59   5   Ou de la Lune il fainct ce nom Delie
     67   3   Delie voit le cas si despiteux,
    101 10   Là, ou Delie est tousiours plus rebelle.
    120   9   Delie suis, dit elle, & non Déesse:
    131   5   Mais toy, Delie, en actes plus humains
    250   1   Le ieune Archier veult chatouiller Delie:
    277 10   Et paings au vif Delie seulement.
    327   1   Delie aux champs troussée, & accoustrée,
    335   1   Pour la fraischeur Delie se dormoit

délie   (1)   delie
    332   4   Ainsi troué, vers Délie s'addresse.

deliurance   (1)   dely-
     45   9   Me promettant, au moins, pour deliurance

deliure   (4)
     56   6   (Non aultrement de son propre deliure)
    151 10   Que la douleur a qui ià s'en deliure.
    300   9   Parquoy iamais ie ne me voy deliure
    414   2   De cures vuyde, & de soucy deliure,

deliurer   (2)
    114 10   Qui l'Ame peult d'angoisse deliurer.
    202   6   Ny pour vouloir d'espoir me deliurer:

deliurez   (1)
    434 10   Sentent leur bien de leur mal deliurez.

deluge   (1)
    184   7   Refrenez donc, mes yeulx, vostre deluge:

deluger   (1)
     50   9   Pors que faisant deluger mes deux yeulx,

delyurant   (1)   deli-
    337   8   Nous delyurant de tant facheux encombres:

demande   (6)
    88   8   Cestuy t'accuse, & iustice demande.
   109   8   Va: ta demande est, dit elle, importune.
   244   2   Mon peu parler te demande mercy:
   268   5   Adonc l'Enfant esbahy luy demande:
   337   3   Occasion conteste a la demande,
   442   1   Pourroit donc bien (non que ie le demande)

demandé   (1)
   16   5   Et quand ie l'ay au besoing demandé

demander   (1)
   82 10   La bouche ouuerte a demander mercy.

demerite   (1)
   32   9   Meritera mon leger demerite

demesurée   (1)
   73   5   L'affection en moy demesurée

demettra   (1)
   227   6   Se demettra de plus en raisonner,

demettront   (1)
   149   3   Se demettront en ce bas Caucasus:

demeurant   (2)   demou-
   275   7   Soit que ie sorte, ou soye demeurant,
   275   9   Comme qui offre, auec son demeurant

demeurantz   (1)
   52   9   Me demeurantz seulement les couleurs

demeure   (4)
   68   8   Qui iusqu'en l'Ame en suspend me demeure.
   84   6   Sur le scrupule, ou ta bonté demeure.
   264   5   Si grand pouoir en elle ne demeure.
   364   8   Auecques toy incessamment demeure,

demeurent   (1)
   52   8   Qui me perdantz, au perdre me demeurent,

demeurera   (1)
   449   3   Tant que ce Monde en soy demeurera,

demeures   (1)
   216   3   Dedans mon Ame, ô Dame, tu demeures

demis   (1)
   192   5   Parquoy ie ignore, estant d'espoir demis,

demoly   (1)
   178   6   Ont demoly le fort de tous mes aises

demonstrant   (1)
   12   5   Me demonstrant, certes, qu'il me conuie

demonstre   (1)
   223   7   Qui deuant moy si soubdain se demonstre,

demonstrée   (1)
  128   6   Si grand' clarté s'est icy demonstrée,

demonstrer   (2)
   53   5   Duquel voulant demonstrer la constance,
  173   7   Car te voulant, tant soit peu, demonstrer

demoura   (1)   demeu-
  118   5   Du bien, auquel l'Ame demoura prise:

demourant   (2)
  155   4   Le demourant violemment escume.
  381   8   Le demourant consideration,

demourante   (1)
   55   7   Mais en son chault moderé demourante,

demy   (2)
  100   9   Pour te monstrer, que lors homme a demy,
  383   9   Et quand ie voy ta face a demy nue,

demys   (1)
  252   4   Duquel il s'est totalement demys,

denote   (1)
  173   2   Auec les bras, te denote estre prise

dens   (1)   dans
  229   1   Dens son poly ce tien Cristal opaque,

denue   (2)
  171   6   Les arbres vertz de leurs fueilles denue.
  397   3   Mais tant plus hault s'esleue, & se denue,

denué   (1)
  148   8   Mon espoir est denué de son herbe:

denuez   (1)
  246   3   Car ià mes os denuez de mercy

depaindre   (1)
  291   1   Le Painctre peult de la neige depaindre

depart   (4)
   30   2   Quand sus le soir du iour il se depart,
  263   4   Que de moy fais, & non d'elle, depart.
  368   1   Lors que Phebus de Thetys se depart,
  397   2   Depart du feu auec graue maintien:

departement   (1)
  138   2   Que mal me feit le bref departement.

departie   (1)
  415   2   D'aupres de moy en vn rien departie,

depeingnit   (1)
  375   5   Y depeingnit par si viue liqueur

depandant   (1)
      184   4   Dependant tout de liberté enclose.

dependre   (1)
      280   3   Voulant de toy dependre, & de mon vueil,

depens   (1)
      239   9   Pour esmouuoir celle, dont tu depens,

depent   (1)
      312   4   Ou le hazard de tout mon bien depent.

depeuplant   (1)
      351   5   Va depeuplant les champs delicieux,

deplorable   (1)
      95   7   Tes Aqueductz, deplorable ruyne,

deprimer   (1)
      303   4   Il s'apperçoit iustement deprimer,

depuis   (4)   despuis
      232   4   Depuis le soir iusqu'a la blanche Aurore.
      305   5   Mais, las, depuis que ton ingratitude
      319   9   Parquoy depuis ce Monde fleurissant
      375   7   Que depuis l'Ame estonnée, & tremblante

derechef   (3)   rechef
      281   6   Pour derechef viure immortellement,
      300   8   Mais pour plus tost derechef remourir:
      355   9   Et derechef reluit le soir vmbreux

deriue   (1)
      207   4   Mon gelé coeur, donc mon penser deriue,

deriuée   (1)
      200   5   Et toy, de qui m'est tousiours deriuée

derniere   (1)
      57   7   Ceste me soit, dy ie, derniere excuse:

derriere   (1)
      382   1   L'heureux seiour, que derriere ie laisse,

des   (88)
      4   3   Des neuf Cieulx à l'influence empirée
      4   6   Non toutesfoys sans licence des Graces,
      18   2   Perpetuant des haultz Princes les gestes:
      23   6   Tant approchante est des Dieux ta coustume.
      24   4   Des soubdains feuz du Ciel se contregarde.
      29   2   L'aueugle Archier, qui des dieux est le maistre:
      29   4   Qui des humains se dit seule dame estre.
      30   1   Des yeulx, ausquelz s'enniche le Soleil,
      36   4   Par qui les coeurs des Amantz il allume.
      44   8   Bien la diroit descendue des Cieulx,
      45   10   La Mort, seul bien des tristes affligez.
      56   8   En toy des quatre à mis leur querison.
      64   1   Des Montz hautains descendent les ruisseaulx,
      64   2   Fuyantz au fons des vmbreuses vallées.
166

des   (suite)

64	3	Des champz ouuertz & bestes, & oyseaulx
67	1	Amour des siens trop durement piteux
75	7	Lors vous, Nuisantz, Dieux des vmbres silentes,
79	2	Tirant le iour des regions infimes,
79	4	Des montz cornuz doroit les haultes cymes.
79	5	Lors du profond des tenebreux Abysmes,
88	6	Fouldre des Dieux, & ton cruel meffaire.
90	1	Par ce hault bien, qui des Cieulx plut sur toy,
98	2	Nous fait des montz les grandz vmbres descendre:
100	1	L'oysiueté des delicates plumes,
105	1	Ie vy aux raiz des yeulx de ma Deesse
105	3	Des esperitz d'Amour, & de liesse,
107	2	Oste moy tost du mylieu des Humains.
111	2	Portant repos au labeur des Mortelz,
112	2	Hors la memoyre & des Dieux, & des hommes,
112	2	Hors la memoyre & des Dieux, & des hommes,
112	4	Tout deschargé des amoureuses sommes.
120	1	L'Aigle des Cieulx pour proye descendit,
122	3	Des Bois vmbreux ie sens a l'impourueue,
123	7	Mais si des Cieulx pour me faire douloir,
124	9	Mais ton tainct frais vainct la neige des cieulx,
126	1	A l'embrunir des heures tenebreuses,
141	1	Comme des raiz du Soleil gracieux
149	2	Hault Paradis des poetiques Muses,
149	8	Thresor des Cieulx, qui s'en sont deuestuz
155	5	Lors des souspirs la cheminée fume,
164	2	Esbat des Ventz, & passetemps des Vndes,
164	2	Esbat des Ventz, & passetemps des Vndes,
166	7	Au pur des mains delicatement saine,
168	9	Ainsi celuy est des siens dechassé,
176	3	Et toy des yeux deux rayons forietter,
196	1	Tes doigtz tirantz non le doulx son des cordes,
196	2	Mais des haultz cieulx l'Angelique harmonie,
206	9	Me distillant par l'Alembic des maulx
214	3	Et le pressif des affaires vrgentz
216	6	Voyre exemptez des moindres fascheries:
228	10	Se font ouyr & des Cieulx, & du Centre.
233	1	Contour des yeulx, & pourfile du né,
238	7	Et n'ay confort, que des Soeurs despiteuses,
247	9	Pour s'accointer des noirs, & laidz Corbeaux
252	10	Triumphateur des armes, & des lettres.
252	10	Triumphateur des armes, & des lettres.
259	3	Des Montz tout terme en forme haulte, & basse,
259	7	Ainsi passant des Siecles la longueur,
259	8	Surmonteras la haulteur des Estoilles
268	6	Pourquoy metz tu en ce lieu des yeulx faincts?
288	1	Plus ie poursuis par le discours des yeulx
293	3	Pour des Cieulx estre au meurdre dispensée,
303	3	En ton miroir, des miracles miracle,
305	2	Des plus haultz Cieulx celle beatitude,
308	10	Des deux Amantz baisé en Babyloine.
317	2	Tant miserable est le sort des Amantz,
323	10	Premier, & seul des vertus redempteur.
331	3	L'y attrayant, pour air des vuydes lieux,
334	6	Me fait des yeulx si grosse pluye estraindre.
344	1	Leuth resonnant, & le doulx son des cordes,
351	2	Trop plus parfaictz, que plusieurs des haultz cieulx,
355	2	Ce, que l'obscur des tenebres nous cele,

des   (suite)
```
    364   4   Que iusqu'au bout des leures tyra l'Ame.
    365   6   Ou l'incertain des tenebres les guide.
    369  10   Au bas des piedz de ma foible esperance.
    380   8   Et l'Ambrosie, & le Nectar des Cieulx,
    381   6   Amoindrissant, voyre celle des Dieux?
    381   9   Comme subiect des delices des Cieulx,
    381   9   Comme subiect des delices des Cieulx,
    395   4   Là, ou Arar les piedz des deux Montz baigne:
    396   6   Tu viens courant des Alpes roidement
    398   6   Non des habitz, mais de ses moeurs diuines,
    414   4   Des haultz pensers, que sa doulceur me liure
    416   3   Plus fixément, que les Poles des Cieulx.
    442   6   Contre les Dieux, pur intellect des Cieulx.
    445  10   Hors des Enfers de l'eternel obly.
```

     *   *   *

```
      6   9   Et des ce iour continuellement   (dès)
    212   3   Des que leurs rayz si doulcement nuisantz
```

dès   (3)   dɘs
```
     11  10   Dès l'Indien s'estendront iusqu'au More.
    118   7   Et mes souspirs dès leurs centres profondz
    129   7   Car dès le poinct, que partie tu fus,
```

desassemble   (2)
```
     17   2   Que d'auec toy mon coeur se desassemble:
     35   6   Pour le long temps, qui tant nous desassemble,
```

desastre   (1)
```
    405   2   Pour le desastre influant ma disgrace,
```

desaymant   (1)
```
    384   1   Me desaymant par la seuerité
```

desayme   (4)
```
     49   4   Que par l'Oeil fault, que le coeur la desayme.
     60   8   Affin qu'aymant aultruy, je me desayme.
     72  10   Ie me desayme en ma condition.
    261   8   Ie trouue bien, que celluy se desayme,
```

desbande   (1)   deben-
```
     63   2   Parquoy Amour vistement se desbande,
```

desbandé   (2)
```
     16   4   Que contre moy son dard à desbandé.
    217   3   Ont dessus moy leur pouoir desbandé,
```

descend   (1)
```
    379  10   Descend la pluye estaingnant mes sanglotz.
```

descende   (1)
```
    109   7   Que ie descende auec mes maulx soubz terre.
```

descendent   (2)
```
     26   4   Et iusqu'aux miens descendent deux ruisseaulx.
     64   1   Des Montz hautains descendent les ruisseaulx,
```

descendis   (1)
```
     22   4   D'ou descendis en ces mortelz encombres:
```

descendit   (2)
     94   7   Aux ventz pour voille, & en Port descendit
    120   1   L'Aigle des Cieulx pour proye descendit,

descendre   (3)
     13   7   Dont l'oeil piteux fait ses ruisseaulx descendre
     98   2   Nous fait des montz les grandz vmbres descendre:
    321   4   Descendre au fond pour esprouuer ses arcs.

descendue   (1)
     44   8   Bien la diroit descendue des Cieulx,

descent   (3)
    331   5   Ainsi tous temps descent, monte, & replique,
    369   9   Sort hors du coeur, & descent par les yeulx
    373   8   Dont descent puis ce ruisseau argentin,

descharge   (1)
    204   5   Desquelz sur moy le maling se descharge,

deschargé   (1)
    112   4   Tout deschargé des amoureuses sommes.

deschasses   (1)   dec-
    110   3   Du Bracquemart de Mars tu les deschasses

descouurant   (1)
    257   6   Te descouurant secrette, & digne chose,

descouure   (4)
     86   5   Descouure, dy ie, ô malin, ce Cotere,
     95   6   De mes souspirs descouure la bruyne.
    366 10   Ie cele en toy ce, qu'en moy ie descouure.
    385   1   Dessus ce Mont, qui la Gaule descouure,

descouurent   (2)
    204 10   Descouurent lors l'ardeur, qu'en moy ie cele.
    407   2   De iour en iour descouurent leurs fallace.

descouurir   (1)
    299   1   Pour non ainsi te descouurir soubdain

descreue   (1)   dec-
     35   2   Autant de fois plaine nous est descreue:

descrire   (2)
      0   4   Ie t'ay voulu en cest Oeuure descrire.
     18   6   Ou se complaict a plaisamment descrire

descroissant   (1)
    176   7   Elle en apres s'affoiblit descroissant,

descroisse   (1)
     17   9   Ny que ma foy descroisse aulcunement.

desdain   (2)
    299   3   Naist le plaisir, qui se meurt par desdain,
    392 10   Tu t'esmeulx toute en guerre, & en desdain.

desdaing (3)
```
    31  3  Desdaing s'esmeut pour honneste deffence
   215  5  Soit que desdaing quelquesfoys se presente
   315  1  Ie m'ayme tout au desdaing de la hayne,
```

desdaingnant (1)
```
   156  9  Que desdaingnant & la loy, & le sort,
```

desdaingz (2)
```
   261  4  De ses desdaingz, & si ne sçay pourquoy.
   264  6  Tes fiers desdaingz, toute ta froide essence,
```

desdire (1)
```
     8 10  Moins reciproque a leurs craintif desdire.
```

desert (1)
```
   143 10  Comme au desert son Serpent esleué.
```

desertz (1)
```
   415 10  Flourir en moy les desertz de Libye.
```

deseruy (1)
```
   142 10  Et qu'en seruant i'ay amour deseruy.
```

desespere (1)
```
   299  6  Qui de sa ioye en moy se desespere.
```

desesperé (1)
```
   352 10  Sinon, moy mort, desesperé reproche.
```

desespoir (3)
```
    96  6  A desespoir, mon desseing dissipant.
   262  2  De desespoir, & d'horreur habitez,
   370 10  De desespoir, Dieu d'eternel tourment.
```

desgast (1)
```
   321  8  Pour le desgast le feu par tout allume,
```

desgouste (1)
```
   179  6  De toy m'asseure, & ceste me desgouste,
```

desgoustément (1)
```
   231  5  De leurs sanglotz trop desgoustément fades:
```

desgoustes (1)
```
   191  1  C'est de pitié que lors tu me desgoustes,
```

desherite (1)
```
   353  4  Qui de son corps en fin se desherite:
```

desheritez (1)
```
   262  4  Maulx de tout bien, certes, desheritez,
```

desià (2) ia, ià
```
   179  5  Celluy desià, m'esloingnant de douleur,
   437  7  Ie la tenoys desià pour moy surprise,
```

desioinctz (1)
```
    17  1  Plus tost seront Rhosne, & Saone desioinctz,
```

```
desioindre   (1)
   279  4  Qui d'auec moy la raison vient desioindre,

desir   (42)
    33  9  Lors estant creu en desir effrené,
    42  3  Que sans douleur le desir soucyeux
    43  9  Ainsi me faict hayr mon vain desir
    46  1  Si le desir, image de la chose,
    76  7  Dont du desir le curieux soucy
    77  3  Ce grand desir de mon bien oblyé,
    78  7  Et l'aultre dit desir estre vne rage,
    82  1  L'ardent desir du hault bien desiré,
    96  8  Me remet sus le desir, qui me mort.
    97  9  O vain desir, ô folie euidente,
   104  1  L'affection d'vn trop haultain desir
   122  9  O fol desir, qui veult par raison viue,
   133  3  Car mon desir par ta parolle ouyt,
   136  1  L'heur de nostre heur enflambant le desir
   174  9  A mon trauail augmente le desir,
   187 10  Entre sa grace, & mon trop vain desir.
   190  9  Croissant le feu de mon desir ardent,
   195  1  Desir, souhaict, esperance, & plaisir
   204  1  Ce hault desir de doulce pipperie
   217  9  Par vn desir sans fin insatiable
   234  1  Tout desir est dessus espoir fondé:
   248  2  Du fort desir, dont tu tiens l'esperance,
   265  1  Tout temps ie tumbe entre espoir, & desir:
   274  5  Le hault desir, qui iour, & nuict m'esmeult
   276  5  Et d'vn desir si glueux abuser,
   280  6  Ie veulx l'ardeur de mon desir nourrir,
   293  6  Qu'en elle seule est leur desir plus hault.
   308  3  Et le desir rend les couardz hardiz,
   309  6  Pour mettre a fin leur honneste desir.
   320  9  Du grand desir, qui tout se viuifie,
   338  1  Affection en vn si hault desir
   351  8  Constrainct ie suis d'vn grand desir extresme
   393  6  De doubte, espoir, desir, & ialousie,
   400  2  De son desir du tout ressuscité,
   410  4  Au fond du coeur par vn desir noueau,
   413  1  Honneste ardeur en vn tressainct desir,
   413  2  Desir honneste en vne saincte ardeur
   419  8  Sachant tresbien, que quand desir s'esbat,
   424  8  Que du desir est ma ioye remplie,
   430 10  Qui du desir vit hors de l'esperance.
   431 10  L'espoir vainquant a la fin le desir.
   441  3  Apres desir, & espoir inutile,

desirable   (3)
     2  5  Car de tout bien, voyre es Dieux desirable,
   136  8  Le bien du mal en effect desirable:
   445  4  Qui nous esclaire a tout bien desirable,

desirant   (3)
   320 10  Ou ie ne puis desirant arriuer.
   403  3  Toute nuict i'ars la desirant absente,
   413  7  Car desirant par ceste ardente enuie

desire   (2)
    60  7  Et me tuant, a viure il me desire,
                         171
```

desire   (suite)
     267 10 Puis qu'asses vit, qui meurt, quand il desire.

desiré   (2)
      39 2 Pour afferrer ce Port tant desiré:
      82 1 L'ardent desir du hault bien desiré,

desirée   (2)
     260 4 Bien pres du Port de ma paix desirée.
     337 7 Vien donc, heureuse, & desirée enuie,

desirer   (1)
     264 4 Te desirer, encor que mon feu meure?

desirs   (9)
       7 8 En la clarté de mes desirs funebres,
      27 4 Et iá la fin de mes desirs me pleige.
      70 8 Pour vn cler iour en desirs prosperer.
     118 1 Le hault penser de mes frailes desirs
     241 4 A Sainctz piteux, qui voz desirs obtiennent.
     313 2 Si haultz desirs, & si pudiquement,
     350 3 De voile vmbreux pour desirs tourmenter,
     405 6 Nouelle ardeur de vains desirs remplye.
     427 2 De se laisser a ses desirs en proye)

desister   (1)
     198 6 Pour se vouloir du debuoir desister?

deslay   (1)
      51 7 Qui de bien brief, sans deslay, ou renuoy,

deslie   (2)   desly-
      22 10 Si fort, que Mort iamais ne l'en deslie.
     250 3 Lors tout soubdain de ses mains se deslie,

deslors   (1)
     195 5 Deslors plus l'arbitre ilz pourchasserent,

deslyer   (1)   desli-
     278 4 Comment du Corps l'Ame on peult deslyer,

desnouer   (1)
     163 3 Ou, tout tremblant, tu m'ouys desnouer

desolée   (1)
      20 8 A Romme alla, a Romme desolée,

desormais   (3)
     198 3 Qui me iura desormais estre franche
     201 3 Et ne se peult desormais plus celer
     281 8 Que par trespas ne mourra desormais,

despart   (1)
     134 8 A recepuoir le bien, qu'Amour despart,

despenciers   (1)
     121 5 Mais vous, Souciz, prodiques despenciers

despendre   (1)
     75   1   Pour me despendre en si heureux seruice,

despens   (1)
    239   7   Pourquoy, ô Coeur, en larmes te despens,

despesche   (1)
      5   7   Tourne, dit elle, a moy, & te despesche.

despit   (2)
     83   9   Sinon affin qu'en despit du Boyteux
    195   6   Qui de despit, & d'ire tout flambant

despite   (1)
    422   5   Tant ceste aigreur estrangement despite

despiter   (1)
    315   4   Que contre soy se prent a despiter:

despiteuses   (1)
    238   7   Et n'ay confort, que des Soeurs despiteuses,

despiteux   (3)
     67   3   Delie voit le cas si despiteux,
    115   3   Puis du regard de son feu despiteux
    316   4   Qui pour sa peine est en soy despiteux.

desplaict   (1)
     48   5   A l'vn aggrée, & l'aultre desplaict.

desplaire   (1)
    314   4   Que ne luy veulx, & ne scauroys desplaire:

desplaisir   (3)
    136   3   L'vne mourant vit du doulx desplaisir,
    265   3   Tous lieux me sont ennuy, & desplaisir:
    431   8   En ce combat d'amoureux desplaisir

desplier   (1)
    278   5   Vienne ouyr ceste, & ses dictz desplier

despouille   (4)
     52   7   Las ie me fais despouille a mes douleurs,
    167   8   Sans recouurer ma despouille rauie,
    246   9   Ceste despouille en son lieu vueilles rendre:
    264   2   Voire encendrir la mienne arse despouille:

despourueu   (1)
     86   7   Ainsi, dit il, ie tire au despourueu,

despourueue   (1)
      1   5   Perçant Corps, Coeur, & Raison despourueue,

despuis   (2)   depuis
     39   9   Qui despuis vint surgir en telle plage,
    115   5   Tant que despuis, apres mainte reueue,

desquelles   (1)
    324   3   Desquelles l'vn, & l'aultre relief tient

```
desquels   (1)
    124   4   Desquels l'or pur sa clarté diminue.

desquelz   (4)
      0   2   Et moins les traictz, desquelz Cupido tire:
    183   4   Desquelz mon ame en vain est mal traictée,
    204   5   Desquelz sur moy le maling se descharge,
    386   9   Les yeulx, desquelz la clarté tant me nuyt,

desroba   (1)
    305   6   Me desroba ce tant cher priuilege

desrobant   (1)
    118   3   Me desrobant moymesme a mes plaisirs,

desrobée   (1)
    417 10   A desrobée a immortalité.

desrompt   (1)
    361   4   Confusément souuent elle desrompt.

dessaisie   (1)
     71   2   Tu ne serois de ta faulx dessaisie.

dessaisir   (2)
    174   7   Pour non acoup de vueil me dessaisir,
    276   6   Que ne pouons de luy nous dessaisir:

dessechant   (1)
     79   9   Qui, dessechant mes larmoyantz conduictz,

desseché   (1)
    353   6   Plus desseché, qu'en terre de Lemnos.

dessecher   (1)
    334   8   Mon feu, ou luy mes grandz pleurs dessecher?

desseing   (1)
     96   6   A desespoir, mon desseing dissipant.

desserre   (1)
    126   4   Songe a moy vient, qui mon esprit desserre,

dessoubs   (1)
     24   5   Mais moy conduict dessoubs la sauuegarde

dessoubz   (5)
    139   9   Car en vainquant tumber dessoubz sa main,
    247 10   Dessoubz la Bise impetueuse, & roide.
    282   4   Mais dessoubz luy, aussi plus briefuement.
    296   8   Dessoubz telz laqz ma vie estre conduicte,
    328   5   Car estant pris dessoubz sa main haultaine,

dessus   (20)
     29   1   Dessus le Coeur vouloit seul maistriser
     52   5   Ie contendrois par dessus la victoire:
     98   6   Ou dessus moy noueau resueil s'espreuue.
    115 10   Dessus le iuste, & Royal innocent.
    120   4   Et dessus luy employe & arc, & Trousse.
```

dessus   (suite)
```
    145   2   Pour esprouuer dessus moy sa puissance,
    158   8   Dessus sa lyre a iouer commença:
    217   3   Ont dessus moy leur pouoir desbandé,
    226   5   Dessus lequel ie me pourmaine, & puis
    234   1   Tout desir est dessus espoir fondé:
    296   2   Si gentement dessus ton Soleil dextre,
    297   1   Si, tant soit peu, dessus ton sainct Pourtraict
    343   4   Dessus sa face: & l'estaingnant le trempe
    350  10   Va dessus, mais en vain, tournoyant.
    368   2   Apparoissant dessus nostre Orizon,
    385   1   Dessus ce Mont, qui la Gaule descouure,
    385   7   Quand le Soleil dessus ses roues painctes
    390   4   Ou tes durs traictz dessus moy employer,
    418   9   Dessus son Plinte a creux, & rondz obliques
    436   6   Dessus la doubte a ce coup sommeilleuse.
```

destendit   (1)
```
    395   3   Mais de soymesme vne part destendit
```

destin   (1)
```
    218   3   Mais mon destin pour mon abregement
```

destinée   (6)
```
     88   1   Non cy me tien ma dure destinée
    147   7   Mais le iour vint, & l'heure destinée,
    158   2   Pleuroit bien fort ma dure destinée:
    279   8   De destinée a mon malheur suyuie,
    299   7   Donc si par toy, destinée prospere,
    421   8   Qui s'enuolantz auec ma destinée,
```

destourne   (1)
```
    230   5   Destourne ailleurs tes yeux, ô l'oultrepasse.
```

destournent   (1)
```
     64   4   Aux boyz serrez destournent leurs allées,
```

destourner   (2)
```
    118   4   Pour destourner la memoire surprise
    346   8   Se destourner, & vers Midy courir,
```

destrempée   (1)
```
    273   1   Toute doulceur d'Amour est destrempée
```

destresse   (6)
```
     90   4   Tu m'endormis en mortelle destresse.
    302   4   Se distiloit en larmes de destresse.
    311   2   Mais tout blessé le tenir en destresse,
    329   4   De ceste mienne angoisseuse destresse.
    361   3   Deux sources d'eaux, lesquelles par destresse
    370   5   Ainsi donné en proye a la destresse,
```

destroict   (1)
```
    185   7   La voulenté se voit en tel destroict,
```

destroitz   (1)
```
    354   8   Que i'ars plus fort en fuyant ses destroitz:
```

destruira   (1)
    184 10   Me destruisant, en moy se destruira.

destruire   (1)
    389 10   Par France aller son propre nid destruire.

destruisant   (1)
    184 10   Me destruisant, en moy se destruira.

desuie   (1)
      1 8   Fait, que viuant le Corps, l'Esprit desuie,

desuoyé   (2)
    336 2   Comme ie fays, cest Enfant desuoyé,
    336 4   N'ayent mon coeur sainctement desuoyé.

desuoyez   (1)
    365 5   Les desuoyez alors met hors de trouble,

detenant   (2)
     56 7   Me detenant, sans mourir, & sans viure,
    279 9   Me detenant en vn mesme cercueil

detenez   (1)
    236 5   Vous detenez mes ioyes perissantes,

detenir   (1)
    315 8   Qui ne me peult detenir en ma peau,

detention   (1)
    363 4   Qu'elle est au lieu de sa detention.

detentions   (1)
    206 4   Qui à la clef de ses detentions.

detenu   (1)
    336 10   Le Corps ne soit, comme luy, detenu.

determinée   (2)
    137 7   La fin m'auoit l'heure determinée
    158 5   Qui, iour & nuict, sans fin determinée

determiner   (1)
    181 6   Si longz effortz sans rien determiner,

deterre   (1)
     67 4   Qu'auec Venus le cherche, & le deterre.

detiennent   (1)
    241 5   Et ie m'adresse a Dieux, qui me detiennent,

detient   (6)
     12 3   Detient si fort auec la veue l'oeil,
    100 5   Entre ses drapz me detient indispos,
    171 9   Mais la ferueur, qui detient la foy nue
    224 7   Me detient tout en celle saison sienne,
    324 1   Les rhetz dorez, dont Amour me detient
    347 4   Ma liberté me detient prisonniere,

deu (1)
    130   8   Si en temps deu on laisse a l'esmouoir,

deuaincre (1)
    14   4   Pour se deuaincre vne si ferme prise:

deuant (10)
    116   8   Du sang d'Abel deuant Dieu criera
    116 10   L'aisné Cain deuant toy tremblera.
    179   7   Qui iour & nuict deuant les yeulx me boute
    223   7   Qui deuant moy si soubdain se demonstre,
    249   5   Affin qu'estant deuant toy ainsi nue,
    321   9   Lequel ayant ioye, & rys au deuant
    328   7   Et deuant elle ainsi comme ie passe,
    381   4   Deuant les piedz de ta diuinité.
    382   2   Me vient toute heure, & tousiours au deuant.
    423   7   Car soit deuant, ou apres le repas,

deubt (1)   doibt
    406   4   Qu'elle ne peult, & si se deubt douloir.

deuenue (1)
    67   8   Respond ma Dame haultaine deuenue.

deuenuz (1)
    391   5   A leur entente, & ingratz deuenuz,

deuers (1)
    343   7   Par deuers moy, & si soubdain le tire,

deuest (1)
    339   1   Ainsi que l'air de nues se deuest

deuestu (1)
    426   4   Me suis quasi de tous poinctz deuestu,

deuestuz (1)
    149   8   Thresor des Cieulx, qui s'en sont deuestuz

deuien (1)
    290   5   Que ie deuien tous les iours moins habile

deuiendroys (1)
    288   9   Que deuiendroys ie en la voyant lors viue?

deuient (1)
    353   5   Lequel deuient pour vn si hault merite,

deuil (1)   dueil
    206   7   Deuil traistre occulte, adoncques tu m'assaulx,

deuins (2)
    367   6   Mes songes lors ie creus estre deuins.
    415   4   Deuins plus froid, que neige de Scythie.

deuisant (1)
    113   1   En deuisant vn soir me dit ma Dame:

deuise (1)
  363 9 En ceste part vne sienne deuise

deulx (1) dou-
  431 7 Mais tout coeur hault, dont du mien ie me deulx,

deuoir (1) debuoir
  61 3 Si le deuoir duquel i'abuserois,

deuore (1)
  232 2 Auec le temps mon penser le deuore:

deuot (1)
  125 8 Pour vostre bien tout deuot intercede:

deuotieux (1)
  242 1 En ce sainct lieu, Peuple deuotieux,

deusse (1)
  156 4 Lors que ie deusse augmenter en ma ioye.

deussent (1)
  241 10 Deussent finir, sont a recommancer.

deust (3)
  433 9 Et pleure alors, qu'il se deust resiouir
  435 8 Me deust ce iour plainement asseurer
  437 1 Estre me deust si grand' longueur de temps

deut (1)
  139 3 Mais plus grand heur le sort me deut ascrire,

deux (42)
   14 6 Que de vouloir deux d'vn feu tourmenter.
   26 4 Et iusqu'aux miens descendent deux ruisseaulx.
   29 7 Tu ne decoys, dit il, ces deux cy, Belle,
   30 5 Ou l'Ame attaincte or' a deux il mespart,
   35 1 Ia deux Croissantz la Lune m'à monstré:
   35 3 Et deux Soleilz, qui m'ont cy rencontré,
   38 2 Qui sur le dos deux aeles luy paingnit.
   43 5 En vn moment deux diuers traictz me lasche
   44 10 S'il la voyoit de l'vn de mes deux yeulx.
   49 7 Tant fut la flamme en nous deux reciproque,
   50 9 Fors que faisant deluger mes deux yeulx,
   82 8 Ne m'est resté, que ces deux signes cy:
   94 5 De ses deux traictz diligemment rama,
  108 8 Ilz sont (tous deux) si fortz en leur poursuiure,
  134 4 Au bien, qu'a deux elle mesme ordonna.
  176 1 Diane on voit ses deux cornes iecter
  176 3 Et toy des yeux deux rayons forietter,
  181 3 Tous deux a fin de leur gloyre tendantz
  186 9 Car tu ferois nous deux bien tost perir.
  207 7 Mais les deux feuz de ta celeste face,
  218 10 I'exerce en moy ces deux vterins freres.
  231 2 Mortelz espritz de mes deux flans malades:
  235 4 Se vient lauer ses deux mains yuoirines,
  235 5 Ses deux Soleilz, ses leures corallines,
  249 9 Augmente a deux double loyer croissant,
  269 1 Ces deux Soleilz nuisamment penetrantz,

deux (suite)
```
273   3   Soit que l'ardeur en deux coeurs attrempée
307   8   Deux grandz ruisseaulx, procedantz d'vne veine,
308  10   Des deux Amantz baisé en Babyloine.
309   4   Mais ie sentis ses deux mains bataillantes,
328   3   Que sur les doigtz deux pour troys va comptant,
335  10   Se pert du tout en ces deux miens ruysseaulx.
346  10   Iusqu'a leur Mer, ou tous deux vont mourir?
358   2   Iecte sur moy vn, ou deux de ses raiz,
361   3   Deux sources d'eaux, lesquelles par destresse
381   7   Telz deux Rubiz, telz Saphirs radieux:
385   2   Ou lon entent les deux Soeurs resonner,
395   4   Là, ou Arar les piedz des deux Montz baigne:
419   3   Tirantz tous deux d'vne mesme equalibre,
431   9   Vit vn long temps suspendu entre deux,
447   2   Lon auroit mys deux elementz contraires,
447   4   Entre elementz les deux plus aduersaires:
```

dextre (1)
```
296   2   Si gentement dessus ton Soleil dextre,
```

diane (2)
```
 22   3   Comme Diane au Ciel me resserrer,
176   1   Diane on voit ses deux cornes iecter
```

dict (1)   dist, dit
```
 47   1   M'eust elle dict, aumoins pour sa deffaicte,
```

dictamnum (1)
```
422   8   Mon dictamnum, comme aux Cerfz Artemide,
```

dicte (1)
```
 69   2   Comme la langue a la voix les motz dicte:
```

dictymne (1)
```
353  10   Pourquoy ainsi, Dictymne, me fuis tu?
```

dictz (2)
```
263   6   Ses faictz, ses dictz sont a moy euidentz,
278   5   Vienne ouyr ceste, & ses dictz desplier
```

die (1)
```
 59   4   Te die: Dame, ou ton Amant se oblye,
```

dieu (18)
```
 37   7   Aussi, ô Dieu, en noz coeurs tu estens
 40   1   Quiconques fut ce Dieu, qui m'enseigna
 46  10   De ce doulx bien, Dieu de l'amaritude.
 74   8   Pourquoy ne suis second Dieu d'amytié?
 94   2   Le Dieu volant, qu'en Mer il s'abysma:
 98   1   Le Dieu Imberbe au giron de Thetys
110   8   Rend son espée a ce Dieu inhumain,
116   8   Du sang d'Abel deuant Dieu criera
120   7   A qui le Dieu crie plain de tristesse,
136   5   Dieu aueuglé tu nous as fait auoir
235   6   De Dieu créez pour ce Monde honnorer,
364   2   Prendre congé, & te dire a Dieu, Dame:
370  10   De desespoir, Dieu d'eternel tourment.
371   6   Dieu de vilté, & de sagesse horreur,
```

dieu   (suite)
     374   2   Et tout soubdain le vint au Dieu monstrer,
     388   8   Et en Automne Amour, ce Dieu volage,
     436   10   Qui de Glaucus iâ me transforme en Dieu.
     442   2   Vn Dieu causer ce viure tant amer?

dieux   (27)
       2   5   Car de tout bien, voyre es Dieux desirable,
      16   1   Ie preferoys a tous Dieux ma Maistresse,
      20   1   Peuuent les Dieux ouyr Amantz iurer,
      23   6   Tant approchante est des Dieux ta coustume.
      29   2   L'aueugle Archier, qui des dieux est le maistre:
      40   5   Aussi, ô Dieux, par effect reciproque
      50   7   Elle s'en rit, attestant les haultz Dieux:
      70   3   O Dieux, ô Cieux, oyez mes douleances,
      75   2   Ie m'espargnay l'estre semblable aux Dieux.
      75   7   Lors vous, Nuisantz, Dieux des vmbres silentes,
      88   6   Fouldre des Dieux, & ton cruel meffaire.
      88   10   A moy, aux Dieux, a ta coulpe si grande?
     112   2   Hors la memoyre & des Dieux, & des hommes,
     162   8   Dont les haultz dieux t'ont richement pourueue,
     170   9   Lors i'apperceus les Dieux du Ciel pleuuoir
     173   6   Peut (Dieux beningz) a son heur rencontrer.
     210   7   Dieux aueugles (si tant est vostre iniure,
     239   1   Par long prier lon mitique les Dieux:
     241   5   Et ie m'adresse a Dieux, qui me detiennent,
     309   8   Et (quand te plait) hommes, & Dieux conquerre:
     330   2   A cest enfant sur tous les Dieux puissant,
     372   9   Dont spire (ô Dieux) trop plus suaue alaine,
     381   6   Amoindrissant, voyre celle des Dieux?
     391   9   Les Dieux hayantz ingratitude vile,
     394   9   Mais au rebours elle (ô Dieux) les mesprise,
     414   6   Dont les Dieux seulz ont la fruition.
     442   6   Contre les Dieux, pur intellect des Cieulx.

diffame   (1)
      83   3   Venus cuydant couurir si grand diffame,

difference   (1)
     449   5   Aussi ie voy bien peu de difference

differente   (1)
     348   5   Non differente a la calamité,

difficilement   (1)
     366   3   Nourry ne m'aye, & difficilement,

diforme   (1)
     229   7   Mais ta vertu aux Graces non diforme

digne   (6)
       9   3   Mais de la main trop plus digne fus pris,
     110   6   Et digne asses d'eternelle memoire?
     257   6   Te descouurant secrette, & digne chose,
     299   10   Digne excuse est a mes erreurs honnestes.
     408   6   (Si digne en suis) ton sein delicieux.
     444   2   Mais trop plus digne a si doulce folie,

dignement   (1)
    444   7   Pour dignement par Raison renommer

diligemment   (2)
     94   5   De ses deux traictz diligemment rama,
    308   4   Pour a leur blanc diligemment frapper.

diligent   (1)
    202   2   Si diligent la verité ie tente?

diminuant   (1)
    383   3   Plus s'amoindrit diminuant sa force,

diminue   (6)
     17   8   Que ce mien feu, tant soit peu, diminue,
    124   4   Desquels l'or pur sa clarté diminue.
    171   7   Adonc en moy, peu a peu, diminue
    249   2   Pour s'exercer iamais ne diminue,
    368   8   Se diminue au cler de sa presence:
    383   7   Quand ta presence a moy se diminue,

diray   (2)
     25   9   Ou ie diray, que ton arc examine
    318   7   Que diray donc de cest abouchement,

dire   (13)
     18   9   Fors que de toy, & si ne sçay que dire,
     76   4   I'ouuris la bouche, & sur le poinct du dire
     93 10   Qui, murmurant, mes peines puisse dire.
    139   1   Bien fortuné celuy se pouuoit dire,
    142   9   Me fera dire estre serf doublement,
    160   5   Et son doulx chant (si au vray dire l'ose,
    244   1   Si ie vois seul sans sonner mot, ne dire,
    247   5   Et pour mon dire au vray authoriser,
    329   1   Vouldrois ie bien par mon dire attrapper,
    364   2   Prendre congé, & te dire a Dieu, Dame:
    402   9   Si viuement, que (si dire ie l'ose)
    410   1   D'elle puis dire, & ce sans rien mentir,
    427   1   Force me fut (si force se doibt dire

diroit   (1)
     44   8   Bien la diroit descendue des Cieulx,

dis   (2)
    202   3   Et l'esprouuant, me dis tu curieux
    230   6   Pourquoy? dis tu, tremblant d'vn ardent zele.

disant   (2)
     44   4   Disant qu'elle est encor moins, qu'immortelle?
    302   8   Et, ce disant, l'esponge me tendit.

discord   (1)
     17   4   Qu'auecques nous aulcun discord s'assemble:

discords   (1)
    376 10   Noz sainctz vouloirs estre ensemble discords.

discordz   (3)
    121   8   Par qui le Coeur souffre si grandz discordz,

discordz (suite)
  243 4 En l'Ame, las, causent mille discordz,
  337 5 Toy seule, ô Parque, appaises leurs discordz,

discors (1)
  392 2 Mouantz tousiours continuelz discors:

discours (2)
  102 6 L'intention de nostre long discours.
  288 1 Plus ie poursuis par le discours des yeulx

discretion (2)
  233 7 C'est que ie voy soubz sa discretion
  279 1 Combien encor que la discretion,

disgrace (1)
  405 2 Pour le desastre influant ma disgrace,

disoit (1)
  301 1 On me disoit, que pour la conuerser,

disparitez (1)
  322 5 Ie sçay asses, que nos disparitez

dispensée (5)
  134 7 Mais si sa part est ores dispensée
  293 3 Pour des Cieulx estre au meurdre dispensée,
  380 3 Voye tes faictz, ô Dame dispensée
  406 3 Ma voulenté ont en ce dispensée,
  412 7 Hors de soucy d'ire, & dueil dispensée

disposa (1)
  34 4 Causast le mal, a quoy se disposa

dispose (1)
  117 6 A quelle fin ton vouloir se dispose.

dispute (1)
  226 10 Mettre en dispute a la suspition.

dissention (2)
  47 5 Mais esmouoir si grand dissention
  371 8 Mais en mon coeur à mis dissention

dissipant (1)
  96 6 A desespoir, mon desseing dissipant.

dissiper (1)
  209 7 O quand ie puis sa force dissiper,

dissolution (1)
  416 4 Car eulx tendantz a dissolution

dissoudre (1)
  446 1 Rien, ou bien peu, faudroit pour me dissoudre

dissouldre (2)
  135 1 Qui ce lien pourra iamais dissouldre,
  200 9 Ie sens mes yeulx se dissouldre en fontaine,

dissoult   (1)
    373 6   Qu'il se dissoult, & tout en pleurs se fond,

dissoulz   (3)
      4 10   Ie me dissoulz en ioyes, & en pleurs.
    239 8   Et te dissoulz en ryme pitoyable,
    401 6   Et tant dissoulz en sa rigueur supreme,

dist (4)   dict, dist
     44 9   Tant s'en faillant qu'il ne la dist Déesse,
     67 5   Garde, luy dist Cypris, qu'il ne t'enferre,
     83 8   Pourquoy, dist il, m'as tu bandé la face?
    130 6   Que lon luy dist: ou penses tu attaindre?

distant   (2)
     73 4   Par prospectiue au distant mesurée.
    259 4   Tout lieu distant, du iour et de la nuict,

distiler   (1)
    133 5   Lors ie sentis distiler en mon ame

distillant   (2)
    206 9   Me distillant par l'Alembic des maulx
    207 10   La distillant en amoureuse humeur.

distille   (2)
    290 2   Mon ame sens, qui toute se distille
    388 1   Ce doulx venin, qui de tes yeulx distille,

distillent   (1)
    331 8   A tant pleurer, que sans cesser distillent?

distiloit   (1)
    302 4   Se distiloit en larmes de destresse.

distraict   (1)
    297 3   De tout ennuy ie suis alors distraict,

distraictz   (1)
    293 5   Et tellement de toute aultre distraictz,

distraire   (1)
    214 4   N'en peuuent point ma pensée distraire,

dit (26)   dict, dist
      5 7   Tourne, dit elle, a moy, & te despesche.
      8 5   Veulx tu, dit il, Dame, luy satisfaire?
      8 7   Puis qu'il te plaict, dit elle, ie le veulx.
     19 8   Mais celle part, comme on dit, la greigneur,
     29 4   Qui des humains se dit seule dame estre.
     29 7   Tu ne deçoys, dit il, ces deux cy, Belle,
     63 7   Comment, dit il, est ce donc ta coustume
     63 9   Mais c'est ton feu, dit elle, qui allume
     78 7   Et l'aultre dit desir estre vne rage,
     86 7   Ainsi, dit il, ie tire au despourueu,
    109 8   Va: ta demande est, dit elle, importune.
    113 1   En deuisant vn soir me dit ma Dame:
    120 9   Delie suis, dit elle, & non Déesse:
    120 10   Prendre cuydois, dit il, mais ie suis pris.
              183

```
dit   (suite)
   142   2   A bien seruir, m'à dit en ceste sorte:
   179   3   Et la Raison me dit, que le poursuyure
   230   4   Qu'en se plaingnant il te dit a voix basse:
   237   5   Hà ce n'est pas, dit elle, qui me mord
   250   5   La visitant luy dit: Auroys tu point
   255   9   Ceste, dit elle, en prys, lustre, & merite,
   286   3   Veulx tu, dit il, congnoistre bien, & beau,
   302   7   Voicy, dit il, pour ton ardeur estaindre;
   327   5   Et luy à dit, près d'elle volletant:
   327   7   N'ay ie mes yeulx, dit elle, dont ie chasse,
   332   5   C'est, luy dit elle, affin que ne m'oppresse
   391   1   Non (comme on dit) par feu fatal fut arse

diuers   (5)
    43   5   En vn moment deux diuers traictz me lasche
   216   1   En diuers temps, plusieurs iours, maintes heures,
   279   6   Le souuenir de ton diuers accueil,
   363   5   Par diuers acte, & mainte inuention
   424   4   Engendre en moy mille souciz diuers:

diuerse   (2)
   254   5   Et si ces troys de diuerse substance
   366   2   Qu'Amour de flamme estrangement diuerse

diuersement   (1)
   241   2   Auecques vous diuersement me tiennent.

diuerses   (2)
   214   1   Le practiquer de tant diuerses gentz,
   378   4   Au fons confus de tant diuerses choses,

diuersité   (1)
   400   5   Se deffaict toute en la diuersité,

diuertir   (1)
   307   9   Qui ne se peult tarir, ne diuertir,

diuin   (7)
   161   8   Que droict humain, & non diuin, à faict.
   168   2   Ton nom diuin par la memoire passe,
   196   9   L'esprit diuin de ta celeste voix
   219   2   En membres apte a tout diuin ouurage,
   230   8   Et ce diuin, & immortel visage
   278   8   Tout le parfaict de son diuin ouurage,
   281   3   En son diuin tant a vertu conioincte,

diuine   (9)
     3   2   Idolatrer en ta diuine image
     6   5   Qui par sa haulte, & diuine excellence
    53   2   Multipliant sa diuine puissance,
    62   9   Qu'en toy me fait ta diuine presence
    91   4   De celle rare, & diuine beauté,
   124   8   Pour contrelustre à ta diuine face.
   157   1   Me rauissant ta diuine harmonie
   283   9   Adoreront ta diuine vertu
   397  10   Et me pers tout en sa diuine image.
```

diuinement   (2)
    254   7   Vertu estant diuinement Royalle,
    281   2   En son humain tant diuinement sage,

diuines   (1)
    398   6   Non des habitz, mais de ses moeurs diuines,

diuinité   (2)
    127   8   Pour reuerer si grand' diuinité,
    381   4   Deuant les piedz de ta diuinité.

diuins   (1)
    367   9   Auec leurs bras mortellement diuins

diuisé   (1)
    427 10   Qui suis en moy oultrément diuisé?

diuiser   (1)
    320   4   Lesquelz ie voy d'auec moy diuiser,

diuisez   (1)
    284   8   Barbares gentz du Monde diuisez

docile   (1)
    167   2   Docile esprit, obiect de la Vertu,

doctement   (1)
    277   6   Cuydant l'auoir doctement retiré:

dodone   (1)
    201   4   L'aultre Dodone incongneue a Epyre,

doibs   (3)   doy
    163   1   De ce bien faict te doibs ie aumoins louer,
    232   1   Tout le repos, ô nuict, que tu me doibs,
    439   8   Ie ne me doibs grandement esbahir,

doibt   (4)   deubt
    188   9   Si le souffrir doibt supplir amplement,
    292   6   Mais celle part, qu'on doibt plus estimer,
    400   3   Doibt appaiser, comme ame recréée,
    427   1   Force me fut (si force se doibt dire

doigt   (3)
    138   9   Le me feit veoir, & presqu'au doigt toucher,
    347   2   Le doigt sacré par si gente maniere,
    349   7   Dont te portant au doigt iournellement,

doigtz   (3)
    196   1   Tes doigtz tirantz non le doulx son des cordes,
    232   3   Et l'Horologe est compter sur mes doigtz
    328   3   Que sur les doigtz deux pour troys va comptant,

doleances   (1)   douleances
    363   8   Icy tremblant luy feis mes doleances:

dolent   (1)
    191   6   Qui me rend tout si tristement dolent,

dolente   (1)
    197   1   Doulce ennemye, en qui ma dolente ame

doloureuse   (1)   douleu-
    390   9   Car eulx cuidantz donner mort douloureuse,

domaine   (1)
    409   3   Pour le porter au gracieux domaine

domeine   (1)
    423   5   Y frequentantz, comme en propre domeine,

domestique   (1)
    162   6   Moins domestique a si grand loyaulté:

domestiquer   (1)
    287   1   Fortune en fin te peut domestiquer,

dommage   (8)
      3   4   Pour non preueoir a mon futur dommage.
      6   3   Ou l'oeil, encor non expert de dommage,
     19   3   Si contre tort, & tout public dommage
    177   2   Tu me feis veoir, mais trop a mon dommage
    194   5   Qu'il faille a maintz par vn commun dommage
    317   1   Mon mal se paist de mon propre dommage,
    397   8   Et contemplant sa face a mon dommage,
    430   4   A mon dommage asses, & trop moleste,

dommageable   (1)
    345   8   Tu ne sens point sa flamme dommageable,

dompté   (1)
    150   4   M'à tellement a son plaisir dompté,

don   (1)
    205   5   Au moins ce don ie le presente, & donne,

donc   (45)   doncques, donques
     11   9   Tes vertus donc, qui ton corps ne suyuront,
     12   8   Tu m'apprens donc estre trop plus de gloire,
     19   5   Donc au Vassal fut grand' mesconqnoissance
     25   7   Fais donc, Amour, que peu d'heure termine.
     45   5   Quelle du mal sera donc la sortie,
     63   7   Comment, dit il, est ce donc ta coustume
     71   6   Viuray ie donc tousiours? non: lon termine
     72   9   Donc pour aymer encor telle souffrance,
     74   7   Puis que pareilz nous sommes donc ainsi,
     75   3   Me pourra donc estre imputé a vice,
     80   7   Osas tu donc de toy tant presumer,
     88   9   Pourras tu donc, toy seule, satisfaire
     92   9   Me pourra donc tel Soleil resiouir,
     93   4   Donc de ses traictz tu la veis toute ceincte,
    107   9   Donc (que crains tu?) Dame, fais me mourir,
    114   7   Si donc le Coeur au plaisir, qu'il reçoit,
    119   3   Que fera donc entiere conqnoissance,
    142   5   Ie pense donc, puis qu'elle tient si forte
    146   1   Donc admirant le graue de l'honneur,
    152   9   Quelle sera donc la delectation,
    160   1   Estes vous donc, ô mortelz esbays
                              186

donc (suite)

167	7	Donc aultre Troye en moy commencera
182	9	Il fauldra donc, que soubz le tien pouoir
184	7	Refrenez donc, mes yeulx, vostre deluge:
208	9	Enfle toy donc au parfaict de son lustre,
234	5	Voy donc, comment il est en moy possible,
266	9	Repaissez donc, comme le Coeur souloit,
267	9	Ià ne fault donc que de moy ie la priue,
273	7	Fais donc, que i'aye, ô Apollo, songé
280	1	Que ne suis donc en mes Limbes sans dueil,
290	10	Que ne suis donc plus, qu'Argus, tout en yeulx?
299	7	Donc si par toy, destinée prospere,
318	7	Que diray donc de cest abouchement,
332	7	Donc, respond il, ie croy que sa deffence
334	7	Mes larmes donc n'ont elles peu estaindre
336	7	Puis qu'il est donc vers elle mal venu,
337	7	Vien donc, heureuse, & desirée enuie,
352	9	Donc ce remede a mon mal ne vauldroit.
388	5	Donc ce Thuscan pour vaine vtilité
391	7	Enuers les siens ne sois donc inciuile
420	7	Ne pouuant donc le conuaincre aultrement,
442	1	Pourroit donc bien (non que ie le demande)

         *   *   *

25	2	Du bien, donc suis, long temps à, poursuyant,	(dont)
119	8	Qu'en moy mourust ce bien, donc i'ay enuie.	
207	4	Mon gelé coeur, donc mon penser deriue,	

doncques (11) donc, donques

3	7	Doncques tu fus, ô liberté rauie,
3	9	Doncques espere auec deceue enuie
23	7	Doncques en vain trauailleroit ma plume
56	9	Doncques a tort ne t'ont voulu poursuyure
60	1	Si c'est Amour, pourquoy m'occit il doncques,
210	1	Doncques le Vice a Vertu preferé
251	7	Doncques voyant la tresriche rapine
283	5	Doncques ainsi elle se reconqnoit,
331	7	Doncques me sont mes larmes si aisées
446	7	Doncques, pour paix a ma querre acquerir,
449	9	Nostre Geneure ainsi doncques viura

donna (2)

134	2	L'intention, que sa loy nous donna,
248	4	Par lon trauail, qui donna l'asseurance.

donnant (3)

133	4	Qu'en te donnant a moy, tu m'estois Dame.
177	6	Donnant a tous mille esbahyssementz
240	9	Me donnant mort sainctement glorieuse,

donnay (2)

272	8	Et le baiser, qu'au rendre vous donnay
394	1	Pardonnez moy, si ce nom luy donnay

donne (7)

94	10	Vexation, qui donne entendement.
96	2	Ce doulx soubris me donne espoir de vie,
172	4	Ou maint esmail mainte ioye se donne.
205	5	Au moins ce don ie le presente, & donne,
347	6	Te donne a moy, mais pour plus sien me rendre.

donne   (suite)
  347 9 Ny fin aussi, qui me donne a entendre,
  426 10 En aultruy paix, qui a soy donne querre.

donné   (4)
  145 6 Et là tremblant, si grand coup à donné,
  205 9 Mais, quant a moy, qui tout le t'ay donné,
  370 5 Ainsi donné en proye a la destresse,
  413 4 M'ont plus donné & de fortune, & d'heur,

donnée   (2)
    3 8 Donnée en proye a toute ingratitude:
  267 8 Luy ont donnée, a quoy en vain souspire?

donnent (1)
  390 10 Me donnent vie heureuse, & immortelle.

donner   (15)
   40 10 L'aultre donner d'heureuse liberté.
   96 10 En vn moment me donner vie, & mort.
  117 10 De me donner, comme a mort, vie morte.
  143 7 Soubdainement qu'il s'en peult donner garde,
  205 1 Si ne te puis pour estrenes donner
  212 9 N'ont peu donner par honneste pitié
  227 9 Sa grace asses, sans moy, luy peult donner
  240 1C Te donner vie immortellement saincte.
  275 5 Te peult donner. Parquoy ma foy guidée
  314 9 Pour non donner aux enuieux esbat:
  325 2 A tout gentil de donner en perdant:
  356 4 Pour donner lieu a la nuict tenebreuse,
  378 8 De donner heur a ma fatalité,
  385 4 Ie luy voulois paix, & repos donner,
  390 9 Car eulx cuidantz donner mort douloureuse,

donneur (1)
  175 6 De noz deduitz tant foible est le donneur.

donques (1) donc, doncques
  441 1 Donques apres mille trauaulx, & mille,

dont (60) donc
    3 3 Dont l'oeil credule ignoramment meffit
    5 5 Dont me voyant sain, & sauf retirer,
    7 9 Ou plus m'allume, & plus, dont m'esmerueille,
   13 7 Dont l'oeil piteux fait ses ruisseaulx descendre
   34 7 Dont i'ay en moy conclu finablement
   48 9 Dont, comme au feu le Phoenix, emplumée
   58 9 Dont mes pensers guidez par leurs Montioyes,
   63 6 Saulte aux cheueulx, dont l'Enfant ardent fume.
   66 7 Dont froide peur surprenant lentement
   73 8 Dont près ie suis iusqu'a la mort passible.
   76 7 Dont du desir le curieux soucy
   83 6 Maint cas, dont fut le Forgeron honteux:
   89 5 Dont aigrement furent contrainctz de plaindre:
   96 4 Me promect mieulx de ce, dont i'ay enuie.
  112 9 Dont du grief mal l'Ame toute playeuse
  118 6 Dont, comme neige au Soleil, ie me fondz
  119 4 Dont on ne peult se passer au besoing?
  121 4 Dont mes souspirs furent les Encenciers.

dont   (suite)
125   5   Dont ame, & coeur par ta nature rude
145   9   Dont mon esprit de ce trouble estonné,
157   3   Dont transporté de si doulce manye,
162   8   Dont les haultz dieux t'ont richement pourueue,
172   8   Dont Amour est & haultain, & vainqueur,
179   9   Dont pour t'oster, & moy, d'vn si grand doubte,
183   2   Dont ma pensée est ia si entestée?
185   3   Dont a l'espoir de tes glassons hurté,
186   2   Dont la beaulté peult les Cieulx ruyner:
221   6   Dont ma Maistresse & pleure, & se tourmente.
237   4   Dont de douleur le visage tout mort,
239   9   Pour esmouuoir celle, dont tu depens,
245   6   Que le parfaict, dont sa beaulté abonde,
248   2   Du fort desir, dont tu tiens l'esperance,
250   8   D'aultres asses, dont elle est mieulx seruie.
256   8   Dont n'est plaisir, ny doulx concent, que i'oye,
260   7   Dont le fort vent de l'espoir courageux
288   5   Dont le parfaict de sa lineature
290   4   Dont le pouoir me rend si fort debile,
306   2   Dont assoupy d'vn tel contentement,
315   5   Dont tout plaisir ie me sens conciter,
317   5   Dont en mon mal mes esperitz dormantz,
324   1   Les rhetz dorez, dont Amour me detient
327   7   N'ay ie mes yeulx, dit elle, dont ie chasse,
331   10   Tombant aux sains, dont elles sont puysées.
335   6   Dont il se lance au fond pour la baiser.
349   7   Dont te portant au doigt iournellement,
369   7   Dont l'amer chault, salé, & larmoyeux
370   8   Dont mes espritz recouurantz sentement,
371   3   Dont si iustice en nous mesmes deffault,
372   9   Dont spire (ô Dieux) trop plus suaue alaine,
373   8   Dont descent puis ce ruisseau argentin,
384   5   Comme celluy, dont pend l'abregement,
389   5   Dont par raison en la vertu comprise
391   6   Dont elle ardit auecques eulx leur Ville.
411   9   Dont, maulgré moy, trop vouluntairement
414   6   Dont les Dieux seulz ont la fruition.
426   2   Dont estre auare est tresgrande vertu,
431   7   Mais tout coeur hault, dont du mien ie me deulx,
432   7   Dont de rechef encores tu me pinces,
438   9   De mon labeur. Dont en voye patente
439   7   Dont pour excuse, & cause legitime

doré   (1)
230   1   Quand ie te vy orner ton chef doré,

dorent   (1)
409   6   Me dorent tout de leurs rayz espanduz.

dorer   (1)
194   1   Suffise toy, ô Dame, de dorer

dorez   (3)
124   1   Si Apollo restrainct ses raiz dorez,
324   1   Les rhetz dorez, dont Amour me detient
386   2   Poulse le bout de ses rayons dorez,

dorion   (1)
     30 10 Rien ne le peult, non Dorion, guerir.

dormant   (2)
     51   5 Qu'il m'est aduis en dormant, que ie veille,
    159   6 Lon me touchoit dormant profondement.

dormantz   (1)
    317   5 Dont en mon mal mes esperitz dormantz,

dormoit   (1)
    335   1 Pour la fraischeur Delie se dormoit

doroit   (2)
     79   4 Des montz cornuz doroit les haultes cymes.
    223   1 Phebus doroit les cornes du Thoreau,

dos   (1)
     38   2 Qui sur le dos deux aeles luy paingnit.

double   (5)
    136   2 Vnit double ame en vn mesme pouoir:
    242 10 Iusqu'a la double, & fameuse Cité.
    249   9 Augmente a deux double loyer croissant,
    285 10 Double peine à, qui pour aultruy se lasse?
    391 10 Nous font sentir double vengeance amere.

doublement   (1)
    142   9 Me fera dire estre serf doublement,

doubtance   (3)
     99   2 Souffrir, & viure en certaine doubtance:
    261   7 I'ay rien commis: mais sans point de doubtance
    431   5 Par craincte plus, que non point pour doubtance

doubtant   (1)
     68   9 Aussi vault mieux qu'en doubtant ie trauaille,

doubtay   (1)
     66   5 Soubdain doubtay, qu'elle me pourroit nuire,

doubte   (19)
     61   8 Se doubte aussi soubz prouuée vnion.
     68   6 Ores la doubte, ores la foy me baille,
     84   5 Bien que la doubte aucunesfois se plonge
    155   7 Qui doubte estaint a son bref suruenir,
    156   8 Me fait fremir en si ardente doubte,
    179   9 Dont pour t'oster, & moy, d'vn si grand doubte,
    204   8 Que doubte en moy vacilamment chancelle,
    220   2 Souuent resouldre en perilleuse doubte,
    220   5 Mais si la preuue en l'occurrence doubte
    225   7 Que quand la doubte, ou la paour sa voisine,
    226   6 Ie tremble tout de doubte combatu.
    265   2 Tousiours ie suis meslé de doubte, & craincte:
    359   6 De tes doulx yeulx, quand moins de doubte auois,
    362 10 M'esmeult souuent le vacciller du doubte.
    371   7 Me tire a doubte, & de doubte a terreur.
    371   7 Me tire a doubte, & de doubte a terreur.
    393   6 De doubte, espoir, desir, & ialousie,

doubte   (suite)
    436   6   Dessus la doubte a ce coup sommeilleuse.
    438   6   I'eschappe a doubte, espoir, ardeur, attente,

doubter   (1)
    337   9   Vien sans doubter, que l'esprit, & la vie

doubteuse   (3)
     38   9   Tant que pour viure en si doubteuse attente,
    167   3   L'oracle fut sans doubteuse response,
    428   8   Par l'aueuglée, & doubteuse asseurance,

doubteuses   (1)
    294   9   Parguoy enclos en si doubteuses lisses,

doubteux   (1)
    403 10   D'elle doubteux, & de moy incertain.

doulce   (34)
      6   4   Se veit surpris de la doulce presence,
     10   2   Trouble la paix de ma doulce pensée,
     48   2   A l'Ame doulce ores cherement plaict:
     61   5   Car la ferueur d'vne si doulce rage
     71   1   Si en ton lieu i'estois, ô doulce Mort,
     78   1   Ie me complais en si doulce bataille,
     87 10   Doulce la peine au mal accompaignée.
     91   1   Osté du col de la doulce plaisance,
     99   9   Et qui noz ans vse en doulce prison,
    105   9   Et par ainsi, voyant si doulce face,
    114   9   Croire fauldra, que la Mort doulce soit,
    129   1   Le iour passé de ta doulce presence
    143   4   Ie me nourris de si doulce mensonge.
    152   4   A delaisser si doulce seruitude:
    152 10   Si ainsi doulce est l'vmbre de l'attente?
    153 10   Me laisse vif a ma doulce homicide.
    157   3   Dont transporté de si doulce manye,
    168   4   En aultre vie, & plus doulce trespasse:
    197   1   Doulce ennemye, en qui ma dolente ame
    198   2   De celle doulce, & molle neige blanche,
    204   1   Ce hault desir de doulce pipperie
    219   5   N'esmeuuent point en moy si doulce rage,
    228   3   Celant en soy la doulce cruaulté,
    232   6   Ie me pers tout en si doulce pensée,
    259   6   Seront rempliz de ta doulce riqueur.
    292   8   Qu'en moy ie dy telle ardeur estre doulce,
    293 10   Souffrir heureux doulce antiperistase.
    294   2   D'vne si doulce, & plaisant seruitude?
    314   1   Souuent Amour suscite doulce noise,
    352   3   Que congeler en la doulce presence,
    375   1   De toy la doulce, & fresche souuenance
    392   8   Tu te rens doulce, & t'appaises soubdain:
    436   3   Et qui tousiours par sa doulce estincelle
    444   2   Mais trop plus digne a si doulce folie,

doulcement   (8)
     42   1   Si doulcement le venin de tes yeulx
    212   3   Des que leurs rayz si doulcement nuisantz
    228   7   Les admirant si doulcement ie meurs,
    272   3   Qui doulcement me consomme le sein
                            191

doulcement   (suite)
```
    280 10   Ie meurs tousiours doulcement sans mourir.
    315  3   Si doulcement elle est de courroux plaine,
    338  4   (Combien que vain) si doulcement l'enflamme,
    343  3   Dans les ruysseaulx doulcement vndoyantz
```

doulces   (1)
```
    398  7   Me seruiront de doulces medecines,
```

doulceur   (10)
```
      9 10   Beaulté logée en amere doulceur.
     27  6   Ie croy pitié soubz honteuse doulceur.
     96  3   Et la doulceur de ceste tienne face
    273  1   Toute doulceur d'Amour est destrempée
    348  9   Elle me vainct par nayue doulceur
    401  5   De leur doulceur sont ores defformez,
    411  2   Toute doulceur penetramment se fiche
    414  4   Des haultz pensers, que sa doulceur me liure
    435  7   O que doulceur a l'Amant rigoureuse
    440  9   Se reposant sur ta doulceur honteuse
```

douleances   (1)   doleances
```
     70  3   O Dieux, ô Cieux, oyez mes douleances,
```

douleur   (19)   dolou-
```
     42  3   Que sans douleur le desir soucyeux
     89  2   Et de douleur se print fort a complaindre:
    103 10   Me fut la peur, la douleur, & la Mort.
    151 10   Que la douleur a qui ià s'en deliure.
    156  3   Que celuy là, qui estend la douleur
    179  5   Celluy desià, m'esloingnant de douleur,
    232  8   Ne souffre au Corps sentir celle douleur
    237  4   Dont de douleur le visage tout mort,
    256  1   Poure de ioye, & riche de douleur
    276 10   I'ay rencontré & tristesse, & douleur.
    279  3   Que la douleur de mon affliction,
    320  7   Au fort mon coeur en sa douleur se fie,
    338  6   Moins s'y congnoist, quand plus de douleur sent,
    372  7   Celle douleur celestement humaine,
    404  4   Que la douleur m'ostast plus tost le sens
    404 10   Ie ne pourrois sentir douleur parfaicte.
    405  9   Que la douleur, qui en mon front se plye,
    423  4   Qui de douleur a ioye me pourmeine:
    438  7   Pour cheoir es mains de la douleur lattente,
```

douleurs   (7)
```
     52  7   Las ie me fais despouille a mes douleurs,
    188  5   Voy, que douleurs en moy continuelles
    234  8   Excede en moy toutes aultres douleurs,
    282  9   Aux patientz tu accroys leurs douleurs:
    365  9   De mes douleurs resoult la nue humide,
    368  6   Et les douleurs, que la nuict leur augmente.
    385  9   Qui par douleurs, ny par cruaultez maintes
```

douloir   (5)   deu-
```
     76  3   Et qui me feit, & fait encor douloir,
    123  7   Mais si des Cieulx pour me faire douloir,
    187  3   Ainsi ce mien continuel douloir
    309  1   Plus pour esbat, que non pour me douloir
```

```
douloir   (suite)
  406   4   Qu'elle ne peult, & si se deubt douloir.

doulx   (65)   doux
    3   1   Ton doulx venin, grace tienne, me fit
   24   8   Par tes doulx rayz aiquement suyuiz,
   27  10   Vn doulx obly de moy, qui me consomme.
   30   3   Delasché fut le doulx traict nompareil
   31   2   Quand au plus doulx serain de nostre vie
   31  10   Qui le doulx bien de liberté nous oste.
   33   6   Vn doulx souhait, qui, non encor bien né,
   46  10   De ce doulx bien, Dieu de l'amaritude.
   65   8   Plus doulx asses, que Succre de Madere,
   76   2   Pour non la fin a mon doulx mal prescrire.
   92   6   Que ne puis d'elle vn seul doulx mot ouir:
   96   2   Ce doulx soubris me donne espoir de vie,
  114   5   Ne sentez vous, que ce mien doulx tourment
  126   7   Mais par son doulx, & priué entretien
  127   2   Au doulx concent de tes qualitez sainctes,
  132   7   Auec si doulx, & attrayant subiect,
  133   9   Ce doulx nenny, qui flamboyant de honte,
  135   6   En noud si doulx, & tant indissoluable,
  136   3   L'vne mourant vit du doulx desplaisir,
  136  10   Si doulx mourir en vie respirable.
  147   1   Le doulx sommeil de ses tacites eaux
  148   9   Puis retournant le doulx Ver sans froidure
  155   6   Tant qu'au secours vient le plus doulx souuenir,
  156   7   Et le doulx son, qui de sa bouche sort,
  160   5   Et son doulx chant (si au vray dire l'ose,
  168   3   L'esprit rauy d'vn si doulx sentement,
  171   2   Ressussitant au naistre le doulx Ver,
  196   1   Tes doigtz tirantz non le doulx son des cordes,
  197   3   Ce tien doulx oeil, qui iusqu'au coeur m'entame
  201   1   Soubz doulx penser ie me voy congeler
  212   7   Et eulx estantz doulx venin d'amytié,
  217   6   En doulx feu chaste, & plus, que vie, aymable.
  223   8   Que par vn brief, & doulx salut de l'oeil,
  228   6   De ses doulx ryz, & elegantes moeurs.
  237  10   Il poinct plus doulx, aussi plus griefuement.
  240   1   Ma voulenté reduicte au doulx seruage
  242   9   Chassant le son de voz doulx instrumentz
  256   8   Dont n'est plaisir, ny doulx concent, que i'oye,
  262  10   A mon penser sont icy doulx seiour.
  267   1   Au doulx record de son nom ie me sens
  273   5   Delicatesse en son doulx femenin
  279   7   Ores en doulx, ore en triste recueil
  295   7   Aussi tu vois les doulx cherissementz
  299   4   Comme au besoing n'ayant eu doulx accueil,
  304   3   Amour vient faire en elle doulx seiour,
  306   1   Ta beaulté fut premier, & doulx Tyrant,
  316   1   Chantant Orphée au doulx son de sa lyre,
  324   7   Par doulx accueilz, & gracieux soubriz,
  344   1   Leuth resonnant, & le doulx son des cordes,
  359   6   De tes doulx yeulx, quand moins de doubte auois,
  365   8   Le doulx regard a mon mal souuerain
  366   6   D'vn doulx feu lent le cueur m'atyedissoit
  376   6   En me mouant au doulx contournement
  379   4   Au doulx pourchas de liberté rauie:
  384   4   Non meritant si doulx soulagement,
```

doulx   (suite)
```
 388  1  Ce doulx venin, qui de tes yeulx distille,
 390  8  De si doulx arcz ne crains la fureur telle.
 396  8  Pour en son sein tant doulx te receuoir.
 405 10  Tressue au bien trop amerement doulx.
 411  1  Au doulx rouer de ses chastes regardz
 418  7  Auec doulx traictz viuement Angeliques,
 431  6  De tes doulx arcz, me pouant garder d'eulx.
 439  2  Alimenté est le sens du doulx songe
 440  1  Resplendissantz les doulx rayz de ta grace,
 440  8  Au doulx seiour, que tu luy peulx bailler,
```

doux   (2)   doulx
```
  87  1  Ce doux grief mal tant longuement souffert
 157  8  Du plus doux nom, que proferer ie t'oye,
```

doy   (1)   doibs
```
 220  7  Ne doy ie pas en tout preueoir si bien,
```

drapz   (1)
```
 100  5  Entre ses drapz me detient indispos,
```

dresse   (2)
```
 332  2  Son Dé luy cheut, mais Amour le luy dresse:
 354  5  Adonc mes yeulx ie dresse a veoir la face,
```

droict   (3)   droit
```
  20  3  Autant seroit droict, & faulx pariurer,
  55  5  Puis print son vol droict au Soleil Gallique,
 161  8  Que droict humain, & non diuin, à faict.
```

droicte   (2)
```
 177  3  La grauité en ta droicte stature,
 180  6  Tendent tousiours a celle droicte sente,
```

droicture   (1)
```
 210  9  Aydez le vray, la bonté, la droicture,
```

droit   (9)   droict
```
   5  4  Qu'elle ne sceut oncques droit me tirer.
  86  8  Et celément plus droit mes traictz i'asseure.
 137  1  De la mort rude a bon droit me plaindrois,
 156 10  Tout hors de moy du droit ie me deboute.
 172  1  Blanc Alebastre en son droit rond poly,
 186  3  Mais quand ton oeil droit au mien se rencontre,
 195  7  Combat encor, ores droit, or tumbant
 213  1  Si droit n'estoit, qu'il ne fust scrupuleux
 314  7  Et quand a moy son droit elle debat,
```

du   (166)
```
  11  5  Quoy que du temps tout grand oultrage face,
  13  8  Pour la garder d'estre du vent rauie,
  16 10  Du premier iour m'occit de ses beaulx yeulx.
  23  5  Te veult du Ciel (ô tard) estre requise,
  24  4  Des soubdains feuz du Ciel se contregarde.
  25  2  Du bien, donc suis, long temps à, poursuyuant,
  26  6  Moy de glaçons: luy aupres du Soleil
  28  9  Car ie iouys du sainct aduenement
  30  2  Quand sus le soir du iour il se depart,
```

du   (suite)

30	8	Que du remede il ne s'ose enquerir.
42	2	Par mesme lieu aux fonz du coeur entra,
45	5	Quelle du mal sera donc la sortie,
46	2	Que plus on ayme, est du coeur le miroir,
47	8	A receuoir du bien fruition,
53	3	Pour enrichir la poureté du Monde
62	1	Non celle ardeur du Procyon celeste
63	3	Et du bandeau l'esuentant bas, & hault,
70	5	Mais du malheur, qui, comme i'apperçoy,
76	4	I'ouuris la bouche, & sur le poinct du dire
76	6	M'entreclouit le poursuyure du cy.
76	7	Dont du desir le curieux soucy
79	5	Lors du profond des tenebreux Abysmes,
82	1	L'ardent desir du hault bien desiré,
83	9	Sinon affin qu'en despit du Boyteux
86	1	Sur le matin, commencement du iour;
90	2	Tu m'excitas du sommeil de paresse:
91	1	Osté du col de la doulce plaisance,
95	8	Te font priser par l'iniure du Temps,
95	10	Me font du Peuple, & d'elle passe temps.
96	7	Puis ton parler du Miel participant
100	3	Mais du trauail, ou mon feu tu allumes,
103	6	Du grand Chaos de si haulte entreprise,
106	1	I'attens ma paix du repos de la nuict,
106	6	Qui du bas Ciel esclere la nuict brune,
107	2	Oste moy tost du mylieu des Humains.
110	3	Du Bracquemart de Mars tu les deschasses
112	9	Dont du grief mal l'Ame toute playeuse
115	3	Puis du regard de son feu despiteux
116	8	Du sang d'Abel deuant Dieu criera
118	5	Du bien, auquel l'Ame demoura prise:
125	2	Du Marbre dur de ton ingratitude,
127	3	A eu du Ciel ce tant heureux pouoir
133	6	Le bien du bien, qui tout aultre surmonte.
136	3	L'vne mourant vit du doulx desplaisir,
136	8	Le bien du mal en effect desirable:
141	1	Comme des raiz du Soleil gracieux
145	4	Au fondz du coeur d'entiere conqnoissance,
147	3	Que de la mere, & du filz les flambeaux
151	9	Plus nuict la peur du mal a qui l'esproeuue,
156	10	Tout hors de moy du droit ie me deboute.
157	8	Du plus doux nom, que proferer ie t'oye,
162	3	A qui l'honneur du debuoir te conuie
166	5	Car seulement l'apparent du surplus,
168	8	Que de soymesme, & du corps il s'estrange.
170	9	Lors i'apperceus les Dieux du Ciel pleuuoir
171	4	Du commun bien de nature enuieux.
174	4	Toute confuse du bien, que ie pretens.
178	2	Ne prouient point du temps caligineux:
180	7	Qui plusieursfoys du iugement s'absente,
180	8	Faignant du miel estre le goust amer:
182	2	Admire en toy Graces du Ciel infuses:
185	1	Le Coeur surpris du froict de ta durté
185	8	Que delaissée & du iour, & de l'heure,
186	10	Moy du regard, toy par reflection.
187	1	Plaindre prouient partie du vouloir,
188	2	Du mortel dueil de mes iustes querelles:
190	4	Du sainct vouloir, qui si fort me tourmente,

du   (suite)
193	3	Quand, pallissant, du blanc il se recule,
193	9	Parquoy du bien alors ie me repais,
193	10	Du quel tu es sur toutes souueraine. (duquel)
195	9	Mais du pouoir soubz tel faix succumbant
196	7	Car du plaisir, qu'auecques toy i'auoys,
198	6	Pour se vouloir du debuoir desister?
210	3	Et le parler du maling proferé
214	8	Contre l'effort du plus de mes deffences
221	8	L'heur du Poisson, que n'as sceu attraper,
223	1	Phebus doroit les cornes du Thoreau,
223	10	Comme rousée au leuer du Soleil.
228	10	Se font ouyr & des Cieulx, & du Centre.
232	5	Et sans du iour m'apperceuoir encore,
232	7	Que du veiller l'Ame non offensée,
233	1	Contour des yeulx, & pourfile du né,
233	10	Du Dyamant de sa grand' loyaulté.
236	8	Comme enrichiz du thresor de Nature,
236	10	Du moindre bien d'vne telle auanture.
240	2	Du hault vouloir de ton commandement,
244	10	Du mal, que fait vn priué ennemy.
248	2	Du fort desir, dont tu tiens l'esperance,
253	4	S'enfle du bien, que par toy luy abonde:
259	4	Tout lieu distant, du iour et de la nuict,
260	4	Bien pres du Port de ma paix desirée.
260	8	Du vouloir d'elle, & du Haure me priue,
260	8	Du vouloir d'elle, & du Haure me priue,
267	3	Du tout en tout, iusqu'au plus vif du sens:
267	3	Du tout en tout, iusqu'au plus vif du sens:
278	4	Comment du Corps l'Ame on peult deslyer,
283	6	Que son mortel est du vif combatu?
284	8	Barbares gentz du Monde diuisez
287	6	Du vert Printemps, que soubz ta main vsay.
288	7	Et la couleur du vif imitatiue
290	1	Comme gelée au monter du Soleil,
292	10	Du mal, qui tout a si hault bien me poulse.
300	10	Du mal, auquel tu me peux secourir.
303	1	Cest Oeil du Monde, vniuersel spectacle
306	8	M'esueilla lors du sommeil paresseux
307	7	Car du profond du Coeur me fait sortir
307	7	Car du profond du Coeur me fait sortir
310	7	Ne du trauail, qu'on m'à veu employer,
312	6	Regret du temps prodiguement vsé
316	2	Tira pitié du Royaulme impiteux:
316	3	Et du tourment appaisa toute l'ire,
318	4	Quand il me vint du bien feliciter,
319	7	La nous transmit, du bien s'esiouissant,
320	9	Du grand desir, qui tout se viuifie,
329	5	Pource a l'Archier, le plus du temps, m'adresse,
331	9	Las du plus, hault goutte a goutte elles filent,
332	9	Mais bien du mien, dy ie, la ferme essence
335	10	Se pert du tout en ces deux miens ruysseaulx.
340	3	Du triste esprit plus, que du corps lassé,
340	3	Du triste esprit plus, que du corps lassé,
341	8	Ie quiers la fin du songe, & le poursuis,
341	10	Pour non m'oster du plaisir, ou ie suis.
345	1	Entre ses bras, ô heureux, près du coeur
345	6	Loing du plaisir, qu'en toy elle comprent.
351	1	Qui cuyderoit du mylieu de tant d'Anges

du   (suite)
```
352   2   Du tout de moy pour elle me priuant,
354  10   Plus du Soleil s'approchent, plus sont froidz.
356   1   Quand Titan à sué le long du iour,
361   2   Va occultant soubz l'espace du front
361  10   Du sainct obiect de mon affection.
362   1   Ne du passé la recente memoyre,
362   2   Ne du present la congneue euidence,
362   3   Et du futur, aulcunesfoys notoyre,
362  10   M'esmeult souuent le vacciller du doubte.
364   7   Quand est du Coeur, qui seul sans passion
366   8   Hors du spirail, que souuent ie luy ouure.
367   5   Ou l'empire est du conseil arresté
369   9   Sort hors du coeur, & descent par les yeulx
370   4   Du pensement proscript de ma lyesse.
375   2   Du premier iour, qu'elle m'entra au coeur
378   3   Quand mon Esprit, qui du tout perissoit
394   3   Cuydant auoir du bien plus que ie n'ay,
397   2   Depart du feu auec graue maintien:
399   2   Et qu'elle soit la plus belle du Monde,
400   2   De son desir du tout ressuscité,
400   8   Hors du repos de consolation,
406   8   Au goust du miel tous mes incitementz:
408  10   Tu me seras, du moins, paix amyable.
409   4   Du Paradis terrestre en son visage,
410   4   Au fond du coeur par vn desir noueau,
411   4   Le plus du temps laissent ma vie en friche,
411   5   Ou du plaisir sur tout aultre bien riche
412  10   Qui du Vulgaire, aumoins ce peu, m'esloingne. ·
414   1   Plaisant repos du seiour solitaire
414  10   Et du sot Peuple au vil gaing intentif.
422   2   Et du remord de mon petit merite,
423   1   Respect du lieu, soulacieux esbat,
424   6   Me penetrant le vif du sentement,
424   8   Que du desir est ma ioye remplie,
430   3   Si me fault il du coeur contribuer
430  10   Qui du desir vit hors de l'esperance.
431   7   Mais tout coeur hault, dont du mien ie me deulx,
438   8   Et du regrect, qu'vn aultre aye le prys
439   2   Alimenté est le sens du doulx songe
442   8   Du temps nous poulse a eternité telle,
444   8   Le bien, du bien qui sans comparaison
```

dueil   (13)   deuil
```
188   2   Du mortel dueil de mes iustes querelles:
206   6   L'Ame se pert au dueil de telz assaultz.
251   2   De dueil priué en mon particulier,
280   1   Que ne suis donc en mes Limbes sans dueil,
299   2   L'entier effect de ce mien triste dueil,
307   6   Et qui puis vient en dueil se conuertir.
328  10   Amour leger mesler ioye en mon dueil.
344   7   Qu'ores a ioye, ore a dueil tu m'incites
361   6   Les ouure au dueil, au dueil, qui point ne ment:
361   6   Les ouure au dueil, au dueil, qui point ne ment:
369   8   Créé au dueil par la perseuerance
412   7   Hors de soucy d'ire, & dueil dispensée
427   3   De m'enflamber de ce dueil meslé d'ire,
```

duquel   (8)   du quel
   53 5 Duquel voulant demonstrer la constance,
   55 6 Duquel l'ardeur ne viue, ne mourante,
   61 3 Si le deuoir duquel i'abuserois,
  122 6 Duquel bien tost elle seule me priue.
  163 2 Duquel ie note & le lieu, & la place,
  212 5 Duquel le coup penetrant tousiours picque
  252 4 Duquel il s'est totalement demys,
  313 5 Duquel l'ardeur si moins iniquement

dur   (5)
  125 2 Du Marbre dur de ton ingratitude,
  145 5 Sa poincte entra au dur de resistance:
  272 9 Me fut heureux, toutesfoys dur presage:
  274 7 Et tant dur est le mors de ta beaulté
  4C9 2 Qui aux plus fortz rauit le dur courage

durant   (3)
   54 6 L'en à orné, durant qu'il à vescu.
  141 2 Se paissent fleurs durant la Primeuere,
  393 9 Parquoy durant si longue phrenesie,

dure   (11)
   54 3 Luy feit combatre en si dure surprise
   88 1 Non cy me tien ma dure destinée
  102 4 A mon ouye asses tendrement dure:
  113 2 Prens ceste pomme en sa tendresse dure,
  158 2 Pleuroit bien fort ma dure destinée:
  234 7 Parquoy mon mal en si dure souffrance
  285 1 De fermeté plus dure, que Dyaspre,
  320 1 Ie sens par fresche, & dure souuenance
  354 4 Ie me sens tout reduict en dure glace.
             *   *   *
  102 5 Et ie m'y pene affin que tousiours dure
  148 7 Tant que sur moy le tien ingrat froit dure,

durement   (3)
   67 1 Amour des siens trop durement piteux
  237 6 Si durement, ceste petite Mouche:
  360 7 Si durement les circonuoysins lieux,

durent   (2)
  356 8 Et en leur bruyt durent iusques a tant,
  416 2 Durent tousiours sans reuolution

durer   (1)
  408 3 Ie ne veulx point pour en Siecles durer,

durera   (1)
  449 1 Flamme si saincte en son cler durera,

durs   (3)
    0 6 Mainte erreur, mesme en si durs Epygrammes:
  210 8 Que par durs motz adiurer il vous faille)
  390 4 Ou tes durs traictz dessus moy employer,

durté   (5)
   45 4 S'est soubz le froit de durté amortie.
   88 4 Par la durté de ton ingrate erreur:

durté   (suite)
    185   1   Le Coeur surpris du froict de ta durté
    239 10   Mesmes qu'elle est de durté incroyable?
    402   2   Et le rend apte a trancher la durté.

durtez   (1)
    114   3   Qui consumez les durtez, voire seures,

dy   (17)
      5   9   Ie ne fuys point, dy ie, l'arc ne la flesche:
      9   8   Rougir l'Oeillet: Or, dy ie, suis ie seur
     47   7   Faulte ie dy, d'auoir esté mal caulte
     57   7   Ceste me soit, dy ie, derniere excuse:
     86   5   Descouure, dy ie, ô malin, ce Cotere,
     99   7   Ie dy, qu'espoir est la grand prurison,
    109   6   Fais, dy ie lors, de ceste Cymeterre,
    113   7   Mais toy, luy dy ie, ainsi que ie puis veoir,
    221   7   Cesse: luy dy ie, il fault que ie lamente
    237   8   Mais que crains tu? luy dy ie briefuement.
    256   3   Augmentant, dy ie, en cest heureux malheur,
    268   7   C'est pour monstrer, luy dy ie, que tu fains
    277   8   Cesse, luy dy ie, il fault faire aultrement.
    292   8   Qu'en moy ie dy telle ardeur estre doulce,
    332   9   Mais bien du mien, dy ie, la ferme essence
    335   7   Hà, dy ie lors, pour ma Dame appaiser,
    382   3   Que dy ie vient? mais fuyt, & si ne cesse

dyamant   (1)
    233 10   Du Dyamant de sa grand' loyaulté.

dyaspre   (1)
    285   1   De fermeté plus dure, que Dyaspre,

dye   (1)
    105   7   Que toute chose, ou qu'elle dye, ou face,

dyotime   (1)
    439   9   Si ma tressaincte, & sage Dyotime

                              E

eau   (7)
     95   9   Et mes yeulx secz de l'eau, qui me ruyne,
    170   8   Car l'eau par tout la fuyoit çà, & là.
    221   5   Tant se debat, qu'en fin se saulue en l'eau,
    286   1   Nous esbatantz ma Dame, & moy sur l'eau,
    335   3   Qui dedans l'eau d'elle, que tant aymoit,
    439   4   Me penetrant, comme l'eau en l'esponge.
    447   3   Comme tu voys estre le feu, & l'eau

eaux   (6)
    147   1   Le doulx sommeil de ses tacites eaux
    208   2   En sablon d'or, & argentines eaux.
    235   2   Et vous, ô eaux fraisches, & argentines,
    247   7   Qui d'Orient, de là les Rouges eaux,

eaux   (suite)
    335   8   Tu pleures bien cest Amour en ces eaux,
    361   3   Deux sources d'eaux, lesquelles par destresse

eclipser   (1)
    157 10   Que ce seul mot fait eclipser ma ioye.

eclipses   (1)
    416   9   Ce Roy d'Escosse auec ces troys Eclipses

efface   (4)   esface
    124 10   Comme le iour la clere nuict efface.
    207   6   Qu'en bref n'estaingne, & que tost il n'efface.
    387   8   Le cler Soleil les estoilles efface,
    410   6   Voire & qui l'ordre a la raison efface.

effect   (12)
     40   5   Aussi, ô Dieux, par effect reciproque
    135   9   Et preueray par effect ià prouuable
    136   8   Le bien du mal en effect desirable:
    137   8   Amour soubdain l'effect executa:
    203   2   Puissant effect de l'eternel Mouent,
    299   2   L'entier effect de ce mien triste dueil,
    328   1   Tant variable est l'effect inconstant
    329   9   Nous suit alors, qu'on le fuyt par effect,
    372   5   Alors qu'Amour par effect mutuel
    419   1   Hault est l'effect de la voulenté libre,
    426   7   Non que ie vueille, en effect, reprouuer
    428   4   Qu'en effect d'elle a aultruy trop n'agrée

effectz   (4)
    175   3   Ioyeux effectz finissent en funebres,
    180   5   Mais ses effectz en leur oblique entiers
    399   9   Veulent d'effectz remedes fauorables,
    438   4   Ne voy encor sortir aulcuns effectz.

efficace   (3)
    316   9   Qui sur mon feu eusse viue efficace,
    434   9   Qui maintenant par plus grand' efficace
    435   6   L'hermaphrodite, efficace amoureuse?

effigie   (1)
    375   6   Ton effigie au vif tant ressemblante,

efforcément   (1)
    181   4   En mon cerueau efforcément trauaillent.

efforcer   (2)   esf-
    194   3   Sans efforcer le Monde d'adorer
    227   1   Pour m'efforcer a degluer les yeulx

efforces   (1)
    348   8   Encontre moy si vainement t'efforces?

effort   (3)
    211   5   Si foible effort ne peult scandaliser
    214   8   Contre l'effort du plus de mes deffences
    271   4   Que contre paour il ne fait plus d'effort.

effortz   (2)
```
   181   6  Si lonqz effortz sans rien determiner,
   398   2  Suis succumbé aux repentins effortz,
```

effrené   (2)
```
    33   9  Lors estant creu en desir effrené,
   116   2  Trop effrené en sa cupidité,
```

effroy   (1)
```
   440   2  Et esclairantz sur moy, mais sans effroy,
```

eqée   (1)
```
   357   1  Tousiours n'est pas la mer Egée trouble,
```

eqypte   (1)
```
   129  10  Tout esperdu aux tenebres d'Egypte.
```

eqyptienne   (1)
```
   224   9  Le Coeur si fort, que playe Egyptienne,
```

elegamment   (1)
```
   176   6  Et toy ta face elegamment haulsant.
```

elegante   (1)
```
   165   4  Et sa vertu, & sa forme elegante.
```

eleqantes   (1)
```
   228   6  De ses doulx ryz, & eleqantes moeurs.
```

elementz   (3)
```
   392   1  Les elementz entre eulx sont ennemys,
   447   2  Lon auroit mys deux elementz contraires,
   447   4  Entre elementz les deux plus aduersaires:
```

elisée   (1)
```
   104   6  Ie vy de loing ce beau champ Elisée,
```

ell'   (1)
```
   410   2  Qu'ell' à en soy, ie ne scay quoy de beau,
```

elle   (177)
```
     5   4  Qu'elle ne sceut oncques droit me tirer.
     5   7  Tourne, dit elle, a moy, & te despesche.
     7  10  Elle m'abysme en profondes tenebres.
     8   7  Puis qu'il te plaict, dit elle, ie le veulx.
    14   1  Elle me tient par ces cheueulx lyé,
    38   3  Car lors i'ai eu d'elle euidente la perte,
    40   2  Celle raison, qui d'elle me reuogue,
    40   8  De ce, qu'a moy elle fait grand cherté,
    42   7  Alors le sang, qui d'elle charge auoit,
    43   2  Plus ie la hays, & moins elle me fasche.
    43   4  Plus ie la fuys, plus veulx, qu'elle me sache.
    44   4  Disant qu'elle est encor moins, qu'immortelle?
    44   5  Qui la pensée, & l'oeil mettroit sus elle,
    45   6  Si ainsi foible est d'elle l'asseurance?
    47   1  M'eust elle dict, aumoins pour sa deffaicte,
    47   4  La mienne en elle honneste intention.
    49   1  Tant ie l'aymay, qu'en elle encor ie vis:
    49  10  Et ainsi elle, en se perdant, me pert.
```

elle (suite)
```
 50   7   Elle s'en rit, attestant les haultz Dieux:
 57   6   Que de ma foy plainement elle abuse,
 57   8   Plus ie ne veulx d'elle aulcun bien chercher.
 59   6   Pour te monstrer, comme elle, estre muable:
 63   9   Mais c'est ton feu, dit elle, qui allume
 64   8   En lieux a tous, fors a elle, euidentz.
 66   5   Soubdain doubtay, qu'elle me pourroit nuire,
 70   4   Non de ce mal, que pour elle reçoy:
 71   4   Comment? ie vois. Ta force elle à saisie.
 75   4   Constituant en elle mes haultz Cieulx?
 75   8   (Me preseruant elle d'aduersité)
 80   9   Qu'en me voulant a elle accoustumer,
 81   3   Car elle m'eust bien tost reduit en pouldre,
 81   5   Elle apperçeut ma vie estre dehors,
 81   6   Heureuse en toy: D'ailleurs, elle n'offense
 81   8   Ce que de toy elle à, certes, appris.
 85   3   Et si en toy elle est veue mensonge,
 85   8   Qu'elle à plus cher a honte, & villainie
 92   6   Que ne puis d'elle vn seul doulx mot ouir:
 92   8   Tant qu'aultre n'est, fors elle, a mes yeux belle.
 93   6   Elle te fait tant de larmes pleuuoir?
 93   9   Qu'elle les voye en vn ruisseau mouoir,
 95  10   Me font du Peuple, & d'elle passe temps.
100   6   Tant elle m'à pour son foible ennemy.
105   7   Que toute chose, ou qu'elle dye, ou face,
107   6   Elle à mon arc pour nuire, & secourir.
109   3   Mais contre luy soubdain elle s'enflamme,
109   8   Va: ta demande est, dit elle, importune.
120   9   Delie suis, dit elle, & non Déesse:
122   6   Duquel bien tost elle seule me priue.
123   1   Vaincre elle sçait hommes par sa valeur,
134   4   Au bien, qu'a deux elle mesme ordonna.
142   5   Ie pense donc, puis qu'elle tient si forte
142   7   Qu'elle croira, que mon entendement,
142   8   Qui pour elle à coeur, & corps asseruy,
143   5   Or quand l'ardeur, qui pour elle me ronge,
151   4   Tout aultre bien pour le tien elle oblie:
151   6   Tousiours elle est plus loyalle en sa proeuue.
153   6   Que l'immortel d'elle se rassasie.
160   3   Elle à le Ciel serainé au Pays,
161   1   Seul auec moy, elle auec sa partie:
161   2   Moy en ma peine, elle en sa molle couche.
161   4   Et elle nue entre ses bras se couche.
161   6   Elle le souffre: &, comme moins robuste,
161  10   Tu me punys pour elle auoir meffaict.
164   7   Soubdain au nom d'elle tu me resueilles
167   9   Comme elle seule à esté, & sera
170   4   Auecques moy cuydant, qu'elle s'en fuye.
176   5   Puis sa rondeur elle accomplit luisante:
176   7   Elle en apres s'affoiblit descroissant,
180   3   Elle me tourne en vne mesme voye
186   6   Comme qui veulx d'elle ayde requerir,
189   5   Ou plus ie souffre, & plus elle m'enhorte
189   9   Veu qu'elle estant mon mal, pour en guerir
189  10   Certes il fault, qu'elle me soit mon bien.
198   5   Ne sens tu pas le tort, qu'elle prepare
198   8   Qu'elle taschast par honnorable enuie
201   9   Qu'en vn instant ardoir elle ne face,
```

elle (suite)
```
211   9   Et ne cherchez en elle nourriture.
215   4   Que, moy absent, elle ne soit presente.
219   3   Et d'elle veoir l'humaine experience,
219   8   Celle vertu, qui a elle commune,
226   3   Le parfaict d'elle, ou mon contentement
227   2   De ma pensée enracinez en elle,
235   8   L'image d'elle en voz liqueurs profondes.
237   5   Hâ ce n'est pas, dit elle, qui me mord
239  10   Mesmes qu'elle est de durté incroyable?
250   7   Ie luy respons: Elle en à voyrement
250   8   D'aultres asses, dont elle est mieulx seruie.
251   8   En main d'aultruy, indigne d'elle, enclose,
255   9   Ceste, dit elle, en prys, lustre, & merite,
256   7   Quand plus au but de mon bien elle tasche.
257   3   Et mon coeur est aupres d'elle attendant,
257   4   Qu'elle le veuille aumoins, apperceuoir.
257   5   Elle souuent (ô heureux) te vient veoir,
257  10   Ou dedans luy autre entrer n'y peult, qu'elle.
260   8   Du vouloir d'elle, & du Haure me priue,
263   4   Que de moy fais, & non d'elle, depart.
264   3   Mais qu'elle face, en fin que ie ne vueille
264   5   Si grand pouoir en elle ne demeure.
266   4   Que d'aultre chose elle n'à ores cure.
268   3   Lequel elle ouure, & de plumes d'Argus
268  10   Elle eust sentu, quelquesfoys, tes sagettes.
271   3   Car iâ mon coeur tant sien elle possede,
272   4   Par la chaleur d'elle perpetuelle,
273   6   Auec ma ioye à d'elle prins congé.
281   7   C'est qu'elle viue à vescu tellement,
283   1   Tant de sa forme elle est moins curieuse,
283   2   Quand plus par l'oeil de l'Ame elle congnoit,
283   5   Doncques ainsi elle se recongnoit,
284   6   Monstre, qu'en soy à plus, que de femme.
284   7   Posterité, d'elle priuée, infame,
286   4   Si tu pourras d'elle victoyre auoir?
290   6   A resister aux amoureux traictz d'elle.
293   4   Parqui a soy elle à tous coeurs attraictz,
293   6   Qu'en elle seule est leur desir plus hault.
293   9   Il me suffit pour elle en froit, & chault
297   5   Si ie luy parle, intentiue elle escoute,
300   5   Et bien qu'ainsi elle soit plaisamment,
300   6   Tousiours au Corps son tourment elle liure,
302  10   En lieu d'humeur flammes elle rendit.
304   3   Amour vient faire en elle doulx seiour,
307   3   Et n'est plaisir, qu'a mes yeulx elle face,
314   7   Et quand a moy son droit elle debat,
314   8   Mon Paradis elle ouure, & lors m'appaise,
315   3   Si doulcement elle est de courroux plaine,
315   9   Ie vois a elle, & m'accuse, & l'apaise,
319   8   Qui en faueur d'elle nous deifie.
327   5   Et luy à dit, près d'elle volletant:
327   7   N'ay ie mes yeulx, dit elle, dont ie chasse,
328   7   Et deuant elle ainsi comme ie passe,
331   4   Ces miens souspirs, qu'a suyure elle s'applique.
332   5   C'est, luy dit elle, affin que ne m'oppresse
335   3   Qui dedans l'eau d'elle, que tant aymoit,
336   7   Puis qu'il est donc vers elle mal venu,
339   3   Ainsi, quand elle ou triste, ou pensiue est,
```

elle   (suite)
```
339  9  Comme elle sçait, qu'en fidele asseurance,
341  4  Comme si elle estoit au vray presente:
342  1  Quand quelquesfoys d'elle a elle me plaings,
342  1  Quand quelquesfoys d'elle a elle me plaings,
345  2  Elle te serre en grand' delicatesse:
345  6  Loing du plaisir, qu'en toy elle comprent.
345  7  Mais en ses bras, alors qu'elle te prent,
345 10  Heureusement pour elle miserable.
348  9  Elle me vainct par nayue doulceur
352  2  Du tout de moy pour elle me priuant,
353  2  Et sainctement, & comme elle merite,
361  4  Confusément souuent elle desrompt.
363  4  Qu'elle est au lieu de sa detention.
363  7  Cy elle alloit, là elle estoit assise:
363  7  Cy elle alloit, là elle estoit assise:
375  2  Du premier iour, qu'elle m'entra au coeur
375 10  Quand tout repose, encor moins elle cesse.
386 10  Qu'elle esblouyt ma veue entierement.
387 10  Qu'elle estoit seule au lustre de sa face.
389  1  Elle à le coeur en si hault lieu assis
389  2  Qu'elle tient vil ce, que le Monde prise:
391  4  Pource que maintz par elle estoient venuz
391  6  Dont elle ardit auecques eulx leur Ville.
394  8  Pour estre a elle en ses vertus semblable.
394  9  Mais au rebours elle (ô Dieux) les mesprise,
396 10  Ne puis ne paix, ne repos d'elle auoir.
397  6  Qui au parfaict d'elle iamais ne fault?
399  2  Et qu'elle soit la plus belle du Monde,
401  1  Tant occupez aux conditions d'elle
403 10  D'elle doubteux, & de moy incertain.
404  1  Tant plus ie veulx d'elle me souuenir,
406  4  Qu'elle ne peult, & si se deubt douloir.
410  1  D'elle puis dire, & ce sans rien mentir,
410  9  Nuyre ne peult a chose qu'elle face,
411  6  Elle m'allege interieurement:
422  7  Fust elle, aumoins, par vertu pitoyable
427  6  Et si le cuyde) estre d'elle banny.
427  7  Est ce qu'ailleurs elle pretend? nenny:
427  9  Aussi comment serois ie a elle vny,
428  4  Qu'en effect d'elle a aultruy trop n'agrée
429  8  Que nul, qui soit quelque part, qu'elle voyse:
429  9  Elle est (pourtant) en amours si mal née,
433  6  A modestie, & moins d'elle iouir.
```

elles   (4)
```
101  3  Elles auoient vn mesme vestement,
331  9  Las du plus, hault goutte a goutte elles filent,
331 10  Tombant aux sains, dont elles sont puysées.
334  7  Mes larmes donc n'ont elles peu estaindre
```

embellie   (1)
```
149 10  Ore embellie en tes rares vertus.
```

embellit   (1)
```
  7  1  Celle beaulté, qui embellit le Monde
```

emblée   (1)
```
393  4  Ouuertement, & aussi a l'emblée,
```

embolismal   (1)
    416 10   Spirantz encor cest An embolismal.

embouché   (1)
    374   3   Qui ià estoit par son pere embouché

embrasse   (1)
    399   3   Comprenant plus, que tout le Ciel n'embrasse

embrunir   (2)
    52   3   Ou mon trauail ne me fait, qu'embrunir
    126   1   A l'embrunir des heures tenebreuses,

emeril   (1)
    415   8   Sur l'Emeril de fermeté fourbie,

eminent   (1)
    308   2   Pour le peril eminent eschapper,

emmy   (1)
    170   1   Ma Dame & moy iouantz emmy vn pré

emolumentz   (1)
    242   6   Plusieurs biensfaictz, & maintz emolumentz.

empecher   (1)
    334   9   Non: mais me font, sans l'vn l'aultre empecher,

empeinct   (1)
    58   3   Ià tout empeinct au prouffit de mon mieulx,

emperlée   (1)
    191   3   Tu vois ma face emperlée de gouttes

empire   (5)
    55   2   Cuydoit r'entrer en son Empire antique:
    201   2   En ton ardeur, qui tous les iours m'empire:
    269   2   Qui de mon viure ont eu si long Empire,
    269   4   Croissent le mal, qui au guerir m'empire.
    367   5   Ou l'empire est du conseil arresté

empirée   (2)
    4   1   Voulant tirer le hault ciel Empirée
    4   3   Des neuf Cieulx à l'influence empirée

employe   (1)
    120   4   Et dessus luy employe & arc, & Trousse.

employent   (1)
    197   6   Mes yeulx pleurantz employent leur deffence.

employer   (2)
    310   7   Ne du trauail, qu'on m'à veu employer,
    390   4   Ou tes durs traictz dessus moy employer,

emplumée   (1)
    48   9   Dont, comme au feu le Phoenix, emplumée

empraincte (1)
   149   7   La Deité en ton esprit empraincte

emprise (1)
   419   4   D'vne portée a leur si haulte emprise:

en (828)
0	3	Mais bien les mortz, qu'en moy tu renouelles
0	4	Ie t'ay voulu en cest Oeuure descrire.
0	6	Mainte erreur, mesme en si durs Epygrammes:
0	8	En ta faueur, les passa par ses flammes.
1	1	L'Oeil trop ardent en mes ieunes erreurs
1	6	Vint penetrer en l'Ame de mon Ame.
2	4	S'esuertua en oeuure esmerueillable.
2	6	Parfeit vn corps en sa parfection,
3	2	Idolatrer en ta diuine image
3	8	Donnée en proye a toute ingratitude:
4	4	Pour clorre en toy leur operation,
4	7	Qui en tes moeurs affigent tant leurs faces,
4	10	Ie me dissoulz en ioyes, & en pleurs.
4	10	Ie me dissoulz en ioyes, & en pleurs.
5	1	Ma Dame ayant l'arc d'Amour en son poing
6	1	Libre viuois en l'Auril de mon aage,
6	10	En sa beaulté gist ma mort, & ma vie.
7	2	Quand nasquit celle en qui mourant ie vis,
7	3	A imprimé en ma lumiere ronde
7	6	En admirant sa mirable merueille,
7	8	En la clarté de mes desirs funebres,
7	10	Elle m'abysme en profondes tenebres.
9	2	Non d'Hemonie en son Ciel temperée:
9	9	De veoir en toy par ces proeunes certaines
9	10	Beaulté logée en amere doulceur.
10	9	Car grand beaulté en grand parfection
11	6	Les seches fleurs en leur odeur viuront:
12	7	Heureux seruice en libre seruitude,
12	9	Souffrir pour vne en sa mansuetude,
13	2	En ta beaulté fut tellement deceu,
13	3	Que de fontaine estendu en ryuiere,
13	6	Que le corps vif est ià reduict en cendre:
16	9	Veu qu'en mes mortz Delie ingenieuse
18	3	Qui se triumphe en superbes victoyres,
19	7	Osa en vain, & sans honte s'armer.
20	5	Mais la Nature en son vray conuertie
22	4	D'ou descendis en ces mortelz encombres:
23	7	Doncques en vain trauailleroit ma plume
24	9	Ne me pers plus en veue coustumiere.
25	10	Neronnerie en mes si griefz tourmentz.
26	1	Ie voy en moy estre ce Mont Foruiere
26	2	En mainte part pincé de mes pinceaulx.
27	5	En cest espoir, tresmal asseuré pleige,
27	7	Parquoy en moy, comme de mon bien seur,
27	9	Qu'en fin me tire au fons de sa grosseur
28	6	En si pudique, & hault contentement:
29	5	Mais sur ce poinct, qu'on le met en sequestre,
30	4	Me penetrant iusques en celle part,
31	5	Et l'esperance en long temps poursuyuie
33	1	Tant est Nature en volenté puissante,
33	2	Et volenteuse en son foible pouoir,
33	9	Lors estant creu en desir effrené,

en   (suite)

34	3	Sinon que foy en sa purité nue
34	7	Dont i'ay en moy conclu finablement
35	5	Que m'est la force en l'attente recreue
35	8	Car le mourir en ceste longue absence
35	9	(Non toutesfois sans viure en toy) me semble
35	10	Seruice esgal au souffrir en presence.
36	8	Constituer en serue obeissance.
37	3	Car en tirant ses Amans il aueugle,
37	7	Aussi, ô Dieu, en noz coeurs tu estens
38	6	A me fier en son erreur patente.
38	9	Tant que pour viure en si doubteuse attente,
39	9	Qui despuis vint surgir en telle plage,
39	10	Qu'il me perdit, luy saulue, en ton rocher.
41	4	N'eust oncques lieu en nostre accointement.
41	6	En saincte amour chastement esperdu?
41	9	Qu'en bien aymant i'ay promptement perdu
42	6	Ou l'Ame libre en grand seurté viuoit:
43	5	En vn moment deux diuers traictz me lasche
44	3	Pourquoy veult on me mettre en plainctz & pleurs,
45	3	Ou la tendresse, en soy que celle auoit,
47	4	La mienne en elle honneste intention.
48	4	Toute contente en ce corps se complaict.
48	8	Tient l'esperance en lubrique seiour.
48	10	Meurt, & renaist en moy cent fois le iour.
49	1	Tant ie l'aymay, qu'en elle encor ie vis:
49	5	Est il possible en ce degré supreme
49	7	Tant fut la flamme en nous deux reciproque,
49	10	Et ainsi elle, en se perdant, me pert.
50	1	Perseuerant en l'obstination
50	2	D'vn, qui se veult recouurer en sa perte,
50	5	Car en sa foy, de moy par trop experte,
50	10	Ie masche Abscynce en mon piteux affaire.
51	4	De sorte l'ame en sa lueur m'esueille,
51	5	Qu'il m'est aduis en dormant, que ie veille,
51	6	Et qu'en son iour vn espoir ie preuoy,
51	9	Mais quand sa face en son Mydy ie voy,
52	4	Ma foy passant en sa blancheur l'yuoire.
52	6	Mais hazardant hazard en mes malheurs,
53	10	L'à remis sus en sa force inuincible.
54	2	En coeur Royal, hault siege de l'honneur,
54	3	Luy feit combatre en si dure surprise
55	2	Cuydoit r'entrer en son Empire antique:
55	4	Vn noueau Monstre en ce pays d'Aphrique:
55	7	Mais en son chault moderé demourante,
55	9	La transmua en vne Austruche errante,
56	2	Se resoluant l'Esprit en autre vie.
56	4	Par la memoire en phantasmes rauie.
56	8	En toy des quatre à mis leur guerison.
58	10	Se paonnoient tous en leur hault Paradis.
59	9	Car ie te cele en ce surnom louable,
59	10	Pource qu'en moy tu luys la nuict obscure.
62	4	Phebus enflamme en si ardente horreur,
62	7	Voy: Seulement la memoire en l'absence
62	9	Qu'en toy me fait ta diuine presence
63	5	Laquelle au voile, & puis de bande en bande,
64	8	En lieux a tous, fors a elle, euidentz.
64	10	Tousiours en Terre, & au Ciel residentz.
65	4	Si mon seruice en toy militoit bien.

en (suite)
```
68   7   Renouellant en moy celle bataille,
68   8   Qui iusqu'en l'Ame en suspend me demeure.
68   8   Qui iusqu'en l'Ame en suspend me demeure.
68   9   Aussi vault mieux qu'en doubtant ie trauaille,
69   4   En ceste vie heureusement maudicte,
70   1   Decrepité en vielles esperances
70   6   Est coniuré par vous en ma ruyne.
70   8   Pour vn cler iour en desirs prosperer.
71   1   Si en ton lieu i'estois, ô doulce Mort,
71   9   En ceste mort plus, que vie, benigne.
72  10   Ie me desayme en ma condition.
73   2   Leur vert se change en couleur asurée,
73   5   L'affection en moy demesurée
73   7   Qui, loing de toy, esteinct en moy l'ardeur,
75   1   Pour me despendre en si heureux seruice,
75   4   Constituant en elle mes haultz Cieulx?
77   9   Affin qu'en moy ce mien malheureux viure
78   1   Ie me complais en si doulce bataille,
78   2   Qui sans resouldre, en suspend m'entretient.
80   9   Qu'en me voulant a elle accoustumer,
81   3   Car elle m'eust bien tost reduit en pouldre,
81   4   Si ce ne fust, qu'en me tastant alors,
81   6   Heureuse en toy: D'ailleurs, elle n'offense
82   5   Et de ma vie en ce poinct malheureuse
82   7   Et de mon estre ainsi reduit en cendre
83   9   Sinon affin qu'en despit du Boyteux
84   4   Sachant que tout se resouldroit en songe:
84   8   Ie ris en moy ces fictions friuoles,
84  10   Tout en ta foy, thresor de tes parolles.
85   2   Mais en maintz lieux, & plus hault mille fois.
85   3   Et si en toy elle est veue mensonge,
86   2   Qui flourit tout en penitence austere,
86   3   Ie vy Amour en son triste seiour
87   2   En ma pensée & au lieu le plus tendre,
88   2   Ensepuely en solitaire horreur:
89   8   Ta torche en moy, mon coeur l'allumera:
90   4   Tu m'endormis en mortelle destresse.
90   7   Mais (si tu veulx) vertu en toy nommée,
91   7   Non que i'accuse en toy nature rude:
91   9   L'auoir perdu en telle ingratitude
92   3   Aduis me fut de veoir en son taint frais
92   5   De qui la voix si fort en l'ame tonne:
93   9   Qu'elle les voye en vn ruisseau mouoir,
94   2   Le Dieu volant, qu'en Mer il s'abysma:
94   4   Sa Trousse print, & en fuste l'arma:
94   7   Aux ventz pour voille, & en Port descendit
96  10   En vn moment me donner vie, & mort.
97   5   Ou la Clemence en sa benignité,
98   4   En leurs parcz clos serrez se viennent rendre.
98  10   Tout esploré en mon piteux esmoy.
99   2   Souffrir, & viure en certaine doubtance:
99   3   I'aurois au moins, soit en vain, limité
99   9   Et qui noz ans vse en doulce prison,
100   8   Tout transformé en image de Mort,
101   5   Les yeulx riantz en face, & teste ronde
101   9   Car Cytarée en pitié surpassoit
102   9   Parquoy tousiours en mon trauaillé cours
103   4   Pour l'affranchir en viure plus heureux.
```

en   (suite)

104	7	Où ma ieunesse en son rond Colisée
104	10	M'auoit changée en si grand seruitude.
105	6	Tant abondoit en faueur, & en grace
105	6	Tant abondoit en faueur, & en grace,
106	7	Renaist soubdain en moy celle aultre Lune
108	8	Ilz sont (tous deux) si fortz en leur poursuiure,
108	9	Que froit, & chault, pareilz en leur puissance,
109	5	Quand ie la vy en ce poinct estre armée,
111	3	Ie voy leuer la Lune en son plain belle,
111	7	O fusses tu, Vesper, en ce bas Monde,
113	1	En deuisant vn soir me dit ma Dame:
113	2	Prens ceste pomme en sa tendresse dure,
113	8	Tu es si froide, & tellement en somme,
114	6	Vous vse en moy, & vos forces deçoit?
116	2	Trop effrené en sa cupidité,
116	3	Qui de la Terre ayant en main la pomme,
117	1	Pour m'enlasser en mortelles deffaictes
117	7	Parquoy mon bien, qui en ta foy repose,
119	8	Qu'en moy mourust ce bien, donc i'ay enuie.
121	2	En vn seul corps a mille Creanciers:
121	7	Meites la flambe en mon ame allumée,
122	5	En tel espoir me fait ores ploier,
125	3	Le Corps est ià en sa foible roideur
125	6	Sont sans mercy en peine oultrepassez.
125	9	Mais pour mes maulx en mon tourment lassez
127	10	Auant leur temps, en leur eternité.
128	10	En ma pensée a mys l'obscure nuict.
129	2	Fust vn serain en hyuer tenebreux,
129	8	Comme le Lieure accroppy en son giste,
130	2	L'affection, qui en moy s'estendit,
130	7	Ainsi veoit on la torche en main s'estaindre,
130	8	Si en temps deu on laisse a l'esmouoir,
131	5	Mais toy, Delie, en actes plus humains
132	1	Le bon Nocher se monstre en la tempeste,
132	4	Par fermeté en inconstance esproeuue,
132	5	Parquoy souuent en maintz lieux il me troeuue
133	4	Qu'en te donnant a moy, tu m'estois Dame.
133	5	Lors ie sentis distiler en mon ame
134	9	La mienne est mieulx en ce recompensée,
135	6	En noud si doulx, & tant indissoluable,
135	8	I'espereray en seure indamnité,
135	10	En Terre nom, au Ciel eternité.
136	2	Vnit double ame en vn mesme pouoir:
136	8	Le bien du mal en effect desirable:
136	10	Si doulx mourir en vie respirable.
137	5	Si par fortune en ses trauerses lourdes
138	6	Qu'onques en moy ne pensay d'approcher
139	2	Qui vint, affin qu'en voyant il vainquist:
139	6	A transformer son sauluage en humain.
139	9	Car en vainquant tumber dessoubz sa main,
140	4	De son arc mettre en ton obeissance:
141	5	Si que le Coeur, qui en moy la reuere,
141	6	La me feit veoir en celle mesme essence,
141	10	Veu qu'en tous lieux, maulgré moy, ie la suys.
142	2	A bien seruir, m'à dit en ceste sorte:
142	4	Ou lon me tient, me rend en ce poinct morte.
142	10	Et qu'en seruant i'ay amour deseruy.
143	2	Me rauit tant en son illusif songe,

209

en (suite)
```
    143   9   En mon penser soubdain il te regarde,
    144   1   En toy ie vis, ou que tu sois absente:
    144   2   En moy ie meurs, ou que soye present.
    144   6   De me veoir viure en toy trop plus, qu'en moy:
    144   6   De me veoir viure en toy trop plus, qu'en moy:
    144   8   Infuse l'ame en ce mien corps passible,
    144   9   La preuoyant sans son essence en soy,
    144  10   En toy l'estend, comme en son plus possible.
    144  10   En toy l'estend, comme en son plus possible.
    145   7   Qu'en s'arrestant, le creux à resonné
    146   2   Qui en l'ouuert de ton front seigneurie,
    146   4   Que ie me fains en ma ioye perie?
    146   6   Si hault poursuyure en son cours cessera?
    147   9   Lors que vertu en son zele obstinée
    148   1   Voy que l'Hyuer tremblant en son seiour,
    148   6   Se crespent lors en leur qaye verdure.
    148  10   Mon An se frise en son Auril superbe.
    149   3   Se demettront en ce bas Caucasus:
    149   7   La Deité en ton esprit empraincte
    149  10   Ore embellie en tes rares vertus.
    151   1   Aumoins peulx tu en toy imaginer,
    151   2   Quelle est la foy, qu'Amour en mon coeur lye.
    151   6   Tousiours elle est plus loyalle en sa proeuue.
    151   8   En celle craincte, ou perte vne mort liure,
    152   1   Ie sens le noud de plus en plus estraindre
    152   5   Et si n'est fiebure en son inquietude
    152   7   Que fait en moy la variation
    153   5   Non qu'en moy soit si haulte qualité,
    154   5   Par eux en fin chascun se troeuue poinct,
    155  10   Ma fiebure r'entre en plus grand parocisme.
    156   4   Lors que ie deusse augmenter en ma ioye.
    156   8   Me fait fremir en si ardente doubte,
    157   4   Le Corps tressue en si plaisant martyre,
    157   9   Me confont tout en si grand' passion.
    158   9   Lors tout soubdain en moins, que d'vn moment,
    159   5   Tressaulte en moy, comme si d'ardent flamme
    159   9   Et en ce poinct (a parler rondement)
    160   4   Pour mieulx troubler la paix en mon coeur close.
    160   9   En ma pensée, & là renoueller
    161   2   Moy en ma peine, elle en sa molle couche.
    161   2   Moy en ma peine, elle en sa molle couche.
    161   3   Couuert d'ennuy ie me voultre en l'Ortie,
    162  10   Auecques moy iectent en bas leur veue.
    164   1   Comme corps mort vagant en haulte Mer,
    164   5   Lors toy, Espoir, qui en ce poinct te fondes
    165   5   Mais sa haultesse en magesté prestante,
    166   6   Premiere neige en son blanc souueraine,
    167   1   Viuacité en sa ieunesse absconse,
    167   7   Donc aultre Troye en moy commencera
    168   1   Toutes les fois qu'en mon entendement
    168   4   En aultre vie, & plus doulce trespasse:
    169   4   Comme vostre vmbre en soy tousiours conserue
    171   7   Adonc en moy, peu a peu, diminue
    171  10   Toute gelée en sa perfection.
    172   1   Blanc Alebastre en son droit rond poly,
    172   3   Yuoire pur en vnion ioly,
    173   1   Ceincte en ce point & le col, & le corps
    173   3   De l'harmonie en celestes accordz,
```

en   (suite)
```
175   1   Voy le iour cler ruyner en tenebres,
175   3   Ioyeux effectz finissent en funebres,
175   8   Legere gloire, en fin en terre tumbe,
175   8   Legere gloire, en fin en terre tumbe,
176   7   Elle en apres s'affoiblit descroissant,
177   3   La grauité en ta droicte stature,
177   4   L'honnesteté en ton humain visage,
177   5   Le venerable en ton flourissant aage
180   3   Elle me tourne en vne mesme voye
180   5   Mais ses effectz en leur oblique entiers
181   4   En mon cerueau efforcément trauaillent.
181   7   Si sens ie en moy de peu a peu miner
182   2   Admire en toy Graces du Ciel infuses:
182  10   Ce Monde voyse en admiration.
183   1   Pourquoy reçoy ie en moy mille argumentz
183   4   Desquelz mon ame en vain est mal traictée,
184   1   En tel suspend ou de non, ou d'ouy,
184  10   Me destruisant, en moy se destruira.
185   7   La voulenté se voit en tel destroict,
186   8   Ayant commune en toy compassion.
187   8   Ou en ses maulx ie veulx faindre vn plaisir,
188   3   Et, comme moy, en ses marges transy,
188   5   Voy, que douleurs en moy continuelles
189   1   D'vn tel conflict en fin ne m'est resté,
189   8   En son danger ie m'asseure tresbien:
190   1   D'autant qu'en moy sa valeur plus augmente,
190   8   Qui les delaisse en leurs extremitez,
191   2   Quand trauaillant en ce mien penser fraile,
192   1   Fait paresseux en ma longue esperance,
192  10   Viue en l'obscur de mes tristes Archiues.
193   5   Quand il rougit en Martial visage,
193   8   Quand ie te voy en ta face seraine.
195   8   Selon qu'en paix, ou estour ilz le laissent.
195  10   Les forces, las, de iour en iour s'abaissent.
196   3   Tiennent encor en telle symphonie,
196   6   En ce concent, que lors ie conceuoys:
197   1   Doulce ennemye, en qui ma dolente ame
199   3   Et en l'ardeur, qui a toy me rauit,
199   6   Tu t'y complais, comme en ta nourriture.
199   8   La Salemandre en mon feu residente:
200   8   Qui nous separe en ces haultz Montz funebres,
200   9   Ie sens mes yeulx se dissouldre en fontaine,
200  10   Et ma pensée offusquer en tenebres.
201   2   En ton ardeur, qui tous les iours m'empire:
201   5   Ou la fontaine en froideur beaucoup pire,
201   7   Couure, & nourrit si grand' flamme en ta face,
201   9   Qu'en vn instant ardoir elle ne face,
201  10   Et en ton feu mourir glacé tout roide.
202   4   A rendre en tout ma pensée contente?
202   8   La sienne en moy loyalle affection,
203   1   Vicissitude en Nature prudente,
203   3   Seroit en tout sagement prouidente
203   9   Car par la foy en si saincte amour ferme
204   8   Que doubte en moy vacilamment chancelle,
204  10   Descouurent lors l'ardeur, qu'en moy ie cele.
207   2   Heureuse d'estre en si hault lieu captiue,
207   3   Comme tousiours me tenoit en seurté
207   6   Qu'en bref n'estaingne, & que tost il n'efface.
```

en   (suite)
```
207 10   La distillant en amoureuse humeur.
208  2   En sablon d'or, & argentines eaux.
208  6   Pour seul te rendre en nostre Europe illustre.
208 10   Car fleuue heureux plus, que toy, n'entre en Mer.
209  2   Tousiours subtile en sa mordente enuie,
209 10   De celle gloire haultaine en sa victoire.
211  3   Toute leur force en fumée s'assemble,
211  9   Et ne cherchez en elle nourriture.
214  7   Comme il me fait en sa presence aller
214  9   Pour l'escouter, & en son sainct parler
215  2   Qu'en la voyant ie la me cuyde absente:
216  1   En diuers temps, plusieurs iours, maintes heures,
216  2   D'heure en moment, de moment a tousiours
216  4   Toute occupée en contraires seiours.
216  7   Et ie m'y meurs en telles resueries,
217  6   En doulx feu chaste, & plus, que vie, aymable.
218  6   De m'endurcir en longue impatience.
218  7   Bien que i'acquiere en souffrant la science
218  9   Si n'est ce pas (pourtant) qu'en patience
218 10   I'exerce en moy ces deux vterins freres.
219  2   En membres apte a tout diuin ouurage,
219  5   N'esmeuuent point en moy si doulce rage,
220  2   Souuent resoudre en perilleuse doubte,
220  5   Mais si la preuue en l'occurrence doubte
220  7   Ne doy ie pas en tout preueoir si bien,
220 10   Que pour ma faulte estre en vn rien perdu.
221  5   Tant se debat, qu'en fin se saulue en l'eau,
221  5   Tant se debat, qu'en fin se saulue en l'eau,
222  2   En face allegre, & en chere blesmie:
222  2   En face allegre, & en chere blesmie:
223  3   L'air temperé, & en son serain beau
224  4   Ma Primeuere en sa verte action.
224  7   Me detient tout en celle saison sienne,
225  2   Tout Asseuré, comme Cerf en campaigne,
225  6   Qui tellement me tient tout en saisine,
225  8   M'accuse en rien, mon innocence iure,
226  1   Ie le conçoy en mon entendement
226 10   Mettre en dispute a la suspition.
227  2   De ma pensée enracinez en elle,
227  4   Qui iuge en moy ma peine estre eternelle.
228  1   Tout en esprit rauy sur la beaulté
228  3   Celant en soy la doulce cruaulté,
228  4   Qui en mon mal si plaisamment m'esueille,
229  4   A te monstrer en sa reflexion.
229  8   Te rend en moy si representatiue,
229  9   Et en mon coeur si bien a toy conforme
230  4   Qu'en se plaingnant il te dit a voix basse:
231  7   Tant que reduict en la perplexité,
232  6   Ie me pers tout en si doulce pensée,
233  3   N'est point le plus en moy bien fortuné,
233  6   Ou ie m'espreuue en toute affection,
233  9   Qui m'endurcit en la perfection.
234  3   En mon concept si fermement sondé,
234  4   Qu'a peine suis ie en mon trauail passible.
234  5   Voy donc, comment il est en moy possible,
234  7   Parquoy mon mal en si dure souffrance
234  8   Excede en moy toutes aultres douleurs,
234  9   Comme sa cause en ma perseuerance
```

en   (suite)
234 10   Surmonte en soy toutes haultes valeurs.
235 3   Quand celle en vous (de tout vice loingtaine)
235 8   L'image d'elle en voz liqueurs profondes.
236 3   En voz deduitz icy bas, & là haultz,
236 7   Me cachent ore en voz seinz precieux,
237 3   Qui l'esguillon luy fiche en sa chair tendre:
238 2   Ne m'à icy relegué en ceste Isle
239 7   Pourquoy, ô Coeur, en larmes te despens,
239 8   Et te dissoulz en ryme pitoyable,
242 1   En ce sainct lieu, Peuple deuotieux,
243 4   En l'Ame, las, causent mille discordz,
243 7   Parquoy vaquant en Mer tant irritée
245 4   Se renouelle en ma guerre immortelle.
245 5   Car tout ie sers, & vis en Dame telle,
246 2   L'Aure, ou le Vent, en l'air me respandroit,
246 4   Percent leur peau toute arse en main endroit.
246 9   Ceste despouille en son lieu vueilles rendre:
246 10   Lors mes amours auront en toy repos.
247 1   Nature en tous se rendit imparfaicte
247 2   Pour te parfaire, & en toy se priser.
247 8   Passent la Mer en ceste Europe froide,
248 7   Tu m'entretiens en ce contentement
249 1   En permettant, que mon si long pener
249 4   Qu'en fermeté ma foy il insinue,
250 4   Et puis la cherche, & voit de poinct en poinct:
251 2   De dueil priué en mon particulier,
251 3   Par la Fortune en mon sort compartie,
251 8   En main d'aultruy, indigne d'elle, enclose,
252 8   Toute Vertu en ces bas lieux terrestres
253 7   En contemplant la Fame, qui luy chante,
254 6   (Chascune en soy) ont vertu speciale,
254 9   Les allier en leur puissance esgalle,
254 10   Sinon en vne, & seule Marguerite?
255 3   En volupté non encor esgarée,
255 9   Ceste, dit elle, en prys, lustre, & merite,
256 3   Auqmentant, dy ie, en cest heureux malheur,
257 2   Pour son image en ton iour receuoir:
257 9   Mais toute dame en toy peult estre enclose,
258 10   Monstra, que force en fin, peu a peu mine.
259 3   Des Montz tout terme en forme haulte, & basse,
259 9   Par ton sainct nom, qui vif en ma langueur
260 2   Nageay en Mer de ma ioye aspirée,
260 10   Vaguer en gouffre, ou n'y à fons ne ryue.
261 9   Qui erre en soy par trop grande constance
262 7   Sentant ma vie en telle inquietude,
263 5   Soit que ie sois en public ou a part,
263 7   Et en son froict tellement residentz,
263 8   Que loing encor, ie souffre en leur meslée,
264 3   Mais qu'elle face, en fin que ie ne vueille
264 5   Si grand pouoir en elle ne demeure.
264 8   Qu'en mon penser audacieux ne viue,
265 9   Ton Orient, & en la Ville icy
266 8   Sa longue absence en presence tournée:
267 2   De part en part l'esperit trespercer
267 3   Du tout en tout, iusqu'au plus vif du sens:
267 6   En ceste mort inutilement viue.
267 8   Luy ont donnée, a quoy en vain souspire?
268 6   Pourquoy metz tu en ce lieu des yeulx faincts?

en   (suite)
```
269   6   A son entrée en tenebres me met:
269   7   Puis leur ardeur en ioye me remet,
269  10   Qu'ardentz souspirs estainctz en chauldes larmes.
270   5   Arcz de structure en beaulté nompareille,
270  10   Viure en aultruy, en soy mourir commence.
270  10   Viure en aultruy, en soy mourir commence.
271   8   Ie quiers en toy ce, qu'en moy i'ay plus cher.
271   8   Ie quiers en toy ce, qu'en moy i'ay plus cher.
271  10   Point ne m'est grief en aultruy me chercher.
272   2   Tremblant la fiebrue en moy continuelle,
272   6   Celle repaist, ainsi qu'oyseau en cage.
273   3   Soit que l'ardeur en deux coeurs attrempée
273   5   Delicatesse en son doulx femenin
273   9   Et que ne voye en l'Occean plongé
274   4   Tant que sa poincte inciter en moy peult
275   4   Que toute loy en faueur decidée
276   2   Nous fait en l'air, comme Corbeaulx, muser:
276   3   Voyez comment en prison nous vient mettre,
276   4   Cuydantz noz ans en liberté vser:
277   1   Bien eut voulu Apelles estre en vie
277   2   Amour ardent de se veoir en Pourtraict:
278   6   Parolle saincte en toute esiouissance,
278   7   En qui Nature à mis pour sa plaisance
279   7   Ores en doulx, ore en triste recueil
279   7   Ores en doulx, ore en triste recueil
279   9   Me detenant en vn mesme cercueil
280   1   Que ne suis donc en mes Limbes sans dueil,
280   4   Ie veux resouldre en mon faict l'impossible.
280   5   Car en ton froit par chault inconuincible
280   9   Parquoy viuant en vn si vain maintien,
281   1   En son habit tant humainement coincte,
281   2   En son humain tant diuinement sage,
281   3   En son diuin tant a vertu conioincte,
281   4   En sa vertu immortel personnage.
282   2   Qui s'exercite en son chault mouuement,
282  10   Et ceste augmente en moy ma grand souffrance.
284   1   Mansuetude en humble grauité
284   3   Estre priuée en affabilité
284   5   Et modestie en ces faictz raisonnable
284   6   Monstre, qu'en soy elle à plus, que de femme.
285   2   Ma loyaulté est en toy esmaillée:
285   5   Par foy en main de constance baillée
285   8   Qui en son faict plus, qu'au mien m'entrelasse,
285   9   Ne sçais tu pas (mesme en amours) combien
287   1   Fortune en fin te peut domestiquer,
288   9   Que deuiendroys ie en la voyant lors viue?
288  10   Certainement ie tumberois en cendre.
289   3   Et ià remis en ma libre puissance,
289   7   Mais ma ieunesse en licence supreme,
290   7   En la voyant ainsi plaisamment belle,
290   8   Et le plaisir croissant de bien en mieulx
290  10   Que ne suis donc plus, qu'Argus, tout en yeulx?
292   2   Naist le grand feu, qui en mon coeur se cele:
292   8   Qu'en moy ie dy telle ardeur estre doulce,
292   9   Pour non (en vain) l'occasion blasmer
293   6   Qu'en elle seule est leur desir plus hault.
293   8   Si ie suis vif, ou mort, ou en estase,
293   9   Il me suffit pour elle en froit, & chault
```

en (suite)

294	3	Veu que Nature & en l'Ame, & au Corps
294	7	Car en quictant Amour, & ses delices,
294	8	Par Mort serois en ma ioye surpris.
294	9	Parquoy enclos en si doubteuses lisses,
295	6	Soit en deffaultz, ou accomplissementz.
296	6	Et tout en soy viure amyablement,
296	10	Ie veulx perir en si haulte poursuyte.
297	8	Celle là puisse en humaines changer,
298	7	Aussi Fortune en leurs plus hault pouoir
299	6	Qui de sa ioye en moy se desespere.
300	4	Renouellant en moy plus puissamment.
301	9	Qu'en lieu d'oster mon alteration,
302	4	Se distiloit en larmes de destresse.
302	10	En lieu d'humeur flammes elle rendit.
303	3	En ton miroir, des miracles miracle,
303	5	Voyant en toy les Graces s'imprimer
303	6	Trop mieulx, qu'en luy nostre face a le veoir.
304	3	Amour vient faire en elle doulx seiour,
304	10	Me sentant tout en veue trop petit.
305	1	Mon ame en Terre (vn temps fut) esprouua
305	3	Que l'oeil heureux en ta face trouua,
305	7	De liberté, en son mortel College
306	4	M'endormit tout en son enchantement:
307	6	Et qui puis vient en dueil se conuertir.
308	10	Des deux Amantz baisé en Babyloine.
309	2	De tousiours estre en passions brulantes,
310	3	Lors sans pouoir en rien participer
311	2	Mais tout blessé le tenir en destresse,
312	1	Que ie m'ennuye en la certaineté
312	3	Voire trop plus, qu'en la soubdaineté,
313	1	Grace, & Vertu en mon coeur enflammerent
313	3	Qu'en vn sainct feu ensemble ilz s'allumerent,
313	7	D'vn penser chaste en sorte ie l'appaste
314	10	Parquoy ie cele en mon coeur si grand aise.
315	6	Et n'est possible en fin que ie m'en taise.
315	7	Parquoy couurant en mon coeur ce grand aise,
315	8	Qui ne me peult detenir en ma peau,
315	10	Lors l'air troublé soudain retourne en beau.
316	4	Qui pour sa peine est en soy despiteux.
316	5	En mon trauail, moy miserable, honteux
317	5	Dont en mon mal mes esperitz dormantz,
317	9	Qui en l'ardeur tousiours inconuincible
318	1	Ià tout haultain en moy ie me paonnois
318	9	Ont veu (en vain) assembler richement
319	8	Qui en faueur d'elle nous deifie.
320	7	Au fort mon coeur en sa douleur se fie,
321	10	Ne monstre hors ce, qu'en moy il consume.
322	2	Si en voyant tes singularitez
322	3	Me croist tousiours, de plus en plus, l'enuie
323	6	En son amour seulement commençoys,
323	7	Quand ie te vy, (& bienheureuse en soys)
325	2	A tout gentil de donner en perdant:
325	10	Qui en mon coeur escript te perpetue.
326	9	A celle suis tout en perdition,
328	8	En me voyant me iecte vn soubris d'oeil,
328	10	Amour leger mesler ioye en mon dueil.
330	3	Ma vie entra en tel heur miserable,
330	6	Constitua en ce sainct lieu de viure,

```
330 10  Car sa lumiere est tousiours en tenebres.
331  2  Vuyde tousiours par l'impie en l'oblique,
333  2  Phoebus s'eschauffe en l'ardent Canicule.
333  3  Plus croist en moy mon inflammation,
334  1  En aultre part, que là, ou ilz aspirent,
335  2  Sur la fontaine, & l'Archier en personne,
335  5  Car en ce lieu sa mere il souspeçonne,
335  8  Tu pleures bien cest Amour en ces eaux,
335 10  Se pert du tout en ces deux miens ruysseaulx.
336  9  Las ie crains trop, qu'en lieu de le tirer,
337  4  Qu'affection pretent en ses accordz.
338  1  Affection en vn si hault desir
338  5  Que toute ardente en si confuse flamme,
338  7  Que songe cheoir en vn peril recent,
339  5  Pour entailler mieulx, qu'en Bronze, ou aerain,
339  6  Et confermer en moy mon esperance:
339  9  Comme elle sçait, qu'en fidele asseurance,
340  6  Et en tout acte, oultre l'espoir priué.
342  4  Sortant rosée en pluye vient a croistre.
343  8  Qu'il lasche, & frappe en moins, que d'vn moment.
345  2  Elle te serre en grand' delicatesse:
345  6  Loing du plaisir, qu'en toy elle comprent.
345  7  Mais en ses bras, alors qu'elle te prent,
346  6  Lassus en paix en nostre eternel throsne.
346  6  Lassus en paix en nostre eternel throsne.
347  7  Car, comme puis en tournant comprendre,
348  2  Ie considere en moy l'infirmité,
349  6  En froit, & chault meslez cruellement.
349  8  Pour medecine enclose en ton oblique,
350  5  Par ou Amour, comme en sa canonniere,
350  7  En ce mesaise aumoins ie me conforte,
350  9  Pour te congnoistre, & veoir en quelque sorte,
350 10  Va dessus, mais en vain, tournoyant.
351  4  Voire en Hyuer, qui ià pernicieux
352  1  Non moins ardoir ie me sens en l'absence
352  3  Que congeler en la doulce presence,
353  4  Qui de son corps en fin se desherite:
353  6  Plus desseché, qu'en terre de Lemnos.
353  7  Et luy estant ià reduict tout en os,
354  3  Qui parauant ardois en grand esmoy,
354  4  Ie me sens tout reduict en dure glace.
354  8  Que i'ars plus fort en fuyant ses destroitz:
355  3  Le feu de nuict en mon corps transparent,
355  4  Rentre en mon coeur couurant mainte estincelle,
356  7  Lesquelles sont en leur cler residentes,
356  8  Et en leur bruyt durent iusques a tant,
358  3  En ma pensée esmeult l'obscure querre
358  7  Et quand sa voix penetre en mon oreille,
358  8  Ie suis en feu, & fumée noircy,
358 10  Me rend en marbre à froid, & endurcy.
360  1  En ce Faulxbourg celle ardente fornaise
360  4  Leur grand' fumée, en l'air qui se pourmeine.
360 10  Esmeuuent ceulx, qui en cruaulté regnent.
361  8  De patience en sa parfection,
362  4  Ne peult en moy la sage prouidence:
363  2  Ie l'ay si viue en mon intention,
363  3  Que ie la voy toute telle en absence,
363  6  Ie la contemple en pensée rassise.
```

en   (suite)

```
363    9   En ceste part vne sienne deuise
364   10   Et rid en soy de ce, de quoy l'oeil pleure.
365   10   Me conduisant en son ioyeux serain.
366    4   Veu ceste cy, qui toute en moy conuerse.
366    5   Car en premier sans point de controuerse
366   10   Ie cele en toy ce, qu'en moy ie descouure.
366   10   Ie cele en toy ce, qu'en moy ie descouure.
367    7   Car en mon corps: mon Ame, tu reuins,
368    7   Tout en ce point ma peine vehemente
370    5   Ainsi donné en proye a la destresse,
371    3   Dont si iustice en nous mesmes deffault,
371    8   Mais en mon coeur à mis dissention
371    9   Consentement, qui met en grand erreur
372    2   De ce Serpent en moy continuel,
372   10   Que n'est Zephire en l'Arabie heureuse.
373    4   En sa rigueur benignement seuere.
373    5   Car en l'ardeur si fort il perseuere,
373    6   Qu'il se dissoult, & tout en pleurs se fond,
373    7   Pleurs restagnantz en vn grand lac profond,
373   10   Tout transformé en sel Agringentin.
374    6   En l'aiguisant par son feu l'à passé,
376    2   Qui en ce mien continuel silence
376    6   En me mouant au doulx contournement
379    1   Bien qu'en ce corps mes foibles esperitz
379    9   Mais de la part en mon coeur entamée
380    5   Et lors verra en sa parfection
381    1   Ie sens en moy la vilté de la crainte
381    3   Parqui la voix m'est en la bouche estaincte
383   10   De patient en mort tu me transformes.
384    3   Qui me fait veoir, & estre en verité
384    7   Ie m'extermine, & en si grand hayne
388    2   M'amollit plus en ma virilité,
388    8   Et en Automne Amour, ce Dieu volage,
389    1   Elle à le coeur en si hault lieu assis
389    4   Estime en soy ce, que chascun mesprise.
389    5   Dont par raison en la vertu comprise
390    6   Se pert en moy, comme toute paoureuse.
392    7   En ceste mienne immortelle bataille
392   10   Tu t'esmeulx toute en guerre, & en desdain.
392   10   Tu t'esmeulx toute en guerre, & en desdain.
393    5   L'vn apres l'aultre, en commune assemblée
394    8   Pour estre a elle en ses vertus semblable.
396    4   Retourne en paix, & vers sa maison tire.
396    5   Et toy, ô Rhosne, en fureur, & grand' ire
396    8   Pour en son sein tant doulx se receuoir.
397    1   Toute fumée en forme d'vne nue
397    4   Et plus soubdain se resolt toute en rien.
397   10   Et me pers tout en sa diuine image.
399    4   En son immense, en sa rondeur profonde?
399    4   En son immense, en sa rondeur profonde?
399    6   Sur les secours en mes maulx pitoyables,
400    5   Se deffaict toute en la diuersité,
400    6   Et en l'ardeur de son contentement.
401    4   Qu'en leur bonté naifue bien formez,
401    6   Et tant dissoulz de sa rigueur supreme,
401    7   Qu'me hayant de toute hayne extreme,
402    1   La roue en fin le fer assubtilie,
404    9   Car si en rien ie ne m'en souuenois,
```

217

405	9	Que la douleur, qui en mon front se plye,
406	1	Haultain vouloir en si basse pensée,
406	2	Haulte pensée en vn si bas vouloir
406	3	Ma voulenté ont en ce dispensée,
407	1	En moy saisons, & aages finissantz
407	2	De iour en iour descouurent leurs fallace.
407	6	Comme la Bise en allant acquiert force,
407	7	Incessamment de plus en plus s'esforce
408	3	Ie ne veulx point pour en Siecles durer,
408	9	Apres la mort en ce lieu precieux
409	1	Apperceuant cest Ange en forme humaine,
409	4	Du Paradis terrestre en son visage,
410	2	Qu'ell' à en soy, ie ne scay quoy de beau,
411	4	Le plus du temps laissent ma vie en friche,
411	7	Et en ce mien heureux meilleurement
411	8	Ie m'en voys tout en esprit esperdu.
412	2	Perdant ma veue en longue prospectiue,
412	4	A viure en toy vie contemplatiue?
413	1	Honneste ardeur en vn tressainct desir,
413	2	Desir honneste en vne saincte ardeur
413	3	En chaste esbat, & pudique plaisir
415	2	D'aupres de moy en vn rien departie,
415	7	Et plus ma foy ne soit en quelque sorte
415	10	Flourir en moy les desertz de Libye.
416	6	Affin qu'en moy mon bien tu n'accomplisses,
416	8	Ie suyue en fin a mon extreme mal
417	2	De la roideur en ton cours dangereuse,
421	5	Craingnant qu'en fin Fortune l'esuolée
422	4	Pour me garder, qu'en moy ie ne m'irrite,
422	6	En vains souhaitz me rend si variable.
423	3	Nourrit en moy l'intrinseque debat,
423	5	Y frequentantz, comme en propre domeine,
424	3	Et en vertu rarement rarissime
424	4	Engendre en moy mille souciz diuers:
424	7	Me rauit tout en tel contentement,
424	10	Parfaicte au corps, & en l'ame accomplie.
425	4	En vne fin sans iamais se resouldre:
425	7	De veoir en moy quelque deffault horrible
425	8	Trop plus asses, qu'en mon Riual, regner:
426	7	Non que ie vueille, en effect, reprouuer
426	10	En aultruy paix, qui a soy donne guerre.
427	2	De se laisser a ses desirs en proye)
427	10	Qui suis en moy oultrément diuisé?
428	2	Si tenamment en ma pensée encrée:
428	4	Qu'en effect d'elle a aultruy trop n'agrée
428	6	A mon merite en palme de ma gloire.
429	5	Et qu'en son coeur face habitation
429	7	Estant en moeurs mieulx conditionée,
429	9	Elle est (pourtant) en amours si mal née,
431	8	En ce combat d'amoureux desplaisir
433	2	Non que ie soys en si sainct lieu suspect:
434	5	Rumine en soy, & sans se deceuoir
435	5	Ne sens ie en nous parfaire, en augmentant
435	5	Ne sens ie en nous parfaire, en augmentant
435	9	La Creature estre en soy bienheureuse,
436	1	Incessamment trauaillant en moy celle,
436	5	En moy se voit la ioye prosperer
436	10	Qui de Glaucus ià me transforme en Dieu.

en   (suite)

437	6	En mon trauail tant lonquement comprise,
438	1	Que ie me fasche en si vain exercice,
438	9	De mon labeur. Dont en voye patente
439	3	De vain plaisir, qui en tous lieux m'entame,
439	4	Me penetrant, comme l'eau en l'esponge.
440	10	Ne se veult plus en aultre trauailler.
442	3	Tant de trauaulx en vne erreur si grande,
443	4	En sa splendeur lon pert soubdain la veue.
443	7	Comme si lors en moy tout estonné
443	8	Semeles fust en presence rauie
445	1	Ainsi qu'Amour en la face au plus beau,
447	7	Que si en moy ont esté residentz
449	1	Flamme si saincte en son cler durera,
449	2	Tousiours luysante en publique apparence,
449	3	Tant que ce Monde en soy demeurera,
449	4	Et qu'on aura Amour en reuerence.

*   *   *

13	5	Car telle ardeur le coeur en à receu,
16	3	Mais la Mort fiere en eut telle tristesse,
22	10	Si fort, que Mort iamais ne l'en deslie.
29	6	Ma Dame acoup s'en saisit par cautelle.
41	7	Puis que m'en est le mal pour bien rendu,
43	3	Plus ie l'estime, & moins compte i'en fais:
44	9	Tant s'en faillant qu'il ne la dist Déesse,
50	7	Elle s'en rit, attestant les haultz Dieux:
54	6	L'en à orné, durant qu'il à vescu.
57	9	L'ay ie iuré! soubdain ie m'en accuse,
60	3	Ie ne m'en puis non asses esbahir,
81	7	Que le dedans, sans en faire apparence,
89	3	Venus en eut pitié, & souspira,
107	5	Et toy, Amour, qui en as tué maintz:
109	9	Car i'en veulx faire a tous si forte guerre,
136	7	Et posseder, sans nous en repentir,
138	10	M'en retirant, comme sans vous indigne.
140	5	Point ne faillit, & i'en euz congnoissance,
143	3	Que n'en estant la memoyre offensée,
143	7	Soubdainement qu'il s'en peult donner garde,
149	8	Thresor des Cieulx, qui s'en sont deuestuz
151	10	Que la douleur a qui ià s'en deliure,
170	4	Auecques moy cuydant, qu'elle s'en fuye.
189	9	Veu qu'elle estant mon mal, pour en querir
190	5	L'oeil en larmoye, & le coeur en lamente
190	5	L'oeil en larmoye, & le coeur en lamente
204	6	Ne voulant point, que ie m'en apperçoyue.
205	6	Sans aultre espoir d'en estre querdonné:
214	4	N'en peuuent point ma pensée distraire,
215	1	Ie m'en absente & tant, & tant de foys,
215	10	M'en souuenant, ie m'oblie moymesmes.
216	8	Que ie m'en sens haultement contenté,
221	4	Et vne en prent: qui sentant l'air nouueau,
226	7	Si ie m'en tais, comme ie m'en suis teu,
226	7	Si ie m'en tais, comme ie m'en suis teu,
227	3	Ie m'en veulx taire, & lors i'y pense mieulx,
227	6	Se demettra de plus en raisonner,
248	3	Mon ferme aymer t'en feit seure, & certaine,
250	7	Ie luy respons: Elle en à voyrement
265	6	De celle là, qui n'en à point soucy.
274	9	Que sans en rien craindre ta cruaulté

en (suite)
```
    276   7   Car pour le bien, que i'en ay peu choisir,
    287   9   Et priuément (peult estre) en abusay:
    294   4   En à ià fait, voire telle habitude,
    303   8   S'en fuyt de nous, & ce Pole froid laisse,
    304   6   Sans qu'il m'en puisse aulcunement garder.
    314   5   Et si m'en plaings, & bien m'en vouldrois taire,
    314   5   Et si m'en plaings, & bien m'en vouldrois taire,
    315   6   Et n'est possible en fin que ie m'en taise.
    325   9   Et par ce nom encor ie t'en adiure,
    327   2   Comme vn Veneur, s'en alloit esbatant.
    328   6   Ie m'en allois plorant la teste basse:
    334   2   Ie sens tousiours mes souspirs s'en aller,
    352   6   Pour en querir, fuyr la me fauldroit.
    372   6   T'ouure la bouche, & en tire a voix plaine
    380   9   Comme i'en puis tesmoingnage porter
    404   9   Car si en rien ie ne m'en souuenois,
    408   6   (Si digne en suis) ton sein delicieux.
    411   8   Ie m'en voys tout en esprit esperdu.
    420   1   Peu s'en falloit, encores peu s'en fault,
    420   1   Peu s'en falloit, encores peu s'en fault,
    421   3   Ou ce mien vueil ne peult en rien valoir,
    433   1   Ie m'en esloingne, & souuent m'en absente,
    433   1   Ie m'en esloingne, & souuent m'en absente,
```

enaigrist (1)
```
     18   4   Ou s'enaigrist aux Satyres molestes:
```

enamouré (1)
```
    230   3   Il fut de toy si fort enamouré,
```

enceincte (1)
```
     93   5   .N'aperçoys tu, que de tes maulx enceincte,
```

enceinctes (1)
```
    127   5   Mille Vertus de mille aultres enceinctes,
```

encenciers (1)
```
    121   4   Dont mes souspirs furent les Encenciers.
```

encendrir (1)
```
    264   2   Voire encendrir la mienne arse despouille:
```

enchanté (1)
```
    338  10   Comme enchanté d'amoureuse merueille.
```

enchantement (1)
```
    306   4   M'endormit tout en son enchantement:
```

enchantez (1)
```
    239   6   Comme enchantez, les venimeux Serpentz.
```

enchassé (1)
```
    168   6   Laisse le Corps prest a estre enchassé:
```

encheine (1)
```
    357   5   S'encheine ensemble, & ainsi congelé
```

enclos   (1)
   294   9   Parquoy enclos en si doubteuses lisses,

enclose   (4)
   184   4   Dependant tout de liberté enclose.
   251   8   En main d'aultruy, indigne d'elle, enclose,
   257   9   Mais toute dame en toy peult estre enclose,
   349   8   Pour medecine enclose en ton oblique,

encloses   (1)
   324   4   Vn ordre vny de tes perles encloses,

enclume   (1)
   36   5   Car espargnant, possible, son enclume,

encombres   (2)
   22   4   D'ou descendis en ces mortelz encombres:
   337   8   Nous delyurant de tant facheux encombres:

encombreux   (1)
   129   5   Que n'est au Corps ce mien viure encombreux,

encontre   (3)
   332   10   Encontre toy luy sert tousiours d'escu.
   348   8   Encontre moy si vainement t'efforces?
   372   1   Tu m'es le Cedre encontre le venin

encor   (30)   encore, encores
   6   3   Ou l'oeil, encor non expert de dommage,
   28   3   Et croire encor, que la pitié luy monte
   33   6   Vn doulx souhait, qui, non encor bien né,
   34   1   Ie ne l'ay veue encor, ne toy congneue
   44   4   Disant qu'elle est encor moins, qu'immortelle?
   49   1   Tant ie l'aymay, qu'en elle encor ie vis:
   60   5   Mais souffre encor, sans complainctes quelconques,
   65   9   Ie creuz, & croy encor tes deffameurs,
   72   9   Donc pour aymer encor telle souffrance,
   76   3   Et qui me feit, & fait encor douloir,
   87   7   Mais encor mieulx me feroit esprouuer,
   105   8   Cent mille espoirs y sont encor compris.
   163   8   Que i'ay encor, non toutesfoys si grande.
   195   7   Combat encor, ores droit, or tumbant
   196   3   Tiennent encor en telle symphonie,
   224   3   Et, ià passée, encor se renouelle
   255   3   En volupté non encor esgarée,
   262   6   Font encor paour, mesme a la solitude,
   263   8   Que loing encor, ie souffre en leur meslée,
   264   4   Te desirer, encor que mon feu meure?
   274   8   (Combien encor que tes vertus l'excellent)
   279   1   Combien encor que la discretion,
   325   9   Et par ce nom encor ie t'en adiure,
   328   2   De la pensée encor plus incertaine,
   349   2   Qui par le coeur me tient encor captif,
   375   10   Quand tout repose, encor moins elle cesse.
   389   7   Mais tasche encor, comme intrinseque amye,
   416   10   Spirantz encor cest An embolismal.
   429   1   Ia soit ce encor, que l'importunité
   438   4   Ne voy encor sortir aulcuns effectz.

encore   (4)   encor, encores
    11 8 De non mourir, mais de reuiure encore.
   231 8 A y finir l'espoir encore se vante.
   232 5 Et sans du iour m'apperceuoir encore,
   387 5 Ce n'est vilté ce n'est sottié encore,

encores   (8)   encor, encore
   144 4 Pour pres que soye, encores suis ie absent.
   174 1 Encores vit ce peu de l'esperance,
   176 2 Encores tendre, & foiblement naissante:
   256 9 Qui ne m'ennuye, encores que ie sache
   338 8 Pene, & tressue encores qu'il s'esueille:
   420 1 Peu s'en falloit, encores peu s'en fault,
   432 7 Dont de rechef encores tu me pinces,
   447 9 Qu'apres ma mort encores cy dedens

encrée   (1)
   428 2 Si tenamment en ma pensée encrée:

endimion (1)
   126 10 Mais ainsi, comme Endimion la Lune.

endormie (2)
   298 8 Se faint de honte estre ailleurs endormie,
   389 6 Ne se tient plus icy bas endormie.

endormis (1)
    90 4 Tu m'endormis en mortelle destresse.

endormit (1)
   306 4 M'endormit tout en son enchantement:

endormy   (1)
   100 7 Là mon esprit son corps laisse endormy

endormye (2)
   159 3 Me touche vn rien, ma pensée endormye
   222 5 Qui la me rendz au besoing endormye,

endroit   (2)
   185 9 Qu'on luy deburoit ayder a son endroit,
   246 4 Percent leur peau toute arse en main endroit.

endurcir (1)
   218 6 De m'endurcir en longue impatience.

endurcis (1)
   420 10 Ie l'amollis, & plus ie l'endurcis.

endurcit (1)
   233 9 Qui m'endurcit en la perfection,

endurcy   (2)
   224 10 Et tout tourment me rend plus endurcy.
   358 10 Me rend en marbre & froid, & endurcy.

endure   (1)
   102 2 Ce mien trauail toutesfois peine endure,

```
endurer  (1)
   408  1  Quant Mort aura, apres long endurer,

eneruées  (1)
    56  1  Le Corps trauaille a forces eneruées,

enfant  (12)
    37  2  Enfant, Archier, pasle, maigre, volage:
    63  6  Saulte aux cheueulx, dont l'Enfant ardent fume.
    83  2  Que son enfant causoit son vitupere.
    89  9  Et toy, Enfant, cesse: va vers ma Dame,
   154  2  La Parque aueugle, & l'enfant n'y voit point.
   169 10  Ou me tient clos cest enfant inhumain.
   202  1  T'esbahys tu, ô Enfant furieux,
   268  5  Adonc l'Enfant esbahy luy demande:
   302  5  Alors l'Enfant d'vne esponge les presse,
   309  7  Ainsi, Enfant, comme tu peulx saisir,
   330  2  A cest enfant sur tous les Dieux puissant,
   336  2  Comme ie fays, cest Enfant desuoyé,

enfantz  (2)
    37  4  Amollissant, comme enfantz, leur courage:
   217  2  Enfantz iumeaulx de toy, mere Cypris,

enfer  (3)
    77  2  Dedans l'Enfer de ma peine eternelle,
   111  8  Quand celle vient mon Enfer allumer.
   324 10  Et au mien triste vn Enfer ardemment.

enferme  (1)
   203  6  Qui ores sort, & puis ores s'enferme.

enferre  (1)
    67  5  Garde, luy dist Cypris, qu'il ne t'enferre,

enfers  (2)
     3 10 . Aux bas Enfers trouuer beatitude.
   445 10  Hors des Enfers de l'eternel obly.

enflambant  (1)
   136  1  L'heur de nostre heur enflambant le desir

enflamber  (1)
   427  3  De m'enflamber de ce dueil meslé d'ire,

enflambez  (1)
   334  3  Voire enflambez: Car alors qu'ilz respirent,

enflamme  (11)
    62  4  Phebus enflamme en si ardente horreur,
    76  8  De mon hault bien l'Ame ialouse enflamme,
    88  7  Celle s'enflamme a la vengeance faire,
    89  7  Ne pleure plus, Venus: Mais bien enflamme
   109  3  Mais contre luy soubdain elle s'enflamme,
   183 10  Celle l'enflamme, & ceste le nourrit.
   196 10  Soubdain m'estainct, & plus soubdain m'enflamme.
   292  3  Aussi par l'oeil il y entre, & l'enflamme
   300  3  Puis ton regard a sa vie l'enflamme,
   338  4  (Combien que vain) si doulcement l'enflamme,
```

enflamme   (suite)
    364   5   L'oeil a plorer si chauldement s'enflamme,

enflammerent   (1)
    313   1   Grace, & Vertu en mon coeur enflammerent

enfle   (2)
    208   9   Enfle toy donc au parfaict de son lustre,
    253   4   S'enfle du bien, que par toy luy abonde:

enflé   (1)
    303   10   Que, qui se veoit, l'enflé d'orgueil abaisse.

enflent   (1)
    164   4   Ou mes soucys enflent vaques profondes.

enfonsa   (1)
    145   1   Amour si fort son arc roide enfonsa

enfuit   (1)
    321   6   L'Ame s'enfuit souffrir ne le pouant.

enfumée   (1)
    109   4   Et luy osta son espée enfumée.

engendra   (1)
    213   5   Il m'engendra vne contrepensée

engendre   (1)
    424   4   Engendre en moy mille souciz diuers:

enhorte   (2)
    117   8   Au long souffrir patiemment m'enhorte:
    189   5   Ou plus ie souffre, & plus elle m'enhorte

enlasser   (1)
    117   1   Pour m'enlasser en mortelles deffaictes

ennemie   (1)
    222   4   Par toy mercy, ma cruelle ennemie,

ennemy   (5)
    54   10   Qui combat seul Ennemy, & Fortune.
    100   6   Tant elle m'à pour son foible ennemy.
    244   10   Du mal, que fait vn priué ennemy.
    359   1   Quand l'ennemy poursuyt son aduersaire
    401   9   Ie me suis fait ennemy de moymesme,

ennemye   (6)
    159   1   Si de sa main ma fatale ennemye,
    197   1   Doulce ennemye, en qui ma dolente ame
    298   10   Celle Prouince aux Charles ennemye.
    369   6   Colere aduste, ennemye au ioyeux.
    389   9   Mesmes voyant l'Aigle, notre ennemye,
    429   4   Tant ennemye a reputation:

ennemys   (3)
    53   7   Aux foibles mains de ses fiers ennemys,
    192   4   Et l'aultre moins congnoit ses ennemys.

```
ennemys   (suite)
   392   1   Les elementz entre eulx sont ennemys,

enniche   (1)
   30    1   Des yeulx, ausquelz s'enniche le Soleil,

ennuieuse   (1)
   376   4   Par ennuieuse, & grande violence,

ennuy   (6)
   43    6   Amour, & hayne, ennuy auec plaisir.
   161   3   Couuert d'ennuy ie me voultre en l'Ortie,
   175   4   Soit que plaisir contre ennuy s'esuertue.
   265   3   Tous lieux me sont ennuy, & desplaisir:
   297   3   De tout ennuy ie suis alors distraict,
   406   6   Espoir, ennuy, attente, & fascherie,

ennuye   (3)
   256   9   Qui ne m'ennuye, encores que ie sache
   312   1   Que ie m'ennuye en la certaineté
   409   8   Ie me recrée au mal, ou ie m'ennuye,

ennuyé   (1)
   370   3   Ie me ruyne au penser ennuyé

ennuyent   (1)
   131   8   Qui tellement de ta chasse s'ennuyent:

ennuyeux   (1)
   171   5   L'air s'obscurcit, & le Vent ennuyeux

ennuyz   (3)
   79    6   Ou mon penser par ses fascheux ennuyz
   187   4   Tous les ennuyz de toutes mortz excede.
   245   3   L'Esprit estainct de cures, & ennuyz,

enquerir   (1)
   30    8   Que du remede il ne s'ose enquerir.

enquiers   (1)
   447   1   Si tu t'enquiers pourquoy sur mon tombeau

enracinez   (1)
   227   2   De ma pensée enracinez en elle,

enrichir   (2)
   53    3   Pour enrichir la poureté du Monde
   127   4   D'enrichir l'Ame, ou Graces tiennent ceinctes

enrichit   (1)
   245   7   Enrichit tant ceste Machine ronde,

enrichiz   (1)
   236   8   Comme enrichiz du thresor de Nature,

enseigna   (1)
   40    1   Quiconques fut ce Dieu, qui m'enseigna
```

```
enseigne    (2)
    436   2   Qui a aymer enseigne, & reuerer,
    439  10   Tousiours m'enseigne a aymer, & hair.

ensemble    (17)
     17   5   Plus tost verrons & toy, & moy ensemble
     35   7   Que vie, & moy ne pouons estre ensemble.
    127   9   Ie verrois l'Ame, ensemble & le Corps croistre,
    136   6   Sans aultrement ensemble consentir,
    149   1   Et Helicon, ensemble & Parnasus,
    196   5   Que paix, & querre ensemble tu accordes
    206  10   L'alaine, ensemble & le poulx de ma vie.
    211   1   Quand ignorance auec malice ensemble
    313   3   Qu'en vn sainct feu ensemble ilz s'allumerent,
    317   4   Ensemble sont eulx mesmes consommantz.
    344   3   Comment ensemble vnyment tu accordes
    346   5   Pour vnyment, & ensemble assister
    357   5   S'encheine ensemble, & ainsi congelé
    365   4   Et la paour pasle ensemble nous redouble:
    376  10   Noz sainctz vouloirs estre ensemble discords.
    392   3   Et toutesfois se font ensemble amys
    436   4   Me fera craindre, ensemble & esperer,

ensepuely   (1)
     88   2   Ensepuely en solitaire horreur:

enseuely    (2)
    125   1   Enseuely long temps soubz la froideur
    126   3   Enseuely soubz Cortines vmbreuses,

ensuyt    (1)
     46   9   Plus ie m'absente, & plus le mal s'ensuyt

ensuyure   (1)
    323   4   Nous fait le vray de l'equité ensuyure.

entaillant   (1)
    418   5   Ou entaillant toute lineature,

entaillée   (1)
    285   4   Et puis de Stuc polyment entaillée,

entailler   (2)
     23   8   Pour t'entailler a perpetuité:
    339   5   Pour entailler mieulx, qu'en Bronze, ou aerain,

entame    (2)
    197   3   Ce tien doulx oeil, qui iusqu'au coeur m'entame
    439   3   De vain plaisir, qui en tous lieux m'entame,

entamée   (1)
    379   9   Mais de la part en mon coeur entamée

entendement   (7)
     94  10   Vexation, qui donne entendement.
    142   7   Qu'elle croira, que mon entendement,
    168   1   Toutes les fois qu'en mon entendement
    226   1   Ie le conçoy en mon entendement
    240   5   Pource asseruit ce peu d'entendement
```
226

entendement   (suite)
   424   9   La voyant l'oeil, aussi l'entendement,
   432   2   Auec le sens l'humain entendement

entendit   (1)
   120   3   Mais Amour vint, qui le cas entendit,

entendre   (2)
   246   7   Mais veulx tu bien a piteux cas entendre,
   347   9   Ny fin aussi, qui me donne a entendre,

entendu   (1)
   377   4   Si chasque signe est par toy entendu.

entenduz   (1)
   241   6   Comme n'ayantz mes souhaictz entenduz.

entens   (2)
   189   7   Perir i'entens, que pour gloire acquerir
   295 10   Ou de moy seul tu n'entens, que mes plainctes.

entent   (1)
   385   2   Ou lon entent les deux Soeurs resonner,

entente   (1)
   391   5   A leur entente, & ingratz deuenuz,

entestée   (1)
   183   2   Dont ma pensée est ia si entestée?

entier   (1)
   299   2   L'entier effect de ce mien triste dueil,

entiere   (4)
    72   5   Que piece entiere (hors mise loyaulté)
   119   3   Que fera donc entiere congnoissance,
   145   4   Au fondz du coeur d'entiere congnoissance,
   368   4   Si non le tout, d'entiere guerison:

entierement   (1)
   386 10   Qu'elle esblouyt ma veue entierement.

entiers   (1)
   180   5   Mais ses effectz en leur oblique entiers

entra   (4)
    42   2   Par mesme lieu aux fonz du coeur entra,
   145   5   Sa poincte entra au dur de resistance:
   330   3   Ma vie entra en tel heur miserable,
   375   2   Du premier iour, qu'elle m'entra au coeur

entrailles   (1)
   400   1   Quand l'allegresse aux entrailles créée

entraine   (1)
    33 10   Plus ie l'attire & plus a soy m'entraine.

entrantz   (1)
   269   3   Par l'oeil au Coeur tacitement entrantz

entray   (1)
    103   7   Où plus i'entray, & plus ie trouuay prise

entre   (22)
      9   7   Quand i'apperceus entre les Mariolaines
     15 10   Comme qui es entre toutes parfaicte.
     59   3   Mais s'il aduient, qu'entre plusieurs quelqu'vn
    100   5   Entre ses drapz me detient indispos,
    107   4   Car ta Dame à ma roue entre ses mains.
    161   4   Et elle nue entre ses bras se couche.
    187 1C   Entre sa grace, & mon trop vain desir.
    221   3   Ou les Pescheurs entre eulx leur prinse comptent,
    222   8   Faingnant ta paix estre entre ses mains seure?
    255   7   Entre plusieurs veit vne marguerite
    265   1   Tout temps ie tumbe entre espoir, & desir:
    296   5   Bien qu'entre nous ne soit plus cher, que d'estre,
    336   1   Ne cuydez point entre vous, qui suyuistes,
    345   1   Entre ses bras, ô heureux, près du coeur
    392   1   Les elementz entre eulx sont ennemys,
    395 10   Ce mariage entre eulx tant excellent.
    431   9   Vit vn long temps suspendu entre deux,
    447   4   Entre elementz les deux plus aduersaires:
    449   6   Entre l'ardeur, qui noz coeurs poursuyura,
                    *   *   *
    169   8   Dedens vous entre, & sort sa blanche main,
    208 10   Car fleuue heureux plus, que toy, n'entre en Mer.
    292   3   Aussi par l'oeil il y entre, & l'enflamme

entré   (1)
    387   9   Quand suis entré i'ay creu soubdainement,

entreclouit   (1)
     76   6   M'entreclouit le poursuyure du cy.

entrée   (1)
    269   6   A son entrée en tenebres me met:

entrelasse   (2)
    163   4   Ce mortel noud, qui le coeur m'entrelasse.
    285   8   Qui en son faict plus, qu'au mien m'entrelasse,

entrelassoit   (1)
    101   7   Mais vn regret mon coeur entrelassoit,

entremesler   (2)
    402   7   Mais mon trauail sans entremesler pose
    441   5   Pleurs, plainctz, sanglotz, souspirs entremesler,

entreposé   (1)
    200   2   Entreposé a sa clarté priuée

entreprinse   (1)
     54   1   Glorieux nom, glorieuse entreprinse

entreprise   (3)
     14   5   Combien qu'ailleurs tendist son entreprise,
    103   6   Du grand Chaos de si haulte entreprise,
    118   2   Me chatouilloit a plus haulte entreprise,

```
entrer   (1)
   257 10  Ou dedans luy aultre entrer n'y peult, qu'elle.

entretien  (1)
   126  7  Mais par son doulx, & priué entretien

entretiens  (1)
   248  7  Tu m'entretiens en ce contentement

entretient  (1)
    78  2  Qui sans resouldre, en suspend m'entretient.

entreuenoient  (1)
   286  7  Et quand ie vy, qu'ilz s'entreuenoient contre,

enuers  (6)
   173  8  D'espoir ainsi enuers moy accoustrée,
   198  9  De foy promise enuers moy s'acquitter,
   260  5  Ores fortune enuers moy conspirée
   340  5  Monstrer sa face enuers moy amoureuse,
   378  6  Pour plus me rendre enuers Mort inuincible.
   391  7  Enuers les siens ne sois donc inciuile

enuie  (11)
     3  9  Doncques espere auec deceue enuie
    31  4  Contre l'ardeur de nostre chaste enuie:
    85  1  Non sur toy seule Enuie à faict ce songe,
    96  4  Me promect mieulx de ce, dont i'ay enuie.
   119  8  Qu'en moy mourust ce bien, donc i'ay enuie.
   198  8  Qu'elle taschast par honnorable enuie
   209  2  Tousiours subtile en sa mordente enuie,
   211  7  Retirez vous, Enuie, & Imposture,
   322  3  Me croist tousiours, de plus en plus, l'enuie
   337  7  Vien donc, heureuse, & desirée enuie,
   413  7  Car desirant par ceste ardente enuie

enuielliz  (1)
   317  6  Et enuielliz me rendent insensible,

enuieuse  (2)
   112  6  De nostre bien la Fortune enuieuse
   219 10  A l'enuieuse, & maligne Fortune.

enuieux  (4)
   124  6  Estant sur toy, son contraire, enuieux,
   171  4  Du commun bien de nature enuieux.
   198  1  Gant enuieux, & non sans cause auare
   314  9  Pour non donner aux enuieux esbat:

enuiron  (1)
   165  8  Pour tournoyer son moins, ou enuiron,

enuironnant  (1)
   295  3  Tu vas, Errente, enuironnant le Monde,

enuironne  (1)
   172  5  O quand ie voy, que ce ceinct t'enuironne,
```

enuironné   (2)
    95   4   Qui mon plus hault tiennent enuironné.
   443   9   De son Amant de fouldre enuironné,

enuironnée   (1)
   194   8   Enuironnée & de mortz, & de tombes,

enuironner   (1)
    94   1   Si treslas fut d'enuironner le Monde

enuoier   (1)   enuoy-
   160   8   Pour l'enuoier prendre possession

enuola   (1)   auo-
    21   2   Hors de son giste esperdu s'enuola:

enuolantz   (1)
   421   8   Qui s'enuolantz auec ma destinée,

enuoyé   (1)   enuoi-
   336   5   Car il y fut pour mon bien enuoyé

enuy   (1)
   282   1   Basse Planete a l'enuy de ton frere,

enyurée   (1)
   285   7   Ame enyurée au moust d'vn si hault bien,

enyurez   (1)
   434   8   Les sentementz de leur ioye enyurez,

ephimeres   (1)
   310   8   A soustenir mes peines ephimeres,

epygrammes   (1)
     0   6   Mainte erreur, mesme en si durs Epygrammes:

epyre   (1)
   201   4   L'aultre Dodone inconqneue a Epyre,

equalibre   (1)
   419   3   Tirantz tous deux d'vne mesme equalibre,

equité   (2)
   211   6   Et moins forcer l'equité de Nature.
   323   4   Nous fait le vray de l'equité ensuyure.

eriger   (2)
    20   4   Qu'eriger loy pour estre aneantie.
   418 10   Pour l'eriger Colomne de ma vie.

erra   (1)
    36   1   Le Forgeron villainement erra,

errante   (1)   errente
    55   9   La transmua en vne Austruche errante,

errantz   (1)
   296   1   Tes cheueulx d'or annellez, & errantz

230

erre (1)
    261 9 Qui erre en soy par trop grande constance

errente (1) errante
    295 3 Tu vas, Errente, enuironnant le Monde,

errer (2)
    22 1 Comme Hecaté tu me feras errer
    427 8 Mais pour errer, comme maladuisé.

erreur (11)
      0 6 Mainte erreur, mesme en si durs Epygrammes:
     32 1 Soit que l'erreur me rende autant suspect,
     34 2 L'erreur, qui tant de coulpe m'imposa:
     38 6 A me fier en son erreur patente.
     57 3 Ie cours a moy, quand mon erreur me touche,
     62 2 Nous fait sentir de Phaeton l'erreur:
     88 4 Par la durté de ton ingrate erreur:
    261 10 Mais quelle erreur, sinon que trop il ayme?
    371 9 Consentement, qui met en grand erreur
    425 5 Ie ne me puis (pourtant) d'erreur absouldre,
    442 3 Tant de trauaulx en vne erreur si grande,

erreurs (2)
      1 1 L'Oeil trop ardent en mes ieunes erreurs
    299 10 Digne excuse est a mes erreurs honnestes.

errois (1)
    164 3 I'errois flottant parmy ce Gouffre amer,

es (16)
     15 10 Comme qui es entre toutes parfaicte.
     22 8 Celle tu fus, es, & seras DELIE,
    107 8 Tu es sans Coeur, ie n'ay puissance aulcune.
    113 8 Tu es si froide, & tellement en somme,
    124 5 Parquoy soubdain, qu'icy tu es venue.
    144 3 Tant loing sois tu, tousiours tu es presente:
    193 10 Du quel tu es sur toutes souueraine.
    257 1 Tu es, Miroir, au cloud tousiours pendant,
    372 1 Tu m'es le Cedre encontre le venin
    376 1 Tu es le Corps, Dame, & ie suis ton vmbre,
    390 7 O si tu es de mon viure amoureuse,
                    *   *   *
      2 5 Car de tout bien, voyre es Dieux desirable, (aux)
     91 2 Fus mis es bras d'amere cruauté,
    383 8 Me redoublant l'acces es mille formes.
    411 10 Ie me meurs pris es rhetz, que i'ay tendu.
    438 7 Pour cheoir es mains de la douleur lattente,

esbahir (2)
     60 3 Ie ne m'en puis non asses esbahir,
    439 8 Ie ne me doibs grandement esbahir,

esbahis (1)
     81 1 Ne t'esbahis, Dame, si celle fouldre

esbahy (1)
    268 5 Adonc l'Enfant esbahy luy demande:

esbahyr   (1)
    322   6   (Non sans raison) feront esbahyr maints.

esbahys   (1)   esbays
    202   1   T'esbahys tu, ô Enfant furieux,

esbahyssement   (1)   esbayssement
    400   9   Luy fourragé par l'esbahyssement,

esbahyssementz   (1)
    177   6   Donnant a tous mille esbahyssementz

esbat   (6)
    164   2   Esbat des Ventz, & passetemps des Vndes,
    309   1   Plus pour esbat, que non pour me douloir
    314   9   Pour non donner aux enuieux esbat:
    413   3   En chaste esbat, & pudique plaisir
    419   8   Sachant tresbien, que quand desir s'esbat,
    423   1   Respect du lieu, soulacieux esbat,

esbatant   (1)
    327   2   Comme vn Veneur, s'en alloit esbatant.

esbatantz   (1)
    286   1   Nous esbatantz ma Dame, & moy sur l'eau,

esbatement   (2)
    158   7   Quand mon Phoenix pour son esbatement
    248   6   Et qui la prens pour ton esbatement,

esbatois   (1)
    223   6   M'esbatois seul, quand celle me vint contre,

esbaucher   (1)
    285   3   Comme statue a l'esbaucher toute aspre:

esbays   (1)   esbahys
    160   1   Estes vous donc, ô mortelz esbays

esbayssement   (1)   esbahyssement
    369   4   Par l'estonné de l'esbayssement,

esblouir   (1)
     92   7   Et de qui l'oeil vient ma veue esblouir,

esblouis   (1)
    115   2   Tu m'esblouis premierement la veue:

esblouissamment   (2)
    105   2   Vne clarté esblouissamment plaine
    269   5   Car leur clarté esblouissamment pire

esblouissant   (1)
    433   4   S'esblouissant a son plaisant aspect

esblouy   (2)
     24   1   Quand l'oeil aux champs est d'esclairs esblouy,
     80   8   Oeil esblouy, de non veoir, & de croire,

esblouyt (1)
  386 10 Qu'elle esblouyt ma veue entierement.

esbranlée (1)
  130 9 Qui, esbranlée vn bien peu, sans se faindre

esbranler (1)
  15 4 Pour l'esbranler a meilleur changement:

escarmouche (2)
  237 7 I'ay peur qu'amour sur moy ne s'escarmouche:
  419 9 Affection s'escarmouche de sorte,

escarte (1)
  414 8 S'escarte a soy, & son bien inuentif.

escarté (1)
  51 3 Soit que ie sois present, ou escarté,

escartez (1)
  423 9 Lieux escartez, lentement pas a pas

eschappe (1)
  438 6 I'eschappe a doubte, espoir, ardeur, attente,

eschapper (3)
  221 10 Ou de tes mains ne peuz onc eschapper.
  308 2 Pour le peril eminent eschapper,
  329 3 Ie ne le fais sinon pour eschapper

eschauffe (2) eschaulfe
  62 8 De toy m'eschauffe, & ard si viuement,
  333 2 Phoebus s'eschauffe en l'ardent Canicule.

eschauffer (1)
  266 5 Ià son venir a eschauffer procure

eschaufferois (1)
  263 10 I'eschaufferois sa pensée gelée.

eschaulfe (1) eschauffe
  158 6 M'eschaulfe l'Ame, & le Coeur a tourment,

esclair (1)
  425 2 Comme fumée, & feu, esclair, & fouldre,

esclairant (1)
  269 8 M'esclairant tout au fort de leurs alarmes

esclairantz (1)
  440 2 Et esclairantz sur moy, mais sans effroy,

esclaircit (1)
  158 10 L'air s'esclaircit, & Aquilon cessa.

esclaire (1)
  445 4 Qui nous esclaire a tout bien desirable,

```
esclairer   (1)
    189   3   Pour esclairer a mon bien arresté

esclairs    (5)
     24   1   Quand l'oeil aux champs est d'esclairs esblouy,
     80   1   Au receuoir l'aigu de tes esclairs
     95   2   De tant d'esclairs tant de fois coronné,
    170   2   Voicy tonnoirre, esclairs, nuict, & la pluye.
    443  10   Qui luy ostast par ses esclairs la vie.

esclarcy    (1)
     58   2   L'air esclarcy de si longue tempeste,

esclaue     (1)
    265   4   Tout libre faict m'est esclaue contraincte,

esclercir   (1)
     70   7   Vysse ie au moins esclercir ma bruyne

esclercira  (1)
     51   8   M'esclercira mes pensées funebres.

esclercy    (2)
    128   4   A esclercy le brouillas de Fouruiere:
    265   7   Vien, Dame, vien: Asses as esclercy

esclere     (1)
    106   6   Qui du bas Ciel esclere la nuict brune,

escondire   (1)
      8   8   Mais qui pourroit ta requeste escondire?

escorce     (1)
    407   9   Parquoy, viuant soubz verdoyante escorce,

escosse     (1)
    416   9   Ce Roy d'Escosse auec ces troys Eclipses

escoute     (2)
    157   5   Que plus i'escoute, & plus a soy m'attire
    297   5   Si ie luy parle, intentiue elle escoute,

escouter    (1)
    214   9   Pour l'escouter, & en son sainct parler

escript     (2)
    253   8   L'Eternité, qui tousiours luy escript,
    325  10   Qui en mon coeur escript te perpetue.

escrire     (2)
      0   7   Amour (pourtant) les me voyant escrire
     18   8   Mais moy: ie n'ay d'escrire aultre soucy,

escris      (1)
    394   7   Ie luy escris & surnom, & maistrise,

escu    (2)
     54   7   Car, se faisant de sa Patrie escu,
    332  10   Encontre toy luy sert tousiours d'escu.
```

```
escume  (1)
    155  4  Le demourant violemment escume.

esface  (1)  efface
    407  5  Mais ta vertu, qui par temps ne s'esface,

esforce  (1)  eff-
    407  7  Incessamment de plus en plus s'esforce

esgal  (2)
    32  8  Requiert esgal, & semblable querdon,
    35 10  Seruice esgal au souffrir en presence.

esgalle  (1)
    254  9  Les allier en leur puissance esgalle,

esgaller  (1)
    214  6  Celluy, qui peult noz vouloirs esgaller,

esgallera  (1)
    407 10  S'esgallera aux Siecles infiniz.

esgarée  (1)
    255  3  En volupté non encor esgarée,

esgaye  (1)
    342  8  S'esgaye lors, ses plumes arousant.

esquillon  (1)
    237  3  Qui l'esquillon luy fiche en sa chair tendre:

esquillonne  (1)
    274  2  Qu'il m'esquillonne ardemment, ou il veult,

esiouir  (1)
    102  1  Bien qu'on me voye oultre mode esiouir,

esiouissance  (1)
    278  6  Parolle saincte en toute esiouissance,

esiouissant  (1)
    319  7  La nous transmit, du bien s'esiouissant,

esiouys  (1)
    186  1  Ie m'esiouys quand ta face se monstre,

eslargissement  (1)
    347 10  Que captif suis sans eslargissement.

esleu  (1)
    276  8  Sinistrement esleu a mon malheur,

esleuant  (1)
    382  4  De se monstrer peu a peu s'esleuant.

esleue  (3)
    360  2  N'esleue point si hault sa forte alaine,
    397  3  Mais tant plus hault s'esleue, & se denue,
    403  6  Me fut esleue, & non pour ma plaisance.
```

esleué (2)
   143 10 Comme au desert son Serpent esleué.
   156 2 Plus esleué sur sa triste Montioye,

esleuent (1)
   118 8 Si haultement esleuent leurs voix viues,

esleuer (2)
    58 5 Ie commençay a esleuer la teste:
   390 1 Toutes les fois que ie voy esleuer

eslis (1)
   286 5 Eslis (le mieulx, que tu pourras sçauoir)

esloingnant (2)
   179 5 Celluy desià, m'esloingnant de douleur,
   263 3 Quand m'esloingnant, tant a moy suis rebelle,

esloingne (3)
   382 5 Plus pas a pas i'esloingne le Leuant,
   412 10 Qui du Vulgaire, aumoins ce peu, m'esloingne.
   433 1 Ie m'en esloingne, & souuent m'en absente,

esloingné (1)
   218 4 Me cherche vn bien, trop esloingné confin

esloingnement (1)
   361 9 Pour non pouoir souffrir l'esloingnement

esloingner (1)
    46 6 De m'esloingner de ce, qui plus me suyt?

eslys (1)
   255 8 Dans sa Coquille, & la prenant i'eslys

esmail (1)
   172 4 Ou maint esmail mainte ioye se donne.

esmaillée (1)
   285 2 Ma loyaulté est en toy esmaillée:

esmerueillable (2)
     2 4 S'esuertua en oeuure esmerueillable.
   275 2 De ta beaulté esmerueillable Idée,

esmerueille (2)
     7 9 Ou plus m'allume, & plus, dont m'esmerueille,
   228 5 Ie songe & voy: & voyant m'esmerueille

esmeu (1)
   158 1 L'air tout esmeu de ma tant lonque peine

esmeue (1)
    45 2 Eust a pitié esmeue la Scythie:

esmeult (7) esmeut
   119 1 Petit obiect esmeult grande puissance,
   203 5 De rien s'esmeult, & s'appaise le vent,
   206 2 Esmeult le fondz de mes intentions,

236

esmeult   (suite)
    274   5   Le hault desir, qui iour, & nuict m'esmeult
    238   6   M'esmeult le sens, & l'imaginatiue:
    358   3   En ma pensée esmeult l'obscure guerre
    362 10   M'esmeult souuent le vacciller du doubte.

esmeulx   (1)
    392 10   Tu t'esmeulx toute en guerre, & en desdain.

esmeut   (2)   esmeult
     31   3   Desdaing s'esmeut pour honneste deffence
    302   2   Qu'a larmoyer il esmeut ma Maistresse,

esmeuuent   (2)
    219   5   N'esmeuuent point en moy si doulce rage,
    360 10   Esmeuuent ceulx, qui en cruaulté regnent.

esmoulu   (1)
    258   3   Que le traict d'or fraischement esmoulu

esmouoir   (3)   esmouuoir
     47   5   Mais esmouoir si grand dissention
    130   8   Si en temps deu on laisse a l'esmouoir,
    380   1   Pour esmouoir le pur de la pensée,

esmouuantz   (1)
     18   7   Farces, & Ieux esmouuantz Gentz a rire.

esmouuoir   (3)   esmouoir
     74 10   Pour esmouuoir ma Maistresse a pitié.
    239   9   Pour esmouuoir celle, dont tu depens,
    410   8   Pour esmouuoir ce grand Censeur Romain,

esmouuroit   (1)
    364   6   Qu'il t'esmouuroit a grand' compassion.

esmoy   (3)
     98 10   Tout esploré en mon piteux esmoy.
    144   7   Le hault pouoir, qui ouurant sans esmoy,
    354   3   Qui parauant ardois en grand esmoy,

espace   (2)
    259   1   De toute Mer tout long, & large espace,
    361   2   Va occultant soubz l'espace du front

espaigne   (1)
    318 10   Espaigne, France, & Italie, a Nice?

espaisseur   (2)
    200   7   Par l'espaisseur de la terre haultaine,
    365   2   Rompt l'espaisseur de l'obscurité trouble,

espaississant   (1)
    211   4   S'espaississant pour se immortaliser.

espaiz   (1)
    193   6   I'ouure les ventz a mes souspirs espaiz:

espamoyables   (1)
    399   7   Mes passions certes espamoyables

espandit   (1)
    115   9   Toute aueuglée espandit sa poison

espanduz   (1)
    409   6   Me dorent tout de leurs rayz espanduz.

espargnant   (1)
    36   5   Car espargnant, possible, son enclume,

espargnay   (1)
    75   2   Ie m'espargnay l'estre semblable aux Dieux.

esparse   (1)
    391   3   Mais la Deesse y mit la flambe esparse,

espée   (2)
    109   4   Et luy osta son espée enfumée.
    110   8   Rend son espée a ce Dieu inhumain,

esperance   (27)
    31   5   Et l'esperance en long temps poursuyuie
    45   7   Auec le front serenant l'esperance,
    48   8   Tient l'esperance en lubrique seiour.
    70   10 Mon esperance est a non esperer.
    72   6   Ne me resta, non ce peu d'esperance,
    99   4   Le bout sans fin de ma vaine esperance.
    153   1   Morte esperance au giron de pitié,
    174   1   Encores vit ce peu de l'esperance,
    192   1   Fait paresseux en ma longue esperance,
    195   1   Desir, souhaict, esperance, & plaisir
    234   2   Mon esperance est, certes, l'impossible
    248   2   Du fort desir, dont tu tiens l'esperance,
    254   2   Et le vert gay est ioyeuse Esperance,
    256   6   Que l'esperance a l'heure plus me fasche,
    271   1   I'espere, & crains, que l'esperance excede
    282   8   Me reuerdit ma flestrie esperance.
    286   10 Fut renuersé auec mon esperance.
    320   3   Iettant au vent le sens, & l'esperance,
    339   6   Et confermer en moy mon esperance:
    369   10 Au bas des piedz de ma foible esperance.
    379   6   Ont r'apporté l'esperance affamée
    413   5   Que l'esperance auec faincte grandeur
    415   9   Voyant plus tost, que l'esperance morte,
    426   1   Finablement prodigue d'esperance,
    428   10 Auecques mort de ma foible esperance.
    430   10 Qui du desir vit hors de l'esperance.
    437   8   Et toute mienne (ô friuole esperance)

esperances   (3)
    70   1   Decrepité en vielles esperances
    117   3   Soit que couurir esperances deffaictes
    363   10 Me reuerdit mes mortes esperances.

esperant   (1)
    394   5   Car esperant d'estre vn iour contenté,

238

esperdu   (5)
     21   2   Hors de son giste esperdu s'enuola:
     41   6   En saincte amour chastement esperdu?
    129 10   Tout esperdu aux tenebres d'Egypte.
    220   8   Que ie ne soye au besoing esperdu?
    411   8   Ie m'en voys tout en esprit esperdu.

esperdue   (1)
    104   5   Lors debendant ceste face esperdue,

espere   (6)
      3   9   Doncques espere auec deceue enuie
     69 10   I'espere, apres long trauail, vne fin.
     97 10   A qui de faict espere y paruenir.
    271   1   I'espere, & crains, que l'esperance excede
    299   9   Tousiours plus m'ard cependant, qu'il espere,
    362   9   Tousiours espere: et le trop esperer

esperé   (1)
    326   1   Ie souspiroys mon bien tant esperé,

esperée   (1)
      9   4   Par qui me fut liberté esperée.

esperer   (4)
     70 10   Mon esperance est a non esperer.
    133 10   Me promit plus qu'onc n'osay esperer.
    362   9   Tousiours espere: et le trop esperer
    436   4   Me fera craindre, ensemble & esperer,

espereray   (1)
    135   8   I'espereray en seure indamnité,

esperience   (1)   experience
    278   3   Et, sans mourir, prouuer l'esperience,

esperit   (1)   esprit
    267   2   De part en part l'esperit trespercer

esperitz   (4)
    105   3   Des esperitz d'Amour, & de liesse,
    317   5   Dont en mon mal mes esperitz dormantz,
    379   1   Bien qu'en ce corps mes foibles esperitz
    398   4   Affoiblissant mes esperitz plus forts.

esperon   (1)
    274   1   Si poingnant est l'esperon de tes graces,

espie   (1)
    350   6   Espie Amans dans son assiette forte.

espinces   (1)
    432   6   Ie sente, Amour, tes mordentes espinces,

espine   (1)
    251   9   De mon labeur me fault cueillir l'Espine

espingle   (1)
    250   2   Et se iouant, d'vne espingle se poinct.

esploré   (1)
     98 10   Tout esploré en mon piteux esmoy.

espoir   (48)
      9   5   Ià hors d'espoir de vie exasperée
     27   5   En cest espoir, tresmal asseuré pleige,
     51   6   Et qu'en son iour vn espoir ie preuoy,
     65 10   Tant me tient sien l'espoir, qui trop m'adhere.
     77   7   Espoir le fait, non pour mon bien, reuiure:
     78   6   Que l'espoir n'est, sinon vn vain vmbrage:
     96   2   Ce doulx soubris me donne espoir de vie,
     99   7   Ie dy, qu'espoir est la grand prurison,
    117   4   Face vn bien peu d'espoir apperceuoir,
    122   5   En tel espoir me fait ores ploier,
    146   5   Ny pour espoir de mieulx, qui me supplie,
    148   8   Mon espoir est denué de son herbe:
    151   5   Ne pour espoir de mieulx, qui me supplie,
    152   8   De cest espoir, qui, iour & nuict, me tente.
    164   5   Lors toy, Espoir, qui en ce poinct te fondes
    173   8   D'espoir ainsi enuers moy accoustrée,
    185   3   Dont a l'espoir de tes glassons hurté,
    190   7   Pource qu'espoir de leur bien euident,
    192   5   Parquoy ie ignore, estant d'espoir demis,
    202   6   Ny pour vouloir d'espoir me deliurer:
    204   4   D'espoir, attente, & telle plaisant' charge,
    205   6   Sans aultre espoir d'en estre querdonné:
    218   5   De mon espoir, & tout cecy affin
    231   8   A y finir l'espoir encore se vante.
    232   9   De vain espoir tousiours recompensée
    234   1   Tout desir est dessus espoir fondé:
    248   8   (Bien qu'il soit vain) par l'espoir, qui m'attire,
    256   4   Qui va tousiours mon espoir alentant.
    260   7   Dont le fort vent de l'espoir courageux
    265   1   Tout temps ie tumbe entre espoir, & desir:
    269   9   Par vn espoir, qui rien mieulx ne promet,
    271   9   Et bien qu'espoir de l'attente me frustre,
    276   1   Voyez combien l'espoir pour trop promettre
    308   5   Mais toy, Espoir, tu nous viens attraper,
    311   7   Osté l'espoir a ce mal necessaire:
    312   7   L'oppresse plus que cest espoir rusé,
    326   4   Ou vain espoir rien, ou peu, me valut:
    340   6   Et en tout acte, oultre l'espoir priué.
    353   8   N'est d'aultre bien, que d'espoir reuestu.
    393   6   De doubte, espoir, desir, & ialousie,
    398   8   Qui mon espoir me fortifieront:
    406   6   Espoir, ennuy, attente, & fascherie,
    421   9   Ne soubstrairont l'espoir, qui me soulage
    426   5   Estimant moins tout espoir, qu'vn festu,
    431 10   L'espoir vainquant a la fin le desir.
    438   6   I'eschappe a doubte, espoir, ardeur, attente,
    440   5   Par vn espoir d'vn gratieux ottroy,
    441   3   Apres desir, & espoir inutile,

espoirs   (1)
    105   8   Cent mille espoirs y sont encor compris.

esponge   (3)
    302   5   Alors l'Enfant d'vne esponge les presse,
    302   8   Et, ce disant, l'esponge me tendit.
                              240

espouge   (suite)
    439 4   Me penetrant, comme l'eau en l'esponge.

espouantoit   (1)
    306 10   M'espouantoit de maint songe angoisseux.

espouuante   (1)
    231 10   Voyant mon cas, de moy ie m'espouuante.

espreuue   (2)
     98 6   Ou dessus moy noueau resueil s'espreuue.
    233 6   Ou ie m'espreuue en toute affection,

esprit   (33)   esperit
      1 8   Fait, que viuant le Corps, l'Esprit desuie,
     46 4   Celle, ou l'esprit de ma vie repose,
     56 2   Se resoluant l'Esprit en autre vie.
     56 10   Le Corps, l'Esprit, le Sens, & la Raison.
     71 3   O fol, l'esprit de ta vie est ià mort.
     77 5   Ronge l'esprit par vne fureur telle,
    100 7   Là mon esprit son corps laisse endormy
    119 10   Oster l'esprit de ma vie a ma vie.
    126 4   Songe a moy vient, qui mon esprit desserre,
    127 1   L'esprit, qui fait tous tes membres mouoir
    143 6   Contre l'esprit sommeillant se hazarde,
    145 9   Dont mon esprit de ce trouble estonné,
    149 7   La Deité en ton esprit empraincte
    159 7   Adonc l'esprit poulsant hors roidement
    167 2   Docile esprit, obiect de la Vertu,
    168 3   L'esprit rauy d'vn si doulx sentement,
    192 2   Auec le Corps l'Esprit est tant remis,
    196 9   L'esprit diuin de ta celeste voix
    219 4   Vigueur d'esprit, & splendeur de courage
    220 3   M'ont tout, & tant l'esprit exercité,
    228 1   Tout en esprit rauy sur la beaulté
    245 3   L'Esprit estainct de cures, & ennuyz,
    288 8   Me brule, & ard iusques a l'esprit rendre.
    324 5   M'ont captiué l'esprit, ou tu reposes
    337 9   Vien sans doubter, que l'esprit, & la vie
    339 2   Pour nous monstrer l'esprit de son serain:
    340 3   Du triste esprit plus, que du corps lassé,
    344 6   Si viuement l'esprit tu m'exercites,
    364 1   L'Esprit vouloit, mais la bouche ne peut
    378 3   Quand mon Esprit, qui du tout perissoit
    385 3   Lors que la nuict a l'esprit sa querre ouure,
    411 8   Ie m'en voys tout en esprit esperdu.
    446 3   A quoy l'Esprit se veult tresbien resouldre,

espritz   (7)
      7 5   Mais tellement tient mes espritz rauiz,
     90 8   Agrandissant mes espritz faictz petitz,
    231 2   Mortelz espritz de mes deux flans malades:
    324 9   Vn Paradis a tous espritz marriz,
    370 8   Dont mes espritz recouurantz sentement,
    401 2   Sont mes espritz, qu'ilz y sont transformez:
    413 10   Vertu au sens, & vigueur aux espritz.

esproeuue   (4)
    132 4   Par fermeté en inconstance esproeuue.

esproeuue (suite)
    150 9 Mais, comme puis a l'esproeuue congnoistre,
    151 9 Plus nuict la peur du mal a qui l'esproeuue,
    333 9 Ainsi (ô sort) l'esproeuue nous reuelle

esprouua (1)
    305 1 Mon ame en Terre (vn temps fut) esprouua

esprouuant (1)
    202 3 Et l'esprouuant, me dis tu curieux

esprouué (2)
    10 8 I'ay esprouué, que la paour me condamne.
    67 9 Car contre moy l'Archier s'est esprouué:

esprouuer (4)
    87 7 Mais encor mieulx me feroit esprouuer,
    145 2 Pour esprouuer dessus moy sa puissance,
    321 4 Descendre au fond pour esprouuer ses arcs.
    426 6 Fors seulement pour l'Amant esprouuer:

espuiser (1)
    316 8 Ny de ses yeulx vne larme espuiser,

essay (1)
    351 6 De sa fureur faisant premier essay.

essayé (1)
    311 3 Ou tout Tyrant, fors toy, eust essayé,

esselle (1)
    292 5 Me consumant, non les flancs, non l'esselle,

essence (4)
    141 6 La me feit veoir en celle mesme essence,
    144 9 La preuoyant sans son essence en soy,
    264 6 Tes fiers desdaingz, toute ta froide essence,
    332 9 Mais bien du mien, dy ie, la ferme essence

est (206)
    10 4 Que raison est par la craincte offensée.
    13 6 Que le corps vif est ià reduict en cendre:
    14 3 Amour subtil au noud s'est allié
    14 7 Car (& vray est) pour experimenter
    17 10 Car ferme amour sans eulx est plus, que nue.
    23 6 Tant approchante est des Dieux ta coustume.
    24 1 Quand l'oeil aux champs est d'esclairs esblouy,
    25 4 Tant que mon mal est a moy suruiuant.
    26 5 Il est semé de marbre a maintz monceaulx,
    28 5 Meilleur, ô Coeur, m'est d'auoir chaste esté
    29 2 L'aueugle Archier, qui des dieux est le maistre:
    33 1 Tant est Nature en volenté puissante,
    33 7 Est de plaisirs nourry, & gouuerné,
    35 2 Autant de fois plaine nous est descreue:
    35 5 Que m'est la force en l'attente recreue
    40 9 Car loy d'Amour est de l'vn captiuer,
    41 7 Puis que m'en est le mal pour bien rendu,
    43 7 Forte est l'amour, qui lors me vient saisir,
    44 4 Disant qu'elle est encor moins, qu'immortelle?
                        242

est (suite)

45	4	S'est soubz le froit de durté amortie.
45	6	Si ainsi foible est d'elle l'asseurance?
46	2	Que plus on ayme, est du coeur le miroir,
47	10	Trop plus haultains, que n'est l'Ambition.
49	5	Est il possible en ce degré supreme
51	5	Qu'il m'est aduis en dormant, que ie veille,
54	9	Que celuy n'est ny peult estre vaincu,
60	1	Si c'est Amour, pourquoy m'occit il doncques,
60	9	Qu'est il besoing de plus oultre m'occire,
63	7	Comment, dit il, est ce donc ta coustume
63	9	Mais c'est ton feu, dit elle, qui allume
66	9	Tant griefue perte est perdre promptement
67	9	Car contre moy l'Archier s'est esprouué:
69	8	Tant est par tout cauteleusement fin.
70	6	Est coniuré par vous en ma ruyne.
70	10	Mon esperance est a non esperer.
71	3	O fol, l'esprit de ta vie est ià mort.
71	5	Ie parle aumoins. Ce n'est que phrenesie.
71	10	Puis que tel est le vouloir de ta Dame.
73	3	Qui plus loingtaine est de nous blanche veue
78	6	Que l'espoir n'est, sinon vn vain vmbrage:
82	4	Que le corps vif est ià poulsiere Vmbreuse:
82	8	Ne m'est resté, que ces deux signes cy:
84	1	Ou le contraire est certes verité,
84	2	Ou le rapport de plusieurs est mensonge,
84	7	Vray est, qu'alors, tout soubdain, & sur l'heure
85	3	Et si en toy elle est veue mensonge,
86	6	Qui moins offence, ou plus il est preueu.
92	8	Tant qu'aultre n'est, fors elle, a mes yeux belle.
92	10	Quand tout Mydi m'est nuict, voire eternelle?
99	7	Ie dy, qu'espoir est la grand prurison,
101	10	Là, ou Delie est tousiours plus rebelle.
104	4	Au Regne vmbreux ma vie s'est rendue.
108	3	C'est celle ardeur, que i'ay si vehemente,
109	8	Va: ta demande est, dit elle, importune.
110	4	Tant, que nul n'est sur toy victorieux.
113	4	Veu que tel fruict est de froide nature:
116	1	Insatiable est l'appetit de l'homme
123	8	A tous benigne, a moy est inhumaine,
124	3	C'est par les tiens de ce Monde adorez,
125	3	Le Corps est ià en sa foible roideur
126	9	Il m'est aduis, certes, que ie la tien,
128	6	Si grand' clarté s'est icy demonstrée,
129	5	Que n'est au Corps ce mien viure encombreux,
134	7	Mais si sa part est ores dispensée
134	9	La mienne est mieulx en ce recompensée,
147	6	Que la nuict est a repos inclinée.
148	8	Mon espoir est denué de son herbe:
151	2	Quelle est la foy, qu'Amour en mon coeur lye.
151	6	Tousiours elle est plus loyalle en sa proeuue.
152	3	Tant qu'il n'est mal qui la puisse constraindre
152	5	Et si n'est fiebure en son inquietude
152	10	Si ainsi doulce est l'vmbre de l'attente?
154	1	La Mort est pasle, & Cupido transi:
156	5	Car a toute heure il m'est aduis, que i'oye
168	9	Ainsi celuy est des siens dechassé,
172	8	Dont Amour est & haultain, & vainqueur,
172	10	Que fermeté est la clef de ton coeur.

est (suite)

173	9	Non moindre gloire est a me veoir oultrer,
175	5	Toute hautesse est soubdain abatue,
175	6	De noz deduitz tant foible est le donneur.
178	4	N'est procedé d'Autonne bruyneux.
179	4	Communement est suyui de malheur.
183	2	Dont ma pensée est ia si entestée?
183	4	Desquelz mon ame en vain est mal traictée,
185	2	S'est retiré au fons de sa fortune:
189	1	D'vn tel conflict en fin ne m'est resté,
190	10	Est Calamyte a mes calamitez.
191	1	C'est de pitié que lors tu me desgoustes,
192	2	Auec le Corps l'Esprit est tant remis,
192	6	Si ce mien viure est vitupere, ou los,
200	4	Soubdainement, pour vn temps, est priuée.
200	5	Et toy, de qui m'est tousiours deriuée
201	6	Qu'aux Alpes n'est toute hyuernale glace,
201	8	Qu'il n'est si froid, bien que tu soys plus froide,
205	8	Est, quant a toy, de bien petite estime:
205	10	C'est le seul bien, apres toy, que i'estime.
206	3	Quand sa presence est par celuy saisie,
207	5	Et si tresfroit, qu'il n'est flambe si viue,
209	5	Et si sa poincte est presque au but suyuie,
210	7	Dieux aueugles (si tant est vostre iniure,
211	10	Car sa foy est venin a Calumnie.
213	7	A luy, a qui toute chose est possible,
218	9	Si n'est ce pas (pourtant) qu'en patience
219	7	Mais a mon bien m'est exhortation
221	9	Car il est hors de prison vehemente,
222	9	Las celluy est facile a deceuoir
226	9	C'est pour monstrer que ne veulx sa vertu
230	10	Mais moy aussi, ou est ta propre image.
232	3	Et l'Horologe est compter sur mes doigtz
233	3	N'est point le plus en moy bien fortuné,
233	7	C'est que ie voy soubz sa discretion
234	1	Tout desir est dessus espoir fondé:
234	2	Mon esperance est, certes, l'impossible,
234	5	Voy donc, comment il est en moy possible,
237	5	Hà ce n'est pas, dit elle, qui me mord
237	9	Ce n'est point luy, Belle: Car quand il touche,
239	10	Mesmes qu'elle est de durté incroyable?
241	1	Ce n'est point cy, Pellerins, que mes voeutz
243	6	Selon que m'est ma pensée agitée.
244	8	Iouir d'vn coeur, qui est tout tien amy,
245	9	Et qui est vif sans la scauoir au Monde,
250	8	D'aultres asses, dont elle est mieulx seruie.
251	1	Au commun plainct ma ioye est conuertie
252	4	Duquel il s'est totalement demys,
254	1	Si le blanc pur est Foy immaculée,
254	2	Et le vert gay est ioyeuse Esperance,
254	4	De Charité est la signifiance:
256	8	Dont n'est plaisir, ny doulx concent, que i'oye,
257	3	Et mon coeur est aupres d'elle attendant,
261	3	Parquoy accoup l'aigreur m'est redondée
265	4	Tout libre faict m'est esclaue contraincte,
265	5	Tant est ma vie à la presence astraincte
266	3	Son Crepuscule a ma veue est si cher,
268	7	C'est pour monstrer, luy dy ie, que tu fains
271	10	Point ne m'est grief en aultruy me chercher.

est (suite)

273	1	Toute doulceur d'Amour est destrempée
274	1	Si poignant est l'esperon de tes graces,
274	7	Et tant dur est le mors de ta beaulté
281	7	C'est qu'elle viue à vescu tellement,
283	1	Tant de sa forme elle est moins curieuse,
283	6	Que son mortel est du vif combatu?
285	2	Ma loyaulté est en toy esmaillée:
293	6	Qu'en elle seule est leur desir plus hault.
298	1	Est il possible, ô vaine Ambition,
299	10	Digne excuse est a mes erreurs honnestes.
304	5	Car a la veoir alors il m'est loysible,
307	3	Et n'est plaisir, qu'a mes yeulx elle face,
307	5	Comme qui est de leur mal ignorante,
311	1	Asses ne t'est d'auoir mon coeur playé,
314	3	Qui a m'occire est tousiours tant courtoise,
314	6	Tant est fascheux nostre plaisant debat.
315	3	Si doulcement elle est de courroux plaine,
315	6	Et n'est possible en fin que ie m'en taise.
316	4	Qui pour sa peine est en soy despiteux.
317	2	Tant miserable est le sort des Amantz,
317	10	Plus est contente, & moins est assouuye.
317	10	Plus est contente, & moins est assouuye.
322	1	Merueille n'est, Deesse de ma vie,
325	4	Que sien il est, tout aultre a soy rendant.
326	8	De mon mal est, qu'au querir il s'indigne,
328	1	Tant variable est l'effect inconstant
330	10	Car sa lumiere est tousiours en tenebres.
332	5	C'est, luy dit elle, affin que ne m'oppresse
332	8	Fait que par moy ton coeur n'est point vaincu.
334	4	Ce n'est sinon pour l'ardeur exhaler,
336	7	Puis qu'il est donc vers elle mal venu,
339	3	Ainsi, quand elle ou triste, ou pensiue est,
349	5	Au mal, qui est par fois alternatif,
353	8	N'est d'aultre bien, que d'espoir reuestu.
354	2	Celle, qui est la Vertu, & la Grace:
355	8	Ou est l'abysme a mon cler iour nuisant,
357	1	Tousiours n'est pas la mer Egée trouble,
357	2	Et Tanais n'est point tous temps gelé:
363	4	Qu'elle est au lieu de sa detention.
364	7	Quand est du Coeur, qui seul sans passion
364	9	Il est loing de perturbation,
367	5	Ou l'empire est du conseil arresté
370	7	Est cheute au fons de ton ingratitude:
371	1	Blasme ne peult, ou n'est aulcun deffault,
371	4	C'est par malice, ou par propre rancune.
372	8	Qui m'est souuent peu moins, que rigoureuse,
372	10	Que n'est Zephire en l'Arabie heureuse.
377	4	Si chasque signe est par toy entendu.
377	5	Car le iaulne est mon bien attendu
377	10	Est pure foy, qui iouyssance honnore.
381	3	Parqui la voix m'est en la bouche estaincte
382	7	Plus m'est aduis de le pouoir toucher,
383	2	Plus allegeante est le febricitant:
386	8	Il m'est aduis, que ie voy clerement,
387	5	Ce n'est vilté ce n'est sottié encore,
387	5	Ce n'est vilté ce n'est sottié encore,
395	1	Ce n'est Plancus, qui la Ville estendit,
403	2	Qui m'est de soy meurdryerement benigne.

est   (suite)
    414   3   Ou l'air paisible est feal secretaire
    415   5   Si ainsi est, soit ma ioye auortie
    419   1   Hault est l'effect de la voulenté libre,
    424   8   Que du desir est ma ioye remplie,
    426   2   Dont estre auare est tresgrande vertu,
    427   7   Est ce qu'ailleurs elle pretend? nenny:
    429   9   Elle est (pourtant) en amours si mal née,
    430   7   Car patience est le propice Estuy,
    430   9   Et vrayement n'est point aymant celluy,
    439   2   Alimenté est le sens du doulx songe
    443   2   Que toute chose est tresclerement veue:
    446   10   Le soir d'icy est Aulbe a l'Antipode.
    448   1   Vouloir tousiours, ou le pouoir est moindre,

estainct   (5)   estaint
     76   10   Comme s'estainct, & s'auiue ma flamme.
    183   9   Ne par riqueur, ne par mercy s'estainct:
    196   10   Soubdain m'estainct, & plus soubdain m'enflamme.
    245   3   L'Esprit estainct de cures, & ennuyz,
    356   9   Que celle estainct ses lampes euidentes,

estaincte   (3)
     48   7   Qui tost estaincte, & soubdain rallumée,
    121   9   Qu'apres le feu estaincte la fumée
    381   3   Parqui la voix m'est en la bouche estaincte

estainctz   (2)
    147   4   Ie me sentois estainctz totallement,
    269   10   Qu'ardentz souspirs estainctz en chauldes larmes.

estaindra   (1)
    113   3   Qui estaindra ton amoureuse flamme,

estaindras   (1)
    113   10   Tu estaindras mon feu mieulx, que la pomme.

estaindre   (5)   esteindre
    130   7   Ainsi veoit on la torche en main s'estaindre,
    302   7   Voicy, dit il, pour ton ardeur estaindre;
    316   10   Ou de l'estaindre, ou bien de l'attiser.
    334   7   Mes larmes donc n'ont elles peu estaindre
    357   9   Voulant ma flamme estaindre aulcunement,

estaindrois   (1)
    199   10   Et estaindrois ma passion ardente.

estaingnant   (3)
    163   9   Car estaingnant mon alteration,
    343   4   Dessus sa face: & l'estaingnant le trempe
    379   10   Descend la pluye estaingnant mes sanglotz.

estaingne   (1)
    207   6   Qu'en bref n'estaingne, & que tost il n'efface.

estaingnoit   (1)
     79   1   L'Aulbe estaingnoit Estoilles a foison,

estains   (1)
    357 10   Plus ie l'estains, & plus fort ie l'allume.

estaint   (1)   estainct
    155 7   Qui doubte estaint a son bref suruenir,

estant   (24)
     33 9   Lors estant creu en desir effrené,
     56 5   Et la Raison estant d'eulx asseruie
     68 10   Que, estant certain, cruellement ie meure.
     83 7   Et de vengeance estant trop couuoiteux,
    124 6   Estant sur toy, son contraire, enuieux,
    143 3   Que n'en estant la memoyre offensée,
    172 6   Estant au corps, & au bras cordonnée
    189 9   Veu qu'elle estant mon mal, pour en querir
    192 5   Parquoy ie ignore, estant d'espoir demis,
    194 7   N'as tu horreur, estant de tous costez
    200 6   Lumiere, & vie, estant de moy loingtaine
    242 3   Et a mon bien estant negotieux,
    248 5   Mais toy estant fiere de ma souffrance,
    249 5   Affin qu'estant deuant toy ainsi nue,
    254 7   Vertu estant diuinement Royalle,
    263 9   Ou, estant près, par mes souspirs ardentz
    283 7   Certes, estant ton corps foible abatu,
    308 7   Parquoy estant par toy liberté close,
    328 5   Car estant pris dessoubz sa main haultaine,
    353 7   Et luy estant ià reduict tout en os,
    363 1   Estant ainsi vefue de sa presence,
    370 1   Estant tousiours, sans m'oster, appuyé
    429 7   Estant en moeurs mieulx conditionée,
    434 3   Par la raison estant interposée,

estantz   (2)
    131 9   Qu'eulx tous estantz de toy sainctement ardz,
    212 7   Et eulx estantz doulx venin d'amytié,

estase   (1)
    293 8   Si ie suis vif, ou mort, ou en estase,

estat   (1)
    168 10   A qui Fortune, ou heur, ou estat change.

esté   (9)
     28 5   Meilleur, ô Coeur, m'est d'auoir chaste esté
     47 7   Faulte ie dy, d'auoir esté mal caulte
    139 10   M'a esté voye, & veue, & puis victoire.
    167 9   Comme elle seule à esté, & sera
    367 2   Me fut le moys, que sans toy suis esté:
    408 8   Tu m'as tousiours esté guerre implacable,
    441 10   Que i'ay esté de son vouloir ministre.
    447 7   Que si en moy ont esté residentz
                    *   *   *
     63 1   L'Esté bouilloit, & ma Dame auoit chault:

esteinct   (1)
     73 7   Qui, loing de toy, esteinct en moy l'ardeur,

esteindre   (1)   estaindre
     89 4   Tant que par pleurs son brandon feit esteindre,
                          247

```
estend   (3)
     57  2  Estend la main, apres le coup receu,
    144 10  En toy l'estend, comme en son plus possible.
    156  3  Que celuy là, qui estend la douleur

estende   (1)
    421  2  De son bas vol s'estende a la vollée,

estendit   (2)
    130  2  L'affection, qui en moy s'estendit,
    395  1  Ce n'est Plancus, qui la Ville estendit,

estendre   (5)
     87  5  Et me vouldrois a plus souffrir estendre,
    150  7  Et là s'estendre, & a tous apparoistre
    355  6  Estendre vient son voile tenebreux,
    382 10  Haulsant les yeulx, ie le voy loing s'estendre.
    420  5  Lequel voulant ses grandz forces estendre

estendroit   (1)
    246  5  Quel los auroit, qui sa force estendroit,

estendront   (1)
     11 10  Dès l'Indien s'estendront iusqu'au More.

estendu   (2)
     13  3  Que de fontaine estendu en ryuiere,
    408  2  De ma triste ame estendu le corps vuyde,

estenduz   (1)
    409  9  Comme bourgeons au Soleil estenduz,

estens   (1)
     37  7  Aussi, ô Dieu, en noz coeurs tu estens

estes   (2)
    160  1  Estes vous donc, ô mortelz esbays
    270  7  Vous estes seul, & premier instrument,

estimable   (1)
     36  6  Il nous submit a estimable prys,

estimant   (1)
    426  5  Estimant moins tout espoir, qu'vn festu,

estime   (5)
     43  3  Plus ie l'estime, & moins compte i'en fais:
    205  8  Est, quant a toy, de bien petite estime:
    205 10  C'est le seul bien, apres toy, que i'estime.
    222  3  Or sans estime, & ore glorieux
    389  4  Estime en soy ce, que chascun mesprise.

estimée   (1)
    165  6  Par moy, si bas, ne peult estre estimée.

estimer   (4)
     19  9  Deceut celuy, qui pour trop s'estimer
    208  8  Plus, qu'aultre bien, qui te face estimer.
    292  6  Mais celle part, qu'on doibt plus estimer,
```

estimer   (suite)
    444   9   La monstre seule, ou ie puisse estimer

estincellante   (1)
    301   4   Par l'vne, & l'aultre estoille estincellante:

estincelle   (3)
    292   4   Auecques morte, & couuerte estincelle,
    355   4   Rentre en mon coeur couurant mainte estincelle,
    436   3   Et qui tousiours par sa doulce estincelle

estincelles   (1)
      0   1   Non de Venus les ardentz estincelles,

estoient   (2)
    140   8   Que tes sourcilz estoient d'Amour les arcz.
    391   4   Pource que maintz par elle estoient venuz

estoille   (2)
    301   4   Par l'vne, & l'aultre estoille estincellante:
    319   2   De toute estoille a nous mortelz heureuse:

estoilles   (5)
     66   2   Ie me laissois aux estoilles conduire,
     79   1   L'Aulbe estaingnoit Estoilles a foison,
    243   1   Ces tiens, non yeulx, mais estoilles celestes,
    259   8   Surmonteras la haulteur des Estoilles
    387   8   Le cler Soleil les estoilles efface,

estois   (2)   estoys
     71   1   Si en ton lieu i'estois, ô doulce Mort,
    133   4   Qu'en te donnant a moy, tu m'estois Dame.

estoit   (10)
     74   5   Car il estoit de tresbasse stature,
     87   8   Si par mourir sa foy m'estoit gaignée,
    127   7   Si transparent m'estoit son chaste cloistre
    213   1   Si droit n'estoit, qu'il ne fust scrupuleux
    341   4   Comme si elle estoit au vray presente:
    363   7   Cy elle alloit, là elle estoit assise:
    374   3   Qui ià estoit par son pere embouché
    387   1   Ou celle estoit au festin, pour laquelle
    387 10   Qu'elle estoit seule au lustre de sa face.
    437   4   Ou aspirer ne m'estoit pas science.

estonna   (1)
      6   6   M'estonna l'Ame, & le sens tellement,

estonnay   (1)
    103   5   Apres le sault ie m'estonnay paoureux

estonne   (1)
     92   4   Celle, de qui la rencontre m'estonne,

estonné   (4)
     95   5   Et ce Brouas te couurant estonné,
    145   9   Dont mon esprit de ce trouble estonné,
    369   4   Par l'estonné de l'esbayssement,
    443   7   Comme si lors en moy tout estonné
                         249

estonnée   (1)
   375   7   Que depuis l'Ame estonnée, & tremblante

estour   (1)
   195   8   Selon qu'en paix, ou estour ilz le laissent.

estourdy   (1)
   164 10   Tout estourdy point ne me congnoissoys.

estoys   (1)   estois
   340   9   I'estoys par vous, traistres yeulx, arriué,

estrainctes   (1)
   295   8   De tous Amantz, & leurs cheres estrainctes:

estraindre   (3)
   152   1   Ie sens le noud de plus en plus estraindre
   302   9   Mais la cuydant a mon besoing estraindre
   334   6   Me fait des yeulx si grosse pluye estraindre.

estraingnit   (1)
   135   4   Foy le noua, & le temps l'estraingnit.

estrange   (3)
   160   2   De si estrange, & tant nouelle chose?
   168   8   Que de soymesme, & du corps il s'estrange.
   384   2   De mon estrange, & propre iugement,

estrangement   (3)
    15   5   Et plus ne hayt l'honneste estrangement,
   366   2   Qu'Amour de flamme estrangement diuerse
   422   5   Tant ceste aigreur estrangement despite

estranger   (1)
   297 10   Pour non, ainsi m'abusant, m'estranger.

estre   (85)
    10 10   M'à faict gouster Aloes estre Manne.
    12   8   Tu m'apprens donc estre trop plus de gloire,
    13   8   Pour la garder d'estre du vent rauie,
    20   4   Qu'eriger loy pour estre aneantie.
    23   5   Te veult du Ciel (ô tard) estre requise,
    26   1   Ie voy en moy estre ce Mont Foruiere
    29   4   Qui des humains se dit seule dame estre.
    32 10   D'estre puny d'vn plus leger pardon.
    35   7   Que vie, & moy ne pouons estre ensemble.
    36   2   Combien qu'il sceust telle estre sa coustume,
    47   3   I'eusse creu lors estre bien satisfaicte
    47   6   Pour moins, que rien, ne peult estre que faulte:
    54   9   Que celuy n'est ny peult estre vaincu,
    59   6   Pour te monstrer, comme elle, estre muable:
    66   6   Pour estre a tous si grand contentement.
    75   3   Me pourra donc estre imputé a vice,
    78   7   Et l'aultre dit desir estre vne rage,
    81   5   Elle apperçeut ma vie estre dehors,
    86   9   Ainsi qui cuyde estre le mieulx pourueu
    94   8   Tresioyeux d'estre arriué seurement.
    95   3   Monstre ma teste estre de sanglotz ceincte,
    97   3   Pour estre toy de ce Siecle miracle,

estre   (suite)
```
106  10  Me fait la nuict estre vn penible iour.
109   5  Quand ie la vy en ce poinct estre armée,
129   4  A l'oeil de l'ame estre vn temps plus vmbreux,
142   9  Me fera dire estre serf doublement,
156   1  Estre ne peult le bien de mon malheur
163   5  Ie te vy lors, comme moy, estre lasse
165   6  Par moy, si bas, ne peult estre estimée.
168   6  Laisse le Corps prest a estre enchassé:
173   2  Auec les bras, te denote estre prise
178   1  Pour estre l'air tout offusqué de nues
179   2  Ce, qu'il me iure estre pour mon meilleur.
180   8  Faignant du miel estre le goust amer:
183   6  Tresuainement me monstre estre a mort tainct.
191   9  Pour estre amour vn mal si violent,
192   7  Mais ie scay bien, que pour estre forclos
198   3  Qui me iura desormais estre franche
205   6  Sans aultre espoir d'en estre guerdonné:
207   2  Heureuse d'estre en si hault lieu captiue,
220  10  Que pour ma faulte estre en vn rien perdu.
222   8  Faignant ta paix estre entre ses mains seure?
227   4  Qui iuge en moy ma peine estre eternelle.
256  10  Toute tristesse estre veille de ioye.
257   9  Mais toute dame en toy peult estre enclose,
258   7  D'estre né libre, & faict serf amplement,
277   1  Bien eut voulu Apelles estre en vie
280   8  Pour tousiours estre autant tout mien, que tien:
284   3  Estre priuée en affabilité
287   9  Et priuément (peult estre) en abusay:
292   8  Qu'en moy ie dy telle ardeur estre doulce,
293   3  Pour des Cieulx estre au meurdre dispensée,
296   5  Bien qu'entre nous ne soit plus cher, que d'estre,
296   8  Dessoubz telz laqz ma vie estre conduicte,
298   8  Se faint de honte estre ailleurs endormie,
307  10  Pour estre viue, & sourgeante fontaine.
309   2  De tousiours estre en passions brulantes,
313   4  Pour estre veu de tous publiquement,
322   8  Estre mon ame heureusement traictée,
341   6  Estre tout vain ce, que i'ay apperceu.
341   9  Me contentant d'estre par moy deceu,
347   5  Se faignant ore estre large aulmosniere,
348   3  Ou ma santé ie voy estre pansée
349   4  Pour estre puis au mal medicatif,
353   1  Sa vertu veult estre aymée, & seruie,
367   6  Mes songes lors ie creus estre deuins.
371   2  Ny la peine estre, ou il n'y à coulpe aulcune:
376  10  Noz sainctz vouloirs estre ensemble discords.
380   4  A estre loing d'humaine infection:
384   3  Qui me fait veoir, & estre en verité
394   5  Car esperant d'estre vn iour contenté,
394   8  Pour estre a elle en ses vertus semblable.
413   8  De meriter d'estre au seul bien compris,
422  10  Qui fait mon mal ardemment estre humide.
426   2  Dont estre auare est tresgrande vertu,
427   6  Et si le cuyde) estre d'elle banny.
435   9  La Creature estre en soy bienheureuse,
437   1  Estre me deust si grand' longueur de temps
441   4  Estre content, & puis se quereller,
447   3  Comme tu voys estre le feu, & l'eau
```

```
estre    (suite)
              *          *          *
    48   6   L'estre apparent de ma vaine fumée,
    75   2   Ie m'espargnay l'estre semblable aux Dieux.
    82   7   Et de mon estre ainsi reduit en cendre
   200   3   De son opaque, argentin, & cler estre
   296   4   De mille Amantz l'heureux, & mortel estre.

estrenes   (1)
   205   1   Si ne te puis pour estrenes donner

estroictement   (1)
   296   3   Sont les chaynons estroictement serrantz

estude   (1)
   142   1   Celle pour qui ie metz sens, & estude

estuy   (1)
   430   7   Car patience est le propice Estuy,

esueilla   (1)
   306   8   M'esueilla lors du sommeil paresseux,

esueille   (4)
     7   7   Que presque mort, sa Deité m'esueille
    51   4   De sorte l'ame en sa lueur m'esueille,
   228   4   Qui en mon mal si plaisamment m'esueille,
   338   8   Pene, & tressue encores qu'il s'esueille:

esueillé   (2)
    98   8   Le soir me couche esueillé hors de moy,
   260   6   M'à esueillé cest orage oultrageux,

esuentant   (1)
    63   3   Et du bandeau l'esuentant bas, & hault,

esuenté   (1)
   366   9   Et or craignant qu'esuenté il ne soit,

esuertua   (1)
     2   4   S'esuertua en oeuure esmerueillable.

esuertue   (2)
   175   4   Soit que plaisir contre ennuy s'esuertue.
   325   8   Plus que pour moy, pour toy ie m'esuertue.

esuolée   (1)
   421   5   Craignant qu'en fin Fortune l'esuolée

et   (348)   & (voir après z)
     0   2   Et moins les traictz, desquelz Cupido tire:
     2  10   Et de moy seul fatale Pandora.
     6   9   Et des ce iour continuellement
    10   5   Et toutesfois voyant l'Ame incensée
    14   2   Et ie la tien par ceulx là mesmes prise.
    15   2   Et aueuglé de tout sain iugement,
    15   5   Et plus ne hayt l'honneste estrangement,
    16   5   Et quand ie l'ay au besoing demandé
    20   2   Et rire apres leur promesse mentie?
```

et   (suite)
    22   2   Et vif, & mort cent ans parmy les Vmbres:
    26   4   Et iusqu'aux miens descendent deux ruisseaulx.
    27   4   Et ià la fin de mes desirs me pleige.
    28   3   Et croire encor, que la pitié luy monte
    28   7   Et abhorrir pour vil contemnement
    30   7   Et toutesfois tellement oppressé,
    31   5   Et l'esperance en long temps poursuyuie
    33   2   Et volenteuse en son foible pouoir,
    35   3   Et deux Soleilz, qui m'ont cy rencontré,
    37   9   Et par le Plomb tu nous rendz mal contentz,
    38   5   Et neantmoins ma foy me constrainqnit
    39   3   Et tant me fut l'heur, & l'heure importune,
    41   8   Et qu'on me peult pour vice reprocher,
    48   3   Et si la vie eust onc ioyeuse chere,
    49   2   Et tant la vy, que, maulgré moy, ie l'ayme.
    49 10   Et ainsi elle, en se perdant, me pert.
    51   6   Et qu'en son iour vn espoir ie preuoy,
    55   8   Et s'attrempant, peu a peu lentement
    56   5   Et la Raison estant d'eulx asseruie
    57 10   Et, maulgré moy, il me fault cheuecher.
    58   6   Et lors le Lac de mes nouelles ioyes
    59   8   Et vienne à qui vn tel mal nous procure.
    60   4   Et mesmement que ne l'offençay oncques:
    60   7   Et me tuant, a viure il me desire,
    63   3   Et du bandeau l'esuentant bas, & hault,
    64   9   Et mes souspirs incessamment respirent,
    66   8   Et Corps, & Coeur, à ià l'Ame conquise:
    71   7   Ailleurs ta fin. Et ou? Plus n'examine.
    74   4   Et l'apperceu semblable a ma figure.
    76   3   Et qui me feit, & fait encor douloir,
    78   7   Et l'aultre dit desir vne rage,
    82   5   Et de ma vie en ce poinct malheureuse
    82   7   Et de mon estre ainsi reduit en cendre
    83   7   Et de vengeance estant trop couuoiteux,
    85   3   Et si en toy elle est veue mensonge,
    85   5   Et pour spectacle, ô Albion, tu vois
    86   8   Et celément plus droit mes traictz i'asseure.
    87   5   Et me vouldrois a plus souffrir estendre,
    88   5   Et ne te sont ne craincte, ne terreur
    89   2   Et de douleur se print fort a complaindre:
    89   9   Et toy, Enfant, cesse: va vers ma Dame,
    90   3   Et par celuy qu'ores ie ramentoy,
    90   6   Et toy ma vie a mort as consommée.
    92   7   Et de qui l'oeil vient ma veue esblouir,
    95   5   Et ce Brouas te couurant estonné,
    95   9   Et mes yeulx secz de l'eau, qui me ruyne,
    96   3   Et la doulceur de ceste tienne face
    98   9   Et le matin veillant aussi me treuue,
    99   9   Et qui noz ans vse en doulce prison,
   102   5   Et ie m'y pene affin que tousiours dure
   105   9   Et par ainsi, voyant si doulce face,
   107   5   Et toy, Amour, qui en as tué maintz:
   107 10   Et tu vaincras, Amour, Mort, & Fortune.
   109   4   Et luy osta son espée enfumée.
   110   6   Et digne asses d'eternelle memoire?
   110   9   Et a l'Archier son arc fulminatoire,
   110 10   Et tes Amantz fais mourir de ta main.
   118   7   Et mes souspirs dès leurs centres profondz

et   (suite)
     118   9   Que plongeant l'Ame, et la memoire au fondz,
     119   2   Et peu de flamme attrait l'oeil de bien loing.
     120   2   Et sur ma Dame hastiuement se poulse:
     120   4   Et dessus luy employe & arc, & Trousse.
     120   6   Et l'Archier fuit aux yeulx de ma Maistresse,
     123   2   Et par son sens l'oultrageuse Fortune:
     123   3   Et toutesfoys ne peult a mon malheur
     126   5   Et tout aupres de celle là le serre,
     128   5   Et s'arrestant l'vne, & l'aultre riuiere,
     132   2   Et le Souldart au seul conflict se proeuue:
     133   7   Et neantmoins, asses loing de mon compte,
     135   9   Et preuueray par effect ià prouuable
     136   7   Et posseder, sans nous en repentir,
     140   3   Et pour me vaincre il se va aduiser
     140   7   Et toutesfois i'apperçeuz clerement,
     141   4   Et loing, & près autour d'eulx perseuere.
     142 10   Et qu'en seruant i'ay amour deseruy.
     144   5   Et si nature oultragée se sent
     145   6   Et là tremblant, si grand coup à donné,
     146   9   Et pour soulas a son trauail sera
     149   1   Et Helicon, ensemble & Parnasus,
     150   7   Et là s'estendre, & a tous apparoistre
     152   5   Et si n'est fiebure en son inquietude
     153   9   Et la pensée, & l'Ame ayant saisie,
     155   9   Et quand i'y pense, & le cuyde aduenir,
     156   7   Et le doulx son, qui de sa bouche sort,
     159   2   Et neantmoins delices de mon Ame,
     159   9   Et en ce poinct (a parler rondement)
     160   5   Et son doulx chant (si au vray dire l'ose,
     160   6   Et sans me plaindre il me faille parler)
     161   4   Et elle nue entre ses bras se couche.
     162   7   Et reconqnoy, que pour celle beaulté,
     164   9   Et a ce son me cornantz les oreilles,
     165   4   Et sa vertu, & sa forme elegante.
     165   7   Et la cuydant au vray bien exprimée
     166   3   Et tout aigu de perspicuité
     166   9   Et le flagrant de sa suaue alaine
     168   7   Et si bien à vers l'Ame pourchassé,
     169   5   Et froit, & chault, selon que se reserue
     170   5   Et quand ie fus au couuert, ie m'appuye
     174   5   Et a me veoir les Astres mal contentz
     175   7   Et se crestantz les arbres, leur honneur,
     176   3   Et toy des yeux deux rayons forietter,
     176   6   Et toy ta face elegamment haulsant.
     176   9   Et le parfaict de ta beaulté croissant
     177   9   Et toutesfoys telz accomplissementz
     178   3   Et veoir icy tenebres continues
     179   3   Et la Raison me dit, que le poursuyure
     180   2   Et pas a pas i'obserue ses sentiers,
     180 10   Et vueille, ou non, a mon contraire aymer.
     181   5   Et nonobstant, que bien peu, ou rien vaillent
     181   8   Et la memoyre, & le sens tout confus:
     182   3   Et Graces sont de la Vertu puissance,
     182   5   Et la Vertu par reigles non confuses
     184   9   Et le laissant a l'extreme refuge,
     185   5   Et ne trouuant moyen, ny voye aulcune
     186   5   Et contre terre il me fault incliner,
     186   7   Et au danger son remede acquerir,

et (suite)
     187   2   Et le souffrir de la raison procede.
     187   7   Et quand ie pense ayder au Coeur surpris,
     188   3   Et, comme moy, en ses marges transy,
     190   3   Et bien que soit mon merite anobly
     192   4   Et l'aultre moins congnoit ses ennemys.
     192   9   Et par celà tu veulz, que le mal clos
     196   4   Et tellement les oreilles concordes,
     199   3   Et en l'ardeur, qui a toy me rauit,
     199   5   Et bien que soit sa qualité nuisante
     199 10   Et estaindrois ma passion ardente.
     200   5   Et toy, de qui m'est tousiours deriuée
     200 10   Et ma pensée offusquer en tenebres.
     201   3   Et ne se peult desormais plus celer
     201 10   Et en ton feu mourir glacé tout roide.
     202   3   Et l'esprouuant, me dis tu curieux
     204   7   Et toutesfois combien que ie conçoyue,
     205   3   Et que par faict on ne peult guerdonner
     207   5   Et si tresfroit, qu'il n'est flambe si viue,
     209   5   Et si sa poincte est presque au but suyuie,
     209   8   Et puis le fait reduire a ma memoire,
     210   3   Et le parler du maling proferé
     211   6   Et moins forcer l'equité de Nature.
     211   9   Et ne cherchez en elle nourriture.
     212   7   Et eulx estantz doulx venin d'amytié,
     214   3   Et le pressif des affaires vrgentz
     215   3   Et si ne puis bonnement toutesfoys,
     216   7   Et ie m'y meurs en telles resueries,
     216   9   Et si ne puis refrener les furies
     218   2   Et de tous maulx aulcun allegement:
     219   3   Et d'elle veoir l'humaine experience,
     221   4   Et vne en prent: qui sentant l'air nouueau,
     224   3   Et, ià passée, encor se renouelle
     224 10   Et tout tourment me rend plus endurcy.
     228   9   Et y pensant, mes silentes clameurs
     229   9   Et en mon coeur si bien a toy conforme
     230   8   Et ce diuin, & immortel visage
     231   3   Et mes souspirs de l'Ame triste attire,
     232   3   Et l'Horologe est compter sur mes doigtz
     232   5   Et sans du iour m'apperceuoir encore,
     233   2   Et le relief de sa vermeille bouche
     235   2   Et vous, ô eaux fraisches, & argentines,
     236   4   Et parmy fleurs non iamais fletrissantes
     238   7   Et n'ay confort, que des Soeurs despiteuses,
     239   8   Et te dissoulz en ryme pitoyable,
     241   5   Et ie m'adresse a Dieux, qui me detiennent,
     241   9   Et quand les miens iniquement perduz
     242   3   Et a mon bien estant negotieux,
     242   7   Et moy plainctz, pleurs, & pour tous monumentz
     244   5   Et si pour toy ie vis mort, ou transy,
     244   9   Et le nourris sans point m'apperceuoir
     245   9   Et qui est vif sans la scauoir au Monde,
     245 10   Et trop plus mort, que si Mort l'auoit point.
     247   3   Et toutesfois Amour, forme parfaicte,
     247   5   Et pour mon dire au vray authoriser,
     248   6   Et qui la prens pour ton esbatement,
     249   8   Et tressuant a si haulte victoyre,
     250   2   Et se iouant, d'vne espingle se poinct.
     250   4   Et puis la cherche, & voit de poinct en poinct:

et   (suite)
```
250 10   Et par les siens tire & l'ame, & la vie.
253  5   Et l'Vniuers cline sa teste ronde
254  2   Et le vert gay est ioyeuse Esperance,
254  5   Et si ces troys de diuerse substance
255  6   Et la Mer calme aux ventz plus ne s'irrite,
256  5   Et de mon pire ainsi me contentant,
257  3   Et mon coeur est aupres d'elle attendant,
259  4   Tout lieu distant, du iour et de la nuict,
263  7   Et en son froict tellement residentz,
270  3   Et se monstrant humainement benings,
271  7   Et luy suyuant de ton corps l'ordre illustre,
271  9   Et bien qu'espoir de l'attente me frustre,
272  8   Et le baiser, qu'au rendre vous donnay
273  9   Et que ne voye en l'Occean plongé
274  7   Et tant dur est le mors de ta beaulté
276  5   Et d'vn desir si glueux abuser,
277  3   Et toutesfois si bon Paintre il conuie,
277 10   Et paings au vif Delie seulement.
278  3   Et, sans mourir, prouuer l'esperience,
278  9   Et tellement, certes, qu'a sa naissance
279  2   Et iugement de mon sens ne soit moindre,
280  7   Et, vainquant l'vn, a l'aultre recourir
281  5   Et si la Mort, quelque temps, pert son aage
282  7   Et ceste cy par mes humides pleurs
282 10   Et ceste augmente en moy ma grand souffrance.
283 10   Et Tanais, & le Nil, & l'Ibere.
284  5   Et modestie en ces faictz raisonnable
285  4   Et puis de Stuc polyment entaillée,
286  7   Et quand ie vy, qu'ilz s'entreuenoient contre,
287  7   Et si alors a grand tort accusay
287  9   Et priuément (peult estre) en abusay:
288  3   Et plus i'admire, & adore les Cieulx
288  7   Et la couleur du vif imitatiue
289  3   Et ià remis en ma libre puissance,
290  8   Et le plaisir croissant de bien en mieulx
291  4   Et moins la faire a l'oeil apperceuoir.
291  6   Et grandement me pourroit lon reprendre,
292  7   Et qui me fait, maulgré moy, tant aymer,
293  5   Et tellement de toute aultre distraictz,
293  7   Et quant a moy, qui sçay, qu'il ne luy chault,
296  6   Et tout en soy viure amyablement,
299  5   Et deffaillant la craincte, croist mon vueil,
300  2   Et par mes pleurs la noye incessamment,
300  5   Et bien qu'ainsi elle soit plaisamment,
301  3   Et ie luy vy clers cristallins verser
302  6   Et les reçoit; & sans vers moy se faindre,
302  8   Et, ce disant, l'esponge me tendit.
307  3   Et n'est plaisir, qu'a mes yeulx elle face,
307  6   Et qui puis vient en dueil se conuertir.
308  3   Et le desir rend les couardz hardiz,
309  8   Et (quand te plait) hommes, & Dieux conquerre:
311  5   Et tu luy as, non poinct comme Maistresse,
313  6   Et Coeur, & Corps iusqu'aux mouelles gaste,
314  5   Et si m'en plaings, & bien m'en vouldrois taire,
314  7   Et quand a moy son droit elle debat,
315  6   Et n'est possible en fin que ie m'en taise.
316  3   Et du tourment appaisa toute l'ire,
317  6   Et enuielliz me rendent insensible,
```

et (suite)
```
318   5   Et la promesse au long me reciter,
319   3   Et plus de grace a son aspect rendant,
319   6   Et toute a vice alors se auilissant,
320   5   Et mon proiect si loing ailleurs viser,
321   7   Et luy vainqueur plus fier, qu'auparauant,
324  10   Et au mien triste vn Enfer ardemment.
325   5   Et tu m'as veu, ià long temps, attendant
325   9   Et par ce nom encor ie t'en adiure,
327   5   Et luy à dit, près d'elle volletant:
327   8   Et par lesquelz i'ay maint gibbier surpris?
328   4   Et tient ià près la chose bien loingtaine.
328   7   Et deuant elle ainsi comme ie passe,
329  10   Et fuyt celluy, qui ardemment le suyt.
330   9   Et plus ne veult le iour, mais la nuict suyure.
332   3   Et le voyant sans raison euidente
333   5   Et ià (de loing,) courbe viellesse accule
335   9   Et si ne plaings le mien, qui pour se ayser,
336   6   Et a son pire il se voyt paruenu.
339   6   Et confermer en moy mon esperance:
340   6   Et en tout acte, oultre l'espoir priué.
342   2   Et que son tort ie luy fais reconqnoistre,
344   2   Et le concent de mon affection,
345   3   Et me repoulse auec toute rigueur
350   4   Et rendre a soy la veue prisonniere:
351   7   Et qu'il soit vray, & comme ie le scay:
353   2   Et sainctement, & comme elle merite,
353   7   Et luy estant ià reduict tout en os,
355   5   Et quand Vesper sur terre vniuerselle
355   9   Et derechef reluit le soir vmbreux
356   3   Et Cynthia vient faire icy seiour
356   8   Et en leur bruyt durent iusques a tant,
357   2   Et Tanais n'est point tous temps gelé:
358   5   Et par son tainct Angeliquement fraiz
358   7   Et quand sa voix penetre en mon oreille,
360   5   Et le Canon, qui paour, & horreur meine,
361   7   Et qui ne peult querir par oignement
362   3   Et du futur, aulcunesfoys notoyre,
362   9   Tousiours espere: et le trop esperer
364  10   Et rid en soy de ce, de quoy l'oeil pleure.
365   4   Et la paour pasle ensemble nous redouble:
366   9   Et or craingnant qu'esuenté il ne soit,
368   5   Et amoindrit, aumoins, la languison,
368   6   Et les douleurs, que la nuict leur augmente.
368   9   Et de mes maulx s'appaise la tourmente,
373   3   Et l'ayme, & craint trop perseueramment
374   2   Et tout soubdain le vint au Dieu monstrer,
374  10   Et a present ses Amantz il fouldroye.
375   4   Et ton regard d'Amour mesmes vainqueur,
375   9   Et sur la nuict tacite, & sommeillante,
377   3   Et de moy, Dame, asseurance te baille,
377   9   Et ce neigeant flocquant parmy ces fentes
379   5   Et de leur queste asses mal poursuyuie
380   2   Et l'humble aussi de chaste affection,
380   5   Et lors verra en sa parfection
380   7   Et puis cy bas Vertus luy apporter
380   8   Et l'Ambrosie, & le Nectar des Cieulx,
383   9   Et quand ie voy ta face a demy nue,
386   7   Et quand apres a plaine face il luyt,
```

et   (suite)
    388   8   Et en Automne Amour, ce Dieu volage,
    389   3   Et d'vn sens froit tant constamment rassis
    392   3   Et toutesfois se font ensemble amys
    392   6   Et a tout bien, que la Nature baille,
    392   9   Et quand la paix a nous vnir trauaille,
    395   6   Et pour tesmoing aux nopces accouroit.
    395   9   Et ceste, ainsi qu'a present, adoroit
    396   5   Et toy, ô Rhosne, en fureur, & grand' ire
    396   9   Et moy suant a ma fin grandement,
    397   4   Et plus soubdain se resoult toute en rien.
    397   8   Et contemplant sa face a mon dommage,
    397 10   Et me pers tout en sa diuine image.
    398   9   Et lors ie croy, que ses graces benignes
    399   2   Et qu'elle soit la plus belle du Monde,
    399 10   Et non vnguentz de friuoles sentences.
    400   6   Et en l'ardeur de son contentement.
    401   3   Et tellement contrainctz soubz sa cordelle,
    401   6   Et tant dissoulz en sa rigueur supreme,
    402   2   Et le rend apte a trancher la durté.
    403   4   Et si me sens a la reuoir indigne,
    403   7   Et mesmement que la molle nuisance
    406   9   Et que le mal par la peine cherie
    409   7   Et quand les miens i'ay vers les siens tenduz,
    410   7   Et tant plus plaict, que si attrayant face
    411   7   Et en ce mien heureux meilleurement
    414 10   Et du sot Peuple au vil gaing intentif.
    415   7   Et plus ma foy ne soit en quelque sorte
    416   1   Et l'influence, & l'aspect de tes yeulx
    417   9   Et ou Amour ma premiere liesse
    418   3   Et non de l'art grossierement ouurant,
    419   2   Et plus haultain le vouloir de franchise,
    422   2   Et du remord de mon petit merite,
    424   3   Et en vertu rarement rarissime
    427   6   Et si le cuyde) estre d'elle banny.
    429   5   Et qu'en son coeur face habitation
    430   9   Et vrayement n'est point aymant celluy,
    433   9   Et pleure alors, qu'il se deust resiouir
    434   2   Et plus tranquille, & apte a conceuoir,
    436   3   Et qui tousiours par sa doulce estincelle
    437   5   Et toutesfoys par longue patience
    437   8   Et toute mienne (ô friuole esperance)
    437 10   Et ià mespart a ses Aiglons la France.
    438   5   Et si ie quitte & le ioug, & le faix,
    438   8   Et du reqrect, qu'vn aultre aye le prys
    440   2   Et esclairantz sur moy, mais sans effroy,
    446   6   Et qu'il ne peult que pour vn temps perir.
    448   6   Et fabriquer sa declination?
    449   4   Et qu'on aura Amour en reuerence.
    449   7   Et la vertu, qui viue nous suyura

eternel   (4)
    203   2   Puissant effect de l'eternel Mouent,
    346   6   Lassus en paix en nostre eternel throsne.
    370 10   De desespoir, Dieu d'eternel tourment.
    445 10   Hors des Enfers de l'eternel obly.

eternelle   (7)
     66   1   Tresobseruant d'eternelle amytié

eternelle   (suite)
    77 2 Dedans l'Enfer de ma peine eternelle,
    92 10 Quand tout Mydi m'est nuict, voire eternelle?
   110 6 Et digne asses d'eternelle memoire?
   227 4 Qui iuge en moy ma peine estre eternelle.
   245 2 Ne me sont fors vne peine eternelle:
   349 10 De sa foy chaste eternelle relique.

eternité   (6)
    97 4 Restant merueille a toute eternité,
   127 10 Auant leur temps, en leur eternité.
   135 10 En Terre nom, au Ciel eternité.
   253 8 L'Eternité, qui tousiours luy escript,
   417 8 Verdoyera a toute eternité:
   442 8 Du temps nous poulse a eternité telle,

etna (1)
   356 6 Ouure l'Etna de mes flammes ardentes,

eu   (12)
    12 10 Que d'auoir eu de toute aultre victoire.
    38 3 Car lors i'ai eu d'elle euidente la perte,
    80 4 I'eu premier peur, & puis resiouissance:
    91 3 Quand premier i'eu nouelle congnoissance
   127 3 A eu du Ciel ce tant heureux pouoir
   138 7 Le bien, que i'ay tousiours eu sur tout cher:
   251 10 Au loz, & heur de qui à eu la Rose.
   263 2 Qui de mon ame à eu la meilleur part?
   269 2 Qui de mon viure ont eu si long Empire,
   299 4 Comme au besoing n'ayant eu doulx accueil,
   310 5 Ie n'auray eu de ta verte ieunesse,
   441 6 Ie n'auray eu, que mort, & vitupere!

euidamment   (3)
    50 4 De ma ruyne euidamment apperte.
   324 8 Par sainctes moeurs, qui sont euidamment
   359 8 Pour te monstrer a l'oeil euidamment,

euidemment   (2)
    90 5 Luy seul a viure euidemment m'adresse,
   298 9 Comme a chascun euidemment feit veoir

euidence   (2)
   278 1 Qui veult scauoir par commune euidence
   362 2 Ne du present la congneue euidence,

euident   (1)
   190 7 Pource qu'espoir de leur bien euident,

euidente   (3)
    38 3 Car lors i'ai eu d'elle euidente la perte,
    97 9 O vain desir, ô folie euidente,
   332 3 Et le voyant sans raison euidente

euidentes   (1)
   356 9 Que celle estainct ses lampes euidentes,

euidentz   (3)
    64 8 En lieux a tous, fors a elle, euidentz.
                        259

eu identz (suite)
```
  263  6   Ses faictz, ses dictz sont a moy euidentz,
  447  6   Pour te monstrer par signes euidentz,
```

eulx (20)   eux
```
    8  9   Plus font amantz pour toy, que toy pour eulx,
   17 10   Car ferme amour sans eulx est plus, que nue.
   56  5   Et la Raison estant d'eulx asseruie
  108  7   Mais, comme puis auoir d'eulx congnoissance,
  131  9   Qu'eulx tous estantz de toy sainctement ardz,
  141  4   Et loing, & près autour d'eulx perseuere.
  181  9   D'ailleurs l'ardeur, comme eulx, ne peult finer:
  210 10   Ou qu'auec eulx vostre ayde me deffaille.
  212  7   Et eulx estantz doulx venin d'amytié,
  221  3   Ou les Pescheurs entre eulx leur prinse comptent,
  270  4   Le moindre d'eulx mille mortz m'appareille.
  317  4   Ensemble sont eulx mesmes consommantz.
  327 10   Veu mesmement que par eulx ie t'ay pris?
  379  3   Par eulx me sont mes sentementz periz
  390  9   Car eulx cuidantz donner mort douloureuse,
  391  6   Dont elle ardit auecques eulx leur Ville.
  392  1   Les elementz entre eulx sont ennemys,
  395 10   Ce mariage entre eulx tant excellent.
  416  4   Car eulx tendantz a dissolution
  431  6   De tes doulx arcz, me pouant garder d'eulx.
```

euridice (1)
```
  445  9   Maulgré la Mort, tire son Euridice
```

europe (3)
```
   21  3   Sur le plus hault de l'Europe il se iusche,
  208  6   Pour seul te rendre en nostre Europe illustre.
  247  8   Passent la Mer en ceste Europe froide,
```

eusse (3)
```
   40  6   Ie n'eusse sceu a ce bort arriuer,
   47  3   I'eusse creu lors estre bien satisfaicte
  316  9   Qui sur mon feu eusse viue efficace,
```

eust (12)   eut
```
   29  8   Mais moy: car mort m'eust faict paix receuoir,
   41  4   N'eust oncques lieu en nostre accointement.
   45  2   Eust a pitié esmeue la Scythie:
   47  1   M'eust elle dict, aumoins pour sa deffaicte,
   47  9   Qui nous eust faictz aller la teste haulte
   48  3   Et si la vie eust onc ioyeuse chere,
   81  3   Car elle m'eust bien tost reduit en pouldre,
  138  4   Eust le futur deceu couuertement.
  153  4   Ne m'eust restraint a immortalité:
  213  4   (Ce me sembloit) la finesse eust pensée,
  268 10   Elle eust sentu, quelquesfoys, tes sagettes.
  311  3   Ou tout Tyrant, fors toy, eust essayé,
```

eut (4)   eust
```
   11  2   N'eut point tourné vers l'Orient sa face,
   16  3   Mais la Mort fiere en eut telle tristesse,
   89  3   Venus en eut pitié, & souspira,
  277  1   Bien eut voulu Apelles estre en vie
```

eux   (1)   eulx
  154   5   Par eux en fin chascun se troeuue poinct,

euz   (2)
  140   5   Point ne faillit, & i'en euz congnoissance,
  226   8   Qui oncques n'euz de luy fruition,

examine   (3)
  25   9   Ou ie diray, que ton arc examine
  71   7   Ailleurs ta fin. Et ou? Plus n'examine.
  261   5   Ie m'examine, & pense apart tout coy

exasperée   (1)
  9   5   Ià hors d'espoir de vie exasperée

exaulças   (1)
  287   5   Tu l'exaulças, & ce pour la conqueste

excede   (4)
  125   10   Celle cruelle vn Purgatoire excede.
  187   4   Tous les ennuyz de toutes mortz excede.
  234   8   Excede en moy toutes aultres douleurs,
  271   1   I'espere, & crains, que l'esperance excede

excellence   (3)
  6   5   Qui par sa haulte, & diuine excellence
  210   2   Infamera honneur, & excellence?
  376   5   Mais par pouoir de ta haulte excellence,

excellent   (2)
  274   8   (Combien encor que tes vertus l'excellent)
  395   10   Ce mariage entre eulx tant excellent.

excellentement   (1)
  253   1   Par tes vertuz excellentement rares

excitant   (2)
  106   9   Qui, m'excitant a ma peine commune,
  383   5   Mais toy, tant plus tu me vas excitant

excitas   (1)
  90   2   Tu m'excitas du sommeil de paresse:

excite   (1)
  63   4   De ses beaulx yeulx excite flamme grande,

excité   (1)
  242   8   Me reste vn Vent de souspirs excité,

excuse   (3)
  57   7   Ceste me soit, dy ie, derniere excuse:
  299   10   Digne excuse est a mes erreurs honnestes.
  439   7   Dont pour excuse, & cause legitime

executa   (1)
  137   8   Amour soubdain l'effect executa:

exempt   (1)
  6   2   De cure exempt soubz celle adolescence,

exemptez   (1)
    216   6   Voyre exemptez des moindres fascheries:

exerce   (1)
    218 10   I'exerce en moy ces deux vterins freres.

exercer   (2)
     65   2   A t'exercer, comme mal de mon bien:
    249   2   Pour s'exercer iamais ne diminue,

exercice   (2)
    223   4   Me conuyoit au salubre exercice.
    438   1   Que ie me fasche en si vain exercice,

exercitant   (1)
    131   3   Exercitant chastement la iournée,

exercite   (1)
    282   2   Qui s'exercite en son chault mouuement,

exercité   (1)
    220   3   M'ont tout, & tant l'esprit exercité,

exercites   (1)
    344   6   Si viuement l'esprit tu m'exercites,

exhale   (1)
    300   1   Par mes souspirs Amour m'exhale l'Ame,

exhaler   (1)
    334   4   Ce n'est sinon pour l'ardeur exhaler,

exhortation   (1)
    219   7   Mais a mon bien m'est exhortation

expectation   (1)
    448   7   Seroit ce pas, sans expectation

expedition   (1)
    326   6   Pour me trouuer briefue expedition.

experience   (2)   esperience
     81   9   Car ie scay bien, & par experience,
    219   3   Et d'elle veoir l'humaine experience,

experiment   (1)
    437   2   Experiment, aduis, & sapience,

experimenter   (1)
     14   7   Car (& vray est) pour experimenter

expert   (1)
      6   3   Ou l'oeil, encor non expert de dommage,

experte   (2)
     38   1   Bien fut la main a son peril experte,
     50   5   Car en sa foy, de moy par trop experte,

exprimée (1)
165 7 Et la cuydant au vray bien exprimée

exprimer (1)
291 10 Qui mieulx se sent, qu'on ne peult exprimer.

expugner (2)
258 6 Pour expugner vn tel assemblement
419 7 Pour expugner la place d'Amour forte:

exquise (1)
23 4 Qu'Or monnoyé, ny aultre chose exquise,

extenué (1)
125 4 Extenué de sa grand' seruitude:

extermine (2)
25 6 Ce, que le temps a grand peine extermine.
384 7 Ie m'extermine, & en si grand hayne

extreme (6) extresme
62 10 Prouuer tousiours l'extreme iugement.
99 8 Qui nous chatouille a toute chose extreme,
184 9 Et le laissant a l'extreme refuge,
289 6 De liberté, & d'vne ioye extreme.
401 7 Qu'en me hayant de toute hayne extreme,
416 8 Ie suyue en fin a mon extreme mal

extremes (1)
215 8 A bien, qui soit loing de maulx tant extremes.

extremité (1)
348 4 Par la rigueur, & celle extremité

extremitez (1)
190 8 Qui les delaisse en leurs extremitez,

extresme (1) extreme
351 8 Constrainct ie suis d'vn grand desir extresme

F

fabriquer (1)
448 6 Et fabriquer sa declination?

face (46)
11 2 N'eut point tourné vers l'Orient sa face,
28 2 Ardoir la face a son honnesteté?
45 1 Ma face, angoisse a quiconques la voit,
51 9 Mais quand sa face en son Mydy ie voy,
83 8 Pourquoy, dist il, m'as tu bandé la face?
96 3 Et la doulceur de ceste tienne face
101 5 Les yeulx riantz en face, & teste ronde
104 5 Lors debendant ceste face esperdue,
105 9 Et par ainsi, voyant si doulce face,

face (suite)
```
    124   8   Pour contrelustre à ta diuine face.
    176   6   Et toy ta face elegamment haulsant.
    183   5   Ma face aussi de larmes tempestée
    186   1   Ie m'esiouys quand ta face se monstre,
    191   3   Tu vois ma face emperlée de gouttes
    193   8   Quand ie te voy en ta face seraine.
    201   7   Couure, & nourrit si grand' flamme en ta face,
    207   7   Mais les deux feuz de ta celeste face,
    222   2   En face allegre, & en chere blesmie:
    230   2   Au cler miroir mirant plus chere face,
    243   9   Ie suy ta face, ou ma Nef incitée
    271   6   Ores ta face, ores le tout illustre:
    303   6   Trop mieulx, qu'en luy nostre face a le veoir.
    305   3   Que l'oeil heureux en ta face trouua,
    307   1   Plus ie la voy, plus i'adore sa face,
    316   7   N'ay peu tirer de sa benigne face,
    340   5   Monstrer sa face enuers moy amoureuse,
    343   4   Dessus sa face: & l'estaingnant le trempe
    354   5   Adonc mes yeulx ie dresse a veoir la face,
    383   9   Et quand ie voy ta face a demy nue,
    386   7   Et quand apres a plaine face il luyt,
    387  10   Qu'elle estoit seule au lustre de sa face.
    397   8   Et contemplant sa face a mon dommage,
    407   4   Rides arantz defformeront ta face.
    410   7   Et tant plus plaict, que si attrayant face
    434   7   Que ne faisoient presentez a sa face
    445   1   Ainsi qu'Amour en la face au plus beau,
                        *          *          *
     11   5   Quoy que du temps tout grand oultrage face,
    105   7   Que toute chose, ou qu'elle dye, ou face,
    117   4   Face vn bien peu d'espoir apperceuoir,
    191   8   M'argue asses, & me face blasmer,
    201   9   Qu'en vn instant ardoir elle ne face,
    208   8   Plus, qu'aultre bien, qui te face estimer.
    264   3   Mais qu'elle face, en fin que ie ne vueille
    307   3   Et n'est plaisir, qu'a mes yeulx elle face,
    410   9   Nuyre ne peult a chose qu'elle face,
    429   5   Et qu'en son coeur face habitation
```

faces (2)
```
      4   7   Qui en tes moeurs affigent tant leurs faces,
      4   9   De tous tes faictz, certes, quoy que tu faces,
```

facheux (2) fascheux
```
    312   2   Sur l'incertain d'vn tel facheux suspend!
    337   8   Nous delyurant de tant facheux encombres:
```

facile (1)
```
    222   9   Las celluy est facile a deceuoir
```

facilement (3)
```
     80  10   Facilement i'obtiendrois la victoire?
    346   2   Facilement te deburoit inciter,
    366   1   Nier ne puis, au moins facilement,
```

faciliter (1)
```
     73  10   Faciliter, mesmement l'impossible.
```

faconde (1)
    101   4   Pareille voix, & semblable faconde:

fades (1)
    231   5   De leurs sanglotz trop desgoustément fades:

faict (21)   fait, faictz
      5   6   Sans auoir faict a mon corps quelque bresche:
     10 10   M'à faict gouster Aloes estre Manne.
     29   8   Mais moy: car mort m'eust faict paix receuoir,
     32   6   A faict l'offence, & toy, & moy irrite.
     43   9   Ainsi me faict hayr mon vain desir
     66   4   Celle vertu, qui tant la faict reluire,
     85   1   Non sur toy seule Enuie à faict ce songe,
    129   3   Qui faict prouuer la nuict de ton absence
    161   8   Que droict humain, & non diuin, à faict.
    258   7   D'estre né libre, & faict serf amplement,
    277   4   Que par prys faict a son vouloir l'attraict.
    329   6   Comme a celluy, qui plus de mal me faict:
    387   6   Qui cy m'à faict pecher villainement:
                    *   *   *
     97 10   A qui de faict espere y paruenir.
    163   1   De ce bien faict te doibs ie aumoins louer,
    205   3   Et que par faict on ne peult guerdonner
    255   4   Mais de pensée, & de faict impolue,
    265   4   Tout libre faict m'est esclaue contraincte,
    280   4   Ie veux resouldre en mon faict l'impossible.
    285   8   Qui en son faict plus, qu'au mien m'entrelasse,
    413   9   Raison au faict me rend souffle a la vie,

faictz (10)   faict, fait
      4   9   De tous tes faictz, certes, quoy que tu faces,
    127   6   Comme tes faictz font au monde apparoistre.
    227 10   Corps a ses faictz, & Ame a son hault nom.
    263   6   Ses faictz, ses dictz sont a moy euidentz,
    284   5   Et modestie en ces faictz raisonnable
    295   5   Mais pour noz faictz plus amplement congnoistre,
    376   7   De tous tes faictz, & plus soubdainement,
    380   3   Voye tes faictz, ô Dame dispensée
                    *   *   *
     47   9   Qui nous eust faictz aller la teste haulte
     90   8   Agrandissant mes espritz faictz petitz,

faignant (1)   faingnant
    180   8   Faignant du miel estre le goust amer:

faillant (1)
     44   9   Tant s'en faillant qu'il ne la dist Déesse,

faille (3)
    160   6   Et sans me plaindre il me faille parler)
    194   5   Qu'il faille a maintz par vn commun dommage
    210   8   Que par durs motz adiurer il vous faille)

faillit (1)
    140   5   Point ne faillit, & i'en euz congnoissance,

failliz (1)
    148   2   Aux champs tous nudz sont leurs arbres failliz.

fainct (1)
    59 5 Ou de la Lune il fainct ce nom Delie

faincte (3)
    50 8 Ie voy la faincte, & si ne scay, qu'y faire:
   240 8 Puisse monstrer seruitude non faincte,
   413 5 Que l'esperance auec faincte grandeur

fainctement (1)
   183 8 Parqui Amour si fainctement nous rit,

fainctes (1)
   149 4 Ou de Venus les troys fainctes Meduses

faincts (1)
   268 6 Pourquoy metz tu en ce lieu des yeulx faincts?

faindre (3)
   130 9 Qui, esbranlée vn bien peu, sans se faindre
   187 8 Ou en ses maulx ie veulx faindre vn plaisir,
   302 6 Et les reçoit: & sans vers moy se faindre,

faindrois (1)
   137 3 Contre l'Aueugle aussi ne me faindrois,

faingnant (4)   faignant
    19 6 Quand plus, que soy, faingnant sa France aymer,
   209 6 Ie vien, faingnant, son coup anticiper.
   222 8 Faingnant ta paix estre entre ses mains seure?
   347 5 Se faingnant ore estre large aulmosniere,

faingnit (1)
    38 4 Quand moins cuydois, qu'a m'aymer me faingnit.

fains (2)
   146 4 Que ie me fains en ma ioye perie?
   268 7 C'est pour monstrer, luy dy ie, que tu fains

faint (1)
   298 8 Se faint de honte estre ailleurs endormie,

faire (16)
    50 8 Ie voy la faincte, & si ne scay, qu'y faire:
    81 7 Que le dedans, sans en faire apparence,
    85 7 Pour a ta Dame un tel oultrage faire,
    87 9 Tant seulement pour me faire trouuer
    88 7 Celle s'enflamme a la vengeance faire,
   108 6 Taschant tousiours à me faire nuisance.
   109 9 Car i'en veulx faire a tous si forte guerre,
   110 5 Mais veulx tu faire acte plus glorieux,
   123 7 Mais si des Cieulx pour me faire douloir,
   277 8 Cesse, luy dy ie, il fault faire aultrement.
   291 4 Et moins la faire a l'oeil apperceuoir.
   291 7 Si ie taschois a te faire comprendre
   304 3 Amour vient faire en elle doulx seiour,
   325 7 Que sans point faire a ta vertu iniure,
   356 3 Et Cynthia vient faire icy seiour
   445 6 Sans a l'honneur faire aulcun preiudice:

266

```
fais  (22)    fays
    25   1   Tu fais, cruel, ses pensées meurdrieres
    25   5   Tu fais soubdain, & deffais, moy viuant,
    25   7   Fais donc, Amour, que peu d'heure termine.
    27   8   Ie fais pleuuoir ioyes a si grand somme,
    43   3   Plus ie l'estime, & moins compte i'en fais:
    52   7   Las ie me fais despouille a mes douleurs,
    75   5   Fais seulement, Dame, que de tes yeulx
   107   9   Donc (que crains tu?) Dame, fais me mourir,
   109   6   Fais, dy ie lors, de ceste Cymeterre,
   110  10   Et tes Amantz fais mourir de ta main.
   136   9   Fais que puissions aussi long sentir
   193   4   Ie me fais lors de pleurs prochaines sage.
   202   5   Ie ne le fais pour abreger l'attente,
   263   4   Que de moy fais, & non d'elle, depart.
   273   7   Fais donc, que i'aye, ô Apollo, songé
   297   7   Idole mienne, ou fais que ses meurs fieres
   309   9   Ainsi tu fais (quand te vient a plaisir)
   329   3   Ie ne le fais sinon pour eschapper
   342   2   Et que son tort ie luy fais reconqnoistre,
   376   3   Me fais mouuoir, non comme Hecate l'Vmbre,
   393  10   Ne pouant plus, ie fais plus que ne puis.
   438   2   Comme le mien, certainement le fais:

faisant  (4)
    50   9   Fors que faisant deluger mes deux yeulx,
    54   7   Car, se faisant de sa Patrie escu,
   303   9   Tacitement te faisant asçauoir,
   351   6   De sa fureur faisant premier essay.

faisoient  (1)
   434   7   Que ne faisoient presentez a sa face

faisoit  (1)
    92   2   Faisoit bouillir de son cler iour la None:

fait  (60)    faict, faictz
     1   8   Fait, que viuant le Corps, l'Esprit desuie,
    13   7   Dont l'oeil piteux fait ses ruisseaulx descendre
    15   1   Toy seule as fait, que ce vil Siecle auare,
    31   8   Qui vous reçoit se fait son mortel hoste:
    40   8   De ce, qu'a moy elle fait grand cherté,
    46   3   Qui tousiours fait par memoire apparoir
    52   3   Ou mon trauail ne me fait, qu'embrunir
    61   7   Qui fait souuent, que vraye inimitié
    62   2   Nous fait sentir de Phaeton l'erreur:
    62   9   Qu'en toy me fait ta diuine presence
    69   6   Par ce Tyrant, qui fait sa residence
    76   3   Et qui me feit, & fait encor douloir,
    76   9   Qui tost me fait mourir, & viure aussi,
    77   7   Espoir le fait, non pour mon bien, reuiure:
    79   7   Me fait souuent perçer les longues nuictz,
    86  10   Se fait tout butte a ma visée seure.
    93   6   Elle te fait tant de larmes pleuuoir?
    98   2   Nous fait des montz les grandz vmbres descendre:
   106  10   Me fait la nuict estre vn penible iour.
   112  10   Fait resonner le circuyt Plancien.
   113   6   L'ardeur, qui tant d'humeur te fait pleuuoir.
   122   5   En tel espoir me fait ores ploier,
```

fait   (suite)
```
    127   1   L'esprit, qui fait tous tes membres mouoir
    129   1   Ce bas Soleil, qui au plus hault fait honte,
    129   6   Qui maintenant me fait de soy refus.
    130  10   Fait son office ardent a son pouoir.
    136   4   Qui l'autre viue à fait mort receuoir.
    136   5   Dieu aueuglé tu nous as fait auoir
    152   7   Que fait en moy la variation
    156   8   Me fait fremir en si ardente doubte,
    157  10   Que ce seul mot fait eclipser ma ioye.
    192   1   Fait paresseux en ma longue esperance,
    209   8   Et puis le fait reduire a ma memoire,
    214   7   Comme il me fait en sa presence aller
    244   7   Amour me fait par vn secret pouoir
    244  10   Du mal, que fait vn priué ennemy.
    258   4   Luy auoit fait sans aulcune ouuerture.
    268   2   Fait vn bandeau d'vn crespe de Hollande,
    271   4   Que contre paour il ne fait plus d'effort.
    276   2   Nous fait en l'air, comme Corbeaulx, muser:
    284   4   La fait de tous humainement aymable:
    292   7   Et qui me fait, maulgré moy, tant aymer,
    294   4   En à ià fait, voire telle habitude,
    307   7   Car du profond du Coeur me fait sortir
    323   4   Nous fait le vray de l'equité ensuyure.
    332   8   Fait que par moy ton coeur n'est point vaincu.
    334   6   Me fait des yeulx si grosse pluye estraindre.
    348   6   Qui se fait butte a cest Archier mal seur.
    357   6   Me fait ardoir tant inhumainement,
    362   5   Car sur ma foy la paour fait residence,
    384   3   Qui me fait veoir, & estre en verité
    401   9   Ie me suis fait ennemy de moymesme,
    402   5   Fait mespriser fortune, & malheurté,
    410   3   Qui remplit l'oeil, & qui se fait sentir
    417   4   Te fait courir mainte riue amoureuse,
    422  10   Qui fait mon mal ardemment estre humide.
    428   9   A mon besoing se fait de paour victoire
    431   4   Me fait fuyr ta priuée accoinctance
    435   2   Me fait iouir de tous plaisirs aultant,
    436   9   Me fait sentir celle herbe merueilleuse,
```

faix   (2)
```
    195   9   Mais du pouoir soubz tel faix succumbant
    438   5   Et si ie quitte & le ioug, & le faix,
```

fallace   (1)
```
    407   2   De iour en iour descouurent leurs fallace.
```

fallebourdes   (1)
```
    137   4   Pyrouettant sur moy ses fallebourdes,
```

falloit   (1)
```
    420   1   Peu s'en falloit, encores peu s'en fault,
```

fallut   (1)
```
    326   5   Mais recourir ailleurs il me fallut
```

fame   (5)
```
     54   8   Feit confesser a la Fame importune,
    227   8   Vueille le Temps, vueille la Fame, ou non,
```

fame (suite)
```
240   6   Affin que Fame au Temps imperieuse,
253   7   En contemplant la Fame, qui luy chante,
284   9   Oultre Thyle, & le Temps, & la Fame
```

fameuse (2)
```
175  10   De verdoyer sur ta fameuse tombe.
242  10   Iusqu'a la double, & fameuse Cité.
```

familier (1)
```
251   4   Quasi pour moy vn malheur familier,
```

familiere (1)
```
287   8   Ta familiere, & humaine nature:
```

fantasia (1)
```
261   2   Fantasia sur moy ie ne sçay quoy:
```

fantasie (3)
```
153   7   Mais le grillet, ialouse fantasie,
393   7   Me fouldroyantz telz flotz la fantasie
425   3   Me tempestantz tousiours la fantasie
```

farces (1)
```
18    7   Farces, & Ieux esmouuantz Gentz a rire.
```

fasche (3)
```
43    2   Plus ie la hays, & moins elle me fasche.
256   6   Que l'esperance a l'heure plus me fasche,
438   1   Que ie me fasche en si vain exercice,
```

fasché (1)
```
406   7   Veult que le Coeur, bien qu'il soit fasché, rie
```

fascherie (1)
```
406   6   Espoir, ennuy, attente, & fascherie,
```

fascheries (1)
```
216   6   Voyre exemptez des moindres fascheries:
```

fascheux (2)   facheux
```
79    6   Ou mon penser par ses fascheux ennuyz
314   6   Tant est fascheux nostre plaisant debat.
```

fatal (1)
```
391   1   Non (comme on dit) par feu fatal fut arse
```

fatale (2)
```
2    10   Et de moy seul fatale Pandora.
159   1   Si de sa main ma fatale ennemye,
```

fatalité (2)
```
153   2   Mouroit le iour de ma fatalité,
378   8   De donner heur a ma fatalité,
```

faudroit (1)   fauldroit
```
446   1   Rien, ou bien peu, faudroit pour me dissoudre
```

```
faueur   (4)
     0   8   En ta faueur, les passa par ses flammes.
   105   6   Tant abondoit en faueur, & en grace,
   275   4   Que toute loy en faueur decidée
   319   8   Qui en faueur d'elle nous deifie.

faueurs   (2)
    65   6   Mal i'adorois tes premieres faueurs.
   107   3   Ie ne te puis a mes faueurs attraire:

fauldra   (3)
   114   9   Croire fauldra, que la Mort doulce soit,
   182   9   Il fauldra donc, que soubz le tien pouoir
   267   5   Fauldra finir ma vie, & commencer

fauldroit   (1)   faudroit
   352   6   Pour en querir, fuyr la me fauldroit.

fault   (13)
    57  10   Et, maulgré moy, il me fault cheuecher.
   186   5   Et contre terre il me fault incliner,
   189  10   Certes il fault, qu'elle me soit mon bien.
   221   7   Cesse: luy dy ie, il fault que ie lamente
   251   9   De mon labeur me fault cueillir l'Espine
   267   9   Ià ne fault donc que de moy ie la priue,
   277   8   Cesse, luy dy ie, il fault faire aultrement.
   397   7   Quand seulement, pensant plus qu'il ne fault,
   399   5   Car puis qu'il fault, qu'au besoing ie me fonde
   420   1   Peu s'en falloit, encores peu s'en fault,
   430   3   Si me fault il du coeur contribuer
                      *          *          *
    49   4   Que par l'Oeil fault, que le coeur la desayme.
   397   6   Qui au parfaict d'elle iamais ne fault?

faulte   (4)
    34  10   Pour autruy faulte offrir a penitence.
    47   6   Pour moins, que rien, ne peult estre que faulte:
    47   7   Faulte ie dy, d'auoir esté mal caulte
   220  10   Que pour ma faulte estre en vn rien perdu.

faulx   (3)
    20   3   Autant seroit droict, & faulx pariurer,
   210   5   Ainsi le faulx par non punye offence.
                      *          *          *
    71   2   Tu ne serois de ta faulx dessaisie.

faulxbourg   (2)
   178   7   Comme au Faulxbourg les fumantes fornaises
   360   1   En ce Faulxbourg celle ardente fornaise

fauorable   (1)
   242   2   Tu as pour toy saincteté fauorable:

fauorables   (1)
   399   9   Veulent d'effectz remedes fauorables,

fauorise   (1)
   394   6   Comme la Lune aux Amantz fauorise,
```

fays (1)   fais
  336 2 Comme ie fays, cest Enfant desuoyé,

feal (1)
  414 3 Ou l'air paisible est feal secretaire

febricitant (1)
  383 2 Plus allegeante est le febricitant:

feis (2)   fey, fis
  177 2 Tu me feis veoir, mais trop a mon dommage
  363 8 Icy tremblant luy feis mes doleances:

feit (18)   fit
    5 10 Mais l'oeil, qui feit a mon coeur si grand' playe.
   37 1 Bien paindre sceut, qui feit Amour aueugle,
   39 8 Que voile feit mon aueugle Nocher,
   54 3 Luy feit combatre en si dure surprise
   54 8 Feit confesser a la Fame importune,
   58 8 Asses plus loing, qu'oncques ne feit iadis.
   72 8 Me feit relique a ma perdition.
   76 3 Et qui me feit, & fait encor douloir,
   79 10 Me feit cler veoir le Soleil de ma vie.
   89 4 Tant que par pleurs son brandon feit esteindre,
  133 8 Pitié te feit tendrement proferer
  138 2 Que mal me feit le bref departement.
  138 9 Le me feit veoir, & presqu'au doigt toucher,
  141 6 La me feit veoir en celle mesme essence,
  248 3 Mon ferme aymer t'en feit seure, & certaine,
  298 9 Comme a chascun euidemment feit veoir
  328 9 Qui me feit rire: & par ce ie compasse
  388 3 Que ne feit onc au Printemps inutile

felicité (3)
   75 10 Non vn Iota de ma felicité.
   91 10 Les meilleurs ans de ma felicité.
  400 4 Les passions de sa felicité,

feliciter (1)
  318 4 Quand il me vint du bien feliciter,

femenin (1)
  273 5 Delicatesse en son doulx femenin

femme (2)
   83 1 Vulcan ialoux reprochoit a sa femme,
  284 6 Monstre, qu'en soy elle à plus, que de femme.

fentes (1)
  377 9 Et ce neigeant flocquant parmy ces fentes

fer (2)
   52 1 Le fer se laisse, & fourbir, & brunir
  402 1 La roue en fin le fer assubtilie,

fera (5)
   90 9 De toy, & moy fera la renommée
  119 3 Que fera donc entiere congnoissance,
  142 9 Me fera dire estre serf doublement,

fera   (suite)
    436   4   Me fera craindre, ensemble & esperer,
    446   5   Qu'auecques luy se fera immortel,

feras   (1)
     22   1   Comme Hecaté tu me feras errer

ferir   (1)
    107   7   Aumoins toy, Mort, vien acoup me ferir:

ferme   (6)
     14   4   Pour se deuaincre vne si ferme prise:
     17 10   Car ferme amour sans eulx est plus, que nue.
     91   5   Qui obligea ma ferme loyaulté
    203   9   Car par la foy en si saincte amour ferme
    248   3   Mon ferme aymer t'en feit seure, & certaine,
    332   9   Mais bien du mien, dy ie, la ferme essence

fermement   (1)
    234   3   En mon concept si fermement sondé,

fermeté   (10)
     49   6   Que fermeté son oultrepas reuoque?
     78 10   Ma fermeté retient ce, qui me nuict.
    132   4   Par fermeté en inconstance esproeuue
    150   6   Sur le plus hault de ma fermeté croistre:
    151   7   Parquoy alors que fermeté se troeuue
    172 10   Que fermeté est la clef de ton coeur.
    249   4   Qu'en fermeté ma foy il insinue,
    285   1   De fermeté plus dure, que Dyaspre,
    415   8   Sur l'Emeril de fermeté fourbie,
    426   3   De fermeté, & de perseuerance

ferois   (1)
    186   9   Car tu ferois nous deux bien tost perir.

feroit   (2)
     87   7   Mais encor mieulx me feroit esprouuer,
    141   7   Que feroit l'Oeil par sa belle presence,

feront   (2)
    264   7   Ne feront point, me nyant ta presence,
    322   6   (Non sans raison) feront esbahyr maints.

ferra   (1)
     36   3   Quand a l'Archier l'aultre traict d'or ferra,

feruement   (1)
    194   4   Si feruement le sainct de ton image,

ferueur   (2)
     61   5   Car la ferueur d'vne si doulce rage
    171   9   Mais la ferueur, qui detient la foy nue

festin   (1)
    387   1   Ou celle estoit au festin, pour laquelle

festu   (1)
    426   5   Estimant moins tout espoir, qu'vn festu,

```
feu   (47)
   14    6    Que de vouloir deux d'vn feu tourmenter.
   17    8    Que ce mien feu, tant soit peu, diminue,
   23    9    Mais tõn sainct feu, qui a tout bien m'allume,
   26    9    Seule vne nuict fut son feu nompareil:
   42    9    Voulant cacher le feu, que chascun voit.
   48    9    Dont, comme au feu le Phoenix, emplumée
   49    8    Que mon feu luict, quand le sien clair m'appert.
   60    6    Qu'il me consume, ainsi qu'au feu la Cyre.
   63    9    Mais c'est ton feu, dit elle, qui allume
   82    3    A de l'ardeur si grand feu attiré,
   86    4    Couurir le feu, qui iusque au coeur m'altere.
  100    3    Mais du trauail, ou mon feu tu allumes,
  112    8    Renouellant ce mien feu ancien.
  113   10    Tu estaindras mon feu mieulx, que la pomme.
  115    3    Puis du regard de son feu despiteux
  121    9    Qu'apres le feu estaincte la fumée
  170   10    Craingnantz son feu, qui tant de gentz brula.
  178    9    Le feu ardent de mes si grandz mesaises
  183    7    Las ce sainct feu, qui tant au vif m'attainct,
  184    8    Car ce mien feu, maulgré vous, reluira.
  189    2    Que le feu vif de ma lanterne morte,
  190    9    Croissant le feu de mon desir ardent,
  199    8    La Salemandre en mon feu residente:
  201   10    Et en ton feu mourir glacé tout roide.
  217    6    En doulx feu chaste, & plus, que vie, aymable.
  243   10    Trouue son feu, qui son Port ne luy ment.
  264    4    Te desirer, encor que mon feu meure?
  292    2    Naist le grand feu, qui en mon coeur se cele:
  301   10    M'accreurent lors vn aultre feu non moindre.
  313    3    Qu'en vn sainct feu ensemble ilz s'allumerent,
  316    9    Qui sur mon feu eusse viue efficace,
  321    8    Pour le desgast le feu par tout allume,
  334    8    Mon feu, ou luy mes grandz pleurs dessecher?
  339   10    Celant mon feu, a bon Port le conduys.
  355    3    Le feu de nuict en mon corps transparent,
  358    8    Ie suis en feu, & fumée noircy,
  366    6    D'vn doulx feu lent le cueur m'atyedissoit
  372    4    Me viuifie au feu perpetuel,
  374    6    En l'aiguisant par son feu l'à passé,
  374    7    Feu de vengeance, & d'ire compassé,
  379    8    De feu, & vent, vndoyent a grandz flotz.
  391    1    Non (comme on dit) par feu fatal fut arse
  397    2    Depart du feu auec graue maintien:
  425    2    Comme fumée, & feu, esclair, & fouldre,
  445    5    Affin qu'a tous son feu soit admirable,
  447    3    Comme tu voys estre le feu, & l'eau
  447    8    Larmes & feu, bataille asprement rude:

feuz  (2)
   24    4    Des soubdains feuz du Ciel se contregarde.
  207    7    Mais les deux feuz de ta celeste face,

fey   (1)  feis, fis
   39    7    Ie fey carene attendant a l'vmbrage,

fiance  (1)
  105    4    Qui me rendit ma fiance certaine
```

```
fiche    (2)
    237   3   Qui l'esquillon luy fiche en sa chair tendre:
    411   2   Toute doulceur penetramment se fiche

fictions    (1)
     84   8   Ie ris en moy ces fictions friuoles,

fidele    (2)
    225   5   Vertu heureuse, & fidele compaigne,
    339   9   Comme elle sçait, qu'en fidele asseurance,

fie    (2)
     32   5   Mais l'imposture, ou ton croire se fie,
    320   7   Au fort mon coeur en sa douleur se fie,

fiebrue    (2)
     14  10   Sinon respondre a mutuelle fiebrue.
    272   2   Tremblant la fiebrue en moy continuelle,

fiebure    (6)
     99   6   Que ceste fiebure aura sa guerison,
    108   1   Seroit ce point fiebure, qui me tourmente,
    152   5   Et si n'est fiebure en son inquietude
    155  10   Ma fiebure r'entre en plus grand parocisme.
    273   8   Sa fiebure auoir si grand'beaulté rauie,
    383   6   Ma fiebure chaulde auant l'heure venue,

fiel    (2)
    273   2   De fiel amer, & de mortel venin,
    406  10   Soit trouué Succre au fiel de mes tourmentz.

fier    (3)
    321   7   Et luy vainqueur plus fier, qu'auparauant,
    348   7   Pour quoy, Amour, comme fier aggresseur,
                    *         *         *
     38   6   A me fier en son erreur patente.

fiere    (2)
     16   3   Mais la Mort fiere en eut telle tristesse,
    248   5   Mais toy estant fiere de ma souffrance,

fieres    (1)
    297   7   Idole mienne, ou fais que ses meurs fieres

fiers    (2)
     53   7   Aux foibles mains de ses fiers ennemys,
    264   6   Tes fiers desdaingz, toute ta froide essence,

figure    (4)
     74   4   Et l'apperceu semblable a ma figure.
    177   1   Par ta figure, haultz honneurs de Nature,
    297   4   Car ta figure a moy s'addonne toute.
    335   4   Voit la figure, & aulcun mot ne sonne:

filent    (1)
    331   9   Las du plus, hault goutte a goutte elles filent,

filz    (4)
     83   4   Battoit son filz pour complaire a son pere.
```

filz (suite)
```
120   8   Ie veulx, Venus, ton filz, qui à mespris.
147   3   Que de la mere, & du filz les flambeaux
391   8   Pour n'irriter & le filz, & la mere.
```

fin (45)
```
 27   4   Et ià la fin de mes desirs me pleige.
 46   5   A quelle fin mon vain vouloir propose
 62   6   Qui de la peur de leur fin les offense.
 69   8   Tant est par tout cauteleusement fin.
 69  10   I'espere, apres long trauail, vne fin.
 71   7   Ailleurs ta fin. Et ou? Plus n'examine.
 76   2   Pour non la fin a mon doulx mal prescrire.
 82   2   Qui aspiroit a celle fin heureuse.
 99   4   Le bout sans fin de ma vaine esperance.
117   6   A quelle fin ton vouloir se dispose.
137   7   La fin m'auoit l'heure determinée
158   5   Qui, iour & nuict, sans fin determinée
159  10   Fuyant ma mort, i'accelere ma fin.
177   8   De mes trauaulx auec fin larmoyeuse.
181   3   Tous deux a fin de leur gloyre tendantz
185  10   Comme l'Année, a sa fin ià labeure.
206   8   Comme victoire a sa fin poursuyuie,
217   9   Par vn desir sans fin insatiable
218   1   De tous trauaulx on attend quelque fin,
238   6   Me croist sans fin mes passions honteuses:
309   6   Pour mettre a fin leur honneste desir.
312   8   Qui le moleste, & a fin le poursuyt.
320   2   Ce mien souhaict a ma fin s'aiguiser,
339   7   A celle fin, que la perseuerance
341   8   Ie quiers la fin du songe, & le poursuis,
347   9   Ny fin aussi, qui me donne a entendre,
352   8   Plus fuyt la mort, & plus sa fin approche.
386   6   M'ont a ce ioug iusqu'a ma fin conduyct.
396   9   Et moy suant a ma fin grandement,
425   4   En vne fin sans iamais se resouldre:
431  10   L'espoir vainquant a la fin le desir.
441   8   A plus grand bien, & non a fin sinistre,
```
                    *   *   *
```
 27   9   Qu'en fin me tire au fons de sa grosseur
154   5   Par eux en fin chascun se troeuue poinct,
175   8   Legere gloire, en fin en terre tumbe,
189   1   D'vn tel conflict en fin ne m'est resté,
221   5   Tant se debat, qu'en fin se saulue en l'eau,
258  10   Monstra, que force en fin, peu a peu mine.
264   3   Mais qu'elle face, en fin que ie ne vueille
287   1   Fortune en fin te peut domestiquer,
315   6   Et n'est possible en fin que ie m'en taise.
353   4   Qui de son corps en fin se desherite:
402   1   La roue en fin le fer assubtilie,
416   8   Ie suyue en fin a mon extreme mal
421   5   Craingnant qu'en fin Fortune l'esuolée
```

finablement (2)
```
 34   7   Dont i'ay en moy conclu finablement
426   1   Finablement prodique d'esperance,
```

finer (2)
```
151   3   Car, luy croissant, ou il deburoit finer,
```

finer   (suite)
181   9 D'ailleurs l'ardeur, comme eulx, ne peult finer:

finesse   (1)
213   4 (Ce me sembloit) la finesse eust pensée,

finir   (4)
231   8 A y finir l'espoir encore se vante.
241   10 Deussent finir, sont a recommancer.
267   5 Fauldra finir ma vie, & commencer
296   9 Voire y finir, tant honorablement

finissantz   (1)
407   1 En moy saisons, & aaqes finissantz

finissent   (1)
175   3 Ioyeux effectz finissent en funebres,

finoient   (1)
41   2 Finoient le but de mon contentement,

fins   (1)
174   8 Qui, persistant a ses fins pretendues,

finyssoit   (1)
378   1 La blanche Aurore a peine finyssoit

fis   (1) feis, fey
140   1 A Cupido ie fis maintz traictz briser

fit   (3) feit
3   1 Ton doulx venin, grace tienne, me fit
55   1 L'Aigle volant plus loing, qu'oncques ne fit,
94   6 De l'arc fit l'arbre, & son bendeau tendit

fixément   (1)
416   3 Plus fixément, que les Poles des Cieulx.

flagrant   (1)
166   9 Et le flagrant de sa suaue alaine

flambant   (1)
195   6 Qui de despit, & d'ire tout flambant

flambe   (3)
121   7 Meites la flambe en mon ame allumée,
207   5 Et si tresfroit, qu'il n'est flambe si viue,
391   3 Mais la Deesse y mit la flambe esparse,

flambeau   (3)
217   5 Par le flambeau de celluy ie fus pris
343   1 Au vif flambeau de ses yeulx larmoyantz
445   3 Hault colloqua le reluysant flambeau

flambeaux   (1)
147   3 Que de la mere, & du filz les flambeaux

flamboyant   (1)
133   9 Ce doulx nenny, qui flamboyant de honte,

```
flamme     (19)
    49  7   Tant fut la flamme en nous deux reciproque,
    63  4   De ses beaulx yeulx excite flamme grande,
    76 10   Comme s'estainct, & s'auiue ma flamme.
    89  6   Car l'Archier fut sans traict, Cypris sans flamme.
   113  3   Qui estaindra ton amoureuse flamme,
   119  2   Et peu de flamme attrait l'oeil de bien loing.
   133  2   Pour ouurir l'Aulbe aux limites de ma flamme:
   159  5   Tressaulte en moy, comme si d'ardent flamme
   196  8   Comme le vent se ioue auec la flamme,
   199  2   Dedans le chault de la flamme luisante:
   201  7   Couure, & nourrit si grand' flamme en ta face,
   292  1   De ton sainct oeil, Fusil sourd de ma flamme,
   338  5   Que toute ardente en si confuse flamme,
   345  8   Tu ne sens point sa flamme dommageable,
   355  7   Ma flamme sort de son creux funebreux,
   357  9   Voulant ma flamme estaindre aulcunement,
   366  2   Qu'Amour de flamme estrangement diuerse
   415  6   Auec ma flamme au parauant si forte:
   449  1   Flamme si saincte en son cler durera,

flammes    (5)
     0  8   En ta faueur, les passa par ses flammes.
   143  8   Ou qu'il se sent de ses flammes greué,
   302 10   En lieu d'humeur flammes elle rendit.
   331  6   Pour abreuer mes flammes appaisées.
   356  6   Ouure l'Etna de mes flammes ardentes,

flancs     (1)
   292  5   Me consumant, non les flancs, non l'esselle,

flans      (1)
   231  2   Mortelz espritz de mes deux flans malades:

flesche    (2)
     5  9   Ie ne fuys point, dy ie, l'arc ne la flesche:
   131  2   La trousse au col, & arc, & flesche aux mains,

flesches   (1)
    89 10   Qui de ses yeux tes flesches refera.

flestrie   (1)
   282  8   Me reuerdit ma flestrie esperance.

fletrissantes    (1)
   236  4   Et parmy fleurs non iamais fletrissantes

fleurissant   (2)   flourissant
   319  9   Parquoy depuis ce Monde fleurissant
   330  5   Sur son Printemps librement fleurissant

fleurs     (8)
     4  8   Que quand ie vien a odorer les fleurs
    11  6   Les seches fleurs en leur odeur viuront:
    44  1   Si le soir pert toutes plaisantes fleurs,
   141  2   Se paissent fleurs durant la Primeuere,
   148  4   Leur sont bourgeons, fueilles, fleurs, fruictz sailliz:
   224  2   Nouelles fleurs parmy l'herbe nouelle:
   236  4   Et parmy fleurs non iamais fletrissantes
```

fleurs   (suite)
    282   6   A humecter les fueilles, & les fleurs:

fleuue   (4)
    208   3   Maint fleuue gros te rend plus rauissant,
    208 10   Car fleuue heureux plus, que toy, n'entre en Mer.
    412   1   Mont costoyant le Fleuue, & la Cité,
    417   1   Fleuue rongeant pour t'attiltrer le nom

flocquant   (1)
    377   9   Et ce neigeant flocquant parmy ces fentes

florence   (1)
     20   7   Voy ce Bourbon, qui delaissant Florence,

flottant   (1)
    164   3   I'errois flottant parmy ce Gouffre amer,

flotz   (2)
    379   8   De feu, & vent, vndoyent a grandz flotz.
    393   7   Me fouldroyantz telz flotz la fantasie

flourir   (1)
    415 10   Flourir en moy les desertz de Libye.

flourissant   (2)   fleurissant
    177   5   Le venerable en ton flourissant aage
    208   1   Tu cours superbe, ô Rhosne, flourissant

flourissantes   (1)
    236   2   Prez verdoyantz, vallées flourissantes,

flourit   (1)
     86   2   Qui flourit tout en penitence austere,

foible   (10)
     33   2   Et volenteuse en son foible pouoir,
     45   6   Si ainsi foible est d'elle l'asseurance?
    100   6   Tant elle m'à pour son foible ennemy.
    125   3   Le Corps est ià en sa foible roideur
    175   6   De noz deduitz tant foible est le donneur.
    211   5   Si foible effort ne peult scandaliser
    283   7   Certes, estant ton corps foible abatu,
    369 10   Au bas des piedz de ma foible esperance.
    420   4   Tant foible veult contre le Sens contendre.
    428 10   Auecques mort de ma foible esperance.

foiblement   (3)
    176   2   Encores tendre, & foiblement naissante:
    238   4   M'y lye, & tient si foiblement debile,
    258   1   Le Coeur, de soy foiblement resoulu,

foibles   (2)
     53   7   Aux foibles mains de ses fiers ennemys,
    379   1   Bien qu'en ce corps mes foibles esperitz

fois   (9)   foys
     35   2   Autant de fois plaine nous est descreue:
     48 10   Meurt, & renaist en moy cent fois le iour.

```
fois   (suite)
    68  2  Maintz accidentz maintes fois aduenir,
    85  2  Mais en maintz lieux, & plus hault mille fois.
    95  2  De tant d'esclairs tant de fois coronné,
   147  8  Ou, reuiuant, mille fois ie mouruz,
   168  1  Toutes les fois qu'en mon entendement
   349  5  Au mal, qui est par fois alternatif,
   390  1  Toutes les fois que ie voy esleuer

foison  (1)
    79  1  L'Aulbe estaingnoit Estoilles a foison,

fol  (4)
    71  3  O fol, l'esprit de ta vie est ià mort.
   122  9  O fol desir, qui veult par raison viue,
   329  8  Que ce fol Monde aueuglément poursuyt,
   421  7  Vueillent voler le sens, & le fol aage,

folie  (2)
    97  9  O vain desir, ô folie euidente,
   444  2  Mais trop plus digne a si doulce folie,

follement  (1)
   377  2  T'appelle au but follement pretendu:

fond  (4)   fondz, fons
   321  4  Descendre au fond pour esprouuer ses arcs.
   335  6  Dont il se lance au fond pour la baiser.
   373  6  Qu'il se dissoult, & tout en pleurs se fond,
   410  4  Au fond du coeur par vn desir noueau,

fonde  (1)
   399  5  Car puis qu'il fault, qu'au besoing ie me fonde

fondé  (1)
   234  1  Tout desir est dessus espoir fondé:

fondée  (1)
   261  1  Opinion, possible, mal fondée

fonder  (1)
   226  4  A sceu fonder le fort de ses appuyz:

fondes  (1)
   164  5  Lors toy, Espoir, qui en ce poinct te fondes

fondirent  (1)
   207  9  De peu a peu me fondirent ma glace,

fondz  (4)   fond, fons
   118  6  Dont, comme neige au Soleil, ie me fondz
   118  9  Que plongeant l'Ame, et la memoire au fondz,
   145  4  Au fondz du coeur d'entiere congnoissance,
   206  2  Esmeult le fondz de mes intentions,

fons  (7)   fond, fondz
    27  9  Qu'en fin me tire au fons de sa grosseur
    64  2  Fuyantz au fons des vmbreuses vallées.
   185  2  S'est retiré au fons de sa fortune:
```

fons (suite)
```
213   2   Le traict perçant au fons de ma pensée.
260  10   Vaquer en qouffre, ou n'y à fons ne ryue.
370   7   Est cheute au fons de ton inqratitude:
378   4   Au fons confus de tant diuerses choses,
```

font (10)
```
  8   9   Plus font amantz pour toy, que toy pour eulx,
 95   8   Te font priser par l'iniure du Temps,
 95  10   Me font du Peuple, & d'elle passe temps.
108  10   Me font languir sans mourir, & sans viure.
127   6   Comme tes faictz font au monde apparoistre.
228  10   Se font ouyr & des Cieulx, & du Centre.
262   6   Font encor paour, mesme a la solitude,
334   9   Non: mais me font, sans l'vn l'aultre empecher,
391  10   Nous font sentir double vengeance amere.
392   3   Et toutesfois se font ensemble amys
```

fontaine (6)
```
 13   3   Que de fontaine estendu en ryuiere,
200   9   Ie sens mes yeulx se dissouldre en fontaine,
201   5   Ou la fontaine en froideur beaucoup pire,
235   1   Aumoins toy, clere, & heureuse fontaine,
307  10   Pour estre viue, & sourqeante fontaine.
335   2   Sur la fontaine, & l'Archier en personne,
```

fontaines (1)
```
238   9   Accompaiqnant ces fontaines piteuses,
```

fonz (1)
```
 42   2   Par mesme lieu aux fonz du coeur entra,
```

force (16)
```
 35   5   Que m'est la force en l'attente recreue
 53  10   L'à remis sus en sa force inuincible.
 71   4   Comment? ie vois. Ta force elle à saisie.
150   3   Moytié bon qré, & viue force actiue,
174   6   Inspirent force au languissant plaisir
179   1   Amour me presse, & me force de suyure
197   7   Mais n'y pouant ne force, ne presence,
209   7   O quand ie puis sa force dissiper,
211   3   Toute leur force en fumée s'assemble,
240   7   Maulqré Fortune, & force iniurieuse,
246   5   Quel los auroit, qui sa force estendroit,
258  10   Monstra, que force en fin, peu a peu mine.
383   3   Plus s'amoindrit diminuant sa force,
407   6   Comme la Bise en allant acquiert force,
427   1   Force me fut (si force se doibt dire
427   1   Force me fut (si force se doibt dire
```

forcé (1)
```
311   9   Que se sentant forcé soubz tel Coursaire,
```

forcée (1)
```
 98   7   Car moy constraint, & par forcée preuue.
```

forcer (2)
```
211   6   Et moins forcer l'equité de Nature.
329   2   Ou a mes voeutz forcer ma Maistresse?
```

```
forces   (6)
    56   1   Le Corps trauaille a forces eneruées,
    75   9   Ne m'osterez par forces violentes
   114   6   Vous vse en moy, & vos forces deçoit?
   195  10   Les forces, las, de iour en iour s'abaissent.
   348  10   Trop plus, que toy par violentes forces.
   420   5   Lequel voulant ses grandz forces estendre

forcez   (1)
   213   8   Se laissant vaincre aux plus forcez combas.

forclos   (1)
   192   7   Mais ie scay bien, que pour estre forclos

forgeron   (2)
    36   1   Le Forgeron villainement erra,
    83   6   Maint cas, dont fut le Forgeron honteux:

forietter   (1)
   176   3   Et toy des yeux deux rayons forietter,

forma   (1)
   417   7   Si bien forma, qu'a iamais sa vieillesse

forme   (9)
    69   1   Par le penser, qui forme les raisons,
   165   4   Et sa vertu, & sa forme elegante.
   229   6   Tes mouuementz, ta couleur, & ta forme.
   232  10   Tant que ce Monde aura forme, & couleur.
   247   3   Et toutesfois Amour, forme parfaicte,
   259   3   Des Montz tout terme en forme haulte, & basse,
   283   1   Tant de sa forme elle est moins curieuse,
   397   1   Toute fumée en forme d'vne nue
   409   1   Apperceuant cest Ange en forme humaine,

formes   (1)
   383   8   Me redoublant l'acces es mille formes.

formez   (1)
   401   4   Qu'en leur bonté naifue bien formez,

fornaise   (2)
   356   5   Mon coeur alors de sa fornaise vmbreuse
   360   1   En ce Faulxbourg celle ardente fornaise

fornaises   (1)
   178   7   Comme au Faulxbourg les fumantes fornaises

fors   (9)
    18   9   Fors que de toy, & si ne sçay que dire,
    50   9   Fors que faisant deluger mes deux yeulx,
    64   8   En lieux a tous, fors a elle, euidentz.
    92   8   Tant qu'aultre n'est, fors elle, a mes yeux belle.
   161   9   O saincte loy a tous, fors a moy, iuste,
   245   2   Ne me sont fors vne peine eternelle:
   311   3   Ou tout Tyrant, fors toy, eust essayé,
   376   9   Fors que ie sens trop inhumainement
   426   6   Fors seulement pour l'Amant esprouuer:
```

```
fort    (25)
   12   3   Detient si fort auec la veue l'oeil,
   22  10   Si fort, que Mort iamais ne l'en deslie.
   89   2   Et de douleur se print fort a complaindre:
   92   5   De qui la voix si fort en l'ame tonne:
  104   9   Qui liberté, de moy tant fort prisée,
  115   6   I'ars de plus fort sans nouelle achoison.
  117   2   Tu m'afoiblis le fort de ton pouoir:
  145   1   Amour si fort son arc roide enfonsa
  158   2   Pleuroit bien fort ma dure destinée:
  178   6   Ont demoly le fort de tous mes aises
  190   4   Du sainct vouloir, qui si fort me tourmente,
  224   9   Le Coeur si fort, que playe Egyptienne,
  226   4   A sceu fonder le fort de ses appuyz:
  230   3   Il fut de toy si fort enamouré,
  248   2   Du fort desir, dont tu tiens l'esperance,
  260   7   Dont le fort vent de l'espoir courageux
  269   8   M'esclairant tout au fort de leurs alarmes
  271   2   L'intention, qui m'incite si fort.
  290   4   Dont le pouoir me rend si fort debile,
  304   4   Plus fort armé, toutesfoys moins noysible,
  320   7   Au fort mon coeur en sa douleur se fie,
  354   8   Que i'ars plus fort en fuyant ses destroitz:
  357  10   Plus ie l'estains, & plus fort ie l'allume.
  373   5   Car en l'ardeur si fort il perseuere,
  438  10   Sauluer me cuyde, & plus fort ie suis pris.

forte   (11)
   43   7   Forte est l'amour, qui lors me vient saisir,
   70   9   Las abreué de si forte Alluyne,
  107   1   Fortune forte a mes voeutz tant contraire
  109   9   Car i'en veulx faire a tous si forte guerre,
  142   5   Ie pense donc, puis qu'elle tient si forte
  158   3   La Bise aussi auec sa forte alaine
  189   4   L'obscure nuict de ma peine si forte,
  350   6   Espie Amans dans son assiette forte.
  360   2   N'esleue point si hault sa forte alaine,
  415   6   Auec ma flamme au parauant si forte:
  419   7   Pour expugner la place d'Amour forte:

fortifieront   (1)
  398   8   Qui mon espoir me fortifieront:

forts   (1)    fortz
  398   4   Affoiblissant mes esperitz plus forts.

fortune   (22)
  107   1   Fortune forte a mes voeutz tant contraire
  107  10   Et tu vaincras, Amour, Mort, & Fortune.
  112   6   De nostre bien la Fortune enuieuse
  123   2   Et par son sens l'oultrageuse Fortune:
  137   5   Si par fortune en ses trauerses lourdes
  138   8   Aussi par vous la Fortune benigne
  168  10   A qui Fortune, ou heur, ou estat change.
  219  10   A l'enuieuse, & maligne Fortune.
  240   7   Maulgré Fortune, & force iniurieuse,
  251   3   Par la Fortune en mon sort compartie,
  260   5   Ores fortune enuers moy conspirée
  287   1   Fortune en fin te peut domestiquer,
```

fortune   (suite)
```
  298  7  Aussi Fortune en leurs plus hault pouoir
  337  1  Veu que Fortune aux accidentz commande,
  402  5  Fait mespriser fortune, & malheurté,
  405  4  Ne la Fortune opulentement grasse.
  413  4  M'ont plus donné & de fortune, & d'heur,
  421  5  Craignant qu'en fin Fortune l'esuolée
  448  2  Que la fortune, & tousiours persister
                *       *       *
   39  1  Par maint orage ay secouru fortune
   54 10  Qui combat seul Ennemy, & Fortune.
  185  2  S'est retiré au fons de sa fortune:
```

fortuné   (3)
```
  139  1  Bien fortuné celuy se pouuoit dire,
  173  5  Fortuné fut celuy, qui telle prise
  233  3  N'est point le plus en moy bien fortuné,
```

fortunée   (1)
```
  169  1  Vous, Gantz heureux, fortunée prison
```

fortz   (2)   forts
```
  108  8  Ilz sont (tous deux) si fortz en leur poursuiure,
  409  2  Qui aux plus fortz rauit le dur courage
```

foruiere   (1)
```
   26  1  Ie voy en moy estre ce Mont Foruiere
```

fosse   (1)
```
   14  8  Dedans la fosse à mys & Loup, & Chieure,
```

fouldre   (5)
```
   81  1  Ne t'esbahis, Dame, si celle fouldre
   88  6  Fouldre des Dieux, & ton cruel meffaire.
  379  7  Auec souspirs, qui, comme fouldre armée
  425  2  Comme fumée, & feu, esclair, & fouldre,
  443  9  De son Amant de fouldre enuironné,
```

fouldres   (1)
```
  374  4  Pour luy vouloir ses fouldres accoustrer.
```

fouldroyamment   (1)
```
  212  1  Tes beaulx yeulx clers fouldroyamment luisantz
```

fouldroyantz   (1)
```
  393  7  Me fouldroyantz telz flotz la fantasie
```

fouldroye   (1)
```
  374 10  Et a present ses Amantz il fouldroye.
```

fourbie   (1)
```
  415  8  Sur l'Emeril de fermeté fourbie,
```

fourbir   (1)
```
   52  1  Le fer se laisse, & fourbir, & brunir
```

fourragé   (1)
```
  400  9  Luy fourragé par l'esbahyssement,
```

fouruiere   (1)
    128   4   A esclercy le brouillas de Fouruiere:

foy (36)
     17   9   Ny que ma foy descroisse aulcunement.
     19   1   Moins ne pourroit & la foy, & l'hommage,
     20 10   De sa Patrie, & sa foy violée.
     21 10   De foy semblable a la sienne payé.
     31   7   O vaine foy, ô croire trop leger,
     34   3   Sinon que foy en sa purité nue
     38   5   Et neantmoins ma foy me constraingnit
     50   5   Car en sa foy, de moy par trop experte,
     52   4   Ma foy passant en sa blancheur l'yuoire.
     57   6   Que de ma foy plainement elle abuse,
     68   6   Ores la doubte, ores la foy me baille,
     72   7   Qui me froissant & foy, & asseurance,
     84 10   Tout en ta foy, thresor de tes parolles.
     87   8   Si par mourir sa foy m'estoit gaignée,
    116   6   Viole foy, honneur, & innocence.
    117   7   Parquoy mon bien, qui en ta foy repose,
    122 10   Que foy habite, ou les Ventz legers bruyent.
    132   9   Bien que ma foy, sans suyure mon proiect,
    134   5   A luy & Corps, & Foy abandonna:
    135   4   Foy le noua, & le temps l'estraingnit.
    151   2   Quelle est la foy, qu'Amour en mon coeur lye.
    171   9   Mais la ferueur, qui detient la foy nue
    193   2   Ta foy tachée alors ie me presage:
    198   9   De foy promise enuers moy s'acquitter,
    203   9   Car par la foy en si saincte amour ferme
    211 10   Car sa foy est venin a Calumnie.
    247   4   Tasche a la foy plus, qu'a beaulté viser.
    249   4   Qu'en fermeté ma foy il insinue,
    254   1   Si le blanc pur est Foy immaculée,
    275   5   Te peult donner. Parquoy ma foy guidée
    285   5   Par foy en main de constance baillée
    349 10   De sa foy chaste eternelle relique.
    362   5   Car sur ma foy la paour fait residence,
    377 10   Est pure foy, qui iouyssance honnore.
    415   7   Et plus ma foy ne soit en quelque sorte
    430   8   Ou se conserue & foy, & asseurance.

foys (4)   fois
    215   1   Ie m'en absente & tant, & tant de foys,
    275   3   Ie te presente autant de foys l'hommage,
    341   5   Bien que par foys aulcunement ie sente
    358   1   Toutes les foys, que sa lueur sur Terre

fraile (2)
    191   2   Quand trauaillant en ce mien penser fraile,
    260   1   Sur fraile boys d'oultrecuydé plaisir

frailes (1)
    118   1   Le hault penser de mes frailes desirs

frain (1)
    293   1   Celle regit le frain de ma pensée,

frais (2)   fraiz
     92   3   Aduis me fut de veoir en son taint frais

frais   (suite)
    124   9   Mais ton tainct frais vainct la neige des cieulx,

fraischement   (1)
    258   3   Que le traict d'or fraischement esmoulu

fraisches   (1)   fres-
    235   2   Et vous, ô eaux fraisches, & argentines,

fraischeur   (1)
    335   1   Pour la fraischeur Delie se dormoit

fraiz   (1)   frais
    358   5   Et par son tainct Angeliquement fraiz

france   (6)
    19   6   Quand plus, que soy, fainqnant sa France aymer,
    116   7   Ne pleure plus, France: Car la presence
    305 10   France perdit ce, qu'à perdu Hollande.
    318 10   Espaigne, France, & Italie, a Nice?
    389 10   Par France aller son propre nid destruire.
    437 10   Et ià mespart a ses Aiglons la France.

franche   (1)
    198   3   Qui me iura desormais estre franche

franchise   (2)
    195   2   De tous costez ma franchise agasserent
    419   2   Et plus haultain le vouloir de franchise,

francoys   (3)
    53   4   Crea FRANCOYS d'admirable prestance:
    252   9   Soubz ce grand Roy, ce grand FRANCOYS premier,
    323   9   Reduicte aux mains de ce premier FRANCOYS,

frappasse   (1)
    83   10   Aulcunesfois, non voyant, te frappasse?

frappe   (1)
    343   8   Qu'il lasche, & frappe en moins, que d'vn moment.

frapper   (1)
    308   4   Pour a leur blanc diligemment frapper.

fraulde   (1)
    213   9   Voicy la fraulde, ô Archier inuincible,

fremir   (1)
    156   8   Me fait fremir en si ardente doubte,

frequentantz   (1)
    423   5   Y frequentantz, comme en propre domeine,

frequentation   (1)
    429   2   Par le priué de frequentation

frere   (1)
    282   1   Basse Planete a l'enuy de ton frere,

freres   (1)
    218 10 I'exerce en moy ces deux vterins freres.

fresche   (2)   frais-
    320 1 Ie sens par fresche, & dure souuenance
    375 1 De toy la doulce, & fresche souuenance

friche   (1)
    411 4 Le plus du temps laissent ma vie en friche,

fripperie   (1)
    204 3 Veult pallier la mince fripperie

frise   (1)
    148 10 Mon An se frise en son Auril superbe.

frisons   (1)
    155 1 Ce froit tremblant ses glacées frisons

friuole   (1)
    437 8 Et toute mienne (ô friuole esperance)

friuoles   (3)
     84 8 Ie ris en moy ces fictions friuoles,
    146 8 Pour s'amoindrir a aultres biens friuoles:
    399 10 Et non vnquentz de friuoles sentences.

froict   (2)   froit
    185 1 Le Coeur surpris du froict de ta durté
    263 7 Et en son froict tellement residentz,

froid   (11)   froit
     26 7 Se rend plus froid, & moy près de ton oeil
     34 6 Que ton coeur froid s'y mit totallement:
     37 10 Comme mol, froid, pesant, & retrainctif.
     61 2 Le tien vers moy, & froid, & lent courage:
     91 6 Au froid loyer de si grand seruitude.
    201 8 Qu'il n'est si froid, bien que tu soys plus froide,
    303 8 S'en fuyt de nous, & ce Pole froid laisse,
    358 10 Me rend en marbre & froid, & endurcy.
    415 4 Deuins plus froid, que neige de Scythie.
    432 8 Mesmes cest An, que le froid Alleman
    440 3 De mon coeur froid me rompirent la glace

froide   (10)
     61 9 Mais, si tu veulx, par ta froide pitié
     62 5 Qu'aux bas mortelz vient la froide terreur,
     66 7 Dont froide peur surprenant lentement
    113 4 Veu que tel fruict est de froide nature:
    113 8 Tu es si froide, & tellement en somme,
    179 8 Le lieu, l'honneur, & la froide saison.
    199 7 O fusses tu par ta froide nature
    201 8 Qu'il n'est si froid, bien que tu soys plus froide,
    247 8 Passent la Mer en ceste Europe froide,
    264 6 Tes fiers desdaingz, toute ta froide essence,

froidement   (1)
    396 7 Vers celle là, qui t'attend froidement,

froides   (1)
    68   1   Comme lon voit sur les froides pensées

froideur   (7)
    96   5   Mais la froideur de ton coeur me conuie
   108   4   Qui tant plus sent ta froideur, tant plus croit,
   125   1   Enseuely long temps soubz la froideur
   191   5   Car ta froideur auec mon froit se mesle,
   201   5   Ou la fontaine en froideur beaucoup pire,
   272   5   Que de sa main de froideur mutuelle
   291   3   Mais il ne sçait a la froideur attaindre,

froidure   (1)
   148   9   Puis retournant le doulx Ver sans froidure

froidz   (1)
   354 10   Plus du Soleil s'approchent, plus sont froidz.

froissant   (1)
    72   7   Qui me froissant & foy, & asseurance,

froit   (15)   froict, froid
    45   4   S'est soubz le froit de durté amortie.
   108   2   Brulant de chault, tremblant aussi de froit?
   108   5   Bien que ton froit surprimer la vouldroit
   108   9   Que froit, & chault, pareilz en leur puissance,
   148   7   Tant que sur moy le tien ingrat froit dure,
   155   1   Ce froit tremblant ses glacées frisons
   169   5   Et froit, & chault, selon que se reserue
   171   3   A son mourir ouure le froit Hyuer
   185   6   Pour obuier a ton Nouembre froit,
   191   5   Car ta froideur auec mon froit se mesle,
   266   6   Le mortel froit, qui tout me congeloit.
   280   5   Car en ton froit par chault inconuincible
   293   9   Il me suffit pour elle en froit, & chault
   349   6   En froit, & chault meslez cruellement.
   389   3   Et d'vn sens froit tant constamment rassis

front   (6)
    45   7   Auec le front serenant l'esperance,
   146   2   Qui en l'ouuert de ton front seigneurie,
   165   1   Mes pleurs clouantz au front ses tristes yeulx,
   361   2   Va occultant soubz l'espace du front
   367   3   Mais quand ton front ie reuy pacifique,
   405   9   Que la douleur, qui en mon front se plye,

fruict   (2)
   113   4   Veu que tel fruict est de froide nature:
   222   7   Pourquoy veulx tu le fruict d'attente auoir,

fruictz   (1)
   148   4   Leur sont bourgeons, fueilles, fleurs, fruictz sailliz:

fruition   (4)
    47   8   A receuoir du bien fruition,
   226   8   Qui oncques n'euz de luy fruition,
   298   3   Si vainement, que la fruition,
   414   6   Dont les Dieux seulz ont la fruition.

frustre   (1)
   271   9   Et bien qu'espoir de l'attente me frustre,

frustré   (1)
   251   5   Qui m'à frustré de ce bien singulier,

fueilla   (1)
   418   6   Y fueilla d'or a corroyes Heliques,

fueilles   (5)
   148   4   Leur sont bourgeons, fueilles, fleurs, fruictz sailliz:
   171   6   Les arbres vertz de leurs fueilles denue.
   185   4   Tu verrois cheoir les fueilles vne a vne.
   282   6   A humecter les fueilles, & les fleurs:
   310 10   Sinon rameaulx, & fueilles tresameres.

fuiroys   (1)   fuy-
   180   4   Vers ce, que plus ie fuiroys voulentiers.

fuis   (3)
   170   3   Parquoy soubdain ie fuis oultre mon gré,
   312 10   Ie fuis la peine, & le trauail me suyt.
   353 10   Pourquoy ainsi, Dictymne, me fuis tu?

fuit   (4)
   42   8   Les membres laisse & fuit au profond Puys,
   46   7   Plus fuit le Cerf, & plus on le poursuyt,
   55 10   Qui vole bas, & fuit legerement.
   120   6   Et l'Archier fuit aux yeulx de ma Maistresse,

fulminatoire   (1)
   110   9   Et a l'Archier son arc fulminatoire,

fumantes   (1)
   178   7   Comme au Faulxbourg les fumantes fornaises

fume   (3)
   26   8   Ie me congele: ou loing d'ardeur ie fume.
   63   6   Saulte aux cheueulx, dont l'Enfant ardent fume.
   155   5   Lors des souspirs la cheminée fume,

fumée   (7)
   121   9   Qu'apres le feu estaincte la fumée
   211   3   Toute leur force en fumée s'assemble,
   358   8   Ie suis en feu, & fumée noircy,
   360   4   Leur grand' fumée, en l'air qui se pourmeine.
   397   1   Toute fumée en forme d'vne nue
   425   2   Comme fumée, & feu, esclair, & fouldre,
         *   *   *
   48   6   L'estre apparent de ma vaine fumée,

fumer   (2)
   111 10   De mes souspirs le Montgibel fumer.
   194   9   De veoir ainsi fumer sur tes Aultez

funebres   (5)
   7   8   En la clarté de mes desirs funebres,
   51   8   M'esclercira mes pensées funebres.
   175   3   Ioyeux effectz finissent en funebres,

funebres   (suite)
    200   8   Qui nous separe en ces haultz Montz funebres,
    330   8   Ou se nourrit de pensementz funebres:

funebreux   (1)
    355   7   Ma flamme sort de son creux funebreux,

furent   (5)
    49   3   Le sens, & l'ame y furent tant rauis,
    89   5   Dont aigrement furent contrainctz de plaindre:
    121   4   Dont mes souspirs furent les Encenciers.
    212   2   Furent obiect a mes pensers vnique,
    212   4   Furent le mal tressainctement inique.

fureur   (6)
    77   5   Ronge l'esprit par vne fureur telle,
    239   2   Par l'oraison la fureur de Mars cesse:
    351   6   De sa fureur faisant premier essay.
    360   8   Qui sa ruyne, & sa fureur soustiennent,
    390   8   De si doulx arcz ne crains la fureur telle.
    396   5   Et toy, ô Rhosne, en fureur, & grand' ire

furies   (1)
    216   9   Et si ne puis refrener les furies

furieux   (3)
    16   8   Pers tu ainsi ton pouoir furieux?
    202   1   T'esbahys tu, ô Enfant furieux,
    360   6   Ne territ point par son bruyt furieux

fus   (12)
    3   7   Doncques tu fus, ô liberté rauie,
    9   3   Mais de la main trop plus digne fus pris,
    22   8   Celle tu fus, es, & seras DELIE,
    91   2   Fus mis es bras d'amere cruauté,
    105 10   Ou moins craingnoys, là plus tost ie fus pris.
    121   1   Tu celle fus, qui m'obligeas premiere
    121   3   Tu celle fus, qui causas la lumiere,
    129   7   Car dès le poinct, que partie tu fus,
    170   5   Et quand ie fus au couuert, ie m'appuye
    181 10   Ainsi ie suis plus mal, qu'oncques ne fus.
    217   5   Par le flambeau de celluy ie fus pris
    387   4   Ie fus noté de ce, que ie l'honnore.

fusa   (1)
    81   2   Ne me fusa soubdainement le corps.

fusil   (1)
    292   1   De ton sainct oeil, Fusil sourd de ma flamme,

fusse   (2)
    99   1   Fusse le moins de ma calamité
    140   6   Bien que pour lors fusse sans iugement.

fusses   (2)
    111   7   O fusses tu, Vesper, en ce bas Monde,
    199   7   O fusses tu par ta froide nature

```
fust  (10)   fut
    61   4   Ne te fust honte, & a moy grand'oultrage:
    81   4   Si ce ne fust, qu'en me tastant alors,
   109   2   Pensant que fust Venus sa bien aymée.
   129   2   Fust vn serain en hyuer tenebreux,
   137   6   Ne fust ma ioye abortiuement née.
   213   1   Si droit n'estoit, qu'il ne fust scrupuleux
   301   7   Fust de courroux, ou de compassion,
   319   1   Produicte fust au plus cler ascendant
   422   7   Fust elle, aumoins, par vertu pitoyable
   443   8   Semeles fust en presence rauie

fuste  (1)
    94   4   Sa Trousse print, & en fuste l'arma:

fut  (38)    fust
     1   7   Grand fut le coup, qui sans tranchante lame
     9   4   Par qui me fut liberté esperée.
    13   2   En ta beaulté fut tellement deceu,
    19   5   Donc au Vassal fut grand' mescongnoissance
    21   8   Luy fut son nom insignément playé,
    26   9   Seule vne nuict fut son feu nompareil:
    30   3   Delasché fut le doulx traict nompareil
    36  10   Fut asseruy soubz l'auare puissance.
    38   1   Bien fut la main a son peril experte,
    39   3   Et tant me fut l'heur, & l'heure importune,
    40   1   Quiconques fut ce Dieu, qui m'enseigna
    44   6   Soit qu'il fut pris d'amoureuse liesse,
    48   1   Si onc la Mort fut tresdoulcement chere,
    49   7   Tant fut la flamme en nous deux reciproque,
    83   6   Maint cas, dont fut le Forgeron honteux:
    89   6   Car l'Archier fut sans traict, Cypris sans flamme.
    92   3   Aduis me fut de veoir en son taint frais
    94   1   Si treslas fut d'enuironner le Monde
   103  10   Me fut la peur, la douleur, & la Mort.
   112   3   Fut le repos, ou ie me nourrissoys
   130   1   Tant me fut lors cruellement piteuse
   167   3   L'oracle fut sans doubteuse response,
   173   5   Fortuné fut celuy, qui telle prise
   230   3   Il fut de toy si fort enamouré,
   272   9   Me fut heureux, toutesfoys dur presage:
   286  10   Fut renuersé auec mon esperance.
   287  10   Ta coulpe fut, & ma bonne auenture.
   305   1   Mon ame en Terre (vn temps fut) esprouua
   306   1   Ta beaulté fut premier, & doulx Tyrant,
   327   3   Sur le chemin d'amour fut rencontrée,
   336   5   Car il y fut pour mon bien enuoyé
   367   2   Me fut le moys, que sans toy suis esté:
   391   1   Non (comme on dit) par feu fatal fut arse
   403   6   Me fut esleue, & non pour ma plaisance.
   418   4   Parfaicte fut si haulte Architecture,
   427   1   Force me fut (si force se doibt dire
   432   1   Sans aultre bien, qui fut au mal commode,
   441   7   Qui d'Amour fut par sa voulenté pere

futur  (3)
     3   4   Pour non preueoir a mon futur dommage.
   138   4   Eust le futur deceu couuertement.
   362   3   Et du futur, aulcunesfoys notoyre,
```

fuyant (5)   fui-
  159 10 Fuyant ma mort, i'accelere ma fin.
  179 10 Fuyant Amour, ie suiuray la Raison.
  262 8 Que plus fuyant & de nuict, & de iour
  266 2 Fuyant la nuict de ma pensée obscure.
  354 8 Que i'ars plus fort en fuyant ses destroitz:

fuyantz (2)
  64 2 Fuyantz au fons des vmbreuses vallées.
  73 1 Fuyantz les Montz, tant soit peu, nostre veue,

fuye (1)
  170 4 Auecques moy cuydant, qu'elle s'en fuye.

fuyent (3)
  122 8 I'apperçoy cler, que promesses me fuyent.
  131 10 Te vont suyuant, ou les bestes la fuyent.
  370 9 Fuyent au iouq de la qrand seruitude

fuyoit (1)
  170 8 Car l'eau par tout la fuyoit çà, & là.

fuyr (3)
  159 8 La veult fuyr, & moy son plus affin,
  352 6 Pour en querir, fuyr la me fauldroit.
  431 4 Me fait fuyr ta priuée accoinctance

fuyront (1)
  337 10 Par toy fuyront indignez soubz les vmbres.

fuys (5)
   5 8 Fuys tu mon arc, ou puissance, qu'il aye?
   5 9 Ie ne fuys point, dy ie, l'arc ne la flesche:
  43 4 Plus ie la fuys, plus veulx, qu'elle me sache.
 102 10 Tu fuys, Daphnes, ardeurs Apollinées.
 263 1 Pourquoy fuys ainsi vainement celle,

fuyt (6)
 303 8 S'en fuyt de nous, & ce Pole froid laisse,
 329 9 Nous suit alors, qu'on le fuyt par effect,
 329 10 Et fuyt celluy, qui ardemment le suyt.
 352 8 Plus fuyt la mort, & plus sa fin approche.
 359 4 Fuyt çà, & là, & crie, & se debat.
 382 3 Que dy ie vient? mais fuyt, & si ne cesse

G

gage (1)
 272 7 Aussi, ô Gantz, quand vous leuay pour gage,

gaignay (1)
  5 3 Mais ie gaignay aux piedz, & de si loing,

gaigne (1)
  8 6 Gaigne le toy d'un las de tes cheueulx.

gaignée (1)
     87   8 Si par mourir sa foy m'estoit gaignée,

gaigner (1)
     52   2 Pour se gaigner auec son lustre gloire:

gaing (2)
    103   2 Ou pour le gaing, au peril dangereux,
    414 10 Et du sot Peuple au vil gaing intentif.

gallique (1)
     55   5 Puis print son vol droict au Soleil Gallique,

ganges (1)
     90 10 Oultrepasser & Ganges, & Bethys.

gant (1)
    198   1 Gant enuieux, & non sans cause auare

gantz (2)
    169   1 Vous, Gantz heureux, fortunée prison
    272   7 Aussi, ô Gantz, quand vous leuay pour gage,

garde (2)
     67   5 Garde, luy dist Cypris, qu'il ne t'enferre,
    143   7 Soubdainement qu'il s'en peult donner garde,

garder (5)
     13   8 Pour la garder d'estre du vent rauie,
    235   7 Deburiez garder pour plus vous decorer
    304   6 Sans qu'il m'en puisse aulcunement garder.
    422   4 Pour me garder, qu'en moy ie ne m'irrite,
    431   6 De tes doulx arcz, me pouant garder d'eulx.

gaste (1)
    313   6 Et Coeur, & Corps iusqu'aux mouelles gaste,

gastent (1)
    323   2 Gastent le bon de nostre mortel viure,

gaule (1)
    385   1 Dessus ce Mont, qui la Gaule descouure,

gay (1)
    254   2 Et le vert gay est ioyeuse Esperance,

gaye (1)
    148   6 Se crespent lors en leur gaye verdure.

gele (1)
    230   9 Non seulement les hommes brule, & gele:

gelé (2)
    207   4 Mon gelé coeur, donc mon penser deriue,
    357   2 Et Tanais n'est point tous temps gelé:

gelée (3)
    171 10 Toute gelée en sa perfection.
    263 10 I'eschaufferois sa pensée gelée.

gelée (suite)
  290 1 Comme gelée au monter du Soleil,

geler (1)
  441 2 Rire, plorer, & ardoir, & geler:

geneure (1)
  449 9 Nostre Geneure ainsi doncques viura

gente (1)
  347 2 Le doigt sacré par si gente maniere,

gentement (2)
  296 2 Si gentement dessus ton Soleil dextre,
  377 8 Lequel le blanc si gentement decore:

gentil (2)
  325 2 A tout gentil de donner en perdant:
  402 4 Au coeur gentil de passion hurté

gentilesse (1)
  429 6 A la vertu gentilesse adonnée,

gentz (4)
   18 7 Farces, & Ieux esmouuantz Gentz a rire.
  170 10 Craingnantz son feu, qui tant de gentz brula.
  214 1 Le practiquer de tant diuerses gentz,
  284 8 Barbares gentz du Monde diuisez

gestes (1)
   18 2 Perpetuant des haultz Princes les gestes:

gettant (1) iectant, iettant
   92 1 Sur nostre chef gettant Phebus ses rayz,

gibbier (1)
  327 8 Et par lesquelz i'ay maint gibbier surpris?

giron (2)
   98 1 Le Dieu Imberbe au giron de Thetys
  153 1 Morte esperance au giron de pitié,

girouettoit (1)
    1 2 Girouettoit, mal cault, a l'impourueue:

gist (2)
    6 10 En sa beaulté gist ma mort, & ma vie.
   10 6 Se rompre toute, ou gist l'affection:

giste (2)
   21 2 Hors de son giste esperdu s'enuola:
  129 8 Comme le Lieure accroppy en son giste,

glace (4)
  201 6 Qu'aux Alpes n'est toute hyuernale glace,
  207 9 De peu a peu me fondirent ma glace,
  354 4 Ie me sens tout reduict en dure glace.
  440 3 De mon coeur froid me rompirent la glace

glacé   (1)
    201 10   Et en ton feu mourir glacé tout roide.

glacées   (1)
    155   1   Ce froit tremblant ses glacées frisons

glaçons   (1)
     26   6   Moy de glaçons: luy aupres du Soleil

glassons   (1)
    185   3   Dont a l'espoir de tes glassons hurté,

glaucus   (1)
    436 10   Qui de Glaucus ià me transforme en Dieu.

glissantz   (1)
    407   3   Tournant les Iours, & Moys, & ans glissantz,

globe   (1)
    200   1   Phebé luysant' par ce Globe terrestre

gloire   (11)   gloyre
     12   8   Tu m'apprens donc estre trop plus de gloire,
     52   2   Pour se gaigner auec son lustre gloire:
    110   7   Pour t'acquerir perpetuelle gloire,
    132   3   Aussi Amour sa gloire, & sa conqueste
    139   8   Mon chemin aspre, aussi de plus grand' gloire.
    173   9   Non moindre gloire est a me veoir oultrer,
    175   8   Legere gloire, en fin en terre tumbe,
    189   7   Perir i'entens, que pour gloire acquerir
    209 10   De celle gloire haultaine en sa victoire.
    424   2   Comme plaisir, & gloire a l'Vniuers,
    428   6   A mon merite en palme de ma gloire.

glorieuse   (3)
     54   1   Glorieux nom, glorieuse entreprinse
    177 10   Rendent tousiours ma peine glorieuse.
    240   9   Me donnant mort sainctement glorieuse,

glorieux   (3)
     54   1   Glorieux nom, glorieuse entreprinse
    110   5   Mais veulx tu faire acte plus glorieux,
    222   3   Or sans estime, & ore glorieux

glorifie   (1)
    319 10   Plus que le Ciel, de toy se glorifie.

gloyre   (3)   gloire
    181   3   Tous deux a fin de leur gloyre tendantz
    249 10   A moy merite, a toy louange, & gloyre.
    253   9   La Gloyre aussi, qui a l'orner se vante

glueux   (1)
    276   5   Et d'vn desir si glueux abuser,

gouffre   (2)
    164   3   I'errois flottant parmy ce Gouffre amer,
    260 10   Vaquer en gouffre, ou n'y à fons ne ryue.

goust   (4)
    10   1   Suaue odeur: Mais le goust trop amer
    180 8   Faignant du miel estre le goust amer:
    388 6   Trouue le goust de son Laurier amer:
    406 8   Au goust du miel tous mes incitementz:

gouste   (1)
    434 6   Gouste trop mieulx sa vertu, & sa grace,

gouster (1)
    10   10 M'à faict gouster Aloes estre Manne.

goutte   (2)
    331 9   Las du plus, hault goutte a goutte elles filent,
    331 9   Las du plus, hault goutte a goutte elles filent,

gouttes (2)
    191 3   Tu vois ma face emperlée de gouttes
    409 10 Qui se refont aux gouttes de la pluye.

gouuerné (2)
    33   7   Est de plaisirs nourry, & gouuerné,
    432 3   Ont gouuerné mes plaisirs a leur mode,

grace   (17)
    3   1   Ton doulx venin, grace tienne, me fit
    11   4   Perdit le plus de sa nayue grace.
    96   1   Te voyant rire auecques si grand grace,
    105 6   Tant abondoit en faueur, & en grace,
    187 10 Entre sa grace, & mon trop vain desir.
    227 9   Sa grace asses, sans moy, luy peult donner
    306 3   Ta grace apres peu a peu m'attirant,
    313 1   Grace, & Vertu en mon coeur enflammerent
    316 6   Sans obtenir, tant soit petite grace,
    319 3   Et plus de grace a son aspect rendant,
    319 4   Grace aux Amantz toutesfois rigoureuse.
    354 2   Celle, qui est la Vertu, & la Grace:
    374 8   Sans que iamais aulcune grace oultroye.
    399 1   Mais que me sert sa vertu, & sa grace,
    434 6   Gouste trop mieulx sa vertu, & sa grace,
    440 1   Resplendissantz les doulx rayz de ta grace,
    440 6   Que ie m'attens de ta grace piteuse.

graces   (10)
    4   6   Non toutesfoys sans licence des Graces,
    127 4   D'enrichir l'Ame, ou Graces tiennent ceinctes
    149 5   Par le naif de tes graces infuses
    182 2   Admire en toy Graces du Ciel infuses:
    182 3   Et Graces sont de la Vertu puissance,
    229 7   Mais ta vertu aux Graces non diforme
    241 8   Graces rendez, vous mettantz a dancer:
    274 1   Si poignant est l'esperon de tes graces,
    303 5   Voyant en toy les Graces s'imprimer
    398 9   Et lors ie croy, que ses graces benignes

gracieuseté (1)
    401 8   Comme me hayt sa gracieuseté,

```
gracieux   (3)   gratieux
   141   1   Comme des raiz du Soleil gracieux
   324   7   Par doulx accueilz, & gracieux soubriz,
   409   3   Pour le porter au gracieux domaine

grand   (58)
     1   7   Grand fut le coup, qui sans tranchante lame
    10   9   Car grand beaulté en grand parfection
    10   9   Car grand beaulté en grand parfection
    11   5   Quoy que du temps tout grand oultrage face,
    15   7   Aussi par toy ce grand Monstre abatu,
    25   6   Ce, que le temps a grand peine extermine.
    27   8   Ie fais pleuuoir ioyes a si grand somme,
    28  10   De ce grand Pape abouchant a Marseille.
    37   5   Pasles par cure, & maigres par grand rage:
    40   3   D'un trop grand bien, certes, il me daingna:
    40   8   De ce, qu'a moy elle fait grand cherté,
    42   6   Ou l'Ame libre en grand seurté viuoit:
    47   5   Mais esmouoir si grand dissention
    51   1   Si grand beaulté, mais bien si grand merueille,
    51   1   Si grand beaulté, mais bien si grand merueille,
    66   6   Pour estre a tous si grand contentement.
    77   3   Ce grand desir de mon bien oblyé,
    78   9   Mais de si grand, & perilleux naufrage
    82   3   A de l'ardeur si grand feu attiré,
    83   3   Venus cuydant couurir si grand diffame,
    87   6   Si lon pouoit plus grand peine prouuer.
    91   6   Au froid loyer de si grand seruitude.
    96   1   Te voyant rire auecques si grand grace,
    99   7   Ie dy, qu'espoir est la grand prurison,
   103   6   Du grand Chaos de si haulte entreprise,
   104  10   M'auoit changée en si grand seruitude.
   139   3   Mais plus grand heur le sort me deut ascrire,
   142   3   Tu voys asses, que la grand seruitude,
   145   6   Et là tremblant, si grand coup à donné,
   155  10   Ma fiebure r'entre en plus grand parocisme.
   162   6   Moins domestique a si grand loyaulté:
   162   9   Les cieulx ialoux de si grand priuaulté
   174   2   Que me laissa si grand longueur de temps,
   179   9   Dont pour t'oster, & moy, d'vn si grand doubte,
   220   9   Las plus grand mal ne peult auoir mon bien,
   252   9   Soubz ce grand Roy, ce grand FRANCOYS premier,
   252   9   Soubz ce grand Roy, ce grand FRANCOYS premier,
   253   2   Tu anoblis, ô grand Roy, ce grand Monde.
   253   2   Tu anoblis, ô grand Roy, ce grand Monde.
   264   5   Si grand pouoir en elle ne demeure.
   282  10   Et ceste augmente en moy ma grand souffrance.
   287   7   Et si alors a grand tort accusay
   292   2   Naist le grand feu, qui en mon coeur se cele:
   314  10   Parquoy ie cele en mon coeur si grand aise.
   315   7   Parquoy couurant en mon coeur ce grand aise,
   320   9   Du grand desir, qui tout se viuifie,
   343   9   Parquoy adonc auec plus grand martyre
   351   8   Constrainct ie suis d'vn grand desir extresme
   354   3   Qui parauant ardois en grand esmoy,
   370   9   Fuyent au ioug de la grand seruitude
   371   9   Consentement, qui met en grand erreur
   373   7   Pleurs restagnantz en vn grand lac profond,
   384   7   Ie m'extermine, & en si grand hayne
                          296
```

```
grand   (suite)
  405   1   Heur me seroit tout aultre grand malheur
  410   8   Pour esmouuoir ce grand Censeur Romain,
  420   3   Ne prenne, apres long spasme, grand deffault,
  432  10   Se voit au ioug de ce grand Ottoman.
  441   8   A plus grand bien, & non a fin sinistre,

grand'  (26)   grande
    4   2   De soy a soy grand' satisfaction,
    5  10   Mais l'oeil, qui feit a mon coeur si grand' playe.
   19   5   Donc au Vassal fut grand' mescongnoissance
   28   4   Sur le plus cher de sa grand' chasteté?
   61   4   Ne te fust honte, & a moy grand'oultrage:
   72   4   Ià tempesté par si grand' cruaulté,
  116   4   Ne peult saouler si grand' auidité:
  123   5   Pour bienheurer trop plus grand' infortune,
  125   4   Extenué de sa grand' seruitude:
  127   8   Pour reuerer si grand' diuinité,
  128   6   Si grand' clarté s'est icy demonstrée,
  139   8   Mon chemin aspre, aussi de plus grand' gloire.
  157   9   Me confont tout en si grand' passion,
  163   7   Que pour sentir celle grand' passion,
  201   7   Couure, & nourrit si grand' flamme en ta face,
  233  10   Du Dyamant de sa grand' loyaulté.
  273   8   Sa fiebure auoir si grand'beaulté rauie,
  304   8   Sa grand' beaulté, & d'vn tel appetit,
  345   2   Elle te serre en grand' delicatesse:
  357   8   Remedier a si grand' amertume:
  360   4   Leur grand' fumée, en l'air qui se pourmeine.
  364   6   Qu'il t'esmouuroit a grand' compassion.
  368   3   Aux patientz apporte vne grand' part,
  396   5   Et toy, ô Rhosne, en fureur, & grand' ire
  434   9   Qui maintenant par plus grand' efficace
  437   1   Estre me deust si grand' longueur de temps

grande  (12)   grand'
   63   4   De ses beaulx yeulx excite flamme grande,
   88  10   A moy, aux Dieux, a ta coulpe si grande?
  116   9   Si haultement que pour si grande offence
  119   1   Petit obiect esmeult grande puissance,
  163   8   Que i'ay encor, non toutesfoys si grande.
  261   9   Qui erre en soy par trop grande constance
  268   4   Le va semant par subtilité grande.
  286   8   Ie pris le hault pour plus grande asseurance:
  305   8   Malheur me tient soubz sa puissance grande.
  358   9   Là ou sa main par plus grande merueille
  376   4   Par ennuieuse, & grande violence,
  442   3   Tant de trauaulx en vne erreur si grande,

grandement  (5)
   33   4   Se voit par soy grandement deceuoir.
  291   6   Et grandement me pourroit lon reprendre,
  396   9   Et moy suant a ma fin grandement,
  439   8   Ie ne me doibs grandement esbahir,
  442   5   O ce seroit grandement blasphemer

grandes  (1)
  322   4   A poursuyuir si grandes raritez.
```

grandeur   (2)
    73   9   Mais tu scais mieulx, qui peulx par ta grandeur
   413   5   Que l'esperance auec faincte grandeur

grandz   (13)
    64   7   Las de mes yeulx les grandz riuieres tirent
    93   8   Tes pleurs si grandz si largement deduire,
    98   2   Nous fait des montz les grandz vmbres descendre:
   121   8   Par qui le Coeur souffre si grandz discordz,
   178   9   Le feu ardent de mes si grandz mesaises
   194   6   Mourir au ioug de tes grandz cruaultez.
   206   5   Parquoy souffrant si grandz contentions,
   208   5   Te practiquant par seurs, & grandz batteaulx
   298   2   Que les plus grandz puissent oultrecuyder
   307   8   Deux grandz ruisseaulx, procedantz d'vne veine,
   334   8   Mon feu, ou luy mes grandz pleurs dessecher?
   379   8   De feu, & vent, vndoyent a grandz flotz.
   420   5   Lequel voulant ses grandz forces estendre

grasse   (1)
   405   4   Ne la Fortune opulentement grasse.

gratieux   (1)   gracieux
   440   5   Par vn espoir d'vn gratieux ottroy,

graue   (3)
   146   1   Donc admirant le graue de l'honneur,
   219   1   Authorité de sa graue presence
   397   2   Depart du feu auec graue maintien:

grauité   (2)
   177   3   La grauité en ta droicte stature,
   284   1   Mansuetude en humble grauité

gré   (4)
    87   3   De mon bon gré au trauail m'a offert,
   150   3   Moytié bon gré, & viue force actiue,
   170   3   Parquoy soubdain ie fuis oultre mon gré,
   342 10   Ses aeles baigne, a gré se reposant.

greigneur   (1)
    19   8   Mais celle part, comme on dit, la greigneur,

gresle   (1)
   191   4   Se congelantz menues, comme gresle.

greué   (1)
   143   8   Ou qu'il se sent de ses flammes greué,

greuer   (1)
   390   3   Pour me vouloir mortellement greuer,

grief   (4)
    87   1   Ce doux grief mal tant longuement souffert
   112   9   Dont du grief mal l'Ame toute playeuse
   231   1   Incessamment mon grief martyre tire
   271 10   Point ne m'est grief en aultruy me chercher.

griefue   (2)
   66 9 Tant griefue perte est perdre promptement
   8C 5 Peur de tumber soubz griefue obeissance:

griefuement   (1)
  237 10 Il poinct plus doulx, aussi plus griefuement.

griefz   (1)
   25 10 Neronnerie en mes si griefz tourmentz.

grillet   (1)
  153 7 Mais le grillet, ialouse fantasie,

gros   (1)
  208 3 Maint fleuue gros te rend plus rauissant,

grosse   (1)
  334 6 Me fait des yeulx si grosse pluye estraindre.

grosseur   (1)
   27 9 Qu'en fin me tire au fons de sa grosseur

grossierement   (1)
  418 3 Et non de l'art grossierement ouurant,

gruer   (1)
   99 5 Mais tous les iours gruer soubz l'asseurance,

querdon   (1)
   32 8 Requiert esgal, & semblable querdon,

querdonné   (1)
  2C5 6 Sans aultre espoir d'en estre querdonné:

querdonner   (1)
  205 3 Et que par faict on ne peult querdonner

querir   (7)
   3C 10 Rien ne le peult, non Dorion, querir.
  189 9 Veu qu'elle estant mon mal, pour en querir
  269 4 Croissent le mal, qui au querir m'empire.
  313 10 Playant mon coeur, d'vn soubris le querir.
  326 8 De mon mal est, qu'au querir il s'indigne,
  352 6 Pour en querir, fuyr la me fauldroit.
  361 7 Et qui ne peult querir par oignement

querison   (4)
   56 8 En toy des quatre à mis leur guerison.
   99 6 Que ceste fiebure aura sa querison,
  169 3 Celez le mal auec la guerison,
  368 4 Si non le tout, d'entiere guerison:

querre   (11)
  109 9 Car i'en veulx faire a tous si forte querre,
  196 5 Que paix, & guerre ensemble tu accordes
  245 4 Se renouelle en ma querre immortelle.
  3C9 10 De querre paix, & de celle paix querre.
  309 10 De querre paix, & de celle paix querre.
  358 3 En ma pensée esmeult l'obscure querre

querre   (suite)
    385   3   Lors que la nuict a l'esprit sa querre ouure,
    392 10   Tu t'esmeulx toute en querre, & en desdain.
    408   8   Tu m'as tousiours esté querre implacable,
    426 10   En aultruy paix, qui a soy donne querre.
    446   7   Doncques, pour paix a ma querre acquerir,

quespe   (1)
    237   2   Sort vne Guespe aspre, comme la Mort,

quettant   (1)
    327   4   Qui par tout va ieunes Amantz guettant:

quide   (2)
    365   6   Ou l'incertain des tenebres les quide.
    419   6   Leur sert de quide, & la raison de Scorte,

quidé   (2)
     54   4   L'hoir de Iason quidé par le bon heur.
    388   4   Ce ieune Archier quidé d'agilité.

quidée   (1)
    275   5   Te peult donner. Parquoy ma foy quidée

quidées   (1)
      2   3   Par les vertus de sa vertu quidées

quidez   (1)
     58   9   Dont mes pensers quidez par leurs Montioyes,

                                H

hà   (3)
    161   5   Hà (luy indigne) il la tient, il la touche:
    237   5   Hà ce n'est pas, dit elle, qui me mord
    335   7   Hà, dy ie lors, pour ma Dame appaiser,

habile   (1)
    290   5   Que ie deuien tous les iours moins habile

habit   (1)
    281   1   En son habit tant humainement coincte,

habitation   (1)
    429   5   Et qu'en son coeur face habitation

habite   (1)
    122 10   Que foy habite, ou les Ventz legers bruyent.

habitez   (1)
    262   2   De desespoir, & d'horreur habitez,

habitude   (2)
     12   6   A me stiller tout soubz ton habitude.
    294   4   En à ià fait, voire telle habitude,
                                300

```
habitz   (1)
   398   6   Non des habitz, mais de ses moeurs diuines,

hair   (2)      hayr
   60   2   Qui tant aymay, & onq ne sceuz hair?
  439  10   Tousiours m'enseigne a aymer, & hair.

hanches   (1)
   367  10   L'vn coronner mon col, l'aultre mes hanches.

hante   (1)
   429  10   Que plus y hante, & moins s'y appriuoyse.

hardie   (1)
   130   3   Que quand la voix hardie, & puis honteuse

hardiz   (1)
   308   3   Et le desir rend les couardz hardiz,

harmonie   (4)
   157   1   Me rauissant ta diuine harmonie
   173   3   De l'harmonie en celestes accordz,
   196   2   Mais des haultz cieulx l'Angelique harmonie,
   344   4   Ton harmonie auec ma passion!

haste   (1)
   313   9   Que bien souuent ma Cruelle se haste,

hastif   (1)
   340   7   Mais le matin (trop hastif) m'à priué

hastiuement   (1)
   120   2   Et sur ma Dame hastiuement se poulse:

haulsant   (2)
   176   6   Et toy ta face elegamment haulsant.
   382  10   Haulsant les yeulx, ie le voy loing s'estendre.

hault   (52)
    4   1   Voulant tirer le hault ciel Empirée
   21   3   Sur le plus hault de l'Europe il se iusche,
   28   6   En si pudique, & hault contentement:
   50   6   Ie me prometz le hault bien de mon mieulx.
   54   2   En coeur Royal, hault siege de l'honneur,
   58  10   Se paonnoient tous en leur hault Paradis.
   63   3   Et du bandeau l'esuentant bas, & hault,
   76   8   De mon hault bien l'Ame ialouse enflamme,
   80   6   Ioye de veoir si hault bien allumer.
   82   1   L'ardent desir du hault bien desiré,
   85   2   Mais en maintz lieux, & plus hault mille fois.
   90   1   Par ce hault bien, qui des Cieulx plut sur toy,
   95   1   Ton hault sommet, ô Mont a Venus saincte,
   95   4   Qui mon plus hault tiennent enuironné.
   97   7   Si hault au ciel de l'honneur residente,
  118   1   Le hault penser de mes frailes desirs
  128   1   Ce bas Soleil, qui au plus hault fait honte,
  131   1   Delia ceincte, hault sa cotte attournée,
  144   7   Le hault pouoir, qui ouurant sans esmoy,
  146   6   Si hault poursuyure en son cours cessera?
                        301
```

hault   (suite)
     149   2   Hault Paradis des poetiques Muses,
     150   6   Sur le plus hault de ma fermeté croistre:
     173   4   Ou le hault Ciel de tes vertus se prise.
     175   9   Ou ton hault bien aura seul ce bon heur
     189   6   A constamment pour si hault bien perir.
     204   1   Ce hault desir de doulce pipperie
     207   2   Heureuse d'estre en si hault lieu captiue,
     227 10   Corps a ses faictz, & Ame a son hault nom.
     240   2   Du hault vouloir de ton commandement,
     252   3   Tout le hault bien de parfection rare,
     254   8   Ou pourra lon, selon leur hault merite,
     274   5   Le hault desir, qui iour, & nuict m'esmeult
     285   7   Ame enyurée au moust d'vn si hault bien,
     286   8   Ie pris le hault pour plus grande asseurance:
     292 10   Du mal, qui tout a si hault bien me poulse.
     293   6   Qu'en elle seule est leur desir plus hault.
     298   7   Aussi Fortune en leurs plus hault pouoir
     331   9   Las du plus, hault goutte a goutte elles filent,
     338   1   Affection en vn si hault desir
     346   1   A si hault bien de tant saincte amytié
     353   5   Lequel deuient pour vn si hault merite,
     360   2   N'esleue point si hault sa forte alaine,
     370   6   De mon hault bien toute beatitude
     380   6   Ton hault coeur sainct lassus se transporter:
     384   9   D'vn si hault bien, que d'vne mesme alaine
     389   1   Elle à le coeur en si hault lieu assis
     389   8   A me vouloir a si hault bien instruire.
     397   3   Mais tant plus hault s'esleue, & se denue,
     419   1   Hault est l'effect de la voulenté libre,
     421   1   Voulant ie veulx, que mon si hault vouloir
     431   7   Mais tout coeur hault, dont du mien ie me deulx,
     445   3   Hault colloqua le reluysant flambeau

haultain   (7)
     104   1   L'affection d'vn trop haultain desir
     172   8   Dont Amour est & haultain, & vainqueur,
     318   1   Ià tout haultain en moy ie me paonnois
     325   1   D'vn magnanime, & haultain coeur procede
     403   8   De cest Archier superbement haultain
     406   1   Haultain vouloir en si basse pensée,
     419   2   Et plus haultain le vouloir de franchise,

haultaine   (6)
      33   8   Se paissant puis de chose plus haultaine.
      67   8   Respond ma Dame haultaine deuenue,
     105   5   De la trouuer humainement haultaine.
     200   7   Par l'espaisseur de la terre haultaine,
     209 10   De celle gloire haultaine en sa victoire.
     328   5   Car estant pris dessoubz sa main haultaine,

haultaines   (1)
       9   6   Ie nourrissois mes pensées haultaines,

haultains   (1)   hautains
      47 10   Trop plus haultains, que n'est l'Ambition.

haulte   (17)
       6   5   Qui par sa haulte, & diuine excellence
302

haulte   (suite)
```
    47   9   Qui nous eust faictz aller la teste haulte
   103   6   Du grand Chaos de si haulte entreprise,
   118   2   Me chatouilloit a plus haulte entreprise,
   153   5   Non qu'en moy soit si haulte qualité,
   164   1   Comme corps mort vagant en haulte Mer,
   249   8   Et tressuant a si haulte victoyre,
   259   3   Des Montz tout terme en forme haulte, & basse,
   275  10   Ma vie aux piedz de ta haulte value.
   296  10   Ie veulx perir en si haulte poursuyte.
   306   7   Mais ta vertu par sa haulte puissance
   375   3   Auec ta haulte, & humble contenance,
   376   5   Mais par pouoir de ta haulte excellence,
   381   5   Mais que ne peult si haulte qualité
   406   2   Haulte pensée en vn si bas vouloir
   418   4   Parfaicte fut si haulte Architecture,
   419   4   D'vne portée a leur si haulte emprise:
```

haultement   (6)
```
   116   9   Si haultement que pour si grande offence
   118   8   Si haultement esleuent leurs voix viues,
   216   8   Que ie m'en sens haultement contenté,
   227   7   Aussi pour plus haultement resonner,
   252   6   D'aulcun bienfaict haultement premier.
   445   8   Que mon Orphée haultement anobly,
```

haultes   (5)
```
     2   1   Le Naturant par ses haultes Idées
    79   4   Des montz cornuz doroit les haultes cymes.
   146  10   L'Ambre souef de ses haultes parolles.
   214  10   Tirer le sel de ses haultes sentences.
   234  10   Surmonte en soy toutes haultes valeurs.
```

haultesse   (1)   hautesse
```
   165   5   Mais sa haultesse en magesté prestante,
```

haulteur   (1)
```
   259   8   Surmonteras la haulteur des Estoilles
```

haultz   (16)
```
    18   2   Perpetuant des haultz Princes les gestes:
    50   7   Elle s'en rit, attestant les haultz Dieux:
    75   4   Constituant en elle mes haultz Cieulx?
   122   1   De ces haultz Montz iettant sur toy ma veue,
   138   5   Vous, ô haultz cieulx veites apertement,
   162   8   Dont les haultz dieux t'ont richement pourueue,
   177   1   Par ta figure, haultz honneurs de Nature,
   196   2   Mais des haultz cieulx l'Angelique harmonie,
   200   8   Qui nous separe en ces haultz Montz funebres,
   236   3   En voz deduitz icy bas, & là haultz,
   284  10   Alterneront ses haultz honneurs prisez.
   305   2   Des plus haultz Cieulx celle beatitude,
   313   2   Si haultz desirs, & si pudiquement,
   351   2   Trop plus parfaictz, que plusieurs des haultz cieulx,
   390   2   Tes haultz sourcilz, & leurs cornes ployer
   414   4   Des haultz pensers, que sa doulceur me liure
```

haure   (1)
```
   260   8   Du vouloir d'elle, & du Haure me priue,
```

hautains   (1)   haultains
    64   1   Des Montz hautains descendent les ruisseaulx,

hautesse   (1)   haultesse
    175   5   Toute hautesse est soubdain abatue,

hayant   (1)
    401   7   Qu'en me hayant de toute hayne extreme,

hayantz   (1)
    391   9   Les Dieux hayantz ingratitude vile,

hayes   (1)
    148   5   Arbres, buissons, & hayes, & tailliz

hayne   (5)
    43   6   Amour, & hayne, ennuy auec plaisir.
    43   8   Quand hayne vient, & vengeance me crie:
    315   1   Ie m'ayme tout au desdaing de la hayne,
    384   7   Ie m'extermine, & en si grand hayne
    401   7   Qu'en me hayant de toute hayne extreme,

hayr   (1)   hair
    43   9   Ainsi me faict hayr mon vain desir

hays   (2)
    43   1   Moins ie la voy, certes plus ie la hays:
    43   2   Plus ie la hays, & moins elle me fasche.

hayt   (2)
    15   5   Et plus ne hayt l'honneste estrangement,
    401   8   Comme me hayt sa gracieuseté,

hazard   (2)
    52   6   Mais hazardant hazard en mes malheurs,
    312   4   Ou le hazard de tout mon bien depent.

hazardant   (1)
    52   6   Mais hazardant hazard en mes malheurs,

hazarde   (1)
    143   6   Contre l'esprit sommeillant se hazarde,

hazardz   (1)
    220   4   Que bien auant aux hazardz ie me boute.

hebenins   (1)
    270   1   Amour lustrant tes sourcilz Hebenins,

hecate   (1)
    376   3   Me fais mouuoir, non comme Hecate l'Vmbre,

hecaté   (1)
    22   1   Comme Hecaté tu me feras errer

hecatombes   (1)
    194   10   Pour t'appaiser, mille, & mille Hecatombes?

```
helicon   (1)
   149  1   Et Helicon, ensemble & Parnasus,

heliques   (1)
   418  6   Y fueilla d'or a corroyes Heliques,

hemispere   (1)
   282  3   Tu vas lustrant l'vn, & l'aultre Hemispere,

hemonie   (1)
     9  2   Non d'Hemonie en son Ciel temperée:

herbe   (3)
   148  8   Mon espoir est denué de son herbe:
   224  2   Nouelles fleurs parmy l'herbe nouelle:
   436  9   Me fait sentir celle herbe merueilleuse,

herissante   (1)
   365  3   Qui de la nuict, & l'horreur herissante,

hermaphrodite   (1)
   435  6   L'hermaphrodite, efficace amoureuse?

heur   (16)
    39  3   Et tant me fut l'heur, & l'heure importune,
    54  4   L'hoir de Iason guidé par le bon heur.
   136  1   L'heur de nostre heur enflambant le desir
   136  1   L'heur de nostre heur enflambant le desir
   139  3   Mais plus grand heur le sort me deut ascrire,
   146  3   Ie priueray mon sort de ce bon heur,
   168 10   A qui Fortune, ou heur, ou estat change.
   173  6   Peut (Dieux beningz) a son heur rencontrer.
   175  9   Ou ton hault bien aura seul ce bon heur
   207  8   Soit pour mon mal, ou certes pour mon heur,
   221  8   L'heur du Poisson, que n'as sceu attraper,
   251 10   Au loz, & heur de qui à eu la Rose.
   330  3   Ma vie entra en tel heur miserable,
   378  8   De donner heur a ma fatalité,
   405  1   Heur me seroit tout aultre grand malheur
   413  4   M'ont plus donné & de fortune, & d'heur,

heure   (16)
    25  7   Fais donc, Amour, que peu d'heure termine.
    39  3   Et tant me fut l'heur, & l'heure importune,
    84  7   Vray est, qu'alors, tout soubdain, & sur l'heure
   100  4   Souuentesfois, oultre heure, & sans propos
   137  7   La fin m'auoit l'heure determinée
   145 10   Comme insensé, a toute heure oultrecuyde.
   147  7   Mais le iour vint, & l'heure destinée,
   156  5   Car a toute heure il m'est aduis, que i'oye
   185  8   Que delaissée & du iour, & de l'heure,
   193  7   Mais ie m'asseure a l'heure de ma paix,
   216  2   D'heure en moment, de moment a tousiours
   256  6   Que l'esperance a l'heure plus me fasche,
   264  1   La Mort pourra m'oster & temps, & heure,
   267  4   Tousiours, toute heure, ainsi sans cesser
   382  2   Me vient toute heure, & tousiours au deuant.
   383  6   Ma fiebure chaulde auant l'heure venue,
```

heures   (3)
     114 1 O ans, ô moys, sepmaines, iours, & heures,
     126 1 A l'embrunir des heures tenebreuses,
     216 1 En diuers temps, plusieurs iours, maintes heures,

heureuse   (13)
      40 10 L'aultre donner d'heureuse liberté.
      81 6 Heureuse en toy: D'ailleurs, elle n'offense
      82 2 Qui aspiroit a celle fin heureuse,
     103 9 Car tout le bien de l'heureuse surprise
     138 3 Car le present de l'heureuse presence
     207 2 Heureuse d'estre en si hault lieu captiue,
     225 5 Vertu heureuse, & fidele compaigne,
     235 1 Aumoins toy, clere, & heureuse fontaine,
     319 2 De toute estoille a nous mortelz heureuse:
     337 7 Vien donc, heureuse, & desirée enuie,
     372 10 Que n'est Zephire en l'Arabie heureuse.
     390 10 Me donnent vie heureuse, & immortelle.
     417 5 Baingnant les piedz de celle terre heureuse,

heureusement   (5)
      69 4 En ceste vie heureusement maudicte,
     241 7 Vous de voz voeutz heureusement renduz
     252 2 Nous à cy bas heureusement transmys
     322 8 Estre mon ame heureusement traictée,
     345 10 Heureusement pour elle miserable.

heureux   (21)
      12 7 Heureux seruice en libre seruitude,
      75 1 Pour me despendre en si heureux seruice,
     103 4 Pour l'affranchir en viure plus heureux.
     127 3 A eu du Ciel ce tant heureux pouoir
     156 6 Celle parler a son heureux Consort:
     169 1 Vous, Gantz heureux, fortunée prison
     205 7 Qui, trop heureux ainsi abandonné,
     208 10 Car fleuue heureux plus, que toy, n'entre en Mer.
     256 3 Augmentant, dy ie, en cest heureux malheur,
     257 5 Elle souuent (ô heureux) te vient veoir,
     265 8 Ces champs heureux, ou a present seiourne
     272 9 Me fut heureux, toutesfoys dur presage:
     293 10 Souffrir heureux doulce antiperistase.
     296 4 De mille Amantz l'heureux, & mortel estre.
     305 3 Que l'oeil heureux en ta face trouua,
     330 1 Au centre heureux, au coeur impenetrable
     339 8 Tousiours me poulse a si heureux deduytz,
     345 1 Entre ses bras, ô heureux, près du coeur
     347 1 Heureux ioyau, tu as aultresfoys ceinct
     382 1 L'heureux seiour, que derriere ie laisse,
     411 7 Et en ce mien heureux meilleurement

histoires   (1)
      18 1 Qui se delecte a bien narrer histoires

hoir   (1)
      54 4 L'hoir de Iason guidé par le bon heur.

hollande   (2)
     268 2 Fait vn bandeau d'vn crespe de Hollande,
     305 10 France perdit ce, qu'à perdu Hollande.

306

homicide (1)
     153 10 Me laisse vif a ma doulce homicide.

hommage (4)
       3 5 Car te immolant ce mien coeur pour hommage
      19 1 Moins ne pourroit & la foy, & l'hommage,
     275 3 Ie te presente autant de foys l'hommage,
     317 3 Qui d'vn second cuydantz pretendre hommage,

homme (3)
     100 9 Pour te monstrer, que lors homme a demy,
     116 1 Insatiable est l'appetit de l'homme
     433 8 Sont imparfaictz, comme d'homme qui songe,

hommes (4)
     112 2 Hors la memoyre & des Dieux, & des hommes,
     123 1 Vaincre elle sçait hommes par sa valeur,
     230 9 Non seulement les hommes brule, & gele:
     309 8 Et (quand te plait) hommes, & Dieux conquerre:

honneste (9)
      15 5 Et plus ne hayt l'honneste estrangement,
      31 3 Desdaing s'esmeut pour honneste deffence
      47 4 La mienne en elle honneste intention.
     212 9 N'ont peu donner par honneste pitié
     309 6 Pour mettre a fin leur honneste desir.
     342 3 De ses yeulx clers d'honneste courroux plains
     346 3 Sinon debuoir, ou honneste pitié,
     413 1 Honneste ardeur en vn tressainct desir,
     413 2 Desir honneste en vne saincte ardeur

honnestement (1)
      41 5 Que m'à valu d'aymer honnestement

honnestes (1)
     299 10 Digne excuse est a mes erreurs honnestes.

honnesteté (3)
      28 2 Ardoir la face a son honnesteté?
     177 4 L'honnesteté en ton humain visage,
     367 4 Seiour treshault de toute nonnesteté,

honneur (14)
      54 2 En coeur Royal, hault siege de l'honneur,
      85 6 Malice honneur auiourdhuy contrefaire,
      97 7 Si hault au ciel de l'honneur residente,
     103 1 Suyuant celuy, qui pour l'honneur se iecte,
     116 6 Viole foy, honneur, & innocence.
     119 5 Ainsi Honneur plus tost quicteroit soing,
     146 1 Donc admirant le graue de l'honneur,
     162 3 A qui l'honneur du debuoir te conuie
     175 7 Et se crestantz les arbres, leur honneur,
     179 8 Le lieu, l'honneur, & la froide saison.
     210 2 Infamera honneur, & excellence?
     228 2 De nostre ciecle & honneur, & merueille,
     445 6 Sans a l'honneur faire aulcun preiudice:
     448 8 D'aulcun acquest, mettre honneur a mercy,

```
honneurs   (2)
   177  1  Par ta figure, haultz honneurs de Nature,
   284 10  Alterneront ses haultz honneurs prisez.

honnorable   (2)
    58  4  Comme vn vainqueur d'honnorable conqueste,
   198  8  Qu'elle taschast par honnorable enuie

honnore   (3)
   141  8  Que tant ie honnore, & que tant ie poursuys:
   377 10  Est pure foy, qui iouyssance honnore.
   387  4  Ie fus noté de ce, que ie l'honnore.

honnorer   (1)
   235  6  De Dieu créez pour ce Monde honnorer,

honorablement   (1)
   296  9  Voire y finir, tant honorablement

honte   (8)
    19  7  Osa en vain, & sans honte s'armer.
    27  2  Au rencontrer chose, qui luy meult honte,
    28  1  Ay ie peu veoir le vermeil de la honte
    61  4  Ne te fust honte, & a moy grand'oultrage:
    85  8  Qu'elle à plus cher a honte, & villainie
   128  1  Ce bas Soleil, qui au plus hault fait honte,
   133  9  Ce doulx nenny, qui flamboyant de honte,
   298  8  Se faint de honte estre ailleurs endormie,

honteuse   (3)
    27  6  Ie croy pitié soubz honteuse doulceur.
   130  3  Que quand la voix hardie, & puis honteuse
   440  9  Se reposant sur ta doulceur honteuse

honteusement   (1)
    20  9  Pour y purger honteusement l'offence

honteuses   (1)
   238  6  Me croist sans fin mes passions honteuses:

honteux   (3)
    83  6  Maint cas, dont fut le Forgeron honteux:
   124  2  Se marrissant tout honteux soubz la nue,
   316  5  En mon trauail, moy miserable, honteux

horologe   (1)
   232  3  Et l'Horologe est compter sur mes doigtz

horreur   (9)
    62  4  Phebus enflamme en si ardente horreur,
    88  2  Ensepuely en solitaire horreur:
   116  5  Mais (ô l'horreur) pour sa commodité
   194  7  N'as tu horreur, estant de tous costez
   262  2  De desespoir, & d'horreur habitez,
   360  5  Et le Canon, qui paour, & horreur meine,
   365  3  Qui de la nuict, & l'horreur herissante,
   371  6  Dieu de vilté, & de sagesse horreur,
   381  2  Mouoir l'horreur a mon indignité
```

horrible   (1)
```
425   7   De veoir en moy quelque deffault horrible
```

hors   (21)
```
    9   5   Ià hors d'espoir de vie exasperée
   21   2   Hors de son giste esperdu s'enuola:
   72   5   Que piece entiere (hors mise loyaulté)
   98   8   Le soir me couche esueillé hors de moy,
  112   2   Hors la memoyre & des Dieux, & des hommes,
  156  10   Tout hors de moy du droit ie me deboute.
  159   7   Adonc l'esprit poulsant hors roidement
  195   4   De se deffendre, hors de moy la chasserent:
  221   9   Car il est hors de prison vehemente,
  255   1   De la clere vnde yssant hors Cytharée,
  294   1   A quoy pretendre yssir librement hors
  311   4   L'auoir vaincu, le iecter hors d'oppresse.
  321  10   Ne monstre hors ce, qu'en moy il consume.
  343   5   Si aigrement, que hors de celle Trempe,
  365   5   Les desuoyez alors met hors de trouble,
  366   8   Hors du spirail, que souuent ie luy ouure.
  369   9   Sort hors du coeur, & descent par les yeulx
  400   8   Hors du repos de consolation,
  412   7   Hors de soucy d'ire, & dueil dispensée
  430  10   Qui du desir vit hors de l'esperance.
  445  10   Hors des Enfers de l'eternel obly.
```

hoste   (1)
```
   31   8   Qui vous reçoit se fait son mortel hoste:
```

hostie   (1)
```
    1   9   Piteuse hostie au conspect de toy, Dame,
```

humain   (6)
```
  139   6   A transformer son sauluage en humain.
  161   8   Que droict humain, & non diuin, à faict.
  177   4   L'honnesteté en ton humain visage,
  281   2   En son humain tant diuinement sage,
  410  10   Seure viuant de tout oultrage humain.
  432   2   Auec le sens l'humain entendement
```

humaine   (8)
```
  123  10   Contre le Ciel ne vault deffence humaine.
  219   3   Et d'elle veoir l'humaine experience,
  287   8   Ta familiere, & humaine nature:
  310   4   D'aulcune ioye, & humaine liesse,
  372   7   Celle douleur celestement humaine,
  380   4   A estre loing d'humaine infection:
  409   1   Apperceuant cest Ange en forme humaine,
  423   2   A toute vie austerement humaine,
```

humainement   (5)
```
  105   5   De la trouuer humainement haultaine.
  270   3   Et se monstrant humainement benings,
  281   1   En son habit tant humainement coincte,
  284   4   La fait de tous humainement aymable:
  431   3   De ta nature humainement benigne,
```

humaines   (1)
```
  297   8   Celle là puisse en humaines changer,
```

```
humains   (4)
     29   4   Qui des humains se dit seule dame estre.
    107   2   Oste moy tost du mylieu des Humains.
    131   5   Mais toy, Delie, en actes plus humains
    322   9   I'ay beaucoup plus de tes actes humains,

humble   (3)
    284   1   Mansuetude en humble grauité
    375   3   Auec ta haulte, & humble contenance,
    380   2   Et l'humble aussi de chaste affection,

humecter   (1)
    282   6   A humecter les fueilles, & les fleurs:

humeur   (3)
    113   6   L'ardeur, qui tant d'humeur te fait pleuuoir.
    207  10   La distillant en amoureuse humeur.
    302  10   En lieu d'humeur flammes elle rendit.

humide   (3)
    365   9   De mes douleurs resoult la nue humide,
    408   5   Mais bien me soit, Dame, pour tumbe humide
    422  10   Qui fait mon mal ardemment estre humide.

humides   (1)
    282   7   Et ceste cy par mes humides pleurs

humidité   (1)
    331   1   L'humidité, Hydraule de mes yeulx,

humilie   (1)
    402   3   Aduersité qui l'orgueil humilie,

hurté   (2)
    185   3   Dont a l'espoir de tes glassons hurté,
    402   4   Au coeur gentil de passion hurté

hydraule   (1)
    331   1   L'humidité, Hydraule de mes yeulx,

hydre   (1)
    187   5   Car a mon Hydre incontinent succede

hyuer   (4)
    129   2   Fust vn serain en hyuer tenebreux,
    148   1   Voy que l'Hyuer tremblant en son seiour,
    171   3   A son mourir ouure le froit Hyuer
    351   4   Voire en Hyuer, qui ia pernicieux

hyuernale   (1)
    201   6   Qu'aux Alpes n'est toute hyuernale glace,
```

i'   (92)
```
   9   7   Quand i'apperceus entre les Mariolaines
  10   8   I'ay esprouué, que la paour me condamne.
  26  10   Las tousiours i'ars,& point ne me consume.
  34   7   Dont i'ay en moy conclu finablement
  38   3   Car lors i'ai eu d'elle euidente la perte,
  39   4   Qu'a peine i'ay iusques cy respiré.
  41   9   Qu'en bien aymant i'ay promptement perdu
  43   3   Plus ie l'estime, & moins compte i'en fais:
  45   8   I'asseure l'Ame, & le Coeur obligez,
  47   3   I'eusse creu lors estre bien satisfaicte
  57   5   Car lors que i'ay clerement apperceu,
  58   1   Quand i'apperceu au serain de ses yeulx
  61   1   Plus librement, certes, i'accuserois
  61   3   Si le deuoir duquel i'abuserois,
  65   3   I'ay obserué pour veoir, ou bien, ou mal,
  65   6   Mal i'adorois tes premieres faueurs.
  69   3   I'ay consommé maintes belles saisons
  69  10   I'espere, apres long trauail, vne fin.
  70   5   Mais du malheur, qui, comme i'apperçoy,
  71   1   Si en ton lieu i'estois, ô doulce Mort,
  76   4   I'ouuris la bouche, & sur le poinct du dire
  80   4   I'eu premier peur, & puis resiouissance:
  80  10   Facilement i'obtiendrois la victoire?
  84   3   Qui m'à le moins, que i'ay peu, irrité,
  86   8   Et celément plus droit mes traictz i'asseure.
  91   3   Quand premier i'eu nouelle congnoissance
  91   7   Non que i'accuse en toy nature rude:
  96   4   Me promect mieulx de ce, dont i'ay enuie.
  99   3   I'aurois au moins, soit en vain, limité
 102   3   I'ay certes ioye a ta parolle ouir
 103   7   Où plus i'entray, & plus ie trouuay prise
 106   1   I'attens ma paix du repos de la nuict,
 108   3   C'est celle ardeur, que i'ay si vehemente,
 109   9   Car i'en veulx faire a tous si forte guerre,
 115   6   I'ars de plus fort sans nouelle achoison.
 119   8   Qu'en moy mourust ce bien, donc i'ay enuie.
 122   8   I'apperçoy cler, que promesses me fuyent.
 135   8   I'espereray en seure indamnité,
 138   7   Le bien, que i'ay tousiours eu sur tout cher:
 140   5   Point ne faillit, & i'en euz conqnoissance,
 140   7   Et toutesfois i'apperçeuz clerement,
 142  10   Et qu'en seruant i'ay amour deseruy.
 150   5   Que i'ay permis son vouloir ià monté
 154   8   I'ayme trop mieulx a la Mort recourir.
 155   9   Et quand i'y pense, & le cuyde aduenir,
 156   5   Car a toute heure il m'est aduis, que i'oye
 157   5   Que plus i'escoute, & plus a soy m'attire
 159  10   Fuyant ma mort, i'accelere ma fin.
 163   8   Que i'ay encor, non toutesfoys si grande.
 164   3   I'errois flottant parmy ce Gouffre amer,
 170   9   Lors i'apperceus les Dieux du Ciel pleuuoir
```

i'   (suite)

180	2	Et pas a pas i'obserue ses sentiers,
189	7	Perir i'entens, que pour gloire acquerir
193	6	I'ouure les ventz a mes souspirs espaiz:
196	7	Car du plaisir, qu'auecques toy i'auoys,
205	10	C'est le seul bien, apres toy, que i'estime.
218	7	Bien que i'acquiere en souffrant la science
218	10	I'exerce en moy ces deux vterins freres.
227	3	Ie m'en veulx taire, & lors i'y pense mieulx,
237	7	I'ay peur qu'amour sur moy ne s'escarmouche:
255	8	Dans sa Coquille, & la prenant i'eslys
256	8	Dont n'est plaisir, ny doulx concent, que i'oye,
261	7	I'ay rien commis: mais sans point de doubtance
263	10	I'eschaufferois sa pensée gelée.
271	1	I'espere, & crains, que l'esperance excede
271	8	Ie quiers en toy ce, qu'en moy i'ay plus cher.
273	7	Fais donc, que i'aye, ô Apollo, songé
276	7	Car pour le bien, que i'en ay peu choisir,
276	10	I'ay rencontré & tristesse, & douleur.
288	3	Et plus i'admire, & adore les Cieulx
307	1	Plus ie la voy, plus i'adore sa face,
312	9	Bref quand i'ay bien de moymesme abusé,
321	2	Iusques au lieu, ou piteusement i'ars,
322	9	I'ay beaucoup plus de tes actes humains,
326	10	Que i'offençay pour l'adorer indigne.
327	8	Et par lesquelz i'ay maint gibbier surpris?
340	9	I'estoys par vous, traistres yeulx, arriué,
341	6	Estre tout vain ce, que i'ay apperceu.
354	8	Que i'ars plus fort en fuyant ses destroitz:
380	9	Comme i'en puis tesmoingnage porter
382	5	Plus pas a pas i'esloingne le Leuant,
384	8	De mes deffaultz i'aspire a la merueille
387	9	Quand suis entré i'ay creu soubdainement,
394	4	I'ay mon proces contre moy intenté.
403	3	Toute nuict i'ars la desirant absente,
404	3	Que i'aurois cher (s'il debuoit aduenir)
409	7	Et quand les miens i'ay vers les siens tenduz,
411	10	Ie me meurs pris es rhetz, que i'ay tendu.
414	9	Aussi i'y vis loing de l'Ambition,
425	10	I'accuse aultruy pour tout me condamner.
438	6	I'eschappe a doubte, espoir, ardeur, attente,
441	10	Que i'ay esté de son vouloir ministre.

ia   (3)   desià, ià

35	1	Ia deux Croissantz la Lune m'à monstré:
183	2	Dont ma pensée est ia si entestée?
429	1	Ia soit ce encor, que l'importunité

ià   (37)   desià, ia

9	5	Ià hors d'espoir de vie exasperée
11	3	Que sur Clytie Adonis ià cliné
13	6	Que le corps vif est ià reduict en cendre:
15	6	Commençant ià a cherir la vertu.
27	4	Et ià la fin de mes desirs me pleige.
58	3	Ià tout empeinct au prouffit de mon mieulx,
66	8	Et Corps, & Coeur, à ià l'Ame conquise:
71	3	O fol, l'esprit de ta vie est ià mort.
72	4	Ià tempesté par si grand' cruaulté,
82	4	Que le corps vif est ià poulsiere Vmbreuse:

ià   (suite)
```
125   3    Le Corps est ià en sa foible roideur
135   9    Et preuueray par effect ià prouuable
150   5    Que i'ay permis son vouloir ià monté
151  10    Que la douleur a qui ià s'en deliure.
185  1C    Comme l'Année, a sa fin ià labeure.
224   3    Et, ià passée, encor se renouelle
242   5    Ià reçoys tu de ton Ciel amyable
246   3    Car ià mes os denuez de mercy
266   5    Ià son venir a eschauffer procure
267   9    Ià ne fault donc que de moy ie la priue,
271   3    Car ià mon coeur tant sien elle possede,
277   5    Ià Benedict acheuoit arc, & traict,
285   6    Tu l'adoulcis, & ià reluict tresbien.
289   3    Et ià remis en ma libre puissance,
294   4    En à ià fait, voire telle habitude,
318   1    Ià tout haultain en moy ie me paonnois
325   5    Et tu m'as veu, ià long temps, attendant
328   4    Et tient ià près la chose bien loingtaine.
333   5    Et ià (de loing,) courbe viellesse accule
341   7    Ce neantmoins pour le bien ià receu,
351   4    Voire en Hyuer, qui ià pernicieux
353   7    Et luy estant ià reduict tout en os,
374   3    Qui ià estoit par son pere embouché
399   8    Vaincues ià de mille repentences,
436  10    Qui de Glaucus ià me transforme en Dieu.
437  1C    Et ià mespart a ses Aiglons la France.
446   4    Ià preuoyant son corps par la Mort tel,
```

iadis   (2)
```
 58   8    Asses plus loing, qu'oncques ne feit iadis.
270   6    A moy iadis immortel argument,
```

ialouse   (2)
```
 76   8    De mon hault bien l'Ame ialouse enflamme,
153   7    Mais le grillet, ialouse fantasie,
```

ialousie   (4)
```
206   1    Lors le suspect, agent de ialousie,
393   6    De doubte, espoir, desir, & ialousie,
425   1    Bien que ie sache amour, & ialousie,
428   1    Quoy que ce soit, amour, ou ialousie
```

ialoux   (2)
```
 83   1    Vulcan ialoux reprochoit a sa femme,
162   9    Les cieulx ialoux de si grand priuaulté
```

iamais   (15)
```
 22  10    Si fort, que Mort iamais ne l'en deslie.
135   1    Qui ce lien pourra iamais dissouldre,
146   7    Iamais tel loz son plus ne laissera,
167   6    Ce mien trauail iamais ne cessera,
236   4    Et parmy fleurs non iamais fletrissantes
249   2    Pour s'exercer iamais ne diminue,
265  10    Iamais, sans toy, a mes yeulx ne s'aiourne.
281  10    Tousiours mourant ie ne meure iamais.
300   9    Parquoy iamais ie ne voy deliure
330   4    Que pour iamais, de moy se bannissant,
374   8    Sans que iamais aulcune grace oultroye.
```

iamais   (suite)
   397 6   Qui au parfaict d'elle iamais ne fault?
   405 7   Parquoy iamais ie ne voy accomplye
   417 7   Si bien forma, qu'a iamais sa vieillesse
   425 4   En vne fin sans iamais se resouldre:

iardin   (1)
    74 1   Dans son iardin Venus se reposoit

iason   (1)
    54 4   L'hoir de Iason guidé par le bon heur.

iaulne   (1)
   377 5   Car le iaulne est mon bien attendu

ibere   (1)
   283 10   Et Tanais, & le Nil, & l'Ibere.

icy   (12)
   124 5   Parquoy soubdain, qu'icy tu es venue,
   128 6   Si grand' clarté s'est icy demonstrée,
   178 3   Et veoir icy tenebres continues
   236 3   En voz deduitz icy bas, & là haultz,
   238 2   Ne m'à icy relegué en ceste Isle
   262 10   A mon penser sont icy doulx seiour.
   265 9   Ton Orient, & en la Ville icy
   340 2   Cedant icy a la nuict tenebreuse,
   356 3   Et Cynthia vient faire icy seiour
   363 8   Icy tremblant luy feis mes doleances:
   389 6   Ne se tient plus icy bas endormie.
   446 10   Le soir d'icy est Aulbe a l'Antipode.

idée   (1)
   275 2   De ta beaulté esmerueillable Idée,

idées   (1)
     2 1   Le Naturant par ses haultes Idées

idolatrer   (1)
     3 2   Idolatrer en ta diuine image

idole   (2)
     1 10   Constituée Idole de ma vie.
   297 7   Idole mienne, ou fais que ses meurs fieres

idoyne   (1)
   308 8   Le seul vouloir petitement idoyne,

ie   (437)   je
     0 4   Ie t'ay voulu en cest Oeuure descrire.
     0 5   Ie sçay asses, que tu y pourras lire
     4 8   Que quand ie vien a odorer les fleurs
     4 10   Ie me dissoulz en ioyes, & en pleurs.
     5 3   Mais ie gaignay aux piedz, & de si loing,
     5 9   Ie ne fuys point, dy ie, l'arc ne la flesche:
     5 9   Ie ne fuys point, dy ie, l'arc ne la flesche:
     7 2   Quand nasquit celle en qui mourant ie vis,
     8 1   Ie me taisois si pitoyablement
     8 7   Puis qu'il te plaict, dit elle, ie le veulx.

9	6	Ie nourrissois mes pensées haultaines,
9	8	Rougir l'Oeillet: Or, dy ie, suis ie seur
9	8	Rougir l'Oeillet: Or, dy ie, suis ie seur
14	2	Et ie la tien par ceulx là mesmes prise.
16	1	Ie preferoys a tous Dieux ma Maistresse,
16	5	Et quand ie l'ay au besoing demandé
18	8	Mais moy: ie n'ay d'escrire aultre soucy,
24	10	Car seulement pour t'adorer ie vis.
25	9	Ou ie diray, que ton arc examine
26	1	Ie voy en moy estre ce Mont Foruiere
26	8	Ie congele: ou loing d'ardeur ie fume.
26	8	Ie congele: ou loing d'ardeur ie fume.
27	6	Ie croy pitié soubz honteuse doulceur.
27	8	Ie fais pleuuoir ioyes a si grand somme,
28	1	Ay ie peu veoir le vermeil de la honte
28	9	Car ie iouys du sainct aduenement
33	5	A mon instinct ie laisse conceuoir
33	10	Plus ie l'attire & plus a soy m'entraine.
34	1	Ie ne l'ay veue encor, ne toy congneue
38	10	Ie me deçoy trop vouluntairement.
39	7	Ie fey carene attendant a l'vmbrage,
40	6	Ie n'eusse sceu a ce bort arriuer,
42	10	Lequel ie couure, & celer ne le puis.
43	1	Moins ie la voy, certes plus ie la hays:
43	1	Moins ie la voy, certes plus ie la hays:
43	2	Plus ie la hays, & moins elle me fasche.
43	3	Plus ie l'estime, & moins compte i'en fais:
43	4	Plus ie la fuys, plus veulx, qu'elle me sache.
46	9	Plus ie m'absente, & plus le mal s'ensuyt
47	2	Ie crains, non toy, mais ton affection:
47	7	Faulte ie dy, d'auoir esté mal caulte
49	1	Tant ie l'aymay, qu'en elle encor ie vis:
49	1	Tant ie l'aymay, qu'en elle encor ie vis:
49	2	Et tant la vy, que, maulgré moy, ie l'ayme.
50	3	Ie suy tousiours la declination
50	6	Ie me prometz le hault bien de mon mieulx.
50	8	Ie voy la faincte, & si ne scay, qu'y faire:
50	10	Ie masche Abscynce en mon piteux affaire.
51	3	Soit que ie sois present, ou escarté,
51	5	Qu'il m'est aduis en dormant, que ie veille,
51	6	Et qu'en son iour vn espoir ie preuoy,
51	9	Mais quand sa face en son Mydy ie voy,
52	5	Ie contendrois par dessus la victoire:
52	7	Las ie me fais despouille a mes douleurs,
57	3	Ie cours a moy, quand mon erreur me touche,
57	7	Ceste me soit, dy ie, derniere excuse:
57	8	Plus ie ne veulx d'elle aulcun bien chercher.
57	9	L'ay ie iuré! soubdain ie m'en accuse,
57	9	L'ay ie iuré! soubdain ie m'en accuse,
58	5	Ie commençay a esleuer la teste:
59	9	Car ie te cele en ce surnom louable,
60	3	Ie ne m'en puis non asses esbahir,
65	9	Ie creuz, & croy encor tes deffameurs,
66	2	Ie me laissois aux estoilles conduire,
67	7	Ie ne crains point si petit arc trouué,
68	9	Aussi vault mieux qu'en doubtant le trauaille,
68	10	Que, estant certain, cruellement ie meure.
70	7	Vysse ie au moins esclercir ma bruyne

ie (suite)

71	4	Comment? ie vois. Ta force elle à saisie.
71	5	Ie parle aumoins. Ce n'est que phrenesie.
71	6	Viuray ie donc tousiours? non: lon termine
72	10	Ie me desayme en ma condition.
73	8	Dont près ie suis iusqu'a la mort passible.
74	3	Lequel ie vy, lors qu'il se deduisoit,
74	9	Las ie n'ay pas l'arc, ne les traictz aussi,
75	2	Ie m'espargnay l'estre semblable aux Dieux.
76	1	Ie le vouluz, & ne l'osay vouloir,
78	1	Ie me complais en si doulce bataille,
79	8	Ie reuoquay a moy l'ame rauie:
81	9	Car ie scay bien, & par experience,
84	8	Ie ris en moy ces fictions friuoles,
86	3	Ie vy Amour en son triste seiour
86	5	Descouure, dy ie, ô malin, ce Cotere,
86	7	Ainsi, dit il, ie tire au despourueu,
90	3	Et par celuy qu'ores ie ramentoy,
99	7	Ie dy, qu'espoir est la grand prurison,
100	10	Vers toy suis vif, & vers moy ie suis mort.
101	2	Ie vy ma Dame auec Venus la blonde.
102	5	Et ie m'y pene affin que tousiours dure
102	7	Mais quand au but de mon vouloir ie cours,
103	3	Ie te rendy ma liberté subiecte,
103	5	Apres le sault ie m'estonnay paoureux
103	7	Où plus i'entray, & plus ie trouuay prise
104	6	Ie vy de loing ce beau champ Elisée,
105	1	Ie vy aux raiz des yeulx de ma Deesse
105	10	Ou moins craingnoys, là plus tost ie fus pris.
107	3	Ie ne te puis a mes faueurs attraire:
107	8	Tu es sans Coeur, ie n'ay puissance aulcune.
109	5	Quand ie la vy en ce poinct estre armée,
109	6	Fais, dy ie lors, de ceste Cymeterre,
109	7	Que ie descende auec mes maulx soubz terre.
111	3	Ie voy leuer la Lune en son plain belle,
112	1	Longue silence, ou ie m'auainissoys
112	3	Fut le repos, ou ie me nourrissoys
113	7	Mais toy, luy dy ie, ainsi que ie puis veoir,
113	7	Mais toy, luy dy ie, ainsi que ie puis veoir,
118	6	Dont, comme neige au Soleil, ie me fondz
118	10	Tout ie m'abysme aux oblieuses riues.
120	8	Ie veulx, Venus, ton filz, qui à mespris.
120	10	Prendre cuydois, dit il, mais ie suis pris.
122	2	Ie voy les Cieulx auec moy larmoier:
122	3	Des Bois vmbreux ie sens a l'impourueue,
126	9	Il m'est aduis, certes, que ie la tien,
127	9	Ie verrois l'Ame, ensemble & le Corps croistre,
129	9	Ie tendz l'oreille, oyant vn bruyt confus,
133	5	Lors ie sentis distiler en mon ame
140	1	A Cupido ie fis maintz traictz briser
141	3	Ie me recrée aux rayons de ses yeulx,
141	8	Que tant ie honnore, & que tant ie poursuys:
141	8	Que tant ie honnore, & que tant ie poursuys:
141	10	Veu qu'en tous lieux, maulgré moy, ie la suys.
142	1	Celle pour qui ie metz sens, & estude
142	5	Ie pense donc, puis qu'elle tient si forte
143	4	Ie me nourris de si doulce mensonge.
144	1	En toy ie vis, ou que tu sois absente:
144	2	En moy ie meurs, ou que soye present.

ie (suite)

144	4	Pour pres que soye, encores suis ie absent.
146	3	Ie priueray mon sort de ce bon heur,
146	4	Que ie me fains en ma ioye perie?
147	4	Ie me sentois estainctz totallement,
147	8	Ou, reuiuant, mille fois ie mouruz,
152	1	Ie sens le noud de plus en plus estraindre
156	4	Lors que ie deusse augmenter en ma ioye.
156	10	Tout hors de moy du droit ie me deboute.
157	8	Du plus doux nom, que proferer ie t'oye,
161	3	Couuert d'ennuy ie me voultre en l'Ortie,
163	1	De ce bien faict te doibs ie aumoins louer,
163	2	Duquel ie note & le lieu, & la place,
163	5	Ie te vy lors, comme moy, estre lasse
164	8	De cest abysme, auquel ie perissoys:
165	9	Ie m'apperçoy la memoyre abismée
169	9	Ie sortiray de l'obscure nuisance,
170	3	Parquoy soubdain ie fuis oultre mon gré,
170	5	Et quand ie fus au couuert, ie m'appuye
170	5	Et quand ie fus au couuert, ie m'appuye
172	5	O quand ie voy, que ce ceinct t'enuironne,
172	9	Ie suis lors seur, Creature bien née,
174	4	Toute confuse du bien, que ie pretens.
179	10	Fuyant Amour, ie suiuray la Raison.
180	1	Quand pied a pied la Raison ie costoye,
180	4	Vers ce, que plus ie fuiroys voulentiers,
180	9	Puis me contrainct quelque mal, que ie sente,
181	7	Si sens ie en moy de peu a peu miner
181	10	Ainsi ie suis plus mal, qu'oncques ne fus.
183	1	Pourquoy reçoy ie en moy mille argumentz
184	2	Ie veulx soubdain, & plus soubdain ie n'ose.
184	2	Ie veulx soubdain, & plus soubdain ie n'ose.
184	5	Mais si ie voy n'y pouoir aultre chose,
184	6	Ie recourray a mon aueugle Iuge.
186	1	Ie m'esiouys quand ta face se monstre,
186	4	Ie suis contrainct de ma teste cliner:
187	7	Et quand ie pense ayder au Coeur surpris,
187	8	Ou en ses maulx ie veulx faindre vn plaisir,
187	9	Las ie le troeuue inutilement pris
189	5	Ou plus ie souffre, & plus elle m'enhorte
189	8	En son danger ie m'asseure tresbien:
191	10	Las ie ne puis patiemment aymer.
192	5	Parquoy ie ignore, estant d'espoir demis,
192	7	Mais ie scay bien, que pour estre forclos
193	2	Ta foy tachée alors ie me presage:
193	4	Ie me fais lors de pleurs prochaines sage.
193	7	Mais ie m'asseure a l'heure de ma paix,
193	8	Quand ie te voy en ta face seraine.
193	9	Parquoy du bien alors ie me repais,
196	6	En ce concent, que lors ie conceuoys:
200	9	Ie sens mes yeulx se dissouldre en fontaine,
201	1	Soubz doulx penser ie me voy congeler
202	2	Si diligent la verité ie tente?
202	5	Ie ne le fais pour abreger l'attente,
202	7	Mais ie me tasche autant a captiuer
202	9	Comme pour moy ie ne la veulx priuer
204	6	Ne voulant point, que ie m'en apperçoyue.
204	7	Et toutesfois combien que ie conçoyue,
204	10	Descouurent lors l'ardeur, qu'en moy ie cele.

ie (suite)

    205   5   Au moins ce don ie le presente, & donne,
    207   1   Ie m'asseurois, non tant de liberté
    209   3   Ie m'accommode a sa varieté,
    209   6   Ie vien, fainqnant, son coup anticiper.
    209   7   O quand ie puis sa force dissiper,
    213 10   Quand ie te cuyde abatre, ie m'abas.
    213 10   Quand ie te cuyde abatre, ie m'abas.
    215   1   Ie m'en absente & tant, & tant de foys,
    215   2   Qu'en la voyant ie la me cuyde absente:
    215   7   Que, pour ma paix, ie me vueille allier
    215   9   Mais quand alors ie la veulx oblier,
    215 10   M'en souuenant, ie m'oblie moymesmes.
    216   7   Et ie m'y meurs en telles resueries,
    216   8   Que ie m'en sens haultement contenté,
    217   5   Par le flambeau de celluy ie fus pris
    217   8   M'incite, & poinct au tourment, ou ie suis
    217 10   Tout aueuglé au bien, que ie poursuis.
    220   4   Que bien auant aux hazardz ie me boute.
    220   7   Ne doy ie pas en tout preueoir si bien,
    220   8   Que ie ne soye au besoing esperdu?
    221   7   Cesse: luy dy ie, il fault que ie lamente
    221   7   Cesse: luy dy ie, il fault que ie lamente
    223   9   Ie me deffis a si belle rencontre,
    225   1   Libre ie vois, & retourne libere
    226   1   Ie le conçoy en mon entendement
    226   2   Plus, que par l'oeil comprendre ie ne puis
    226   5   Dessus lequel ie me pourmaine, & puis
    226   6   Ie tremble tout de doubte combatu.
    226   7   Si ie m'en tais, comme ie m'en suis teu,
    226   7   Si ie m'en tais, comme ie m'en suis teu,
    227   3   Ie m'en veulx taire, & lors i'y pense mieulx,
    228   5   Ie songe & voy: & voyant m'esmerueille
    228   7   Les admirant si doulcement ie meurs,
    228   8   Que plus profond a y penser ie r'entre:
    230   1   Quand ie te vy orner ton chef doré,
    231 10   Voyant mon cas, de moy ie m'espouuante.
    232   6   Ie me pers tout en si doulce pensée,
    233   6   Ou ie m'espreuue en toute affection,
    233   7   C'est que ie voy soubz sa discretion
    234   4   Qu'a peine suis ie en mon trauail passible.
    235   9   Car plus souuent ie viendroys adorer
    236   9   Ou, mendiant, ie me meurs soucieux
    237   8   Mais que crains tu? luy dy ie briefuement.
    241   3   Car vous vouez, comme pour moy ie veulx,
    241   5   Et ie m'adresse a Dieux, qui me detiennent,
    242   4   Ie l'ay trouuée a moy inexorable.
    243   9   Ie suy ta face, ou ma Nef incitée
    244   1   Si ie vois seul sans sonner mot, ne dire,
    244   3   Si ie paslis accoup, comme plein d'ire,
    244   5   Et si pour toy ie vis mort, ou transy,
    244   6   Las comment puis ie aller, & me mouoir?
    245   5   Car tout ie sers, & vis en Dame telle,
    250   7   Ie luy respons: Elle en à voyrement
    256   3   Augmentant, dy ie, en cest heureux malheur,
    256   9   Qui ne m'ennuye, encores que ie sache
    261   2   Fantasia sur moy ie ne sçay quoy:
    261   5   Ie m'examine, & pense apart tout coy
    261   8   Ie trouue bien, que celluy se desayme,

ie   (suite)

262	1	Ie vois cherchant les lieux plus solitaires
263	5	Soit que ie sois en public ou a part,
263	8	Que loing encor, ie souffre en leur meslée,
264	3	Mais qu'elle face, en fin que ie ne vueille
265	1	Tout temps ie tumbe entre espoir, & desir:
265	2	Tousiours ie suis meslé de doubte, & craincte:
266	1	De mon cler iour ie sens l'Aulbe approcher,
267	1	Au doulx record de son nom ie me sens
267	9	Ià ne fault donc que de moy ie la priue,
268	7	C'est pour monstrer, luy dy ie, que tu fains
271	8	Ie quiers en toy ce, qu'en moy i'ay plus cher.
274	10	Ie cours soubdain, ou mes tourmentz m'appellent.
275	3	Ie te presente autant de foys l'hommage,
275	7	Soit que ie sorte, ou soye demeurant,
276	9	Ou ie pensois trouuer ioye, & plaisir
277	8	Cesse, luy dy ie, il fault faire aultrement.
279	5	Ie puis (pourtant) a la memoire adioindre
280	4	Ie veux resouldre en mon faict l'impossible.
280	6	Ie veulx l'ardeur de mon desir nourrir,
280	10	Ie meurs tousiours doulcement sans mourir.
281	10	Tousiours mourant ie ne meure iamais.
286	7	Et quand ie vy, qu'ilz s'entreuenoient contre,
286	8	Ie pris le hault pour plus grande asseurance:
288	1	Plus ie poursuis par le discours des yeulx
288	9	Que deuiendroys ie en la voyant lors viue?
288	10	Certainement ie tumberois en cendre.
289	2	Ie ne sçay quoy le sens me barbouilloit:
290	5	Que ie deuien tous les iours moins habile
291	7	Si ie taschois a te faire comprendre
292	8	Qu'en moy ie dy telle ardeur estre doulce,
293	8	Si ie suis vif, ou mort, ou en estase,
294	10	Captif ie reste, & sortant ie suis pris.
294	10	Captif ie reste, & sortant ie suis pris.
296	7	Si tens ie bien, & raisonnablement,
296	10	Ie veulx perir en si haulte poursuyte.
297	2	L'oeil, & le sens aulcunement ie boute,
297	3	De tout ennuy ie suis alors distraict,
297	5	Si ie luy parle, intentiue elle escoute,
300	9	Parquoy iamais ie ne me voy deliure
301	3	Et ie luy vy clers cristallins verser
301	6	Mais ie ne sçay par quelle occasion.
301	8	Ie sentis tant ses pleurs a moy se ioindre,
304	7	Parquoy ie vien, coup a coup, regarder
307	1	Plus ie la voy, plus i'adore sa face,
309	3	Ie contentois mon obstiné vouloir:
309	4	Mais ie sentis ses deux mains bataillantes,
310	5	Ie n'auray eu de ta verte ieunesse,
312	1	Que ie m'ennuye en la certaineté
312	10	Ie fuis la peine, & le trauail me suyt.
313	7	D'vn penser chaste en sorte ie l'appaste
314	10	Parquoy ie cele en mon coeur si grand aise.
315	1	Ie m'ayme tout au desdaing de la hayne,
315	2	Ou toutesfois ie ne l'ose irriter,
315	5	Dont tout plaisir ie me sens conciter,
315	6	Et n'est possible en fin que ie m'en taise.
315	9	Ie vois a elle, & m'accuse, & l'apaise,
317	8	Ie viue ainsi vne mourante vie,
318	1	Ià tout haultain en moy ie me paonnois

319

ie   (suite)
```
318   3   Mais seurement (a ce, que ie congnois)
320   1   Ie sens par fresche, & dure souuenance
320   4   Lesquelz ie voy d'auec moy diuiser,
320  10   Ou ie ne puis desirant arriuer.
321   3   Ie sens Amour auec pleine pharetre
322   5   Ie sçay asses, que nos disparitez
323   7   Quand ie te vy, (& bienheureuse en soys)
325   8   Plus que pour moy, pour toy ie m'esuertue.
325   9   Et par ce nom encor ie t'en adiure,
326   1   Ie souspiroys mon bien tant esperé,
327   7   N'ay ie mes yeulx, dit elle, dont ie chasse,
327   7   N'ay ie mes yeulx, dit elle, dont ie chasse,
327  10   Veu mesmement que par eulx ie t'ay pris?
328   6   Ie m'en allois plorant la teste basse:
328   7   Et deuant elle ainsi comme ie passe,
328   9   Qui me feit rire: & par ce ie compasse
329   1   Vouldrois ie bien par mon dire attrapper,
329   3   Ie ne le fais sinon pour eschapper
332   7   Donc, respond il, ie croy que sa deffence
332   9   Mais bien du mien, dy ie, la ferme essence
333   6   Celle verdeur, que ie senty nouelle.
334   2   Ie sens tousiours mes souspirs s'en aller,
335   7   Hà, dy ie lors, pour ma Dame appaiser,
336   2   Comme ie fays, cest Enfant desuoyé,
336   8   Pourquoy ne vois ie acoup le retirer?
336   9   Las ie crains trop, qu'en lieu de le tirer,
338   9   Parquoy ie souffre & present & absent,
341   1   Quasi moins vraye alors ie l'apperçoy,
341   3   Si plaisamment ainsi ie me deçoy,
341   5   Bien que par foys aulcunement ie sente
341   8   Ie quiers la fin du songe, & le poursuis,
341  10   Pour non m'oster du plaisir, ou ie suis.
342   2   Et que son tort ie luy fais recongnoistre,
343  10   Ie suis blessé, & si ne sçay comment.
344   5   Lors que ie suis sans occupation
348   2   Ie considere en moy l'infirmité,
348   3   Ou ma santé ie voy estre pansée
350   1   Ie ne me puis aysément contenter
350   7   En ce mesaise aumoins ie me conforte,
351   7   Et qu'il soit vray, & comme ie le scay:
351   8   Constrainct ie suis d'vn grand desir extresme
351   9   Venir au lieu, non ou ie te laissay,
351  10   Mais, t'y laissant ie m'y perdis moymesme.
352   1   Non moins ardoir ie me sens en l'absence
352   5   Or si ie suis le vulgaire suyuant,
353   9   Ie ne suis point pour ressembler Minos,
354   1   Quand (ô bien peu) ie voy aupres de moy
354   4   Ie me sens tout reduict en dure glace.
354   5   Adonc mes yeulx ie dresse a veoir la face,
357   7   Que quand par pleurs ie veulx soubdainement
357  10   Plus ie l'estains, & plus fort ie l'allume.
357  10   Plus ie l'estains, & plus fort ie l'allume.
358   8   Ie suis en feu, & fumée noircy,
363   2   Ie l'ay si viue en mon intention,
363   3   Que ie la voy toute telle en absence,
363   6   Ie la contemple en pensée rassise.
366   8   Hors du spirail, que souuent ie luy ouure.
366  10   Ie cele en toy ce, qu'en moy ie descouure.
```

ie   (suite)

366	10	Ie cele en toy ce, qu'en moy ie descouure.
367	3	Mais quand ton front ie reuy pacifique,
367	6	Mes songes lors ie creus estre deuins.
370	3	Ie me ruyne au penser ennuyé
376	1	Tu es le Corps, Dame, & ie suis ton vmbre,
376	9	Fors que ie sens trop inhumainement
377	6	(Souffre qu'ainsi ie nomme mes attentes,
381	1	Ie sens en moy la vilté de la crainte
382	1	L'heureux seiour, que derriere ie laisse,
382	3	Que dy ie vient? mais fuyt, & si ne cesse
382	8	Ou que soubdain ie m'y pourroys bien rendre.
382	9	Mais quand ie suis, ou ie l'ay peu marcher,
382	9	Mais quand ie suis, ou ie l'ay peu marcher,
382	10	Haulsant les yeulx, ie le voy loing s'estendre.
383	9	Et quand ie voy ta face a demy nue,
384	7	Ie m'extermine, & en si grand hayne
385	4	Ie luy voulois paix, & repos donner,
386	8	Il m'est aduis, que ie voy clerement,
387	4	Ie fus noté de ce, que ie l'honnore.
387	4	Ie fus noté de ce, que ie l'honnore.
390	1	Toutes les fois que ie voy esleuer
393	1	Ie voys, & viens aux ventz de la tempeste
393	10	Ne pouant plus, ie fais plus que ne puis.
394	3	Cuydant auoir du bien plus que ie n'ay,
394	7	Ie luy escris & surnom, & maistrise,
398	9	Et lors ie croy, que ses graces benignes
399	5	Car puis qu'il fault, qu'au besoing ie me fonde
401	9	Ie me suis fait ennemy de moymesme,
402	9	Si viuement, que (si dire ie l'ose)
404	1	Tant plus ie veulx d'elle me souuenir,
404	2	Plus a mon mal, maulgré moy, ie consens.
404	5	Que la memoire, ou reposer ie sens
404	8	Tant qu'a la perdre a present ie souhaicte.
404	9	Car si en rien ie ne m'en souuenois,
404	10	Ie ne pourrois sentir douleur parfaicte.
405	7	Parquoy iamais ie ne voy accomplye
408	3	Ie ne veulx point pour en Siecles durer,
409	8	Ie me recrée au mal, ou ie m'ennuye,
409	8	Ie me recrée au mal, ou ie m'ennuye,
410	2	Qu'ell' à en soy, ie ne scay quoy de beau,
411	8	Ie m'en voys tout en esprit esperdu.
411	10	Ie me meurs pris es rhetz, que i'ay tendu.
415	1	Quand ie te vy, miroir de ma pensée,
416	8	Ie suyue en fin a mon extreme mal
420	8	Ie luy complais vn peu, puis l'adoulcis
420	10	Ie l'amollis, & plus ie l'endurcis.
420	10	Ie l'amollis, & plus ie l'endurcis.
421	1	Voulant ie veulx, que mon si hault vouloir
422	3	Ie ne scay art, & moins propre science,
422	4	Pour me garder, qu'en moy ie ne m'irrite,
425	1	Bien que ie sache amour, & ialousie,
425	5	Ie ne me puis (pourtant) d'erreur absouldre,
426	7	Non que ie vueille, en effect, reprouuer
426	8	Ce bien, voyant que ie ne le puis acquerre:
427	5	Quand ie me vy (non point que ie le croye,
427	5	Quand ie me vy (non point que ie le croye,
427	9	Aussi comment serois ie a elle vny,
428	3	Ie crains tousiours par ceste phrenesie,

ie (suite)
```
    430  1   Quoy qu'a malheur ie vueille attribuer
    430  6   Comme ie croy, que me sera cestuy.
    431  7   Mais tout coeur hault, dont du mien ie me deulx,
    432  6   Ie sente, Amour, tes mordentes espinces,
    433  1   Ie m'en esloingne, & souuent m'en absente,
    433  2   Non que ie soys en si sainct lieu suspect:
    435  5   Ne sens ie en nous parfaire, en augmentant
    437  3   Pour paruenir au bien, que ie pretens,
    437  7   Ie la tenoys desià pour moy surprise,
    438  1   Que ie me fasche en si vain exercice,
    438  5   Et si ie quitte & le ioug, & le faix,
    438 10   Sauluer me cuyde, & plus fort ie suis pris.
    439  8   Ie ne me doibs grandement esbahir,
    440  4   Indissoluable alors, comme ie croy,
    440  6   Que ie m'attens de ta grace piteuse.
    441  6   Ie n'auray eu, que mort, & vitupere!
    442  1   Pourroit donc bien (non que ie le demande)
    444  9   La monstre seule, ou ie puisse estimer
    447  5   Ie t'aduertis, qu'ilz sont tresnecessaires
    447 10   Ie pleure, & ars pour ton ingratitude.
    449  5   Aussi ie voy bien peu de difference
```

iectant   (1) gettant, iettant
```
    106  5   Car lors iectant ses cornes la Deesse,
```

iecte   (3)
```
    103  1   Suyuant celuy, qui pour l'honneur se iecte,
    328  8   En me voyant me iecte vn soubris d'oeil,
    358  2   Iecte sur moy vn, ou deux de ses raiz,
```

iectent   (1)
```
    162 10   Auecques moy iectent en bas leur veue.
```

iecter   (2)
```
    176  1   Diane on voit ses deux cornes iecter
    311  4   L'auoir vaincu, le iecter hors d'oppresse.
```

iettant   (2) gettant, iectant
```
    122  1   De ces haultz Montz iettant sur toy ma veue,
    320  3   Iettant au vent le sens, & l'esperance,
```

ieune   (3)
```
    250  1   Le ieune Archier veult chatouiller Delie:
    289  4   Le ieune sang tout au corps me bouilloit.
    388  4   Ce ieune Archier guidé d'agilité.
```

ieunement   (1)
```
    213  3   Car quand Amour ieunement cauteleux
```

ieunes   (2)
```
      1  1   L'Oeil trop ardent en mes ieunes erreurs
    327  4   Qui par tout va ieunes Amantz quettant:
```

ieunesse   (6)
```
    104  7   Où ma ieunesse en son rond Colisée
    167  1   Viuacité en sa ieunesse absconse,
    289  7   Mais ma ieunesse en licence supreme,
    310  5   Ie n'auray eu de ta verte ieunesse,
```

ieunesse (suite)
  388 7   Car de ieunesse il aprint a l'aymer.
  417 6   Ou ce Thuscan Apollo sa ieunesse

ieux (1)
   18 7   Farces, & Ieux esmouuantz Gentz a rire.

ignoramment (1)
    3 3   Dont l'oeil credule ignoramment meffit

ignorance (2)
  211 1   Quand ignorance auec malice ensemble
  306 9   Auquel Amour par aueugle ignorance

ignorante (1)
  307 5   Comme qui est de leur mal ignorante,

ignore (1)
  192 5   Parquoy ie ignore, estant d'espoir demis,

il (150)
    5 8   Fuys tu mon arc, ou puissance, qu'il aye?
    8 5   Veulx tu, dit il, Dame, luy satisfaire?
    8 7   Puis qu'il te plaict, dit elle, ie le veulx.
   12 4   Que ma pensée il t'à toute rauie,
   12 5   Me demonstrant, certes, qu'il me conuie
   21 3   Sur le plus hault de l'Europe il se iusche,
   21 5   Lieu sacre, & sainct, lequel il viola
   24 2   Luy semble nuict quelque part, qu'il regarde:
   26 5   Il est semé de marbre a maintz monceaulx,
   29 7   Tu ne deçoys, dit il, ces deux cy, Belle,
   30 2   Quand sus le soir du iour il se depart,
   30 5   Ou l'Ame attaincte or' a deux il mespart,
   30 8   Que du remede il ne s'ose enquerir.
   36 2   Combien qu'il sceust telle estre sa coustume,
   36 4   Par qui les coeurs des Amantz il allume.
   36 6   Il nous submit a estimable prys,
   37 3   Car en tirant ses Amans il aueugle,
   39 10   Qu'il me perdit, luy saulue, en ton rocher.
   40 3   D'un trop grand bien, certes, il me daingna:
   42 4   De liberté tout seul il rencontra.
   44 6   Soit qu'il fut pris d'amoureuse liesse,
   44 7   Soit qu'il languist d'aueuglée tristesse,
   44 9   Tant s'en faillant qu'il ne la dist Déesse,
   44 10   S'il la voyoit de l'vn de mes deux yeulx.
   49 5   Est il possible en ce degré supreme
   51 5   Qu'il m'est aduis en dormant, que ie veille,
   53 6   Vertu occulte, il l'à soubdain submis
   54 6   L'en à orné, durant qu'il à vescu.
   57 10   Et, maulgré moy, il me fault cheuecher.
   59 3   Mais s'il aduient, qu'entre plusieurs quelqu'vn
   59 5   Ou de la Lune il fainct ce nom Delie
   60 1   Si c'est Amour, pourquoy m'occit il doncques,
   60 6   Qu'il me consume, ainsi qu'au feu la Cyre.
   60 7   Et me tuant, a viure il me desire,
   60 9   Qu'est il besoing de plus oultre m'occire,
   63 7   Comment, dit il, est ce donc ta coustume
   63 10   Mon chaste coeur, ou il ne se peult prendre.
   67 5   Garde, luy dist Cypris, qu'il ne t'enferre,

il   (suite)
     74   3   Lequel ie vy, lors qu'il se deduisoit,
     74   5   Car il estoit de tresbasse stature,
     83   8   Pourquoy, dist il, m'as tu bandé la face?
     86   6   Qui moins offence, ou plus il est preueu.
     86   7   Ainsi, dit il, ie tire au despourueu,
     89   1   Amour perdit les traictz, qu'il me tira,
     94   2   Le Dieu volant, qu'en Mer il s'abysma:
    114   7   Si donc le Coeur au plaisir, qu'il reçoit,
    120 10   Prendre cuydois, dit il, mais ie suis pris.
    126   6   Qu'il reueroit pour son royal maintien.
    126   9   Il m'est aduis, certes, que ie la tien,
    132   5   Parquoy souuent en maintz lieux il me troeuue
    139   2   Qui vint, affin qu'en voyant il vainquist:
    140   2   Sans que sur moy il peut auoir puissance,
    140   3   Et pour me vaincre il se va aduiser
    143   7   Soubdainement qu'il s'en peult donner garde,
    143   8   Ou qu'il se sent de ses flammes greué,
    143   9   En mon penser soubdain il te regarde,
    151   3   Car, luy croissant, ou il deburoit finer,
    152   3   Tant qu'il n'est mal qui la puisse constraindre
    153   8   Qui sans cesser chante tout ce, qu'il cuyde,
    154   4   L'archier occit, quand il luy vient a point.
    156   5   Car a toute heure il m'est aduis, que i'oye
    160   6   Et sans me plaindre il me faille parler)
    161   5   Hâ (luy indigne) il la tient, il la touche:
    161   5   Hâ (luy indigne) il la tient, il la touche:
    168   8   Que de soymesme, & du corps il s'estrange.
    179   2   Ce, qu'il me iure estre pour mon meilleur.
    182   9   Il fauldra donc, que soubz le tien pouoir
    186   5   Et contre terre il me fault incliner,
    189 10   Certes il fault, qu'elle me soit mon bien.
    193   3   Quand, pallissant, du blanc il se recule,
    193   5   Quand il rougit en Martial visage,
    194   5   Qu'il faille a maintz par vn commun dommage
    201   8   Qu'il n'est si froid, bien que tu soys plus froide,
    207   5   Et si tresfroit, qu'il n'est flambe si viue,
    207   6   Qu'en bref n'estaingne, & que tost il n'efface.
    210   8   Que par durs motz adiurer il vous faille)
    213   1   Si droit n'estoit, qu'il ne fust scrupuleux
    213   5   Il m'engendra vne contrepensée
    214   7   Comme il me fait en sa presence aller
    221   7   Cesse: luy dy ie, il fault que ie lamente
    221   9   Car il est hors de prison vehemente,
    225   4   Mesmes qu'il veoit, que Vertu m'acompaigne,
    230   3   Il fut de toy si fort enamouré,
    230   4   Qu'en se plaingnant il te dit a voix basse:
    234   5   Voy donc, comment il est en moy possible,
    237   9   Ce n'est point luy, Belle: Car quand il touche,
    237 10   Il poinct plus doulx, aussi plus griefuement.
    248   8   (Bien qu'il soit vain) par l'espoir, qui m'attire,
    249   4   Qu'en fermeté ma foy il insinue,
    252   4   Duquel il s'est totalement demys,
    252   7   Car il à plut (non de ce coustumier)
    261 10   Mais quelle erreur, sinon que trop il ayme?
    267 10   Puis qu'asses vit, qui meurt, quand il desire.
    271   4   Que contre paour il ne fait plus d'effort.
    274   2   Qu'il m'esquillonne ardemment, ou il veult,
    274   2   Qu'il m'esquillonne ardemment, ou il veult,

il (suite)

277	3	Et toutesfois si bon Paintre il conuie,
277	8	Cesse, luy dy ie, il fault faire aultrement.
286	3	Veulx tu, dit il, conqnoistre bien, & beau,
291	3	Mais il ne sçait a la froideur attaindre,
292	3	Aussi par l'oeil il y entre, & l'enflamme
293	7	Et quant a moy, qui sçay, qu'il ne luy chault,
293	9	Il me suffit pour elle en froit, & chault
298	1	Est il possible, ô vaine Ambition,
299	9	Tousiours plus m'ard cependant, qu'il espere,
302	2	Qu'a larmoyer il esmeut ma Maistresse,
302	7	Voicy, dit il, pour ton ardeur estaindre:
303	4	Il s'apperçoit iustement deprimer,
304	5	Car a la veoir alors il m'est loysible,
304	6	Sans qu'il m'en puisse aulcunement garder.
305	4	Quand il me mit au iouq de seruitude.
307	4	Qu'il ne leur soit vne ioye courante,
318	4	Quand il me vint du bien feliciter,
318	6	Il me seruit d'vn tresfaulx Truchement.
321	10	Ne monstre hors ce, qu'en moy il consume.
325	3	Mesme qu'alors tant tout il se possede,
325	4	Que sien il est, tout aultre a soy rendant.
326	5	Mais recourir ailleurs il me fallut
326	8	De mon mal est, qu'au querir il s'indiqne,
332	7	Donc, respond il, ie croy que sa deffence
335	5	Car en ce lieu sa mere il souspeçonne,
335	6	Dont il se lance au fond pour la baiser.
336	5	Car il y fut pour mon bien enuoyé
336	6	Et a son pire il se voyt paruenu.
336	7	Puis qu'il est donc vers elle mal venu,
338	2	Poulsa le Coeur, qu'il y attira l'Ame
338	8	Pene, & tressue encores qu'il s'esueille:
343	8	Qu'il lasche, & frappe en moins, que d'vn moment.
351	7	Et qu'il soit vray, & comme ie le scay:
359	2	Si viuement, qu'il le blesse, ou l'abat:
364	6	Qu'il t'esmouuroit a grand' compassion.
364	9	Il est loing de perturbation,
366	7	Pour m'allaicter ce pendant qu'il croissoit,
366	9	Et or craingnant qu'esuenté il ne soit,
371	2	Ny la peine estre, ou il n'y à coulpe aulcune:
373	5	Car en l'ardeur si fort il perseuere,
373	6	Qu'il se dissoult, & tout en pleurs se fond,
374	10	Et a present ses Amantz il fouldroye.
386	7	Et quand apres a plaine face il luyt,
386	8	Il m'est aduis, que ie voy clerement,
388	7	Car de ieunesse il aprint a l'aymer.
397	7	Quand seulement, pensant plus qu'il ne fault,
399	5	Car puis qu'il fault, qu'au besoing ie me fonde
404	3	Que i'aurois cher (s'il debuoit aduenir)
406	7	Veult que le Coeur, bien qu'il soit fasché, rie
430	3	Si me fault il du coeur contribuer
433	9	Et pleure alors, qu'il se deust resiouir
439	5	Dedans lequel il m'abysme, & me plonqe
445	7	Ainsi veult il par plus louable indice,
446	6	Et qu'il ne peult que pour vn temps perir.

illusif (1)

| 143 | 2 | Me rauit tant en son illusif sonqe, |

illustre   (4)
```
208   6   Pour seul te rendre en nostre Europe illustre.
208   7   Mais la vertu de ma Dame te illustre
271   6   Ores ta face, ores le tout illustre:
271   7   Et luy suyuant de ton corps l'ordre illustre,
```

illustrer   (2)
```
149   9   Pour illustrer Nature a vice astraincte,
407   8   A illustrer tes yeulx par mort terniz.
```

ilz   (12)
```
108   8   Ilz sont (tous deux) si fortz en leur poursuiure,
128   8   Ilz m'ont perdu au bien, qui seul me nuict.
183   3   Veu qu'ilz me sont mille noueaux tourmentz
195   5   Deslors plus l'arbitre ilz pourchasserent,
195   8   Selon qu'en paix, ou estour ilz le laissent.
286   7   Et quand ie vy, qu'ilz s'entreuenoient contre,
298   6   Que moins ilz ont, quand plus cuydent auoir?
313   3   Qu'en vn sainct feu ensemble ilz s'allumerent,
334   1   En aultre part, que là, ou ilz aspirent,
334   3   Voire enflambez: Car alors qu'ilz respirent,
401   2   Sont mes espritz, qu'ilz y sont transformez:
447   5   Ie t'aduertis, qu'ilz sont tresnecessaires
```

image   (9)
```
  3   2   Idolatrer en ta diuine image
 46   1   Si le desir, image de la chose,
100   8   Tout transformé en image de Mort,
194   4   Si feruement le sainct de ton image,
230  10   Mais moy aussi, ou est ta propre image.
235   8   L'image d'elle en voz liqueurs profondes.
257   2   Pour son image en ton iour receuoir:
275   1   Pour m'incliner souuent a celle image
397  10   Et me pers tout en sa diuine image.
```

imaginatiue   (1)
```
288   6   M'esmeult le sens, & l'imaginatiue:
```

imaginer   (1)
```
151   1   Aumoins peulx tu en toy imaginer,
```

imberbe   (1)
```
 98   1   Le Dieu Imberbe au giron de Thetys
```

imitatiue   (1)
```
288   7   Et la couleur du vif imitatiue
```

immaculée   (1)
```
254   1   Si le blanc pur est Foy immaculée,
```

immense   (1)
```
399   4   En son immense, en sa rondeur profonde?
```

immolant   (1)
```
  3   5   Car te immolant ce mien coeur pour hommage
```

immolée   (1)
```
163  10   Tu me receus pour immolée offrande.
```

immortaliser   (1)
    211   4   S'espaississant pour se immortaliser.

immortalité   (2)
    153   4   Ne m'eust restraint a immortalité:
    417 10   A desrobée a immortalité.

immortel   (5)
    153   6   Que l'immortel d'elle se rassasie.
    230   8   Et ce diuin, & immortel visage
    270   6   A moy iadis immortel argument,
    281   4   En sa vertu immortel personnage.
    446   5   Qu'auecques luy se fera immortel,

immortelle   (6)
    44   4   Disant qu'elle est encor moins, qu'immortelle?
    77   4   Comme l'Aultour de ma mort immortelle,
    245   4   Se renouelle en ma guerre immortelle.
    390 10   Me donnent vie heureuse, & immortelle.
    392   7   En ceste mienne immortelle bataille
    442 10   Nous oste a Mort pour la vie immortelle.

immortellement   (2)
    240 10   Te donner vie immortellement saincte.
    281   6   Pour derechef viure immortellement,

immortelz   (1)
    111   4   Ressuscitant mes soucys immortelz,

imparfaicte   (1)
    247   1   Nature en tous se rendit imparfaicte

imparfaictz   (1)
    433   8   Sont imparfaictz, comme d'homme qui songe,

impatience   (1)
    218   6   De m'endurcir en longue impatience.

impenetrable   (1)
    330   1   Au centre heureux, au coeur impenetrable

imperieuse   (1)
    240   6   Affin que Fame au Temps imperieuse,

impetueuse   (1)
    247 10   Dessoubz la Bise impetueuse, & roide.

impie   (1)
    331   2   Vuyde tousiours par l'impie en l'oblique,

impieté   (1)
    401 10   Pour tout complaire a son impieté.

impiteux   (1)
    316   2   Tira pitié du Royaulme impiteux:

implacable   (1)
    408   8   Tu m'as tousiours esté guerre implacable,

impolue   (1)
    255   4   Mais de pensée, & de faict impolue,

importune   (3)
     39   3   Et tant me fut l'heur, & l'heure importune,
     54   8   Feit confesser a la Fame importune,
    109   8   Va: ta demande est, dit elle, importune.

importunité   (1)
    429   1   Ia soit ce encor, que l'importunité

imposa   (1)
     34   2   L'erreur, qui tant de coulpe m'imposa:

imposera   (1)
    210   4   Imposera a la pure innocence?

impossible   (6)
     53   8   Chose sans luy vrayement impossible.
     73 10   Faciliter, mesmement l'impossible.
    234   2   Mon esperance est, certes, l'impossible
    280   4   Ie veux resouldre en mon faict l'impossible.
    317   7   Quasi voulantz, que contre l'impossible
    425   9   Comme lon scait, qu'auecques l'impossible

imposture   (2)
     32   5   Mais l'imposture, ou ton croire se fie,
    211   7   Retirez vous, Enuie, & Imposture,

impourueue   (3)
      1   2   Girouettoit, mal cault, a l'impourueue:
    115   4   Surpris le Coeur, & l'Ame a l'impourueue,
    122   3   Des Bois vmbreux ie sens a l'impourueue,

imprimé   (1)
      7   3   A imprimé en ma lumiere ronde

imprimer   (1)
    303   5   Voyant en toy les Graces s'imprimer

impropere   (1)
     83   5   Mais lors Amour plorant luy impropere

improperer   (1)
    362   6   Paour, qu'on ne peult pour vice improperer.

imputé   (1)
     75   3   Me pourra donc estre imputé a vice,

inaccessible   (1)
    213   6   Pour rendre a luy le lieu inaccessible,

inaduertance   (1)
    261   6   Si par malice, ou par inaduertance

incensée   (1)   insen-
     10   5   Et toutesfois voyant l'Ame incensée

incertain   (5)
```
   61   6   Suspend tousiours l'incertain d'amytié:
  312   2   Sur l'incertain d'vn tel facheux suspend!
  362   8   Sur l'incertain d'ouy, ou non se boute,
  365   6   Ou l'incertain des tenebres les guide.
  403  10   D'elle doubteux, & de moy incertain.
```

incertaine   (1)
```
  328   2   De la pensée encor plus incertaine,
```

incessament   (1)
```
  359  10   De qui le coeur se plaint incessament.
```

incessamment   (10)
```
   64   9   Et mes souspirs incessamment respirent,
   77   8   Mais pour au mal renaistre incessamment,
  231   1   Incessamment mon grief martyre tire
  300   2   Et par mes pleurs la noye incessamment.
  357   4   Incessamment auecques luy meslé
  364   8   Auecques toy incessamment demeure,
  393   2   De ma pensée incessamment troublée:
  405   5   Car sa rigueur incessamment me brasse
  407   7   Incessamment de plus en plus s'esforce
  436   1   Incessamment trauaillant en moy celle,
```

incitation   (1)
```
  219   6   Bien qu'a mon mal soient incitation.
```

incite   (2)
```
  217   8   M'incite, & poinct au tourment, ou ie suis
  271   2   L'intention, qui m'incite si fort.
```

incité   (2)
```
   91   8   Mais a me plaindre à toy m'a incité
  412   3   Combien m'as tu, mais combien incité
```

incitée   (1)
```
  243   9   Ie suy ta face, ou ma Nef incitée
```

incitementz   (1)
```
  406   8   Au goust du miel tous mes incitementz:
```

inciter   (3)
```
  274   4   Tant que sa poincte inciter en moy peult
  318   2   De ce, qu'Ammour l'auoit peu inciter:
  346   2   Facilement te deburoit inciter,
```

incites   (1)
```
  344   7   Qu'ores a ioye, ore a dueil tu m'incites
```

inciuile   (1)
```
  391   7   Enuers les siens ne sois donc inciuile
```

incline   (1)
```
  373   2   S'incline bas, tant le Coeur la reuere,
```

inclinée   (1)
```
  147   6   Que la nuict est a repos inclinée.
```

incliner   (2)
    186   5   Et contre terre il me fault incliner,
    275   1   Pour m'incliner souuent a celle image

incongneu   (1)
    104   3   Ainsi conduict par l'incongneu plaisir,

incongneue   (2)
    201   4   L'aultre Dodone incongneue a Epyre,
    290   9   Par vne ioye incongneue, & nouelle,

inconstance   (1)
    132   4   Par fermeté en inconstance esproeuue.

inconstans   (1)
    37   6   Plus inconstans, que l'Autumne, ou Printemps.

inconstant   (1)
    328   1   Tant variable est l'effect inconstant

incontinent   (1)
    187   5   Car a mon Hydre incontinent succede

inconuincible   (2)
    280   5   Car en ton froit par chault inconuincible
    317   9   Qui en l'ardeur tousiours inconuincible

incorruptible   (1)
    378   9   Tu me seras la Myrrhe incorruptible

incroyable   (1)
    239 10   Mesmes qu'elle est de durté incroyable?

incurable   (1)
    422   9   Tirant le traict de ma playe incurable,

indamnité   (1)
    135   8   I'espereray en seure indamnité,

indice   (1)
    445   7   Ainsi veult il par plus louable indice,

indien   (1)
    11 10   Dès l'Indien s'estendront iusqu'au More.

indigne   (7)
    138 10   M'en retirant, comme sans vous indigne.
    161   5   Hà (luy indigne) il la tient, il la touche:
    251   8   En main d'aultruy, indigne d'elle, enclose,
    326   8   De mon mal est, qu'au querir il s'indigne,
    326 10   Que i'offençay pour l'adorer indigne.
    403   4   Et si me sens a la reuoir indigne,
    431   1   Respect de toy me rendant tout indigne,

indigné   (1)
    120   5   Lors Iupiter indigné se courrouce,

indignez   (1)
    337 10   Par toy fuyront indignez soubz les vmbres.

indignité   (2)
    97   2   Tu anoblis la mienne indignité,
  381   2   Mouoir l'horreur a mon indignité

indispos   (1)
  100   5   Entre ses drapz me detient indispos,

indissoluable   (2)
  135   6   En noud si doulx, & tant indissoluable,
  440   4   Indissoluable alors, comme ie croy,

inesperé   (1)
  139   4   Qui tel souhaict inesperé m'acquit,

inexorable   (3)
  217   7   Mais de cestuy la poincte inexorable
  242   4   Ie l'ay trouuée a moy inexorable.
  394 10   Pour a mes voeutz se rendre inexorable.

infame   (1)
  284   7   Posterité, d'elle priuée, infame,

infamera   (1)
  210   2   Infamera honneur, & excellence?

infecte   (1)
  15   8   Qui l'Vniuers de son odeur infecte,

infection   (1)
  380   4   A estre loing d'humaine infection:

infernalles   (1)
  22   5   Comme regnante aux infernalles vmbres

infimes   (1)
  79   2   Tirant le iour des regions infimes,

infinité   (1)
  166   1   Tout iugement de celle infinité,

infiniz   (1)
  407 10   S'esgallera aux Siecles infiniz.

infirmité   (1)
  348   2   Ie considere en moy l'infirmité,

inflammation   (1)
  333   3   Plus croist en moy mon inflammation,

influant   (1)
  405   2   Pour le desastre influant ma disgrace,

influence   (3)
  4   3   Des neuf Cieulx à l'influence empirée
  243   2   Ont influence & sur l'Ame, & le Corps:
  416   1   Et l'influence, & l'aspect de tes yeulx

infortune   (1)
  123   5   Pour bienheurer trop plus grand' infortune,

infuse   (2)
     22   7   Mais comme Lune infuse dans mes veines
    144   8   Infuse l'ame en ce mien corps passible,

infuses   (2)
    149   5   Par le naif de tes graces infuses
    182   2   Admire en toy Graces du Ciel infuses:

ingenieuse   (1)
     16   9   Veu qu'en mes mortz Delie ingenieuse

ingrat   (1)
    148   7   Tant que sur moy le tien ingrat froit dure,

ingrate   (1)
     88   4   Par la durté de ton ingrate erreur:

ingratitude   (7)
      3   8   Donnée en proye a toute ingratitude:
     91   9   L'auoir perdu en telle ingratitude
    125   2   Du Marbre dur de ton ingratitude,
    305   5   Mais, las, depuis que ton ingratitude
    370   7   Est cheute au fons de ton ingratitude:
    391   9   Les Dieux hayantz ingratitude vile,
    447 10   Ie pleure, & ars pour ton ingratitude.

ingratz   (1)
    391   5   A leur entente, & ingratz deuenuz,

inhumain   (2)
    110   8   Rend son espée a ce Dieu inhumain,
    169 10   Ou me tient clos cest enfant inhumain.

inhumaine   (1)
    123   8   A tous benigne, a moy est inhumaine,

inhumainement   (2)
    357   6   Me fait ardoir tant inhumainement,
    376   9   Fors que ie sens trop inhumainement

inimitié   (1)
     61   7   Qui fait souuent, que vraye inimitié

inique   (1)
    212   4   Furent le mal tressainctement inique.

iniquement   (2)
    241   9   Et quand les miens iniquement perduz
    313   5   Duquel l'ardeur si moins iniquement

iniure   (4)
     95   8   Te font priser par l'iniure du Temps,
    210   7   Dieux aueugles (si tant est vostre iniure,
    225 10   Là, ou le vray conteste a toute iniure.
    325   7   Que sans point faire a ta vertu iniure,

iniurieuse   (2)
    240   7   Maulgré Fortune, & force iniurieuse,
    283   3   Que la ruyne au temps iniurieuse
                            332

iniuste   (1)
    161 7 Viole amour par ce lyen iniuste,

innocemment   (1)
    77 10 Prometheus tourmente innocemment.

innocence   (3)
    116 6 Viole foy, honneur, & innocence.
    210 4 Imposera a la pure innocence?
    225 8 M'accuse en rien, mon innocence iure,

innocent   (2)
    115 10 Dessus le iuste, & Royal innocent.
    211 2 Sur l'innocent veulent authoriser,

inquietude   (2)
    152 5 Et si n'est fiebure en son inquietude
    262 7 Sentant ma vie en telle inquietude,

insatiable   (2)
    116 1 Insatiable est l'appetit de l'homme
    217 9 Par vn desir sans fin insatiable

insensé   (1) incen-
    145 10 Comme insensé, a toute heure oultrecuyde.

insensées   (1)
    68 3 Ainsi voit on voulentez insensées

insensible   (2)
    280 2 Comme sans ioye, ou bien viure insensible?
    317 6 Et enuielliz me rendent insensible,

insere   (1)
    398 3 Qu'Amour au sort de mes malheurs insere,

insignément   (1)
    21 8 Luy fut son nom insignément playé,

insinue   (1)
    249 4 Qu'en fermeté ma foy il insinue,

inspirent   (1)
    174 6 Inspirent force au languissant plaisir

instant   (1)
    201 9 Qu'en vn instant ardoir elle ne face,

instante   (1)
    165 2 A la memoire ouurent la veue instante,

instinct   (1)
    33 5 A mon instinct ie laisse conceuoir

instruire   (1)
    389 8 A me vouloir a si hault bien instruire.

instrument   (1)
    270 7 Vous estes seul, & premier instrument,

instrumentz   (1)
    242   9   Chassant le son de voz doulx instrumentz

insuffisance   (1)
    403   9   Me rend tousiours par mon insuffisance

intellect   (1)
    442   6   Contre les Dieux, pur intellect des Cieulx.

intenté   (1)
    394   4   I'ay mon proces contre moy intenté.

intentif   (1)
    414 10   Et du sot Peuple au vil gaing intentif.

intention   (7)
    47   4   La mienne en elle honneste intention.
    102   6   L'intention de nostre long discours.
    134   2   L'intention, que sa loy nous donna,
    202 10   De sa naifue, & libre intention.
    271   2   L'intention, qui m'incite si fort.
    363   2   Ie l'ay si viue en mon intention,
    371 10   Le resolu de mon intention.

intentions   (1)
    206   2   Esmeult le fondz de mes intentions,

intentiue   (1)
    297   5   Si ie luy parle, intentiue elle escoute,

intentiuement   (1)
    282   5   Tu as regard plus intentiuement

intercede   (1)
    125   8   Pour vostre bien tout deuot intercede:

interdicte   (1)
    69   5   Pour recouurer celle a moy interdicte

interessé   (1)
    30   6   Laissant le coeur le moins interessé,

interieurement   (1)
    411   6   Elle m'allege interieurement:

interposée   (1)
    434   3   Par la raison estant interposée,

interualle   (2)
    114   2   O interualle, ô minute, ô moment,
    259   5   Tout interualle, ô qui par trop me nuyt,

intime   (1)
    439   6   Me suffocquant toute vigueur intime.

intrinseque   (2)
    389   7   Mais tasche encor, comme intrinseque amye,
    423   3   Nourrit en moy l'intrinseque debat,

inuenté (1)
    394 2 Sinistrement pour mon mal inuenté

inuentif (1)
    414 8 S'escarte a soy, & son bien inuentif.

inuention (1)
    363 5 Par diuers acte, & mainte inuention

inuincible (3)
    53 10 L'à remis sus en sa force inuincible.
    213 9 Voicy la fraulde, ô Archier inuincible,
    378 6 Pour plus me rendre enuers Mort inuincible.

inutile (2)
    388 3 Que ne feit onc au Printemps inutile
    441 3 Apres desir, & espoir inutile,

inutilement (2)
    187 9 Las ie le troeuue inutilement pris
    267 6 En ceste mort inutilement viue.

ioinct (1)
    22 9 Qu'Amour à ioinct a mes pensées vaines

ioinctz (1)
    17 3 Plus tost seront l'vn, & l'aultre Mont ioinctz,

ioindre (3)
    166 4 Ne pourroyent ioindre au sommet de son plus.
    301 8 Ie sentis tant ses pleurs a moy se ioindre,
    448 3 Sans au debuoir de la raison se ioindre,

ioly (1)
    172 3 Yuoire pur en vnion ioly,

iota (1)
    75 10 Non vn Iota de ma felicité.

iouant (2)
    57 1 Comme celluy, qui iouant a la Mousche,
    250 2 Et se iouant, d'vne espingle se poinct.

iouantz (1)
    170 1 Ma Dame & moy iouantz emmy vn pré

ioue (1)
    196 8 Comme le vent se ioue auec la flamme,

iouer (2)
    158 8 Dessus sa lyre a iouer commença:
    448 9 Ou bien iouer sa reputation

iouq (8)
    194 6 Mourir au iouq de tes grandz cruaultez.
    240 3 Trouue le iouq, a tous aultres sauluaqe,
    274 6 A labourer au iouq de loyaulté.
    305 4 Quand il me mit au iouq de seruitude.
    370 9 Fuyent au iouq de la grand seruitude

```
ioug   (suite)
   386   6   M'ont a ce ioug iusqu'a ma fin conduyct.
   432  10   Se voit au ioug de ce grand Ottoman.
   438   5   Et si ie quitte & le ioug, & le faix,

iouir   (4)   iouy-
   244   8   Iouir d'vn coeur, qui est tout tien amy,
   414   5   Pour mieulx iouir de ce bienheureux viure,
   433   6   A modestie, & moins d'elle iouir.
   435   2   Me fait iouir de tous plaisirs aultant,

iour   (47)
     6   9   Et des ce iour continuellement
    16  10   Du premier iour m'occit de ses beaulx yeulx.
    30   2   Quand sus le soir du iour il se depart,
    48  10   Meurt, & renaist en moy cent fois le iour.
    70   8   Pour vn cler iour en desirs prosperer.
    79   2   Tirant le iour des regions infimes,
    86   1   Sur le matin, commencement du iour,
   106  10   Me fait la nuict estre vn penible iour.
   124  10   Comme le iour la clere nuict efface.
   128   9   Car son cler iour serenant la Contrée,
   129   1   Le iour passé de ta doulce presence
   133   1   Le Vespre obscur a tous le iour clouit
   147   7   Mais le iour vint, & l'heure destinée,
   148   3   Puis le Printemps ramenant le beau iour,
   152   8   De cest espoir, qui, iour & nuict, me tente.
   153   2   Mouroit le iour de ma fatalité,
   158   5   Qui, iour & nuict, sans fin determinée
   175   1   Voy le iour cler ruyner en tenebres,
   179   7   Qui iour & nuict deuant les yeulx me boute
   185   8   Que delaissée & du iour, & de l'heure,
   195  10   Les forces, las, de iour en iour s'abaissent.
   195  10   Les forces, las, de iour en iour s'abaissent.
   232   5   Et sans du iour m'apperceuoir encore,
   249   6   Tu sois vn iour clerement conqnoissant,
   259   4   Tout lieu distant, du iour et de la nuict,
   262   8   Que plus fuyant & de nuict, & de iour
   266   1   De mon cler iour ie sens l'Aulbe approcher,
   274   5   Le hault desir, qui iour, & nuict m'esmeult
   304   1   Apparoissant l'Aulbe de mon beau iour,
   330   9   Et plus ne veult le iour, mais la nuict suyure.
   340   1   Auoir le iour nostre Occident passé,
   345   9   Qui iour, & nuict, sans la toucher, me rend
   355   8   Ou est l'abysme a mon cler iour nuisant,
   356   1   Quand Titan à sué le long du iour,
   375   2   Du premier iour, qu'elle m'entra au coeur
   375   8   De iour l'admire, & la prie sans cesse:
   384  10   A mon labeur le iour, & la nuict veille.
   394   5   Car esperant d'estre vn iour contenté,
   402  10   Tout le iour meurs, & toute la nuict ars.
   403   1   Tout le iour meurs voyant celle presente,
   407   2   De iour en iour descouurent leurs fallace.
   407   2   De iour en iour descouurent leurs fallace.
   435   8   Me deust ce iour plainement asseurer
   446   9   Quand sur la nuict le iour vient a mourir,
                     *         *         *
    51   6   Et qu'en son iour vn espoir ie preuoy,
    92   2   Faisoit bouillir de son cler iour la None:
```

iour (suite)
     257 2 Pour son image en ton iour receuoir:

iournée (2)
     131 3 Exercitant chastement la iournée,
     266 10 Vous loing priuez d'vne telle iournée.

iournellement (3)
     188 6 Pour te seruir croissent iournellement,
     281 9 Affin qu'au mal, qui croist iournellement,
     349 7 Dont te portant au doigt iournellement,

iours (10)
      99 5 Mais tous les iours gruer soubz l'asseurance,
     114 1 O ans, ô moys, sepmaines, iours, & heures,
     201 2 En ton ardeur, qui tous les iours m'empire:
     216 1 En diuers temps, plusieurs iours, maintes heures,
     216 5 Car tu y vis & mes nuictz, & mes iours,
     245 1 Mes tant longz iours, & languissantes nuictz,
     256 2 On me peult veoir tous les iours augmentant:
     290 5 Que ie deuien tous les iours moins habile
     333 1 Courantz les iours a declination
     407 3 Tournant les Iours, & Moys, & ans glissantz,

ioustantz (1)
     286 6 L'vn de ceulx cy, & les ioustantz me monstre.

ioustes (1)
     286 2 Voicy Amour, qui vint les ioustes veoir:

iouys (1) ioui-
      28 9 Car ie iouys du sainct aduenement

iouyssance (1)
     377 10 Est pure foy, qui iouyssance honnore.

ioyau (1)
     347 1 Heureux ioyau, tu as aultresfoys ceinct

ioye (31)
      80 6 Ioye de veoir si hault bien allumer.
     102 3 I'ay certes ioye a ta parolle ouir
     137 6 Ne fust ma ioye abortiuement née.
     146 4 Que ie me fains en ma ioye perie?
     156 4 Lors que ie deusse augmenter en ma ioye.
     157 10 Que ce seul mot fait eclipser ma ioye.
     172 4 Ou maint esmail mainte ioye se donne.
     239 5 Se tourne a ioye: & par vers lon oppresse,
     251 1 Au commun plainct ma ioye est conuertie
     256 1 Poure de ioye, & riche de douleur
     256 10 Toute tristesse estre veille de ioye.
     260 2 Nageay en Mer de ma ioye aspirée,
     269 7 Puis leur ardeur en ioye me remet,
     273 6 Auec ma ioye à d'elle prins congé.
     276 9 Ou ie pensois trouuer ioye, & plaisir
     280 2 Comme sans ioye, ou bien viure insensible?
     289 6 De liberté, & d'vne ioye extreme.
     290 9 Par vne ioye incongneue, & nouelle,
     294 8 Par Mort serois en ma ioye surpris.
                        337

ioye (suite)
```
299   6   Qui de sa ioye en moy se desespere.
307   4   Qu'il ne leur soit vne ioye courante,
310   4   D'aulcune ioye, & humaine liesse,
321   9   Lequel ayant ioye, & rys au deuant
328  10   Amour leger mesler ioye en mon dueil.
344   7   Qu'ores a ioye, ore a dueil tu m'incites
345   4   Tirant de toy sa ioye, & sa liesse.
415   5   Si ainsi est, soit ma ioye auortie
423   4   Qui de douleur a ioye me pourmeine:
424   8   Que du desir est ma ioye remplie,
434   8   Les sentementz de leur ioye enyurez,
436   5   En moy se voit la ioye prosperer
```

ioyes (4)
```
  4  10   Ie me dissoulz en ioyes, & en pleurs.
 27   8   Ie fais pleuuoir ioyes a si grand somme,
 58   6   Et lors le Lac de mes nouelles ioyes
236   5   Vous detenez mes ioyes perissantes,
```

ioyeuse (4)
```
 13   1   L'oeil, aultresfois ma ioyeuse lumiere,
 48   3   Et si la vie eust onc ioyeuse chere,
112   7   Trouble ma paix par troys lustres ioyeuse,
254   2   Et le vert gay est ioyeuse Esperance,
```

ioyeux (3)
```
175   3   Ioyeux effectz finissent en funebres,
365  10   Me conduisant en son ioyeux serain.
369   6   Colere aduste, ennemye au ioyeux.
```

ire (8)
```
195   6   Qui de despit, & d'ire tout flambant
215   6   Plein de iuste ire, & vienne supplier,
244   3   Si ie paslis accoup, comme plein d'ire,
316   3   Et du tourment appaisa toute l'ire,
374   7   Feu de vengeance, & d'ire compassé,
396   5   Et toy, ô Rhosne, en fureur, & grand' ire
412   7   Hors de soucy d'ire, & dueil dispensée
427   3   De m'enflamber de ce dueil meslé d'ire,
```

irrite (3)
```
 32   6   A faict l'offence, & toy, & moy irrite.
255   6   Et la Mer calme aux ventz plus ne s'irrite,
422   4   Pour me garder, qu'en moy ie ne m'irrite,
```

irrité (1)
```
 84   3   Qui m'à le moins, que i'ay peu, irrité,
```

irritée (1)
```
243   7   Parquoy vaquant en Mer tant irritée
```

irriter (2)
```
315   2   Ou toutesfois ie ne l'ose irriter,
391   8   Pour n'irriter & le filz, & la mere.
```

isle (1)
```
238   2   Ne m'à icy relequé en ceste Isle
```

italie (1)
   318 10   Espaigne, France, & Italie, a Nice?

iuge (2)
   184   6   Ie recourray a mon aueugle Iuge.
   227   4   Qui iuge en moy ma peine estre eternelle.

iugement (7)
    15   2   Et aueuglé de tout sain iugement,
    62 10   Prouuer tousiours l'extreme iugement.
   140   6   Bien que pour lors fusse sans iugement.
   166   1   Tout iugement de celle infinité,
   180   7   Qui plusieursfoys du iugement s'absente,
   279   2   Et iugement de mon sens ne soit moindre,
   384   2   De mon estrange, & propre iugement,

iumeaulx (1)
   217   2   Enfantz iumeaulx de toy, mere Cypris,

iupiter (1)
   120   5   Lors Iupiter indigné se courrouce,

iura (1)
   198   3   Qui me iura desormais estre franche

iure (2)
   179   2   Ce, qu'il me iure estre pour mon meilleur.
   225   8   M'accuse en rien, mon innocence iure,

iuré (1)
    57   9   L'ay ie iuré! soubdain ie m'en accuse,

iurement (1)
   380 10   Par iurement de ces miens propres yeulx.

iurer (1)
    20   1   Peuuent les Dieux ouyr Amantz iurer,

ius (1)
    65   7   Car, sauourant le ius de tes saueurs

iusche (1)
    21   3   Sur le plus hault de l'Europe il se iusche,

iusqu' (15) iusque, iusques
    11 10   Dès l'Indien s'estendront iusqu'au More.
    26   4   Et iusqu'aux miens descendent deux ruisseaulx.
    68   8   Qui iusqu'en l'Ame en suspend me demeure.
    73   8   Dont près ie suis iusqu'a la mort passible.
   197   3   Ce tien doulx oeil, qui iusqu'au coeur m'entame
   232   4   Depuis le soir iusqu'a la blanche Aurore.
   242 10   Iusqu'a la double, & fameuse Cité.
   267   3   Du tout en tout, iusqu'au plus vif du sens:
   313   6   Et Coeur, & Corps iusqu'aux mouelles gaste,
   346 10   Iusqu'a leur Mer, ou tous deux vont mourir?
   360   9   Que mes sanglotz penetrantz iusqu'aux cieulx
   364   4   Que iusqu'au bout des leures tyra l'Ame.
   386   6   M'ont a ce ioug iusqu'a ma fin conduyct.
   411   3   Iusqu'au secret, ou mes sentementz ars

iusqu' (suite)
    436 8 Me penetrant l'Ame iusqu'au mylieu,

iusque (1) iusqu', iusques
    86 4 Couurir le feu, qui iusque au coeur m'altere.

iusques (7) iusqu', iusque
    30 4 Me penetrant iusques en celle part,
    39 4 Qu'a peine i'ay iusques cy respiré.
    157 2 Souuentesfois iusques aux Cieulx me tire:
    233 4 Qui si au vif iusques au coeur me touche:
    288 8 Me brule, & ard iusques a l'esprit rendre.
    321 2 Iusques au lieu, ou piteusement i'ars,
    356 8 Et en leur bruyt durent iusques a tant,

iuste (6)
    54 5 De palme aussi le iuste Coronneur
    115 10 Dessus le iuste, & Royal innocent.
    161 9 O saincte loy a tous, fors a moy, iuste,
    182 6 Ne tend sinon a ce iuste debuoir,
    215 6 Plein de iuste ire, & vienne supplier,
    287 4 L'oreille sourde a ma iuste requeste.

iustement (1)
    303 4 Il s'apperçoit iustement deprimer,

iustes (1)
    188 2 Du mortel dueil de mes iustes querelles:

iustice (2)
    88 8 Cestuy t'accuse, & iustice demande.
    371 3 Dont si iustice en nous mesmes deffault,

iustifie (1)
    32 2 Que le peché de soy me iustifie,

                            J

je (1) ie
    60 8 Affin qu'aymant aultruy, je me desayme.

                            L

l' (565)
    1 1 L'Oeil trop ardent en mes ieunes erreurs
    1 2 Girouettoit, mal cault, a l'impourueue:
    1 6 Vint penetrer en l'Ame de mon Ame.
    1 8 Fait, que viuant le Corps, l'Esprit desuie,
    3 3 Dont l'oeil credule ignoramment meffit
    3 6 Sacrifia auec l'Ame la vie.
    4 3 Des neuf Cieulx à l'influence empirée
                            340

```
 5   1   Ma Dame ayant l'arc d'Amour en son poing
 5   9   Ie ne fuys point, dy ie, l'arc ne la flesche:
 5  10   Mais l'oeil, qui feit a mon coeur si grand' playe.
 6   1   Libre viuois en l'Auril de mon aage,
 6   3   Ou l'oeil, encor non expert de dommage,
 6   6   M'estonna l'Ame, & le sens tellement
 6   7   Que de ses yeulx l'archier tout bellement
 9   8   Rougir l'Oeillet: Or, dy ie, suis ie seur
10   5   Et toutesfois voyant l'Ame incensée
10   6   Se rompre toute, ou gist l'affection:
11   1   De l'Occean l'Adultaire obstiné
11   1   De l'Occean l'Adultaire obstiné
11   2   N'eut point tourné vers l'Orient sa face,
11  10   Dès l'Indien s'estendront iusqu'au More.
12   3   Detient si fort auec la veue l'oeil,
13   1   L'oeil, aultresfois ma ioyeuse lumiere,
13   7   Dont l'oeil piteux fait ses ruisseaulx descendre
14   9   Sans se pouoir l'vn l'aultre contenter,
14   9   Sans se pouoir l'vn l'aultre contenter,
15   3   Contre l'vtile ardemment se prepare
15   5   Et plus ne hayt l'honneste estrangement,
15   8   Qui l'Vniuers de son odeur infecte,
17   3   Plus tost seront l'vn, & l'aultre Mont ioinctz,
17   3   Plus tost seront l'vn, & l'aultre Mont ioinctz,
19   1   Moins ne pourroit & la foy, & l'hommage,
20   9   Pour y purger honteusement l'offence
21   1   Le Cerf volant aux aboys de l'Austruche
21   3   Sur le plus hault de l'Europe il se iusche,
23   2   T'à de chascun l'affection acquise.
24   1   Quand l'oeil aux champs est d'esclairs esblouy,
26   3   A son pied court l'vne & l'aultre Riuiere,
26   3   A son pied court l'vne & l'aultre Riuiere,
29   2   L'aueugle Archier, qui des dieux est le maistre:
30   5   Ou l'Ame attaincte or' a deux il mespart,
31   1   Les tristes Soeurs plaingnoient l'antique offense,
31   4   Contre l'ardeur de nostre chaste enuie:
31   5   Et l'esperance en long temps poursuyuie
32   1   Soit que l'erreur me rende autant suspect,
32   5   Mais l'imposture, ou ton croire se fie,
32   6   A faict l'offence, & toy, & moy irrite.
34   2   L'erreur, qui tant de coulpe m'imposa:
35   5   Que m'est la force en l'attente recreue
36   3   Quand a l'Archier l'aultre traict d'or ferra,
36   3   Quand a l'Archier l'aultre traict d'or ferra,
36  10   Fut asseruy soubz l'auare puissance.
37   6   Plus inconstans, que l'Autumne, ou Printemps.
37   8   L'Amour par l'Or plaisant, chault, attractif,
37   8   L'Amour par l'Or plaisant, chault, attractif,
39   3   Et tant me fut l'heur, & l'heure importune,
39   3   Et tant me fut l'heur, & l'heure importune,
39   7   Ie fey carene attendant a l'vmbrage,
40   9   Car loy d'Amour est de l'vn captiuer,
40  10   L'aultre donner d'heureuse liberté.
41   1   Le veoir, l'ouyr, le parler, le toucher
42   6   Ou l'Ame libre en grand seurté viuoit:
43   7   Forte est l'amour, qui lors me vient saisir,
44   5   Qui la pensée, & l'oeil mettroit sus elle,
44  10   S'il la voyoit de l'vn de mes deux yeulx.
```

```
45   6   Si ainsi foible est d'elle l'asseurance?
45   7   Auec le front serenant l'esperance,
45   8   I'asseure l'Ame, & le Coeur obligez,
46   4   Celle, ou l'esprit de ma vie repose,
46  10   De ce doulx bien, Dieu de l'amaritude.
47  10   Trop plus haultains, que n'est l'Ambition.
48   2   A l'Ame doulce ores cherement plaict:
48   5   A l'vn aggrée, & l'aultre desplaict.
48   5   A l'vn aggrée, & l'aultre desplaict.
48   6   L'estre apparent de ma vaine fumée,
48   8   Tient l'esperance en lubrique seiour.
49   3   Le sens, & l'ame y furent tant rauis,
49   4   Que par l'Oeil fault, que le coeur la desayme.
50   1   Perseuerant en l'obstination
51   4   De sorte l'ame en sa lueur m'esueille,
52   4   Ma foy passant en sa blancheur l'yuoire.
53   1   L'Architecteur de la Machine ronde,
54   2   En coeur Royal, hault siege de l'honneur,
54   4   L'hoir de Iason quidé par le bon heur.
55   1   L'Aigle volant plus loing, qu'oncques ne fit,
55   6   Duquel l'ardeur ne viue, ne mourante,
56   2   Se resoluant l'Esprit en autre vie.
56  10   Le Corps, l'Esprit, le Sens, & la Raison.
58   2   L'air esclarcy de si longue tempeste,
61   6   Suspend tousiours l'incertain d'amytié:
62   2   Nous fait sentir de Phaeton l'erreur:
62   7   Voy: Seulement la memoire en l'absence
62  10   Prouuer tousiours l'extreme iugement.
63   1   L'Esté bouilloit, & ma Dame auoit chault:
63   6   Saulte aux cheueulx, dont l'Enfant ardent fume.
65  10   Tant me tient sien l'espoir, qui trop m'adhere.
66   8   Et Corps, & Coeur, à ià l'Ame conquise:
67   9   Car contre moy l'Archier s'est esprouué:
68   8   Qui iusqu'en l'Ame en suspend me demeure.
71   3   O fol, l'esprit de ta vie est ià mort.
73   5   L'affection en moy demesurée
73   7   Qui, loing de toy, esteinct en moy l'ardeur,
73  10   Faciliter, mesmement l'impossible.
74   9   Las ie n'ay pas l'arc, ne les traictz aussi,
75   2   Ie m'esparqnay l'estre semblable aux Dieux.
76   8   De mon hault bien l'Ame ialouse enflamme,
77   2   Dedans l'Enfer de ma peine eternelle,
77   4   Comme l'Aultour de ma mort immortelle,
77   5   Ronge l'esprit par vne fureur telle,
78   3   Si l'vn me point d'vn costé, l'autre taille
78   3   Si l'vn me point d'vn costé, l'autre taille
78   5   L'vn de sa part tresobstiné maintient,
78   6   Que l'espoir n'est, sinon vn vain vmbrage:
78   7   Et l'aultre dit desir estre vne rage,
79   1   L'Aulbe estainqnoit Estoilles a foison,
79   3   Quand Apollo montant sur l'Orison
79   8   Ie reuoquay a moy l'ame rauie:
80   1   Au receuoir l'aigu de tes esclairs
82   1   L'ardent desir du hault bien desiré,
82   3   A de l'ardeur si grand feu attiré,
82   9   L'oeil larmoyant pour piteuse te rendre,
84   7   Vray est, qu'alors, tout soubdain, & sur l'heure
89   6   Car l'Archier fut sans traict, Cypris sans flamme.
```

92	5	De qui la voix si fort en l'ame tonne:
92	7	Et de qui l'oeil vient ma veue esblouir,
94	3	Mais retournant a chef de temps sur l'vnde,
94	6	De l'arc fit l'arbre, & son bendeau tendit
94	6	De l'arc fit l'arbre, & son bendeau tendit
95	8	Te font priser par l'iniure du Temps,
95	9	Et mes yeulx secz de l'eau, qui me ruyne,
97	7	Si hault au ciel de l'honneur residente,
99	5	Mais tous les iours gruer soubz l'asseurance,
100	1	L'oysiueté des delicates plumes,
102	6	L'intention de nostre long discours.
103	1	Suyuant celuy, qui pour l'honneur se iecte,
103	8	L'Ame abysmée au regret, qui la mord.
103	9	Car tout le bien de l'heureuse surprise
104	1	L'affection d'vn trop haultain desir
104	2	Me benda l'oeil de la raison vaincue:
104	3	Ainsi conduict par l'incongneu plaisir,
106	8	Luisante au centre, ou l'Ame à son seiour.
110	1	De l'arc d'Amour tu tires, prens, & chasses
110	9	Et a l'Archier son arc fulminatoire,
112	9	Dont du grief mal l'Ame toute playeuse
113	6	L'ardeur, qui tant d'humeur te fait pleuuoir.
114	10	Qui l'Ame peult d'angoisse deliurer.
115	4	Surpris le Coeur, & l'Ame a l'impourueue,
115	4	Surpris le Coeur, & l'Ame a l'impourueue,
116	1	Insatiable est l'appetit de l'homme
116	1	Insatiable est l'appetit de l'homme
116	5	Mais (ô l'horreur) pour sa commodité
116	10	L'aisné Cain deuant toy tremblera.
118	5	Du bien, auquel l'Ame demoura prise:
118	9	Que plongeant l'Ame, et la memoire au fondz,
119	2	Et peu de flamme attrait l'oeil de bien loing.
119	10	Oster l'esprit de ma vie a ma vie.
120	1	L'Aigle des Cieulx pour proye descendit,
120	6	Et l'Archier fuit aux yeulx de ma Maistresse,
122	3	Des Bois vmbreux ie sens a l'impourueue,
123	2	Et par son sens l'oultrageuse Fortune:
124	4	Desquels l'or pur sa clarté diminue.
126	1	A l'embrunir des heures tenebreuses.
126	8	L'attraict tant sien, que puis sans craincte aulcune
127	1	L'esprit, qui fait tous tes membres mouoir
127	4	D'enrichir l'Ame, ou Graces tiennent ceinctes
127	9	Ie verrois l'Ame, ensemble & le Corps croistre,
128	3	Quand sa blancheur, qui l'yuoire surmonte,
128	5	Et s'arrestant l'vne, & l'aultre riuiere,
128	5	Et s'arrestant l'vne, & l'aultre riuiere,
128	10	En ma pensée a mys l'obscure nuict.
129	4	A l'oeil de l'ame estre vn temps plus vmbreux,
129	4	A l'oeil de l'ame estre vn temps plus vmbreux,
129	9	Ie tendz l'oreille, oyant vn bruyt confus,
130	2	L'affection, qui en moy s'estendit,
133	2	Pour ouurir l'Aulbe aux limites de ma flamme:
134	2	L'intention, que sa loy nous donna,
135	5	Premier le Coeur, & puis l'Ame ceingnit
136	1	L'heur de nostre heur enflambant le desir
136	3	L'vne mourant vit du doulx desplaisir,
136	4	Qui l'autre viue à fait mort receuoir.
137	3	Contre l'Aueugle aussi ne me faindrois,

137	7	La fin m'auoit l'heure determinée
137	8	Amour soubdain l'effect executa:
138	3	Car le present de l'heureuse presence
141	7	Que feroit l'Oeil par sa belle presence,
143	5	Or quand l'ardeur, qui pour elle me ronge,
143	6	Contre l'esprit sommeillant se hazarde,
144	8	Infuse l'ame en ce mien corps passible,
146	1	Donc admirant le graue de l'honneur,
146	2	Qui en l'ouuert de ton front seigneurie,
146	10	L'Ambre souef de ses haultes parolles.
147	7	Mais le iour vint, & l'heure destinée,
148	1	Voy que l'Hyuer tremblant en son seiour,
150	9	Mais, comme puis a l'esproeuue congnoistre,
152	10	Si ainsi doulce est l'vmbre de l'attente?
152	10	Si ainsi doulce est l'vmbre de l'attente?
153	6	Que l'immortel d'elle se rassasie.
153	9	Et la pensée, & l'Ame ayant saisie,
154	2	La Parque aueugle, & l'enfant n'y voit point.
154	4	L'archier occit, quand il luy vient a point.
154	6	Comme de poincte & l'vn & l'autre tire.
154	6	Comme de poincte & l'vn & l'autre tire.
158	1	L'air tout esmeu de ma tant lonque peine
158	4	Refroidissoit l'ardente cheminée,
158	6	M'eschaulfe l'Ame, & le Coeur a tourment,
158	10	L'air s'esclaircit, & Aquilon cessa.
159	7	Adonc l'esprit poulsant hors roidement
160	7	A tranquillé la tempeste par l'air
161	3	Couuert d'ennuy ie me voultre en l'Ortie,
162	3	A qui l'honneur du debuoir te conuie
166	5	Car seulement l'apparent du surplus,
166	10	Apouriroyt l'odorante Sabée.
167	3	L'oracle fut sans doubteuse response,
168	3	L'esprit rauy d'vn si doulx sentement,
168	7	Et si bien à vers l'Ame pourchassé,
169	9	Ie sortiray de l'obscure nuisance,
170	8	Car l'eau par tout la fuyoit çà, & là.
171	5	L'air s'obscurcit, & le Vent ennuyeux
171	8	Non celle ardeur, qui croit l'affection,
173	3	De l'harmonie en celestes accordz,
174	1	Encores vit ce peu de l'esperance,
177	4	L'honnesteté en ton humain visage,
178	1	Pour estre l'air tout offusqué de nues
179	8	Le lieu, l'honneur, & la froide saison.
181	9	D'ailleurs l'ardeur, comme eulx, ne peult finer:
184	3	L'vn me rend triste, & l'aultre resiouy
184	3	L'vn me rend triste, & l'aultre resiouy
184	9	Et le laissant a l'extreme refuge,
185	3	Dont a l'espoir de tes glassons hurté,
185	8	Que delaissée & du iour, & de l'heure,
185	10	Comme l'Année, a sa fin ià labeure.
189	4	L'obscure nuict de ma peine si forte,
190	5	L'oeil en larmoye, & le coeur en lamente
192	2	Auec le Corps l'Esprit est tant remis,
192	3	Que l'vn ne sent sa mortelle souffrance,
192	4	Et l'aultre moins conqnoit ses ennemys.
192	10	Viue en l'obscur de mes tristes Archiues.
193	7	Mais ie m'asseure a l'heure de ma paix,
195	5	Deslors plus l'arbitre ilz pourchasserent,

1' (suite)

196	2	Mais des haultz cieulx l'Angelique harmonie,
196	9	L'esprit diuin de ta celeste voix
197	10	Qui tousiours ard, tousiours a l'ayde crie.
198	10	Ou canceller l'obligé de ma vie.
199	3	Et en l'ardeur, qui a toy me rauit,
200	7	Par l'espaisseur de la terre haultaine,
201	4	L'aultre Dodone incongneue a Epyre.
202	5	Ie ne le fais pour abreger l'attente,
203	2	Puissant effect de l'eternel Mouent,
203	8	L'allegement, que mes maulx auoir pensent.
203	10	Auecques l'An mes peines recommencent.
204	10	Descouurent lors l'ardeur, qu'en moy ie cele.
206	6	L'Ame se pert au dueil de telz assaultz.
206	9	Me distillant par l'Alembic des maulx
206	10	L'alaine, ensemble & le poulx de ma vie.
210	6	Peruertira tout l'ordre de Nature?
211	2	Sur l'innocent veulent authoriser,
211	6	Et moins forcer l'equité de Nature.
214	8	Contre l'effort du plus de mes deffences
217	4	De l'vn vaincu, & de l'aultre surpris.
217	4	De l'vn vaincu, & de l'aultre surpris.
219	3	Et d'elle veoir l'humaine experience,
219	10	A l'enuieuse, & maligne Fortune.
220	3	M'ont tout, & tant l'esprit exercité,
220	5	Mais si la preuue en l'occurrence doubte
221	4	Et vne en prent: qui sentant l'air nouueau,
221	5	Tant se debat, qu'en fin se saulue en l'eau,
221	8	L'heur du Poisson, que n'as sceu attraper,
223	3	L'air temperé, & en son serain beau
223	8	Que par vn brief, & doulx salut de l'oeil,
224	2	Nouelles fleurs parmy l'herbe nouelle:
226	2	Plus, que par l'oeil comprendre ie ne puis
230	5	Destourne ailleurs tes yeux, ô l'oultrepasse.
231	3	Et mes souspirs de l'Ame triste attire,
231	8	A y finir l'espoir encore se vante.
232	3	Et l'Horologe est compter sur mes doigtz
232	7	Que du veiller l'Ame non offensée,
234	2	Mon esperance est, certes, l'impossible
235	8	L'image d'elle en voz liqueurs profondes.
237	3	Qui l'esquillon luy fiche en sa chair tendre:
239	2	Par l'oraison la fureur de Mars cesse:
243	2	Ont influence & sur l'Ame, & le Corps:
243	4	En l'Ame, las, causent mille discordz,
245	3	L'Esprit estainct de cures, & ennuyz,
246	2	L'Aure, ou le Vent, en l'air me respandroit,
246	2	L'Aure, ou le Vent, en l'air me respandroit,
248	2	Du fort desir, dont tu tiens l'esperance,
248	4	Par lon trauail, qui donna l'asseurance.
248	8	(Bien qu'il soit vain) par l'espoir, qui m'attire,
250	10	Et par les siens tire & l'ame, & la vie.
251	9	De mon labeur me fault cueillir l'Espine
253	5	Et l'Vniuers cline sa teste ronde
253	8	L'Eternité, qui tousiours luy escript,
256	6	Que l'esperance a l'heure plus me fasche,
256	6	Que l'esperance a l'heure plus me fasche,
260	7	Dont le fort vent de l'espoir courageux
261	3	Parquoy accoup l'aigreur m'est redondée
266	1	De mon cler iour ie sens l'Aulbe approcher,

```
267  2  De part en part l'esperit trespercer
268  5  Adonc l'Enfant esbahy luy demande:
269  3  Par l'oeil au Coeur tacitement entrantz
271  1  I'espere, & crains, que l'esperance excede
271  2  L'intention, qui m'incite si fort.
271  7  Et luy suyuant de ton corps l'ordre illustre,
271  9  Et bien qu'espoir de l'attente me frustre,
273  3  Soit que l'ardeur en deux coeurs attrempée
273  9  Et que ne voye en l'Occean plongé
274  1  Si poingnant est l'esperon de tes graces,
275  3  Ie te presente autant de foys l'hommage,
276  1  Voyez combien l'espoir pour trop promettre
276  2  Nous fait en l'air, comme Corbeaulx, muser:
278  3  Et, sans mourir, prouuer l'esperience,
278  4  Comment du Corps l'Ame on peult deslyer,
280  4  Ie veux resouldre en mon faict l'impossible.
280  6  Ie veulx l'ardeur de mon desir nourrir,
280  7  Et, vainquant l'vn, a l'aultre recourir
280  7  Et, vainquant l'vn, a l'aultre recourir
282  1  Basse Planete a l'enuy de ton frere,
282  3  Tu vas lustrant l'vn, & l'aultre Hemispere,
282  3  Tu vas lustrant l'vn, & l'aultre Hemispere,
283  2  Quand plus par l'oeil de l'Ame elle conqnoit,
283  2  Quand plus par l'oeil de l'Ame elle conqnoit,
283 10  Et Tanais, & le Nil, & l'Ibere.
285  3  Comme statue a l'esbaucher toute aspre:
286  1  Nous esbatantz ma Dame, & moy sur l'eau,
286  6  L'vn de ceulx cy, & les ioustantz me monstre.
287  4  L'oreille sourde a ma iuste requeste.
288  2  L'art, & la main de telle pourtraicture,
288  6  M'esmeult le sens, & l'imaginatiue:
288  8  Me brule, & ard iusques a l'esprit rendre.
291  4  Et moins la faire a l'oeil apperceuoir.
291  8  Ce mal, qui peult, voyre l'Ame opprimer,
292  3  Aussi par l'oeil il y entre, & l'enflamme
292  5  Me consumant, non les flancs, non l'essell,
292  9  Pour non (en vain) l'occasion blasmer
294  3  Veu que Nature & en l'Ame, & au Corps
296  4  De mille Amantz l'heureux, & mortel estre.
297  2  L'oeil, & le sens aulcunement ie boute,
299  2  L'entier effect de ce mien triste dueil,
300  1  Par mes souspirs Amour m'exhale l'Ame,
301  4  Par l'vne, & l'aultre estoille estincellante:
301  4  Par l'vne, & l'aultre estoille estincellante:
302  5  Alors l'Enfant d'vne esponge les presse,
302  8  Et, ce disant, l'esponge me tendit.
303 10  Que, qui se veoit, l'enflé d'orgueil abaisse.
304  1  Apparoissant l'Aulbe de mon beau iour,
305  3  Que l'oeil heureux en ta face trouua,
310  2  Par l'oultrageuse, & tardifue Vieillesse.
311  7  Osté l'espoir a ce mal necessaire:
312  2  Sur l'incertain d'vn tel facheux suspend!
313  5  Duquel l'ardeur si moins iniquement
315 10  Lors l'air troublé soudain retourne en beau.
316  3  Et du tourment appaisa toute l'ire,
317  7  Quasi voulantz, que contre l'impossible
317  9  Qui en l'ardeur tousiours inconuincible
320  3  Iettant au vent le sens, & l'esperance,
```

l'   (suite)

321	6	L'Ame s'enfuit souffrir ne le pouant.
322	3	Me croist tousiours, de plus en plus, l'enuie
323	4	Nous fait le vray de l'equité ensuyure.
324	3	Desquelles l'vn, & l'aultre relief tient
324	3	Desquelles l'vn, & l'aultre relief tient
324	5	M'ont captiué l'esprit, ou tu reposes
328	1	Tant variable est l'effect inconstant
329	5	Pource a l'Archier, le plus du temps, m'adresse,
331	1	L'humidité, Hydraule de mes yeulx,
331	2	Vuyde tousiours par l'impie en l'oblique,
331	2	Vuyde tousiours par l'impie en l'oblique,
332	6	L'aiguille aigue, & que point ne m'offence.
333	2	Phoebus s'eschauffe en l'ardent Canicule.
333	9	Ainsi (ô sort) l'esproeuue nous reuelle
334	4	Ce n'est sinon pour l'ardeur exhaler,
334	5	Qui m'occupant l'alaine, & le parler,
334	9	Non: mais me font, sans l'vn l'aultre empecher,
334	9	Non: mais me font, sans l'vn l'aultre empecher,
335	2	Sur la fontaine, & l'Archier en personne,
335	3	Qui dedans l'eau d'elle, que tant aymoit,
337	9	Vien sans doubter, que l'esprit, & la vie
338	2	Poulsa le Coeur, qu'il y attira l'Ame
339	1	Ainsi que l'air de nues se deuest
339	2	Pour nous monstrer l'esprit de son serain:
340	6	Et en tout acte, oultre l'espoir priué.
342	6	Sur le Printemps parmy l'air pluuieux,
344	6	Si viuement l'esprit tu m'exercites,
346	7	N'apperçoy tu de l'Occident le Rhosne
348	2	Ie considere en moy l'infirmité,
352	1	Non moins ardoir ie me sens en l'absence
352	7	Le Cerf blessé par l'archier bien adroit
353	3	Se captiuant l'Ame toute asseruie,
355	1	L'Aulbe venant pour nous rendre apparent
355	2	Ce, que l'obscur des tenebres nous cele,
355	8	Ou est l'abysme a mon cler iour nuisant,
356	6	Ouure l'Etna de mes flammes ardentes,
358	3	En ma pensée esmeult l'obscure guerre
359	1	Quand l'ennemy poursuyt son aduersaire
359	8	Pour te monstrer a l'oeil euidamment,
360	4	Leur grand' fumée, en l'air qui se pourmeine.
361	2	Va occultant soubz l'espace du front
361	9	Pour non pouoir souffrir l'esloingnement
362	8	Sur l'incertain d'ouy, ou non se boute,
364	1	L'Esprit vouloit, mais la bouche ne peut
364	4	Que iusqu'au bout des leures tyra l'Ame.
364	5	L'oeil a plorer si chauldement s'enflamme,
364	10	Et rid en soy de ce, de quoy l'oeil pleure.
365	2	Rompt l'espaisseur de l'obscurité trouble,
365	2	Rompt l'espaisseur de l'obscurité trouble,
365	3	Qui de la nuict, & l'horreur herissante,
365	6	Ou l'incertain des tenebres les guide.
367	5	Ou l'empire est du conseil arresté
367	10	L'vn coronner mon col, l'aultre mes hanches.
367	10	L'vn coronner mon col, l'aultre mes hanches.
368	10	Que me causoit l'obscur de son absence.
369	2	Semblois l'autheur de ce marrissement,
369	4	Par l'estonné de l'esbayssement,
369	4	Par l'estonné de l'esbayssement,

l' (suite)

369	7	Dont l'amer chault, salé, & larmoyeux
371	5	Ny l'Or prisé, ny la chere Pecune,
372	10	Que n'est Zephire en l'Arabie heureuse.
373	5	Car en l'ardeur si fort il perseuere,
375	7	Que depuis l'Ame estonnée, & tremblante
376	3	Me fais mouuoir, non comme Hecate l'Vmbre,
376	8	Que lon ne veoit l'vmbre suyure le corps,
379	2	Ministres soient de l'aure de ma vie,
379	6	Ont r'apporté l'esperance affamée
380	2	Et l'humble aussi de chaste affection,
380	8	Et l'Ambrosie, & le Nectar des Cieulx,
381	2	Mouoir l'horreur a mon indignité
381	10	Le tient caché a l'admiration.
382	1	L'heureux seiour, que derriere ie laisse,
383	6	Ma fiebure chaulde auant l'heure venue,
383	8	Me redoublant l'acces es mille formes.
384	5	Comme celluy, dont pend l'abregement,
385	3	Lors que la nuict a l'esprit sa guerre ouure,
386	1	Quand Apollo apres l'Aulbe vermeille
389	9	Mesmes voyant l'Aigle, notre ennemye,
390	5	L'Ame craignant si dangereux loyer,
392	4	Pour composer l'vnion de ce corps.
393	3	Ores a Poge, or' a l'Orse tempeste,
393	4	Ouuertement, & aussi a l'emblée,
393	5	L'vn apres l'aultre, en commune assemblée
393	5	L'vn apres l'aultre, en commune assemblée
395	5	L'aultre saulta de là vers la campaigne,
397	9	L'oeil, & le sens peu a peu me deffault,
400	1	Quand l'allegresse aux entrailles créée
400	6	Et en l'ardeur de son contentement.
400	9	Luy fourragé par l'esbahyssement,
402	3	Aduersité qui l'orgueil humilie,
410	3	Qui remplit l'oeil, & qui se fait sentir
410	6	Voire & qui l'ordre a la raison efface.
413	5	Que l'esperance auec faincte grandeur
414	3	Ou l'air paisible est feal secretaire
414	9	Aussi i'y vis loing de l'Ambition.
415	8	Sur l'Emeril de fermeté fourbie,
415	9	Voyant plus tost, que l'esperance morte,
416	1	Et l'influence, & l'aspect de tes yeulx
416	1	Et l'influence, & l'aspect de tes yeulx
418	3	Et non de l'art grossierement ouurant,
419	1	Hault est l'effect de la voulenté libre,
421	5	Craignant qu'en fin Fortune l'esuolée
421	9	Ne soubstrairont l'espoir, qui me soulage
423	3	Nourrit en moy l'intrinseque debat,
424	2	Comme plaisir, & gloire a l'Vniuers,
424	9	La voyant l'oeil, aussi l'entendement,
424	9	La voyant l'oeil, aussi l'entendement,
424	10	Parfaicte au corps, & en l'ame accomplie.
425	9	Comme lon scait, qu'auecques l'impossible
426	6	Fors seulement pour l'Amant esprouuer:
428	8	Par l'aueuglée, & doubteuse asseurance,
429	1	Ia soit ce encor, que l'importunité
430	10	Qui du desir vit hors de l'esperance.
431	2	Pour reuerer l'admirable prestance
431	10	L'espoir vainquant a la fin le desir.
432	2	Auec le sens l'humain entendement

```
434    4    Comme clarté a l'obiect, qu'on veult veoir:
435    6    L'hermaphrodite, efficace amoureuse?
435    7    O que doulceur a l'Amant rigoureuse
436    8    Me penetrant l'Ame iusqu'au mylieu,
437    9    Mais tout ainsi que l'Aigle noir tient prise,
439    1    Bien que raison soit nourrice de l'ame,
439    4    Me penetrant, comme l'eau en l'esponge
439    4    Me penetrant, comme l'eau en l'esponge.
443    3    Ce neantmoins pour trop arrester l'oeil
445    6    Sans a l'honneur faire aulcun preiudice:
445   10    Hors des Enfers de l'eternel obly.
446    3    A quoy l'Esprit se veult tresbien resouldre,
446   10    Le soir d'icy est Aulbe a l'Antipode.
447    3    Comme tu voys estre le feu, & l'eau
449    6    Entre l'ardeur, qui noz coeurs poursuyura,
                    *       *       *
  2    8    Qu'au premier oeil mon ame l'adora,
 15    4    Pour l'esbranler a meilleur changement:
 16    5    Et quand ie l'ay au besoing demandé
 33   10    Plus ie l'attire & plus a soy m'entraine.
 42    5    Mais l'occupant, peu a peu, penetra,
 53    6    Vertu occulte, il l'à soubdain submis
 53    9    Puis l'acceptant de ses prouuez amys,
 53   10    L'à remis sus en sa force inuincible.
 54    6    L'en à orné, durant qu'il à vescu.
 57    9    L'ay ie iuré! soubdain ie m'en accuse,
 60    4    Et mesmement que ne l'offençay oncques:
 67    6    Comme aultresfois mon coeur l'a bien prouué.
 67   10    Mais tout armé l'ay vaincu toute nue.
 74    4    Et l'apperceu semblable a ma figure.
 76    1    Ie le vouluz, & ne l'osay vouloir,
 91    9    L'auoir perdu en telle ingratitude
135    3    Amour le noud lassa, & pour l'absouldre
135    4    Foy le noua, & le temps l'estraingnit.
160    5    Et son doulx chant (si au vray dire l'ose,
183   10    Celle l'enflamme, & ceste le nourrit.
205    4    Vn bon vouloir, comme raison l'ordonne,
245   10    Et trop plus mort, que si Mort l'auoit point.
274    8    (Combien encor que tes vertus l'excellent)
277    4    Que par prys faict a son vouloir l'attraict.
277    6    Cuydant l'auoir doctement retiré:
277    7    Quand par la main soubdain l'ay retiré:
292    3    Aussi par l'oeil il y entre, & l'enflamme
311    4    L'auoir vaincu, le iecter hors d'oppresse.
312    7    L'oppresse plus que cest espoir rusé,
313    7    D'vn penser chaste en sorte ie l'appaste
316   10    Ou de l'estaindre, ou bien de l'attiser.
316   10    Ou de l'estaindre, ou bien de l'attiser.
343    4    Dessus sa face: & l'estaingnant le trempe
359    2    Si viuement, qu'il le blesse, ou l'abat:
374    6    En l'aiguisant par son feu l'à passé,
374    6    En l'aiguisant par son feu l'à passé,
382    9    Mais quand ie suis, ou ie l'ay peu marcher,
383    4    Plus l'affoiblit, son mal luy suscitant.
388    7    Car de ieunesse il aprint a l'aymer.
402    9    Si viuement, que (si dire ie l'ose)
420    8    Ie luy complais vn peu, puis l'adoulcis
420   10    Ie l'amollis, & plus ie l'endurcis.
```

l'   (suite)
420 10   Ie l'amollis, & plus ie l'endurcis.
                    *   *   *
 22 10   Si fort, que Mort iamais ne l'en deslie.
 34 1   Ie ne l'ay veue encor, ne toy conqneue
 41 10   La veoir, l'ouyr, luy parler, la toucher.
 43 3   Plus ie l'estime, & moins compte i'en fais:
 49 1   Tant ie l'aymay, qu'en elle encor ie vis:
 49 2   Et tant la vy, que, maulgré moy, ie l'ayme.
 63 3   Et du bandeau l'esuentant bas, & hault,
 89 8   Ta torche en moy, mon coeur l'allumera:
 94 4   Sa Trousse print, & en fuste l'arma:
103 4   Pour l'affranchir en viure plus heureux.
128 7   Que quand mes yeulx l'ont soubdain rencontrée,
130 8   Si en temps deu on laisse a l'esmouoir,
144 10   En toy l'estend, comme en son plus possible.
151 9   Plus nuict la peur du mal a qui l'esproeuue,
160 8   Pour l'enuoier prendre possession
202 3   Et l'esprouuant, me dis tu curieux
214 9   Pour l'escouter, & en son sainct parler
242 4   Ie l'ay trouuée a moy inexorable.
253 9   La Gloyre aussi, qui a l'orner se vante
285 6   Tu l'adoulcis, & ià reluict tresbien.
287 5   Tu l'exaulças, & ce pour la conqueste
300 3   Puis ton reqard a sa vie l'enflamme,
315 2   Ou toutesfois ie ne l'ose irriter,
315 9   Ie vois a elle, & m'accuse, & l'apaise,
318 2   De ce, qu'Ammour l'auoit peu inciter:
326 10   Que i'offençay pour l'adorer indigne.
331 3   L'y attrayant, pour air des vuydes lieux,
338 4   (Combien que vain) si doulcement l'enflamme,
341 1   Quasi moins vraye alors ie l'apperçoy,
357 10   Plus ie l'estains, & plus fort ie l'allume.
357 10   Plus ie l'estains, & plus fort ie l'allume.
363 2   Ie l'ay si viue en mon intention,
373 3   Et l'ayme, & craint trop perseueramment
375 8   De iour l'admire, & la prie sans cesse:
387 4   Ie fus noté de ce, que ie l'honnore.
418 10   Pour l'eriger Colomne de ma vie.

la   (511)
  2 2   Rendit de soy la Nature admirable.
  2 9   Comme de tous la delectation,
  3 6   Sacrifia auec l'Ame la vie.
  5 9   Ie ne fuys point, dy ie, l'arc ne la flesche:
  6 4   Se veit surpris de la doulce presence,
  7 8   En la clarté de mes desirs funebres,
  9 3   Mais de la main trop plus diqne fus pris,
 10 2   Trouble la paix de ma doulce pensée,
 10 4   Que raison est par la craincte offensée.
 10 8   I'ay esprouué, que la paour me condamne.
 12 3   Detient si fort auec la veue l'oeil,
 14 8   Dedans la fosse à mys & Loup, & Chieure,
 15 6   Commençant ià a cherir la vertu.
 16 3   Mais la Mort fiere en eut telle tristesse,
 19 1   Moins ne pourroit & la foy, & l'hommaqe,
 19 4   Nous ne vouions le coeur, & la puissance.
 19 8   Mais celle part, comme on dit, la qreiqneur,
 20 5   Mais la Nature en son vray conuertie

la   (suite)
```
21   7    Aussi par mort precedant la victoyre
21  10    De foy semblable a la sienne payé.
23   1    Seule raison, de la Nature loy,
23  10    Resplendira a la posterité.
24   5    Mais moy conduict dessoubs la sauuegarde
27   1    Voyant soubdain rougir la blanche neige
27   4    Et ià la fin de mes desirs me pleige.
28   1    Ay ie peu veoir le vermeil de la honte
28   2    Ardoir la face a son honnesteté?
28   3    Et croire encor, que la pitié luy monte
29   3    La Parque aussi le veult seigneuriser,
35   1    Ia deux Croissantz la Lune m'à monstré:
35   4    Autant de toy m'ont la memoire creue,
35   5    Que m'est la force en l'attente recreue
38   1    Bien fut la main a son peril experte,
38   3    Car lors i'ai eu d'elle euidente la perte,
44   5    Qui la pensée, & l'oeil mettroit sus elle,
45   2    Eust a pitié esmeue la Scythie,
45   3    Ou la tendresse, en soy que celle auoit,
45   5    Quelle du mal sera donc la sortie,
45  10    La Mort, seul bien des tristes affligez.
46   1    Si le desir, image de la chose,
47   4    La mienne en elle honneste intention.
47   9    Qui nous eust faictz aller la teste haulte
48   1    Si onc la Mort fut tresdoulcement chere,
48   3    Et si la vie eust onc ioyeuse chere,
49   7    Tant fut la flamme en nous deux reciproque,
50   3    Ie suy tousiours la declination
50   8    Ie voy la faincte, & si ne scay, qu'y faire:
52   5    Ie contendrois par dessus la victoire:
53   1    L'Architecteur de la Machine ronde,
53   3    Pour enrichir la poureté du Monde
53   5    Duquel voulant demonstrer la constance,
54   8    Feit confesser a la Fame importune,
55   3    Passa la Mer, ou asses tost deffit
56   4    Par la memoire en phantasmes rauie.
56   5    Et la Raison estant d'eulx asseruie
56  10    Le Corps, l'Esprit, le Sens, & la Raison.
57   1    Comme celluy, qui iouant a la Mousche,
57   2    Estend la main, apres le coup receu,
58   5    Ie commençay a esleuer la teste:
59   5    Ou de la Lune il fainct ce nom Delie
59  10    Pource qu'en moy tu luys la nuict obscure.
60   6    Qu'il me consume, ainsi qu'au feu la Cyre.
61   5    Car la ferueur d'vne si doulce rage
61  10    Tu deceuras la mienne opinion.
62   3    Mais cest aspect de la Vierge modeste
62   5    Qu'aux bas mortelz vient la froide terreur,
62   6    Qui de la peur de leur fin les offense.
62   7    Voy: Seulement la memoire en l'absence
67   2    Cacha son arc, abandonnant la Terre.
68   4    Par la memoire a leur mal reuenir.
68   6    Ores la doubte, ores la foy me baille,
68   6    Ores la doubte, ores la foy me baille,
69   2    Comme la langue a la voix les motz dicte:
69   2    Comme la langue a la voix les motz dicte:
69   9    Ce neantmoins, maulgré la repentence
72   1    Quiconque à veu la superbe Machine,
```

la (suite)
```
 73  8   Dont près ie suis iusqu'a la mort passible.
 76  2   Pour non la fin a mon doulx mal prescrire.
 76  4   I'ouuris la bouche, & sur le poinct du dire
 80 10   Facilement i'obtiendrois la victoire?
 82 10   La bouche ouuerte a demander mercy.
 83  8   Pourquoy, dist il, m'as tu bandé la face?
 84  5   Bien que la doubte aucunesfois se plonge
 87 10   Doulce la peine au mal accompaignée.
 88  4   Par la durté de ton ingrate erreur:
 88  7   Celle s'enflamme a la vengeance faire,
 90  9   De toy, & moy fera la renommée
 91  1   Osté du col de la doulce plaisance,
 92  2   Faisoit bouillir de son cler iour la None:
 92  4   Celle, de qui la rencontre m'estonne,
 92  5   De qui la voix si fort en l'ame tonne:
 95  6   De mes souspirs descouure la bruyne.
 96  3   Et la doulceur de ceste tienne face
 96  5   Mais la froideur de ton coeur me conuie
 97  2   Tu anoblis la mienne indignité,
 97  5   Ou la Clemence en sa benignité,
 99  7   Ie dy, qu'espoir est la grand prurison,
 99 10   Comme vn Printemps soubz la maigre Caresme.
101  2   Ie vy ma Dame auec Venus la blonde.
103 10   Me fut la peur, la douleur, & la Mort.
103 10   Me fut la peur, la douleur, & la Mort.
103 10   Me fut la peur, la douleur, & la Mort.
104  2   Me benda l'oeil de la raison vaincue:
106  1   I'attens ma paix du repos de la nuict,
106  5   Car lors iectant ses cornes la Deesse,
106  6   Qui du bas Ciel esclere la nuict brune,
106 10   Me fait la nuict estre vn penible iour.
111  3   Ie voy leuer la Lune en son plain belle,
111  5   Soucys, qui point ne sont a la mort telz,
111  9   Lors tu verroys, tout autour a la ronde,
112  2   Hors la memoyre & des Dieux, & des hommes,
112  6   De nostre bien la Fortune enuieuse
113 10   Tu estaindras mon feu mieulx, que la pomme.
114  9   Croire fauldra, que la Mort doulce soit,
115  2   Tu m'esblouis premierement la veue:
115  7   Ce mesme temps la superbe Toison
116  3   Qui de la Terre ayant en main la pomme,
116  3   Qui de la Terre ayant en main la pomme,
116  7   Ne pleure plus, France: Car la presence
118  4   Pour destourner la memoire surprise
118  9   Que plongeant l'Ame, et la memoire au fondz,
121  3   Tu celle fus, qui causas la lumiere,
121  7   Meites la flambe en mon ame allumée,
121  9   Qu'apres le feu estaincte la fumée
124  2   Se marrissant tout honteux soubz la nue,
124  9   Mais ton tainct frais vainct la neige des cieulx,
124 10   Comme le iour la clere nuict efface.
125  1   Enseuely long temps soubz la froideur
126  2   Que Somnus lent pacifie la Terre,
126 10   Mais ainsi, comme Endimion la Lune.
128  9   Car son cler iour serenant la Contrée,
129  3   Qui faict prouuer la nuict de ton absence
130  3   Que quand la voix hardie, & puis honteuse
130  7   Ainsi veoit on la torche en main s'estaindre,
```

la   (suite)

131	2	La trousse au col, & arc, & flesche aux mains,
131	3	Exercitant chastement la iournée,
132	1	Le bon Nocher se monstre en la tempeste,
134	6	A moy le Coeur, & la chaste pensée.
134	9	La mienne est mieulx en ce recompensée,
134	10	Que apres Amour, la Mort n'y aura part.
135	2	Si la raison a ce nous contraingnit?
137	1	De la mort rude a bon droit me plaindrois,
137	7	La fin m'auoit l'heure determinée
138	8	Aussi par vous la Fortune benigne
141	2	Se paissent fleurs durant la Primeuere,
142	3	Tu voys asses, que la grand seruitude,
142	6	La peine, qu'à le sien corps seulement,
143	3	Que n'en estant la memoyre offensée,
147	3	Que de la mere, & du filz les flambeaux
147	6	Que la nuict est a repos inclinée.
149	7	La Deité en ton esprit empraincte
151	2	Quelle est la foy, qu'Amour en mon coeur lye.
151	9	Plus nuict la peur du mal a qui l'esproeuue,
151	10	Que la douleur a qui ià s'en deliure.
152	7	Que fait en moy la variation
152	9	Quelle sera donc la delectation,
153	9	Et la pensée, & l'Ame ayant saisie,
154	1	La Mort est pasle, & Cupido transi:
154	2	La Parque aueugle, & l'enfant n'y voit point.
154	8	I'ayme trop mieulx a la Mort recourir.
155	3	Puis la chaleur par ardentes cuysons
155	5	Lors des souspirs la cheminée fume,
156	3	Que celuy là, qui estend la douleur
156	9	Que desdaingnant & la loy, & le sort,
157	6	D'vn tel concent la delectation.
158	3	La Bise aussi auec sa forte alaine
160	4	Pour mieulx troubler la paix en mon coeur close.
160	7	A tranquillé la tempeste par l'air
163	2	Duquel ie note & le lieu, & la place,
165	2	A la memoire ouuert la veue instante,
165	2	A la memoire ouuert la veue instante,
165	9	Ie m'apperçoy la memoyre abismée
167	2	Docile esprit, obiect de la Vertu,
168	2	Ton nom diuin par la memoire passe,
169	3	Celez le mal auec la guerison,
170	2	Voicy tonnoirre, esclairs, nuict, & la pluye.
171	9	Mais la ferueur, qui detient la foy nue
171	9	Mais la ferueur, qui detient la foy nue
172	7	De la vertu au bleu abandonnée,
172	10	Que fermeté est la clef de ton coeur.
176	4	La veue basse, & alors moins nuisante.
177	3	La grauité en ta droicte stature,
179	3	Et la Raison me dit, que le poursuyure
179	8	Le lieu, l'honneur, & la froide saison.
179	10	Fuyant Amour, ie suiuray la Raison.
180	1	Quand pied a pied la Raison ie costoye,
181	8	Et la memoyre, & le sens tout confus:
182	3	Et Graces sont de la Vertu puissance,
182	5	Et la Vertu par reigles non confuses
185	7	La voulenté se voit en tel destroict,
186	2	Dont la beaulté peult les Cieulx ruyner:
187	2	Et le souffrir de la raison procede.

la   (suite)

196	8	Comme le vent se ioue auec la flamme,
197	8	Le Coeur criant par la bouche te prie
198	4	La liberté, qui de moy se separe,
199	2	Dedans le chault de la flamme luisante:
199	8	La Salemandre en mon feu residente:
200	7	Par l'espaisseur de la terre haultaine,
201	5	Ou la fontaine en froideur beaucoup pire,
202	2	Si diligent la verité ie tente?
202	8	La sienne en moy loyalle affection,
203	9	Car par la foy en si saincte amour ferme
204	3	Veult pallier la mince fripperie
206	4	Qui à la clef de ses detentions.
208	7	Mais la vertu de ma Dame te illustre
210	4	Imposera a la pure innocence?
210	9	Aydez le vray, la bonté, la droicture,
210	9	Aydez le vray, la bonté, la droicture,
212	6	Croissant la playe oultre plus la moytié.
212	6	Croissant la playe oultre plus la moytié.
213	4	(Ce me sembloit) la finesse eust pensée,
213	9	Voicy la fraulde, ô Archier inuincible,
217	7	Mais de cestuy la poincte inexorable
218	7	Bien que i'acquiere en souffrant la science
219	9	Cherche d'oster la reputation
220	1	Deliberer a la necessité,
220	5	Mais si la preuue en l'occurrence doubte
224	5	Ce neantmoins la renouation
225	7	Que quand la doubte, ou la paour sa voisine,
225	7	Que quand la doubte, ou la paour sa voisine,
226	10	Mettre en dispute a la suspition.
227	8	Vueille le Temps, vueille la Fame, ou non,
228	1	Tout en esprit rauy sur la beaulté
228	3	Celant en soy la doulce cruaulté,
231	7	Tant que reduict en la perplexité,
232	4	Depuis le soir iusqu'a la blanche Aurore.
233	5	Mais la naifue, & asseurée touche,
233	8	La chasteté conioincte auec beaulté,
233	9	Qui m'endurcit en la perfection,
237	2	Sort vne Guespe aspre, comme la Mort,
238	5	Que la memoyre, asses de soy labile,
239	2	Par l'oraison la fureur de Mars cesse:
242	10	Iusqu'a la double, & fameuse Cité.
247	4	Tasche a la foy plus, qu'a beaulté viser.
247	8	Passent la Mer en ceste Europe froide,
247	10	Dessoubz la Bise impetueuse, & roide.
248	1	Ce mien languir multiplie la peine
250	10	Et par les siens tire & l'ame, & la vie.
251	3	Par la Fortune en mon sort compartie,
251	7	Doncques voyant la tresriche rapine
251	10	Au loz, & heur de qui à eu la Rose.
253	7	En contemplant la Fame, qui luy chante,
253	9	La Gloyre aussi, qui a l'orner se vante
254	4	De Charité est la signifiance:
255	1	De la clere vnde yssant hors Cytharée,
255	6	Et la Mer calme aux ventz plus ne s'irrite,
258	2	Souffroit asses la chatouillant poincture,
259	4	Tout lieu distant, du iour et de la nuict,
259	7	Ainsi passant des Siecles la longueur,
259	8	Surmonteras la haulteur des Estoilles

la (suite)

262	6	Font encor paour, mesme a la solitude,
263	2	Qui de mon ame à eu la meilleur part?
264	1	La Mort pourra m'oster & temps, & heure,
264	2	Voire encendrir la mienne arse despouille:
265	5	Tant est ma vie à la presence astraincte
265	9	Ton Orient, & en la Ville icy
266	2	Fuyant la nuict de ma pensée obscure.
268	1	A son Amour la belle aux yeulx aiguz
270	8	Qui liberté, & la raison offence.
272	2	Tremblant la fiebrue en moy continuelle,
272	4	Par la chaleur d'elle perpetuelle,
275	6	De la raison, qui la me vient meurant,
275	6	De la raison, qui la me vient meurant,
277	7	Quand par la main soubdain l'ay retiré:
279	1	Combien encor que la discretion,
279	3	Que la douleur de mon affliction,
279	4	Qui d'auec moy la raison vient desioindre,
279	5	Ie puis (pourtant) a la memoire adioindre
281	5	Et si la Mort, quelque temps, pert son aage
283	3	Que la ruyne au temps iniurieuse
284	9	Oultre Thyle, & le Temps, & la Fame
287	5	Tu l'exaulças, & ce pour la conqueste
288	2	L'art, & la main de telle pourtraicture,
288	7	Et la couleur du vif imitatiue
291	1	Le Painctre peult de la neige depaindre
291	2	La blancheur telle, a peu près, qu'on peult veoir:
291	3	Mais il ne sçait a la froideur attaindre,
298	3	Si vainement, que la fruition,
299	5	Et deffaillant la craincte, croist mon vueil,
304	2	Qui rend la Mer de mes pensers paisible,
308	1	La craincte adioinct aeles aux piedz tardifz,
310	6	Que la pitié n'à sceu a soy ployer,
311	10	Pour non mourir tousiours, ne crainct la Mort.
312	1	Que ie m'ennuye en la certaineté
312	3	Voire trop plus, qu'en la soubdaineté,
312	10	Ie fuis la peine, & le trauail me suyt.
315	1	Ie m'ayme tout au desdaing de la hayne,
318	5	Et la promesse au long me reciter,
319	5	Le Ciel voyant la Terre tenebreuse,
326	7	Parquoy voyant, que la condition
327	6	Comment? vas tu sans armes a la chasse?
328	2	De la pensée encor plus incertaine,
328	4	Et tient ià près la chose bien loingtaine.
328	6	Ie m'en allois plorant la teste basse:
330	9	Et plus ne veult le iour, mais la nuict suyure.
332	9	Mais bien du mien, dy ie, la ferme essence
335	1	Pour la fraischeur Delie se dormoit
335	2	Sur la fontaine, & l'Archier en personne,
335	4	Voit la figure, & aulcun mot ne sonne:
337	2	Amour au Coeur, & la Mort sur le Corps:
337	3	Occasion conteste a la demande,
337	6	Restituant la liberté rauie.
337	9	Vien sans doubter, que l'esprit, & la vie
339	7	A celle fin, que la perseuerance
340	2	Cedant icy a la nuict tenebreuse,
341	2	Que la pensée a mes yeulx la presente,
341	8	Ie quiers la fin du songe, & le poursuis,
348	4	Par la rigueur, & celle extremité

la   (suite)

348	5	Non differente a la calamité,
349	1	Tu as, Anneau, tenu la main captiue,
350	4	Et rendre a soy la veue prisonniere:
352	3	Que conqeler en la doulce presence,
352	8	Plus fuyt la mort, & plus sa fin approche.
354	2	Celle, qui est la Vertu, & la Grace:
354	2	Celle, qui est la Vertu, & la Grace:
354	5	Adonc mes yeulx ie dresse a veoir la face,
356	4	Pour donner lieu a la nuict tenebreuse,
357	1	Tousiours n'est pas la mer Eqée trouble,
361	1	La passion de soubdaine allegresse
362	1	Ne du passé la recente memoyre,
362	2	Ne du present la conqneue euidence,
362	4	Ne peult en moy la sage prouidence:
362	5	Car sur ma foy la paour fait residence,
364	1	L'Esprit vouloit, mais la bouche ne peut
365	1	La Lune au plein par sa clarté puissante
365	3	Qui de la nuict, & l'horreur herissante,
365	4	Et la paour pasle ensemble nous redouble:
365	9	De mes douleurs resoult la nue humide,
368	5	Et amoindrit, aumoins, la languison,
368	6	Et les douleurs, que la nuict leur augmente.
368	9	Et de mes maulx s'appaise la tourmente,
369	1	Plongé au Stix de la melancolie
369	3	Que la tristesse autour de mon col lye
369	8	Créé au dueil par la perseuerance
370	5	Ainsi donné en proye a la destresse,
370	9	Fuyent au iouq de la grand seruitude
371	2	Ny la peine estre, ou il n'y à coulpe aulcune:
371	5	Ny l'Or prisé, ny la chere Pecune,
372	6	T'ouure la bouche, & en tire a voix plaine
375	1	De toy la doulce, & fresche souuenance
375	9	Et sur la nuict tacite, & sommeillante,
377	1	Ce cler luisant sur la couleur de paille
378	1	La blanche Aurore a peine finyssoit
378	9	Tu me seras la Myrrhe incorruptible
379	9	Mais de la part en mon coeur entamée
379	10	Descend la pluye estaingnant mes sanglotz.
380	1	Pour esmouoir le pur de la pensée,
381	1	Ie sens en moy la vilté de la crainte
381	1	Ie sens en moy la vilté de la crainte
381	3	Parqui la voix m'est en la bouche estaincte
381	3	Parqui la voix m'est en la bouche estaincte
383	1	Plus croit la Lune, & ses cornes r'enforce,
384	1	Me desaymant par la seuerité
384	8	De mes deffaultz i'aspire a la merueille
384	10	A mon labeur le iour, & la nuict veille.
385	1	Dessus ce Mont, qui la Gaule descouure,
385	3	Lors que la nuict a l'esprit sa querre ouure,
386	9	Les yeulx, desquelz la clarté tant me nuyt,
387	2	Auecques moy le Ciel la Terre adore,
388	9	Quand me voulois de la raison armer,
389	5	Dont par raison en la vertu comprise
390	8	De si doulx arcz ne crains la fureur telle.
391	3	Mais la Deesse y mit la flambe esparse,
391	3	Mais la Deesse y mit la flambe esparse,
391	8	Pour n'irriter & le filz, & la mere.
392	6	Et a tout bien, que la Nature baille,

la   (suite)

392	9	Et quand la paix a nous vnir trauaille,
393	1	Ie voys, & viens aux ventz de la tempeste
393	7	Me fouldroyantz telz flotz la fantasie
394	6	Comme la Lune aux Amantz fauorise,
395	1	Ce n'est Plancus, qui la Ville estendit,
395	2	La restaurant au bas de la montaigne:
395	5	L'aultre saulta de là vers la campaigne,
395	7	Celle pour veoir si la Saone couroit,
399	2	Et qu'elle soit la plus belle du Monde,
400	5	Se deffaict toute en la diuersité,
400	10	Vmbre me rend de la confusion.
402	1	La roue en fin le fer assubtilie,
402	2	Et le rend apte a trancher la durté.
402	10	Tout le iour meurs, & toute la nuict ars.
403	7	Et mesmement que la molle nuisance
404	4	Que la douleur m'ostast plus tost le sens
404	5	Que la memoire, ou reposer ie sens
405	4	Ne la Fortune opulentement grasse.
405	8	La voulenté, qui tant me bat le poulx,
405	9	Que la douleur, qui en mon front se plye,
406	9	Et que le mal par la peine cherie
407	6	Comme la Bise en allant acquiert force,
408	9	Apres la mort en ce lieu precieux
409	10	Qui se refont aux gouttes de la pluye.
410	6	Voire & qui l'ordre a la raison efface.
412	1	Mont costoyant le Fleuue, & la Cité,
412	6	Auec les yeulx leue au Ciel la pensée
412	8	Pour admirer la paix, qui me tesmoingne
413	9	Raison au faict me rend souffle a la vie,
414	6	Dont les Dieux seulz ont la fruition.
417	2	De la roideur en ton cours dangereuse,
419	1	Hault est l'effect de la voulenté libre,
419	5	Ou la pensée auec le sens comprise
419	6	Leur sert de guide, & la raison de Scorte,
419	7	Pour expugner la place d'Amour forte:
420	2	Que la Raison asses mollement tendre
421	2	De son bas vol s'estende a la vollée,
421	4	Ne la pensée, ainsi comme auolée,
425	3	Me tempestantz tousiours la fantasie
429	6	A la vertu gentilesse adonnée,
431	10	L'espoir vainquant a la fin le desir.
433	3	Mais pour autant, que la raison presente
434	1	Ainsi absent la memoyre posée,
434	3	Par la raison estant interposée,
435	1	Or si le sens, voye de la raison,
435	9	La Creature estre en soy bienheureuse,
436	5	En moy se voit la ioye prosperer
436	6	Dessus la doubte a ce coup sommeilleuse.
437	10	Et ià mespart a ses Aiglons la France.
438	7	Pour cheoir es mains de la douleur lattente,
440	3	De mon coeur froid me rompirent la glace
442	9	Que de la Terre au Ciel delicieux
442	10	Nous oste a Mort pour la vie immortelle.
443	4	En sa splendeur lon pert soubdain la veue.
443	10	Qui luy ostast par ses esclairs la vie.
444	6	A la Vertu me pouuant consommer,
445	1	Ainsi qu'Amour en la face au plus beau,
445	9	Maulgré la Mort, tire son Euridice

la (suite)

446	4	Ià preuoyant son corps par la Mort tel,
446	9	Quand sur la nuict le iour vient a mourir,
448	2	Que la fortune, & tousiours persister
448	3	Sans au debuoir de la raison se ioindre,
449	7	Et la vertu, qui viue nous suyura

*   *   *

13	8	Pour la garder d'estre du vent rauie,
14	2	Et ie la tien par ceulx là mesmes prise.
25	3	Tu la rendz sourde a mes chastes prieres,
40	7	Sans la vouloir totallement priuer,
41	10	La veoir, l'ouyr, luy parler, la toucher.
41	10	La veoir, l'ouyr, luy parler, la toucher.
43	1	Moins ie la voy, certes plus ie la hays:
43	1	Moins ie la voy, certes plus ie la hays:
43	2	Plus ie la hays, & moins elle me fasche.
43	4	Plus ie la fuys, plus veulx, qu'elle me sache.
44	8	Bien la diroit descendue des Cieulx,
44	9	Tant s'en faillant qu'il ne la dist Déesse,
44	10	S'il la voyoit de l'vn de mes deux yeulx.
45	1	Ma face, angoisse a quiconques la voit,
49	2	Et tant la vy, que, maulgré moy, ie l'ayme.
49	4	Que par l'Oeil fault, que le coeur la desayme.
55	9	La transmua en vne Austruche errante,
66	4	Celle vertu, qui tant la faict reluire,
93	4	Donc de ses traictz tu la veis toute ceincte,
103	8	L'Ame abysmée au regret, qui la mord.
105	5	De la trouuer humainement haultaine.
108	5	Bien que ton froit surprimer la vouldroit
109	5	Quand ie la vy en ce poinct estre armée,
126	9	Il m'est aduis, certes, que ie la tien,
131	10	Te vont suyuant, ou les bestes la fuyent.
141	5	Si que le Coeur, qui en moy la reuere,
141	6	La me feit veoir en celle mesme essence,
141	10	Veu qu'en tous lieux, maulgré moy, ie la suys.
144	9	La preuoyant sans son essence en soy,
152	3	Tant qu'il n'est mal qui la puisse constraindre
159	8	La veult fuyr, & moy son plus affin,
161	5	Hà (luy indigne) il la tient, il la touche:
161	5	Hà (luy indigne) il la tient, il la touche:
165	7	Et la cuydant au vray bien exprimée
170	6	Pour prendre aleine, & pour aussi la veoir.
170	8	Car l'eau par tout la fuyoit çà, & là.
195	4	De se deffendre, hors de moy la chasserent:
202	9	Comme pour moy ie ne la veulx priuer
207	10	La distillant en amoureuse humeur.
214	5	Si viue au coeur la me voulut pourtraire
215	2	Qu'en la voyant ie la me cuyde absente:
215	2	Qu'en la voyant ie la me cuyde absente:
215	9	Mais quand alors ie la veulx oblier,
222	5	Qui la me rendz au besoing endormye,
245	8	Que qui la veoit sans mourir, ne vit point:
245	9	Et qui est vif sans la scauoir au Monde,
248	6	Et qui la prens pour ton esbatement,
250	4	Et puis la cherche, & voit de poinct en poinct:
250	5	La visitant luy dit: Auroys tu point
255	8	Dans sa Coquille, & la prenant i'eslys
267	9	Ià ne fault donc que de moy ie la priue,
284	2	La rend ainsi a chascun agreable,

la   (suite)

```
284    4    La fait de tous humainement aymable:
288    9    Que deuiendroys ie en la voyant lors viue?
290    7    En la voyant ainsi plaisamment belle,
291    4    Et moins la faire a l'oeil apperceuoir.
300    2    Et par mes pleurs la noye incessamment.
301    1    On me disoit, que pour la conuerser,
301    2    Plus la verrois de pitié nonchalante:
302    9    Mais la cuydant a mon besoing estraindre
304    5    Car a la veoir alors il m'est loysible,
304    9    Qu'a la reueoir ne puis vn rien tarder,
307    1    Plus ie la voy, plus i'adore sa face,
319    7    La nous transmit, du bien s'esiouissant,
335    6    Dont il se lance au fond pour la baiser.
341    2    Que la pensée a mes yeulx la presente,
345    9    Qui iour, & nuict, sans la toucher, me rend
352    6    Pour en querir, fuyr la me fauldroit.
363    3    Que ie la voy toute telle en absence,
363    6    Ie la contemple en pensée rassise.
373    2    S'incline bas, tant le Coeur la reuere,
375    8    De iour l'admire, & la prie sans cesse:
387    3    La saluant, comme sur toutes belle,
395    2    La restaurant au bas de la montaigne:
398   10    Dedans mon coeur la deifieront.
403    3    Toute nuict i'ars la desirant absente,
403    4    Et si me sens a la reuoir indigne,
404    8    Tant qu'a la perdre a present ie souhaicte.
420    6    (Aydé d'Amour) la vainct tout oultrément.
424    9    La voyant l'oeil, aussi l'entendement,
437    7    Ie la tenoys desià pour moy surprise,
444    9    La monstre seule, ou ie puisse estimer
```

là   (25)

```
 14    2    Et ie la tien par ceulx là mesmes prise.
 21    4    Cuydant trouuer seurté, & repos là,
 69    7    Là, ou ne peult ne sens, ne prouidence,
100    7    Là mon esprit son corps laisse endormy
101   10    Là, ou Delie est tousiours plus rebelle.
105   10    Ou moins craingnoys, là plus tost ie fus pris.
126    5    Et tout aupres de celle là le serre,
132   10    Çà, & là tourne, & point ne se remue.
145    6    Et là tremblant, si grand coup à donné,
150    7    Et là s'estendre, & a tous apparoistre
156    3    Que celuy là, qui estend la douleur
160    9    En ma pensée, & là renoueller
170    8    Car l'eau par tout la fuyoit çà, & là.
225   10    Là, ou le vray conteste a toute iniure.
236    3    En voz deduitz icy bas, & là haultz,
247    7    Qui d'Orient, de là les Rouges eaux,
265    6    De celle là, qui n'en à point soucy.
297    8    Celle là puisse en humaines changer,
334    1    En aultre part, que là, ou ilz aspirent,
358    9    Là ou sa main par plus grande merueille
359    4    Fuyt çà, & là, & crie, & se debat.
363    7    Cy elle alloit, là elle estoit assise:
395    4    Là, ou Arar les piedz des deux Montz baigne:
395    5    L'aultre saulta de là vers la campaigne,
396    7    Vers celle là, qui t'attend froidement,
```

labeur   (6)
     66 10   Chose par temps, & par labeur acquise.
    111   2   Portant repos au labeur des Mortelz,
    251   9   De mon labeur me fault cueillir l'Espine
    332   1   Ouurant ma Dame au labeur trop ardente,
    384 10   A mon labeur le iour, & la nuict veille.
    438   9   De mon labeur. Dont en voye patente

labeure   (1)
    185 10   Comme l'Année, a sa fin ià labeure.

labeurent   (1)
    238   8   Qui, pour m'ayder, a leurs plainctes labeurent,

labile   (1)
    238   5   Que la memoyre, asses de soy labile,

labourer   (1)
    274   6   A labourer au iouq de loyaulté.

laboureur   (1)
    396   1   Le laboureur de sueur tout remply

lac   (2)
     58   6   Et lors le Lac de mes nouelles ioyes
    373   7   Pleurs restaqnantz en vn qrand lac profond,

laidz   (1)
    247   9   Pour s'accointer des noirs, & laidz Corbeaux

lairroit   (1)
    119   7   Plus tost le Nom sa trompette lairroit,

laissa   (1)
    174   2   Que me laissa si qrand lonqueur de temps,

laissant   (6)
     30   6   Laissant le coeur le moins interessé,
    123   6   Laissant mon cas suspendre a nonchaloir.
    184   9   Et le laissant a l'extreme refuge,
    213   8   Se laissant vaincre aux plus forcez combas.
    222   6   Laissant sur moy maintz martyres pleuuoir.
    351 10   Mais, t'y laissant ie m'y perdis moymesme.

laissay   (1)
    351   9   Venir au lieu, non ou ie te laissay,

laisse   (9)
     33   5   A mon instinct ie laisse conceuoir
     42   8   Les membres laisse & fuit au profond Puys,
     52   1   Le fer se laisse, & fourbir, & brunir
    100   7   Là mon esprit son corps laisse endormy
    130   8   Si en temps deu on laisse a l'esmouoir,
    153 10   Me laisse vif a ma doulce homicide.
    168   6   Laisse le Corps prest a estre enchassé:
    303   8   S'en fuyt de nous, & ce Pole froid laisse,
    382   1   L'heureux seiour, que derriere ie laisse,

laissent   (2)
    195   8   Selon qu'en paix, ou estour ilz le laissent.
    411   4   Le plus du temps laissent ma vie en friche,

laisser   (1)
    427   2   De se laisser a ses desirs en proye)

laissera   (1)
    146   7   Iamais tel loz son plus ne laissera,

laissois   (1)
     66   2   Ie me laissois aux estoilles conduire,

lame   (2)
      1   7   Grand fut le coup, qui sans tranchante lame
    159   4   Plus, que le mort soubz sa pesante lame,

lamente   (2)
    190   5   L'oeil en larmoye, & le coeur en lamente
    221   7   Cesse: luy dy ie, il fault que ie lamente

lamentz   (1)
    212   8   Qui se nourrit de pleurs, plainctz, & lamentz,

lampes   (1)
    356   9   Que celle estainct ses lampes euidentes,

lance   (1)
    335   6   Dont il se lance au fond pour la baiser.

landrecy   (1)
    448 10   Pour beaucoup moins, qu'a Charles Landrecy?

langue   (2)
     69   2   Comme la lanque a la voix les motz dicte:
    359   9   Que tel se taist & de langue, & de voix,

langueur   (1)
    259   9   Par ton sainct nom, qui vif en ma langueur

languir   (3)
     25   8   Si long lanquir par reuoluz momentz:
    108 10   Me font lanquir sans mourir, & sans viure.
    248   1   Ce mien lanquir multiplie la peine

languison   (1)
    368   5   Et amoindrit, aumoins, la lanquison,

languissant   (1)
    174   6   Inspirent force au lanquissant plaisir

languissantes   (1)
    245   1   Mes tant lonqz iours, & lanquissantes nuictz,

languist   (1)
     44   7   Soit qu'il lanquist d'aueuglée tristesse,

languit   (1)
     88   3   Mais y lanquit ma vie confinée

lanterne (1)
     189   2   Que le feu vif de ma lanterne morte,

laquelle (2)
      63   5   Laquelle au voile, & puis de bande en bande,
     387   1   Ou celle estoit au festin, pour laquelle

laqz (1)
     296   8   Dessoubz telz laqz ma vie estre conduicte,

large (4)
     204   2   Me va paissant, & de promesses large
     259   1   De toute Mer tout long, & large espace,
     347   5   Se faingnant ore estre large aulmosniere,
     449   8   Oultre le Ciel amplement long, & large.

largement (1)
      93   8   Tes pleurs si grandz si largement deduire,

larme (1)
     316   8   Ny de ses yeulx vne larme espuiser,

larmes (9)
      93   6   Elle te fait tant de larmes pleuuoir?
     183   5   Ma face aussi de larmes tempestée
     239   7   Pourquoy, ô Coeur, en larmes te despens,
     269 10   Qu'ardentz souspirs estainctz en chauldes larmes.
     302   4   Se distiloit en larmes de destresse.
     331   7   Doncques me sont mes larmes si aisées
     334   7   Mes larmes donc n'ont elles peu estaindre
     342   9   Ainsi Amour aux larmes de ses yeulx
     447   8   Larmes & feu, bataille asprement rude:

larmoier (1)
     122   2   Ie voy les Cieulx auec moy larmoier:

larmoyant (1)
      82   9   L'oeil larmoyant pour piteuse te rendre,

larmoyantz (2)
      79   9   Qui, dessechant mes larmoyantz conduictz,
     343   1   Au vif flambeau de ses yeulx larmoyantz

larmoye (1)
     190   5   L'oeil en larmoye, & le coeur en lamente

larmoyer (1)
     302   2   Qu'a larmoyer il esmeut ma Maistresse,

larmoyeuse (1)
     177   8   De mes trauaulx auec fin larmoyeuse.

larmoyeux (1)
     369   7   Dont l'amer chault, salé, & larmoyeux

las (18)
      26 10   Las tousiours i'ars,& point ne me consume.
      52   7   Las ie me fais despouille a mes douleurs,
      64   7   Las de mes yeulx les grandz riuieres tirent

las (suite)
```
  70   2   Mon ame, las, se deffie de soy.
  70   9   Las abreué de si forte Alluyne,
  74   9   Las ie n'ay pas l'arc, ne les traictz aussi,
 183   7   Las ce sainct feu, qui tant au vif m'attainct,
 187   9   Las ie le troeuue inutilement pris
 191  10   Las ie ne puis patiemment aymer.
 195  10   Les forces, las, de iour en iour s'abaissent.
 220   9   Las plus grand mal ne peult auoir mon bien,
 222   9   Las celluy est facile a deceuoir
 243   4   En l'Ame, las, causent mille discordz,
 244   6   Las comment puis ie aller, & me mouoir?
 305   5   Mais, las, depuis que ton ingratitude
 331   9   Las du plus, hault goutte a goutte elles filent,
 336   9   Las ie crains trop, qu'en lieu de le tirer,
```
                    *   *   *
```
   8   6   Gaigne le toy d'un las de tes cheueulx.
```

lasche (2)
```
  43   5   En vn moment deux diuers traictz me lasche
 343   8   Qu'il lasche, & frappe en moins, que d'vn moment.
```

lassa (1)
```
 135   3   Amour le noud lassa, & pour l'absouldre
```

lasse (2)
```
 163   5   Ie te vy lors, comme moy, estre lasse
 285  10   Double peine à, qui pour aultruy se lasse?
```

lassé (1)
```
 340   3   Du triste esprit plus, que du corps lassé,
```

lassez (1)
```
 125   9   Mais pour mes maulx en mon tourment lassez
```

lassif (1)
```
  28   8   Le bien, qu'Amour (Amour lassif) conseille.
```

lassus (3)
```
 346   6   Lassus en paix en nostre eternel throsne.
 380   6   Ton hault coeur sainct lassus se transporter:
 412   9   Celle vertu lassus recompensée,
```

latente (1)
```
  38   7   O combien peult ceste vertu latente
```

lattente (1)
```
 438   7   Pour cheoir es mains de la douleur lattente,
```

lauer (1)
```
 235   4   Se vient lauer ses deux mains yuoirines,
```

laurier (1)
```
 388   6   Trouue le goust de son Laurier amer:
```

le (538)
```
   1   7   Grand fut le coup, qui sans tranchante lame
   1   8   Fait, que viuant le Corps, l'Esprit desuie,
   2   1   Le Naturant par ses haultes Idées
```

le (suite)

4	1	Voulant tirer le hault ciel Empirée
6	6	M'estonna l'Ame, & le sens tellement,
7	1	Celle beaulté, qui embellit le Monde
10	1	Suaue odeur: Mais le goust trop amer
10	3	Tant peult de soy le delicat aymer,
11	4	Perdit le plus de sa nayue grace.
11	7	Proeuue pour ceulz, qui le bien poursuyuront
12	2	Qui par le bras t'asseruit Ame, & vie,
13	4	Veut reparer le mal par luy conceu.
13	5	Car telle ardeur le coeur en à receu,
13	6	Que le corps vif est là reduict en cendre:
17	6	Le Rhosne aller contremont lentement,
19	4	Nous ne vouions le coeur, & la puissance.
21	1	Le Cerf volant aux aboys de l'Austruche
21	3	Sur le plus hault de l'Europe il se iusche,
25	6	Ce, que le temps a grand peine extermine.
28	1	Ay ie peu veoir le vermeil de la honte
28	4	Sur le plus cher de sa grand' chasteté?
28	8	Le bien, qu'Amour (Amour lassif) conseille.
29	1	Dessus le Coeur vouloit seul maistriser
29	2	L'aueugle Archier, qui des dieux est le maistre:
30	1	Des yeulx, ausquelz s'enniche le Soleil,
30	2	Quand sus le soir du iour il se depart,
30	3	Delasché fut le doulx traict nompareil
30	6	Laissant le coeur le moins interessé,
30	6	Laissant le coeur le moins interessé,
31	10	Qui le doulx bien de liberté nous oste.
32	2	Que le peché de soy me iustifie,
34	4	Causast le mal, a quoy se disposa
35	6	Pour le long temps, qui tant nous desassemble,
35	8	Car le mourir en ceste longue absence
36	1	Le Forgeron villainement erra,
37	9	Et par le Plomb tu nous rendz mal contentz,
38	2	Qui sur le dos deux aeles luy paingnit.
38	8	De croire, & veoir le rebours clerement,
41	1	Le veoir, l'ouyr, le parler, le toucher
41	1	Le veoir, l'ouyr, le parler, le toucher
41	1	Le veoir, l'ouyr, le parler, le toucher
41	2	Finoient le but de mon contentement,
41	3	Tant que le bien, qu'Amantz ont sur tout cher,
41	7	Puis que m'en est le mal pour bien rendu,
42	1	Si doulcement le venin de tes yeulx
42	3	Que sans douleur le desir soucyeux
42	7	Alors le sang, qui d'elle charge auoit,
42	9	Voulant cacher le feu, que chascun voit.
44	1	Si le soir pert toutes plaisantes fleurs,
44	2	Le temps aussi toute chose mortelle,
45	4	S'est soubz le froit de durté amortie.
45	7	Auec le front serenant l'esperance
45	8	I'asseure l'Ame, & le Coeur obligez,
46	1	Si le desir, image de la chose,
46	2	Que plus on ayme, est du coeur le miroir,
46	7	Plus fuit le Cerf, & plus on le poursuyt,
46	9	Plus ie m'absente, & plus le mal s'ensuyt
48	9	Dont, comme au feu le Phoenix, emplumée
48	10	Meurt, & renaist en moy cent fois le iour.
49	3	Le sens, & l'ame y furent tant rauis,
49	4	Que par l'Oeil fault, que le coeur la desayme.

le   (suite)

49	8	Que mon feu luict, quand le sien clair m'appert.
49	9	Mourant le sien, le mien tost se suffoque.
49	9	Mourant le sien, le mien tost se suffoque.
50	6	Ie me prometz le hault bien de mon mieulx.
52	1	Le fer se laisse, & fourbir, & brunir
54	4	L'hoir de Iason guidé par le bon heur.
54	5	De palme aussi le iuste Coronneur
56	1	Le Corps trauaille a forces eneruées,
56	3	Le Sens troublé voit choses controuées
56	10	Le Corps, l'Esprit, le Sens, & la Raison.
56	10	Le Corps, l'Esprit, le Sens, & la Raison.
57	2	Estend la main, apres le coup receu,
58	6	Et lors le Lac de mes nouelles ioyes
61	2	Le tien vers moy, & froid, & lent courage:
61	3	Si le deuoir duquel i'abuserois,
65	1	Continuant toy, le bien de mon mal,
65	7	Car, sauourant le ius de tes saueurs
67	3	Delie voit le cas si despiteux,
68	5	A tout moment de toy le souuenir
69	1	Par le penser, qui forme les raisons,
71	10	Puis que tel est le vouloir de ta Dame.
72	3	Veit le Modelle a ma triste ruyne
76	4	I'ouuris la bouche, & sur le poinct du dire
76	6	M'entreclouit le poursuyure du cy.
76	7	Dont du desir le curieux soucy
79	2	Tirant le iour des regions infimes,
79	10	Me feit cler veoir le Soleil de ma vie.
81	2	Ne me fusa soubdainement le corps.
81	7	Que le dedans, sans en faire apparence,
82	4	Que le corps vif est ià poulsiere Vmbreuse:
83	6	Maint cas, dont fut le Forgeron honteux:
84	1	Ou le contraire est certes verité,
84	2	Ou le rapport de plusieurs est mensonge,
84	3	Qui m'à le moins, que i'ay peu, irrité,
84	6	Sur le scrupule, ou ta bonté demeure.
86	1	Sur le matin, commencement du iour,
86	4	Couurir le feu, qui iusque au coeur m'altere.
86	9	Ainsi qui cuyde estre le mieulx pourueu
87	2	En ma pensée & au lieu le plus tendre,
94	1	Si treslas fut d'enuironner le Monde
94	2	Le Dieu volant, qu'en Mer il s'abysma:
96	8	Me remet sus le desir, qui me mort.
98	1	Le Dieu Imberbe au giron de Thetys
98	8	Le soir me couche esueillé hors de moy,
98	9	Et le matin veillant aussi me treuue,
99	1	Fusse le moins de ma calamité
99	4	Le bout sans fin de ma vaine esperance.
101	1	Sur le matin, songeant profondement,
101	6	Auec maintien, qui le tout compassoit.
103	2	Ou pour le gaing, au peril dangereux,
103	5	Apres le sault ie m'estonnay paoureux
103	9	Car tout le bien de l'heureuse surprise
106	3	Mais s'absconsant le Soleil, qui me nuyt,
111	1	Lors que le Soir Venus au Ciel r'appelle,
111	10	De mes souspirs le Montgibel fumer.
112	3	Fut le repos, ou ie me nourrissoys
112	10	Fait resonner le circuyt Plancien.
114	7	Si donc le Coeur au plaisir, qu'il reçoit,

le   (suite)

115	4	Surpris le Coeur, & l'Ame a l'impourueue,
115	10	Dessus le iuste, & Royal innocent.
117	2	Tu m'afoiblis le fort de ton pouoir:
118	1	Le hault penser de mes frailes desirs
119	7	Plus tost le Nom sa trompette lairroit,
120	3	Mais Amour vint, qui le cas entendit,
120	7	A qui le Dieu crie plain de tristesse,
121	8	Par qui le Coeur souffre si grandz discordz,
121	9	Qu'apres le feu estaincte la fumée
121	10	Viura le mal, auoir perdu le Corps.
121	10	Viura le mal, auoir perdu le Corps.
123	10	Contre le Ciel ne vault deffence humaine.
124	10	Comme le iour la clere nuict efface.
125	3	Le Corps est ià en sa foible roideur
127	9	Ie verrois l'Ame, ensemble & le Corps croistre,
128	4	A esclercy le brouillas de Fouruiere:
129	1	Le iour passé de ta doulce presence
129	7	Car dès le poinct, que partie tu fus,
129	8	Comme le Lieure accroppy en son giste,
132	1	Le bon Nocher se monstre en la tempeste,
132	2	Et le Souldart au seul conflict se proeuue:
133	1	Le Vespre obscur a tous le iour clouit
133	1	Le Vespre obscur a tous le iour clouit
133	6	Le bien du bien, qui tout aultre surmonte.
134	6	A moy le Coeur, & la chaste pensée.
134	8	A recepuoir le bien, qu'Amour despart,
135	3	Amour le noud lassa, & pour l'absouldre
135	4	Foy le noua, & le temps l'estraingnit.
135	5	Premier le Coeur, & puis l'Ame ceingnit,
135	7	Qu'oultre le bien, qui me tien redeuable,
136	1	L'heur de nostre heur enflambant le desir
136	8	Le bien du mal en effect desirable:
137	10	Causa le brief, qui me persecuta.
138	2	Que mal me feit le bref departement.
138	3	Car le present de l'heureuse presence
138	4	Eust le futur deceu couuertement.
138	7	Le bien, que i'ay tousiours eu sur tout cher:
139	3	Mais plus grand heur le sort me deut ascrire,
141	5	Si que le Coeur, qui en moy la reuere,
142	6	La peine, qu'à le sien corps seulement,
143	1	Le souuenir, ame de ma pensée,
144	7	Le hault pouoir, qui ouurant sans esmoy,
145	3	Que quand le traict delasché s'absconsa
145	7	Qu'en s'arrestant, le creux à resonné
146	1	Donc admirant le graue de l'honneur,
147	1	Le doulx sommeil de ses tacites eaux
147	7	Mais le iour vint, & l'heure destinée,
148	3	Puis le Printemps ramenant le beau iour,
148	3	Puis le Printemps ramenant le beau iour,
148	7	Tant que sur moy le tien ingrat froit dure,
148	9	Puis retournant le doulx Ver sans froidure
149	5	Par le naif de tes graces infuses
150	6	Sur le plus hault de ma fermeté croistre:
151	4	Tout aultre bien pour le tien elle oblie:
152	1	Ie sens le noud de plus en plus estraindre
153	2	Mouroit le iour de ma fatalité,
153	3	Si le lyen de si saincte amytié
153	7	Mais le grillet, ialouse fantasie,

le (suite)

155 2 Cuysant le Corps, les mouelles consume.
155 4 Le demourant violemment escume.
155 6 Tant qu'au secours vient le plus doulx souuenir,
156 1 Estre ne peult le bien de mon malheur
156 7 Et le doulx son, qui de sa bouche sort,
156 9 Que desdaingnant & la loy, & le sort,
157 4 Le Corps tressue en si plaisant martyre,
158 6 M'eschaulfe l'Ame, & le Coeur a tourment,
159 4 Plus, que le mort soubz sa pesante lame,
160 3 Elle à le Ciel serainé au Pays,
163 2 Duquel ie note & le lieu, & la place,
163 4 Ce mortel noud, qui le coeur m'entrelasse.
164 6 Sur le confus de mes vaines merueilles,
166 8 Ahontiroyt le nud de Bersabée:
166 9 Et le flagrant de sa suaue alaine
168 5 Alors le Coeur, qui vn tel bien compasse,
168 6 Laisse le Corps prest a estre enchassé:
169 3 Celez le mal auec la guerison,
169 6 Le libre vueil de necessaire aisance.
170 7 Mais pour le temps ne se voulut mouoir:
171 2 Ressussitant au naistre le doulx Ver,
171 3 A son mourir ouure le froit Hyuer
171 5 L'air s'obscurcit, & le Vent ennuyeux
173 1 Ceincte en ce point & le col, & le corps
173 1 Ceincte en ce point & le col, & le corps
173 4 Ou le hault Ciel de tes vertus se prise.
174 9 A mon trauail augmente le desir,
175 1 Voy le iour cler ruyner en tenebres,
175 6 De noz deduitz tant foible est le donneur.
176 9 Et le parfaict de ta beaulté croissant
177 5 Le venerable en ton flourissant aage
178 6 Ont demoly le fort de tous mes aises
178 9 Le feu ardent de mes si grandz mesaises
179 3 Et la Raison me dit, que le poursuyure
179 8 Le lieu, l'honneur, & la froide saison.
180 8 Faignant du miel estre le goust amer:
181 8 Et la memoyre, & le sens tout confus:
182 9 Il fauldra donc, que soubz le tien pouoir
185 1 Le Coeur surpris du froict de ta durté
187 2 Et le souffrir de la raison procede.
188 9 Si le souffrir doibt supplir amplement,
188 10 Ou le merite oncques n'à peu attaindre.
189 2 Que le feu vif de ma lanterne morte,
190 2 D'autant decroist le remede affoibly:
190 5 L'oeil en larmoye, & le coeur en lamente
190 9 Croissant le feu de mon desir ardent,
192 2 Auec le Corps l'Esprit est tant remis,
192 9 Et par celà tu veulz, que le mal clos
193 1 Quand de ton rond le pur cler se macule,
194 3 Sans efforcer le Monde d'adorer
194 4 Si feruement le sainct de ton image,
196 1 Tes doigtz tirantz non le doulx son des cordes,
196 8 Comme le vent se ioue auec la flamme,
197 2 Souffre trop plus, que le corps martyré,
197 4 De ton mourant à le vif attiré
197 5 Si viuement, que pour le coup tiré
197 8 Le Coeur criant par la bouche te prie
198 5 Ne sens tu pas le tort, qu'elle prepare

le (suite)
```
199   1   Sans lesion le Serpent Royal vit
199   2   Dedans le chault de la flamme luisante:
203   5   De rien s'esmeult, & s'appaise le vent,
204   5   Desquelz sur moy le maling se descharge,
205   9   Mais, quant a moy, qui tout le t'ay donné,
205  10   C'est le seul bien, apres toy, que i'estime.
206   1   Lors le suspect, agent de ialousie,
206   2   Esmeult le fondz de mes intentions,
206  10   L'alaine, ensemble & le poulx de ma vie.
210   1   Doncques le Vice a Vertu preferé
210   3   Et le parler du maling proferé
210   5   Ainsi le faulx par non punye offence.
210   9   Aydez le vray, la bonté, la droicture,
211   8   Soit que le temps le vous souffre, ou le nye:
212   4   Furent le mal tressainctement inique.
212   5   Duquel le coup penetrant tousiours picque
213   2   Le traict perçant au fons de ma pensée.
213   6   Pour rendre a luy le lieu inaccessible,
214   1   Le practiquer de tant diuerses gentz,
214   3   Et le pressif des affaires vrgentz
214  10   Tirer le sel de ses haultes sentences.
217   5   Par le flambeau de celluy ie fus pris
220   6   Sur le suspend de comment, ou combien,
221   1   Sur le Printemps, que les Aloses montent,
221   2   Ma Dame, & moy saultons dans le batteau,
222   7   Pourquoy veulx tu le fruict d'attente auoir,
224   8   Ou le meurdrier m'a meurdry, & noircy
224   9   Le Coeur si fort, que playe Egyptienne,
225  10   Là, ou le vray conteste a toute iniure.
226   3   Le parfaict d'elle, ou mon contentement
226   4   A sceu fonder le fort de ses appuyz:
227   8   Vueille le Temps, vueille la Fame, ou non,
232   1   Tout le repos, ô nuict, que tu me doibs,
232   2   Auec le temps mon penser le deuore.
232   4   Depuis le soir iusqu'a la blanche Aurore.
233   2   Et le relief de sa vermeille bouche
233   3   N'est point le plus en moy bien fortuné,
235  10   Le sainct miroir de voz sacrées vndes.
237   4   Dont de douleur le visage tout mort,
240   3   Trouue le iouq, a tous aultres sauluage,
240   4   Le Paradis de son contentement.
242   9   Chassant le son de voz doulx instrumentz
243   2   Ont influence & sur l'Ame, & le Corps:
245   6   Que le parfaict, dont sa beaulté abonde,
246   2   L'Aure, ou le Vent, en l'air me respandroit,
250   1   Le ieune Archier veult chatouiller Delie:
250   9   Car par ceulx cy le sang bien maigrement,
252   1   Le Ciel de soy communement auare,
252   3   Tout le hault bien de parfection rare,
254   1   Si le blanc pur est Foy immaculée,
254   2   Et le vert gay est ioyeuse Esperance,
254   3   Le rouge ardent par couleur simulée
255   5   Lors que Prognes le beau Printemps salue,
255  10   Pour decorer (vn temps viendra) le Lys.
258   1   Le Coeur, de soy foiblement resoulu,
258   3   Que le traict d'or fraischement esmoulu
260   7   Dont le fort vent de l'espoir courageux
266   6   Le mortel froit, qui tout me congeloit.
```

le (suite)
```
    266   7   Voyez, mes yeulx, le bien que vous celoit
    266   9   Repaissez donc, comme le Coeur souloit,
    269   4   Croissent le mal, qui au querir m'empire.
    270   4   Le moindre d'eulx mille mortz m'appareille.
    271   6   Ores ta face, ores le tout illustre:
    272   3   Qui doulcement me consomme le sein
    272   8   Et le baiser, qu'au rendre vous donnay
    273  10   (Auant le soir) le Soleil de ma vie.
    273  10   (Auant le soir) le Soleil de ma vie.
    274   5   Le hault desir, qui iour, & nuict m'esmeult
    274   7   Et tant dur est le mors de ta beaulté
    276   7   Car pour le bien, que i'en ay peu choisir,
    278   8   Tout le parfaict de son diuin ouurage,
    278  10   Renouella le Phoenix de nostre aage.
    279   6   Le souuenir de ton diuers accueil,
    283   4   Perdra le tout, ou plus lon s'adonnoit.
    283  10   Et Tanais, & le Nil, & l'Ibere.
    284   9   Oultre Thyle, & le Temps, & la Fame
    286   5   Eslis (le mieulx, que tu pourras sçauoir)
    286   8   Ie pris le hault pour plus grande asseurance:
    288   1   Plus ie poursuis par le discours des yeulx
    288   5   Dont le parfaict de sa lineature
    288   6   M'esmeult le sens, & l'imaginatiue:
    289   2   Ie ne sçay quoy le sens me barbouilloit:
    289   4   Le ieune sang tout au corps me bouilloit.
    290   3   Au rencontrer le rayant de son oeil,
    290   4   Dont le pouoir me rend si fort debile,
    290   8   Et le plaisir croissant de bien en mieulx
    291   1   Le Painctre peult de la neige depaindre
    292   2   Naist le grand feu, qui en mon coeur se cele:
    293   1   Celle regit le frain de ma pensée,
    295   3   Tu vas, Errente, enuironnant le Monde,
    297   2   L'oeil, & le sens aulcunement ie boute,
    299   3   Naist le plaisir, qui se meurt par desdain,
    299   8   Le coeur craintif, (comme tu m'admonestes)
    303   6   Trop mieulx, qu'en luy nostre face a le veoir.
    308   2   Pour le peril eminent eschapper,
    308   3   Et le desir rend les couardz hardiz,
    308   8   Le seul vouloir petitement idoyne,
    308   9   A noz plaisirs, comme le mur s'oppose
    312   4   Ou le hazard de tout mon bien depent.
    312   5   Mais que me vault si le Coeur se repent?
    312  10   Ie fuis la peine, & le trauail me suyt.
    317   2   Tant miserable est le sort des Amantz,
    319   5   Le Ciel voyant la Terre tenebreuse,
    319  10   Plus que le Ciel, de toy se glorifie.
    320   3   Iettant au vent le sens, & l'esperance,
    321   1   Lors que le Linx de tes yeulx me penetre
    321   8   Pour le desgast le feu par tout allume,
    321   8   Pour le desgast le feu par tout allume,
    323   2   Gastent le bon de nostre mortel viure,
    323   4   Nous fait le vray de l'equité ensuyure.
    327   3   Sur le chemin d'amour fut rencontrée,
    329   5   Pource a l'Archier, le plus du temps, m'adresse,
    330   9   Et plus ne veult le iour, mais la nuict suyure.
    333   8   Le mal, qui vient ma playe reunir.
    334   5   Qui m'occupant l'alaine, & le parler,
    335   9   Et si ne plaings le mien, qui pour se ayser,
```

le (suite)

```
336 10  Le Corps ne soit, comme luy, detenu.
337  2  Amour au Coeur, & la Mort sur le Corps:
338  2  Poulsa le Coeur, qu'il y attira l'Ame
339  4  Reprent le clair de son tainct souuerain,
340  1  Auoir le iour nostre Occident passé,
340  7  Mais le matin (trop hastif) m'à priué
341  7  Ce neantmoins pour le bien ià receu,
342  5  Mais, comme on voit le Soleil apparoistre
342  6  Sur le Printemps parmy l'air pluuieux,
342  7  Le Rossignol a chanter curieux
343  6  Le cauteleux, peu a peu, se retire
344  1  Leuth resonnant, & le doulx son des cordes,
344  2  Et le concent de mon affection,
346  4  A tout le moins mon loyal persister,
346  7  N'apperçoy tu de l'Occident le Rhosne
347  2  Le doigt sacré par si gente maniere,
347  3  Que celle main, de qui le pouoir sainct
349  2  Qui par le coeur me tient encor captif,
350  8  Que le Soleil si clerement voyant,
352  5  Or si ie suis le vulgaire suyuant,
352  7  Le Cerf blessé par l'archier bien adroit
355  3  Le feu de nuict en mon corps transparent,
355  9  Et derechef reluit le soir vmbreux
355 10  Accompaignant le Vermisseau luisant.
356  1  Quand Titan à sué le long du iour,
356 10  De qui le nom tu vas representant.
357  3  Mais le malheur, qui mon mal me redouble,
359  3  Le vaincu lors pour son plus necessaire
359 10  De qui le coeur se plaint incessament.
360  5  Et le Canon, qui paour, & horreur meine,
361  5  Mais maintenent le coeur chault, & tresprompt
362  9  Tousiours espere: et le trop esperer
362 10  M'esmeult souuent le vacciller du doubte.
365  8  Le doulx regard a mon mal souuerain
366  6  D'vn doulx feu lent le cueur m'atyedissoit
367  2  Me fut le moys, que sans toy suis esté:
368  4  Si non le tout, d'entiere querison:
370  2  Sur le plaisir de ma propre tristesse,
371 10  Le resolu de mon intention.
372  1  Tu m'es le Cedre encontre le venin
372  1  Tu m'es le Cedre encontre le venin
373  2  S'incline bas, tant le Coeur la reuere,
376  1  Tu es le Corps, Dame, & ie suis ton vmbre,
376  8  Que lon ne veoit l'vmbre suyure le corps,
377  5  Car le iaulne est mon bien attendu
377  8  Lequel le blanc si gentement decore:
378  7  Mais toy, qui as (toy seule) le possible
380  1  Pour esmouoir le pur de la pensée,
380  8  Et l'Ambrosie, & le Nectar des Cieulx,
381  8  Le demourant consideration,
382  5  Plus pas a pas i'esloingne le Leuant,
382  6  Pour le Ponent de plus près approcher:
383  2  Plus allegeante est le febricitant:
384 10  A mon labeur le iour, & la nuict veille.
385  5  Auec le lict cuydant abandonner
385  7  Quand le Soleil dessus ses roues painctes
386  2  Poulse le bout de ses rayons dorez,
387  2  Auecques moy le Ciel la Terre adore,
```

le   (suite)

387	8	Le cler Soleil les estoilles efface,
388	6	Trouue le goust de son Laurier amer:
389	1	Elle à le coeur en si hault lieu assis
389	2	Qu'elle tient vil ce, que le Monde prise:
391	2	Ceste Cité sur le Mont de Venus:
391	8	Pour n'irriter & le filz, & la mere.
396	1	Le laboureur de sueur tout remply
396	2	A son repos sur le soir se retire:
396	3	Le Pelerin, son voyage accomply,
397	9	L'oeil, & le sens peu a peu me deffault,
399	3	Comprenant plus, que tout le Ciel n'embrasse
400	7	Parquoy voulant tirer le sentement
402	1	La roue en fin le fer assubtilie,
402	10	Tout le iour meurs, & toute la nuict ars.
403	1	Tout le iour meurs voyant celle presente,
404	4	Que la douleur m'ostast plus tost le sens
404	6	Le nom de celle, Amour, ou tu regnois
405	2	Pour le desastre influant ma disgrace,
405	8	La voulenté, qui tant me bat le poulx,
406	7	Veult que le Coeur, bien qu'il soit fasché, rie
406	9	Et que le mal par la peine cherie
408	2	De ma triste ame estendu le corps vuyde,
409	2	Qui aux plus fortz rauit le dur courage
410	5	Troublant a tous le sens, & le cerueau,
410	5	Troublant a tous le sens, & le cerueau,
411	4	Le plus du temps laissent ma vie en friche,
412	1	Mont costoyant le Fleuue, & la Cité,
417	1	Fleuue rongeant pour t'attiltrer le nom
418	1	Soubz le carré d'vn noir tailloir couurant
419	2	Et plus haultain le vouloir de franchise,
419	5	Ou la pensée auec le sens comprise
420	4	Tant foible veult contre le Sens contendre.
421	7	Vueillent voler le sens, & le fol aage,
421	7	Vueillent voler le sens, & le fol aage,
422	9	Tirant le traict de ma playe incurable,
423	6	Le Coeur sans reigle, & le Corps par compas.
423	6	Le Coeur sans reigle, & le Corps par compas.
423	7	Car soit deuant, ou apres le repas,
423	8	Tousiours le long de ses riues prochaines
424	6	Me penetrant le vif du sentement,
429	2	Par le priué de frequentation
430	7	Car patience est le propice Estuy,
431	10	L'espoir vainquant a la fin le desir.
432	2	Auec le sens l'humain entendement
432	8	Mesmes cest An, que le froid Alleman
435	1	Or si le sens, voye de la raison,
438	2	Comme le mien, certainement le fais:
438	5	Et si ie quitte & le ioug, & le faix,
438	5	Et si ie quitte & le ioug, & le faix,
438	8	Et du regrect, qu'vn aultre aye le prys
439	2	Alimenté est le sens du doulx songe
443	1	Combien qu'a nous soit cause le Soleil
444	8	Le bien, du bien qui sans comparaison
445	3	Hault colloqua le reluysant flambeau
446	9	Quand sur la nuict le iour vient a mourir,
446	10	Le soir d'icy est Aulbe a l'Antipode.
447	3	Comme tu voys estre le feu, & l'eau
448	1	Vouloir tousiours, ou le pouoir est moindre,

le (suite)
```
449   8   Oultre le Ciel amplement long, & large.
               *           *           *
  8   6   Gaigne le toy d'un las de tes cheueulx.
  8   7   Puis qu'il te plaict, dit elle, ie le veulx.
 16   2   Ainsi qu'Amour le m'auoit commandé:
 16   6   Le m'à nyé, comme pernicieuse.
 29   3   La Parque aussi le veult seigneuriser,
 29   5   Mais sur ce poinct, qu'on le met en sequestre,
 30  10   Rien ne le peult, non Dorion, querir.
 42  10   Lequel ie couure, & celer ne le puis.
 46   7   Plus fuit le Cerf, & plus on le poursuyt,
 46   8   Pour mieulx le rendre, aux rhetz de seruitude:
 67   4   Qu'auec Venus le cherche, & le deterre.
 67   4   Qu'auec Venus le cherche, & le deterre.
 76   1   Ie le vouluz, & ne l'osay vouloir,
 77   7   Espoir le fait, non pour mon bien, reuiure:
126   5   Et tout aupres de celle là le serre,
135   4   Foy le noua, & le temps l'estrainqnit.
138   9   Le me feit veoir, & presqu'au doigt toucher,
147   5   Ou le croyois: & si specialement,
155   9   Et quand i'y pense, & le cuyde aduenir,
161   6   Elle le souffre: &, comme moins robuste,
183  10   Celle l'enflamme, & ceste le nourrit.
184   9   Et le laissant a l'extreme refuge,
187   9   Las ie le troeuue inutilement pris
195   8   Selon qu'en paix, ou estour ilz le laissent.
202   5   Ie ne le fais pour abreger l'attente,
205   5   Au moins ce don ie le presente, & donne,
209   8   Et puis le fait reduire a ma memoire,
211   8   Soit que le temps le vous souffre, ou le nye:
211   8   Soit que le temps le vous souffre, ou le nye:
226   1   Ie le conçoy en mon entendement
232   2   Auec le temps mon penser le deuore:
244   9   Et le nourris sans point m'apperceuoir
257   4   Qu'elle le veuille aumoins, apperceuoir.
257   7   Ou regarder ne le daigne, & si ose
268   4   Le va semant par subtilité grande.
277   9   Pour bien le paindre oste ce traict tiré,
311   2   Mais tout blessé le tenir en destresse,
311   4   L'auoir vaincu, le iecter hors d'oppresse.
311   8   Lequel par toy si aigrement le mord,
312   8   Qui le moleste, & a fin le poursuyt.
312   8   Qui le moleste, & a fin le poursuyt.
313  10   Playant mon coeur, d'vn soubris le querir.
321   6   L'Ame s'enfuit souffrir ne le pouant.
329   3   Ie ne le fais sinon pour eschapper
329   9   Nous suit alors, qu'on le fuyt par effect,
329  10   Et fuyt celluy, qui ardemment le suyt.
332   2   Son Dé luy cheut, mais Amour le luy dresse:
332   3   Et le voyant sans raison euidente
336   8   Pourquoy ne vois ie acoup le retirer?
336   9   Las ie crains trop, qu'en lieu de le tirer,
339  10   Celant mon feu, a bon Port le conduys.
341   8   Ie quiers la fin du songe, & le poursuis,
343   2   Amour son traict allume, & puis le trempe
343   4   Dessus sa face: & l'estainqnant le trempe
343   7   Par deuers moy, & si soubdain le tire,
351   7   Et qu'il soit vray, & comme ie le scay:
```

le   (suite)
```
     359   2   Si viuement, qu'il le blesse, ou l'abat:
     374   2   Et tout soubdain le vint au Dieu monstrer,
     381  10   Le tient caché a l'admiration.
     382   7   Plus m'est aduis de le pouoir toucher,
     382  10   Haulsant les yeulx, ie le voy loing s'estendre.
     402   2   Et le rend apte a trancher la durté.
     402   6   Le reseruant a plus seconde chose.
     409   3   Pour le porter au gracieux domaine
     420   7   Ne pouuant donc le conuaincre aultrement,
     426   8   Ce bien, voyant que ie ne le puis acquerre:
     427   5   Quand ie me vy (non point que ie le croye,
     427   6   Et si le cuyde) estre d'elle banny.
     438   2   Comme le mien, certainement le fais:
     442   1   Pourroit donc bien (non que ie le demande)
```

leger   (5)
```
      31   7   O vaine foy, ô croire trop leger,
      32   9   Meritera mon leger demerite
      32  10   D'estre puny d'vn plus leger pardon.
      34   5   Ton leger croire, & tant y reposa,
     328  10   Amour leger mesler ioye en mon dueil.
```

legere   (1)
```
     175   8   Legere gloire, en fin en terre tumbe,
```

legerement   (2)
```
      55  10   Qui vole bas, & fuit legerement.
     336   3   Que mes souspirs trop legerement vistes
```

legers   (1)
```
     122  10   Que foy habite, ou les Ventz legers bruyent.
```

legitime   (1)
```
     439   7   Dont pour excuse, & cause legitime
```

lemnos   (1)
```
     353   6   Plus desseché, qu'en terre de Lemnos.
```

lent   (5)
```
      61   2   Le tien vers moy, & froid, & lent courage:
     126   2   Que Somnus lent pacifie la Terre,
     191   7   Que, nonobstant que mon naturel lent
     366   6   D'vn doulx feu lent le cueur m'atyedissoit
     395   8   S'arresta toute au son de son cours lent:
```

lentement   (4)
```
      17   6   Le Rhosne aller contremont lentement,
      55   8   Et s'attrempant, peu a peu lentement
      66   7   Dont froide peur surprenant lentement
     423   9   Lieux escartez, lentement pas a pas
```

lentes   (1)
```
      75   6   Me soient tousiours toutes nuisances lentes.
```

lequel   (12)
```
      21   5   Lieu sacre, & sainct, lequel il viola
      42  10   Lequel ie couure, & celer ne le puis.
      74   3   Lequel ie vy, lors qu'il se deduisoit,
```

lequel (suite)

226	5	Dessus lequel ie me pourmaine, & puis
268	3	Lequel elle ouure, & de plumes d'Argus
311	8	Lequel par toy si aigrement le mord,
321	9	Lequel ayant ioye, & rys au deuant
353	5	Lequel deuient pour vn si hault merite,
377	8	Lequel le blanc si gentement decore:
420	5	Lequel voulant ses grandz forces estendre
439	5	Dedans lequel il m'abysme, & me plonge
448	4	Contre lequel on ne peult resister,

les (160)

0	1	Non de Venus les ardentz estincelles,
0	2	Et moins les traictz, desquelz Cupido tire:
0	3	Mais bien les mortz, qu'en moy tu renouelles
2	3	Par les vertus de sa vertu guidées
4	8	Que quand ie vien a odorer les fleurs
9	7	Quand i'apperceus entre les Mariolaines
11	6	Les seches fleurs en leur odeur viuront:
18	2	Perpetuant des haultz Princes les gestes:
20	1	Peuuent les Dieux ouyr Amantz iurer,
22	2	Et vif, & mort cent ans parmy les Vmbres:
31	1	Les tristes Soeurs plaingnoient l'antique offense,
36	4	Par qui les coeurs des Amantz il allume.
36	7	Pour mieux attraire, & les attraictz surpriz
42	8	Les membres laisse & fuit au profond Puys,
50	7	Elle s'en rit, attestant les haultz Dieux:
52	9	Me demeurantz seulement les couleurs
64	1	Des Montz hautains descendent les ruisseaulx,
64	5	Les ventz bruyantz sur les vndes sallées
64	5	Les ventz bruyantz sur les vndes sallées,
64	7	Las de mes yeulx les grandz riuieres tirent
68	1	Comme lon voit sur les froides pensées
69	1	Par le penser, qui forme les raisons,
69	2	Comme la langue a la voix les motz dicte:
73	1	Fuyantz les Montz, tant soit peu, nostre veue,
74	9	Las ie n'ay pas l'arc, ne les traictz aussi,
79	4	Des montz cornuz doroit les haultes cymes.
79	7	Me fait souuent percer les longues nuictz,
89	1	Amour perdit les traictz, qu'il me tira,
91	10	Les meilleurs ans de ma felicité.
93	2	Les rayz aiguz de celle clarté saincte,
93	7	Vueillent les Cieulx par vn bening debuoir,
98	2	Nous fait des montz les grandz vmbres descendre:
99	5	Mais tous les iours gruer soubz l'asseurance,
101	5	Les yeulx riantz en face, & teste ronde
110	2	Les coeurs de tous a t'aymer curieux:
114	3	Qui consumez les durtez, voire seures,
121	4	Dont mes souspirs furent les Encenciers.
122	1	Ie voy les Cieulx auec moy larmoier:
122	4	Comme les Bledz, ma pensée vndoier.
122	10	Que foy habite, ou les Ventz legers bruyent.
124	3	C'est par les tiens de ce Monde adorez,
131	10	Te vont suyuant, ou les bestes la fuyent.
140	8	Que tes sourcilz estoient d'Amour les arcz.
140	10	Par les longz traictz de tes perceanz regardz,
147	3	Que de la mere, & du filz les flambeaux
149	4	Ou de Venus les troys fainctes Meduses
155	2	Cuysant le Corps, les mouelles consume.

les (suite)

162	8	Dont les haultz dieux t'ont richement pourueue,
162	9	Les cieulx ialoux de si grand priuaulté
164	9	Et a ce son me cornantz les oreilles,
168	1	Toutes les fois qu'en mon entendement
170	9	Lors i'apperceus les Dieux du Ciel pleuuoir
171	6	Les arbres vertz de leurs fueilles denue.
173	2	Auec les bras, te denote estre prise
174	5	Et a me veoir les Astres mal contentz
175	7	Et se crestantz les arbres, leur honneur,
178	7	Comme au Faulxbourg les fumantes fornaises
178	8	Rendent obscurs les circonuoysins lieux,
178	10	Par mes souspirs obtenebre les Cieulx.
179	7	Qui iour & nuict deuant les yeulx me boute
185	4	Tu verrois cheoir les fueilles vne a vne.
186	2	Dont la beauté peult les Cieulx ruyner:
187	4	Tous les ennuyz de toutes mortz excede.
193	6	I'ouure les ventz a mes souspirs espaiz:
195	10	Les forces, las, de iour en iour s'abaissent.
196	4	Et tellement les oreilles concordes,
201	2	En ton ardeur, qui tous les iours m'empire:
207	7	Mais les deux feuz de ta celeste face,
216	9	Et si ne puis refrener les furies
221	1	Sur le Printemps, que les Aloses montent,
221	3	Ou les Pescheurs entre eulx leur prinse comptent,
223	1	Phebus doroit les cornes du Thoreau,
227	1	Pour m'efforcer a degluer les yeulx
230	9	Non seulement les hommes brule, & gele:
231	4	Me resueillantz tousiours par les aulbades
236	6	Celle occupant, que les auares Cieulx
239	1	Par long prier lon mitigue les Dieux:
239	6	Comme enchantez, les venimeux Serpentz.
241	9	Et quand les miens iniquement perduz
247	6	Voy seulement les Papegaulx tant beaulx,
247	7	Qui d'Orient, de là les Rouges eaux,
250	10	Et par les siens tire & l'ame, & la vie.
256	2	On me peult veoir tous les iours augmentant:
262	1	Ie vois cherchant les lieux plus solitaires
267	7	Mais si les Cieulx telle prerogatiue
282	6	A humecter les fueilles, & les fleurs:
282	6	A humecter les fueilles, & les fleurs:
286	2	Voicy Amour, qui vint les ioustes veoir:
286	6	L'vn de ceulx cy, & les ioustantz me monstre.
287	2	Ou les trauaulx de ma si longue queste,
288	3	Et plus i'admire, & adore les Cieulx
290	5	Que ie deuien tous les iours moins habile
292	5	Me consumant, non les flancs, non l'esselle,
295	7	Aussi tu vois les doulx cherissementz
296	3	Sont les chaynons estroictement serrantz
298	2	Que les plus grandz puissent oultrecuyder
303	5	Voyant en toy les Graces s'imprimer
308	3	Et le desir rend les couardz hardiz,
324	1	Les rhetz dorez, dont Amour me detient
328	3	Que sur les doigtz deux pour troys va comptant,
330	2	A cest enfant sur tous les Dieux puissant,
333	1	Courantz les iours a declination
333	10	Amour pouoir les plus vieulx reieunir.
337	10	Par toy fuyront indignez soubz les vmbres.
343	3	Dans les ruysseaulx doulcement vndoyantz

les (suite)
```
351   5   Va depeuplant les champs delicieux,
354   9   Comme les Montz, lesquelz communement
358   1   Toutes les foys, que sa lueur sur Terre
360   7   Si durement les circonuoysins lieux,
365   5   Les desuoyez alors met hors de trouble,
368   6   Et les douleurs, que la nuict leur augmente.
369   9   Sort hors du coeur, & descent par les yeulx
378   5   Reuint a moy soubz les Custodes closes
378  10   Contre les vers de ma mortalité.
381   4   Deuant les piedz de ta diuinité.
382  10   Haulsant les yeulx, ie le voy loing s'estendre.
385   2   Ou lon entent les deux Soeurs resonner,
386   4   Veoir les cheueulx, de ce Monde adorez,
386   9   Les yeulx, desquelz la clarté tant me nuyt,
387   8   Le cler Soleil les estoilles efface,
390   1   Toutes les fois que ie voy esleuer
391   7   Enuers les siens ne sois donc inciuile
391   9   Les Dieux hayantz ingratitude vile,
392   1   Les elementz entre eulx sont ennemys,
395   4   Là, ou Arar les piedz des deux Montz baigne:
398   5   Mais les Vertus passementantz les bords,
398   5   Mais les Vertus passementantz les bords,
399   6   Sur les secours en mes maulx pitoyables,
400   4   Les passions de sa felicité,
407   3   Tournant les Iours, & Moys, & ans glissantz,
408   7   Car si viuant sur Terre, & soubz les Cieulx,
409   7   Et quand les miens i'ay vers les siens tenduz,
409   7   Et quand les miens i'ay vers les siens tenduz,
412   6   Auec les yeulx leue au Ciel la pensée
414   6   Dont les Dieux seulz ont la fruition.
415  10   Flourir en moy les desertz de Libye.
416   3   Plus fixément, que les Poles des Cieulx.
417   5   Baingnant les piedz de celle terre heureuse,
418   2   Son Chapiteau par les mains de Nature,
423  10   Vois mesurant, & les champs, & mes peines.
434   8   Les sentementz de leur ioye enyurez,
440   1   Resplendissantz les doulx rayz de ta grace,
442   6   Contre les Dieux, pur intellect des Cieulx.
447   4   Entre elementz les deux plus aduersaires:
                    *          *          *
  0   7   Amour (pourtant) les me voyant escrire
  0   8   En ta faueur, les passa par ses flammes.
 62   6   Qui de la peur de leur fin les offense.
 93   9   Qu'elle les voye en vn ruisseau mouoir,
110   3   Du Bracquemart de Mars tu les deschasses
188   8   A les auoir agreables constraindre,
190   8   Qui les delaisse en leurs extremitez,
228   7   Les admirant si doulcement ie meurs,
254   9   Les allier en leur puissance esgalle,
262   3   Pour de mes maulx les rendre secretaires,
298   5   Les vienne ainsi d'auarice brider,
302   5   Alors l'Enfant d'vne esponge les presse,
302   6   Et les reçoit; & sans vers moy se faindre,
361   6   Les ouure au dueil, au dueil, qui point ne ment:
365   6   Ou l'incertain des tenebres les guide.
394   9   Mais au rebours elle (ô Dieux) les mesprise,
```

lesion   (1)
    199   1   Sans lesion le Serpent Royal vit

lesquelles   (2)
    356   7   Lesquelles sont en leur cler residentes,
    361   3   Deux sources d'eaux, lesquelles par destresse

lesquelz   (3)
    320   4   Lesquelz ie voy d'auec moy diuiser,
    327   8   Et par lesquelz i'ay maint gibbier surpris?
    354   9   Comme les Montz, lesquelz communement

letharge   (1)
    449 10   Non offensé d'aulcun mortel Letharge.

lettres   (1)
    252 10   Triumphateur des armes, & des lettres.

leuant   (1)
    382   5   Plus pas a pas i'esloingne le Leuant,

leuay   (1)
    272   7   Aussi, ô Gantz, quand vous leuay pour gage,

leue   (1)
    412   6   Auec les yeulx leue au Ciel la pensée

leuer   (2)
    111   3   Ie voy leuer la Lune en son plain belle,
    223 10   Comme rousée au leuer du Soleil.

leur   (55)
      4   4   Pour clorre en toy leur operation,
     11   6   Les seches fleurs en leur odeur viuront:
     20   2   Et rire apres leur promesse mentie?
     37   4   Amollissant, comme enfantz, leur courage:
     56   8   En toy des quatre à mis leur guerison.
     58 10   Se paonnoient tous en leur hault Paradis.
     62   6   Qui de la peur de leur fin les offense.
     68   4   Par la memoire a leur mal reuenir.
     73   2   Leur vert se change en couleur asurée,
    108   8   Ilz sont (tous deux) si fortz en leur poursuiure,
    108   9   Que froit, & chault, pareilz en leur puissance,
    127 10   Auant leur temps, en leur eternité.
    127 10   Auant leur temps, en leur eternité.
    148   4   Leur sont bourgeons, fueilles, fleurs, fruictz sailliz:
    148   6   Se crespent lors en leur gaye verdure.
    162 10   Auecques moy iectent en bas leur veue.
    175   7   Et se crestantz les arbres, leur honneur,
    180   5   Mais ses effectz en leur oblique entiers
    181   3   Tous deux a fin de leur gloyre tendantz
    190   7   Pource qu'espoir de leur bien euident,
    197   6   Mes yeulx pleurantz employent leur deffence.
    211   3   Toute leur force en fumée s'assemble,
    217   3   Ont dessus moy leur pouoir desbandé,
    221   3   Ou les Pescheurs entre eulx leur prinse comptent,
    229   5   Tu y peulx veoir (sans leur parfection)
    246   4   Percent leur peau toute arse en main endroit.
    254   8   Ou pourra lon, selon leur hault merite,

377

leur (suite)
      254   9   Les allier en leur puissance esgalle,
      257   8   Ouir ses pleurs, ses plainctz, & leur sequelle.
      263   8   Que loing encor, ie souffre en leur meslée,
      269   5   Car leur clarté esblouissamment pire
      269   7   Puis leur ardeur en ioye me remet,
      293   6   Qu'en elle seule est leur desir plus hault.
      307   4   Qu'il ne leur soit vne ioye courante,
      307   5   Comme qui est de leur mal ignorante,
      308   4   Pour a leur blanc diligemment frapper.
      309   6   Pour mettre a fin leur honneste desir.
      346 10   Iusqu'a leur Mer, ou tous deux vont mourir?
      356   7   Lesquelles sont en leur cler residentes,
      356   8   Et en leur bruyt durent iusques a tant,
      360   3   Que mes souspirs respandent a leur aise,
      360   4   Leur grand' fumée, en l'air qui se pourmeine.
      368   6   Et les douleurs, que la nuict leur augmente.
      379   5   Et de leur queste asses mal poursuyuie
      391   5   A leur entente, & ingratz deuenuz,
      391   6   Dont elle ardit auecques eulx leur Ville.
      401   4   Qu'en leur bonté naifue bien formez,
      401   5   De leur doulceur sont ores defformez,
      409   5   Ses beaulx yeulx clers par leur priué vsage
      419   4   D'vne portée a leur si haulte emprise:
      419   6   Leur sert de guide, & la raison de Scorte,
      432   3   Ont gouuerné mes plaisirs a leur mode,
      434   8   Les sentementz de leur ioye enyurez,
      434 10   Sentent leur bien de leur mal deliurez.
      434 10   Sentent leur bien de leur mal deliurez.

leures (2)
      235   5   Ses deux Soleilz, ses leures corallines,
      364   4   Que iusqu'au bout des leures tyra l'Ame.

leurs (28)
        4   7   Qui en tes moeurs affigent tant leurs faces,
        8 10   Moins reciproque a leurs craintif desdire.
       58   9   Dont mes pensers guidez par leurs Montioyes,
       64   4   Aux boyz serrez destournent leurs allées,
       80   3   Car par leurs rays si soubdains, & si clairs,
       98   4   En leurs parcz clos serrez se viennent rendre.
      118   7   Et mes souspirs dès leurs centres profondz
      118   8   Si haultement esleuent leurs voix viues,
      148   2   Aux champs tous nudz sont leurs arbres failliz.
      171   6   Les arbres vertz de leurs fueilles denue.
      190   8   Qui les delaisse en leurs extremitez,
      212   3   Des que leurs rayz si doulcement nuisantz
      231   5   De leurs sanglotz trop desgoustément fades:
      238   8   Qui, pour m'ayder, a leurs plainctes labeurent,
      269   8   M'esclairant tout au fort de leurs alarmes
      282   9   Aux patientz tu accroys leurs douleurs:
      294   6   Que liberté, loisir, & leurs complisses.
      295   8   De tous Amantz, & leurs cheres estrainctes:
      295   9   Tu oys aussi leurs remercyementz,
      298   4   N'ayant pouoir de leurs combles vuyder,
      298   7   Aussi Fortune en leurs plus hault pouoir
      337   5   Toy seule, ô Parque, appaises leurs discordz,
      367   9   Auec leurs bras mortellement diuins
      386   5   Qui par leurs noudz de mes mortz decorez

```
leurs    (suite)
  390  2  Tes haultz sourcilz, & leurs cornes ployer
  407  2  De iour en iour descouurent leurs fallace.
  409  6  Me dorent tout de leurs rayz espanduz.
  416  7  Mais que par mort, malheur, & leurs complisses

leuth    (1)
  344  1  Leuth resonnant, & le doulx son des cordes,

libere   (2)
  225  1  Libre ie vois, & retourne libere
  283  8  Par vn debuoir de voulenté libere

liberté  (24)
    3  7  Doncques tu fus, ô liberté rauie,
    6  8  Ma liberté luy à toute asseruie:
    9  4  Par qui me fut liberté esperée.
   31 10  Qui le doulx bien de liberté nous oste.
   40 10  L'aultre donner d'heureuse liberté.
   42  4  De liberté tout seul il rencontra.
  103  3  Ie te rendy ma liberté subiecte,
  104  9  Qui liberté, de moy tant fort prisée,
  169  2  De liberté voluntairement serue,
  184  4  Dependant tout de liberté enclose.
  198  4  La liberté, qui de moy se separe,
  207  1  Ie m'asseurois, non tant de liberté
  258  5  Mais liberté, sa propre nourriture,
  270  8  Qui liberté, & la raison offence.
  276  4  Cuydantz noz ans en liberté vser:
  289  6  De liberté, & d'vne ioye extreme.
  294  6  Que liberté, loisir, & leurs complisses.
  305  7  De liberté, en son mortel College
  308  7  Parquoy estant par toy liberté close,
  322 10  Que liberté de tous tant souhaictée.
  330  7  Sans aultrement sa liberté poursuyure
  337  6  Restituant la liberté rauie.
  347  4  Ma liberté me detient prisonniere,
  379  4  Au doulx pourchas de liberté rauie:

libre    (11)
    6  1  Libre viuois en l'Auril de mon aage,
   12  7  Heureux seruice en libre seruitude,
   42  6  Ou l'Ame libre en grand seurté viuoit:
   59  2  Qui libre arbitre a sa voulenté lye.
  169  6  Le libre vueil de necessaire aisance.
  202 10  De sa naifue, & libre intention.
  225  1  Libre ie vois, & retourne libere
  258  7  D'estre né libre, & faict serf amplement,
  265  4  Tout libre faict m'est esclaue contraincte,
  289  3  Et ià remis en ma libre puissance,
  419  1  Hault est l'effect de la voulenté libre,

librement (4)
   61  1  Plus librement, certes, i'accuserois
  294  1  A quoy pretendre yssir librement hors
  330  5  Sur son Printemps librement fleurissant
  442  4  Ou nous viuons librement pour aymer?
```

libye (1)
    415 10 Flourir en moy les desertz de Libye.

libytine (1)
    403 5 Comme ainsi soit que pour ma Libytine

licence (2)
      4 6 Non toutesfoys sans licence des Graces,
    289 7 Mais ma ieunesse en licence supreme,

lict (2)
    100 2 Lict coustumier, non point de mon repos,
    385 5 Auec le lict cuydant abandonner

lien (1) lyen
    135 1 Qui ce lien pourra iamais dissouldre,

liesse (7) lyesse
     44 6 Soit qu'il fut pris d'amoureuse liesse,
    105 3 Des esperitz d'Amour, & de liesse,
    106 4 Noye auec soy ce peu de ma liesse.
    310 4 D'aulcune ioye, & humaine liesse,
    345 4 Tirant de toy sa ioye, & sa liesse.
    413 6 Ne m'a rauy de liesse assouuie.
    417 9 Et ou Amour ma premiere liesse

lieu (27)
     21 5 Lieu sacre, & sainct, lequel il viola
     41 4 N'eust oncques lieu en nostre accointement.
     42 2 Par mesme lieu aux fonz du coeur entra,
     71 1 Si en ton lieu i'estois, ô doulce Mort,
     87 2 En ma pensée & au lieu le plus tendre,
    163 2 Duquel ie note & le lieu, & la place,
    179 8 Le lieu, l'honneur, & la froide saison.
    207 2 Heureuse d'estre en si hault lieu captiue,
    213 6 Pour rendre a luy le lieu inaccessible,
    242 1 En ce sainct lieu, Peuple deuotieux,
    246 9 Ceste despouille en son lieu vueilles rendre:
    259 4 Tout lieu distant, du iour et de la nuict,
    268 6 Pourquoy metz tu en ce lieu des yeulx faincts?
    321 2 Iusques au lieu, ou piteusement i'ars,
    330 6 Constitua en ce sainct lieu de viure,
    335 5 Car en ce lieu sa mere il souspeçonne,
    351 9 Venir au lieu, non ou ie te laissay,
    356 4 Pour donner lieu a la nuict tenebreuse,
    363 4 Qu'elle est au lieu de sa detention.
    389 1 Elle à le coeur en si hault lieu assis
    408 9 Apres la mort en ce lieu precieux
    414 7 Ce lieu sans paour, & sans sedition
    423 1 Respect du lieu, soulacieux esbat,
    433 2 Non que ie soys en si sainct lieu suspect:
                    *   *   *
    301 9 Qu'en lieu d'oster mon alteration,
    302 10 En lieu d'humeur flammes elle rendit.
    336 9 Las ie crains trop, qu'en lieu de le tirer,

lieure (1)
    129 8 Comme le Lieure accroppy en son giste,

lieux (12)
```
   64   8  En lieux a tous, fors a elle, euidentz.
   85   2  Mais en maintz lieux, & plus hault mille fois.
  132   5  Parquoy souuent en maintz lieux il me troeuue
  141  10  Veu qu'en tous lieux, maulgré moy, ie la suys.
  178   8  Rendent obscurs les circonuoysins lieux,
  252   8  Toute Vertu en ces bas lieux terrestres
  262   1  Ie vois cherchant les lieux plus solitaires
  265   3  Tous lieux me sont ennuy, & desplaisir:
  331   3  L'y attrayant, pour air des vuydes lieux,
  360   7  Si durement les circonuoysins lieux,
  423   9  Lieux escartez, lentement pas a pas
  439   3  De vain plaisir, qui en tous lieux m'entame,
```

limbes (1)
```
  280   1  Que ne suis donc en mes Limbes sans dueil,
```

limité (1)
```
   99   3  I'aurois au moins, soit en vain, limité
```

limites (1)
```
  133   2  Pour ouurir l'Aulbe aux limites de ma flamme:
```

lineamentz (1)
```
    7   4  Non seulement ses lineamentz vifz:
```

lineature (2)
```
  288   5  Dont le parfaict de sa lineature
  418   5  Ou entaillant toute lineature,
```

linx (1)
```
  321   1  Lors que le Linx de tes yeulx me penetre
```

liqueur (1)
```
  375   5  Y depeingnit par si viue liqueur
```

liqueurs (1)
```
  235   8  L'image d'elle en voz liqueurs profondes.
```

lire (1)
```
    0   5  Ie sçay asses, que tu y pourras lire
```

lisses (1)
```
  294   9  Parquoy enclos en si doubteuses lisses,
```

liure (3)
```
  151   8  En celle craincte, ou perte vne mort liure,
  300   6  Tousiours au Corps son tourment elle liure,
  414   4  Des haultz pensers, que sa doulceur me liure
```

liurer (1)
```
  114   8  Se vient luy mesme a martyre liurer:
```

logée (1)
```
    9  10  Beaulté logée en amere doulceur.
```

loing (23)
```
    5   3  Mais ie gaignay aux piedz, & de si loing,
   26   8  Ie me congele: ou loing d'ardeur ie fume.
```

loing   (suite)
```
    55   1   L'Aigle volant plus loing, qu'oncques ne fit,
    58   8   Asses plus loing, qu'oncques ne feit iadis.
    59   7   Soit loing de toy tel nom vituperable,
    73   7   Qui, loing de toy, esteinct en moy l'ardeur,
   104   6   Ie vy de loing ce beau champ Elisée,
   119   2   Et peu de flamme attrait l'oeil de bien loing.
   133   7   Et neantmoins, asses loing de mon compte,
   141   4   Et loing, & près autour d'eulx perseuere.
   144   3   Tant loing sois tu, tousiours tu es presente:
   215   8   A bien, qui soit loing de maulx tant extremes.
   262   9   Ses beaulx yeulx sainctz, plus loing de seruitude
   263   8   Que loing encor, ie souffre en leur meslée,
   266  10   Vous loing priuez d'vne telle iournée.
   320   5   Et mon proiect si loing ailleurs viser,
   333   5   Et ià (de loing,) courbe viellesse accule
   345   6   Loing du plaisir, qu'en toy elle comprent.
   364   9   Il est loing de perturbation,
   380   4   A estre loing d'humaine infection:
   382  10   Haulsant les yeulx, ie le voy loing s'estendre.
   414   9   Aussi i'y vis loing de l'Ambition,
   432   4   Loing toutesfoys de tout contentement,
```

loingtaine   (4)
```
    73   3   Qui plus loingtaine est de nous blanche veue
   200   6   Lumiere, & vie, estant de moy loingtaine
   235   3   Quand celle en vous (de tout vice loingtaine)
   328   4   Et tient ià près la chose bien loingtaine.
```

loisir   (1)   loysir
```
   294   6   Que liberté, loisir, & leurs complisses.
```

lon   (20)   on
```
    68   1   Comme lon voit sur les froides pensées
    71   6   Viuray ie donc tousiours? non: lon termine
    87   6   Si lon pouoit plus grand peine prouuer.
   114   4   Sans que lon puisse apperceuoir comment,
   122   7   Car a tout bruyt croyant que lon arriue,
   130   6   Que lon luy dist: ou penses tu attaindre?
   142   4   Ou lon me tient, me rend en ce poinct morte.
   159   6   Lon me touchoit dormant profondement.
   239   1   Par long prier lon mitique les Dieux:
   239   5   Se tourne a ioye: & par vers lon oppresse,
   254   8   Ou pourra lon, selon leur hault merite,
   278   2   Comme lon peult soymesmes oblyer,
   283   4   Perdra le tout, ou plus lon s'adonnoit.
   291   6   Et grandement me pourroit lon reprendre,
   376   8   Que lon ne veoit l'vmbre suyure le corps,
   385   2   Ou lon entent les deux Soeurs resonner,
   425   9   Comme lon scait, qu'auecques l'impossible
   443   4   En sa splendeur lon pert soubdain la veue.
   447   2   Lon auroit mys deux elementz contraires,
```
```
                    *            *            *
   248   4   Par lon trauail, qui donna l'asseurance.    (long)
```

long   (25)   lon
```
    25   2   Du bien, donc suis, long temps à, poursuyuant,
    25   8   Si long languir par reuoluz momentz:
    31   5   Et l'esperance en long temps poursuyuie
```

long (suite)
```
 35  6   Pour le long temps, qui tant nous desassemble,
 69 10   I'espere, apres long trauail, vne fin.
102  6   L'intention de nostre long discours.
117  8   Au long souffrir patiemment m'enhorte:
125  1   Enseuely long temps soubz la froideur
136  9   Fais que puissions aussi long sentir
239  1   Par long prier lon mitigue les Dieux:
239  3   Par long sermon tout courage odieux
249  1   En permettant, que mon si long pener
259  1   De toute Mer tout long, & large espace,
260  3   Par vn long temps, & asseuré plaisir
269  2   Qui de mon viure ont eu si long Empire,
318  5   Et la promesse au long me reciter,
325  5   Et tu m'as veu, ià long temps, attendant
356  1   Quand Titan à sué le long du iour,
367  1   Asses plus long, qu'vn Siecle Platonique,
408  1   Quant Mort aura, apres long endurer,
420  3   Ne prenne, apres long spasme, grand deffault,
423  8   Tousiours le long de ses riues prochaines
431  9   Vit vn long temps suspendu entre deux,
438  3   Veu mesmement que d'vn si long seruice
449  8   Oultre le Ciel amplement long, & large.
```

longue (14)
```
 35  8   Car le mourir en ceste lonque absence
 58  2   L'air esclarcy de si longue tempeste,
112  1   Longue silence, ou ie m'auainissoys
138  1   Non tant me nuict ceste si longue absence
158  1   L'air tout esmeu de ma tant longue peine
160 10   Ma tempesteuse, & longue passion.
192  1   Fait paresseux en ma lonque esperance,
218  6   De m'endurcir en longue impatience.
266  8   Sa longue absence en presence tournée:
287  2   Ou les trauaulx de ma si longue queste,
393  9   Parquoy durant si longue phrenesie,
398  1   Violenté de ma longue misere
412  2   Perdant ma veue en lonque prospectiue,
437  5   Et toutesfoys par lonque patience
```

longuement (2)
```
 87  1   Ce doux grief mal tant longuement souffert
437  6   En mon trauail tant longuement comprise,
```

longues (1)
```
 79  7   Me fait souuent perçer les lonques nuictz,
```

longueur (3)
```
174  2   Que me laissa si grand longueur de temps,
259  7   Ainsi passant des Siecles la lonqueur,
437  1   Estre me deust si grand' longueur de temps
```

longz (3)
```
140 10   Par les longz traictz de tes perceanz regardz.
181  6   Si longz effortz sans rien determiner,
245  1   Mes tant longz iours, & languissantes nuictz,
```

lors (62)
```
 10  7   Lors au peril de ma perdition
```

lors (suite)

31	6	Ne nous peut lors, tant soit peu, alleger.
33	9	Lors estant creu en desir effrené,
38	3	Car lors i'ai eu d'elle euidente la perte,
43	7	Forte est l'amour, qui lors me vient saisir,
47	3	I'eusse creu lors estre bien satisfaicte
58	6	Et lors le Lac de mes nouelles ioyes
75	7	Lors vous, Nuisantz, Dieux des vmbres silentes,
79	5	Lors du profond des tenebreux Abysmes,
83	5	Mais lors Amour plorant luy impropere
98	5	Lors tout viuant a son repos veult tendre,
100	9	Pour te monstrer, que lors homme a demy,
104	5	Lors debendant ceste face esperdue,
106	5	Car lors iectant ses cornes la Deesse,
109	6	Fais, dy ie lors, de ceste Cymeterre,
111†	9	Lors tu verroys, tout autour a la ronde,
120	5	Lors Iupiter indigné se courrouce,
130	1	Tant me fut lors cruellement piteuse
133	5	Lors ie sentis distiler en mon ame
140	6	Bien que pour lors fusse sans iugement.
148	6	Se crespent lors en leur gaye verdure.
155	5	Lors des souspirs la cheminée fume,
158	9	Lors tout soubdain en moins, que d'vn moment,
163	5	Ie te vy lors, comme moy, estre lasse
164	5	Lors toy, Espoir, qui en ce poinct te fondes
170	9	Lors i'apperceus les Dieux du Ciel pleuuoir
172	9	Ie suis lors seur, Creature bien née,
191	1	C'est de pitié que lors tu me desgoustes,
193	4	Ie me fais lors de pleurs prochaines sage.
196	6	En ce concent, que lors ie conceuoys:
204	10	Descouurent lors l'ardeur, qu'en moy ie cele.
206	1	Lors le suspect, agent de ialousie,
227	3	Ie m'en veulx taire, & lors i'y pense mieulx,
246	10	Lors mes amours auront en toy repos.
250	3	Lors tout soubdain de ses mains se deslie,
272	10	Car lors ma vie, & moy abandonnay.
288	9	Que deuiendroys ie en la voyant lors viue?
301	10	M'accreurent lors vn aultre feu non moindre.
306	8	M'esueilla lors du sommeil paresseux,
310	3	Lors sans pouoir en rien participer
314	8	Mon Paradis elle ouure, & lors m'appaise,
315	10	Lors l'air troublé soudain retourne en beau.
335	7	Hà, dy ie lors, pour ma Dame appaiser,
342	8	S'esgaye lors, ses plumes arousant.
359	3	Le vaincu lors pour son plus necessaire
364	3	Lors d'vn baiser si tresdoulx se repeut,
367	6	Mes songes lors ie creus estre deuins.
380	5	Et lors verra en sa parfection
386	3	Semble a mon oeil, qui lors point ne sommeille,
398	9	Et lors ie croy, que ses graces benignes
443	7	Comme si lors en moy tout estonné

*   *   *

57	5	Car lors que i'ay clerement apperceu,
74	3	Lequel ie vy, lors qu'il se deduisoit,
111	1	Lors que le Soir Venus au Ciel r'appelle,
147	9	Lors que vertu en son zele obstinée
156	4	Lors que ie deusse augmenter en ma ioye.
255	5	Lors que Prognes le beau Printemps salue,
321	1	Lors que le Linx de tes yeulx me penetre

384

```
lors  (suite)
   344  5  Lors que ie suis sans occupation
   368  1  Lors que Phebus de Thetys se depart,
   385  3  Lors que la nuict a l'esprit sa querre ouure,
   404  7  Lors qu'au besoing tu me circonuenois,

los  (2)  loz
   192  6  Si ce mien viure est vitupere, ou los,
   246  5  Quel los auroit, qui sa force estendroit,

louable  (2)
    59  9  Car ie te cele en ce surnom louable,
   445  7  Ainsi veult il par plus louable indice,

louange  (1)
   249  10  A moy merite, a toy louange, & gloyre.

louer  (1)
   163  1  De ce bien faict te doibs ie aumoins louer,

loup  (1)
    14  8  Dedans la fosse à mys & Loup, & Chieure,

lourdes  (1)
   137  5  Si par fortune en ses trauerses lourdes

loy  (7)
    20  4  Qu'eriger loy pour estre aneantie.
    23  1  Seule raison, de la Nature loy,
    40  9  Car loy d'Amour est de l'vn captiuer,
   134  2  L'intention, que sa loy nous donna,
   156  9  Que desdaingnant & la loy, & le sort,
   161  9  O saincte loy a tous, fors a moy, iuste,
   275  4  Que toute loy en faueur decidée

loyal  (1)
   346  4  A tout le moins mon loyal persister,

loyalle  (2)
   151  6  Tousiours elle est plus loyalle en sa proeuue.
   202  8  La sienne en moy loyalle affection,

loyaulté  (6)
    72  5  Que piece entiere (hors mise loyaulté)
    91  5  Qui obligea ma ferme loyaulté
   162  6  Moins domestique a si grand loyaulté:
   233  10  Du Dyamant de sa grand' loyaulté.
   274  6  A labourer au ioug de loyaulté.
   285  2  Ma loyaulté est en toy esmaillée:

loyer  (4)
    91  6  Au froid loyer de si grand seruitude.
   249  9  Augmente a deux double loyer croissant,
   310  9  Comme Apollo, pour merité loyer,
   390  5  L'Ame craignant si dangereux loyer,

loysible  (1)
   304  5  Car a la veoir alors il m'est loysible,
```

loysir (1) loisir
    195 3 Si viuement, que sans auoir loysir

loz (3) los
     21 9 Comme au besoing pour son loz meritoyre
    146 7 Iamais tel loz son plus ne laissera,
    251 10 Au loz, & heur de qui à eu la Rose.

lubrique (1)
     48 8 Tient l'esperance en lubrique seiour.

lueur (2)
     51 4 De sorte l'ame en sa lueur m'esueille,
    358 1 Toutes les foys, que sa lueur sur Terre

luict (1) luy-
     49 8 Que mon feu luict, quand le sien clair m'appert.

luisant (4) luy-
    229 2 Luisant, & cler, par opposition
    355 10 Accompaignant le Vermisseau luisant.
    377 1 Ce cler luisant sur la couleur de paille
    378 2 D'orner son chef d'or luisant, & de roses,

luisante (3)
    106 8 Luisante au centre, ou l'Ame à son seiour.
    176 5 Puis sa rondeur elle accomplit luisante:
    199 2 Dedans le chault de la flamme luisante:

luisantz (1)
    212 1 Tes beaulx yeulx clers fouldroyamment luisantz

lumiere (7)
      7 3 A imprimé en ma lumiere ronde
     13 1 L'oeil, aultresfois ma ioyeuse lumiere,
     24 6 De ceste tienne, & vnique lumiere,
    121 3 Tu celle fus, qui causas la lumiere,
    128 2 Nous à daingné de sa rare lumiere,
    200 6 Lumiere, & vie, estant de moy loingtaine
    330 10 Car sa lumiere est tousiours en tenebres.

lune (9)
     22 7 Mais comme Lune infuse dans mes veines
     35 1 Ia deux Croissantz la Lune m'à monstré:
     59 5 Ou de la Lune il fainct ce nom Delie
    106 7 Renaist soubdain en moy celle aultre Lune
    111 3 Ie voy leuer la Lune en son plain belle,
    126 10 Mais ainsi, comme Endimion la Lune.
    365 1 La Lune au plein par sa clarté puissante
    383 1 Plus croit la Lune, & ses cornes r'enforce,
    394 6 Comme la Lune aux Amantz fauorise,

lustrant (2)
    270 1 Amour lustrant tes sourcilz Hebenins,
    282 3 Tu vas lustrant l'vn, & l'aultre Hemispere,

lustre (5)
     52 2 Pour se gaigner auec son lustre gloire:
    208 9 Enfle toy donc au parfaict de son lustre,
                        386

lustre   (suite)
229   3   Te reçoit toute, & puis son lustre vacque
255   9   Ceste, dit elle, en prys, lustre, & merite,
387 10   Qu'elle estoit seule au lustre de sa face.

lustres   (1)
112   7   Trouble ma paix par troys lustres ioyeuse,

luy   (84)
  8   5   Veulx tu, dit il, Dame, luy satisfaire?
 21   8   Luy fut son nom insignément playé,
 24   2   Luy semble nuict quelque part, qu'il regarde:
 26   6   Moy de glaçons: luy aupres du Soleil
 38   2   Qui sur le dos deux aeles luy paingnit.
 39 10   Qu'il me perdit, luy saulue, en ton rocher.
 53   8   Chose sans luy vrayement impossible.
 54   3   Luy feit combatre en si dure surprise
 74   6   Moy trespetit: luy pasle, moy transy.
 83   5   Mais lors Amour plorant luy improspere
 90   5   Luy seul a viure euidemment m'adresse,
109   3   Mais contre luy soubdain elle s'enflamme,
109   4   Et luy osta son espée enfumée.
114   8   Se vient luy mesme a martyre liurer:
120   4   Et dessus luy employe & arc, & Trousse.
134   5   A luy & Corps, & Foy abandonna:
151   3   Car, luy croissant, ou il deburoit finer,
154   4   L'archier occit, quand il luy vient a point.
161   5   Hà (luy indigne) il la tient, il la touche:
197   9   De luy ayder a si mortelle offence.
213   6   Pour rendre a luy le lieu inaccessible,
213   7   A luy, a qui toute chose est possible,
237   9   Ce n'est point luy, Belle: Car quand il touche,
250   7   Ie luy respons: Elle en à voyrement
253   4   S'enfle du bien, que par toy luy abonde:
257 10   Ou dedans luy aultre entrer n'y peult, qu'elle.
258   4   Luy auoit fait sans aulcune ouuerture.
268   7   C'est pour monstrer, luy dy ie, que tu fains
271   7   Et luy suyuant de ton corps l'ordre illustre,
276   6   Que ne pouons de luy nous dessaisir:
277   8   Cesse, luy dy ie, il fault faire aultrement.
282   4   Mais dessoubz luy, aussi plus briefuement.
302   3   Qui auec luy pleurant amerement,
303   6   Trop mieulx, qu'en luy nostre face a le veoir.
311   5   Et tu luy as, non poinct comme Maistresse,
321   7   Et luy vainqueur plus fier, qu'auparauant,
332   5   C'est, luy dit elle, affin que ne m'oppresse
334   8   Mon feu, ou luy mes grandz pleurs dessecher?
336 10   Le Corps ne soit, comme luy, detenu.
353   7   Et luy estant ià reduict tout en os,
357   4   Incessamment auecques luy meslé
366   8   Hors du spirail, que souuent ie luy ouure.
374   4   Pour luy vouloir ses fouldres accoustrer.
380   7   Et puis cy bas Vertus luy apporter
383   4   Plus l'affoiblit, son mal luy suscitant.
385   4   Ie luy vouloir paix, & repos donner,
400   9   Luy fourragé par l'esbahyssement.
420   8   Ie luy complais vn peu, puis l'adoulcis
446   5   Qu'auecques luy se fera immortel,

luy (suite)
```
    6   8   Ma liberté luy à toute asseruie:
   13   4   Veut reparer le mal par luy conceu.
   27   2   Au rencontrer chose, qui luy meult honte,
   28   3   Et croire encor, que la pitié luy monte
   41  10   La veoir, l'ouyr, luy parler, la toucher.
   67   5   Garde, luy dist Cypris, qu'il ne t'enferre,
  113   7   Mais toy, luy dy ie, ainsi que ie puis veoir,
  130   6   Que lon luy dist: ou penses tu attaindre?
  185   9   Qu'on luy deburoit ayder a son endroit,
  221   7   Cesse: luy dy ie, il fault que ie lamente
  226   8   Qui oncques n'euz de luy fruition,
  227   9   Sa grace asses, sans moy, luy peult donner
  237   3   Qui l'esquillon luy fiche en sa chair tendre:
  237   8   Mais que crains tu? luy dy ie briefuement.
  243  10   Trouue son feu, qui son Port ne luy ment.
  250   5   La visitant luy dit: Auroys tu point
  253   7   En contemplant la Fame, qui luy chante,
  253   8   L'Eternité, qui tousiours luy escript,
  267   8   Luy ont donnée, a quoy en vain souspire?
  268   5   Adonc l'Enfant esbahy luy demande:
  293   7   Et quant a moy, qui sçay, qu'il ne luy chault,
  297   5   Si ie luy parle, intentiue elle escoute,
  301   3   Et ie luy vy clers cristallins verser
  314   4   Que ne luy veulx, & ne scauroys desplaire:
  327   5   Et luy à dit, près d'elle volletant:
  332   2   Son Dé luy cheut, mais Amour le luy dresse:
  332   2   Son Dé luy cheut, mais Amour le luy dresse:
  332  10   Encontre toy luy sert tousiours d'escu.
  342   2   Et que son tort ie luy fais reconqnoistre,
  344   9   Car plus, que moy, mes maulx tu luy recites,
  363   8   Icy tremblant luy feis mes doleances:
  394   1   Pardonnez moy, si ce nom luy donnay
  394   7   Ie luy escris & surnom, & maistrise,
  440   8   Au doulx seiour, que tu luy peulx bailler,
  443  10   Qui luy ostast par ses esclairs la vie.
```

luys (1)   luic-
```
   59  10   Pource qu'en moy tu luys la nuict obscure.
```

luysant' (1)   lui-
```
  200   1   Phebé luysant' par ce Globe terrestre
```

luysante (1)
```
  449   2   Tousiours luysante en publique apparence,
```

luyt (1)
```
  386   7   Et quand apres a plaine face il luyt,
```

lye (5)
```
   59   2   Qui libre arbitre a sa voulenté lye.
  151   2   Quelle est la foy, qu'Amour en mon coeur lye,
  238   4   M'y lye, & tient si foiblement debile,
  369   3   Que la tristesse autour de mon col lye,
  444   5   Si plaisamment, que ceste qui me lye
```

lyé (3)
```
   14   1   Elle me tient par ces cheueulx lyé,
   77   1   Au Caucasus de mon souffrir lyé
```

lyé (suite)
   324 2 Lyé, & pris soubz tes vermeilles roses,

lyen (3) lien
   12 1 Ce lyen d'or, raiz de toy mon Soleil,
  153 3 Si le lyen de si saincte amytié
  161 7 Viole amour par ce lyen iniuste,

lyer (1)
   19 2 Que nous lyer a son obeissance:

lyesse (2) liesse
   24 7 Qui m'offusca ma lyesse premiere
  370 4 Du pensement proscript de ma lyesse.

lygurie (1)
  318 8 Que Lygurie, & Prouence, & Venisse

lyre (2)
  158 8 Dessus sa lyre a iouer commença:
  316 1 Chantant Orphée au doulx son de sa lyre,

lys (1)
  255 10 Pour decorer (vn temps viendra) le Lys.

M

m' (238)
   5 2 Tiroit a moy, pour a soy m'attirer:
   6 6 M'estonna l'Ame, & le sens tellement,
   7 7 Que presque mort, sa Deité m'esueille
   7 9 Ou plus m'allume, & plus, dont m'esmerueille,
   7 9 Ou plus m'allume, & plus, dont m'esmerueille,
   7 10 Elle m'abysme en profondes tenebres.
  10 10 M'à faict qouster Aloes estre Manne.
  12 8 Tu m'apprens donc estre trop plus de gloire,
  16 2 Ainsi qu'Amour le m'auoit commandé:
  16 6 Le m'à nyé, comme pernicieuse.
  16 10 Du premier iour m'occit de ses beaulx yeulx.
  23 9 Mais ton sainct feu, qui a tout bien m'allume,
  24 7 Qui m'offusca ma lyesse premiere
  28 5 Meilleur, ô Coeur, m'est d'auoir chaste esté
  29 8 Mais moy: car mort m'eust faict paix receuoir,
  33 10 Plus ie l'attire & plus a soy m'entraine.
  34 2 L'erreur, qui tant de coulpe m'imposa:
  35 1 Ia deux Croissantz la Lune m'à monstré:
  35 3 Et deux Soleilz, qui m'ont cy rencontré,
  35 4 Autant de toy m'ont la memoire creue,
  35 5 Que m'est la force en l'attente recreue
  38 4 Quand moins cuydois, qu'a m'aymer me faingnit.
  40 1 Quiconques fut ce Dieu, qui m'enseigna
  41 5 Que m'à valu d'aymer honnestement
  41 7 Puis que m'en est le mal pour bien rendu,
  46 6 De m'esloingner de ce, qui plus me suyt?
  46 9 Plus ie m'absente, & plus le mal s'ensuyt

m' (suite)

```
47   1   M'eust elle dict, aumoins pour sa deffaicte,
49   8   Que mon feu luict, quand le sien clair m'appert.
51   4   De sorte l'ame en sa lueur m'esueille,
51   5   Qu'il m'est aduis en dormant, que ie veille,
51   8   M'esclercira mes pensées funebres.
57   9   L'ay ie iuré! soubdain ie m'en accuse,
60   1   Si c'est Amour, pourquoy m'occit il doncques,
60   3   Ie ne m'en puis non asses esbahir,
60   9   Qu'est il besoing de plus oultre m'occire,
62   8   De toy m'eschauffe, & ard si viuement,
65  10   Tant me tient sien l'espoir, qui trop m'adhere.
75   2   Ie m'esparqnay l'estre semblable aux Dieux.
75   9   Ne m'osterez par forces violentes
76   6   M'entreclouit le poursuyure du cy.
78   2   Qui sans resouldre, en suspend m'entretient.
80   2   Tu m'offuscas & sens, & conqnoissance.
81   3   Car elle m'eust bien tost reduit en pouldre,
81  10   Que sans m'ouurir tu m'as ce mien coeur pris.
81  10   Que sans m'ouurir tu m'as ce mien coeur pris.
82   8   Ne m'est resté, que ces deux signes cy:
83   8   Pourquoy, dist il, m'as tu bandé la face?
84   3   Qui m'à le moins, que i'ay peu, irrité,
86   4   Couurir le feu, qui iusque au coeur m'altere.
87   3   De mon bon gré au trauail m'a offert,
87   8   Si par mourir sa foy m'estoit gaignée,
90   2   Tu m'excitas du sommeil de paresse:
90   4   Tu m'endormis en mortelle destresse.
90   5   Luy seul a viure euidemment m'adresse,
91   8   Mais a me plaindre a toy m'a incité
92   4   Celle, de qui la rencontre m'estonne,
92  10   Quand tout Mydi m'est nuict, voire eternelle?
100   6   Tant elle m'à pour son foible ennemy.
102   5   Et ie m'y pene affin que tousiours dure
103   5   Apres le sault ie m'estonnay paoureux
104  10   M'auoit changée en si grand seruitude.
106   9   Qui, m'excitant a ma peine commune,
112   1   Lonque silence, ou ie m'auainissoys
115   2   Tu m'esblouis premierement la veue:
117   1   Pour m'enlasser en mortelles deffaictes
117   2   Tu m'afoiblis le fort de ton pouoir:
117   8   Au long souffrir patiemment m'enhorte:
118  10   Tout ie m'abysme aux oblieuses riues.
121   1   Tu celle fus, qui m'obligeas premiere
126   9   Il m'est aduis, certes, que ie la tien,
127   7   Si transparent m'estoit son chaste cloistre
128   8   Ilz m'ont perdu au bien, qui seul me nuict.
133   4   Qu'en te donnant a moy, tu m'estois Dame.
137   7   La fin m'auoit l'heure determinée
138  10   M'en retirant, comme sans vous indigne.
139   4   Qui tel souhaict inesperé m'acquit,
139  10   M'a esté voye, & veue, & puis victoire.
142   2   A bien seruir, m'à dit en ceste sorte:
147   2   D'obliuion m'arousa tellement,
150   4   M'à tellement a son plaisir dompté,
153   4   Ne m'eust restraint a immortalité:
154   7   Mais, quant a moy, pour m'oster de martyre
156   5   Car a toute heure il m'est aduis, que i'oye
157   5   Que plus i'escoute, & plus a soy m'attire
```

158	6	M'eschaulfe l'Ame, & le Coeur a tourment,
163	3	Ou, tout tremblant, tu m'ouys desnouer
163	4	Ce mortel noud, qui le coeur m'entrelasse.
165	9	Ie m'apperçoy la memoyre abismée
170	5	Et quand ie fus au couuert, ie m'appuye
179	5	Celluy desià, m'esloinqnant de douleur,
179	6	De toy m'asseure, & ceste me desqouste,
183	7	Las ce sainct feu, qui tant au vif m'attainct,
186	1	Ie m'esiouys quand ta face se monstre,
189	1	D'vn tel conflict en fin ne m'est resté,
189	5	Ou plus ie souffre, & plus elle m'enhorte
189	8	En son danger ie m'asseure tresbien:
191	8	M'argue asses, & me face blasmer,
193	7	Mais ie m'asseure a l'heure de ma paix,
196	10	Soubdain m'estainct, & plus soubdain m'enflamme.
196	10	Soubdain m'estainct, & plus soubdain m'enflamme.
197	3	Ce tien doulx oeil, qui iusqu'au coeur m'entame
200	5	Et toy, de qui m'est tousiours deriuée
201	2	En ton ardeur, qui tous les iours m'empire:
203	7	Mais par ce cours son pouoir ne m'afferme
204	6	Ne voulant point, que ie m'en apperçoyue.
206	7	Deuil traistre occulte, adoncques tu m'assaulx,
207	1	Ie m'asseurois, non tant de liberté
209	3	Ie m'accommode a sa varieté,
213	5	Il m'engendra vne contrepensée
213	10	Quand ie te cuyde abatre, ie m'abas.
215	1	Ie m'en absente & tant, & tant de foys,
215	10	M'en souuenant, ie m'oblie moymesmes.
215	10	M'en souuenant, ie m'oblie moymesmes.
216	7	Et ie m'y meurs en telles resueries,
216	8	Que ie m'en sens haultement contenté,
217	8	M'incite, & poinct au tourment, ou ie suis
218	6	De m'endurcir en longue impatience.
219	7	Mais a mon bien m'est exhortation
220	3	M'ont tout, & tant l'esprit exercité,
223	6	M'esbatois seul, quand celle me vint contre,
224	8	Ou le meurdrier m'a meurdry, & noircy
225	4	Mesmes qu'il veoit, que Vertu m'acompaigne,
225	8	M'accuse en rien, mon innocence iure,
226	7	Si ie m'en tais, comme ie m'en suis teu,
226	7	Si ie m'en tais, comme ie m'en suis teu,
227	1	Pour m'efforcer a degluer les yeulx
227	3	Ie m'en veulx taire, & lors i'y pense mieulx,
228	4	Qui en mon mal si plaisamment m'esueille,
228	5	Ie songe & voy: & voyant m'esmerueille
231	10	Voyant mon cas, de moy ie m'espouuante.
232	5	Et sans du iour m'apperceuoir encore,
233	6	Ou ie m'espreuue en toute affection,
233	9	Qui m'endurcit en la perfection,
238	2	Ne m'à icy relegué en ceste Isle
238	4	M'y lye, & tient si foiblement debile,
238	8	Qui, pour m'ayder, a leurs plainctes labeurent,
241	5	Et ie m'adresse a Dieux, qui me detiennent,
243	6	Selon que m'est ma pensée agitée.
244	9	Et le nourris sans point m'apperceuoir
246	1	Si de mes pleurs ne m'arousois ainsi,
248	7	Tu m'entretiens en ce contentement
248	8	(Bien qu'il soit vain) par l'espoir, qui m'attire,

m' (suite)
    251 5   Qui m'à frustré de ce bien singulier,
    256 9   Qui ne m'ennuye, encores que ie sache
    260 6   M'à esueillé cest orage oultrageux,
    261 3   Parquoy accoup l'aigreur m'est redondée
    261 5   Ie m'examine, & pense apart tout coy
    263 3   Quand m'esloingnant, tant a moy suis rebelle,
    264 1   La Mort pourra m'oster & temps, & heure,
    265 4   Tout libre faict m'est esclaue contraincte,
    269 4   Croissent le mal, qui au querir m'empire.
    269 8   M'esclairant tout au fort de leurs alarmes
    270 4   Le moindre d'eulx mille mortz m'appareille.
    271 2   L'intention, qui m'incite si fort.
    271 10   Point ne m'est grief en aultruy me chercher.
    274 2   Qu'il m'esquillonne ardemment, ou il veult,
    274 5   Le hault desir, qui iour, & nuict m'esmeult
    274 10   Ie cours soubdain, ou mes tourmentz m'appellent.
    275 1   Pour m'incliner souuent a celle image
    285 8   Qui en son faict plus, qu'au mien m'entrelasse,
    288 6   M'esmeult le sens, & l'imaginatiue:
    289 9   Me contrainqnit a m'oblier moymesmes
    297 10   Pour non, ainsi m'abusant, m'estranger.
    297 10   Pour non, ainsi m'abusant, m'estranger.
    299 8   Le coeur craintif, (comme tu m'admonestes)
    299 9   Tousiours plus m'ard cependant, qu'il espere,
    300 1   Par mes souspirs Amour m'exhale l'Ame,
    301 10   M'accreurent lors vn aultre feu non moindre.
    304 5   Car a la veoir alors il m'est loysible,
    304 6   Sans qu'il m'en puisse aulcunement garder.
    306 2   Qui m'arresta tresuiolentement:
    306 3   Ta grace apres peu a peu m'attirant,
    306 4   M'endormit tout en son enchantement:
    306 8   M'esueilla lors du sommeil paresseux,
    306 10   M'espouantoit de maint songe angoisseux.
    310 7   Ne du trauail, qu'on m'à veu employer,
    312 1   Que ie m'ennuye en la certaineté
    314 3   Qui a m'occire est tousiours tant courtoise,
    314 5   Et si m'en plaings, & bien m'en vouldrois taire,
    314 5   Et si m'en plaings, & bien m'en vouldrois taire,
    314 8   Mon Paradis elle ouure, & lors m'appaise,
    315 1   Ie m'ayme tout au desdaing de la hayne,
    315 6   Et n'est possible en fin que ie m'en taise.
    315 9   Ie vois a elle, & m'accuse, & l'apaise,
    320 6   Que plus m'asseure, & moins me certifie.
    324 5   M'ont captiué l'esprit, ou tu reposes
    325 5   Et tu m'as veu, ià long temps, attendant
    325 8   Plus que pour moy, pour toy ie m'esuertue.
    328 6   Ie m'en allois plorant la teste basse:
    329 5   Pource a l'Archier, le plus du temps, m'adresse,
    332 5   C'est, luy dit elle, affin que ne m'oppresse
    332 6   L'aiguille aigue, & que point ne m'offence.
    334 5   Qui m'occupant l'alaine, & le parler,
    340 7   Mais le matin (trop hastif) m'à priué
    341 10   Pour non m'oster du plaisir, ou ie suis.
    344 6   Si viuement l'esprit tu m'exercites,
    344 7   Qu'ores a ioye, ore a dueil tu m'incites
    351 10   Mais, t'y laissant ie m'y perdis moymesme.
    354 6   Qui m'à causé si subit changement:
    362 10   M'esmeult souuent le vacciller du doubte.

m' (suite)

366	3	Nourry ne m'aye, & difficilement,
366	6	D'vn doulx feu lent le cueur m'atyedissoit
366	7	Pour m'allaicter ce pendant qu'il croissoit,
370	1	Estant tousiours, sans m'oster, appuyé
372	1	Tu m'es le Cedre encontre le venin
372	8	Qui m'est souuent peu moins, que rigoureuse,
375	2	Du premier iour, qu'elle m'entra au coeur
381	3	Parqui la voix m'est en la bouche estaincte
382	7	Plus m'est aduis de le pouoir toucher,
382	8	Ou que soubdain ie m'y pourroys bien rendre.
384	7	Ie m'extermine, & en si grand hayne
386	6	M'ont a ce ioug iusqu'a ma fin conduyct.
386	8	Il m'est aduis, que ie voy clerement,
387	6	Qui cy m'à faict pecher villainement:
388	2	M'amollit plus en ma virilité,
402	8	A mon souffrir, m'aiguise par ses artz
403	2	Qui m'est de soy meurdryerement benigne.
404	4	Que la douleur m'ostast plus tost le sens
404	9	Car si en rien ie ne m'en souuenois,
408	8	Tu m'as tousiours esté guerre implacable,
409	8	Ie me recrée au mal, ou ie m'ennuye,
411	6	Elle m'allege interieurement:
411	8	Ie m'en voys tout en esprit esperdu.
412	3	Combien m'as tu, mais combien incité
412	10	Qui du Vulgaire, aumoins ce peu, m'esloingne.
413	4	M'ont plus donné & de fortune, & d'heur,
413	6	Ne m'a rauy de liesse assouuie.
422	4	Pour me garder, qu'en moy ie ne m'irrite,
427	3	De m'enflamber de ce dueil meslé d'ire,
433	1	Ie m'en esloingne, & souuent m'en absente,
433	1	Ie m'en esloingne, & souuent m'en absente,
437	4	Ou aspirer ne m'estoit pas science.
439	3	De vain plaisir, qui en tous lieux m'entame,
439	5	Dedans lequel il m'abysme, & me plonge
439	10	Tousiours m'enseigne a aymer, & hair.
440	6	Que ie m'attens de ta grace piteuse.
441	9	M'à reserué voulant qu'a tous appere

ma (233)

1	10	Constituée Idole de ma vie.
5	1	Ma Dame ayant l'arc d'Amour en son poing
6	8	Ma liberté luy à toute asseruie:
6	10	En sa beaulté gist ma mort, & ma vie.
6	10	En sa beaulté gist ma mort, & ma vie.
7	3	A imprimé en ma lumiere ronde
8	2	Que ma Déesse ouyt plaindre mon taire.
10	2	Trouble la paix de ma doulce pensée,
10	7	Lors au peril de ma perdition
12	4	Que ma pensée il t'à toute rauie,
13	1	L'oeil, aultresfois ma ioyeuse lumiere,
16	1	Ie preferoys a tous Dieux ma Maistresse,
17	9	Ny que ma foy descroisse aulcunement.
23	7	Doncques en vain trauailleroit ma plume
24	7	Qui m'offusca ma lyesse premiere
29	6	Ma Dame acoup s'en saisit par cautelle.
34	9	Puis que ma vie on veult cruellement
38	5	Et neantmoins ma foy me constraingnit
40	4	Pource qu'a mieulx ma voulenté prouoque.

ma   (suite)
```
    45    1    Ma face, angoisse a quiconques la voit,
    46    4    Celle, ou l'esprit de ma vie repose,
    48    6    L'estre apparent de ma vaine fumée,
    50    4    De ma ruyne euidamment apperte.
    52    4    Ma foy passant en sa blancheur l'yuoire.
    57    6    Que de ma foy plainement elle abuse,
    63    1    L'Esté bouilloit, & ma Dame auoit chault:
    67    8    Respond ma Dame haultaine deuenue.
    70    6    Est coniuré par vous en ma ruyne.
    70    7    Vysse ie au moins esclercir ma bruyne
    72    3    Veit le Modelle a ma triste ruyne
    72    8    Me feit relique a ma perdition.
    72   10    Ie me desayme en ma condition.
    74    4    Et l'apperceu semblable a ma figure.
    74   10    Pour esmouuoir ma Maistresse a pitié.
    75   10    Non vn Iota de ma felicité.
    76   10    Comme s'estainct, & s'auiue ma flamme.
    77    2    Dedans l'Enfer de ma peine eternelle,
    77    4    Comme l'Aultour de ma mort immortelle,
    78   10    Ma fermeté retient ce, qui me nuict.
    79   10    Me feit cler veoir le Soleil de ma vie.
    81    5    Elle apperceut ma vie estre dehors,
    82    5    Et de ma vie en ce poinct malheureuse
    86   10    Se fait tout butte a ma visée seure.
    87    2    En ma pensée & au lieu le plus tendre,
    88    1    Non cy me tien ma dure destinée
    88    3    Mais y languit ma vie confinée
    89    9    Et toy, Enfant, cesse: va vers ma Dame,
    90    6    Et toy ma vie a mort as consommée.
    91    5    Qui obligea ma ferme loyaulté
    91   10    Les meilleurs ans de ma felicité.
    92    7    Et de qui l'oeil vient ma veue esblouir,
    95    3    Monstre ma teste estre de sanglotz ceincte,
    99    1    Fusse le moins de ma calamité
    99    4    Le bout sans fin de ma vaine esperance.
   101    2    Ie vy ma Dame auec Venus la blonde.
   101    8    Apperceuant ma Maistresse plus belle.
   103    3    Ie te rendy ma liberté subiecte,
   104    4    Au Regne vmbreux ma vie s'est rendue.
   104    7    Où ma ieunesse en son rond Colisée
   105    1    Ie vy aux raiz des yeulx de ma Deesse
   105    4    Qui me rendit ma fiance certaine
   106    1    I'attens ma paix du repos de la nuict,
   106    4    Noye auec soy ce peu de ma liesse.
   106    9    Qui, m'excitant a ma peine commune,
   107    4    Car ta Dame à ma roue entre ses mains,
   109    1    Mars amoureux voulut baiser ma Dame,
   111    6    Que ceulx, que tient ma pensée profonde.
   112    7    Trouble ma paix par troys lustres ioyeuse,
   113    1    En deuisant vn soir me dit ma Dame:
   119   10    Oster l'esprit de ma vie a ma vie.
   119   10    Oster l'esprit de ma vie a ma vie.
   120    2    Et sur ma Dame hastiuement se poulse:
   120    6    Et l'Archier fuit aux yeulx de ma Maistresse,
   122    1    De ces haultz Montz iettant sur toy ma veue,
   122    4    Comme les Bledz, ma pensée vndoier.
   128   10    En ma pensée a mys l'obscure nuict.
   132    8    Que ma pensée, a peu pres s'y transmue,
```

ma   (suite)

132	9	Bien que ma foy, sans suyure mon proiect,
133	2	Pour ouurir l'Aulbe aux limites de ma flamme:
137	6	Ne fust ma ioye abortiuement née.
143	1	Le souuenir, ame de ma pensée,
145	8	De ma pensée alors de cures vuyde.
146	4	Que ie me fains en ma ioye perie?
150	6	Sur le plus hault de ma fermeté croistre:
150	8	Pour ma deffence, & contre ma ruyne.
150	8	Pour ma deffence, & contre ma ruyne.
153	2	Mouroit le iour de ma fatalité,
153	10	Me laisse vif a ma doulce homicide.
155	8	Souspeçonant a ma paix quelque scysme.
155	10	Ma fiebure r'entre en plus grand parocisme.
156	4	Lors que ie deusse augmenter en ma ioye.
157	10	Que ce seul mot fait eclipser ma ioye.
158	1	L'air tout esmeu de ma tant longue peine
158	2	Pleuroit bien fort ma dure destinée:
159	1	Si de sa main ma fatale ennemye,
159	3	Me touche vn rien, ma pensée endormye
159	10	Fuyant ma mort, i'accelere ma fin.
159	10	Fuyant ma mort, i'accelere ma fin.
160	9	En ma pensée, & là renoueller
160	10	Ma tempesteuse, & longue passion.
161	2	Moy en ma peine, elle en sa molle couche.
162	1	Oserois tu, ô Ame de ma vie,
167	8	Sans recouurer ma despouille rauie,
167	10	Mort de ma mort, & vie de ma vie.
167	10	Mort de ma mort, & vie de ma vie.
170	1	Ma Dame & moy iouantz emmy vn pré
174	3	Se nourrissant de ma vaine souffrance
177	10	Rendent tousiours ma peine glorieuse.
183	2	Dont ma pensée est ia si entestée?
183	5	Ma face aussi de larmes tempestée
186	4	Ie suis contrainct de ma teste cliner:
189	2	Que le feu vif de ma lanterne morte,
189	4	L'obscure nuict de ma peine si forte,
191	3	Tu vois ma face emperlée de gouttes
192	1	Fait paresseux en ma longue esperance,
193	7	Mais ie m'asseure a l'heure de ma paix,
195	2	De tous costez ma franchise agasserent
197	1	Doulce ennemye, en qui ma dolente ame
198	10	Ou canceller l'obligé de ma vie.
199	10	Et estaindrois ma passion ardente.
200	10	Et ma pensée offusquer en tenebres.
202	4	A rendre en tout ma pensée contente?
206	10	L'alaine, ensemble & le poulx de ma vie.
207	9	De peu a peu me fondirent ma glace,
208	7	Mais la vertu de ma Dame te illustre
209	8	Et puis le fait reduire a ma memoire,
213	2	Le traict perçant au fons de ma pensée.
214	4	N'en peuuent point ma pensée distraire,
215	7	Que, pour ma paix, ie me vueille allier
220	10	Que pour ma faulte estre en vn rien perdu.
221	2	Ma Dame, & moy saultons dans le batteau,
221	6	Dont ma Maistresse & pleure, & se tourmente.
222	4	Par toy mercy, ma cruelle ennemie,
224	4	Ma Primeuere en sa verte action.
227	2	De ma pensée enracinez en elle,

ma   (suite)

227	4	Qui iuge en moy ma peine estre eternelle.
227	5	Parquoy ma plume au bas vol de son aele
234	9	Comme sa cause en ma perseuerance
237	1	Cuydant ma Dame un rayon de miel prendre,
240	1	Ma voulenté reduicte au doulx seruage
243	6	Selon que m'est ma pensée agitée.
243	9	Ie suy ta face, ou ma Nef incitée
245	4	Se renouelle en ma guerre immortelle.
248	5	Mais toy estant fiere de ma souffrance,
249	4	Qu'en fermeté ma foy il insinue,
251	1	Au commun plainct ma ioye est conuertie
259	9	Par ton sainct nom, qui vif en ma langueur
260	2	Nageay en Mer de ma ioye aspirée.
260	4	Bien pres du Port de ma paix desirée.
262	7	Sentant ma vie en telle inquietude,
265	5	Tant est ma vie à la presence astraincte
266	2	Fuyant la nuict de ma pensée obscure.
266	3	Son Crepuscule a ma veue est si cher,
267	5	Fauldra finir ma vie, & commencer
272	10	Car lors ma vie, & moy abandonnay.
273	6	Auec ma ioye à d'elle prins congé.
273	10	(Auant le soir) le Soleil de ma vie.
275	5	Te peult donner. Parquoy ma foy quidée
275	10	Ma vie aux piedz de ta haulte value.
282	8	Me reuerdit ma flestrie esperance.
282	10	Et ceste augmente en moy ma grand souffrance.
285	2	Ma loyaulté est en toy esmaillée:
286	1	Nous esbatantz ma Dame, & moy sur l'eau,
287	2	Ou les trauaulx de ma si longue queste,
287	4	L'oreille sourde a ma iuste requeste.
287	10	Ta coulpe fut, & ma bonne auenture.
289	3	Et ià remis en ma libre puissance,
289	7	Mais ma ieunesse en licence supreme,
292	1	De ton sainct oeil, Fusil sourd de ma flamme,
293	1	Celle regit le frain de ma pensée,
294	8	Par Mort serois en ma ioye surpris.
296	8	Dessoubz telz lagz ma vie estre conduicte,
302	2	Qu'a larmoyer il esmeut ma Maistresse,
307	2	Miroir meurdrier de ma vie mourante:
313	9	Que bien souuent ma Cruelle se haste,
315	8	Qui ne me peult detenir en ma peau,
320	2	Ce mien souhaict a ma fin s'aiguiser,
322	1	Merueille n'est, Deesse de ma vie,
329	2	Ou a mes voeutz forcer ma Maistresse?
330	3	Ma vie entra en tel heur miserable,
332	1	Ouurant ma Dame au labeur trop ardente,
333	4	Quand plus de moy ma vie se recule,
333	8	Le mal, qui vient ma playe reunir.
335	7	Hà, dy ie lors, pour ma Dame appaiser,
344	4	Ton harmonie auec ma passion!
347	4	Ma liberté me detient prisonniere,
348	1	Par ce penser tempestant ma pensée
348	3	Ou ma santé ie voy estre pansée
354	7	Mais ma clarté s'offusque tellement,
355	7	Ma flamme sort de son creux funebreux,
357	9	Voulant ma flamme estaindre aulcunement,
358	3	En ma pensée esmeult l'obscure guerre
362	5	Car sur ma foy la paour fait residence,

ma   (suite)
```
368   7   Tout en ce point ma peine vehemente
369  10   Au bas des piedz de ma foible esperance.
370   2   Sur le plaisir de ma propre tristesse,
370   4   Du pensement proscript de ma lyesse.
378   8   De donner heur a ma fatalité,
378  10   Contre les vers de ma mortalité.
379   2   Ministres soient de l'aure de ma vie,
383   6   Ma fiebure chaulde auant l'heure venue,
384   6   De mes trauaulx me bienheurantz ma peine,
386   6   M'ont a ce iouq iusqu'a ma fin conduyct.
386  10   Qu'elle esblouyt ma veue entierement.
388   2   M'amollit plus en ma virilité,
393   2   De ma pensée incessamment troublée:
396   9   Et moy suant a ma fin grandement,
398   1   Violenté de ma longue misere
403   5   Comme ainsi soit que pour ma Libytine
403   6   Me fut esleue, & non pour ma plaisance.
405   2   Pour le desastre influant ma disgrace,
406   3   Ma voulenté ont en ce dispensée,
408   2   De ma triste ame estendu le corps vuyde,
411   4   Le plus du temps laissent ma vie en friche,
412   2   Perdant ma veue en longue prospectiue,
415   1   Quand ie te vy, miroir de ma pensée,
415   5   Si ainsi est, soit ma ioye auortie
415   6   Auec ma flamme au parauant si forte:
415   7   Et plus ma foy ne soit en quelque sorte
416   5   Ne veulent veoir que ma confusion,
417   9   Et ou Amour ma premiere liesse
418  10   Pour l'eriger Colomne de ma vie.
421   8   Qui s'enuolantz auec ma destinée,
421  10   Ma volenté sainctement obstinée.
422   1   Touché au vif & de ma conscience,
422   9   Tirant le traict de ma playe incurable,
424   8   Que du desir est ma ioye remplie,
428   2   Si tenamment en ma pensée encrée:
428   6   A mon merite en palme de ma gloire.
428  10   Auecques mort de ma foible esperance.
439   9   Si ma tressaincte, & sage Dyotime
446   7   Doncques, pour paix a ma querre acquerir,
447   9   Qu'apres ma mort encores cy dedens
```

machine   (3)
```
 53   1   L'Architecteur de la Machine ronde,
 72   1   Quiconque à veu la superbe Machine,
245   7   Enrichit tant ceste Machine ronde,
```

macule   (1)
```
193   1   Quand de ton rond le pur cler se macule,
```

madere   (1)
```
 65   8   Plus doulx asses, que Succre de Madere,
```

magesté   (1)
```
165   5   Mais sa haultesse en magesté prestante,
```

magiciens   (1)
```
321   5   Adonc, craingnant ses Magiciens arts,
```

maqnanime (1)
   325   1   D'vn maqnanime, & haultain coeur procede

maigre (2)
    37   2   Enfant, Archier, pasle, maigre, volage:
    99 10   Comme vn Printemps soubz la maigre Caresme.

maigrement (1)
   250   9   Car par ceulx cy le sang bien maigrement,

maigres (1)
    37   5   Pasles par cure, & maigres par grand rage:

main (22)
     9   3   Mais de la main trop plus digne fus pris,
    21   6   Par main a tous prophanêment notoyre.
    29   9   Amour victoire: & soubz ta main cruelle
    38   1   Bien fut la main a son peril experte,
    57   2   Estend la main, apres le coup receu,
  110 10   Et tes Amantz fais mourir de ta main.
  116   3   Qui de la Terre ayant en main la pomme,
  130   7   Ainsi veoit on la torche en main s'estaindre,
  139   9   Car en vainquant tumber dessoubz sa main,
  159   1   Si de sa main ma fatale ennemye,
  169   8   Dedens vous entre, & sort sa blanche main,
  246   4   Percent leur peau toute arse en main endroit.
  251   8   En main d'aultruy, indigne d'elle, enclose,
  272   5   Que de sa main de froideur mutuelle
  277   7   Quand par la main soubdain l'ay retiré:
  285   5   Par foy en main de constance baillée
  287   6   Du vert Printemps, que soubz ta main vsay.
  288   2   L'art, & la main de telle pourtraicture,
  328   5   Car estant pris dessoubz sa main haultaine,
  347   3   Que celle main, de qui le pouoir sainct
  349   1   Tu as, Anneau, tenu la main captiue,
  358   9   Là ou sa main par plus grande merueille

mains (16)
    53   7   Aux foibles mains de ses fiers ennemys,
  107   4   Car ta Dame à ma roue entre ses mains.
  131   2   La trousse au col, & arc, & flesche aux mains,
  166   7   Au pur des mains delicatement saine,
  188   4   Craingnant tes mains piteusement cruelles.
  221 10   Ou de tes mains ne peuz onc eschapper.
  222   8   Faingnant ta paix estre entre ses mains seure?
  235   4   Se vient lauer ses deux mains yuoirines,
  250   3   Lors tout soubdain de ses mains se deslie,
  309   4   Mais ie sentis ses deux mains bataillantes,
  322   7   Mais conqnoissant soubz tes celestes mains
  323   9   Reduicte aux mains de ce premier FRANCOYS,
  367   8   Sentant ses mains, mains celestement blanches,
  367   8   Sentant ses mains, mains celestement blanches,
  418   2   Son Chapiteau par les mains de Nature,
  438   7   Pour cheoir es mains de la douleur lattente,

maint (7)
    39   1   Par maint orage ay secouru fortune
    83   6   Maint cas, dont fut le Forgeron honteux:
  172   2   Que maint chaynon superbement coronne:

maint   (suite)
    172 4 Ou maint esmail mainte ioye se donne.
    208 3 Maint fleuue gros te rend plus rauissant,
    306 10 M'espouantoit de maint songe angoisseux.
    327 8 Et par lesquelz i'ay maint gibbier surpris?

mainte   (9)
      0 6 Mainte erreur, mesme en si durs Epygrammes:
     26 2 En mainte part pincé de mes pinceaulx.
    115 5 Tant que despuis, apres mainte reueue,
    172 4 Ou maint esmail mainte ioye se donne.
    258 8 Y obuioit par mainte contremine,
    355 4 Rentre en mon coeur couurant mainte estincelle,
    363 5 Par diuers acte, & mainte inuention
    417 3 Mainte Riuiere augmentant ton renom,
    417 4 Te fait courir mainte riue amoureuse,

maintenant   (2)
    129 6 Qui maintenant me fait de soy refus.
    434 9 Qui maintenant par plus grand' efficace

maintenent   (1)
    361 5 Mais maintenent le coeur chault, & tresprompt

maintes   (4)
     68 2 Maintz accidentz maintes fois aduenir,
     69 3 I'ay consommé maintes belles saisons
    216 1 En diuers temps, plusieurs iours, maintes heures,
    385 9 Qui par douleurs, ny par cruaultez maintes

maintien   (4)
    101 6 Auec maintien, qui le tout compassoit.
    126 6 Qu'il reueroit pour son royal maintien.
    280 9 Parquoy viuant en vn si vain maintien,
    397 2 Depart du feu auec graue maintien:

maintient   (1)
     78 5 L'vn de sa part tresobstiné maintient,

maints   (2)
    131 4 Chasse, & prent cerfz, biches, & cheureulx maints.
    322 6 (Non sans raison) feront esbahyr maints.

maintz   (11)
     26 5 Il est semé de marbre a maintz monceaulx,
     68 2 Maintz accidentz maintes fois aduenir,
     85 2 Mais en maintz lieux, & plus hault mille fois.
    107 5 Et toy, Amour, qui en as tué maintz:
    132 5 Parquoy souuent en maintz lieux il me troeuue
    140 1 A Cupido ie fis maintz traictz briser
    181 2 Par maintz assaultz alternatifz s'assaillent:
    194 5 Qu'il faille a maintz par vn commun dommage
    222 6 Laissant sur moy maintz martyres pleuuoir.
    242 6 Plusieurs biensfaictz, & maintz emolumentz.
    391 4 Pource que maintz par elle estoient venuz

mais   (182)
      0 3 Mais bien les mortz, qu'en moy tu renouelles
      5 3 Mais ie gaignay aux piedz, & de si loing,

mais   (suite)

```
    5 10   Mais l'oeil, qui feit a mon coeur si grand' playe.
    7  5   Mais tellement tient mes espritz rauiz,
    8  8   Mais qui pourroit ta requeste escondire?
    9  3   Mais de la main trop plus digne fus pris,
   10  1   Suaue odeur: Mais le goust trop amer
   11  8   De non mourir, mais de reuiure encore.
   16  3   Mais la Mort fiere en eut telle tristesse,
   18  8   Mais moy: ie n'ay d'escrire aultre soucy,
   19  8   Mais celle part, comme on dit, la greigneur,
   20  5   Mais la Nature en son vray conuertie
   22  7   Mais comme Lune infuse dans mes veines
   23  9   Mais ton sainct feu, qui a tout bien m'allume,
   24  9   Mais moy conduict dessoubs la sauuegarde
   29  5   Mais sur ce poinct, qu'on le met en sequestre,
   29  8   Mais moy: car mort m'eust faict paix receuoir,
   32  5   Mais l'imposture, ou ton croire se fie,
   36  9   Mais par ce traict attrayant Amour pris
   42  5   Mais l'occupant, peu a peu, penetra,
   47  2   Ie crains, non toy, mais ton affection:
   47  5   Mais esmouoir si grand dissention
   51  1   Si grand beaulté, mais bien si grand merueille,
   51  9   Mais quand sa face en son Mydy ie voy,
   52  6   Mais hazardant hazard en mes malheurs,
   55  7   Mais en son chault moderé demourante,
   59  3   Mais s'il aduient, qu'entre plusieurs quelqu'vn
   60  5   Mais souffre encor, sans complainctes quelconques,
   61  9   Mais, si tu veulx, par ta froide pitié
   62  3   Mais cest aspect de la Vierge modeste
   63  9   Mais c'est ton feu, dit elle, qui allume
   65  5   Mais bien congneus appertement combien
   67 10   Mais tout armé l'ay vaincu toute nue.
   70  5   Mais du malheur, qui, comme i'apperçoy,
   73  9   Mais tu scais mieulx, qui peulx par ta grandeur
   77  8   Mais pour au mal renaistre incessamment,
   78  9   Mais de si grand, & perilleux naufrage
   83  5   Mais lors Amour plorant luy impro…
   85  2   Mais en maintz lieux, & plus hault mille fois.
   87  7   Mais encor mieulx me feroit esprouuer,
   88  3   Mais y languit ma vie confinée
   89  7   Ne pleure plus, Venus: Mais bien enflamme
   90  7   Mais (si tu veulx) vertu en toy nommée,
   91  8   Mais a me plaindre à toy m'a incité
   94  3   Mais retournant a chef de temps sur l'vnde,
   96  5   Mais la froideur de ton coeur me conuie
   99  5   Mais tous les iours gruer soubz l'asseurance,
  100  3   Mais du trauail, ou mon feu tu allumes,
  101  7   Mais vn regret mon coeur entrelassoit,
  102  7   Mais quand au but de mon vouloir ie cours,
  106  3   Mais s'absconsant le Soleil, qui me nuyt,
  108  7   Mais, comme puis auoir d'eulx congnoissance,
  109  3   Mais contre luy soubdain elle s'enflamme,
  110  5   Mais veulx tu faire acte plus glorieux,
  112  5   Mais, comme aduient, quand a souhait nous sommes,
  113  7   Mais toy, luy dy ie, ainsi que ie puis veoir,
  116  5   Mais (ô l'horreur) pour sa commodité
  120  3   Mais Amour vint, qui le cas entendit,
  120 10   Prendre cuydois, dit il, mais ie suis pris.
  121  5   Mais vous, Souciz, prodiques despenciers
```

mais   (suite)

123	7	Mais si des Cieulx pour me faire douloir,
124	9	Mais ton tainct frais vainct la neige des cieulx,
125	9	Mais pour mes maulx en mon tourment lassez
126	7	Mais par son doulx, & priué entretien
126	10	Mais ainsi, comme Endimion la Lune.
130	5	Mais, seulement souspirant, attendit,
131	5	Mais toy, Delie, en actes plus humains
134	7	Mais si sa part est ores dispensée
139	3	Mais plus grand heur le sort me deut ascrire,
147	7	Mais le iour vint, & l'heure destinée,
150	9	Mais, comme puis a l'esproeuue congnoistre,
153	7	Mais le grillet, ialouse fantasie,
154	7	Mais, quant a moy, pour m'oster de martyre
157	7	Mais seulement celle prolation
165	5	Mais sa haultesse en magesté prestante,
169	7	Mais tout ainsi, qu'a son obeissance
170	7	Mais pour le temps ne se voulut mouoir:
171	9	Mais la ferueur, qui detient la foy nue
177	2	Tu me feis veoir, mais trop a mon dommage
178	5	Mais pour autant que tes yeulx ruyneux
180	5	Mais ses effectz en leur oblique entiers
182	1	Mais si Raison par vraye congnoissance
182	8	Mais d'adorer toute parfection:
184	5	Mais si ie voy n'y pouoir aultre chose,
186	3	Mais quand ton oeil droit au mien se rencontre,
192	7	Mais ie scay bien, que pour estre forclos
193	7	Mais ie m'asseure a l'heure de ma paix,
195	9	Mais du pouoir soubz tel faix succumbant
196	2	Mais des haultz cieulx l'Angelique harmonie,
197	7	Mais n'y pouant ne force, ne presence,
202	7	Mais ie me tasche autant a captiuer
203	7	Mais par ce cours son pouoir ne m'afferme
205	9	Mais, quant a moy, qui tout le t'ay donné,
207	7	Mais les deux feuz de ta celeste face,
208	7	Mais la vertu de ma Dame te illustre
215	9	Mais quand alors ie la veulx oblier,
217	7	Mais de cestuy la poincte inexorable
218	3	Mais mon destin pour mon abregement
219	7	Mais a mon bien m'est exhortation
220	5	Mais si la preuue en l'occurrence doubte
229	7	Mais ta vertu aux Graces non diforme
230	10	Mais moy aussi, ou est ta propre image.
233	5	Mais la naifue, & asseurée touche,
237	8	Mais que crains tu? luy dy ie briefuement.
243	1	Ces tiens, non yeulx, mais estoilles celestes,
246	7	Mais veulx tu bien a piteux cas entendre,
248	5	Mais toy estant fiere de ma souffrance,
255	4	Mais de pensée, & de faict impolue,
257	9	Mais toute dame en toy peult estre enclose,
258	5	Mais liberté, sa propre nourriture,
261	7	I'ay rien commis: mais sans point de doubtance
261	10	Mais quelle erreur, sinon que trop il ayme?
264	3	Mais qu'elle face, en fin que ie ne vueille
267	7	Mais si les Cieulx telle prerogatiue
271	5	Mais seurement, & sans aulcun renfort
282	4	Mais dessoubz luy, aussi plus briefuement.
286	9	Mais tout soubdain a ceste aspre rencontre
289	7	Mais ma ieunesse en licence supreme,

mais (suite)
```
291   3   Mais il ne sçait a la froideur attaindre,
292   6   Mais celle part, qu'on doibt plus estimer,
295   5   Mais pour noz faictz plus amplement conqnoistre,
300   8   Mais pour plus tost derechef remourir:
301   6   Mais ie ne sçay par quelle occasion.
302   9   Mais la cuydant a mon besoing estraindre
305   5   Mais, las, depuis que ton ingratitude
306   7   Mais ta vertu par sa haulte puissance
308   5   Mais toy, Espoir, tu nous viens attraper,
309   4   Mais ie sentis ses deux mains bataillantes,
311   2   Mais tout blessé le tenir en destresse,
311   6   Mais comme sien capital aduersaire,
312   5   Mais que me vault si le Coeur se repent?
318   3   Mais seurement (a ce, que ie conqnois)
322   7   Mais conqnoissant soubz tes celestes mains
326   5   Mais recourir ailleurs il me fallut
329   7   Mais quoy? Amour, Cocodrille parfaict,
330   9   Et plus ne veult le iour, mais la nuict suyure.
332   2   Son Dé luy cheut, mais Amour le luy dresse:
332   9   Mais bien du mien, dy ie, la ferme essence
334   9   Non: mais me font, sans l'vn l'aultre empecher,
340   7   Mais le matin (trop hastif) m'à priué
342   5   Mais, comme on voit le Soleil apparoistre
345   7   Mais en ses bras, alors qu'elle te prent,
347   6   Te donne a moy, mais pour plus sien me rendre.
350  10   Va dessus, mais en vain, tournoyant.
351  10   Mais, t'y laissant ie m'y perdis moymesme.
354   7   Mais ma clarté s'orfusque tellement,
357   3   Mais le malheur, qui mon mal me redouble,
359   5   Mais moy nauré par ce traistre combat
361   5   Mais maintenent le coeur chault, & tresprompt
364   1   L'Esprit vouloit, mais la bouche ne peut
367   3   Mais quand ton front ie reuy pacifique,
371   8   Mais en mon coeur à mis dissention
376   5   Mais par pouoir de ta haulte excellence,
378   7   Mais toy, qui as (toy seule) le possible
379   9   Mais de la part en mon coeur entamée
381   5   Mais que ne peult si haulte qualité
382   3   Que dy ie vient? mais fuyt, & si ne cesse
382   9   Mais quand ie suis, ou ie l'ay peu marcher,
383   5   Mais toy, tant plus tu me vas excitant
387   7   Mais tout ainsi qu'a son aduenement
389   7   Mais tasche encor, comme intrinseque amye,
391   3   Mais la Deesse y mit la flambe esparse,
392   5   Mais toy contraire aux naturelz accordz,
394   9   Mais au rebours elle (ô Dieux) les mesprise,
395   3   Mais de soymesme vne part destendit
397   3   Mais tant plus hault s'esleue, & se denue,
398   5   Mais les Vertus passementantz les bords,
398   6   Non des habitz, mais de ses moeurs diuines,
399   1   Mais que me sert sa vertu, & sa grace,
402   7   Mais mon trauail sans entremesler pose
407   5   Mais ta vertu, qui par temps ne s'esface,
408   5   Mais bien me soit, Dame, pour tumbe humide
412   3   Combien m'as tu, mais combien incité
416   7   Mais que par mort, malheur, & leurs complisses
420   9   De propos sainctz. Mais quoy? plus tendrement
426   9   Mais seurement celluy ne peult trouuer
```

mais   (suite)
```
   427    8   Mais pour errer, comme maladuisé.
   431    7   Mais tout coeur hault, dont du mien ie me deulx,
   433    3   Mais pour autant, que la raison presente
   437    9   Mais tout ainsi que l'Aigle noir tient prise,
   440    2   Et esclairantz sur moy, mais sans effroy,
   444    2   Mais trop plus digne a si doulce folie,
```

maison   (1)
```
   396    4   Retourne en paix, & vers sa maison tire.
```

maistre   (1)
```
    29    2   L'aueugle Archier, qui des dieux est le maistre:
```

maistresse   (8)
```
    16    1   Ie preferoys a tous Dieux ma Maistresse,
    74   10   Pour esmouuoir ma Maistresse a pitié.
   101    8   Apperceuant ma Maistresse plus belle.
   120    6   Et l'Archier fuit aux yeulx de ma Maistresse,
   221    6   Dont ma Maistresse & pleure, & se tourmente.
   302    2   Qu'a larmoyer il esmeut ma Maistresse,
   311    5   Et tu luy as, non poinct comme Maistresse,
   329    2   Ou a mes voeutz forcer ma Maistresse?
```

maistrise   (1)
```
   394    7   Ie luy escris & surnom, & maistrise,
```

maistriser   (1)
```
    29    1   Dessus le Coeur vouloit seul maistriser
```

mal   (80)
```
    13    4   Veut reparer le mal par luy conceu.
    25    4   Tant que mon mal est a moy suruiuant.
    34    4   Causast le mal, a quoy se disposa
    45    5   Quelle du mal sera donc la sortie,
    46    9   Plus ie m'absente, & plus le mal s'ensuyt
    59    8   Et vienne à qui vn tel mal nous procure.
    68    4   Par la memoire a leur mal reuenir.
    70    4   Non de ce mal, que pour elle reçoy:
    76    2   Pour non la fin a mon doulx mal prescrire.
    87    1   Ce doux grief mal tant longuement souffert
    87   10   Doulce la peine au mal accompaignée.
   112    9   Dont du grief mal l'Ame toute playeuse
   113    9   Que si tu veulx de mon mal cure auoir,
   121   10   Viura le mal, auoir perdu le Corps.
   138    2   Que mal me feit le bref departement.
   151    9   Plus nuict la peur du mal a qui l'esproeuue,
   169    3   Celez le mal auec la guerison,
   180    9   Puis me contrainct quelque mal, que ie sente,
   187    6   Vn mal soudain a vn aultre repris.
   207    8   Soit pour mon mal, ou certes pour mon heur,
   219    6   Bien qu'a mon mal soient incitation.
   228    4   Qui en mon mal si plaisamment m'esueille,
   234    7   Parquoy mon mal en si dure souffrance
   244   10   Du mal, que fait vn priué ennemy.
   269    4   Croissent le mal, qui au querir m'empire.
   281    9   Affin qu'au mal, qui croist iournellement,
   291    8   Ce mal, qui peult, voyre l'Ame opprimer,
   300   10   Du mal, auquel tu me peux secourir.
```
                        403

mal   (suite)

307	5	Comme qui est de leur mal ignorante,
311	7	Osté l'espoir a ce mal necessaire:
317	1	Mon mal se paist de mon propre dommage,
317	5	Dont en mon mal mes esperitz dormantz,
326	8	De mon mal est, qu'au querir il s'indique,
329	6	Comme a celluy, qui plus de mal me faict:
333	8	Le mal, qui vient ma playe reunir.
340	10	Qui cloz mon bien, & ouuertz mon mal vytes.
349	4	Pour estre puis au mal medicatif,
349	5	Au mal, qui est par fois alternatif,
352	9	Donc ce remede a mon mal ne vauldroit.
357	3	Mais le malheur, qui mon mal me redouble,
359	7	Cele mon mal ainsi, comme tu vois,
365	8	Le doulx regard a mon mal souuerain
383	4	Plus l'affoiblit, son mal luy suscitant.
394	2	Sinistrement pour mon mal inuenté
404	2	Plus a mon mal, maulgré moy, ie consens.
406	2	Et que le mal par la peine cherie
409	8	Ie me recrée au mal, ou ie m'ennuye,
416	8	Ie suyue en fin a mon extreme mal
422	10	Qui fait mon mal ardemment estre humide.
428	7	Car tout ce mal si celément notoire
432	1	Sans aultre bien, qui fut au mal commode,

*   *   *

41	7	Puis que m'en est le mal pour bien rendu,
63	8	De mal pour bien a tes seruiteurs rendre?
65	1	Continuant toy, le bien de mon mal,
65	2	A t'exercer, comme mal de mon bien:
65	3	I'ay obserué pour veoir, ou bien, ou mal,
77	8	Mais pour au mal renaistre incessamment,
115	8	D'ambition, qui a tout mal consent,
136	8	Le bien du mal en effect desirable:
152	3	Tant qu'il n'est mal qui la puisse constraindre
189	9	Veu qu'elle estant mon mal, pour en querir
191	9	Pour estre amour vn mal si violent,
192	9	Et par celà tu veulz, que le mal clos
212	4	Furent le mal tressainctement inique.
220	9	Las plus grand mal ne peult auoir mon bien,
224	6	De mon vieulx mal, & vlcere ancienne
292	10	Du mal, qui tout a si hault bien me poulse.
434	10	Sentent leur bien de leur mal deliurez.

*   *   *

1	2	Girouettoit, mal cault, a l'impourueue:
37	9	Et par le Plomb tu nous rendz mal contentz,
47	7	Faulte ie dy, d'auoir esté mal caulte
65	6	Mal i'adorois tes premieres faueurs.
174	5	Et a me veoir les Astres mal contentz
181	10	Ainsi ie suis plus mal, qu'oncques ne fus.
183	4	Desquelz mon ame en vain est mal traictée,
261	1	Opinion, possible, mal fondée
336	7	Puis qu'il est donc vers elle mal venu,
348	6	Qui se fait butte a cest Archier mal seur.
379	5	Et de leur queste asses mal poursuyuie
429	9	Elle est (pourtant) en amours si mal née,

malade   (1)

| 326 | 2 | Comme vn malade attend a son salut, |